中国近代
思想家文库

◎

施立业 编

姚莹卷

中国人民大学出版社
·北京·

总　序

　　对于近代的理解，虽不见得所有人都是一致的，但总的说来，对于近代这个词所涵的基本意义，人们还是有共识的。一个国家、一个民族走入近代，就意味着以工业化为主导的经济取代了以地主经济、领主经济或自然经济为主导的中世纪的经济形态，也还意味着，它不再是孤立的或是封闭与半封闭的，而是以某种形式加入到世界总的发展进程。尤其重要的是，它以某种形式的民主制度取代君主专制或其他不同形式的专制制度。中国是个幅员广大、人口众多、历史悠久的多民族国家，由于长期历史发展是自成一体的，与外界的交往比较有限，其生产方式的代谢迟缓了一些。如果说，世界的近代是从 17 世纪开始的，那么中国的近代则是从 19 世纪中期才开始的。现在国内学界比较一致的认识，是把 1840 年到 1949 年视为中国的近代。

　　中国的近代起始的标志是 1840 年的鸦片战争。原来相对封闭的国门被拥有近代种种优势的英帝国以军舰、大炮再加上种种卑鄙的欺诈打开了。从此，中国不情愿地加入到世界秩序中，沦为半殖民地。原来独立的大一统的中央集权的君主专制国家，如今独立已经极大地被限制，大一统也逐渐残缺不全，中央集权因列强的侵夺也不完全名实相符了。后来因太平天国运动，地方军政势力崛起，形成内轻外重的形势，也使中央集权被弱化。经历第二次鸦片战争、中法战争、甲午战争、八国联军入侵的战争以及辛亥革命后的多次内外战争，直至日本全面侵略中国的战争，致使中国的经济、政治、教育、文化，都无法顺利走上近代发展的轨道。古今之间，新旧之间，中外之间，混杂、矛盾、冲突。总之，鸦片战争后的中国，既未能成为近代国家，更不能维持原有的统治秩序。而外患内忧咄咄逼人，人们都有某种程度"国将不国"的忧虑。

　　"天下兴亡，匹夫有责"，读书明理的士大夫，或今所谓知识分子，尤为敏感，在空前的危机与挑战面前，皆思有所献替。于是发生种种救亡图存的思想与主张。有的从所能见及的西方国家发展的经验中借鉴某些东西，形成自己的改革方案；有的从历史回忆中拾取某些智慧，形成某种民族复兴的设想；有的则力图把西方的和中国所固有的一些东西加以调和或结合，形成某种救亡图强的主张。这些方案、设想、主张，从世界上"最先进的"到"最落后的"，几乎样样都有。就提出这些方案、设想、主张者的初衷而言，绝大多数都含着几分救国的意愿。其先进与落后，是否可行，能否成功，尽可充分讨论，但可不必过为诛心之论。显而易见，既然救国的问题最为紧迫，人们所心营目注者自然是种种与救国的方案直接相关的思想学说，而作为产生这些学说的更基础性的理论，及其他各种知识、思想，则关注者少。

围绕着救国、强国的大议题，知识精英们参考世界上种种思想学说，加以研究、选择，认为其中比较适用的思想学说，拿来向国人宣传，并赢得一部分人的认可。于是互相推引，互相激励，更加发挥，演而成潮。在近代中国，曾经得到比较广泛的传播的思想学说，或者够得上潮的，主要有以下几种：

（一）进化论　近代西方思想较早被引介到中国，而又发生绝大影响的，要属进化论。中国人逐渐相信，进化是宇宙之铁则，不进化就必遭淘汰。以此思想警醒国人，颇曾有助于振作民族精神。但随后不久，社会达尔文主义伴随而来，不免发生一些负面的影响。人们对进化的了解，也存在某些片面性，有时把进化理解为一条简单的直线。辩证法思想帮助人们形成内容更丰富和更加符合实际的发展观念，减少或避免片面性的进化观念的某些负面影响。

（二）民族主义　中国古代的民族主义思想，其核心是"非我族类，其心必异"，所以最重"华夷之辨"。鸦片战争前后一段时期，中国人的民族思想，大体仍是如此。后来渐渐认识到"今之夷狄，非古之夷狄"，"西人治国有法度，不得以古旧之夷狄视之"。但当时中国正遭受西方列强的侵略和掠夺，追求民族独立是民族主义之第一义。20世纪初，中国知识精英开始有了"中华民族"的概念。于是，渐渐形成以建立近代民族国家为核心的近代民族主义。结束清朝君主专制，创立中华民国，是这一思想的初步实现。第一次世界大战爆发，中国加入"协约国"，第一次以主动的姿态参与世界事务，接着俄国十月革命爆发，这两件事对近代中国的发展历程造成绝大影响。同时也将中国人的民族主义提升到一个新的层次，即与国际主义（或世界主义）发生紧密联系。也可以说，中国人更加自觉地用世界的眼光来观察中国的问题。新生的中国共产党和改组后的国民党都是如此。民族主义成为中国的知识精英用来应对近代中国所面临的种种危机和种种挑战的一个重要的思想武器。

（三）社会主义　社会主义作为一种模糊的理想是早在古代就有的，而且不论东方和西方都曾有过。但作为近代思潮，它是于 19 世纪在批判近代资本主义的基础上产生的。起初仍带有空想的性质，直到马克思和恩格斯才创立起科学社会主义。20 世纪初期，社会主义开始传入中国。当时的传播者不太了解科学社会主义与以往的社会主义学说的本质区别。有一部分人，明显地受到无政府主义的强烈影响，更远离科学社会主义。直到五四新文化运动兴起之后，中国人始较严格地引介、宣传科学社会主义。但有一段时间，无政府主义仍是一股很大的思想潮流。中国共产党的成立，从思想上说，是战胜无政府主义的结果。中国共产党把在中国实现社会主义乃至共产主义作为自己的奋斗目标。此后，社会主义者，多次同各种非科学社会主义思想的信仰者进行论争并不断克服种种非科学社会主义思想的影响。

（四）自由主义　自由主义也是从清末就被介绍到中国来，只是信从者一直寥寥。直到五四新文化运动兴起，具有欧美教育背景的知识精英的数量渐渐多起来，自由主义始渐渐形成一股思想潮流。自由主义强调个性解放、意志自由和自己承担责任，在政治上反对一切专制主义。在中国的社会条件下，自由主义缺乏社会基础。在政治激烈动荡的时候，自由主义者很难凝聚成一股有组织的力量；在稍稍平和的时候，他们往往更多沉浸在自己的专业中。所以，在中国近代史上，自由主义不曾有，也不可能有大的作为。

（五）激进主义与保守主义　处于转型期的社会，旧的东西尚未完全退出舞台，新的东西也还未能巩固地树立起来，新旧冲突往往要持续很长的时间，有时甚至达到很激烈的程度。凡助推新东西成长的，人们便视为进步的；凡帮助旧东西排斥新东西的，人们便视为保守的。其实，与保守主义对应的，应是进步主义；与顽固主义相对的则应是激进主义。不过在通常话语环境中人们不太严格加以区分。中国历史悠久，特别是君主专制制度持续两千余年，旧东西积累异常丰富，社会转型极其不易。而世界的发展却进步甚速。中国的一部分精英分子往往特别急切地想改造中国社会，总想找出最厉害的手段，选一条最捷近的路，以最快的速度实现全盘改造。这类思想、主张及其采取的行动，皆属激进主义。在中共党史上，它表现为"左"倾或极左的机会主义。从极端的激进主义到极端的顽固主义，中间有着各种程度的进步与保守的流派。社会的稳定，或社会和平改革的成功，都依赖有一个实力雄厚的中间力量。但因种种原因，中国社会的中间力量一直未能成长到足够的程度。进步主义与保守主义，以及激进主义与顽固主义，不断进行斗争，而实际所获进步不大。

（六）革命与和平改革　中国近代史上，革命运动与和平改革运动交替进行，有时又是平行发展。两者的宗旨都是为改变原有的君主专制制度而代之以某种形式的近代民主制度。有很长一个时期，有两种错误的观念，一是把革命理解为仅仅是指以暴力取得政权的行动，二是与此相关联，把暴力革命与和平改革对立起来，认为革命是推动历史进步的，而改革是维护旧有统治秩序的。这两种论调既无理论根据，也不合历史实际。凡是有助于改变君主专制制度的探索，无论暴力的或和平的改革都是应予肯定的。

中国近代揭幕之时，西方列强正在疯狂地侵略与掠夺殖民地和半殖民地，中国是它们互相争夺的最后一块、也是最大的资源地。而这时的中国，沿袭了两千年的君主专制制度已到了奄奄一息的末日，统治当局腐朽无能，对外不足以御侮，对内不足以言治，其统治的合法性和统治的能力均招致怀疑。革命运动与改革的呼声，以及自发的民变接连不断。国家、民族的命运真的到了千钧一发之际，危机极端紧迫。先觉分子救国之心切，每遇稍具新意义的思想学说便急不可待地学习引介。于是西方思想学说纷纷涌进中国，各阶层、各领域，凡能读书读报者，受其影响，各依其家庭、职业、教育之不同背景而选择自以为不错的一种，接受之，信仰之，传播之。于是西方几百年里相继风行的思想学说，在短时期内纷纷涌进中国。在清末最后的十几年里是这样，五四时期在较高的水准上重复出现这种情况。

这种情况直接造成两个重要的历史现象：一个是中国社会的实际代谢过程（亦即社会转型过程）相对迟缓，而思想的代谢过程却来得格外神速。另一个是在西方原是差不多三百年的历史中渐次出现的各种思想学说，集中在几年或十几年的时间里狂泻而来，人们不及深入研究、审慎抉择，便匆忙引介、传播，引介者、传播者、听闻者，都难免有些消化不良。其实，这种情况在清末，在五四时期，都已有人觉察。我们现在指出这些问题并非苛求前人，而是要引为教训。

同时我们也看到，中国近代思想无比的多样性与复杂性呈现出绚丽多彩的姿态，各种思想持续不断地展开论争，这又构成中国近代思想史的一个突出特点。有些论争为我们留下了非常丰富的思想资料。如兴洋务与反洋务之争，变法与反变法之争，革命与改良之争，共和与立宪之争，东西文化之争，文言与白话之争，新旧伦理之争，科学与人生观之争，中国社会性质的论争，社会史的论争，人权与约法之争，全盘西化与本位文化之争，民主与独裁之争，等等。这些争论都不同程度地关联着一直影响甚至困扰着中国人的几个核心问题，即所谓中西问题、古今问题与心物关系问题。

中国近代思想的光谱虽比较齐全，但各种思想的存在状态及其影响力是很不平衡的。有些思想信从者多，言论著作亦多，且略成系统；有些可能只有很少的人做过介绍或略加研究；有的还可能因种种原因，只存在私人载记中，当时未及面世。然这些思想，其中有很多并不因时间久远而失去其价值。因为就总的情况说，我们还没有完成社会的近代转型，所以先贤们对某些问题的思考，在今天对我们仍有参考借鉴的价值。我们编辑这套《中国近代思想家文库》，希望尽可能全面地、系统地整理出近代中国思想家的思想成果，一则借以保存这份珍贵遗产，再则为研究思想史提供方便，三则为有心于中国思想文化建设者提供参考借鉴的便利。

考虑到中国近代思想的上述诸特点，我们编辑本《文库》时，对于思想家不取太严格的界定，凡在某一学科、某一领域，有其独立思考、提出特别见解和主张者，都尽量收入。虽然其中有些主张与表述有时代和个人的局限，但为反映近代思想发展的轨迹，以供今人参考，我们亦保留其原貌。所以本《文库》实为"中国近代思想集成"。

本《文库》入选的思想家，主要是活跃在1840年至1949年之间的思想人物。但中共领袖人物，因有较为丰富的研究著述，本《文库》则未收入。

编辑如此规模的《文库》，对象范围的确定，材料的搜集，版本的比勘，体例的斟酌，在在皆非易事。限于我们的水平，容有瑕隙，敬请方家指正。

《中国近代思想家文库》编纂委员会

目　录

导　言

　　姚莹（1785——1853）字石甫，号明叔，晚号展和，又号幸翁。清安徽安庆府桐城县人。明清时期，桐城县是海内外闻名的人文荟萃、人才辈出的"文物之邦"，左光斗、方以智、戴名世、方苞、张英、张廷玉、刘大櫆等大量乡先贤所流传下来的节操、功业等逸闻故事，所留下的遗迹和作品等等，构成了深厚的人文沃土。而麻溪姚氏则是桐城最著名的世家大族之一，"代有名贤，学问、文章、道义、宦绩，渊源有自"，其中流芳百世、驰名海内外者不乏其人，姚希廉、姚文然、姚范、姚鼐等众多先辈道德、事迹、文章，有口皆碑，积累了家族丰富的精神财富，潜移默化地激励着一代代后人。这些先天的、优良的人文基因，也成为了姚莹人格形成的要素之一。

　　姚莹出生时家境已衰落，因此早年生活磨难多多。出生时，正值大饥荒，死亡相继于道，四世同堂的大家庭仅能勉强维持每天"一饭一粥"。6岁入学，师从方兰荪先生。7岁时，大家庭解体，刚分出的小家庭债台高筑，被迫卖房宅以偿债。此后，祖父和父亲长期在外地游幕教读以谋生计，母亲则带着其兄弟数人依靠租房栖身，辗转颠连，困顿不堪。8岁起，师从族兄姚维藩。姚维藩曾从姚鼐受古文学，且具经世思想，对姚莹成长有一定影响。姚莹母亲为大学士张英后裔，知书达理，勤奋治家，对其兄弟督教也甚严，不仅自任课余辅导，口授《诗》、《礼》二经，还经常讲述里中和姚氏先人史事懿行，引导其兄弟励志，以不坠"先业"。10岁时，家难连连，夏遭水灾，母子几人"浮板以栖"，"断炊竟日"；秋遭祖丧；冬又患痘症几乎夺命。在生活磨砺和母慈兄友的激励下，姚莹开始"悲愤苦读"，常常夜至四更而不倦。

　　嘉庆三年（1798），14岁的姚莹"已好为诗歌"。"束发之初，即思慕古"，泛览汉魏至当代作者著述，"诵古人之言，求古人之义"，而"略知为人"。17岁，师从张箓园先生，结识张聪咸（阮林）。张当时已以文章名乡里，睥睨同辈，但初交姚莹，即尽焚己所作，叹曰："世故有不朽之学，此不可羞耶！"18岁，与张聪咸、方遵道（履周）、吴庚（子山）、姚全（易卿）结集《蔗林五子诗钞》。他们志趣相投，以古人相励，"德业自期，贤豪自命"，"意落落不谐于俗，里中多非笑之，以为妄。"21岁，在姚鼐资助下，以府试第一名补府学附生。次年夏，以参加岁试赴安庆，就居姚鼐主讲的敬敷书院，"先生与言学问文章之事，始得其要归，而为之益力。"此时，姚莹交往的已有一批桐城籍有志青年学子，如张聪咸、吴庚、方遵道、姚全、光聪谐（律原）、刘开（明东）、左朝第（匡叔）、徐璈（六襄）、吴孙珽（子方）、李宗传（海帆）、朱雅（歌堂）、方东树（植之）、马瑞辰（元伯）、方秉澄（竹吾）、朱道文（鲁存）、胡方朔（小东）、吴云骧（岳卿）、方遵巘（子骏）、姚幼楷等。他们经常交游聚会，"有见以相质，有作以相示，或然或否，不必尽合，亦未尝强合也"，"皆以道义相切擤"，而挥斥古今，脱迹尘网，抗踪儒林，文采飞扬，又堪称风格相近，气类相投。他们自己言谈文字间也每每诩为"吾党"。在《赠吴子方》中，姚莹曾咏道："自从宋明来，斯文更凋丧。中间数硕人，扶植各有臧。末流更分裂，同时相矛枪。遂使章句生，翻笑伊洛荒。文章亦绝轨，衰薄不足张。圣经如鸿钧，万态俱含生。泱泱沧海流，吐内河与江。……所以古哲人，不顾群言昌。独立为砥柱，障此百川狂。怀之不可见，我心实怦怦。"称这些人"吾所谓左右采获以取益者也"。里中交游，对他思想形成和发展的影响，由此可以想见。

嘉庆十二年（1807）秋，乡试中举第18名，座师为吏部右侍郎刘凤诰、刑部给事中赵慎畛，房师为梁本恭。次年春，会试中第32名，据说以书法不佳，殿试列三甲，赐同进士出身。时虚龄24岁。会试文华殿大学士董诰、礼部尚书邹炳泰为正考官，内阁学士秀宁、顾德庆为副考官；殿试读卷官为礼部尚书瑚图礼、礼部尚书王懿修、工部尚书曹振镛、吏部左侍郎潘世恩、礼部左侍郎桂芳、兵部右侍郎周兴岱、工部左侍郎周兆基、工部右侍郎陈希曾。同榜中有贺长龄、钱仪吉、魏元烺、隆文、钟祥、强克捷、陈官俊、周之琦等。凡殿试三甲，不得入翰林，循例归班铨选。十五年六月到达广州，入两广总督百龄幕，目睹了广东社会祸患及招降张保的情形。后又主讲香山县榄山书院。十六年春应广东学政程国仁聘授经署中。是年，松筠接任两广总督，与之交往甚亲密，了解到不少西北边史地知识信息。十七年正月应聘教授从化县令王蓬壶之子王栻，完成编辑《援鹑堂集》工作。十九年（1814）辞从化幕，年终返里。在广东的六年游幕，是姚莹治学、写作精力最集中的时期之一，留下了《识小录》、《后湘集》等大量诗文作品。

二十一年（1816）赴京谒选，得福建平和知县。次年冬，调龙溪。两县皆官贪俗鄙、民风强悍之区。他厉行除暴安良之策，又倡礼让廉耻之风，亲民恤族，通达下情，勤于听断而民间无扰。二十四年秋，调任台湾县，旋兼理海防同知。道光元年（1821）春，兼任噶玛兰通判。他积极推动漳、泉、粤等客籍与土著和睦相处，破除五妖神迷信，组织抗震救灾，筹划兴办噶玛兰开发事业等。不久，接连遭父母丧。丁忧期间，主要游幕于闽台地区。其间曾于六年、十一年先后两次赴京师，与魏源、龚自珍、黄爵滋、汤鹏、吴嵩梁、徐宝善、张祥河、邓显鹤、端木国瑚、潘遵沂、汪喜孙、陈用光、管同、张际亮、鹿泽长、饶廷襄、李宗传、陈方海、吴嘉宾、郑云麓等一大批经世派人物结识和交游。在"世乃习委靡文饰"的时代，与这些人交往，不仅增广见识，而且"皆慷慨激厉，其志业才气，欲凌轹一时矣"，"大声振之"，形成声势，给社会带来了一股清新奋发之气。十一年，姚莹奉旨发往江苏，初奉命随行会办粮船回空、开坝倒塘、查赈等。后历任金坛、长洲、武进、元和等县。其中十二年冬，在武进任上，以疏浚孟渎等三河，日夜奔走于河干者3个月，次年二月最终完成了苏南地区这一大型水利工程。适得一子，遂命名"浚昌"，字"孟成"，以志喜庆。十四年秋，任淮南监掣同知。十一月代理两淮盐运使，数月之间，就将致使前任自杀的繁重的盐课收纳任务如期完成。次年二月回任监掣同知。十七年二月，再护理两淮盐运使，任内恤商而裕课。在"江南"的几年，以德才卓具、治绩优异，得到总督陶澍、巡抚林则徐赞赏。

十七年（1837）九月姚莹升署台湾道，次年闰四月莅任。针对游民充斥、变乱无常情形，他实施了联庄团练收养游民之法，由地方宗族等分摊经费，收养游民。有8000余名游民，被转化为义勇，作乱因素转为维稳力量。鸦片战争爆发后，台湾突出海防前沿，抗英备战成为头等大事。为守卫台湾，姚莹与台湾镇总兵达洪阿采取了封港、巡防等措施，又动员组织团练、义勇等民间力量参加抗英活动。二十一年八月十五日（1841年9月29日），一只双桅大号英船拖带舢板多只移泊鸡笼口外万人堆洋面。次日即发生了"鸡笼破获夷舟"战事，即"鸡笼大捷"。此役斩敌32人，生擒133人，缴炮10门。九月十四日又在万人堆驱赶了一艘英船。次年正月三十日（1842年3月11日），在淡水、彰化交界之大安港发生战事，即"大安之捷"。此役毙敌数十人，生擒英军30人、广东汉奸5人。在鸦片战争期间，就战役结局而言，这两次是清方仅有的"奏捷"记录。姚莹以功赏加二品顶戴。十月十九日，侵华英军首领璞鼎查指责达洪阿等冒功，妄杀英人。道光皇帝指示查办。次年三月初六日，姚莹、达洪阿被带回内地。八月十三日，入刑部狱。二十五日，上谕加恩免治其罪，遂出狱。这一事件，曾轰动当时舆论界，史称"台湾之狱"。

二十三年十月，姚莹奉旨发四川同知知州用。次年约六月底至成都后，改补府属蓬州。九月，四川总督宝兴委任姚莹赴里塘调解乍雅两呼图克图纷争事件。十一月十二日，到达正呼图克图曲济嘉木参所驻之里塘。不久上报两呼图克图不可调和之情形，建议以武力稍示震慑。十二月二十二日，返回成都，其用兵建议未被采纳。二十五年二月十一日，姚莹戴着处分奉命随同宣瑛再赴乍雅。经过反复调解，仍无果。次年二月二十六日奉命返抵成都。两次乍雅之行，实地了解到藏区、藏边以及世界史地情形，写出了《康輶纪行》一书。二十六年五月，赴蓬州任。在任期间，设法清除吏治积弊，根治强买强卖恶俗，发展文教事业。二十八年二月，卸蓬州知州事。五月底返回家乡。

二十九年三月，应两江总督李星沅邀请到达金陵。旋以李病休而应两江总督陆建瀛之聘，编成《海运纪略后编》。期间，曾应淮南监掣同知童濂之聘，主持修《南北史注》。三十年七月，到扬州参与盐政事务。次月，到九江任盐卡委员。十月二十八日，咸丰皇帝宣布耆英等罪状，姚莹、达洪阿冤案因以平反。不久，姚莹授湖北盐法道。

咸丰元年（1851）二月，以太平军烽火蔓延，姚莹奉旨驰往广西军营。六月，任大营翼长。不久升任广西按察使。闰八月，奉命由桂林驰往阳朔、荔浦一带防堵。九月上中旬，会攻龙眼塘、水窦、莫家村等地，均为太平军击退。二年六月，入湖南，卸翼长事，办理粮台。不久改署湖南按察使。十二月十六日，病逝于长沙。以桐城为太平军攻占，暂厝于江西鄱阳。同治元年（1862）三月，归葬于桐城龙眠山。

姚莹不仅以事功名垂青史，在思想文化方面也有重大贡献，在中国近代尤其是鸦片战争时期思想史上占有一席之地。就其思想价值而言，关乎思想、学术发展方向的，撮其大要，有如下三个方面：

"睁眼看世界"的先驱

以今人的视角，对姚莹在思想史上的定位，首先应是"睁眼看世界"的先驱。姚莹从嘉庆年间就开始研究边疆史地，比龚自珍和魏源还要早些，而且与龚、魏等同时期其他学者相比，他可能是最早留意观察外国势力觊觎中国动向的人。

他在诗作中，对嘉庆年间广东地区洋货盛行、十三行洋商与外国人之间的贸易、交往情形就有一些记述。如《荷兰羽毛歌》咏道："或言重货兼重人，红毛来者如上宾。众商接待皆屏息，一语不合红毛嗔。"将外国人的盛气和洋商的丑态勾勒得活灵活现。

嘉庆十五年（1810），他在《上座师赵分巡书》中评论两广总督百龄招降海盗张保仔时，指出可能带来三害，其中之一就是"军伍废衄，不闻戮罪，转以为功，夷人、瑶户皆尝窃笑之矣。……且夫粤地内有瑶黎杂处，外有番夷往来，我之虚实彼皆知之，今吾官军骄至不能戡定内贼，不虑有以启彼戎心乎？"提醒人们注意这一事件可能诱发外国势力对中国的轻视和觊觎。

在与松筠的交往中，他得到了许多关于西北边疆史地以及中俄交往的知识和信息，还时常就自己的研究成果，向松筠请教和核订，后收入《识小录》一书。《康輶纪行》自叙追述称："莹自嘉庆中，每闻外夷桀骜，窃深忧愤，颇留心兹事，尝考其大略，著论于《识小录》矣。然仅详西北陆路。"

他又是最早觉察并提出预防英国等西方势力侵略台湾的人。赴闽、台任职，对海疆潜在危机有了进一步认识。道光四年，当他得知夷船贩卖鸦片盘桓台湾长达半年时，立即写信给台湾道孔昭虔，建议提高警惕："及往来台湾，海道既熟，又见我海防之疏、水师之懦，万一回至彼国，言及此地本红毛旧土，忽起异谋，能保无他日之忧耶？……抑莹更有虑者，时议惧生边衅，每遇外夷滋事，往往假天朝恩德宽大为言，而实示之以弱，殊不知损国威即失国体。嘉庆二十四年英吉利之至天津可为明鉴。当事者只取省事目前而不顾启外夷轻视中国之心。彼水师既啖其利，又畏夷船高大，不敢驱逐。赵公此去，彼必诡言以对，甚或张

大其词，以相恐惧，皆未可知。"(《上孔兵备书》)

他还是最早发觉并提醒关注西南边疆尤其是藏边的人。1845年，他就发觉外国势力对藏边的威胁，"盖披楞欲窥西藏，为廓尔喀所阻，哲孟雄路近而小弱，故思取道于此。"(《哲孟雄听披楞通道》) 1847年致信林则徐，指出中国滇、蜀、藏西南边疆存在严重危机，"英可（由哲孟雄）长驱入藏矣"(《候林制军书》)，呼吁人们警惕英国侵略势力。

需要指出，与同时代其他人相比，姚莹"睁眼看世界"最突出的特点，一是他不是在鸦片战争刺激下才"惊醒"的；二是他从"知己知彼"这一传统理念出发，在面对中西力量接触和碰撞时，始终坚持主动地了解外部世界、把握国际形势变化，借以研究和确定中国的应对策略。可以说，在"睁眼看世界"潮流中，姚莹是个真正的弄潮儿。

从20多岁起，他的学术视野就扩展到边疆史地和域外情势，留意搜集和研读有关资料，先后搜集到《海岛夷志》、《海国闻见录》、《坤舆图说》等等。在台湾通过审讯英俘、应邀登上英舰等活动，亲自了解掌握世界知识信息，观察感受异域人文风情。到晚年，几乎从正史到野史笔记，从前人记述到魏源等今人最新研究成果，从林则徐组织翻译结集的《四洲志》到从英俘那里得到的外文书，凡关域外的书籍，能搜集到的他都尽力搜集。他还曾打算编辑一套《异域丛书》。

《康輶纪行》是姚莹著述中最为今人所熟知和重视的一部书，被誉为与魏源《海国图志》相媲美的近代中国人"睁眼看世界"的代表作。其实，它只是一部兼具日记、游记、学术随笔特征的大杂烩似的著述，从体例和份量上说，都不能与《海国图志》相比。但是，其思想价值和意义，却丝毫不减于魏氏书。就"睁眼看世界"而言，该书的价值和意义有：

1. 对"西洋各国情事及诸教源流，尤深致意焉。"姚莹吸收了截至当时所能收集到的研究成果，在书中对世界地理、历史、政治、军事、经济、社会、宗教、文化等等进行了较为全面、系统的介绍和研究。

2. 在近代史上第一次全面系统介绍了西藏边疆史地，尤其是最早提出了警惕外国势力对藏边的威胁和侵略的问题。结合实地考察和文献资料，姚莹在书中对西藏的地理、交通、物产、气候、历史、宗教、政治、风俗等等做了详尽的记述，对西藏与域外各国之间的关系和交往进行了阐述，揭露了英、俄两国对西藏的觊觎之心和相互之间的矛盾。

3. 在核心价值观方面，体现出"东方文化派"的特征：书中有大量记述、分析、比较宗教文化的内容，对源自东方的儒家以外的宗教文化都有所批评，但以为皆是有益于人们向善的，因而都抱一种包容态度，而对来自西方的以天主教、基督教等为代表的宗教文化则深恶痛绝。尤其是，除与同时代先觉者一样关注西方的军事、经济侵略外，他更重视和警惕西方宗教文化的侵略及其危害性。

4. 抨击历代"不勤远略"的政策，批评知识分子热衷权位名利、不关心域外情事的态度和做法。指出鸦片战争的失败应归咎于我们对外部世界的暗昧无知。书中说，英、法、美甚至越南等亚洲国家都对中国地利人事，"彼日夕探习者已数十年，无一不知之。而吾中国曾无一人焉，留心海外事者。不待兵革之交，而胜负之数已皎然者矣。"（《复光律原书》）因此呼吁为"制夷"而放眼世界、了解世界、研究世界。"余谓：外蕃之敢为奸诈欺中国者，以中国无人留心徼外事也。苟每因其来，有人焉，访其山川疆域、国制民风，互相考校，久之必得其实，则彼一有奸欺，我有所据以折之，彼知中国有人，自可销其邪慝。"（《明臣议抚驭外夷》）姚莹在书中反复表达和强调了他自己不畏艰辛和讥讽，忍辱著书的宗旨："莹为此书，盖惜前人之误，欲吾中国稍习夷事，以求抚驭之方耳！"（《与余小坡言西事书》）就是要"知彼虚实"，"习其山川，则知形势之险易；习其人物风土，则知措置之所宜"，"徐图制夷"（《详考外域风土非资博雅》），以"冀雪中国之耻，重边海之防。"（《复光律原书》）

不过，对异域知识，在思想态度上，他又表现得异常冷静。最明显的是，他对来自夷人（西方）的东西，既没有视之为洪水猛兽（宗教除外），也没有视之为神丹妙药；既承认"夷人之长"，又没有妄自菲薄；既主张"知彼"，甚至吟咏出"且喜将军能好武，亲成战舰在中流（时楚省仿夷制新成战舰）"（《四月四日舟泊汉阳风雨涉江偕友人携浚昌登黄鹤楼即事》），也没有像魏源那样明确提出"师夷"的口号。现在看来，他的思想张力或拓展性较大，但是其演进却是慎重的、拘谨的。我们或许可把他的这种见解和认识，看作具有数千年文明史的大国在那个时代自然而然孕生的，也是所需、甚至所应持的思想态度，我们应从这一角度，来认识他、评论他。他是"睁眼看世界"的先驱，却不是向西方学习的旗手，虽是遗憾，但对这样一位杰出的先觉者、理性的开明者，理应给予充分肯定。事实上，历史也已经给予了他崇高的赞礼。

嘉、道时期经世派代表人物

在清代嘉庆、道光年间的经世派中，姚莹是一位极具特点和影响力的代表人物。若横向比较，姚莹的经世思想的产生，可能晚于包世臣，而早于龚自珍、魏源。

姚莹终生恪守的是经世致用的人生观。束发就对"奸回鄙吝，嫉如寇仇"，而追慕古代名臣贤豪之所为，"乃悄然悲宇宙辽阔，惧此身之委于草露也"（《覆汪尚书书》），萌生了经世之志。成年后，"望古常存屈贾悲，感时欲上天人策。"（《杭州晤徐六襄》）尤仰慕贾谊、王阳明之为人，因为二人学术体用兼备，不为空谈，且有政务实践，利国惠民，成就伟绩。他曾在给马瑞辰信中说："吾辈立志本不在温饱，亦不畏权势，苟能一言一事于斯世有益，所获多矣。"生平所修都是内圣外王之道，所交都是奋发有为之士，所究都是世道人心、国计民生之事，所为也都是安邦济民、造福一方的事业。其评人论事，也一以经世致用为标准。如评郑兼才："君生平论学以植纲常为主。一官所至，辄兴工营建，诸事皆有成功。尤以吏治民风为亟。每建言大府，陈利弊皆切要，文尤精悍朴老，为时所重。"（《郑君墓表》）对管同、吴嵩梁等许多友人拥经世济民之怀，而徒以诗文闻名者，每每惋惜不已。

姚莹经世思想内涵丰富，这里只能提要介绍。

哲学思想。在世界本原问题上，姚莹是个"气"一元论者。他认为，世界的本体由气构成的。"天无形质，以气为体"（《天人一气感应之理》），"人之始生，本二气之精，与星辰同体"（《达赖剌麻顶上云气》），"万物之生，皆二气之动使然"（《守其知者无七情》），草木其细，山川其巨，有生命无生命者，莫不由气生成。气是运动的，所谓"触物必动，透窍必出"，"气无不出"，因而，天地万物都处在运动之中。事物的运动构成了各自不同的形态和特征，宇宙也才因此多姿多彩，万般气象。事物运动的客观性也是由气决定的，"盖天地万物无非一气运行，而万物各受天地之气运以自为其生，……夫气运流行，天亦不能有春秋而无冬夏，日月不能有盈满而无亏蚀，山川不能有流峙而无崩竭也，况于人乎？"（《墨子非命》）

无论是自然界还是人类社会，所有事物和运动都存在一种支配力量，即是"道"（或称"天道"）。他所描述的"道"或"天道"实际上就是客观规律。他说："盈天地间皆道也，有器，有数，有理。""其所谓'天道'，则指阴阳五行所以消息、生死之机，与夫四时之所以运行，万物之所以并育，世运升降、兴废、盛衰所以不齐之数，凡极深极奥，不可以人智窥测者皆是也。"（《性与天道》）道虽有些深妙，却具有必然性，其特征为客观（"天道无心"）、运动变化（"化则变"）、有自身运作方式（"变而不失其所"）。道也就是事物本原："天下事物，莫不有所由来，由来者，事物之本原，本原即道也。事物可见，本原则或见或不见。"（《事物本原于道》）

他考察了"理"、"数"关系，指出"数"实际就是人们常见的、可感受或把握的具体的运动或存在的形态或量化差异，"理"则决定着具体的客观存在或运动的性质。两者关系是："数也而理存焉"、"数即理也"，但"数统于理"，即数寓于理之中，同时理又制约着数，反对将理、数割裂开来。他又通过对理、数、因的论述，阐明了客观世界是可以认知的："凡事求其理而不得则参之数，更推其数而不得则付之因。三者若不同而实不相倍。盖理主其常，反是则变，天下不能有常无变也，以数推之，则可即常观变矣。数之变有万，而各有所起，起即因也，以所因究之，则可即起知止矣。常变起止，可推可究，非理乎？一理明则数与因在其中矣。……数有千万各处其一，随举其一皆可为起，所起者异，即所止之数千万亦异，寻其一而推之，十百千万可知，非理乎？数有尽而理不与同尽，因有起而理即与之为起，故有一而后有万，一即万之因也。"（《理数因》）

所有的事物都有一个运动发展过程，这个过程所留下的"迹"，就人类社会而言表现为名物度数，客观规律便隐藏于这些变化运动之迹中。当各种具体的运动与客观规律（运动的必然性）相一致时，客观规律便可通过具体事物体现出来，人们就可觉察到它；否则觉察不到。

这些论述显然不仅仅具有朴素唯物辩证法特征，而且已经达到相当的致思深度。其哲学思想既克服了朱熹"理在气先"的弊病，又避免了王阳明"心即理"的缺陷，不过，他也同时相信有些不可知的神秘力量的存在，如神鬼、命运等。他的哲学思考几乎涵盖了传统哲学的所有概念与领域，这里不再赘述。

进化史观。他认为人类社会是不断发展进化的。他通过研究世界史地得出结论，"国名今昔互异，制度风俗，由朴而华"（《商贾说外夷有裨正史》），是世界历史发展的常态。就中国史来说也是如此。羲轩之世，淳风古处，百姓浑浑；到了中天运隆，便进入文明将启的尧汤之世，遂有三代之治。在评述台湾开发时，他说："夫山川之气，闭塞郁结，久而必宣，宣则泻，泻则通，通然后和，天道也。"（《噶玛兰台异记》）文明的这种递进是必然的。"一代有一代之典章，一国有一国之风俗，一时有一时之机势"，（《吾斯之未能信》）不同民族之间，发展阶段存在不平衡性。上古时代，中国"亦犹之夷狄也"。但到后来，夷狄"风气之开，后于中国常数千年，而终莫能及中国，理固然也"。"然则天道可知矣。恢恢大圆，其气滂浃，无所不周，无所不至，而有先后迟速不同。蠢者有时而灵，高者有时而下，一行乎自然之气。气必运而后至，不可强为也。"（《天道》）总之，在他看来，人类社会正是以这种起起伏伏状态不断进化发展而来的，发展不平衡是常态，而不断进化则是共同的、必然的趋势。而就一个朝代或政权来说，又有"有开创之天下，有承平之天下，有艰难之天下"，即存在兴、盛、衰、亡等几个发展阶段的历史规律和现象。他认为人们可以从历史变化中认识现实、以备鉴戒。人在历史发展中是可以有所作为的，以德弭患，可以转移"天心"。"夫气运乘除自有消长，与人事或应或不应，灾异之见，岂必皆哀季之朝哉？所恃者，人君大臣以时修其政事，不为害耳！""以德弭患，厉气潜消，天心亦为之转移，岂不信哉！"（《江宁府城水灾记》）姚莹这种具有朴素进化色彩的历史观，与当时流行的历史循环论是有显著区别的。

这种哲学观和历史观，为其经世主张和实践提供了坚实的学理支撑。

社会变革思想。他反对复古师古，曾忧心忡忡地说"自古未有委靡若此之甚者也。古道亡而后人心坏。人心之坏则自谀谄面谀始，谀谄成风则以正言为可怪，始则惊，继而惮，继而厌，最后则非笑之以为不祥。"（《复座师赵分巡书》）谴责"大臣不过遵用故事，小臣不过谨守薄书"（《吕夷简》）的现象，说滞陈迹而为之，误国误人，而"从古小人排挤善类，无不以故事成例为言"（《吕夷简》）。他认为古未必悉是，今未必悉非，"古今时势不同，当务为亟。今日事势可忧可惧如此，似不宜守拘墟之见，犹以覆辙为美谈也"（《复光律原书》）。他极力主张渐进的改革。呼吁"因时损益"，即因应时势做些改革。为此他还曾引经据典，从夏、商、周历史演变中论证先王制礼都是顺乎世事人情的，说即使孔子当政也必大有损益。他的改革主张不仅强调全局意识，还特别注重"知情"、"审势"、"察几"，即改革的条件和适度。他说："情得则势见，势见则几明，势见几明则方略出焉。"（《东槎纪略自序》）好比中医治病，必须根据病人体质和病情开方下药，"有同病而异药者，其奏效一也。"（《答李信斋论台湾治事书》）反之，若"习近闾阎，而阔于制度，或锐意改革，而昧于事情，逐末者忘本，务名者乖实，言之娓娓而无所用，发于其政，害于其事，利害相乘，不可不辨也"（《东槎纪略自序》）。

民本政务观。 在姚莹的从政观念和政务实践里，始终体现着鲜明的民本色彩。改革要遵从民意，为政要与民同好恶。他说："为政在乎得民，而得民者必与民同其好恶。""民恶盗贼而我严缉捕，民恶匪徒而我诛强横，民恶狱讼而我听断以勤，民恶枉累而我株连不事，其同民之恶也如此。民好贸易而我市廛不惊，民好乐业而我闾阎不扰，民好矜尚而我待之以礼，民好货财而我守之以廉，其同民之好也如此。"尤其是姚莹特别重视官民沟通，上下情通达晓畅。主张为官者应该做到"亲接贫贱，广问以达下情"，力求"文武同心，官民一体"，以为这样整个社会"血脉自尔流通，百骸无所壅滞，尚何病之不治哉！"（《答李信斋论台湾治事书》）

不过，就政务主张来说，他也并非一味地"媚民"，而是坚持兼用"恩、威、信"治民的政务理念。他说"夫所谓与民同好恶者，非为苟安之政，一切姑息也。其民既浮动而好事，非严重不足以镇靖。锄强除暴，信赏必罚之谓严。事有豫立，临变不惊之谓重。威以震之，恩以结之，信以成之，大要尽于此矣。"（《答李信斋论台湾治事书》）认为一个优秀的官员，就应该"有忧天下之深心，怀康济之大略"，"本清慎勤之心，行恩威信之政"。在处理日常政务时，要有预见性，做到"弭乱于未形，防患于先事"（《上座师赵分巡书》）。他充分认识到吏治与民生之间的关系，重视简政廉政，维护民众利益，说"今欲治之，必先富之"，而要做到这些，官员的躬行节俭，裁减供给以使"吏不扰民"（《致汤海秋书》），非常重要。对百姓要"结之以信，震之以威，平之以情，持之以法"（《上座师赵分巡书》），只有这样才能实现长治久安。

他对为官之道，做过许多论述。他说，"窃惟服官之道，当以慎勤为本，忠信为质。及乎治事则首在识时，其次因地，又次观人，终于审事，未有任心执一而不乖误者也。即以地方官言之，钱谷兵刑虽有成法，而用法之宽严缓急则又当体察而行。时有异势，地有异宜，人有异等，事有异情，明乎四者，然后可以无弊。……非执端用中，则宽严缓急之间安能悉当？"（《覆程中丞书》）这些从做人到处理政务的方式、方法的论述，既是行政经验的系统总结，又是较深入的理性思考，至今仍有汲取和借鉴价值。

人才观。他注重人才，认为人才乃天下之本，廉耻为人才之本。他抨击科举帖括考试"上则侮圣言，下则坏士习。俾一时人士，不讲求圣贤所以立言之微意，而用心于纤巧诡僻之途，遗害斯文，岂细故哉！"（《五经取士》）主张不拘一格用人才。认为在开创、承平、艰难等不同时期则有不同人才产生。而承平日久，"天下病矣"，"天下艰难宜问天下之士，而与乡曲自好者谋之，其有济乎？奇才大略不世出，必不在修饰边幅中也。"（《复管异之书》）也就是说，在社会危机已经出现的时期，要使用那些胸怀大志、德才兼备、勇于担当的"天下之士"，而摈弃只知趋时谨慎的庸才。为政之道，贵在得人。而得人则要根据客观条件，"因地得人，或弛或张，惟用之当而已"（《覆贺耦庚方伯书》）。嘉庆十八年（1813）冬得知天理教起义消息后，意识到更严重的社会危机来临，更大声疾呼"天下之务，莫急于人才，得人之法，莫妙于因材善使，无以常格拘，无以小行责，白其志，伸其气，宽其程，严其效。"（《复座师赵分巡书》）

姚莹在其他领域也曾提出过许多闪光的思想主张。诸如"恤商"。姚莹和其同时期的大多数思想家一样，都"重本"，即重农，但不"轻末"，即轻商，反而十分恤商。他奉命主持或参加过道光年间的盐政改革，提出"保民而后有赋，保商而后有税"的主张，认为裁革浮费，减轻课本，培养商力，才能实现"商渐裕而运库充实"（《覆陶制军言盐务书》）的目的。不仅其著作中未曾出现过轻商言论，而且其晚年还从事过合伙商业活动。

又如妇女观。姚莹的妇女观在其同时代人中，也算是开明的。虽然就社会角色而言，他实际上认为男尊女卑，但就"人格"而言，他不仅不歧视妇女，而且对妇女尊重有加。在其著作中，有大量作品对诸如马瑞辰妻子等一大批德才兼备的妇女事迹做了记述和赞颂，他认为许多妇女的优秀德行，所作所为，都让男人羞愧。他认为程朱一些关于女子贞节的论述是针对极少数修养达到极致的妇女而言的，并不是对普通妇女的要求，而且普通妇女也没有必要按照那样的要求去做。他对女子改嫁持宽容态度，并且认为儿子对改嫁的母亲也应尽孝报"天恩"。

再如学术包容思想。感于"名教衰微，气节颓废"的现实，他宣称自己的著述就是"以寓劝惩之旨，乃克扶树教道，而有补于人心"。但他极少门户之见。在儒学之外，他主张公允地对待佛、道及诸子百家；在儒学内部，倡导汉、宋调和，既指责汉学支离破碎、脱离实际，又批评宋明理学拘隘空疏；在理学圈内，则又朱、王兼用。在他眼里，凡有益的，皆可融会贯通，广纳博采。其他如对具体的政经事务、军事筹划、治身养性、学术文化等等大量的论述，都是其思想成果，丰富而有特色。

桐城派文风转变的关键人物

桐城派于清康熙间兴起，民国初年式微，是有清以来打着倡说唐宋散文（习称"唐宋古文"）旗号集聚起来的影响时间最久、范围最大的知识分子群体。这一知识群体先后在桐城人方苞、戴名世、刘大櫆、姚鼐等影响下，逐步集聚、发展、壮大，在嘉庆、道光年间，声势鹊起，波及岭南塞北、江河上下，遂被习称为"桐城派"。姚莹是姚鼐的族孙，曾亲聆姚鼐讲"古文法"，可谓得桐城派真传，与管同、梅曾亮、方东树一起被后人称为"姚门四子"之一。

晚清学者方宗诚在《桐城文录》序中曾指出，姚莹是桐城派文风向"经世"转变的关键人物。在桐城派发展史上，初创时期，方苞提出言"义法"、"有物"、"有序"等命题时，主旨是引导知识分子致力于内圣外王、经世致用，改革浮躁而势利的文风和学风。到了刘大櫆、姚鼐时期，先后提出了"神气音节论"、"义理、考证、词章三者不可偏废论"，逐步淡化了经世色彩，偏向对"文章学"的研究。而姚莹传承姚鼐的古文理论衣钵，同时继承了方苞的经世精神，提出了"义理、经济、文章、多闻"（《与吴岳卿书》）的主张，在桐城派学风文风转变上，上承姚鼐，下启曾国藩，具有关键作用和意义。

"舍道以为文，非文也，技耳"。关于道、德、文、功关系，他坚守"言有物"的观点，力倡文以载道。说文之优劣，全在乎内中道之有无。在《与张阮林论家学书》中，他说："君子立学，传于后世者，道也，而不在文；功也，而不在德。道、功，天下之公也；文、德，一人之私也。道足以继先哲，功足以被来兹；若此者，己不必传，天下传之。文者，载道以行，舍道以为文，非文也，技耳；技不足传君子。"申论其家学实质在于追求道、功，而不仅仅限于文、德，与汉学诸贤异趣。关于道（经）、学、文、诗关系，他也做了分析解读："故夫六经者，海也；观于六经，斯才大矣。……文与六经无二道也，诗之与文尤无二道也。凡此皆有得于天，而又得于人者，是也。"（《复杨君论诗文书》）又说，"仆少即好为诗古文之学，非欲为身后名而已。以为文者，所以载道，于以见天地之心，达万物之情，推明义理，羽翼六经，非虚也。世俗辞章之学既厌弃而不肯为，即为之亦不能工，意欲沉潜于六经之旨，反覆于百家之说，悉心研索，务使古人精神奥妙无一毫不洞然于心，然后经营融贯，自成一家，纵笔为之，而非苟作矣。诗之为道亦然。"（《复吴子方书》）他继承方苞"义法"说，主张"才、学、识三者先立其本，然后讲求于格、律、声、色、神、理、气、味八者以为其用"，使文章"关世道而不害人心"（《复陆次山论文书》）。

诗文具有经世功能。虽然他认为人生价值，首先应体现在"内圣外王"、"修齐治平"上，诗文只是实现上述理想过程中的副产品或实现不了经邦济民理想后被迫选择的"小技"，但它并没有忽视诗文的经世功能。相反，他十分重视诗文的作用和意义。姚莹"论诗宗汉魏盛唐"，认为诗歌陶冶性情，抒写景物，是古乐之遗续，其作用是宣导幽滞，寄哀乐于声音。道光十一年三月至京，应约作《郑云麓诗序》："夫诗者，心声也。人才学术之所见端，亦风俗盛衰之所由系。今海内承平久矣，人心佚则淫，淫则荡，荡则乱，士大夫固有其所当务者，诗歌似非所先。然以持正人心，讽诵得失，实有切于陈告训诫之辞者。君固尝忧时悯俗，今以上考蒙知遇，方有守郡监司之寄，所以拯济黎元、上报天子者，吾于君诗觇之，必能异乎人人所为政也。"姚莹强调为文要"于斯世有益"。

"言事之文为尤难"。所谓"言有物"，就是要"怀闾阎之忧"，"济时之用"而作文立言。"民风吏治者，乃正学人之有事，非以为文章之具而已。"（《再复赵分巡书》）认为真正难写的，就是言事的文章。道光二十年作《重刻山木居士集序》，说："古人文章所重于天下者，一以明道，一以言事。理义是非不精则道敝，利害得失不核则事乖。然理义可以空持，利害必以实验，故言事之文为尤难也。……其（山木）文章渊澹处，真可以追古人矣。而政事之文，特为茂实，所陈得失利害，皎如也。匪惟言之，其居乡及服官固一一行之有效，非空为斐然者，其重于世而传于后，不亦信乎！"

"文无古今"，"凡所修辞，立诚为本"；诗、文比较，诗又为"末"。姚莹极为反感科举文字，就是因为它模拟抄袭、浮躁无实，所以他倡说"文无古今"，认为"古文"并不是一定要追随某流某派，而是特别强调创作要立诚写真，做到"称心而出，义尽而止"。道光八年《复方彦闻书》云："凡所修辞，立诚为本。……先正论文，所以必主八家者，非谓文章极于八家，谓八家乃斯文之途轨耳。……莹力薄志衰，未能究心斯道，然生平不为无实之言，称心而出，义尽则止。何者周秦，何者建安，何者唐宋，放（仿）效俱黜。盖不敢以是为文也。"姚莹文论的经世色彩特别浓烈，在他看来，不仅仅文为"末"，而且就文论文，也还有"文章之大"，就诗、文比较而言，诗又为"末"："夫人之一身有子臣弟友之责、天地民物之事，至没世后，举无一称而独称其文章，末矣。文章之大者，或发明道义，陈列事情，动关乎人心风俗之盛衰，乃又无一称，而徒称其诗，抑又末矣。"诗文创作只有发自于真情实感，方为佳作，作者才能借以彪炳千秋："惟自命不在此而卒迫之不得不出于此，然后以其胸中之所磅礴郁积者一托于诗，以鸣其意。其蓄之也厚，故发之也无穷；其念之也深，故言之也愈切。诵之渊然，而声出金石满天地；即之奕然，而光烛千丈辟万夫。思之愀然，聆之骇然。而泣鬼神、动风雨，夫非其声音文字之工也，是其忠义之气，仁孝之怀，坚贞之操，幽苦怨愤郁结而不可申之志所存者然也。"（《黄香石诗序》）

诗歌三层次说。姚莹对诗歌创作规律做过大量的探讨和研究，有系统的见解，主张诗歌写作应该真实自然而然地抒发。作有《论诗六十首》，对古今诗歌名家进行评论，在中国文学史尤其是诗论史上具有独特价值。在《张南山诗序》中，他提出了诗歌三层次说，即认为诗歌作品可分学得、悟得、天籁三层次："诗有可以学而至者，有不可以学而至者，有可以悟而得者，有不可以悟而得者。格律之精深，声响之雄切，笔力之沉劲，藻饰之工丽，此可以学而至也。意趣之冲淡，兴象之高超，神境之奇变，情韵之绵邈，此不可以学而至也。学而至者，不待妙悟；不可学者，非悟不能。若夫忠孝之怀，温厚之思，卓越之旨，奇迈之气，忽而沉挚，忽而激烈，作之者歌泣无端，读之者哀乐并至，是则天趣天籁，又岂可以悟得者乎？……性情正，胸怀旷，才力峻，学问博，得之于心，应之于手，举人世可惊可喜可哭可笑之事一于诗发之，千载以下，读其诗如见其人，如见其世，此则天与人合，不学焉不至，不悟焉不得，而实不关乎学与悟者也。夫如是，则其文也皆其诗也，所以并称于李杜也。……学之失，则有形合神异者矣。……悟之失则又有以不至为至，不得为得者矣。……天趣、天籁，吾未之见也，真气不存焉耳。"在《后湘集》自叙中，他把思想感情比作"风"，把辞藻格律比作"箫"，认为诗歌创作是"风之过箫"。称诗应有感而作，不应"强而作"，没有因物起兴的"情"便没有诗作。所表达的就是追求"天籁"之作。他说："诗为六艺之一，动乎性情，发乎声音，畅乎言辞，中乎节奏。其始也，必有所感，感于情者深厚，然后托于辞者婉挚，使人读之不觉其何以油然兴观群怨，此古诗所以可贵也。"（《孔薏浦诗序》）批评工于模仿，惟知严守体制，真情不足，假故实以文其疏舛的应试举诗，以及孜孜考证、好古搜奇、破碎繁芜的充满汉学习气之诗。

学诗必须师人。姚莹颇为认可"诗如其人"说，因此认为学诗先须师人，然后才能得到其诗歌之精髓。他特别重视作家的思想修养，认为欲求"所以为文"，必须先求"所以为人"。五古《修辞》："文章本心声，希世绝近习。质重人则存，浮杂岂容入。镂琢饰情貌，当非贤所急。"他说，"故观其诗可得其人，其人虽亡，其名以立。今世之士，徒取其声音文字而揣摹之，辄鸣于人曰：吾以诗名。其与古人之自命不亦远哉！……（本朝王阮亭、沈归愚）然皆以诗言诗。吾以为学其诗，不可不师其人，得其所以为诗者然后诗工而人以不废。否则，诗虽工，犹粪壤也。"（《黄香石诗序》）他认为屈原、司马迁、李白、杜甫、韩愈"此数公者，非有其仁孝忠义之怀，浩然充塞两间之气，上下古今穷情尽态之识，博览考究山川人物典章之学，而又身历困穷险阻惊奇之境，其文章乌能若是也哉"（《文贵沉郁顿挫》）。只有师其人，再加上增广学识并积淀生活阅历，方可写出像他们那样的沉郁顿挫之文。至于文字，不一定要新奇，普通的熟字熟句，照样可写出好诗来。

作为桐城派代表作家，姚莹的诗文创作也独具风格。总体而言，其"文章善持论，指陈时事利害，慷慨深切"，"举声音笑貌、性情心术、经济学问、志趣识见乃至家声境遇，靡不悉载以出。"（方东树《石甫文钞题辞》）方东树又在《东溟文集序》中曾评论其散文："观其义理之创获，如云霾过而耀星辰也；其议论之豪宕，若快马逸而脱衔羁也；其辩证之浩博，如眺溟海而睹涛澜也。至其铺陈治术，晓畅民俗，洞极人情白黑，如衡之陈鉴之设，幽室昏夜而悬烛照也。而其明秀英伟之气，又实能使其心胸、面目、声音、笑貌、精神、意气、家世、交游，与夫仁孝恺悌之效于施行者，毕见于简端，使人读其文，如立石甫于前，而与之俯仰抵掌也。"论政议事之文，往往切愤深忧，激昂豪宕，文笔骏利而富于感情；传记之作大都感情真挚、文笔生动。诗风以盛唐为宗，兼有汉魏格调。诗作大都是写自身感受，或吟咏性情和山水风物，或抒发宦途摧挫之感，忧时悯民之怀。诗作情感低回，质朴清新，词作则意境廓大，灵动感人。

姚莹存世著述大都收集在《中复堂全集》中，计有 98 卷，约 200 万字。另有《石甫文集》、《海运纪略后编》、《噶玛兰厅志》等单行本。其著述文体涵盖传统的诗、词、赋、论、说、序、跋、碑、铭、传、记、奏折等等，内容涉及"百科"，非常丰富。由于《石甫文集》的内容已收入《中复堂全集》，《海运纪略后编》、《噶玛兰厅志》无关思想文化史，而《中复堂全集》是姚莹亲自参与，又先后经过李兆洛、陈方海、叶堂、方复恒、姚浚昌等一批学者编校的，质量上乘，因此本书主要以姚浚昌刊印的《中复堂全集》为底本进行选编，另外参考了黄山书社出版的《康輶纪行》、《东槎纪略》、《识小录》、《寸阴丛录》点校本，因为该点校本部分采取了原始的手抄本。本书选编：一是从思想史角度进行选材，凡属思想史范围的内容尽可能选入，以全面、系统地反映姚莹的思想；一是与姚莹思想发展有关的生平史实或传记材料类作品，酌予选取；一是编辑时，考虑到姚莹著作的实际情况，未采取按时间或分类进行重新编辑，而是维持了《中复堂全集》结集顺序的原貌，这样或许更利于把握姚莹思想及其脉络，也更便于研究者使用；一是对选取的篇目不做删节，以保持单篇的完整性，提高其可信度。

由于本人学识浅陋，客观条件欠佳，加之时间和精力不集中，难免影响到编校工作，影响到学术质量。在此，恳请大家批评指正。本书出版过程中，始终得到编辑王婉莹小姐关心和帮助，她的认真负责精神，细心和耐心，尤其是对我一拖再拖的包容，让我感动不已。在这里，谨向她致谢，同时向她致歉。

施立业　2015 年夏初

东滇文集 东滇外集

（1833 年前）

通论上

将欲成天下之大事，著不易之骏功，此非一二迂曲之士所得与知也。孔子之言曰：言必信，行必果，舍是不可为君子；宗族称孝，乡党称弟，舍是不可为完人。圣人之意岂不欲天下人人皆无失言、无失行，而称誉之美溢于乡国，以是为太平之极规也。诚使天下人人皆能如是，是亦足矣，而势又不能。天下之治乱有所由生也。变乱未形，惟圣人能泯其几兆，事势既著，斯达者乃建其功名。士有功名，天下之不幸也。夫言行称誉，圣人所以教天下也。天下幸安，人服吾教。不幸一旦有事，愚者迫于饥寒，相率而为盗贼，英雄豪杰并起，是惟角智争力之不暇，而区区执言行称誉之说，欲以安定天下，其谁听之乎。

夫圣人岂不计古今常变而统言之哉？此不可不权势缓急者也。天下之民至不齐矣。燕赵之民沈而劲，齐鲁之民椎而骛，秦晋之民啬而悍，吴越之民贪而剽，闽粤之民很而愚，其地气然也。其中又必有材智殊众、桀骜不屈之徒，往来要结，自相雄长，此奸民之尤者，国家之巨憝也。不锄而诛之，固无以为治，然亦安得而尽诛之乎？且夫天下之民，其循分自安者，大抵椎鲁无识，仅为人役而已，若小有技能，即不免过分之望。况夫山川精气，间有所钟，其人既挟殊常之能、非常之志，类皆自矜贵而贱人。幸而有业自存固无论，一有失职，彼其能俯首帖耳，甘贫贱而无事乎。

天下之患常中于所忽。朝庭晏安，四夷宾服，又且人主聪明，谨守祖法，勤于政事，大臣夙夜恪恭以求无过，甚安也。是时天下即有奇才而无敢倡为高论、轻议时事，智者无所用其谋，勇者无所用其力，举世以为太平矣。而非常之患即伏于其中。何也？奇才智勇不虚生，不能见于国家，彼将自见于天下，吾恐其荡佚自恣，将伺隙而生端也。且世之所谓太平者，果能风俗不偷，人心朴厚，忠正盈朝，府库充实，四时无水旱之徼，海内无师旅之役乎？将不能也。此数者一有不然，足为大患。况其备之者，乃犹习故常，不以人才为急，吾深为执事者惜之。

或曰：后世取士之途广矣，科第取之，鸿博取之，馆职吏员取之，乃至入资者取之，登进甚多，而常有无人之叹，岂执事者之咎？吾谓不然，登进之法，宜有常格，以绝奔竞之门；甄拔之途，必有殊科，以收非常之用。向之数端者，可以得寻常之士矣。若夫奇才智勇、抱非常之略者，岂屑屑从事于此哉。就使数者之中有其人矣，责之以科条，核之以名实，尺寸之法足以短人，彼其所挟持者大，区区不足以自见，有逃而去耳，况其穷愁失职、放浪于风尘湖海之中、郁郁无所遇者，又安知其几辈耶。昔者，东晋之际，王谢诸公励志中兴，而不能得王猛，苻坚得之，遂霸中原。庆历之间，韩范当国，贤髦毕登，而不能用张元、吴昊，夏人用之，卒为西患。论者未尝不惜其以人材资敌也。夫以人材资敌甚于以兵借敌、以地予敌。苟罗而用之，彼皆吾材也，胡为以助敌乎。王谢韩范诸公，岂其智虑不及此而竟失之者，狃于故常之见，忽于耳目之前故也。

夫有雄材绝智、抱济时之具者，此其人类不能斤斤于言行称誉之间矣。有不为乃可以有为，释其小乃可以见大。举世不觉而独言之者，必有观时之识；举世共趋而独不顾者，必有经远之谋。接其人，察其议论，毋以资格相拘，毋以毁誉惑听，是在执事者之鉴择矣。夫阔大者多疏，沉毅者多略，高明者多傲，英迈者多奇，观其病则其美可见也。若夫谨言曲行，与众俯仰，岂所望于国士哉？嗟乎，二三大臣执政，诚当国家乂安之时，逆虑未然之患，深心实意，求其材智绝特、阔达有为如王景略其人者，举而用之，以济当世之务，又何不久安长治之有！乃仅仅束身免过，不先天下而忧，既无知人之明，又复多所忌讳，坐使奇才绝识沉沦困踬而无以自效。古今以来，忠正明达以身任天下者，犹且失之，又况其未必若王谢韩范诸公者哉！

（东溟文集卷一）

通论下

天下之积势如此其重也，其需才又如此其亟也，然而曰才难；才难者，将无以为天下乎？舟车所以行水陆也，计古之行无以异今之行，则舟车之为材同。谷帛所以衣食饥寒也，计古之衣食无以异今之衣食，则谷帛之为物同也。而人，天之所甚爱也，计古者天之爱人无以异今之爱人也。

天不为古今异其舟车谷帛之生，独于人才至今而靳之，岂天心乎？故天之生才古今同，而才之有无古今异者，则是非无才也，今之用才者不如其用舟车谷帛也。古之舟车，行而已耳，而朱轮华毂画鹢飞凫，今之华十倍之。古之谷帛，衣食而已耳，而云罗雾縠，海市山错，今之富十倍之。至于人才，则苟简而已。进一人焉，惟其私也，匪是，则秦人之视越人也。退一人焉，惟其憎也，匪是，则妨贤塞路如未之见也。是何其爱才不如其爱舟车谷帛也？彼其视天下必有不若行与衣食之切者矣。

故人必饥也而后求食，则谷至，从而精焉，斯山海之珍集矣。人必寒也而后求衣，则帛至，从而美焉，斯锦文之饰备矣。人必有志天下也而后求士，则才至，从而切焉，斯瑰伟之士出矣。今夫生而自命者，上圣之资也，有待而济者，识时之杰也，将欲建天地之中，立生民之极，继往开来，纪纲百代，此诚间气不可以世出。若夫豪杰之士，慷慨时务，奋欲有为，则往往见之矣。顾其人不能无所因以成事，类皆有所短以累名。昔者管仲尝事公子纠矣，粥粥无所闻，一战而囚，及桓公相之，遂大匡成霸者，桓有霸主之志，仲因之而成其功也。韩信、陈平尝事项籍矣，位卑禄微，言不见用，及从高祖，用其计画，卒亡项氏者，高祖有明帝之资，信、平因之以效其用也。魏征尝事建成矣，不能直言极谏，以成其主之德，及事太宗，力陈王道，贞观政治，遂几成康者，太宗有纳诲进善之智，征因之以尽其忠也。故曰：有不遇之君，无不得之士。向使数子者不遇其主，虽怀奇负异，亦与草木同朽矣。而得际三君，驱策群力，遂佐成大业如此，岂不懿哉！

人君者，风也；大臣者，播风声者也；士者，草木之待偃者也。上以功名责士，则士以功名著矣；上以气节望士，则士以气节称矣；上以利禄奴隶役士，则士以委蛇庸碌终矣。故曰：观世之治，观所进士，下有伏才，上无显节。古者大臣不侵庶职，务在进贤。故虞期闻樊姬之言而避位，史鱼迟伯玉之用而尸谏，是皆不旷其官者也。且夫太上立德，其次立功。周召之贤不掩尚父，孔子称管仲曰"如其仁"，不责其死而以自经沟渎为匹夫之谅者，圣人所以为大，观时所急，不废才以堕其功也。伊尹五就汤、五就桀，孟子称为圣之任者，自后儒论之，不以为反覆之臣乎？论人如孔孟，可以折天下之中矣。今习委蛇之节而忘震惊之功，仍贪冒之常而昧通时之识，徒以议论相高，莫究实用，一闻异论，则摇手咋舌以为多事，是坐视大厦之敧而不敢易其栋梁者也。而其言则曰无才。夫三代以下，士无夷齐之行，儒无孔颜之誉，一善未彰，短己共著，其谓之无才，不亦宜乎。

夫用人之与衡人，不可同日而语矣。衡人者，原其心志与所行事始终，核量以定其贤否，将以明道，非苟其人也。若用人者，大小视其器，长短惟其材；观其效不责其程，计其功不较其外；以才用才，不以法用才。吾未见辀较辌辂之不适于车，舻舴舠舸之不适于舟也。嗟乎！三代以上，寤寐是求，汉唐英辟，亦言驾驭，不闻无才之叹。至其末世，谐臣恃宠，娼嫉尤多，于是愚其主以为天下无才，上亦日见其左右之碌碌也，遂谓一时人士不过如此。呜呼！其一朝遇合，云蒸龙变而起者，岂非皆草泽之士哉？吾闻汉唐之兴，犹有进贤受赏、蔽贤蒙戮者，其后史册所载遂无闻焉。故备论之，以为有进人之责者戒。

（东溟文集卷一）

贾谊论

文景之世，上好黄老，以无为为治，大臣亦皆谨谨无所举建。其时慷慨论议，深计天下事者，贾谊、晁错而已。谊与错皆明于事势，而错尤善言兵，其论募民入粟及削弱诸侯之计，即贾生积谷与定地制之议也。错之才不及谊，景之贤不及文。然景帝方为太子即说错，及为帝，遂骤用至三公，行其策。贾生痛哭上书，言更切至，文帝虽奇之而不能大用，卒以自伤哭泣死。或者以为遇之幸不幸，非也。错言于时事已形之后，故见为悚切而易入，谊言于痛疽未溃之先，故见为迂阔而缓图也。且错之言术数，峭直深刻，与景帝资性既近，而刑名之原，亦本黄老。若贾生定制度、辨等威、明教化、美风俗，策治乱于未形，权安危于久远，教太子以重国本，礼大臣以崇国体。信乎，王佐之才，原本于三代之意，是岂中主以下所能晓者哉？文帝盖略有以知之矣，然卒不大用生者，岂非学术不同，见为迂阔而可缓行之乎。

且文帝非不用生也。观其始进，岁中超迁至大中大夫，固以为才任公卿矣。继而大臣沮之，向用不坚。及自长沙征还，宣室夜见，自叹以为不及。吾知帝意终用之也。顾使傅梁王而不即任，或者欲老其才以贻后人乎？乃其言则当时亦略施行矣。史谓生以夭亡，虽不至公卿，未为不遇也。斯言得之。且夫士抱非常之略，怀不世之资，其宏才远画，固以为天下，非夫立谈干主取卿相以为荣。身虽不显而言能见用，即其道行，其志可以慰矣。向使贾生得大用至卿相，其设施必更有可观者，然亦度帝能尽行之乎。张释之见帝曰：卑之无甚高论。则帝意可知矣。

用之面，不尽行其言，犹不用也。言诚以次行矣，又奚必身之卿相为哉！

贾生之于文帝，可谓遇其主矣。哭泣悲伤以至于死，吾以为犹有功名之念，锐于进身而昧于行道。苏氏讥其志大而量小，才有余而识不足，或者亦以是欤？若晁错者，尤纵横之士，以功名为亟，学本刑名，身为诛戮，宜矣。而世犹悲之。贾生以王佐之才，议论实中于经术，而亦不免末俗之见，为尤可惜耳。苏氏者，才亚于贾生，而能自爱其才，其亦有鉴而然耶？乃其勇于建言而啬于见用，则亦与生等。呜呼！此岂三代以下所能责诸人主者哉？

（东溟文集卷一）

罪　言

姚子读书至二氏之徒，经律典论逾数千，既览其大义，详观终始，深恶世俗荒谬诬悖之非，更反覆诸儒辩正之说，喟然叹曰：嗟乎，道之不一，有自来矣。天意所在，非可以人力强也。夫豪杰不虚生，矧命世宏智，立言垂教，历数千百年而不没者，此宁谓非天意乎哉？

昔者，三代既衰，去圣久远，百家杂说，异涂争鸣，然皆原本于道德，其异同在大小纯驳之间耳。传之已久，即莫不各有所失。孔子尝言之矣：《诗》之失愚，《书》之失诬，《乐》之失奢，《易》之失贼，《礼》之失烦，《春秋》之失乱。学《六经》犹不能无失也，况其他哉！孔子之修《六经》也，天人之理明，古今之事备矣。当时小知之徒，析言破道者不知凡几，孔子皆有所受之，随时折中，因材成德，未尝偏有所废。故曰"吾道一以贯之"。七十子皆豪杰之士也，其闳材绝智足以各成一家言，孔子既没，彼此或不相能矣，所闻受异也，然何害于孔氏乎？

老子、浮屠之生先后于孔子，亦以其道传之至今。夫春秋战国之间，诸子著书者百数，然自孔子之实（书）行，皆飙逝火灭，独二氏之书久而愈昌，此殆非尽人之学也。今夫天之数一而成三，而复太极，以一函三，故备天地人为三才。阳极于九，参其三者也。阴极于六，两其三者也。自是而千变万化生焉。变化云者，非其故也。老之后，流而为刑名、服食、导引、炉火、符箓，释之后，流而为律门、宗门、经典、忏礼，皆其变而化者也。或得焉，或失焉。犹之乎儒之后，流而为训诂、考订、辞章、小学、杂术，亦其变而化者也。亦或得焉，或失焉。立乎其本以论其失，则同病焉耳。

儒者之言必灭去二氏以为快。夫恶其失而救之可也，灭而去之，恶有是理哉？水之渊渊也，火之炎炎也，金之利断，而木之曲直也，土之壅淤也，是相害也，造物者揉而用之，使相生而不可斯须去。故大小相维、长短相就、高下相承、前后相继、白采相受，一足之跂不能行也，一夫之智不能明也。尧舜相让而石户逃之，纣武相伐而夷齐耻之，天下以为高矣。然而舜不为石户而去位，武不为夷齐而反师者，何也？道固有不同而一者也。天下有无为而得者矣，未有有为而无失者也。利之所在，害必归之。见一夫寒，为制重裘以御冬也，六月服之不去身则病矣。服者之昧也，非制裘之过也。古之立教者，皆非无为而然也，相其时而救之。三皇之世无兵刑，五帝作之，民乃相杀。五帝之世无盟誓，三王作之，民乃相疑。非帝王之德薄，不虑其失也。使舜慕三皇而释四凶之诛，启慕五帝而罢有扈之誓，则虞夏不治。何也？时不可也。必执其末以咎其本，则黄帝之造兵为祸始，皋陶之明刑为酷先矣，于老子、浮屠乎何有？

春秋有孔子集圣之大成也，于伯夷则贤之，于柳下惠则又贤之，二子之道不同也。老子同世，绝圣弃智之说必有闻也，独无一言非之，何哉？故我喋喋而人益争，仲尼不辩，化者七十，非圣人之大也，道不相倾也。二氏之徒，流及后世，怪诞诬妄甚矣，吾以为其徒之失耳。夫老子者，恶夫文为之敝，诈讹相滋，故反纯归朴，以清静无为救之。庄子推而放之，至于一死生、齐万物，凡欲使民无役此心，丧其天真而已，非使之长生也。后世服食炉火之书，变而愈下，何有老氏之豪末哉！释氏之生，本在荒裔绝域，其俗贪淫残忍而好鬼神，故为祸福生死报应之说，以化其顽很之性。其教大旨，五戒尽之矣。而为其徒者转益附会，务为骇异以欺世，至于写经造寺，穷极奢靡，以奔走愚众，其文者又张皇幽渺，漫衍支离，纠纷于语言文字之间，是皆浮屠氏之罪人也。为吾儒者，不寻考其本末，惟就所恶以与二氏者辩，是六月服裘而病，不咎服者之昧，而责其始不当为裘也。此所以辩之愈深而人莫之从也。

今夫善医者因病而药，则牛溲马通、枯骨败革，皆有扁、卢之用。故药之毒烈者可以起死，庸医见其杀人也而弃之不畜，必有待是不得而死者矣。世之儒者好为拘执不通，何以异此？嗟乎，天地之道亦大矣，必生其人以畀之，南北异宜，刚柔异用，所以为人万殊，则教之之道必

不可以一端尽。彼二氏者，其生岂偶然哉？世无孔子，宜乎莫能折其
中也。

（东溟文集卷一）

刚柔说

天地之道有阴有阳，阴阳之道有柔有刚，而人之道有小人君子。夫
君子小人者，善恶之名也。而善恶之中，亦各有刚柔。刚不必尽善，柔
不必尽恶也。君子之道尝近刚矣，而不可执刚以为君子。小人之道尝近
柔矣，而不可执柔以为小人。阴阳则尤不可以善恶言矣。自《易》之
剥、复、否、泰，假阴阳进退以明君子小人之消长，学者不察，专以阳
刚为君子，阴柔为小人，遂谓天与人之道壹，皆好阳而恶阴。斯言误
矣。天地定位一尊一卑，男女成形一贵一贱，阴阳之尊卑皆自为之，岂
容好恶于其间哉。夫阴阳相成，刚柔相济，不可以偏废。善则君子，恶
则小人，不可以两歧。今曰吾好善而恶恶，则去小人可也。今曰吾好阳
而恶阴，则将去阴可乎？且夫《易》明吉凶之理，君子道吉，小人道
凶，理也。不问其道，概谓阳则吉、阴则凶，刚则吉、柔则凶，有是理
乎？六爻之位，阳五为君，阴二为臣，是为得中当位。阳四为君，阴三
为臣，则为不中失位。今概谓阳则君子、阴则小人，是得中之六二，皆
小人矣。六二为小人，则九五一爻之外，将无君子乎。此皆说之不可通
者也。

夫君子小人相为消长，与阴阳之消息，其道相类，故圣人假象以为
说，岂必阳君子而阴小人哉。阳刚不中即小人之象，阴柔得中亦君子之
象也。至道之教固不可以一端拘矣。且君子之道，固不必尽刚，而小人
亦不必尽柔。坤之传曰"柔顺利贞"，"君子攸行"。明夷之传曰"文
明"，"柔顺"，"文王以之"。此君子之柔也。彼小人者乘势得位，则凭
陵刚暴，无所不为，又岂尽委蛇屈下哉？故曰：君子小人不可尽以刚柔
断，若阴阳尤不可以君子小人分也。嗟乎，世之君子以道自居，往往刚
强好直，不屑于柔顺，以至悔吝终穷者众矣。由不明刚柔相济之用，专
以阳刚自持，而以阴柔偏属之小人故也。

（东溟文集卷一）

心　说

人之所以为人者，心而已。心具性而发意，性本命，命本五行，五行本阴阳，阴阳本天，推而上之，其道一，故无不善。意之发，有诚有妄。诚者为情，发乎情者，视听言动莫不正。正则善，善则可以圣矣。妄者为欲，发乎欲者，视听言动莫不邪。邪则恶，恶则至于狂矣。推而下之，其道二，故善恶分焉。上焉者惟其理，理虚而不可见也，圣人达之。下焉者惟其事，事实而莫能遁也，君子修之。故为人者，治其心而已。有存焉于此存，有去焉于此去，舍是以为人，吾不知其所以人矣。

天者，非夫苍苍之谓也，达乎阴阳而已矣。阴阳者，非夫男女之谓也，达乎五行而已矣。金木水火土者，分天道而行之，行之以为命，命之以为性。木命仁，火命礼，水命知，金命义，土命信，五行之德也。

人得五行之秀以为性，无弗具也，而有盛衰强弱焉。五盛为中，得中者圣。一盛为正，守正者贤。或衰焉，或强焉，则强者过之，衰者不及。五皆衰，则戾矣。惟心也，扶其衰，抑其强，进其弱，及其盛。天也，有人道焉，参赞化育之谓也。

至哉，心也！极乎九重无复上也，际乎九渊无复下也。一息周宇宙，一念通异类，昭明乎日月，幽渺乎鬼神。人知神之神，而不知心之神也。天人有异神乎？一而已。

心无不在也。去乎此则即乎彼，无所去无所即。心之静耳，静在吾身。吾无身，在天地。

世之以寂然为心者，其不善言心者乎？心为我寂则为我动，不为我寂者必将为物动。为物动者，心非我有，苟为我有，则不为物动。不为物动者，动如无动也，何必寂乎！

心之寂也有其象，昭昭乎！心之感也有其几，渊渊乎！不见其象者，不见其几也。故《易》不言几而言象。

天下之可以心悟者，岂一一而观之哉？有对者在也。观白可以知黑，观有可以知无，观生可以知死，观往可以知来，观人可以知我。无所观无所知，则其心不神矣。不神其心者，蔽其心者也。入乎宗庙而后肃焉，临乎大野而后广焉，鉴乎澄潭而后清焉，止乎深山而后静焉。则前乎此者微矣。圣人无不肃，无不广，无不清，无不静，物与有合耳，非与有加也，此心之至也。

朝有行而暮忘焉，非善忘也。朝有行而暮存焉，非善存也。彼之所存忘者，事耳。惟心也无所忘，亦无所存，以常荧荧，然后不逐。

物之有干我者，必有致者也。我致之，物何尤？我无致而物至，则非其干也，遇耳。两相遇，物何尤？有尤物之心，则心乱矣。

操则存，舍则亡者，心也。孰操之，孰舍之，非有操舍乎我者也，心自主之。自主者，无使奴之者也。无所奴，斯有所主矣。物役之，人役之，岂非奴其心哉！

人之有觉、昧者，非心也，气也。阳气动而开，开则觉。目开则有见也，耳开则有闻也，鼻开则有臭也，口开则有言也，九窍开而后心有所出入矣。阴气静而闭，闭则寐。目闭故无见也，耳闭故无闻也，鼻闭故无臭也，口闭故无言也，九窍闭而后心无所出入矣。有所出入而能静者，心之凝也。凝故一，一则定而安，定而安，斯诚矣。无所出入而不静者，心之散也。散故妄，妄则变而梦，变而梦，斯幻矣。至人所以无梦者，以不寐而能静其心。夫不寐而能静其心，则其寐也，于梦何有？

人之有生死者，亦非心也，气也。心者，阴阳五行之理，身者，阴阳五行之气，理气合而为人。理也主之，气也奴之；理也居之，气也舍之；理者无穷，气者有尽。故气感焉而生，生而长，长而壮，壮而老，老而衰，衰而尽。其生也有与来，其死也有与去。心诚则理顺，理顺者气和。和者，生之徒也。心妄则理乖，理乖者气戾。戾者，死之徒也。人知所以生死，则修短之数无所凝滞于其间矣。

人之所以有魂魄者，气也。而有形焉，有神焉。魂者，清灵而上浮，气之阳也，神也。魄者，浊滞而下降，气之阴也，形也。人昼而清明，夜而昏惰者，昼，阳气，魂用事；夜，阴气，魄用事也。魂苦为魄拘，故神苦为形役。至人以魂敛魄，不以魄敛魂，故以神运形，不以形运神也。魂敛魄者，魂强而魄从之，则浊滞者化矣。魄敛魂者，魄强而魂从之，则清灵者敝矣。神运形者，形安而神定；形运神者，神燥而形敝。此二者，一以心宰之。心明，则清气应而魂魄灵，故为圣贤、忠孝、慈惠、宽和。心昏，则浊气应而魂魄滞，故为愚闇、贪吝、急刻、惨暴。此善恶之分也。故圣人不言魂魄形神者，非不事也，一治心，而魂魄形神皆治矣。

人一，而中土四夷之民殊焉。言语不相通也，嗜欲不相同也。知能之殊，何怪乎尔！吴越之民见言天者日星之仪、寒暑之表，诧以为神，不知天官畴人群聚而习之。燕赵之民见夫泅水者乘风狎浪、出入深潭，惊以为怪，不知瓯越蜑户童少而能之。世所传浮屠之幻，亦犹是耳，何怪之有！且人，块然一物，而有见，而有闻，而有言，而有动，是不亦怪之至乎？不此之思，而幻术之是慕，斯乃足怪耳。

老氏之徒之言命者，我知之矣。绵绵延延以存其气，窈窈冥冥以固其精，合气凝精以抱其神，三者致一，以为长生，有恶乎死者也。释氏之徒之言性者，我知之矣。来无所始，去无所终，在心为想，在目为观，在耳为闻，在舌为说，不即一切，不离一切，出入乎生死者也。是二说者，吾能知之而不为之，无与乎生死云尔。

鸱鸮之恶，无恶乎人也，人自憎之。凤皇之文，无美乎人也，人自慕之。人之于鸟也，不亦强用其心乎？曰：非也。人自为其憎慕耳，何心于鸮凤哉！吾悲夫世之逐鸮凤而忘美恶者也。

女子，至柔也，而丈夫惧焉。婴儿，至懦也，而行者避焉。则非畏其柔懦也，有动其心者矣。三军至猛也，而贲育聘之。鼎镬至烈也，而毛焦趋之。则非狎其猛烈也，有不动其心者矣。

（东溟文集卷一）

师说上

士之不振于天下也，非一日矣。道德废、功业薄、气节丧、文章衰，礼义廉耻何物乎，不得而知也。国家之养士也，亦非一日矣。具科条、明法令，教之有长，进之有阶，乃欲正人心而人心日敝，欲端士习而士习日非。不究其本，徒恃一二俗吏以区区尺寸之法绳之，此岂有得哉！或曰：士也者，视上之所养。古者先王之养士也，禄足以代耕，赐足以周困，凡入学者，太子以下得与之齿，而王与公卿大夫又以时入学，亲与雍容揖让，其礼也隆，其情也洽，有不率教移之郊遂而已，戮辱不及焉，异等于凡民也。后世教不同而礼益薄。俊秀之选，古所以表章德艺也，今以为荣身之名。卿大夫之位，君所与共治天下也，今以为施恩之具。上之临下，分绝而不通，下之应上，日偷而不实，其不振也固宜。吾独以为不然。

今夫古礼之不可复也，亦犹江河之不可复返矣。激而行之，不若顺而导之之利也。治于其委，不若清于其原之易也。清其原奈何？曰：教士之责，君与师均。而今日之势，师道尤重。士大夫皆延师教弟子矣，弟子虽不肖，莫不以先入为主，其教之也，示之法，鼓其志而已。夫所为法何法也？将使之汩没心性，蔑弃品节，求为世俗之学，以取富贵乎？抑将追古人之学，以立身成名于天下也？童子何知，见可悦者则志之而已。今不使之悦于道德、功业、气节、文章，而使之悦乎科名荣利与夫一切苟简之事以为志。呜呼，志则荒矣，异时倾巧奸佞、败节堕名、负君亲、辱乡党，其生也悠悠，其没也泯泯，乃始咎其学术之不正，不亦大可悲哉！夫人至倾巧奸佞、败节堕名、负君亲、辱乡党，悠悠以生，泯泯以死，则礼义廉耻之亡久矣。顾何为而至斯极也？岂非始教者未得其道与！扬子曰："师道立则善人多。"此人心学术之所由来也。

（东溪文集卷一）

师说中

　　工必有法也，而规矩先之。士必有志也，而劝诱先之。何以明其然也？今夫匠人之为室也，有绳墨焉，有斧斤焉。其授之徒必举规矩成法以告之，曰：若见此法乎，方者矩，圆者规，尺寸不中焉则缺，运尔斧斤必以绳墨，曲直有际焉则凿。其徒之黠者，则目击而神会之矣。其钝者，则又自为刻斫，使旁观之，且群萃工作，使日习之，苟能究心，无不能矣。然吾闻有大匠焉，非徒楶梲榱桷之为朴斫丹艧之巧也，则且使观于双龙之阙、五凤之楼、通天之台、翔风之馆，宏俊伟丽，奇夺鬼神，使人游焉，目眩而意迷，情怡而神旷，此非日月所能鸠工，寻丈所能程度者，而必思以传于其徒。夫师之为教，亦若是矣。道德、功业、气节、文章者，人之规矩也。诗书、礼乐、图籍、名法者，则绳墨斧斤之用也。道德如孔孟，功业如管葛，气节如夷齐，文章如屈贾，此所谓双龙之阙、五凤之楼、通天之台、翔风之馆也。将使优游乎仁义之途，驰驱乎经济之用，卓绝乎峻直之行，博辩乎华实之说。呜呼！此大匠之所以自神，而亦以望于其徒者。曲巷一见之士乌足以知之。

　　且夫游大匠之门者，耻栲栳之斧，抱瑰奇之志者，无脂韦之羞。今即不能效孔孟管葛夷齐屈贾之美，诚能有志于此，沈其实，撷其华，阒乎如入幽泉，旷乎如荡平川，儳乎其如亡营之骸，忽乎其如触藩之摧，其性炯然，其气勃然，精力所钟，久而自通，亦庶乎有以自得。即令绝懦至愚，犹将动其冥顽，策其驽骀，不尚愈于与世昏昏无黑白者哉？

（东溟文集卷一）

师说下

　　天下之事，其始也，行之甚易，而信之甚难；其卒也，成之匪难，而行之实难。教人者，能明其难易之故而利导之，亦可以师矣。君子之观人也，必先器识。今有士于此，其少也，确确然，崭崭然；及其长也，顾顾然，轩轩然，此其圭角早程、规模已具者，贤父兄之所乐，而常人亦卜为令器者也。又有士于此，其少也，循循然，庄庄然；及其长也，浩浩然，汪汪然，此其圭角不形、志量莫测者，贤人君子之所叹望，而父兄或以为无用，亦有矣。虽然，斯士之卒有用与否，吾无以必之矣，则必之于其师。师之言曰：是易成也，吾以难期之，则斯士幸矣。师之言曰：是难能也，吾以易速之，则斯士其尚可虑乎。嗟乎，士既不及隆古之时，得沐先王之教泽，出入学校之中，与贤君卿大夫相接，以修明乎孝弟忠信之义，雍容乎典章礼乐之文；退又不得当世之名贤硕儒以为师友，相与讲习讨论，充广其闻见，淬厉其志气；徒抱此区区远大之志，旷然遐思，悄然块立，甫出一言，举世震骇以为怪，虽父兄亦未尝不咎之。此愤激之徒，所以绝意矫俗，致成其孤僻而莫究夫中正之归，而英杰之流乃中道自足，或流于放荡，致有支离决裂之病，转为害于天下，则皆不得师之故也。呜乎，是可感矣！

（东溟文集卷一）

天　地

　　阴为阳根，阳为阴门。天地者，阴阳之门户也。未有为阴既有为阳。幽者为阴，昭者为阳。窈兮冥兮，真阴之极也。恍兮惚兮，离阴即阳之渐。君然轩著，成象成形，则纯乎阳矣。阳有根，阴主之。阴有门，阳辟之。阳者，阴之所成寄也。有来者必有所归。故万物来乎阴而归乎阴。太虚之先，无物可名，阴之至也。天地则有物矣，上下判然，清浊犁然，刚柔断然，不谓之阳，可乎？然而，或阳之，或阴之，盖有物之阴阳既分，而无物之真阴隐矣。

　　物，有形者也，而阴阳无形。圣人即物以区其牝牡。牝牡者，不动不生，不静不生，动静相形而物以有万。圣人曰：是阴阳之有形者也，则皆物而已矣。水之渊渊而寒也，天一生之。火之炎炎而烈也，地二生之。水先而火后也。日为火精，众阳之宗。月为水精，群阴之主。水阴而火阳，明矣。儒者之言，乃阳水而阴火，徒以互涵为言，而不知水阴居大一之先，火阳生两仪之后也。阳自阴生，水先火后，故曰"水火"，而不曰"火水"，曰"阴阳"，而不曰"阳阴"。且夫人之生也，不胎于父而胎于母，物之育也，不孕于雄而孕于雌，是非阴为先天之本乎？

　　是故天地皆阳物也，以来自真阴者言，吾于有无见之矣。天阳也，地阴也，以既有门户者言，吾于牝牡见之矣。阴先也，阳后也，以始有根本者言，吾于水火见之矣。故万物之生也有自来，其死也有所归。方其生，无牝牡动静，皆阳也。及其死，无牝牡动静，皆阴也。天地之道何以异此？且吾今日之处天地间也，见其为日月，为风雷，为山川，为草木鸟兽，为人君王侯士庶、智愚贤不肖，甚昭昭也。意者其无尽者耶？其有尽也。万物尽矣，天地复将何有？则亦归于窈冥而已耳。吾恶知既有之后之不复于无有也？大哉，真阴之极乎！真阴毁而天地亦无根矣。无根何有？无根何归？故至人常保其真阴以为归根。

（东溪文集卷一）

鬼神篇

　　天下有万物，而鬼神居其一。鬼神，一物也。世之言曰：鬼者，人之所为。神者，天之所为。夫王侯士庶智愚贤不肖，皆人也，死而有灵焉，是鬼也。风雨雷雹山川，皆天也，感而能应焉，是神也。鬼与神则二物矣，恶乎其"一"之？

　　余曰：不然。今夫人之所以为人者，何物乎，曰天地之气亭毒化育而成形者也。鬼之所以为鬼者，何物乎，曰天地之气尝亭毒化育而成形为人矣，而所以主乎其形，使有知觉运动者，是有物焉。及乎其形既毁，其物且凝而不散，悠邈恍惚于天地之间，感物而能凭焉，则是其所以为鬼也。神之所以为神者，何物乎，曰天地之气磅礴郁积，飘以为风，潏以为雨，激以为雷，凝以为雹，镇静流行而为山川，皆有形声者也。形声与人殊，而所以亭毒化育以为形声者不殊，而亦有物焉，溜乎无形，寂乎无声，独主乎所为飘、所为溽、所为激、所为凝与所为镇静流行者，潜驱而阴率之，则是其所以为神也。然则，鬼神之道可知矣。

天地一气耳，方其幽暗寂静则为阴，及其光明发动则为阳，阴阳一物也，动而生焉。其具七情、备百骸者，则为人，行四时、植百物者，则为风雨雷雹山川，皆物之阳也。静而伏焉。其主乎人死而有灵者则为鬼，主乎风雨雷雹山川，感而能应者则为神，皆物之阴也。而不见夫天地之化机乎？物无不化，物各自化，物物又相为化。俄而为人者，俄而为鬼矣，则亦俄而为神；俄而为风雨者，俄而为雷雹矣，又俄而为山川矣，则亦俄而为神，则亦俄而以为神者为人。吾乌知其人耶，风雨耶，雷雹与山川耶，鬼与神耶？一阴阳耳，一气耳，物乃或一之，或万之，是强分其区别者也。惟天地能一其万，亦能万其一。吾不知其所以化也，而知其所以一。凡物无不然，独鬼神乎哉！

（东溟文集卷一）

检身纲目说

生人之大罪有十，而邪僻、悖逆、作乱、奸诈、傲很、刚愎、惨刻、仇怨、媢嫉之恶不与焉。其视听言动之微不中于礼者，则又百行之细过，非罪也。十罪奈何？一曰不忠。其目十，曰：窃柄也，贪货也，残下也，慢上也，旷官也，希旨也，怙宠也，蔽贤也，树党也，妄冀非分也。二曰不孝。其目十，曰：不养也，缓葬也，逆命也，违志也，辱身也，私货也，自专也，偷安也，废祭祀也，陷亲不义也。三曰不友。其目五，曰：分彼此也，不服劳也，不尽礼也，不劝善也，听妇言也。四曰不仁。其目十，曰：轻人命也，轻物命也，耗人力也，耗物力也，薄夫妇也，远亲故也，忘矜寡也，吝货财也，不近人情也，不救危难也。五曰不义。其目十，曰：侵弱也，陵贱也，傲物也，争夺也，贪冒也，负恩也，坏成功也，没善也，扬恶也，颠倒是非也。六曰不信。其目十，曰：欺天也，欺君也，欺父母也，欺兄弟也，欺妻孥也，欺师友也，欺老幼也，欺百姓也，欺庸愚也，欺鬼神也。七曰不智。其目十，曰：理是非也，心公私也，人邪正也，事利害也，体统所在也，名分所关也，诗书大义也，文章善恶也，时势缓急也，临机勇决也。八曰不公。其目十，曰：利己身也，适己意也，怙己短也，私所亲也，偏所爱也，怵所畏也，憎所恶也，入先言也，是己非人也，党同伐异也。九曰不敬。其目十，曰：妄自矜也，妄自卑也，纵情也，嬉游也，猥亵也，傲惰也，言语不检也，歌泣无时也，轻贤忽长也，渎神弃祖也。十曰不诚。所以行此九者，而皆根于一心。其目二，曰：始奋终怠也，外慕内距也。凡此者，生人之大罪也。发于一念之微，伏于独知之地，一不自检，身陷之矣。故以期诸君子。

姚子曰：圣人有言"君子怀刑"。夫刑者，所以正有罪也。君子亦有罪乎？曰：有。君子之罪不与小人同，惟检身者知之。苟有是，可以刑矣。夫君子将以正人，人方君子之不及，又乌能刑君子。曰：小人之罪，己不知也，而人知之，故受刑于王。君子之罪，人不知也，而己知之，故受刑于天。王与民远，犹可免也；天与人近，不可逭也。然则天刑之者，亦将凿凿然以生死祸福之权赏罚之乎？曰：祸福生死之说，为小人言之也，不足以驭君子。君子有高世之识，熟于古今常变之事，固尝轻生死、任祸福矣，而乌足以赏罚之？其惟是非之名与人禽之实乎！束发读书，壮而谈道，其所濡习深矣。今语人曰：某为是，吾将死生之、祸福之，君子不顾也，或哑然笑其妄。惟骤语之曰：某为是，吾且非之，则已瞿然听。更语之曰：某为是，是乃非人也，则必悚然惧矣。然此是非人禽之辨，犹人谓之也，人不足以知君子，则奈何？君子曰：吾有心焉，人不知吾罪，吾能自知之也。吾心也者，至清至灵，天所谆谆然界之以主吾身而宰吾命者也。人方未生，浑浑然，沌沌然，无有善恶邪正，全乎其天也。及夫既生，而百骸具、七情足，然后人自为主而天漓矣。予之以清灵之心者，所以使之主乎人而犹得自通于天也。夫天则高矣远矣，以人通之，奈何？曰：天者，非夫苍苍而穹窿之谓也，一理而已矣。理虽一，而发之有五，曰仁义礼智信是也。百骸听命于七情，而所以持七情而善之者，五德也。五德之本，上配五行。五行者，天也。故五德在人而谓之天德，曰天之所以为德，亦若是而已耳。能如是，是亦天矣。故天以其德予人云者，即予人以天者也。天与之，人修之，是谓修天。天予之，人弃之，是谓弃天。人虽弃天，天不弃人也。人终身不修五德，五德一息未尝不具于人心，稍欲求之，直取诸怀耳。人虽自昧其心，而心之清灵者无时不与天相往来，善恶之萌，天早知之。故曰：天与人近，不可逭也。

夫善则赏，罪则刑，法令也。法令不行于君子，而君子以心立法，曰：吾有罪而人刑之，何以为君子？吾当刑而人莫能刑之，又何以为君子？法令无如天刑，天刑无如吾心之自刑也。君子之刑奈何，其罪曰"非"，其狱具曰"禽兽"。

（东溟文集卷一）

援鹑堂集后叙

　　右《援鹑堂集》诗七卷、文六卷、笔记三十四卷，都四十七卷，先曾祖编修公之遗业也。公之殁，于今四十二年矣。先德阇然不章，渺焉滋惧。矧兹区区篇帙，仅为当时占毕论著之遗者，又多所放失。若复不能搜罗缀辑以著于篇，余小子之咎将何逭耶？公名位不显于朝，史传无由纪其事迹，又未乞当世名公大人作志表与传，用章后世。然其生平懿行笃学，实能无愧古人。余小子虽不获亲承规矩，以所闻里中前辈，往往称述不衰。考诸遗编，合之先府君训诂所及，有确然信其不诬者。

　　公讳某，字某，号姜坞先生，几蓬老人，晚所号也。乾隆七年进士，由庶吉士改授编修，充三礼纂修官。九年充顺天乡试同考官。未几归里，往来天津、维扬间，主讲书院，以乾隆三十六年卒。公生而渊静，笃于行谊，勤于问学。早孤，愤发策励，内偕从曾祖赠礼部公事母以孝闻，外友天下贤俊以相资长，博闻强记，于书无所不窥。故同游若天台齐息园、仁和杭堇浦、山阴胡稚威、常熟邵叔仁、山阳周白民、同邑则刘海峰、叶萼南、方苎川诸先生，皆于公尤厚，谓姚君之学不可以涯涘窥也。生平论学大旨，以骏博为门户，以沉潜为堂奥，而议论和平，践履笃实，粹然一轨于先儒。病近代诸公，或竞谈考据以攻诋宋儒为能也，谓此人心之敝，充其说，将使天下不复知有身心伦纪之事，常慨然欲有所论著以明其义。不果就。方三礼馆之开也，总裁为高安朱相国轼、临川李尚书绂、吾乡方侍郎苞，咸诵法先儒，为人伦师表，故说经虽不专主宋儒，尚平心以折中其义，所咨获于公者尤多。公所为诗古文辞，皆力追古人而得其渊诣。尝与同人约，十年不下楼，成举世不好之文。其谈艺精深，多前人所未发，今散见所著笔记中，不缀缀其持论之大者如此。

　　先是，公所考论经史子集盖尝万余卷矣，皆细书条记，未自撰述，世颇有窃之以为说者。殁后益散亡。于是先王父率府君群从辈收录其余，成若干册。既以贫游四方，未卒业。而从祖惜抱先生藏之，尝有意论集之矣，复未果然。颇载其说于惜抱轩经说及笔记中，意欲以引其端，冀后人或能成之也。至嘉庆十三年，莹成进士，自京师归，乃举以授莹，而命之曰："此编修公一世之业也，不幸未成而殁。吾欲成之而又不果。今老矣。夫道不终晦，意者成之，将有在乎！然是即著书，非其人莫属，则宁藏之耳。昔人问顾亭林《日知录》复增几，顾嗤其妄。不可不审也。"莹悚然受之以退。自维阃陋不足以成先业，然及是而不成，滋惧。乃就所已成，录及诸奇零纷散者，所在搜罗。凡五载，端绪略具，谨区其条例，详其目次，第为诗集、文集、笔记各若干卷，冀及惜抱先生从祖之存，有以论定云尔。

嗟乎，学之显晦，时也。而述其先祖之学以著于世，又或显或不显，则存乎子孙之贤否。编修公之学，盖亦精矣，以先王父及府君两世录之而不获诠次，以从祖尝欲论集之而不肯轻作，其慎之也如此。莹何人，而能成此业哉！然则，莹之夙夜兢兢，惧以获咎者，兹益深矣。

（东溟文集卷二）

后湘集自叙

天下之事，有适然而合，不知其然者，其风之过箫乎。世之为箫也，六其窍。大地之箫也，万之。若川，若谷，若深林，若阜草，若筱簜，若松栝，若毛群鳞羽类，高者若鸾哕、若鹤唳，下者若虎啸、若龙吟、若蛙蚓之鸣。箫之为族不同，大地之风一也。风之为物，若鸣鸣、若肃肃，时而零然，时而飒然，至于鼓天地、晦日月，其为情状亦不同，所以感于物而后动，则又一也。故人之吹箫者，不离乎宫商征羽，而听之者，或超然遗世，或泣下沾襟，惟吹之者之异其情也，故所感亦异。若吹者之感于物而异其情也，则亦有然矣。世有闻吹箫而不知感者，非宫商之不调，征羽之不和也，无亦所感，而吹者其情未至，有强作者乎？若风之过箫也，必无是矣。夫诗者，亦人之箫也。是其作也，不可以无风。苟无风，虽天地不能发其声音，而何强作之有哉！强而作者，虽引宫商、刻征羽，吾弗之善也。知斯说者，可与言诗矣。嘉庆十九年冬月日。

（东溟文集卷二）

五家笺困学纪闻序 (代)

当有宋之际，大儒辈出，吾河南尤盛。明道、伊川两先生其最矣。南渡后，士大夫尽以播迁，乃少衰，则有厚斋王先生以博雅之学著。先生虽家于鄞，固浚仪人也。故每称浚仪而不言鄞，志旧里，怀故都也。先生博极群书，网罗百代，著《玉海》百卷。盖前乎先生，为莆田郑氏，后乎先生，为鄱阳湖马氏。二家之业，最为鸿富，而不能以易先生。又以其余力著书十数种，然大要搜集放佚之功多。而《困学纪闻》者，则自撷论识，综核群言，自经史子集、天文地理、河渠盐铁、漕运兵制，凡得失是非之迹，皆慨乎言之。盖晚岁学益精，识益粹，议论益纯确，而于元祐、德祐之际，尤三致意焉，深有恸乎两宋之所以亡也。乃世之君子，未能求其用心之所在，徒以为渊综赅洽之书，非先生意矣。且南渡以来，儒者皆知诵法周程，以讲求义理为亟，而于百家之编或不能尽究其蔽，固未免拘墟。元明以来，理学益著，博雅之士如贵与马氏者盖少，若升庵杨氏、弱侯焦氏亦皆不及矣。

本朝典籍富盛，稽古之学大昌。然谈考证者，往往挟门户之见，谓性命之学空疏无据，轻于排抵。以故虽极淹博，而为益于人心学术者加少。又岂古君子博学鸿通之雅意哉？先生是书何其博而要、深而纯也！盖先生为考亭三传门人，渊源既正，深以人心学术为急，非徒以著述鸿富、矜长炫博而已，是其用心之所以殊也。然则，此书之渊综赅洽固不待言，特其冲雅之怀，亦与诸家言考证者不可同日语矣。此本自阎、何二先生注后，全氏、程氏、钱氏递加笺证，几于治经，虽未免失著书之体，而其饷遗后学亦已勤矣，矧于此书大有功！余生之乡，实先生故里，尤有表章之责。顷奉命视学粤东，而书院中适刊是书，为序此义，俾读先生书者善所取法，无滋事考核者病，其亦正人心学术之一道与。

（东溟文集卷二）

钱白渠七经概叙

桐城有老儒曰白渠钱先生，笃行好古，以经义教授里中四十余年。老乃得仪征训导，未及赴官而卒。门弟子出其生平著述遗书邮致于予，乞为定而序之，将以广其传。其书曰《易概》、《书概》、《诗概》、《周官概》、《仪礼概》、《礼记概》、《孝经概》，凡三百卷。盖编辑诸儒先之说，择善而从，以示折衷而不参论辨者也。其间出己见，稍有异同，则别而出之曰《经疑》，凡七卷。余既受而读之，不觉喟然而叹：甚矣，先生之勤且慎也。六经自汉以来，老师硕儒，皓首钻研，训诂论释，著为成书者，奚啻数千百家！其散失不传者无论矣，即今四库所收亦尚千余家也。学者苟究心焉，终身用之有不能尽，又奚以著述为哉？然惟诸家之说既繁，未有折衷。逞臆见者或失之穿凿，尚考证者又病其支离。是以驳杂庞沓，破碎悠谬，著述日盛，圣义日微。近代二三妄人，乃又竞立门户，倒乱是非，取先儒删弃踳驳不经之说，搜而出之，以为异宝，炫博矜奇，豪发无益实用。末学空疏，为所摇惑，群而趋之，咸以身心性命之说为迂疏，惟日事搜辑古书奇字，以相标榜、博高名、掇科第，莫不由此。是以圣贤立训垂示之苦心，纷然射利争名，风俗人心孰有敝于此者哉？夫以经学之驳杂破碎如此，诚非拘拘一先生所能息群言而厌众志也。则莫如尽取其书，悉心折衷而兼采之，以泯是非而明经义。而意有所得，加以论辨，则又起攻击之端，宁别出其书，不以阑入，此尤白渠先生所以著书之微义也。

先生之言曰："近日名流，大都口耳之外无学，名利之外无事，妻子之外无人。"此语不啻流涕而道。学者由先生之书而识先生之心，然后六经为人心世道有用之书，而非如周鼎商彝，徒以古器争重于天下，其于圣贤垂训之微义或有疗乎？

（东溟文集卷二）

谢王二史辑遗序

谢承《后汉书》若干卷，王隐《晋书》若干卷，吾友张阮林聪咸之所纂辑也。嘉庆十六年，阮林会试不第，留京师，专意著书，慨然有网罗放佚之志。既撰《左传杜注辨正》若干卷成，以为史书之善如子长、孟坚，尚矣，自蔚宗、承祚而下，不无讥焉。范书虽取材旧史，犹出一人之手，乖连尚鲜。《晋书》则唐文皇命诸臣分采十八家晋史编录而成，踳驳殊甚。唐代官书行，十八家之业遂废。其中容有胜新书者，今世所传唐以前遗书，犹时时见之。后汉诸家记载，未必遂愈蔚宗。然如荀悦

《汉纪》及《东观汉记》，世已刊行，而李贤、裴松之注《后汉书》、《三国志》，亦多存别说。思欲并二代佚史，表而出之，勇于成书。所在搜罗，不遗余力，日书细字，几壁皆遍。而谢王二家书居然可观，乃先比次其巨者，他条纪繁碎，未及纂列，遂病且死。都中无人知其业者。吾族兄幼楷始终病事，见其用力之勤，怜而收之，归于其家。阮林之妻，吾族姊也，藏袭以待其孤。道光五年，吾由闽之京师，道里中，其家出示所藏，见此二书粗成卷帙，乃为之叙。

呜呼，阮林之为此也，是所谓事劳功半者耶！夫古人之矻矻于著述也，非徒为身后名而已。以为道有所在，吾书所系大焉。至于史者，著一代兴亡之迹，为法戒于天下万世，苟非其人，书不妄作。故有敝毕生之精神而书卒不成，成而不及传，传而不能久者，亦视其书为显晦，未可遽以幸不幸借口也。且夫著述之难，史为最，岂不以求实事之难耶？一事甚微，已有传信传疑之异，况代历百年，人逾数十，一一始终论次之，曰"吾于此盖无失焉"，不敢必也。及乎此一言焉，彼亦一言焉，言者既多，吾上下栉比之，取其切于事而近于理者，亦曰"庶几可折衷矣"。此创者难为功，而因者易为述也。前者果善，后复何为？后人为之犹未尽，则仍以俟诸后。今必薄后尊先，不亦迂乎！顾前人创之之功未可泯，后人虽善，不能不考诸前，乃尽弃置则过矣。并前后而两存之，不惟前人之善者见，即后人之善者亦逾见，此阮林之所矻矻也。吾独悲夫谢王二君及十八家者，以当代近代之人，求当代近代之事已不能尽，卒敝一世之精神，书幸成而传复不能久；阮林后千数百年，欲传已亡之书于千数百年以上。呜呼，阮林虽欲不敝精神而死，其可得耶！而书又卒不成也。此书幸而或传，后之览者，亦略其文而哀其志哉。

（东溟文集卷二）

吴春麓先生集序

道光五年，春麓先生主讲敬敷书院，余以事至安庆，先生召居院中，出诗文数百篇，属与校定。时湖南邓湘皋以修志书同居。三人朝夕纵言、唱酬尽欢。先生携两孙俱，每听余议论，喜而忘夜。未几，自闽中归里，又将入都，过先生家，门庭肃然，子孙恂恂有礼。景仰前徽，不能无感。嗣子迪先录先生诗古文成若干卷以示。展卷间，昔年情景恍然在目。

呜呼！风雅之道犹未衰也。吾桐自明以来，士大夫多朴厚，号为守礼。逮夫通学鸿才，后先间出，莫不尚气节、敦廉耻，故海内之望翕然。今俗稍陵夷，后进迷所趋向。先生风节自持，动中礼法，立言陈义，无不根柢先儒，而尤汲汲以风俗人心为急。

今往矣。子弟称能守其家法者，必首先生家。然则士大夫负文章之望，将率其子弟以无败于礼度者，读先生斯集，其必有合也夫！

（东溟文集卷二）

吴子方遗文序

嗟乎！是吾亡友子方之遗文也。吾友之亡，于君盖四人矣。

昔者，吾党之盛也，在嘉庆九年以后。维时海帆、歌堂、岳卿年最长，植之、元伯、匡叔、竹吾差次，其年相若，而吾兄事之者为六襄、聿原、之方、履周、阮林、明东、易卿，弟之者则子山也，后乃得鲁岑、小东、幼楷。此十数人者，皆以文章道义相切劘，吾所为左右采获以取益者也。子山最少，最先亡。后六年，阮林继亡。又八年而君亡。君之始亡，明东尝作传，未几，明东亦亡矣。自明东亡，而吾党益衰。诸人或困于饥寒，或牵于仕宦，学业往往中废，其卒能有成、可传于后世者，盖不十人焉。如君者，才可以成，志又最高，处境亦稍顺，而天夺之年，所业遂亦止此。悲夫！斯道之难乃如是耶？

君久居京师，时方竞言考证，溺其学者多与宋儒为难。君能辨其非，而欲从事于身心性命，庶几古之所谓志士矣。使天假以年，得尽其功力，所成就当未可量，而竟死！吾方在海外，闻之不觉涕泪之何从也。前岁道经里中，君丧已返，往哭其室。稚子甫四龄耳。常爱其弟之子冲谟，遂子之。冲谟年十四，秀敏不群，或冀他日能继君志耶。子方通六书，作字多用古法，尤善狂草。文章隽旷，远出尘俗，所作颇放佚。今存诗赋杂文若干篇，岳卿属余编次，汇为四卷，付冲谟他日梓之，俾后世知有子方其人也。嗟乎！是可悲矣。

（东溟文集卷二）

吴子山遗诗叙

甚矣！人才之难，而造物靳才，又不与以年、使得成其才也。岂才者果造物之所忌与？抑其苦心刻思有以泄鬼神之奥，适足以竭精神而耗气血，故致死与？古之才人如谢惠连、希逸、李长吉者众矣，然虽夭死，皆得名流为之品藻，未尝不驰骋一时，或致蚤贵。若才足以追古人，而所遭沉困竟不获一日之知、徒没没以夭死者，尤可悲耳。何意于吾子山见之耶！

子山少余一岁，总角时邻居相善。余年十四，同学于价人先生，余已好为诗歌矣，子山初若不解。后两家居少远，而先生又去吴中，遂散。逾数年，又同游篯园先生之门，则子山之诗固甚工矣。余论诗宗汉魏盛唐，子山始好庾信，故名其氏即字其字焉。复有友人方履周、族兄易卿，皆好为诗。虽宗尚不同而论极相善。履周尝取四人之作合钞之，所为《蔗林诗选》者也。既而子山之诗一变为长吉精奇诡丽，每一篇出，同人莫不惊叹。余心怪之，谓子山曰："长吉奇矣，而沉思大过，以不永年。子其戒之！"子山笑不为意。

子山家故贫而好客。所居为张氏之依园，有亭台池馆之胜，故四人日聚其中。方其月明露净，四宇㴠净，携手登台，览城郭而眺山川，慷慨悲歌，俯仰一世，意气不亦盛哉！夫四人者，皆非有五亩之桑、儋石之储者也。年未及冠，各有菽水之忧，固尝易衣而出，并升斗而食，不绝炊者仅耳。然方以古人相励，意落落不与俗谐，里中多非笑之，以为妄。嘉庆十二年，余举于乡，而三人益困，始有远游之志。明年春，余在京师，子山犹遗余书，言往豫章。及是冬，余归，而子山竟客死矣。

嗟夫，子山年甫二十三耳！其天性之孝，才隽而志美，笃学而好义，使假以年，成就未可量也，竟以夭死。其所遭又不及古人什一，吾乌知造物之意耶？且余与子山，非寻常之交也。生尝相恤，死不相知。往哭其家，二老泣于门，少妇啼于室，一女呱呱在抱。呜呼，子山长已矣，而余又穷力不能经理其家，九原之下，何以慰吾子山哉！子山素傲，不屑以诗文乞名于士大夫，故知者盖寡。世非但不知其才，而并不知其人，又岂有知悲其穷者邪？呜呼，其可悲也已！

（东溟文集卷二）

孔葊浦诗序

诗为六艺之一，动乎性情，发乎声音，畅乎言辞，中乎节奏。其始也，必有所感。感于情者深厚，然后托于辞者婉挚，使人读之不觉其何以油然兴观群怨，此古诗所以可贵也。至唐而体格备，至宋而变境穷，然振采飞声，尽态极悱之中，自有其不可易者。汉唐宋明以来，大家盖一致也。

国朝作者尤众。至于论诗，自以阮亭为正，所谓妙悟天成也。乃其自运又失之靡弱，虽力造唐贤，实则不异金元诸家。识者谓学似遗山，才力微不逮焉。归愚以吴人言诗，颇能脱去纤秾，别裁伪体，而才质凡近，骨力不腾，每多死句滞意。近世虚侨之流，又以其豪艳狷薄、伤风败俗之辞倡导后生，自比铁崖，然铁崖当日已有文妖之目，斯又下矣。又有工应试举诗者数家，能以唐音入于体制，于是学者又相仿效，及取全集观之，则所谓古近体者，犹然应试举诗也。又或真情不足，假故实以文其疏舛，由温李之余波，益加繁博，自矜选体，而不知与曹刘沈谢有天壤之殊。至其甚者，乃更孜孜考证，好古搜奇，破碎繁芜，其于文章论说，犹失廉肉取舍之道，而况诗之风雅乎！

曲阜孔葊浦先生，天怀坦旷，不婴尘垢，徜徉于山水诗酒之娱，殆古之高士。今读其诗，三十年中，于骨肉之恩、友朋之义、生死离别，感伤沉痛，则又未尝如放情出世者。揽观景象，抒写性真，妍丽清深，风骨峻迈，间有无题诸作，含情绵邈，意渊旨洁，亦不同于佻荡，是诚有得于古人之幽隐者矣。

莹之先曾祖姜岛府君、从祖惜抱先生皆尝于先生家有旧，今先生壮游海外，因荃溪分巡而见之，出全集嘱为之叙。乃述其平素所以论诗者质之，亦冀先生之益我也。

（东溟文集卷二）

赠王栻序

古之学者学道以正其心，今之学者学文以害其心。学道日益上，至于贤圣忠孝之极而止。学文日益下，至于弇鄙猥琐之极而止。甚矣，古今人之相远也！虽然，文之至者必近道，非知道者不能为，则文成而道以立。夫文成而道立，则其于心也何害？古之学者闭户而诵之，群萃而讲之，或三年，或五年，或七八年，若是，其专且久也。今之学者，诵读讲习专久同，而所以为学非也。古之学者志在道，故以忠信则学，以孝弟则学，以事君敬长、明礼而通其义则学。今之学者志在文，苟可以为荣则学，苟可以为利则学，故文非文也，务为浮薄诡谲以悦人而已。夫言者，心之声也。日讲诵于浮薄诡谲之文，又至于三年、五年或七八年之专久，如是业成，欲其心之无害，岂可得哉！

然国家以文取士久矣，士欲行其道者，舍文奚以进？而世之主司顾为浮薄诡谲之文是取，则士之务为浮薄诡谲也固宜。然则倡天下之人以趋浮薄诡谲者，有司之过也。今试语人于父兄曰"若子弟之行污贱，将不齿于乡"，必赧然愧矣。更语之曰"若子弟且为盗"，必勃然怒矣。更或语之曰"若子弟之文甚合有司，将必售"，则莫不喜动于眉睫。夫充浮薄诡谲之心，其不为夐鄙猥琐，几希矣。以浮薄诡谲之心得志于功名富贵，其不为盗，又几希矣。然而父兄之情大异者，惑也！彼徒以荣利望其子弟，而不知已驱诸浮薄诡谲以害其心也，是亦父兄之过也。不幸哉！今之学者也。荣利本切于中，又且主司倡之于上，父兄驱之于下，欲其舍浮薄诡谲之文而学道，其孰从而听之抑？

吾闻：主司者，衡文者也，非衡命者也。命且穷耶，文虽合，莫之能取；命且达耶，文虽不合，莫之能舍，则又何患乎！与其卑贱求合以害心，孰若正心修身以学道，其贤不肖何如也？

太仓王杕从吾学二年矣，终日言不离乎文，而未尝告以浮薄诡谲之术，每反覆于忠信孝弟事君敬长之道，能乐受之而不厌也，亦可以无害于心矣。惜乎，不及三年，未见其文之成也。或者疑非所急。是则世俗荣利之习，见其小不见其大者。惧生不终其志，于将行也，留说以赠之。苟能卒成其文，则生岂今学者徒耶！

（东溟文集卷二）

赠朱澹园序

华亭朱澹园，行方而貌古，气清而体闲，好为深沉奥奇之学。穷且老矣，家人都丧，偕一子游岭南，从化少尹朱君延教其子。逾年，而学徒皆好善。澹园乃教以综月日所为、孰为功、孰为过，列之于书，以自惩劝。已而，少尹亦自请受，仆竖或有行者。澹园，其君子矣乎！

余少时闻长老言：乾隆四十年前，士大夫皆爱惜廉耻，辨名分，衣冠容仪有法度，教子弟必先授朱子小学，谈先儒名讳如道父师。其诚厚可想也。数十年来，世风凡三变矣。其初好博闻强记，薄先儒身心性命之学为空迂，而好华美骄侈；既乃尚通达，骋宏辩，讥讪礼法之上如寇仇；近日并通达宏辩者亦少，惟事苟便而已。士大夫聚会至解衣露体，嬉笑诟骂相娱，或齿高位尊而与少年为轻薄。所见所闻无不可惊愕者，举世方恬然不为怪也。余曰：风俗系乎人心，人心系乎学术。今之教弟子者皆非学也，取利禄之术而已。先世父兄望其子弟未尝去利禄，而犹以小学教者，使知有本根也。今则拔其本而掘其根。人心日以偷薄，风俗乌得无坏乎！

澹园能以为善教其子弟，可谓知本矣；朱君能知其善而从之，以为利禄外别有所以教子者；而其子果能从父师之教，皆不可谓非贤。虽然，先儒之说具在，苟其以礼法为门，进究六经之旨，日讲而月习之，以求去其薄人心、坏风俗者，则澹园之道且日新，岂特朱君父子与其仆竖之好善哉！澹园益务其远且大者可也。

（东溟文集卷二）

《论语集注》书后

朱子生平用力四子书，训解屡有更易。盖见道愈精，析义愈密，而训故文字初不少略焉。《论语》成书凡四本。最先作《论语要义》，在隆兴元年。盖病王氏新学之穿凿，而诸儒说经又或支离，未能卓然不畔于道，慨然发愤，取平生所编古今诸儒之说，以及门人友朋之议，尽删其穿凿支离及不得圣人之微意者，定为一书，而以二程子为宗。此皆讲明大义，不解章句，以为文义名物之详，当求之注疏，有不可略者，未尝废注疏也。既因训故略而义理详，非初学宜习，复加删录，作《训蒙口义》。本之注疏，以通其训诂；参之释文，以正其音读；然后会之以诸儒之说，以发其精微，一句之义系之本句之下，一章之旨刊之本章之左；又以生平所自得者附见一二，然后训故音义备焉。既又取二程子讲论之语及横渠张子、范氏、二吕氏、谢氏、游氏、杨氏、侯氏、尹氏九家之说，作《论孟精义》。《集注》之成，盖在晚年，然犹随时更改。先贤大儒好学之勤，体道之深如此，而于百家之说未尝尽废也。故作《〈论孟精义〉序》曰：汉魏诸儒正音读、通训诂、考制度、辩名物，其功博矣。学者苟不先涉其流，则亦何以用力于此？而近世二三名家与夫所谓学于先生（谓二程子）之门人者，其考征推说亦或时有补于文义之间，学者有得于此而后观焉，则亦何适而无得哉！特所以求夫圣贤之意者则在此，而不在彼耳。

呜呼，朱子述而不作之心皎如天日，所以为天下万世计者，无非欲下学上达、由粗入精、同底于大中至正，岂小儒俗学专以一己私说欺世取名、假博闻多识以自文其不肖之罪者所能望其万一哉！朱子之心白而后俗儒之罪明，俗儒之罪明而后朱子之功著；而要非有志于世道人心者不足语此也。而鄙陋之徒好为论说，目不睹四库之书，耳不闻通人之论，剽袭烦芜，名为恪守程朱，实不过以为制举文字之用，若此者又百家之不屑而亦朱子之所深痛矣；遂使争新好异之徒骋其博辩，抵隙蹈瑕，皆以宋儒为口实。呜呼，是谁之过与！

（东溟文集卷二）

《道书》书后

道家之书最杂，贵与马氏论之详矣。汉《艺文志》云："道家者流，盖出于史官。历记成败、存亡、福祸、古今之道，然后知秉要执本，清虚以自守，卑弱以自持，此君人南面之术也。故所列道三十七家、九百九十三篇，始伊尹、太公、鹖子、管子之类，而老、庄、列之书与焉。"可谓得老氏之本旨者矣。别出神仙十家、二十五卷，始《宓戏》、《杂子道》，至《泰壹》、《杂子黄治》之类。书虽不存，中如《黄帝杂子步引》、《黄帝杂子芝菌》等，以意求之，盖亦不过服食引气之说。故序之云："神仙者，所以保性命之真而游求于其外者也，聊以荡意平心、同死生之域，而无怵惕于胸中而已。少翁栾大之徒不载焉。"岂其术诡秘，初无成书，抑有以削之欤？文景二主皆好黄老。其始传自盖公，曹参之所师也，自参已尊奉以为治。盖其书最先出，故文帝好之。是时六经固犹在山岩复壁之中，未之出也。汉廷之上，仅一叔孙通以变古就俗之礼取大官，而无意明圣人之道。陆贾稍能为高帝陈之，然大约粗浅鄙陋，宜不能胜黄老之书也。然今老子之书具在，初无所谓怪诞张皇者。当时传其学有《老子邻氏经传》四篇，《老氏传氏经说》三十七篇，《老子徐氏经说》六篇，刘向《说老子》四篇。今虽不知其说云何，其为人君南面之术可知也。《黄帝四经》四篇，《黄帝铭》六篇，《黄帝君臣》十篇，《杂黄帝》五十八篇，在道家。《黄帝泰素》二十篇，在阴阳家。注云："六国时，韩诸公子所作。"刘向《别录》云："言阴阳五行以为黄帝之道也。"又《黄帝》十六篇、《图》三卷，在阴阳家，则行兵五胜之术，或假鬼神为助，此乃稍及鬼神矣。又《黄帝杂子气》三十三篇，在天文家；《黄帝阴阳》二十五卷、《黄帝诸子论阴阳》二十五卷，在五行家。既皆依托。而《黄帝内经》十八卷、《外经》三十九卷，则医家之祖也。综观汉代黄帝老子之书，如是而已。

世谓淮南与八公之徒炼药修仙，然《淮南》之书所谓《内篇》二十一、《外篇》三十三者，亦皆兼儒墨、合名法之言，故《志》以入杂家，不入神仙家也。又有《淮南杂子星》十九卷，则占候之说，入天文家。乌有所云神仙者乎？东汉之末，其迂怪之书始渐出。张道陵、左慈、于吉之徒，纷纷以其幻变诡秘之术，炫惑于世。六朝以来，丹书、紫字、升元、飞步之经，玉石、金光、妙有、灵洞之说，乃不可胜纪。而宏大其教者，葛洪、陶宏景也。《魏》、《隋》二书《释老志》所论列，较《汉志》不侔矣。后世道家书，渊源实无所考，皆以为神人相授。唐开元中列其书为藏目曰《三洞琼纲》，总三千七百四十四卷，何其富也！厥后乱离，或至亡缺。宋初遣官校定其书，多出七十余卷。徐铉等仇校，去其重复者，得三千七百三十卷。盖已复唐之旧。大中祥符间，王钦若依旧目刊补洞真部、洞元部、洞神部、太真部、太平部、太清部、正一部，合为新录凡四千三百九十五卷。又撰篇目上献，赐名《宝文统录》。而其后张君房所集《道书》凡四千五百六十五卷，崇观中又增至五千三百八十七卷。君房撮其精要，为《云笈七签》，盛行于世。明末，陈继儒尝重刻之。其道书全部，近时颇有一二巨公删录重刻，为《道藏辑要》云。

夫"藏"之云者，始见佛经，梵云"俱舍"，或云"比岠"，或云"摘迦"，华言翻译为"藏"之名。唐开元中，以道书为藏。此乃援道入释。故宋以后，其徒皆耻不名道藏。今复仍此名，则诸公之诠义疏矣，又不推原道家之本始，援其正以祛其妄，岂所以阐扬老氏者哉！

　　　　　　　　　　　　　　　　　　（东溪文集卷二）

《藏经》书后

始，吾读释氏书而疑之：释迦牟尼文佛出世说法四十九年，说尽苦空无我无量妙义，为彼教至尊圣人矣。乃以三世考之，名已第八。自释迦前，则已有七佛矣。七佛以前，则又有九百九十七人。其说似乎骇听，而诸经所著有名诸佛又动以千数，岂尽无稽欤？及寻其始末，推吾儒之理，乃悟其容或有之，要不足怪也。

夫释氏之有释迦，犹吾儒之有孔子也。孔子圣集大成，生民未有犹释迦之超出诸佛、为世所尊也。孔子生周敬王之世，释迦生周庄王之世，皆周人也。孔子以前，则有尧舜禹汤，以至文武周公诸圣人矣；释迦以前，何必无毗婆尸尸弃以至拘那舍牟尼迦叶之诸佛乎？删书断自唐虞，吾圣人之可考者也。七佛始自毗婆尸，亦其始有可说者耳。夫自尧舜至孔子，（盖）二千八百余岁矣，彼毗婆尸至释迦，何必不数千年乎！若尧舜以前至三皇之世，则又有包羲、女娲、神农以至黄帝、颛顼、高辛诸圣人矣，三皇以上至天地开辟，吾不知其几千万年矣，然最初有盘古氏之名矣，若无怀葛天诸君，未尝不尚存于传记也。彼毗婆尸以前，岂独无天地世数乎？则何必无华光以下之九百九十八人哉！儒者不谈荒远，故孔子删书自尧舜始，非谓尧舜以前无圣人也，若庖牺神农黄帝，则见于系辞矣。释氏既不厌为荒渺之谈，其有传记与否，吾不得而知，固不可以吾儒之不传，谓彼不当传也。儒者推世运之数，如《春秋元命苞》言天地开辟至鲁哀公获麟之岁凡三百二十六万七千年；《命历叙》云二百六十七万六千年，分为十纪；《易干凿度》云十纪合二百七十六万年，每纪二十七万六千年；《列子杨朱》云伏羲至今三十余万岁；《帝王世纪》云自天地开辟人皇以来，迄魏咸熙二年，凡二百七十二代，积二百七十六万七百四十五年。所说不同，大约不甚相远也。世儒以其纬书私记而不信。若《汉律历志》云，上元至伐桀之岁，十四万一千四百八十年，则见于正史矣。而邵子《皇极经世》断以天地之始终，止十二万八千年，则出于大儒矣。夫吾儒之云"世"者，即彼教之所云"劫"耳。彼所云成住坏空辗轳增减者，亦何必不犹吾儒之元会运世章蔀纪元者乎！吾儒有圣有贤有大人有君子有善人信人之称，各以其德行名之。彼释氏者，则有佛有菩萨有阿罗汉阿罗含金刚比邱之称，亦各以德行名之。佛不一佛，犹圣不一圣；菩萨不一菩萨，犹贤不一贤也。其人依然有死有生，有少有老。"过去"者，犹吾之谓"既往"耳；"见在"者，犹吾之谓"今日"耳；"未来"者，犹吾之谓"后世"耳。中国有孔子著书讲学，服其教者不知几千万亿也。彼国有释迦说法劝世，服其教者又何必不几千万亿乎！世以为怪而妄之者，是不辩其理之是非，惟其事之有无也。如实有其事，则将从之乎？吾以为怪而妄之，不若不怪而听之也。惟吾不以为怪，则虽有其事，莫之惑矣。

虽然，有说焉。夫乱臣贼子、奸凶淫恶、暴虐贪残者，此儒者之所恶也，圣人立法，思以化之而已。释氏者，亦将以化夫此辈者也。彼夷狄者，无礼乐诗书之教、道德仁义之意，惟以杀夺为事，强陵弱，（众）暴寡，凶淫残忍，不可胜言矣。自释氏之徒出，以其地狱因果三生之说教之，劝化痴愚，摧灭魔怪，于是夷狄之人有所悔惧，此其为功于彼甚大，与孔子之救中国一也。中国自三代而下，先圣之道或存或亡，其大经大法所以维系乎纲常名教者，徒以使人知善善恶恶，有所劝戒而已。若仁义道德之微、身心性命之奥，非聪明睿知不足以知，不能责诸愚夫妇也。去古愈远，风俗人心日坏，傲狠顽淫，争夺斗杀，中国之去夷狄几何矣！又济之以巧诈深文博学，强辩三纲五常之说，皆习闻而厌听之。于此有人焉，独以其地狱因果之说进，言之凿凿，怵目洞心，使凶淫残狠之人皆回心而听命。当斯时也，为吾儒者，方深忧之不暇，乃必以其人非儒，力破其说而争驱逐之乎？

世有好医者，黄帝岐伯之书，神农本草之经，少而研习，究古方不遗余力；已而，室中人病，投以剂不效，而鬻奇方者过室，人就试之，一服而愈，人皆往庆之，此医独大怒，以为非。古方不自己出也！亦可谓迂矣。世之攻二氏者何以异此！

然则二氏不可攻乎？曰：曷为其不可攻也！彼黄冠羽衣烧炼铅汞，以求飞升，金阙琼楼，妄撰奇异，以眩耳目，禹步咒水，造作符箓，以为妖邪者，老氏之罪人也。造塔建寺，刺臂写经，靡费金帛，妄希福利，口语机锋，高座说法，诳惑士女，阴为奸利，遗弃骨肉，附会空虚，不行实事，若此者，亦释氏之罪人也。

（东渟文集卷二）

与张阮林论家学书

阮林足下：春闲得书，知近治经史甚锐，著述宏富，为之企羡。足

下以英辨之才，沉研古学，又处京师久，与名公时贤相砥砺，见闻广而
采获勤，书成必有宏赡精确大过人者。仆倦游岭外，少师友之助，悄然
块处，又得书甚艰，莫由稽考，辗转六年，无所成就。昔虞仲翔处广
州，穷愁竟成《易传》，附圣经以自显。如仆者远愧古人，近惭足下矣。

大著《左传辨杜》刻否？亟欲见之。惟于命名之义，窃有未安者。
左氏传自贾太傅始为训诂，刘子骏创通大义。后汉郑仲师、贾景伯、服
子慎、许惠卿、颖子严之徒皆有注。马季长谓：贾君精而不博，郑君博
而不精，已无可复加，但作《三传异同说》。则贾、郑之书可知矣。魏
世王子雍亦有《左传解》。此皆通师硕儒之说也。至杜氏以为诸家皆肤
引公羊、谷梁以释左氏，适足自乱，乃著《经传集解》，专修邱明之传
以释经。其所论三体五例，详哉，言也！又作《长历》以推其岁时，撰
《释例》以通其条辨。殚毕生之勤，成专家之业。大义举而训诂明，天
文昭而地理覆，自有左氏以来，传注未有若元凯者也。故南北学者，皆
为之疏义。刘光伯虽曾规其过失一百五十余条，未害其美。且隋世诸家
注传尚多存者，光伯独为杜氏作疏，岂非其长不可掩耶！疏其书而规其
短，乃光伯通见，足破疏家祖护之陋，非好攻之以为异同也。

夫长短不容相掩，功过可以互明，贾、服、刘、马之异同，要当并
著其书，使后学有所钻仰。自唐世奉敕修定正义，独用征南，而诸家注
说如爝火辰星，荧然阒灭，此固当时学人之陋，亦孔冲远、颜师古之徒
不能请闻于朝，兼存古训。故通人至今为恨。然以诸家之废而大不平于
杜氏，此何说哉？亦犹朱子表章六经四书，原令人先习注疏以通其训
诂，其后学者不能兼习，乃自放弃注疏，专治宋儒注义，今举世驳辨，
咸谓宋儒灭绝旧注，徒言义理而废训诂。此何异盲人道黑白乎！左传补
注之作，发端于元人赵汸，盖以杜为主，有不足，以陈傅良之说通之，
非纠杜也。国朝顾宁人作《杜解补正》三卷，朱鹤龄作《读杜日钞》十
二卷，《补录》二卷，始有意正其阙误。而曰"补"曰"钞"，不居攻辨
之名。近世惠定宇以古义名家，特搜辑服、贾之说，为《左传补注》。
吾乡马器之前辈慕惠氏之风，援光伯之说，亦有补注之作，意乃颇攻杜
氏。向尝疑之。若惜抱先生亦尝撰三传补注，在马氏之先，则又不过随
所考证，其有未安，间为之说，并无意于长短之见。今足下书命名乃
尔，无乃过乎！

愿更详之：说经砭砭，贵渊通，不在攻击也。仆承家业，治经史、
为诗古文之学三世矣。从祖惜抱先生以诗古文鸣海内，学者多宗之。独

先曾祖之学久晦不章，一二巨公颇以不见遗书为憾，良由生平绪论散见各书，未及撰录故也。昔顾宁人没，遗书得门人潘耒刊之，乃行于世。江慎修殁，遗书得乡人戴震表之，以闻于朝。矧为人子孙，而令先业荒坠，不肖滋甚矣！莹虽谫陋，敢不收罗缀辑，以质世之君子？而濒岁客游，不能以书自随，是以纂述久而未成。今具稿约五十余卷、百万言矣。族兄伯印以书来云，史馆修《儒林》、《文苑》二传，阐发幽隐，命仆以家集上诸公备采择。念书未成，惧不足以表章。然当国史咨求，而无以上闻，是没祖德也。不得已，上《援鹑堂诗集》刻本及《笔记》稿本三卷，假伯印以致诸公。而汪瑟庵侍郎先见之，谓必当入传。惜不在史局，未知秉笔诸公以为何如耳。得足下书，始知惜抱先生有请附海峰入《文苑传》之语，此或别有微意。

而足下以为先曾祖校论诸书，今时诸君子多未能窥见涯涘者，若仅以诗文入传，是以精深之学转为辞章掩矣，责仆于阐扬先人之大，舍本而存末。足下之言，岂不诚然哉！仆与伯印书，亦未明言请入何传者。子孙不敢议其先祖之义，而于诗集前列总目，又作后序，具述生平论学大旨，则仆意可知矣。足下想未之见也。足下于垂湮久佚之余，能推明前人不传之学而见其大，足下之诚宏矣；意在发扬幽隐，上佐国史，不为乡曲之私，不欲以辞章掩学问，足下之论公矣；数千里贻书故人，责其不能善扬先祖，足下之义笃矣，为人子孙宜何如感愧乎！顾仆于此窃有私中，蓄之久已不敢告人，今为足下陈之。

莹闻：君子立学，传于后世者，道也，而不在文；功也，而不在德。道、功，天下之公也；文、德，一人之私也。道足以继先哲，功足以被来兹，若此者，已不必传，天下传之。文者，载道以行，舍道以为文，非文也，技耳；技不足传君子。若夫德修于身，所以成己，非以为名，故曰：遁世不见知而无闷。先曾祖少孤砺行，孝友立于家以教子孙，至今门内无敢惭德；忠信著于乡以施族党，至今无闲言；处身必恭以俭，接物惟诚以和，长老及见者，至今称其风采。此德行之实也。先曾祖为文根柢经史，恉渊思深，必得古人精意，不为放谲踳驳之论，取快一时，先曾祖之于文，可谓能载道矣。至其天资沉笃，强记博闻，自束发以终其身无闲，故能淹通宏洽，不为拘墟孤陋之见、空疏无据之谭。其大者在笃信程朱，以为非考证不足以多闻，而舍身心亦无以为学。汉儒谨守师法，训诂略备于前；宋儒讲论修明，义理大著于后。其道在守先待后，其功在风俗人心。学者当识其大以体其微，去其矜心与其昏气，乃可以为学。俗儒务毁人以成己名邪说，好立异以乱是非，卮言日出，贻害人心，亦何异乱法舞文之吏耶？此先曾祖生平兢兢不轻著述之微意也。其于道也，可谓不自矜矣。莹之生，距先曾祖殁已十余年，家遭中落，藏书为人窃取几尽。又十余岁，稍解读书。二十四岁，编录遗集。又六七年，然后有以见先曾祖为学之实。窃谓：先曾祖之可传者，道也。而论道之言不可见，即所存著，亦可得其大凡矣。若夫传之与否，则不系乎史。道苟不明，即空留姓氏何益！盖太元之作，百年后兴河汾讲道，《隋书》无传，古人之所重轻如彼，后有君子将知人论世，亦以人光史册耳。史岂能光人哉！此仆所以久蓄于中，惟惧道之不修，而不敢汲汲于史传也。

　　足下又云："先生之学，可差肩于阎、惠诸君。"窃以为骇。夫阎君断断博辩，以摘发前人自喜，惠君凿凿训故，以搜求古义专门。二君精博均不可及，然其于圣人之道也，曾未望其藩篱；乃与宋儒为难，欲以寸莛破巨钟。若先曾祖则以考博佐其义理，于程朱之学见之真而守之笃，固与二君大异。今谓如此，毋乃非所敢安乎！宋人有好学者，千里寻师而遗其母，母使人谓之曰："子之学则成矣，如岁日荒，吾冻馁将死何？"夫学成而母死，不如其弗学也。今之学人不死其母者鲜矣。此先曾祖之所大惧也。惜抱先生尝语莹：编辑《援鹑堂笔记》宜宽岁月为之，但取精，不取速、不取多也。先生手钞经部、史部、集部各一卷授莹，以为式。今所编纂，不惟表先曾祖已坠之书，亦以竟惜抱先生未成之志云尔。即惜抱先生孤立于世，与世所称汉学诸贤异趋，而海内学者徒以诗古文相推，于其说经论学罕有从者。风气使然，不能以一人挽也。三十年后，当有达者振兴，一辟榛芜而开之大道。莹与足下勉为其是，书成以待后人之论定而已。足下戒之哉！毋夺于众咻，毋阁于正见，亦仆之所以望同志也。

（东溟文集卷三）

与徐六襄论五代史书

　　闻有补注欧五代史之意，甚善。近时诸贤多为汉晋以上之学，足下独从事于此，何哉？窃谓此书体严义精，读者卒难得其要领，考博家漫谓其纪事疏略，不如薛书之详，为可叹也。盖公未作此书，先为《十国志》，原亦多取繁载，及与尹师鲁论之，乃大芟削改，并为正史。初与师鲁分撰，后独成之。公在夷陵，与尹师鲁书云："开正以来，始以无事，治旧史。前岁作《十国志》，务要卷多，今若变为正史，尽宜芟削，存其大要。至于细小之事，虽有可纪，非干本体，自可存之。小说不足以累正史，数日检旧本，因尽芟去矣。"此可见公载笔之精义。又云："师鲁所撰，在京师不曾细看，路中细读，乃大好。师鲁素以史笔自负，果然。河东一卷，大妙，修本所取法，为此传。外亦有繁简未中，愿师鲁亦芟之，则尽妙矣。"是公此书经与师鲁商确，从其芟削者也。至云"修本所取法"。时公以文章自命，上追龙门，而虚心如此。至和二年，与徐无党书云："《五代史》，昨见曾子固议，今重头改换，未有了期。"则又经与南丰商确而改定之也。又皇祐五年，与梅圣俞书云："闲中不曾作文，祇整顿《五代史》，成七十四卷。不敢多令人知。"盖是书初成，人见其简，必多疑议之者，故不欲轻以示人。及后，始从南丰说而自改定。然则此书以著五代之得失为本，其事实繁琐无关法戒者，固非正史之所宜载。若夫典章制度则有志，在纪传中，不必淆入。而五代纷纷，为国日浅，制度盖无可言，故并不立志。世人浅见，喜广异闻以为详备，可谓愦愦矣，乃谓公学史记，故为高简，不顾事实阙略，岂非不辨正史载记之各有体裁，而轻议昔贤乎！今注称徐无党撰，或疑其浅陋。然公与徐书已言作注之难，则未必后人之伪撰。世以为浅陋者，亦为其大略不能旁证博考耳，安知非以公当日意在简严，即注亦无取其繁芜耶？

然鄙意作注与著书不同，而注史尤与注经不同。盖注书病在芜杂，注经病在支离。注史者旁引广证以存事实，正可多引本书所不载，使人得以观其去取之意，抑何害乎！昔刘昭既注《续汉志》之外，以刘昉注蔚宗《后汉书》一百二十卷，仅及范书所见，乃更搜广异闻，作《后汉书补注》五十八卷，可云宏富，而刘知几讥之。《史通·补注篇》云："蔚宗之芟后汉也，简而且周，疏而不漏，盖云备矣。而刘昭采其所捐以为补注，言尽非要，事皆不急。"知几此言可谓精史体者。世俗纷纷争咎蔚宗、欧公之阙略，当以此说示之，而其责注家不当广引为非体，毋乃过乎！

往在杭州刘金门先生学使署中见彭芸楣尚书有《补注欧五代史》，大约以薛书割裂分系欧史每条之下，而于他书少所征引。稿本未竟，金门先生欲卒成之，延长洲王某属其事。因其人轻傲，不暇与论，故未深见其书。金门先生顷在都中，曾见此书否？足下补注，大意未审何似云。仿裴世期注三国之例，洵美矣。愿更深味欧公命笔之意，以立其本，而于薛史外，更博考别史载记，如王禹偁《五代史阙文》、陶岳《五代史补》、马令陆游《南唐书》、龙衮《江南野史》、陈彭年《江南别录》、张唐英《蜀梼杌》、钱俨《吴越备史》之类，参比之以存其事；搜讨于诸家，如司马公《通鉴考异》、吴缜《五代史纂误》、《朱子语类》、胡三省《通鉴注》、胡一桂《十七史举要》及近代杭大宗、钱辛楣《廿二史考异》之类，缕析之以证其文，务揭所长，勿讳所短。尝阅袁文《瓮牖闲评》有议欧史二条，其一云："《通鉴》载唐之亡也，杨涉为押国玺使，其子凝式谓涉曰：'大人为唐宰相，而国家至此，不可谓之无罪，况手持天子玺绶与？人虽保富贵，奈千载何！'涉大骇。夫凝式能出此言，可谓贤矣，而欧《五代史》不之及，何哉？"莹谓：文之言非也。凝式既知非义，乃不能强谏其必从，卒亦依违，历仕五代，徒以心疾致仕。出处之迹如此，何以责善于父？文乃强为之说曰"彼姑托此以全身远害而已，非心疾也"，夫苟欲图远害，则于押玺使何诛？且不全身于唐亡送玺之时，反欲远害于历事五代之后，此何义乎？一时之言不能自践，存之适见乖戾，欧公削之，当矣！文又谓"南唐后主既降，宋祖以其拒守久，封以违命侯。欧史凡说后主处，皆书违命侯。按，陈寿《三国志》于孙权直称名，至蜀则必曰先主、后主。盖寿本蜀人，以父母之邦故也。欧公吉州人，正属南唐，其祖、父皆南唐臣民，而忍斥之曰违命侯乎？"莹谓：文此言谬妄尤甚。按，公父崇公，少孤，以宋真宗咸平三年进士及第，为道州判官，历泗、绵二州推官，又为泰州判官而卒。时公年四岁。崇公仕迹如此，《泷冈阡表》叙之甚明，乃宋臣也。其进士及第在真宗咸平三年，南唐亡在太祖开宝八年，相距已二十五年；崇公卒在祥符三年，公以景德四年生，距南唐亡三十二年矣。崇公之父早卒，未仕。今谓公父、祖皆南唐之臣，何不详考乃尔！且承祚身亲仕蜀，父又为蜀臣，后主正其故君，而所修之书，则三国各自为史，不书后主何也？欧公既于南唐无君臣之义，而所修之书则《五代史》也，既周为正统，南唐当日又实已称臣，据周立史，而于僭国仍从其臣子之称，有此史法乎！是皆不可不辩者。凡如此类，幸审择之，勿轻信诸家排击之辞，漫以为是也。

著书先观大旨，非有关于是非得失之大、系乎人心世道之防，即文章犹不容轻作，况修史乎！以足下之精鉴，但宽岁月为之，即不刊之业也。胸中所欲论著甚多，一时坌集，转不知何处措手。近惟省察身心，思有以收其放躁，甚思足下辈为我攻其病。勿忘勿忘！相念岂有极也！

（东溟文集卷三）

答宋青城书

青城足下：十三日得书，言寂感动静之理甚晰。此非有所见不能，故非影响之谈也。谓偏寂为贤知之过，偏感为愚不肖之不及，良是。又深味先儒寂感无先后、动静无二致之说，此皆高明之识。惟疑朱子《中庸章句》未发为性之误，则过矣。此朱子顺文解义之辞耳，何谓误耶？今夫儒者之言有理有分，当以意逆志、分别观之乃善。

盖人之生也，有命，有性，有情，有才。何谓命？以其受于天者言也；何谓性？以其具于心者言也；何谓情？以其感于物者言也；何谓才？以其见于事者言也。命，自然；性，浑然；情，勃然；才，犁然。由其自然以为浑然，由其浑然以为勃然，由其勃然以为犁然。故命也，性也，情也，才也，此理之一而流行贯注者也。故无二致。然未见诸事不可以言才，未感于物不可以言情，未具于心不可以言性，未受于天下不可以言命。故才也，情也，性也，命也，此分之殊而秩然有序者也，谓之无先后可乎！理虽一贯，分自万殊。知分而不知理，则不通；知理而不知分，则不辨。理不通则流为末学之分裂，分不辨则流为老庄之浑同、释氏之平等。此道之所以难明也。彼谓寂感无先后、动静无二致者，谓其理之一耳。寂时此理，感时亦此理；动者此理，静者亦此理，故不容先后二致。然无思无为，不得不谓之寂而静；及通天下之故，则不得不谓之感而动。今乃淆其称名，可乎？喜怒哀乐，情也；其未发，则性也。朱子之意正以此为一物，不过别其名耳，曷尝以为二物乎？

性譬诸太极，情譬诸阴阳，才譬诸五行。太极者，其全体；一阴一阳、一水一火，虽莫非太极之所为，然执一阴一阳、一水一火而谓之太极则不可。盖太极全体，可以一物见而不可以一物尽也。人一喜一怒一言一行而谓之性，即此类也。释氏有言譬如众盲，以手触象，其触牙者即言形如芦菔根，其触耳者言象如箕，其触头者言象如石，其触鼻者言象如杵，其触脚者言象如臼，其触脊者言象如床，其触腹者言象如瓮，其触尾者言象如绳。若是众相悉非象者，离是之外更无别象。佛氏之言

可为善喻矣。今不分性情之别，则人必直指喜怒哀乐以为性，是何异众
盲之言象乎？且夫众盲之言象，虽不得真象，犹无害也，今淆举喜怒之
既发而谓之性，则见其喜者必至为墨子之兼爱，见其怒者必至为盗跖之
杀人，其害乃有不可胜言者矣。此子思子所以特明辨之曰"喜怒哀乐之
未发谓之性"，不云既发为性也。今乃疑朱子之误，何哉？朱子与张钦
夫书云："尔者又为学者执定未发为性，而不悟既发之无在非性。"正所
谓知其分而不通其理者，故言以未发为性之误，非自悔其言之误也。未
发为性，语本子思，朱子何悔之有！《章句》顺文解义，义极明备，足
下无乃求之过乎，抑未之深思乎？

　　来教又言：圣、凡静处不可见，于动处见之。此亦必有所谓。莹则
不以为然。夫静有儒者之静，有禅家之静。禅家之静专主寂然不动，儒
者之静则否。寂然不动，固为静中之静。感而遂通，亦自有动中之静，
将自其寂者观之乎？一念不起，湛然中足，清明在躬，气志如神，此圣
人之静也。一念不起，昏然欲寐，蒙瞳无知，气浊神散，此凡人之静
也。寂然虽同，而寂中之境不同，如列子云：至人无梦，愚人亦无梦。
乌可以其无梦遂谓圣、凡同境哉！将自其有感者观之乎？事物之来，因
物付物，随机而应，无所忧疑，无所欣戚，物自纷纷，我常有定，则动
中之静，惟圣人有之，凡人尤无是境矣。然则静中观圣、凡，乃得其
真。今反谓静处不可见，岂其然乎？从来学人之病，在不信圣经而信传
注，及得异说，则又舍传注而从之。夫理惟其是，亦何定之有！然必得
其立言本旨与夫言外之意，更于异中求其并行不悖之故，然后可以言取
舍。否则，与其杂取一时一事之语，不若从其殚精毕虑、契合圣经之传
注。此不失为善读书人耳。至于别有所疑，求其说而不得，则亦何妨阙
以有待哉？莹与足下同勉之矣。

（东溟文集卷三）

上座师赵分巡书

　　莹顿首启。前者书问起居，未尽曲衷，私用耿耿。顷承手书褒答，
策励谆谆，益用感悚。昔朱子闻象山讲"君子喻于义"云云，举似门人，
以为切中学者之病。今以阳明之说相勉，非深心厚望，未能深切如此。
阳明《传习录》幼时即好读之，行箧尝以自随。兹承诲示，敢不兢兢！

莹幼遭辗轲，贫不自存，家君长岁客游，希闻训诰，赖家慈机杼之下课以诗书，间述古人事迹及先世懿行勖勉，是以束发即略知为人。及长，读书稍多，乃粗识古今天人之事、学术正伪之辨，尝慨然有越俗之志。然泛滥出入，卒未能有所成立者，则血气害之也。曩亦有一二良友以古人之学相砥砺，大约砭流俗有余，未至深切自反，生平尤悔多矣。近复频年岭外，觅食养亲，内有饥寒颠沛之忧，外无直友严师之助，孤形块立，悄然自悲。闻教乃知有切近笃实之学，如婴儿得怙恃，何快如之！

吾师以忠诚明笃之资，守存心养性之学，都中物望久有所归。今以特命观察剧地，清风重德，固已荡涤垢污，乃复惴惴以民顽俗悍为忧，平情近理，开诚布公，此即真学问经济也。明效不远，仁目俟之矣。然区区之愚尚有欲为万一之助者。

伏观粤东民情有异于他省者四：逐利轻生，一也；顽犷无耻，二也；健斗无理，三也；好贪恶廉，四也。天下之民莫不好利矣，然畏死之情犹愈于利，未闻以二三十金卖其首者也，而粤有之。天下之民固难言有耻矣，然巨室士人犹顾名义，自非大奸猾，未有通盗侔利者也，而粤有之，且众。天下之民悍于斗者可以曲直解之，惟粤民专以富强相陵，不以曲直为理。天下之民，其官吏莫不喜廉洁而恶贪墨，惟粤民则喜贪墨而以廉洁为无益。此四者，皆大反乎人情而不可以常理格者也，而惠潮尤甚。闲原其所以，粤地边海，民素食于洋，巨室大贾惟视洋舶之大小，利则有百万之息，不利则人舶俱漂，此逐利轻生风俗所由成也。其贫无资者既不能为此矣，又惰不事事，惟行劫以食，而官吏莫可如何，宜盗贼之纷纷也。粤民聚族而居，大或万丁，小者千户，自明以来，其祖业甚殷，常以巨万之金无所事用，惟以供讦讼之费。聚族而居，故易以动众，兼挟重资，故易以为奸。一事睚眦，即千百为群，戈戟相撞，乃行赂于吏，使无究主谋。吏既以众斗莫辨谁何矣，亦即赖以成谳，每曲从之。此潮郡积年之恶习也。嗟乎，其犷很悍戾之徒手刃杀人者不除，惟执无罪饿夫以为杀人之贼，此与捕盗不得渠魁而购小盗以邀功者，二弊实粤东根本之忧、仁人君子所为深叹也。

夫闾里宴安则尚镇静之化，时事衡决则思强毅之臣。西汉时三辅多盗，黄霸虽贤而不治，广汉以刻而治之。北宋时西边多事，范忠宣帅之而望轻，文正帅之而望重。自古当繁剧之任，未有不以威断而能济事者也。粤中十余年来，民轻官吏矣。夫边鄙之地，尤重国威。前者洋盗纵横，蹂躏内河，败军戕民，惨毒尤甚，已丧大将二人，仅乃就抚，威何如乎？贼首复得爵赏，此全粤士民所喋指而痛心者也。军伍废魃，不闻戮罪，转以为功，夷人、瑶户皆尝窃笑之矣。降人数万，一时散归田里，彼非有所畏而散，盖有所贪也，其很心故智曷尝一日忘耶？外洋暂靖而内河匪类益众。夫匪类者非他，即前日之洋盗也。昔之患在外者，今悉近内，而巨室豪强复为之囊橐。盖其人散归，本族有斗，即挺身以为其雄，而奸民抗租亦倚之以欺官吏，故州县催征往往有格拒之变也。长吏拘于考察，不尽上闻，无敢轻议惩创者。此贾生所谓抱火厝薪之势也。夫极众力未集之时，不设策诛戢之，犹坐损威重如此，万一痛疽再溃，其祸可胜言哉？且夫粤地内有瑶黎杂处，外有番夷往来，我之虚实彼皆知之。今吾官军骄至不能戡定内贼，不虑有以启彼戎心乎？

不动声色措置机宜，弭乱于未形，防患于先事，非有忧天下之深心、怀康济之大略者，未易议此也。谋画甚巨，举动匪轻，是宜咨请大府深计而行之。尤愿结之以信，震之以威，平之以情，持之以法，破庸人之见，求补剂之宜，灼见可行，即宜成断，远为百年之计，无狃旦夕之安。《书》云："威克，厥爱允济。"又曰："刑乱国，用重典。"揆之于今，适有相类。昔王阳明以理学大儒亲讨藤峡诸贼，威振一时，民以绥辑。吾师素以实用自许，至此岂其难乎！若昌黎当日守潮，其时势民情固与今异，殆不可同日语矣。《传》曰："狂夫之言，圣人择焉。"不揣迂瞽，辄披肝胆，惟留意裁之，幸甚！

（东溟文集卷三）

再复赵分巡书

日者不揣愚妄，窃以所见粤中情事，谬有陈白，欲自效刍荛一得之义。既复自省，以吾师之明笃，夙求民瘼，所蓄积固已宏矣，如莹所陈，谅皆明照所已及，甚恐无当高深，获妄言之罪。不意远蒙省纳，赐之复书，以为洞达利害，且幸且惭！然后知大君子虚怀好善，不弃迩言，虽复言之无当，而亦必加容纳如此。又得家叔寄示《潮俗十戒》及《谕士子文》，伏读三四，具叹转移风化、正本清源，仁心精虑，莫逾于此。所谓宏猷硕画，只在平实近情，自能使人从之者也。夫处崇高之位而怀间阎之忧者，大人之德也；窃典坟之奥而昧济时之用者，迂生之陋也。今身在畎亩而不习知民事，乃冀异时服官周知利弊，此必不然矣。

然则民风吏治者，乃正学人之有事，非以为文章之具而已。顾学术是非，非文章不能以自显。茔于经术之文，尝慕董胶西、刘中垒；论事之文，尝慕贾长沙、苏眉山父子。非徒悦其文章，以为数子之学，皆精通明达，所谓其言有物者。至于天人之际、性命之微，则非殚究于濂、洛、关、闽，不足以定极中至正之归。而又必考索于汉、唐、元、明诸儒经说以明其章句，辨覆于正、通、别、霸历代史书，以观其事迹，泛滥于九流、百家以博其趣，出入于释、老二氏以穷其说。若夫陶冶性情、抒写景物，则诗歌之作，即古乐之遗，所以宣导幽滞、寄哀乐于声音者也。

束发抗志，三十未立，何容喋喋妄谭？徒以幸出大贤之门，所冀加以陶铸，与之绳墨，俾瓦釜虽微，得任鹑鷃之烹，尺木虽小，得成榱栌之用耳。海内才隽纷出，或专考证，或精历算，或擅诗文，或长馆阁诸作，莫不驰骋焜耀以博名称。茔之鲁劣，实愧诸君。乃其私愿则与诸人大异。所不欲以爝火之明，耀光于日月也，佢使道术粗明、志业成就稍有万分之一裨于一人一物，则此生不虚。若区区以尺幅虚辞辄自矜诩，与天下贤士争一日之长，实鄙阍之志所未尝出也。况近与小人龃龉，惟家室饥寒是惧，敢复眩露，致益困塞？

吾师舟中之训，至今佩之，曷尝一日忘哉！第区区私衷，大惧不察，以为夸大自喜，流于浮薄，有昧韬晦之义，甚非吾师所厚望也，故卒尽其鄙曲如此。惟鉴察焉。

（东溟文集卷三）

复李按察书

前月十六日接奉赐答，猥以菲薄无似。初任繁剧，开诚烛微，示以法戒，仰见大人知待异常，不欲遗弃非才，使坠于深渊而不可拔。庄诵再四，感惧交并。夫不可得者，异常之恩遇，不可知者，未白之衷曲。今于稠人之中，独蒙拂拭，所在提携而训导之，是大人之恩遇可谓隆矣。若区区闿薄之衷，生平所自期者，未有一二见知于君子之前，及此而不以自陈，所谓及之而不言者，隐也。

莹材质驽下，无以异于常人，独自束发读书，则有志慕古，以为人生天地间，当图尺寸之益于斯人斯世，乃为此生不虚。每览古今贤佞臧否之辨、是非得失之迹，未尝不深思而熟复之也。

日昨受职平和，始谓疲瘠之区，亦当有所建白，及到官以来，亲历情势，乃大为骇异。窃见平和僻界闽、广，其四达饶平、漳浦、南靖、云霄，皆山径交错，溪洞曲深，盗贼之所出没也。境内岩岭重复，无一望平迤之地。居民分疆聚族，依险负嵎，强陵弱众，暴寡杀夺起于眉睫，寇仇寻于积世。治斯地者，盖有四难兼四惧焉。夫安民者，首严捕盗而和民。习衽金革，好斗轻生，睚眦之怨，大者报之以死，小则劫掠人财。五里之外不敢越境，一族之内互相侵陵。论以杀人之律，则所坐盗也，及以盗论，原情则非。其难一也。夫除暴必需逮捕，和民丁多族巨，役往多拒，动辄亲临。前人每多率兵役围社焚巢，往往蹂躏已深，卒无所得，即或族众畏惧，执人以献，悉非正身，不过无罪饿夫。而兵费之糜已不资矣。其难二也。夫息事绥民必慎决狱。和民则好讼而贪，不论曲直，惟以得财为申理，苟不得财，虽立与剖决，意犹未慊。故两造皆有控无质。见在案牍不下千余，大半命盗械斗虏掠之事。其难三也。夫居官守廉，莫如守俭。俭者，损其起居服食嗜好而已。其从事公务有必不可阙者。平和自常费外，兼困行役。一岁之中，催科、督捕、勘验、止斗禁虏、几无暇日，虽减骑从，所费已多，掣肘捉衿未足以喻。其难四也。故仇盗不辨则惧枉屈，豪强不除是惧长乱，狱讼不决则惧株延，费用繁巨则惧耗阙官钱拟于自盗。至于科条严重，酬酢纷烦，又其最难者也。莹自受事两月以来，取鉴前人莅斯土者，非失之暴，则失之弱，是以兢兢自持，思欲本清慎勤之心，行恩威信之政，严捕诛以安闾阎，锄强暴以扶善类听断必与民共见，以示惩戒，勤谕必至诚开道，以化愚顽。每亲临四乡，皆自出费用，即有围捕，亦以身先，未尝轻假营伍，故所至鸡犬不惊，民无扰攘。杜械斗之源，重购捕之赏，见经厘定章程，设局清理旧积案牍。而事绪缪辖无非棘手，茹蘖饮冰，未知所济，诚恐力薄不任，空竭区区，转致覆越。

夫力小者不可以胜重，智屈者不可以冒进。今以迂直之材，当繁剧之地，是任重也。知不胜而不求速退，是冒进也。幸承厚遇而犹隐匿私衷不以陈白，是清水当前，不自被濯，而顾陨坠于污渊也。莹虽至愚极陋，敢不自爱，以副裁成。用是披沥直陈，伏冀大人鉴其不才，量予移易，必当奋勉以图自效，感荷实无既极。

（东溟文集卷三）

复方漳州求言札子

莹顿首。莹资性鲁钝，适任繁剧，益兢兢大惧颠覆，惟有遇事谨密，尽心措舍，察人情，因土俗，安辑闾阎，慎重赋税，不敢偏听实客，不敢过信胥吏，不矫激以沽名，不因循而废事。任职一岁，郊野差觉靖肃，士民颇相亲附者，不过因地制宜，宽猛兼施而已。至于漳郡七属民情，莹不能尽晓，然揆所闻见，大略相同。既承明问，俾竭所知，敢以愚见，略陈于左：

一开诚心以调文武。夫国家设官定制各有职司，文以抚民，武以除暴，盖如手足之相为用也。乃往往不和，以致龃龉偾事。在文臣，体统自持，每心轻武人为不晓事。而武臣，亦每以此自疑。不肖兵役从而播煽其间，或兵民交涉而争权，或礼仪上下而争胜。私隙既成，遇事自相掣肘，此激变生乱之所由来也。漳泉民风强悍，械斗频仍，陆路海洋，盗贼时发，用兵之地常多。不能调辑和衷，使文武一心并力而能济事安民者，鲜矣。故宜开心见诚，相接以礼，相通以情，顾大体，捐小节，则文臣与武臣相和，胥役自与弁兵无间，恩及众营，士卒效命。如此，则悍民有所畏而盗贼无所容矣。

一和乡情以息械斗。夫械斗之缘，益有数端。或宿仇不解而斗，或讼狱不平而斗，或大小相陵而斗，或睚眦仓卒而斗。其要皆由负气而好胜。一夫修怨，千百为群，连斗累月，互相死伤数十百数而不息。苟不究其缘而冒昧往捕，或不顾事后而取快一时，又或畏怯不前而因循示弱。若此者，罔不酿成巨患。故有兵已临而斗不休，兵已退而斗如故者。此皆乡情未和之故也。盖其肇衅之始，不过悍族愚民，及至斗势已成，遂乃无分良莠，执法以往，既已不可胜诛。且互斗杀伤，死者不能起辨，与其滥杀无罪，莫如善处为良。故宜震之以威而不用，示之以恩而不怵，顺其情而平其怨，惩其强而抚其弱，执法而稍通变之，则民和悦而斗可息矣。

一筹经费以资缉捕。漳郡一厅七县，壤接永泉，界滨海粤。其中山岭险阻，溪峒曲深，盗贼藏匿既便，出没无常，缓则登山，急则浮海。

而巨族大姓辄拥丁千万人，亘地数十里，兵役入社，时有拒捕之虞。故缉捕之难不但盗贼，即他罪人亦十无一获。非悬赏购获，即须会带弁兵勇役，多者千人，少亦数百。驻社围捕，动以旬日，兵费辄百千计。又四路险要处所，除设兵防汛，必须择选家丁，委任壮役，巡逻抢虏，此等捕费，皆不能少动官钱，必须捐备。而漳属府县素无赢余，资将何出？故虽善为筹画，非空言所能济事也。

一延人士以通上下。夫为政不难，不得罪于巨室。巨室者，众民之所取信也。州县虽日亲民而仁信未孚，愚众岂能尽晓官之贤否，取于人士之论。若府道之尊，则去民益远矣。盖漳俗族姓大小强弱之分最明，小役大，弱役强，由来旧矣。缙绅之士强大者多，平素指挥其族人弱小皆如奴隶，而性畏见官，有事则深匿不出，或阴使其族人为诸不法，愚民不知畏官，惟畏若辈，莫不听其驱使。苟失驭之，则上下之情不通。官虽甚惠爱而民不知，民或甚冤抑而官不察，此前人之所以多败也。诚能折节降礼，待以诚信，使缙绅士咸知感服，则所至达于措置。缙绅信官，民信缙绅，如此则上下通而政令可行矣。

一崇文教以明礼让。夫争斗不息，由礼让之不行。礼让不行，由文学之失教。今州县中亦多能兴修书院，捐设膏火，加惠文士，可谓善矣。然或以为市名之举而无诚，意以将之，劝课无方，师道不立，虽月有课文而于明礼请让之事未有实济。甚或以书院为酬应，上官不论名位，不问品学，荐即延之，以至士不禽服。即一文艺之末，尚不足矜式，况于礼让之事乎。故必慎选名师品望素重者为之模楷，严立条教，厚给廪膳，时以孝弟忠信礼义之事相为请习。更不时亲临，接见诸生，从容与之言论，使其知敦品立行之可贵，察其尤者特加奖异，以励其余。如此而后，文学可兴，礼让之事可渐明矣。

一严刑罚以免姑息。《书》曰：威克厥爱允济，爱克厥威允罔功。《礼》曰：刑乱国用重典。夫所谓威与重典者，岂必曰以刑人杀人为事哉？亦使悍民有所痛切知畏而已。莹始未来漳，即闻有会营围捕破屋焚巢之事，颇疑其过。及亲履久之，然后知其不得已也。盖漳民所以敢为械斗不法者，恃其族大丁多，所居皆重墙峻壁，固若碉堡，枪牌火药器具悉备。兵役往捕，势众则空室而逃，势寡则闭门力拒。夫民苟良善，则一差役可捕，何事用兵？捕犯而至用兵，甚且当官械斗，此与乱民何异？则即破其巢穴，焚其居舍，亦无可姑息者。第恐不肖之员缘此妄及无辜耳。苟当其罪，即焚之而民不怨，如故方伯李公之焚归德堡是也。

夫边鄙之地，尤重国威，今使官势重而民势轻，犹可以资镇肃。苟为姑息之政，使民愈轻官，必且有尾大不掉之虞，岂所以忠诚谋国者哉。伏愿仁以存心义以制事，罪当情真无所用其姑息。此亦刑乱用重典之一道也。

一严保家以究越控。漳郡民风既悍而诈，或挟嫌而诬控，或畏罪而虚饰，但事狡变，危词动听，而不顾情理。有辞无人，有告无讯。又风俗最重原告，一经夺先，则役不敢捕。其或县中图为原告不及者，往往不赴县。鞫即谋越控，初非甚有冤抑，必求剖决也。不过以此相持迁延而已。故亲身上控者，十无二三，类皆讼师为之代递。及至鞫时，并无一人，殊使下情掣肘，实大有防于政体。夫州县虽未必尽贤，然果贪污昏暴，偏听曲断，此亦难逃舆论。有国法在，参革之可也，诛罚之可也。若夫奸民畏罪逃审，徒以片纸虚辞越控，辄不察而概予亲鞫，则是示民以州县无权也。当此民风强悍之区，即重与之权犹恐不足，乃更从而掣其肘，使民益轻官。官何足惜？独念国家设官定制之体，毋乃有伤，而适以长奸民为乱之渐乎！伏愿奋明断，饬纪纲，访察舆论，各属中如有声名不肖者，立予严劾。至于部民上控之辞，平心察其虚实，穷究保家交出，押发本衙门办理，使民知法度，存国家设官之大体。则贤能自爱之员无掣肘之欢，即不肖之员亦有以自新，而可以收得人之效矣。

一严书役以清讼源。夫奸民狡狯诬控，法固宜惩矣。然推其所以敢控之原，则实讼师为之主谋。讼师非他即各衙门之书役也。盖漳俗皆强陵弱，众暴寡。弱小无以自存，往往结各衙门书役为援，或礼拜为师，或虚名挂卯。及至有事，则向若辈问计。此固以有事为幸者，于是怂恿使控，而从中劫持之。事本细也，而蔓延之使大，愚民方引为心腹，此辈实阴为鱼肉。至于会盟为匪，皆敢曲芘。故民本不控也，而若教之。民本不诈也，而若导之。民本不敢为匪也，而若芘纵而主之。官文书未行，若辈已先通消息，此其所以为巨蠹也。故欲清讼源，必严治书役。惟辞人不轻允受，收呈必究保家，则若辈无权而弊可稍止矣。

一责赔赃以弭盗贼。按保甲之法，所以严于平日，使无藏匪也。然而漳属抢劫之案，大抵真盗少而仇劫多。既已行劫，则虽仇亦盗矣。是宜行就地赔赃之法，严饬各家约，分地立签，各有界段。何处被盗，即责何处家约，先使赔赃，苟能救护者免，能获盗者有赏。盖漳属各村社，皆有刀仗火器，既不能禁之械斗，莫若即用之捕盗。苟坐视人民被盗而不出救，则必其通盗也。否则无义之民也，责以赔赃，夫复何辞。诚使分地赔赃之法行，则彼家约自能率其子弟互相救援，以求获盗之赏，而免赔赃之罚。如此，则盗贼之风亦庶几可稍弭矣。

一宽法禁以容奸人。曹参有言，毋扰狱市。狱市，奸人之所容也。至哉，斯言！可谓知为政之要矣。天下蚩蚩，愚不肖者常多，势不能人皆守法，必尽执而诛之，焉有是理哉？为政者但使各安其所而不为乱，斯可矣。苟激之，必且生变。以漳郡论之，如倡优、赌场、烟馆，此皆法令之所禁也。然天之生民日众矣，漳郡尤为繁庶，耕商工贾之事不足以养之，诸不法。自倡优赌场烟馆之途开，藉此而活者殆数万人，此皆所谓奸人也。然较诸攘夺窃劫，则有间矣。今必禁之，此数万人安往乎。彼无所得食有为盗耳，是不可不深长思也。伏愿体立法之意，操为政之要，宽其禁而严其法，苟有犯必重惩之，而不问其余。如此，则民安其所而不敢滋事矣。

以上十事皆按切情状，审察事势可以行之而收实效，非苟为空言者。合下德望素孚，诚心求治，宏猷远画，诚非愚陋所能仰赞万一。即以上数端，谅为明照所已及。特莹奉命得言事宜，用敢敷具以闻。是否有当，尚乞训示。使知可行，不胜惶悚之至！

（东溟文集卷三）

谢周漳州书

犊山先生阁下，昨得蔡巡检书，猥蒙巨制造为莹先人行状书后一通，伏读累日，弥增永欢。

窃莹一穷愁颠连失职之人耳，于阁下非有一面之识及通家故旧之谊也，徒以仁者忧民之诚，不弃菲葑，期有裨于治理之万一，乃采舆论，称莹于上官，请得再赴龙溪，上官亦不以为不可而许之。一请一许，莹皆不及知。古义高风，甚非近今所可伦比。莹既以居忧，不获副阁下之望，又未以尺书陈谢，固宜屏之不复，闻于左右。惟斩焉茕孤不能称述先德，阁下复怜而赐之文，以光家乘，盛自谦冲，益非意料所及。至于反覆申论推明先人所以教莹与莹所以奉职之义，不惟莹警惕涕零，既先人亦将含笑九原，以生平不得已之苦心，赖阁下一言皎然于身后也。

莹至龙溪，在二十二年之冬。其民习于强悍，恃众藐法，久为通省最。东万松关、南九龙岭，劫掠不已，行者戒途。北溪一路七十余里，截河私征者十数处，城内外文武兵役通夜巡防如备大敌。至于各乡大小一千有八社，积怨深仇，蔓延滋斗，视杀人如草芥，以房劫为故常。一日之中或十余命，一岁之内伏尸盈千，剖腹刳肠，莫形凶惨。四郊近地，皆为战场，岂复知有法令哉！官至，视兵役众则逃，少则抗。官但见民之梗顽，民亦视官为儿戏，上下隔绝，胥役缘以为奸。事势若此，可为长太息者矣。莹奉调屡辞不获。乃出不意，夜入强社，擒著名积恶者数人，鞫其劫掠械斗杀人之事甚多。若俟狱成，势必迁延岁月，株累无穷，且正法省中，不足以警在地，是以讯实罪状，胪榜郭门，使万人环观而毙之。四境凶徒，闻风股栗。次收豪奸大猾以为我用，言于道府及总兵官，凡诸罪状暂停追捕。召徕乡民，入城问冤苦，予以白新。使彼素所取信者偕往，察十数年仇怨相寻之故，巨细辨白。然后亲至各社，见其头人，剀切晓譬，使侵地夺社者各还旧业，焚庐毁屋者偿价修葺。死者之家寡妇孤儿，命各社族人敛钱养恤。其杀人者，令家长自捕送，不使兵役妄拘，不听死者家妄诉连逮。老幼欢呼，感激泣下，焚香盟天，誓解仇雠。自古县天实十余年著名械斗之区，听命息斗，各社闻风向化，自相理释，箪食壶浆以待亲临，周历巡循。一时弃刃、修和者七百余社。然后择其强有力者使为家长，给与信记官牒，约束族众。复择壮丁，大社百人、小社五十人，籍其名与年貌为乡勇，以逐捕盗贼，无事则交各家长董率业农。此皆横悍桀骜之徒，平时恃众无名，滋为不法，及名已入籍，有不逞就各家长缚送县，无所逃匿，自是帖然。凡捕盗贼及强梁恶民，皆处以重法，凶暴之徒莫不倾心。械斗既平，盗贼亦戢，然后商旅闾阎得以负担而行，安枕而卧。当用法时，非不恻然辗转于怀、卒不敢慕仁慈之名者，盖救民水火之苦心不得已也。悍风稍止，乃兴崇书院，培养士子，讲习礼让廉耻之事。稍开禁纲，听民迎神赛会，放灯召优伶为乐，使积年愁苦，习衽金革之民，扶老携幼，任意游观，俾知和睦太平之乐，而深悔频年斗争之苦。盖冀以默化潜移，挽风俗人心于万一也。治术粗疏，愧古循良之吏多矣。

计莹在漳十有六月，治事自朝入夜，常不解衣而卧。心神况瘁，气血为之虚耗。年甫三十而发已白。其才力之短绌，即此可见。大惧贻误，渡台湾后，每念前所施设多与愿违，私心常用耿耿。凡莹所晓譬械斗诸事蔡巡检实与共，驰驱辛勤之状，皆所目睹。然当是时，文自道府以下，武自总兵官以下，莫不合力同心，彼此信任，故无闲言。此又一时遇合之盛，不可易得。迨夫时易事迁，谈者但能言莹之峻法，而莫白其苦衷，固宜闻者之诧讶矣。自非阁下深明治理，不务虚名，不事姑息，安能洞察微衷，议论若斯切中哉！

莹虽未见颜色，不能仰测高深，然每见漳人，询知七属年来极为安靖，盗贼屏迹，悍斗无闻，皆郡伯廉明所赐。舆人之诵，播及海外。窃谓媲美古人，常无多让。若莹前日所为，徒形卤莽耳。寻知阁下欲引疾去，而上官隆敬所以慰留者甚至，望风增企何已！开正当来漳州谒谢。大著谨已拜存，永为子孙光宠。

（东溟文集卷四）

答李信斋论台湾治事书

阁下两知晋江，贤能懋彰。近移台湾，实海外黎元之幸也。乃执词下逮，盛执谦冲，谆然以此邑之张弛，施措之后先垂问，惭恶之余，转增局蹐。顾莹于此邦有旧令尹，必告之义，不敢自外，谨竭所知。

莹闻善治国者如理一身，必使气血流通，官骸运动，乃可以无病。苟一支一节，气滞血凝，则病作矣，然投剂者又必审其秉体之强弱，与受病之浅深，量酌而用之。故有同病而异药者，其奏效一也。又闻为政在乎得民，而得民者必与民同其好恶。阁下由泉州而之台湾，台湾民半泉州人也。泉州人之为病与其好恶，既习知之矣。若台湾人之为病与其好恶，容或有同而异者，是岂可以无辨乎哉？今夫逞强而健斗，轻死而重财者，泉州之俗也。好讼无情，好胜无理，挎蒲女妓顽童、槟榔鸦片，日寝食而死生之，泉州之所以为俗也。台湾人固兼有之。然而台湾之地一府五厅四县，南北二千里，有泉州人焉，有漳州人焉，有嘉应州人焉，有潮州人焉，有番众焉，合数郡番、汉之民而聚处之，则民难乎其为民。一总兵三副将水陆十三营，为督标，为抚标，为水提标，为汀邵，为延建，为长福烽火，为兴化，为诏安、云霄、平和，为金门同安，合九郡五十八营之兵而更戍之，则兵难乎其为兵。民与民不相能也，兵与兵不相能也，民与兵不相能也，番与兵与民不相能也。其日错处而生隙焉，势不能免，则安抚而调辑之者难在和睦。台之门户，南路为鹿耳门，北路为鹿港，为八里坌，此官所设者。非官设者，凤山有东港，打鼓港，嘉义有笨港，彰化有五条港，淡水有大甲中港，椿梢、后陇、竹堑、大岸，噶玛兰有乌石港，皆商艘络绎。至于沿海僻静港汊纷歧，多可径渡，不独商贾负贩之徒来往不时，居处靡定，其内地游手无赖逋众及重罪逋逃者溷迹杂沓并至，有业者十无二三。地力人工不足以养。群相聚而为盗贼，为奸恶，则所以稽察而缉捕之者难在周密。内地之民聚族而居，众者万丁已耳，彼此相仇牵于私斗，无敢倡为乱异者。台湾之民不以族分，而以府为气类。漳人党漳，泉人党泉，粤人党粤，潮虽粤而亦党漳，众辄数十万计。匪类相聚至千百人，则足以为乱。朱一贵黄教、林爽文、陈锡宗、陈周全、蔡牵诸逆后先倡乱，相距或三十年，或十余年。虽不旋踵而灭，然杀官陷城，生民涂炭，兵火之惨，谈者寒心，糜国家数十百万之金钱，劳将帅累月经年之战讨而后藏事。人心浮动，风谣易起，变乱之萌不知何时。其难在守常而知变。凤山之民狡而狠，嘉义、彰化之民富而悍，淡水之民涣，噶玛兰之民贫，惟台湾附郡幅员短狭，艋舺通商，户多殷实，其民稍为纯良易治。然逸则思淫，一唱百和，官有一善则群相入颂悦服，官一不善则率诉讻而为奸欺。故举措设施，其难在有德而兼才。凡此皆邑之病也。

　　知其病而药之，则投剂必有其方矣。虚者补之，毒者攻之，捍格而不入者，和解而通导之，虽扁、卢无以易此。夫所谓与民同好恶者，非为苟安之政，一切姑息也。其民既浮动而好事，非严重不足以镇靖。锄强除暴，信赏必罚之谓严。事有豫立，临变不惊之谓重。威以震之，恩以结之，信以成之，大要尽于此矣。民恶盗贼而我严缉补，民恶匪徒而我诛强横，民恶狱讼而我听断以勤，民恶枉累而我株连不事，其同民之恶也如此。民好贸易而我市廛不惊，好乐业而我闾阎不扰，民好矜尚而我待之以礼，民好货财而我守之以廉，其同民之好也如此。宽以容奸，而有犯必惩；惠以养士，而非公不见。调和营伍，平心以臻浃洽；亲接贫贱，广问以达下情。防患于未萌，慎思以明决，文武同心，官民一体，则血脉自尔流通，百骸无所壅滞，尚何病之不治哉！

（东溟文集卷四）

复赵尚书言台湾兵事书

　　奉六月望后手诲，以台湾诸营恶习，几有魏博牙兵之势，深虑之，集思广益，令博采舆论以闻。莹以为此不足为台湾深忧，皆告者过耳。

自古治兵与治民异。盖兵者，凶器，其人大率椎鲁横暴，驭之之道，惟在简严。简者，不为苛细，责大端而已。严者，不为刻酷，信赏罚而已。夫虎豹犀象虽甚威猛，然而世有豢畜之者，驭得其道也。马牛犬羊虽甚驯扰，仆夫童子可操鞭棰而驱之，壮夫卤莽或受蹄角之伤且死者，驭之不得其道也。台湾诸营情势亦若是而已矣。请质言之：

台湾一镇，水陆十三营，弁兵一万四千有奇，天下重镇也。兵皆调自内地。总督巡抚以下水陆五十三营，漳州泉州兵数为多，他郡各营兵弱，向皆无事。兴化一营稍黠，多不法。其最难治者，二郡之兵也。人素勇健而俗好斗，自为百姓已然，何况为兵？水师提督、金门总兵官两标尤甚。昔人惧其桀骜，散处而犬牙之，立意最为深远。然如私斗、奸暴、潜载违禁货物，皆所不免。甚且不受本管官钤束，不听有司官逮理。盖康熙、雍正之间尤甚，乾隆、嘉庆以后屡经严治，乃稍戢。此兵刑二律所以于台湾独重也，岂惟今日哉！

重法如迅雷霹雳，不可常施。常施，则人侧足不安。故曰一张一弛，文武之道。然小者可弛，而大者不可弛。小者，狎妓聚博，私载违禁货物，欺虐平民之类是也。若械斗伤人且死，不受本管官钤束，不服有司逮理，则纪纲所系，必不可宥。此轻重之别也。故治兵者不可不知简严之道。不辨轻重者不可以简，不简者不可以严，不严者不可以用威。威不足则继之以恩，恩不足则守之以信。自古名将得士力者，皆由用此。今之用兵者，大抵既不知简，又不能严。有罪而不诛，则无威。将不习校，校不习兵，劳苦之不恤，而朘削之是求，则无恩。当罚者免，当赏者吝，则无信。此所以令之不从，禁之不止也。

然则以为不足虑者有说乎？曰：有兵之可虑而难治者，叛与变耳。自古骄兵乱卒大抵在其乡邑，形势利便易叛与变。若客兵则有溃而无叛，其形势不便故也。魏博之牙兵，皆魏博人也，故敢屡杀逐其大将而不受代。若台湾兵，则皆分檄自内地，建宁、延平诸郡与漳州、泉州不相能也。兴化与漳、泉邻郡不相能也，漳与泉复不相能也，是其在营常有彼此顾忌之心，必不敢与将为难，明矣。况其父母妻子皆在内地，行者有加饷，居者有眷米，朝廷豢养之恩甚至，设有变，父母妻子先为戮矣，岂有他哉！虽台湾之民大半漳、泉，而兵与民素有相仇之势，故百余年来，有叛民而无叛兵。乃治兵者每畏之而不敢治，则将之懦也。且二郡之人，其气易动而不能久。一夫倡而千百和。初不知何故，及稍知之，非有所大不顾则已懈。更作其气势以临之，则鼠伏而兔脱矣。此二郡人之情也。二郡之兵既治，则他可高枕而卧矣。

请以近事征之：嘉庆二十四年七月，安平兵斗，死数人矣，参将守备理谕之不止，情恳之不息，镇将怒，整队将往诛之。众兵闻声而解，竟执数十人，分别奏诛，无敢动者。二十五年正月，郡兵群博于市，莹为台湾令，经过弗避，呵之，众皆走矣。一兵诬县役掠钱，相争，莹命之跪而问之，众散兵以为将责此兵，一时群呼持械而出者数十人，欲夺此兵去。县役从者将与斗，莹约止之。下舆，手以铁索絷此兵，往迎之，曰：汝敢抗拒，皆死矣。众愕然，不敢犯。乃手牵此兵步行至总兵官署，众大惧，求免，不许，卒责黜十数人，而禁其博。自是所过，兵皆畏避。又是年九月，兴化、云霄二营兵斗，复谋夜摧杀，诸将仓卒戒严。莹亦夜出周视各营，众兵百十为群，见莹过皆跪，好谕之曰：吾知斗非汝意，特恐为人所劫，故自防耳。毋释仗，毋妄出，出则不直在汝，彼乘虚入矣。众兵大喜，曰：县主爱我。至他营亦如之。竟夜寂然。天明罢散，总兵官切责诸将，众兵乃惧，皆叩头流血请罪。察最狡桀者，营数人，贯耳以徇，诸军肃然。此三事其始汹汹几不可测，卒皆畏服不敢动，可见台湾之兵犹可为也。

及再至台湾，则闻纷纷以兵横为言者，或虑有变，诘其事，大率如聚博、督禁不服之类。诸将弁懦弱畏事，又总兵官与兵备道不和，是以议者纷纷，张大其词，而非事实。总兵官观公每为莹言，未尝不扼腕，恨无指臂之助，此所以决意引疾也。既去，而营与县中乃有思之者矣。今年正月凤山、淡水两营缘有营兵击毙小夫之事，副将以下欲阴谢过失，厅与县亦议稍决罪，寝其事。方太守时护理兵备道，与观公力持不许，然后以此兵械送郡，而营中或有以为怨者。五月安平营兵与民人乘危劫米，诸将又思不问，幸抚军巡台湾值其事，严责之，斩三人，余以军流治罪。方抚军之盛怒穷诘也，论者纷纷以为兵民习惯久矣，骤治之恐变，或言安平兵皆溃走下海矣，或言出斩之日将谋劫夺矣。方太守入见抚军，力陈无虑之状，惟请勿多杀。已而竟无事。入奏之日，兵民畏服。然则，悠悠舆论其可凭乎？自淡水、凤山两营及安平水师严治后，诸营至今无械斗劫夺者，岂非用严之效哉？善乎！执事之言。曰：非得有如李临淮者，安可望其壁垒一新。斯言可谓得其要矣。夫李临淮固不可得，若以台湾诸营视魏博，则尚不至此。虽有不法，一健将能吏足以定之，保无他也。且夫聚兵一万四千余人之众，远涉巨海风涛之险，又有三年更换之烦，旧者未行，新者又至，此其势与长年本土得固殊，而诸营中能以恩威信待兵者百不得一，又时方太平无事，终日嬉游廛市，悍健之气无所泄，欲其无嚣叫纷争，少少违犯禁令，不可得也。而懦懦无识者既不能治，徒相告以惊怪，是可喟矣。

（东溟文集卷四）

复赵尚书言台湾兵事第二书

莹顿首。前上书极言台湾兵可无深忧，惟在统者得其人，能以简严为体。恩威信为用，即无难治，说已详矣。既又思之，此言为将之略，非深明其意而能变通行之者，未足语此，非今日台湾诸将兵者所知也。不知此意，而偏执台湾兵不足虑之言以相诟疾，非疑则骇矣。颖斋太守见莹书，以闻于兵备孔公，索取阅之，谓太守曰：所言戍兵不敢叛则有然矣，以为不足虑则吾不信。吾即虑其溃耳。莹在此落落，与孔公虽有通家谊而不数见，不能为道所以然者。惜乎，孔公有忧世之心，而不识兵情，此难以口舌争也。在台湾者尚不能无疑，矧隔巨海，兵事岂易遥度？赵充国老将深谋，犹必亲至塞上指画军势，可见古人不易言之也。请毕申其说，惟垂察焉。

自古名将非拔自行阵，则皆出身微贱，不矜细行。兵卒尤多无赖健儿，故能强悍勇敢，捐躯致敌。若皆循循规矩，则其气不扬，气不扬则情中怯，虽众，将焉用之？壮士如虎，懦夫如羊。牵羊千头，不能以当一虎之虓，何必费国家亿万金钱哉！明季边事之坏，正由书生不知兵，挠军情而失事机，虽有猛将劲卒而不能用，一切以法绳之，未见敌人，其气先沮，此壮士所以灰心，精锐所以挫折也。近时武人大都习为文貌，弃戈矛而习礼仪，以驯顺温柔取悦上官，文人学士尤喜之，以为雅歌投壶之风。嗟乎！行阵之不习，技艺之不讲，一闻炮声，惊惶无措，虽有壶矢百万，其能以投敌人哉？驯弱至此，不若粗猛，粗猛之甚不过强梁，强梁即勇敢之资。善驭之犹可得力，苟至驯弱则鞭之不能走矣。且将卒者，国之爪牙，苟无威，岂设兵之意？昔李广以私憾杀霸陵尉谢罪，汉武报书曰：报忿除害，捐残去杀，朕之所图于将军也。若乃免冠徒跣，稽颡谢罪，岂朕之指哉！武帝此言，可谓知将略矣。若夫差其过失，大小施刑，此乃军吏之职，非将略矣。故郭汾阳、岳忠武，名将知礼者也，然皆尝犯有司法矣。科条繁细，武人粗疏，最易触犯，虽郭岳之贤犹且不免，而以绳今之悍卒，其能行乎？不求所以训练之方，而惟悍不守法是虑，吾故曰：不识兵情也。

今不虑其叛，更虑其溃。夫兵则何为而溃哉？古之溃兵者，或师老而罢则溃，或守险粮尽则溃，或强敌猝惊则溃，此皆非今日之情势也。无故而溃，四面阻海，虽溃将安往乎？且班兵可虑不自今日始也，其议自叶中丞倡之。中丞尝任台湾兵备，深以班兵为忧，建议易更戍为招募，以语总督庆公，不可。后叶公罢去，犹以未行其志为憾。今执事已洞知其说之不然矣，而不知者不悉情势，往往犹耳食其论，甚者有言：台湾兵吾不能治，他日有急，惟自刭耳。夫军校畏且如此，文官则又何说？故每见兵丁犯法，辄张皇其辞以相告，于是兵之势愈张，此文武众官皆不能无责耳矣。夫台湾兵本无难治，不咎治之无法，而曰兵悍可虑，至为自刭之言，亦可哂矣。独惜台湾巨万健儿，皆国家劲旅，乃坐误于三五庸懦之校，兵事尚可问耶？

有将则兵精，无将则兵悍，自古不易民而治，于今岂易兵而后安乎？故为吏而曰民恶者，其人必非良吏；为将而曰兵恶者，其人必非良将。虽然，良将难矣。执法之不能，更何论将略？莹所力争者，明戍兵可治，欲安众心，释群疑，救其懦而壮其志，冀有振作耳，岂好为辨论哉！必不得已，则姑为救弊之法三，一曰小事勿问，大事勿赦；二曰定日练习，每月亲考；三曰责成军校，不得数易。夫军法严重，有事然后用之。时方太平，不可常用，然不可不使知之。若寻常易犯，及兵民交关，宜分别治之。小事容之，大事必罪之，以其罪不赦。盖小事不容，则繁密，而军心不安。大事若赦，则无所忌，而法令不行。一宽一严，恩威并得矣。中枢政考，训练本有常期，弓马器械枪牌阵图各有定法，今悉以为具文。条教虽明，遵行不力，此方今之大病也。宜严责总兵官下各营，每月由副将下亲考一次，明著等差，牒上省治，视其优劣皆予赏罚，以勤惩之。如此，则营伍自肃，兵卒可收实效，惰游滋事亦免。

至于班兵到台，分营分汛，各有本管官，向以并无练习日期，兵士任意出营他往，而各汛军校不时更易，非以公过迁就处分，则揣量肥瘠以为利数。故往往本管官不识头目，更无论兵卒。前书所云，将不习校，校不习兵者，此也。今宜分定营汛，责成本管官约束，使兵无妄出，军校各守其营汛，不得任意更易，总兵官随时察其贤否勤惰，功过有所归，而兵不难治矣。此三事至为浅易，而力行之甚难，故必赖有贤能将也。废弛已久，必有力言非宜，多方阻挠者，无为所惑，即严刻警，庶几惠威著令可行。谨状上。

（东溟文集卷四）

与倪兵备论捕盗书

　　漳泉素称多盗，频年诛捕不为少矣，而攘劫之风不息，则捕之可胜捕哉。今功令以保甲为弭盗首务，此在西北省行之或有效者，然行之不善，民间已多病之。东南非阻江湖则滨大海，闽广之间，山深林密，往往兵役所不能至，惟群凶亡命者匿焉。驱之急则奔聚日众，其为隐忧甚大，又不仅攘劫之患而已。漳泉惠潮各郡人民聚族而居，强悍素著，藏匿凶慝，常临以兵役数千不能得一罪人，今欲比次其户著籍察之，又日更月易，使注其出入生死迁徙，具报于官，恐愚顽之民未能若是纷纷不惮烦也。

　　莹常以为保甲之法，宜审时度地，变通而行，但师其意可矣。莹昔在龙溪时，患盗贼之多，用集各社家长予以条约教告，及族正族副家长信记，使各自注列名籍，不假胥役。社大者分设家长房长，而以族正族副统之，社小者但有家长族正而已。以族正副统房长，以房长统家长，大小事以次关白。子弟不肖为慝者，得自治之，不率教然后缚送县，县中亦不为苛细，但即其地罚偿所失。凡白书中途被劫者，察地界何社，先责其地之家长族正以资偿客，然后捕贼。其夜中纠劫者，令事主侦贼去入何社，亦责偿于社，苟能捕贼者免。县中四路各令家奴一人率民壮五人日往视。授以循环二簿，给予饭食，至某社则见其家长，信识于簿，注明月日簿中。无他，惟出状不敢容藏贼匪耳。自正月至于年终不间，若甫出状而有事，则惟出状之家长是坐。自是各社一清，宵小无敢容匿者，以为善矣。

　　数月后，忽屡有夜劫，询其故，盖各社整肃匪类皆逃至高山深林，藏匿渐众，饥无所食，因出扰劫，乃悟立法未尽善也。用召众家长晓之曰：尔邑诸社大者万人，小者千人，最小数百，贼虽多，不过数十，少仅十余人而已。尔族丁十倍于贼，贼虽强，焉敢伺夜深入，此必有与贼通者。通贼者非他，即本族贫乏人耳。若辈无业饥寒，族中富厚者不肯胆给，故怨而通贼，此盗之本也。今吾行清社之法，贼无所容，又群聚山林为害，捕之，较在社更难，且不胜其捕。拔本塞源，莫如恤族守社。恤族守社奈何，先核尔社内公产及富厚之家出公费若干，再核尔社中赤贫无业素不肖壮者，召致归社，日给饭食钱，使为社丁。大社四十人，中社三十，小社二十，分为两班，每夜一班，巡社防守。一人执锣而不鸣，一人击柝，余执大梃，不许持刀枪鸟铳。自三更起绕行社外，至五更向明而止。见贼则鸣锣大呼，一社之人咸起，群呼逐贼，贼必不敢入社而逃。一社鸣锣，则邻社皆应，不鸣锣，不逐贼者，罚之。贼既走，不可远追击捕，恐穷迫拒捕伤人也。此法一行，各社贫乏者有以自养，皆自保其社，不但不为贼，亦不复出而为外盗。此恤族守社之法，拔本塞源，孰有善于此者哉！众家长大喜，皆遵约而行，然后盗贼屏息。由此观之，则保甲之法如果行于漳泉，不特间阎骚扰良民受累，且奸人无所容身，恐走聚险阻，如莹清社之事，其患又有不可言者。甚矣，立法之难也！

（东溟文集卷四）

上孔兵备书

姚莹顿首，谨上言：阁下以先圣之哲孙，仪郑之令子，望倾中外，誉在九重。今兹按察台澎盖六月矣，清亮之节，严正之义，吏民无不悦服倾诚，是以政通人和，雨旸时若。而郡守以下暨诸厅县亦皆贤能著称，孜孜求治，遂使百余年来委靡奢华之习廓然一清，此固由圣天子恭俭仁明风行海外，而承宣德化敷政优优实不能不为阁下颂也。

顷闻摄总兵官赵公以往逐夷船巡视南北两路，令符忽下，文武惶然，颇有窃议者。莹亦不能无惑焉。舺板夷船以贩鸦片禁烟为粤省驱逐窜入闽洋，总督巡抚水师提督严檄沿海文武官勿任停泊。自本年三月，至鹿耳门外，郡中禁严，遂使至鸡笼。而淡水奸民恃在僻远，潜以樟脑与易鸦片。水师任其停泊经时，不更驱逐，此中情弊固显然矣。幸檄吏驱往，又值中丞至郡切责水师游击，始以七月十五日引去。寻于闰七月初三日复返，且近至沪尾。计自三月于兹已盘桓半载矣。夷情叵测，始意不过图售鸦片，适至鸡笼，遂收樟脑。及往来台湾，海道既熟，又见我海防之疏、水师之懦，万一回至彼国，言及此地本红毛旧土，忽起异谋，能保无他日之忧耶？水师玩误若此，窃意摄总兵官赵公必予严劲，骤檄兵船大集海口，遣人往问久停之意，彼船单势孤，必飏去矣。乃计不出此，迟疑观望者阅月，忽易辞巡视南北两路，不识此举为公乎，抑为私乎？

定制：台湾镇总兵官每年冬巡视南北两路一次，所以必行于冬者，盖其时宵小易生，故因巡视营伍镇清群邑，且农功间隙，道路供给夫差稍便也。今时方八月，则未及巡阅之期。本年六月中丞遵旨巡台湾，入奏未及三月，兵民安靖，有何必须再巡阅之举？则所云为公者，无谓矣。且逆计总兵官蔡公渡海适当冬日，彼以真守，始至能不一出巡视乎？是半年之中一巡抚、两总兵官三次巡阅，郡县虽富，不能胜此烦扰也。虽郡县馈送，贤者必不受，然即此夫马之供，随从弁兵之犒，岂易言哉？今年三月观公去而明公至，七月，明公以忧去而赵公至，十月蔡公又将至，一岁四易文官，供帐已大繁费，各营参将下尚可问耶？台湾五厅四县有仓库者七，更易时，多不克如期日交代。如台湾县，则已以缺官钱劾黜矣。诸营交代亦多如此。其情形之支绌不既可睹耶！

赵公素能恤下，或者一时未计及此，营中无敢言者，厅县亦避嫌不言，计此时可言而能言者，惟阁下耳。何不以善言婉告之，曰：夷船久泊海口，水师既不足倚，非亲往示威不可，特不必以南北巡视为名。盖巡视当奏闻营伍小小利弊，今抚军甫奏未几，且不当冬令之期，不但非督抚意，亦恐未得优旨。如此，则彼必翻然觉悟。其所全于文武众属吏者不少矣。

抑莹更有虑者，时议惧生边衅，每遇外夷之事，往往假天朝恩德宽大为言，而实示之以弱，殊不知损国威即失国体。嘉庆二十四年，嘆咭唎之至天津可为明鉴。当事者只取省事目前而不顾启外夷轻视中国之心。彼水师既啖其利，又畏夷船高大，不敢驱逐。赵公此去，彼必诡言以对，甚或张大其词，以相恐惧，皆未可知。而赵公之量识未知何若，倘更无以大异于游击，则失体愈甚。又不若不往之为愈矣。狂瞽之言，本不足轻重，徒以国家体统所关，又深知地方文武罢敝，不堪供亿之烦，忘其出位，不得已而有言。伏惟采择，幸甚。

（东溟文集卷四）

上孔兵备论办贼事宜书

南路贼匪自廿二夜入城之后，百十成群，啸聚仑仔顶及黄梨山，截杀兵役。幸大兵到埠头，又檄属吏驻阿公店，扼其要害，贼闻风惊散，道路始通，诚乃万民之幸。郡中人心大安。但闻摄总兵官按兵两日，不出剿贼。窃谓不解众人皆以贼散为喜，莹独不能无忧也。匪类乌合，本不足虑，然既敢入城劫犯，又屯聚山中，沿途截断文报，其志不小。近使其党潜入郡城招众，此岂寻常细故哉？揆度贼情，大约两大群，一为许尚，一为杨良斌。许尚难擒，其党仅获潘阿榜一名，而杨良斌党遂敢攻劫埠头，诚恐两贼潜合。自发郡兵后，不闻官军杀贼若干，而即闻贼散。彼初以为官军可畏，故暂避耳。诸将素怯，不敢击贼，及见贼退，以为贼真畏我，其心必骄而懈，恐贼有以见我军之情，而始畏者终且不畏，暂散者未必不复聚也。不揣愚见，妄拟八事，为阁下阵之：

一曰剿贼宜速。剿贼与捕盗不同，平时捕盗须用线民差役，今贼匪公然聚众入县，又沿途截杀兵役，此乃叛逆，非线民可办。直须探有贼踪，即速带兵扑剿。兵迟一日，则贼匪日多矣。扑剿之法以多杀为上，生擒次之，最不宜冲散。盖贼聚则用兵之处少，兵集则力厚势大而有一鼓成功之逸，此等乌合之众，器械不具，安能抗敌？其败也必矣。若使冲散，则无处非贼，即须分兵逐捕，兵分则力薄势轻而有东西奔命之劳，旷日持久，何时始能灭贼乎！且大兵南冲，贼必北窜，北路盗贼素多，或起响应，则蔓延不可收拾矣。今虽分兵屯御，而出径甚多，岂能尽塞。故曰杀贼为上，擒捕次之，屯御为下。若冲散则害不可胜言。摄总兵官发兵已迟，既到埠头，又按兵两日不动，道路闻者无不诧异，宜以大义责之，勿惜声色以误郡邑。

二曰乡勇宜募。台湾游民日众，平时剽悍，及小有蠢动，则不待贼招而自赴，否则各成一队，乘机焚掠，府县城厢内外尤多。盖城市繁众，为奸民聚集所也。向来办此郡兵事者，每遇有警，则道府厅县各有出资广募乡勇，名为备用守城击贼，实则阴收此辈养之免其作贼耳。若辈亦非必欲作贼，以无人养食之，故乘机求食。今有口粮，则其心定矣。此必不可惜费。

三曰军实宜简。台湾军器有在郡收买制造者，有班兵内地随带至者，有由福州制造齐至者。今宜通牒在郡及郡外各厅营县，所有鸟枪藤牌刀枪火药铅子大小炮位实数若干，可皆备具以资分给便配用。

四曰招集散兵。诸营积弊：班兵收营后，每私自请假别出生理，并不在伙房汛地，此种盖去十之三。又伴当四行等人去十之一，其余仅十之六而已。平时到处则苦兵多，有事调遣则苦兵少，而汛地兵少不能如额，是以贼匪益无忌惮。今宜速令各营严核在营汛兵丁实数，仍收回平日散出之兵，以资攻守。

五曰移调外兵。台营存兵在城不过千余，其安平一协中、左两营水师兵分防汛地外，在镇者亦仅千人。去其虚数，实存不过七百余人而已。只可协防郡城，不能再有分遣。今南路有郡兵七百，又有南路本营兵一千，足以办贼，无用增往。惟北路嘉义地方辽阔，仅北路左营都司一员驻嘉义县城，虽有一千二百六十八名之额，除分防汛地，守城亦仅五百名耳。再去四行虚数，恐不及四百人。今南路之贼纷纷北去，即宜侦贼踪迹，驰往击捕，不但无兵可调，抑且无官可将。近北路者莫若澎湖，其营水师额兵一千八百余名，其地无贼，宜咨摄总兵官檄游击一员备兵七百名，以俟北路进止。

六曰请员听用。台湾各营自安平副将以下，参将至守备大半以小署大，参错不一，望浅权轻，实不足以董率军校，不但干局庸懦而已。即文官中备公使者，实亦乏人。侦知贼踪，遣兵往击，即苦无员可用，而守城带兵之事，至用及教官，安能有功？宜密请大府，选参将至守备各一员，文官中郡倅县丞素称能事者二三员驰至，此即安堵无事，亦所宜行，并不止为剿贼之用。

七曰亟修城垣。郡中城垣颓坏，各县雇工缮修，尚未竣事。南门尤为扼要，但县丁所雇匠首，召雇泥水匠不及百人，未免迟滞。宜令台湾县增募乡夫二百名，准匠人工直发交匠首，其工直仍著各县家奴分给，力促修筑，限以三日毕工。又嘉义县城连为雨水冲塌，亦二百余丈。闻王令已筹款修葺，宜檄促加雇民夫，限日修竣。

八曰筹给兵费。大兵既动口粮尤急。今郡中往南之兵虽由台湾府筹款备具，其凤山本邑兵费及台湾守城各兵由县筹付，凡诸杂费甚伙，尤不可少缺。此时各员义在急公，断不敢略存吝惜。然恐事定之后，各人亏缺甚巨，身家从之。此款将来如不获开销，宜作如何筹补？抑或郡县分年递捐？请先给札牒以释各官之虑，庶鲜胆顾，致失机宜。

（东溟文集卷四）

再上孔兵备书

南路贼匪滋事，仰荷硕画，文武尽力，首从咸获，保障全郡，绩烈无量。莹羁旅此邦，亦得蒙威武之力，略无惊骇，鼓舞欢欣，不能自已。惟自起事至于竣功，业已匝月，未能入告者，岂非以罪人众多，悉心研鞫，不欲造次定谳故乎？于此仰见阁下仁恕为怀，虽严厉肃杀之中仍体圣主一夫不辜之德，所谓求可原于法外者也。乃浅俗无识之徒不明大义，往往以纵为宽，遂欲使有罪逃刑，此则舆论之误矣。

自古有道之国，不赦有罪，盖法者本诸天祖，虽天子之权不能以意为轻重。今则拘于阴德报应之说者，往往有意减释人罪。莹尝苦口争之，以为是纵也，非宽也。夫所谓宽者，特举其大纲，不为苛刻繁细，附会深文而已。故圣王在上，纲漏吞舟之鱼，然未尝废纲而不用。武侯治蜀，用法颇峻，而蜀人百世怀之。子产称众人之母而铸刑书，此其义至为深远，非浅见俗士习妇人之仁者所能知也。

虽然，法者圣王不得已而用之，期以止辟而已，而不为已甚。其中有权衡焉。苟矫纵驰之弊而一意峻法，则或有不得其平者。日者贼徒谋逆，至欲攻城戕官，此诚罪大恶极。然犹幸党羽无多，即已破灭。今渠魁助恶之十数人既服极刑，而从逆攻城服大辟者亦数十人，其余桎梏待罪者尚有百数。以莹之愚，似可悉就发遣，无事更加骈首矣。何也？圣王之律所以极重于反逆者，以此等恶戾败坏人心，闾阎受其荼毒，灾祸之中至为惨酷，故主谋者必实以极刑，而后人人知儆耳。方贼势初挫，民间谣言未息，犹尚惊疑，其潜受贼约者亦尚不免于观望。当此之时，若非严刑峻法，不足以儆凶，慝定人心。及乎事已平定，民人安堵，贼徒畏惧，解散之后，则戮数百人与数十人等耳。今首逆与助恶之人或实极刑，或实大辟，其余业已输服。及按验时，俯首无辞者无论矣。或言词反覆，虽明知其狡诈，似不妨姑援惟轻之议降等问罪，此虽迹近于纵而实则非纵。盖就法者已多，而国法足以昭戒也。仁义两途，互相为用，权衡之道，是在秉钧。窃谓此时宜速檄府县定谳上闻，以抒圣怀，不必再事推求。

今月已几望，倘过此潮期，则开舟须至岁除，未免太迟。愚昧之言，伏乞垂鉴。

（东溟文集卷四）

与杜少京书

少京三兄足下。时事方殷，亟还杜母，士民歌舞，仁威远闻，观今日之舆情，益知当年之惠政，望风庆喜，为之不寐。颖齐先生还，言足下受符于疮痍皇遽之中，慷慨致身，推赤诚以安反侧，众志成城，可歼强敌，况此区区乌合之徒，一闻大兵，已自惊溃，蛇行鼠伏，何难次第就擒！四境肃清，保障之功伟矣。日者窃有过听之言，辄献刍荛，惟仁者留意焉。

自古衿服之士率多骄悍，怯于见敌而勇于虐民者，比比而是，仁人君子莫不恶之。然苟处之不得其道，则民间未受吾庇，或者有意外之患，不可不察也。盖兵者，凶器，譬犹剑锋，以杀寇仇则千金之实也，以伤善类则纯钩弗足贵。彼将卒者，特剑锋耳，指挥而用之，是在能者。用之道奈何？恤其劳苦，通之以情，悯其粗陋，接之以礼，兵役一体，视之如子，宥其小过而教其所不知，有言必信，有赏必速。如此而兵不用吾命，未之有矣。将帅官阶虽较县令稍崇，然亦视县令之才与分，二者不足，则姑顺其意而曲就之。盖郭汾阳结欢于鱼朝恩，王阳明夜交于张永，以二公之才之功，犹不难自屈以成大事，诚以所见者远也。

然则宏包荒之度而挥无益之金，不正在今日耶！谚云，重赏之下，必有勇夫。又云成大事者不顾家。此语居常念之。

闻足下受事之明日，即募乡勇八百名，以半守城，以半侦贼，此诚盛举。惟意以留兵为无用，此似但见于有形，而未见于无形也。夫兵虽缉捕之能不如役卒，然国威所在，藉以镇定人心，且亦未尝不可用也。二十二夜埠头之危，已如一发，幸赖郡兵击退，全城无恙，此功岂可没哉！所恨者，次日之退守火药库，及大兵继至，又未能奋速入山痛剿耳。然贼匪溃散，实由大兵之故。令余孽未尽，伏莽犹存，而已有留兵无用之言，此诚不可使贼闻之，且恐愈失将士之心，能保将帅言旋贼不再至乎？抑又闻之，艰难之际，尤以人心为本，察夷伤劳，士卒振困，乏抚孤寡，虽在军旅，犹日见士民，勤于恤问，远人尤加意焉。此古循良之风，足下亦既优之矣。窃闻前日有率义民数十来者，足下给两日粮，不见其人而遣之，此诚可惜。若辈虽不皆可用，然其名急公赴义甚正也。义民一兴，贼必有所顾忌而沮其邪心，此善机也，是宜迎其机而导之，劳以善言，给以条教，令各保护村墟。四方闻之必有起者，是不费行粮而劲旅屯于四境矣，何乃计不出此？闻其人怀怨而去，立散其众，又闻武举人某以获贼小群首械送，求保其贼之弟，而足下不许，某亦退，而散其义民。远近人心，得无涣乎！异时恐有招之而不来者矣。

莹所闻未必实，而临机应变之道不可不讲，愿举此而类推之。惟善人能受尽言。伏惟珍重千万。

（东溟文集卷四）

上韩中丞书

前属吏姚莹顿首大人阁下。昔者待罪海外，未获通谒，及获咎内还，节麾已去，之滇南。窃尝自恨以区区之微诚，不得一达明鉴，琐尾流离，于兹八载，获逮大贤重巡抚此邦，自分无似，当永弃黜，岂意草野姓名，尚蒙录问，且命进其所作文章，既得谒见，复荷德意谆谆然询以民风吏事，然后知阁下所以矜怜而拂拭之者如此其厚。古人云，若披云雾而睹青天，由今观之，非虚语矣。阁下本公诚体国之心，扩仁恕安怀之量，时侍从望实隆于中，宜抚勋烈扬于外，顾位日晋而德益崇，泽日广而心弥下。深忧吏治民风之敝，则引咎己躬，宽责庶司。以为闽中官病民疲，苛纵交失，大哉！仁人君子之言也。语曰躬自厚而薄责于人，今于阁下见之。

夫海内承平久矣，百姓仰戴圣仁乐利且二百年，富庶极则淫泆萌，奢侈盛则物力耗，不待水旱兵役，间阎已自蹙其生。况闽当山海之窔，台湾自入版图，乱民数起，乾隆末岁朱、蔡二逆骚扰濒海郡县者二十余年，海寇甫平，台湾漳、泉二郡械斗之风又炽。用兵之大者，岁耗度支巨万未已，而民间日事仇杀，守令岁时用兵，习为常事，此诚官民交困之秋也。官愈困则民愈穷，民之穷可得而讼之，官之困莫得而言之。今日罢职，明日即以缺损官钱被责，烂额焦头，纷纷乞请于上官者，无非调剂，此尚暇与言治法哉？

伏见闽中最急者莫如漳、泉郡县，俗敝事殷，处分繁重，禄入不足以养廉，稍知自好者皆畏避之有如陷阱，强而投之则以为上不爱我，而暴弃之心萌矣。夫岭以南，古蛮夷地也，性与人殊。唐宋时多以迁谪之人为之，治法苟简，由来已久。虽有贤者，莫能善其风俗。王道所先莫如礼，而此独尚争。天地大德莫如生，而此不畏死。足之所趋，心之所向，惟利是图。利在，则子不有其父，妻不有其夫。此朱子、阳明所无可如何者。然朱子、阳明之世，此地皆得便宜行事，犹有可为。今国家功令至严，天下画一，政教未行，身已罢咎，奸民益得挟持以欺长官，此智勇所以两绌也。阁下忠亮之节，治久咸孚，其所张弛，固已披却导窾，乃忧念之深，引为己责，而深恤其下。莹故曰，仁人之言也。

莹阘陋无能，学术不足以望古，政事不足以济今，少而奔走衣食，壮而颠踬仕途，两遭大忧，至不能以其丧归，亦可想其穷矣。身心焦敝，智虑烦乱，文章之道，所得本极粗，今则并其粗者而亦亡之。年虽四十，精力衰颓，此事恐亦废止，甚无以副仁人之望。至于通塞之数，则冥者可知而不可知，意惟修吾忠信以俟之而已。

近习术家言，似少有验。承命以生年月日推其星宿之吉凶，谨述所知，具别纸，姑以比博弈之玩，实于骏烈鸿名未必有当也。

附上先从祖惜抱先生遗集十种，乃江宁门人所梓，从此闲书肆购得者。粤中亦有刻本，不及此本全耳。天气严寒，伏惟起居万福。莹谨启。

（东溟文集卷四）

与刘明东书

渡海以后，不复致书，山中故人莫不议其疏阔。宏达如明东，亦未必无谷风阴雨之疑。昔见遣云，勿吝尺书而孤寸意，斯言岂有验耶？惟仆自念亦甚郁陶云尔。

夫人不幸乖于所遇，外与世俗龃龉，内无以欢娱二亲，则虽万钟无所恋，矧终岁溷逐于风尘鞅掌中，并所为禄养者亦胥失之，而平素不合之上官，方耽耽欲投石于井，幸得洁身而行，不为僇辱中途，又婴大故，此万死一息之秋也。嗟乎人生困穷若此，尚何可为故人道者耶已！又念生平良友，子山客死江西，阮林继殁京师，歌堂、匡叔困于礼部试，植之、竹吾、履周辈曾不得一领乡举，且诸人皆有家室之累，饥寒迫人，无可自赖。元伯再以事戍边，近又亡其祖母。屈指莫非穷愁，虽不羁如明东，公卿贵重，文名几满南北，然亦频倒场屋，不得一试其言，何吾党不振乃尔！

然则，如仆之辚轲，固其宜也。抑又闻之，造物者能厄人之遇，不能厄人之心。古之君子虽极颠连困苦，而秉志坚定，百折不回。仆于古人，何能为役？然穷困愈甚，乃见理愈明，觉确然若有所据，故倔强自好之气亦愈不为人屈。盖此心不为穷达所系久矣，造物其如人何哉！

今春到福州，将谋以灵榇及亲属归而不得，笛楼先生来督闽浙军，不欲其行，乃留福清，为糊口之计。老母以下仍寓省治，家兄独送先人灵榇归，晤时可略悉近状。不宣。

（东溪文集卷四）

覆马元伯书

入夏以来，从福州寓中暨孙中丞所再得手书。知已还里中，又有粤东之行。既为之慰，转益怅然。比年亲朋多故，大半穷愁。弟失职居忧，兄亦谪外，又丧我祖姑，颠连之情，彼此相吊，何两人之重不幸也！

莹之再往台湾也，非惟贫累，亦以笛楼先生。故力辞出省治，始就福清，复有忌者，遂至海外。盖在闽久，利弊稍悉，当事或不便，故远之以免群疑。来书云，今日见功之地，即他时见过之端。微兄言固知之所以避也。然诸公贤否不敢知，兴建沿革，有关利害之大，若概不言，何以对吾师？如延平以上诸郡会匪中当分别，不可一例捕诛；漳泉二郡之械斗仓卒嚣聚，不可必得罪人；各属官监课之困宜量为调剂，噶玛兰初辟田赋之重宜奏请减则；台湾戍兵不可改调遣为招募；诸郡县运台湾谷，不能罢商运为官运；营制军械不能坚利，宜责省治局中工料之私减；海外民食所系安危，宜稽各口米船之实数，凡所陈白不过此类。或为说自陈，或告方太守。议上，诸公亦未尝不以为是也。

吾辈立志本不在温饱，亦不畏权势，苟能一言一事于斯世有益，所获多矣。孔子曰：可与言而不与之言，失人。笛楼先生忠清亮直，表里洞然，求治之诚勤勤恳恳，且于弟有国士之知，失此而不言，则更无可言之人，得言之日矣。弟性疏放尚气，不自检束，是由赋禀使然。惟耿耿此心，可盟天日，若夫遇合升沈之数，吉凶悔吝之几，殆有天焉，非人之所能为耳。昔者海防同知之摄，故总督董公以宠之也，然以失欢故，太守几得罪于方伯矣。噶玛兰通判之役，前兵备叶公以难之也，然以此行获盗，蒙恩于天子矣。由此观之，祸福岂人力耶？所自念者，生逢圣明之主，侧席向治，不能及时有所陈建，坐困于风尘忧患中，渐以衰老，为可悲耳！抑闻之，君子非无功之耻，而不德之羞，自省厥躬，实多愆咎。尔来痛自克艾，曰求寡过，以兹局促，至于寤寐。

前胡小东以书相规切。左筐叔亦以事上不敬、行己不恭见责，因反求之，事上初无不敬，答书反覆自明；若行己不恭，则未尝不深服其言。特为足下及之，以志诸君爱我之深也。呜呼，使我有三数直谅之友，落落宇宙间，得以时闻其过，我之幸大矣。虽诮责，亦甚乐之，况如足下之婉而多风者哉！北上部署不易，岁内未必能归。明春得于里中面教。幸甚。

（东溟文集卷四）

与李永州书

海驭先生阁下，计到永州已逾三月，政教被于所属，恩德洽乎士民，声施之美，卓越南土。湖南偏远，永又边郡，界近粤西，民风自尚淳朴，政刑亦当清简，以阁下经济文章，措施而润色之，上下之间，德业贞庞，庶几获睹名儒贤者治乎！

方今天下，生齿极繁，游食日众，物产雕敝，风俗狷偷。向所称富庶之邦皆疲困不可支，惟赖此数郡县，犹为国家保留元气耳。海内承平久矣，人心静极思动，亦必然之势也。幸天子圣仁宵旰民事，内外臣工皆循循谨慎，无敢纵佚。然土宇太广，财力竭耗，西域甫一用兵，中极已形竭蹙，况四方水旱，偏灾不时，安危祸福之机，岂不在于今日耶！

夫天下治安，道在守令。守令者，不但为朝廷牧养黎元，供其租赋而已。民间疾痛之浅深，良莠之错杂，见闻亲切，然后措施得宜，故当弭乱于未形，防忧于先事，此其为用甚密，变动不常，惟在乘机因势，岂彼此可以仿效，法令所能绳度哉？

虽然，有八事焉：一曰结人心，二曰明威信，三曰蓄财用，四曰备凶荒，五曰安游民，六曰戢盗贼，七曰缮城隍，八曰辑文武。此八者，当今之急务也。窃见当世贤有司亦尝孜孜讲求吏治矣，而公私名实之间犹不能无憾。如劝农桑、兴水利、行保甲、励操守，何尝不善，然以云救时济世，则为迂阔而不切于事情，固知此事非可以浮慕虚名者耳。

且世之言治者，至于湖南，莫不以苗疆为重矣。自仆观之，苗民固当无虑，所急者仍在汉民。何以言之？苗性愚直无他，惟汉民侵陵而鱼肉之，或有司驱迫不堪，斯不得已而蠢动。苟非至极，固甚安也。惟汉人奸黠百出，自非威爱并施，固难保无叛服，此则所当措意矣。凡吾之言八事者，皆以治汉民也。汉民治而苗尚不安者乎？阁下仁怀义质，素重江东，治绩之美，大吏又已扬之于朝，固宜备天子股肱。今者降屈典郡，诚非所宜。然区区所欲进于左右者，则以时事孔亟，即使阁下复盐司，秉节钺，与众贤守令讲明而切究之者，舍此八事，无他术也。

莹才识迂下，无以自异于常人，徒以位卑言高，动为当道所忌，至于偃蹇辙轲而不知悔。比岁入都，又为当事所扼，仰蒙圣明特再录用，方期有所振厉，不幸又遭大忧，狼狈南下。嗟乎！海骁，人生无多岁月耳！仆幼贫贱备极艰苦，甫欲见伸，即重遭困踬，天之待我者可知。及此壮盛之年，而已神伤气沮。更历数年，境遇之穷益甚，精力尚堪用乎？生平抱此区区，不能自已。

语曰：人之好善，谁不如我？阁下固夙所服膺而有同心者，又在都中尝有乞言之命，故以八事为献，伏惟留意采纳之。不惟永人幸甚，即天下幸甚。

（东溟文集卷四）

游榄山记

余尝北至京师，东过兖泗，下金陵，观钱塘，复溯大江，逾岭以南，几径万里。其间郊原陂陇，狐墟兔窟，尤喜独穷之；每询土风，接人士，未尝不叹幸天下之太平也。及来广州，值海盗内蹿，烽警日闻，足不出者一年。大臣以天子威灵诛抚之，既定，乃以庚午七月之榄乡。

是乡在香山治东北七十里，居稠而民富，无幽奇壮胜之观，而人士彬彬有文采。秋日气爽，有何生者邀余登是山。出市门数武，阡陌纵横，人家三五相望，皆牡蛎为垣，中环峻墙，楼宇杰出，绕屋芭蕉径丈，其一望深树蒙密，则荔支龙眼也。时荔支已三熟，余实犹累累可爱，鬻其利，岁数万计。三里许至一坊，曰山边，即榄山矣。

先过开元寺，寺小而洁，有老僧聋且病。后有轩，游人之所憩也。轩面山而背涧，多梅，芙蓉一本出檐际，方盛开烂然。有泉甘而冽，才尺许，大旱不竭，盛潦不盈，榄之户以万，咸饮之。既登山，山不甚崇，可眺数十里，榄之比栉如鳞，烟火如云者，皆见焉。南俯平田百顷，遥望水潆洄如带，则内河之通海者。

何生告余曰：此战场也。吾榄自明以来，未尝被兵。往岁十月，贼舰数十忽登岸。是时贼方得志于内河，东西七郡皆扰，广州尤甚，乘锐陵吾乡。地无营师，一巡检治之，至是不知所为。贼进至山下一里矣，仓卒集乡人强者数百人为三队拒之。前持刀楯，后张弓矢，最后斩木削竹以继，更番战一日夜，呼声震陵，谷贼气夺。旦日，水师至，贼乃退。是役也，贼死伤甚众，吾乡亡七人，伤十六人耳。以民素健，习武者众也。后益修备，贼再至，不攻而去。方战时，吾与众登北山，望势甚汹汹，帕首之众数倍我师，观者失色。事之解，幸也。七人者既死，乡人义之，群葬于此山之阳，祠以报。余往观七人塜，信然。

嗟乎！天下承平久矣，武事渐弛，人不知兵，一旦有急，被难无足异。粤中海盗已旧，顾大猖獗至此，何欤？盖贼始皆纵横海外，内河无恙也。虎门、焦门、碣石诸险犹逡巡不敢入。然恃内地奸民私运米物以济众。尚书百公严其禁以蹙之，贼始惧。而将卒骄懦，自总兵官许公败没，贼遂转自焦门以入，登岸掠食，内河方议备具，贼已扬帆至矣。仓卒，故以不制，不然，胡离披至此哉？百万虎狼，咆哮于门庭之内，欲其无噬人，势不可得。此计之不能不出于抚也。且当仓卒时，水师既不制，而犹有奋不顾身、力战以卫乡邑者，皆勇士也。虽曰官募，实由粤民殷富自能出资给之。然已惫矣，彼不如粤民者又何如哉？

吾始见此乡井里晏如，如未尝被兵者。及闻何生言，观其战地，瞿然以惧，乃废游而返。嘉庆十五年月日，姚莹记。

（东溟文集卷五）

桐城麻溪姚氏登科记

桐城麻溪姚氏，其先当宋元之际有仕于安庆者，悦桐城山水，卜居于东乡之麻溪，遂家焉。数世隐于耕，及明正统间始显。自明景泰元年始，至今上嘉庆十六年，凡三百六十二年，登科者四十四人，成进士者二十，皆麻溪之后也。其生平宦迹、事功文章著于史传，与夫他途拔起及以节孝言行著于邑志、家乘者不载焉，兹独次其科目先后而记之。曰：

嗟乎，祖宗之德不其远哉！自古未有无德而兴、不继而长者也。造业之祖起微贱，服勤劳，行修于身，功及于物，天乃昌其后以服之。故孙子之盛衰即视其先功德之大小，以为修短之数。昔黄帝之子五德代兴而后稷启周祚至八百。盖稼穑食人，功为大也。其次莫如立法教世，故契之王亦六百祀。观于往事而天可知矣。国之与家，大小虽殊，其义一也。

姚氏系出吴兴，唐宋之间尝有兴者，而旧谱所载，南渡后轶其名，疑莫能考。麻溪府君，则吾迁桐始祖也。历元迄明正统之代，务农者一百五十余年，其所食之人，则既多矣，而家法所传，惟以忠厚为本。自我参政府君通籍至今又十四世，人且数千百计，孝弟未衰，皆清贫自守。其登仕者百数，朝有贤良之褒，外无贪酷之吏，而损身徇节立志守贞者相望也。今考其科目之数又如此。呜呼，天之所以报吾宗者不亦盛哉！览图籍所载，古硕人伟德起家微贱众矣，方其崛起骤兴，尝分茅胙土，贵为王侯，彪炳之势，赫赫一时如吾家者不啻十倍，然或及身而败，或一传再传而败，不及百年，荣谢顿殊，至且绝嗣矣。推寻其故，岂不由造物忌盈，德薄而享丰之所致与？

抑吾闻：大行之山绵亘千里者非一阜之势，黄河之流横绝中国者非一勺之源，其中十里一峦，百里一川，起伏曲折，所以延其脉而长其委者甚众，夫是以不竭绝也。草木之华太繁者必不实，骤茂者罕再荣，此常理也。然有培沃之者，日养而月息之，不伤其本，不翦其支，安在不复茂乎？观于山川草木之事，而人又可知矣。且世有豪杰之士，身处孤露，或际阽危，恒思发愤自振起，虽彼材智绝人，而无尺寸之藉，其势极难，然奋袂而兴，登高第，仕华胝，功立才见，犹足以济大业。世家之子，文学论议娴习既优，苟有中材，藉先世之资，其势足以倍之，乃反百不及一者，何也？谚曰：创业者多劳，守成者多逸。夫劳者乃成之资，而逸者实败之券也。不思盛业所由来，徒以祖功宗德为可恃，不惟无培养之勤，且日加朘削，虽有盛德之父，大功之祖，何以克昌哉？善乎，周公之戒成王！曰：所其无逸，惟知稼穑之艰难。夫成王，天子也，而戒以稼穑之事，不忘其先也。帝王之祖皆有圣德世功，然且不敢自暇自逸，况士民之家乎？故为子孙者，必有创业之志而后可以守成，必有戒祸之心而后可以保世，此非迂生之腐谈也。

嗟乎，科目之名，天下荣之久矣！此海内之所共争，造物之所不轻与也。吾宗虽非盛大，然自明以来，得之者尝兼数姓矣。其他庶姓，或数十年不得一人。夫岂无才而莫克以振？虽盛衰之数不可知。然久郁者必昌，已盛有不再，盈亏往复，信如蓍龟。求所以保垂绝而留其有余者，吾犹未得其道也。以是兢兢乃次其先世以逮今兹与此选者，为之记，遣吾宗人相与观之，无恃祖宗之功德耳。呜呼，有明达诚笃之士览吾斯文，其能无戒心乎哉？

（东溟文集卷五）

桐城麻溪姚氏节妇记

麻溪姚氏贞节烈孝女若妇凡五十七人，已得旌者四十，家贫未及请旌者十七，行实俱载家乘，莹为比次其前后而记之。曰：

呜呼！妇人之不幸莫如以贞节闻矣。夫妇人以夫为天，终身之事以之。无夫是无天也，岂非不幸与男女之欲无论矣。衣服饮食之美，宫室起居之奉，凡人世富贵纷华靡丽之事，皆足眩于目而夺其心，更若遇狂暴之侵，白刃水火之逼，有不震惧而宛转从之者哉？此数者，心有一动，即失其身。千古以来，奇才杰士守之数十年而丧于一念者比比也。乃以妇人能之，虽孟子所云"富贵不淫，贫贱不移，威武不屈"者何以加焉。百里之内或数十年一人，固有世家大族竟无一人者，纲常正气不可多得。今吾一宗而节妇若此之众，不惟宗族之荣，盖郡邑之光矣。乃其中又或得旌，或不得旌，岂不幸之中又有其尤甚者与？

自莹论之，人贵不朽耳；不朽以实不以名也。节妇以其贞心还为正气，固已弥纶宇宙，与天地同流，即名不称何害！三代以前，忠孝节义之士不传于后世者何可胜道，其灵气自在天壤可知也，岂得谓其名不传，其人遂已朽哉？且节妇苟有望旌之心，则其节亦何足贵？何也？此事根于性而成于气，求之自内，非外铄也。朝廷旌扬之典，盖以厉中人防其不肖而已，于节妇曷尝有所损益哉！故妇人之节全，即其德成而道立，以此正气遂能长存而不朽，虽君后之富贵不逮焉。然则妇人之大幸，盖莫有若贞节者。莹为节妇幸，益为男子惧也。

（东溟文集卷五）

噶玛兰台异记

皇帝登极之元年六月癸未夜，噶玛兰风飓也。或曰台。雨甚，伐木坏屋，禾大伤，继以疫。于是噶玛兰辟十一年矣，水患之岁五，台患之岁三。兰人大恐，谓鬼神降灾，不悦人之辟斯土也，将禳之。桐城姚莹时摄噶玛兰通判，有事在郡，闻灾驰至，周巡原野，倾者扶之，贫者周之，请于上而缓其征，制为药而疗其病。民大悦。乃进耆老而告之曰：

吾人至此不易矣。生人以来，此为荒昧，惟狉獉之番，睢睢盱盱，巢居而穴处，其所以异于禽兽者几希。始自吴沙，数无赖召集农夫，负耰锄以入荒裔，翦荆榛，凿幽险，御虎狼之生番，数濒于死矣。乃筑围堡，置田园，聚旅成郛。既以无所统而相为争夺，大吏以闻，天子悯焉，然后为设官而治之。黔首绥和，文身向化。今则膏腴沃壤，四民且备城郭，兴宫室毕，妇子嘻嘻而乐利。

夫山川之气，闭塞郁结，久而必宣，宣则泄，泄则通，通然后和，天道也。今以亿万年郁塞之区，一旦凿其苞蒙，而破其颒洞，泽源与山脉偾兴，阴晦与阳和交战，二气相薄，梗塞乍通，于是乎有风雷水旱瘴疾之事，岂为灾乎？昔者羲轩之世，纯风古处，百姓浑浑，不识不知，未有所为灾者。逮乎中天运隆，五臣递王，文明将启，而于是乎有尧之水、汤之旱，圣人以为气运之所由泄，而不以为天之降殃于人也。不然，德如唐尧，功如成汤，岂复有失道以干鬼神之怒哉？

若夫地平天成，大功既毕，则惟慎修人纪以保休嘉，而于是乎时和年丰，百宝告成，宇宙熙皞，臻于郅治。苟有失德肆为淫慝败乱，则鬼神恶之而天乃降灾，此天地之气既通而人事不和之为厉也。今斯地初开，虽风水屡涝而不为异，五患水、三患台而民不饥，无有散乱，何也？民皆手创其业，艰难未忘，室家未阜，而不敢有淫慝之思也。

虽然，吾特有惧焉。惧夫更十年后，地利尽辟，户口殷富，老者死而少者壮，民惟见其乐而不见其艰也，则将有滋为淫佚而乐于凶悍暴乱者，人祸之兴，吾安知其所极耶？然则，如之何而后可也？曰：崇节俭，修和睦，戒佚游，严盗贼。守斯四者，庶乎可以久安而不为灾，禳何为者！耆老曰：善。乃记之。

（东溟文集卷五）

漳州府重修城隍庙记

城隍者，守土之神，古八蜡水庸是也。《诗》曰：崇庸言言，崇庸仡仡。庸，即城也。《易》曰：城复于隍，勿用师。自邑告命。告命者何？将出征而有祀以告神也。然则，城隍之祀，自三代以来久矣。唐宋后，祀神礼众，传记所载，往往以人为之。经生谓其诬诞而莫信焉。夫稷之神为周先后，郊禖之神为周先妣，独非六经之文乎？《月令》五帝五神太皞勾芒者，皆古帝王人官，甚章章也。世儒莫能通幽明之故、究死生之说，妄曲说迂固，一何足道！独悲夫上帝先王治世设教之大用深心汩没于世俗谈经之士为可欢也。

国家功令，天下府州县咸祀城隍，立之庙以安其神，锡之王侯伯以崇其爵。而世传京师都城隍为杨忠潜，广东都城隍为刘忠宣，其他府县时亦称为某人。大抵有功德于民者，生尽其义，殁享其报，理则然矣。然受其爵者共其职，守其土者祐其民。圣天子以方伯守令治天下都邑之人，即以城隍之神治天下都邑之鬼，辅相地宜，阴翊王度，故茬斯土者神与吏其责均焉。政事之不举，教化之不行，伦理失序，盗贼不靖，若此者，吏失其职，天子则黜陟之。鬼魅之为厉，风雨之不时，有善弗彰，有恶弗瘅，若此者，神失其职，上帝岂无权衡哉！且吏有贤否，神则无不聪明正直，治鬼矣，而即以治人，亦以察吏，是神之职有重于吏者。鸟可不敬？此庙貌之修所当亟也。

漳州府城隍神庙在府学宫之东，岁久颓败。嘉庆二十四年，郡守方君慨然倡人士捐万有千金，大工克举。道光七年，君以分巡再至，尚未竣，复倡邦人士捐数百金毕之。然后垣楹榱桷，丹碧灿烁，有司春秋将事，有以致虔，而万民观者罔不肃然。临之在上，非僻邪慝之心于焉以戢。其再期年秋八月，漳州方旱，君与守令祷焉，礼甫行而雨大至，邦人咸谓神之灵果昭昭也。

工成久未有立石，属莹为文。乃推原城隍之所以为神者，俾邦人观焉。信乎，其不可诬也如此。方君名传穟，桐城人，所至能树其绩，盖神之相君久矣。

（东溟文集卷五）

朝议大夫刑部郎中加四品衔从祖惜抱先生行状

曾祖（讳）士基，康熙举人，湖北罗田县知县。祖（讳）孔锁，皇赠文林郎，翰林院编修，晋赠朝议大夫。考（讳）淑，皇赠朝议大夫，礼部员外郎。

　　嘉庆二十年九月，惜抱先生卒于江宁钟山书院，从孙莹在京师，闻之哀怆涕泣。戚友咸唁，乃卜日设奠于都城之西，为之主而哭之。越日，先生之门人，前江南道监察御史翰林院编修陈君用光语莹曰：吾师以德行文章为后学师表者四十余年，所当上之史馆，其生平出处言行之大，缀而状之，弟子之责也。子于先生属最亲，曷条其略。莹无似不能有所撰述，以表先生，副侍御之属，谨以所知对。

　　先生名鼐，字姬传，世为桐城姚氏，先刑部尚书端恪公之元孙也。先生少时家贫，体弱多病，而嗜学，澹荣利，有超然之志。先曾祖编修姜坞府君，先生世父也，博闻强识，诵法先儒，与同里方苎川、叶尊南，刘海峰诸先生友善，诸子中独爱先生，每谈必令侍。方先生论学宗朱子，先生少受业焉，尤喜亲海峰，客退，辄肖其衣冠谈笑为戏。编修公尝问其志，曰：义理考证文章，殆阙一不可。编修公大悦，卒以经学授先生，而别受古文法于海峰。乾隆十五年举于乡，会试罢归，学益力，疏食或不给，意泊如也。二十五年，丁赠朝议公艰。越三年，中礼部试，殿试二甲进士，授庶吉士。散馆改礼部仪制司主事。三十三年，充山东副考官，还，擢员外郎。逾年，再充湖南副考官，明年充恩科会试同考官，改擢刑部广东司郎中。四库馆启，选一时翰林宿学为纂修官，诸城刘文正公，大兴朱竹君学士咸荐先生以所守官入局。时，非翰林为纂修者八人，先生及程鱼门，任幼植尤称善。金坛于文襄公雅重先生，欲一出其门，竟不往。书竣，当议迁官，文正公以御史荐，已记名矣，未授而公薨。先生乃决意去，遂乞养归里，乾隆三十九年也。

　　先是，馆局之启，由大兴朱竹君学士见翰林院贮永乐大典中多古书，为世所未见，告之于文襄，奏请开局重修，欲嘉惠学者。既而奉旨搜求天下藏书毕出，于是纂修者竞尚新奇，厌薄宋元以来儒者以为空疏，捃击讪笑之不遗余力。先生往复辨论，诸公虽无以难，而莫能助也。将归，大兴翁覃溪学士为叙送之，亦知先生不再出矣。临行乞言，先生曰：诸君皆欲读人未见之书，某则愿读人所常见书耳。梁阶平相国属所亲语先生曰：若出，吾当特荐先生。婉谢之。集中所为《复张君书》也。

　　先生以为国家方盛时，书籍之富，远轶前代，而先儒洛闽以来，义理之学尤为维持世道人心之大，不可诬也。顾学不博不可以述古，言无文不足以行远。世之孤生徒抱俗儒讲说，举汉唐以来传注屏弃不观，斯固可厌。陋而矫之者，乃专以考订训诂制度为实学，于身心性命之说则斥为空疏无据。其文章之士，又喜逞才气，放蔑礼法，以讲学为迂拙。是皆不免于偏蔽。思所以正之，则必破门户，敦实践，倡明道义，维持雅正，乃著《九经说》以通义理、考订之邮，选《古文辞类纂》以尽古今文体之变，选五七言诗以明振雅祛邪之旨。嘉定钱献之以考证名，尤精小学，先生赠之序，曰：孔子没而大道微。汉儒承秦灭学之后，始立专门，各抱一经，师弟传受，侪偶怨怒嫉妒不相通晓，其于圣人之道犹筑墙垣而塞门巷也。久之，通儒渐出，贯穿群经，左右证明，择其长说。及其蔽也，杂之以谶纬，乱之以怪僻猥碎，世又讥之。盖魏晋之间，空虚之谈兴，以清言为高，以章句为尘垢，放诞颓壤，迄亡天下。然世或爱其说辞，不忍废也。自是南北乖分，学术异尚五百余年。唐一天下兼采南北之长，定为义疏，明示统贯，而所取或是或非，未有折衷。宋之时，真儒乃得圣人之旨，群经略有定说。元明守之著为功令。当明佚君，乱政屡作，士大夫维持纲纪，明守节义，使明久而后亡，其宋儒论学之效哉！且夫天地之运，久则必变。是故夏尚忠，商尚质，周尚文，学者之变也。有大儒操其本而齐其蔽，则所尚也贤于其故，否则不及其故。自汉以来，皆然矣。明末至今日，学者颇厌功令，所载为习闻，又恶陋儒不考古而蔽于近，于是专求古人名物制度训诂书数，以博为量，以窥隙攻难为功，其甚者欲尽舍朱程，而宗汉之士。枝之猎而去其根，细之搜而遗其巨，夫宁非蔽欤？

又与鲁宾之论文，曰：《易》曰，"古人之辞寡。"夫内充而后发者，其言理得而情当；理得而情当，千万言不可废，犹之其寡矣。气充而静者，其声闳而不荡，志章以检者，其色耀而不浮。邃而通者，义理也，杂以辨者，典章名物，凡天地之所有也。闵闵乎聚之于锱铢，夷怿以善虚志，若婴儿之柔，若鸡伏卵，其专于一，内候其节而时发焉。夫天地之间莫非文也，故文之至者通于造化之自然。然而骤以几乎合之则愈离。今足下为学之要，在于涵养而已。声华荣利之事，曾不得以奸乎其中，而宽以期乎岁月之久，其必有以异乎今而达乎古也。

既还江南，辽东朱子颖为两淮运使，延先生主讲梅花书院。久之，书绂庭尚书总督两江，延主钟山书院。自是，扬州则梅花，徽州则紫阳，安庆则敬敷，主讲席者四十年。所至，士以受业先生为幸。或越千里从学，四方贤隽，自达官以至学人士，过先生所在，必求见焉。钱唐袁子才词章盛一时，晚居江宁，先生故有旧，数与往还。子才好毁宋儒，先生与之书，曰：儒者生程朱之后，得程朱而明孔孟之旨，程朱，犹吾父师也。然程朱言或有失，吾岂必曲从之哉？程朱亦岂不欲后人为论面正之哉？正之可也，正之而诋毁之、讪笑之，是诋毁父师也。且其人生平不能为程朱之所行，而其意乃欲与程朱争名，安得不为天之所恶乎？

先生貌清而臞，而神采秀越，风仪闲远，与人言终日不忤，而不可以鄙私干。自少及耄，未尝废学。虽宴处，常静坐终日，无惰容。有来问，则竭意告之，喜导人善，汲引才俊如恐不及，以是人益乐就而悦服。虽学术与先生异趣者，见之必亲。南康谢蕴山方伯见先生，退而叹曰：姚先生如醴泉芝草，使人见之，尘俗都尽。青浦王兰泉侍郎晚岁家居，集海内人诗，至先生曰：姬传蔼然孝弟，践履纯笃，有儒者气象。其见重如此。礼恭亲王薨，遗教：必得姚某为家传。德化陈东浦方伯未卒前一岁，属先生曰：某死，必得先生文以志吾墓。新城鲁洁非以文章名江右，始学于闽中朱梅崖先生。梅崖于当世文少所推许，独心折先生，以为不及。鲁乃度江就访，使诸甥受业。

自康熙朝方望溪侍郎以文章称海内，上接震川，为文章正轨。刘海峰继之，益振，天下无异词矣。先生亲问法于海峰，海峰赠序盛许之，然先生自以所得为文，又不尽用海峰法。故世谓望溪文质，恒以理胜。海峰以才胜，学或不及。先生乃理文兼至。方、刘，皆桐城人也。故世言文章称桐城云。

嘉庆十一年，复主钟山书院。十五年值乡试，与阳湖赵瓯北兵备重赴鹿鸣宴，诏加四品衔。先生年八十矣，神明如五六十时，行不撰杖。兵备年亦八十二。观者以为盛。先是，先生居江宁久，喜登摄山，尝有卜居意，未决，迁延不果，归。二十年七月微疾，九月一夕卒于院中，年八十五。门人共治其丧。生平所修《四库书》及《庐州府志》、《江宁府志》、《六安州志》官书别刻外，自著《九经说》十九卷、《三传补注》三卷、《老子章义》一卷、《庄子章义》十卷、《惜抱轩文集》十六卷、《文后集》十二卷、《诗集》十卷、《书录》四卷、《法帖题跋》一卷、《笔记》十卷、《古文辞类纂》四十八卷、《五七言今体诗钞》十六卷，门人为镂版行世。

先生两主乡试，一为会试同考官，所得士为多。涪州周兴岱、昆明钱御史沣、曲阜孔检讨广森，其最也。门人守其经学，为诗古文者十数辈，皆知名。尤爱洁行潜志之士。上元汪兆虹，志高而行芳，学必以程朱为法，年二十六卒，先生深惜之，为志其墓，谓"真能希古贤人而异乎世之学者，生也。"先生之受经学于编修姜坞府君也。编修之学以博为量，而取义必精，于书无所不窥，论辨条记甚多而不肯撰述。编修公已没，先生欲修辑遗说编纂成书而不就，仿《日知录》例，成经史各一卷，曰《援鹑堂笔记》，以授莹，使卒其业。且戒之曰："纂辑笔记，此即著书，不可苟作。大约欲少而精，不欲多而芜。近人著书以多为贵，此但取欺俗人耳，吾阅之乃无有也。"莹受教，未及成书而先生殁矣。

先生原配张宜人，故贵州府同知讳某公女，生一女而卒。继娶宜人之从妹，故四川屏山县知县讳曾敏公女，生二子二女，长景衡，乾隆五十七年举人，江苏泰兴县知县，次师古，长女嫁张元辑，次嫁张通理，三①适潘玉。侧室梁氏，生一子执雉，以执雉后从兄义轮，乾隆十八年举人，广西南宁府同知，编修仲子也。十一月，从孙莹谨状。

（东溟文集卷六）

先府君行略

呜乎！天之恶不孝莹也，塞其遇，塞其躬，困踬颠连，极其凶祸以及我先府君。呜乎，莹之负罪先府君也！府君性严，嫉恶，不苟容，而莹好为姑息；府君介约，不妄取与，而莹喜为豁达；府君谨慎，事求切近，而莹不度德量力果于任事。府君常戒之，而不能改。府君就养海外，不乐，思归。而莹被议后迁延经岁，甫内渡而府君遽病，竟不得归。呜乎，莹之负罪先府君也！府君始生，逮事先曾祖，诗古文经学，颇得绪言。未冠而失先祖母，家亦中落，遂废学。以笺记客游粤西，历江苏、浙江、山西、江西以至广东，几三十年。

伉直不能谐俗，所如寡合，常郁郁不自得。粤东令倅以捕盗为功，盐大使某购亡命数人，将以海盗报获，府君力争之，事得寝。所历之地遇狱枉者，不避嫌怨，危言救之。生平不为刑名之学，而律意甚精，以是益为嬞婀者所忌。

先王父卒于仪征，惟先叔父在侧，府君自嘉兴闻讣奔往。以不及视含敛也，大恨终身，每言次及先王父，或朔望祭祀，辄欷歔不辍。嘉庆戊辰，莹成进士，府君手谕勉承先德而以侥幸功名为戒。府君好有用之

---

① 上下文有异，前云二女，此云"三"。

学,史事尤熟。自经史逮百家言有关世用者,手抄数十帙以授莹,曰:
"虚心求之,实力行之。沽名欺世,吾所深恶也。"辛未,自粤东归里。
丙子,莹得福建平和令,迎府君与母太宜人就养。凡史事得失与政教所
当先后,朝夕督教之。莹得秉承,故历平和、龙溪,所至士民亲洽,事
无旷废。及去任,士民焚香泣送者常数千人,环府君舆不去,观者荣
之。府君顾莹兄弟曰:"是奚足荣耶?吾惧汝市虚名为吾羞耳。"己卯,
莹调台湾,奉府君与太宜人渡海。府君年五十有六矣,精力饮食甚健,
犹时拓弹弓以习劳。逾岁,忽得风疾,手足稍不便。有沮莹于上官者,
府君曰:"可退矣。"时莹负官债,欲期年偿之,乃奉两大人归。未几,
有噶玛兰之役。噶玛兰在台湾北山后,距郡十三日程。本番地,新辟多
瘴,府君遂留郡中。提督罗公奉旨渡海捕盗。莹至噶玛兰,擒著名贼目
首从十余人,解郡。府君欲贷其一二。而诸盗至郡,皆谈笑歌呼,以为
"更十八年,皆伟丈夫也。"府君欢曰:"天下固有至愚若此者哉?益可
悯矣。"内三人竟得末灭。淡水男子朱蔚者,自称明后,妄造妖言,入
噶玛兰煽惑愚民,图为乱。莹访获之。或忌其事,倡言于郡,曰:"小
民颠疾耳,时方太平,焉有此事。"莹以党证明确,妖书、木印、悖诗
皆具,台湾浮动,当以朱一贵、林爽文为戒。府君曰:"无争也。事关
酿乱,有司之责。幸未起获其首逆。诛否听于上官。且吾不愿汝以多杀
为能也。"令出所获物尽献而焚之。蔚至郡,屡讯皆实,卒以狂疾抵罪。
莹寻以前知龙溪有过失议罢。叙前获海盗事,得旨引见。以官负,年余
不能行。旅寓甚乏,台湾士民馈薪米不绝,且酿金偿其负。府君责莹
曰:"汝在任不肯扰民,今罢官而累民若此,贤不肖相去几何哉?"府君
素善饮,秋后步履稍重。总兵音公善莹,将去镇,特造府君,请节饮,
府君感公意,遂不进酒。然步履益重,气逆时作。壬午秋,莹公事始
竣,内渡。登舟前,目疾大愈,台湾士庶及同官送者相随数十里,至于
舟中甚众。府君酬酢不倦,饮食欢笑如平时。夜犹秉烛观书竟一卷始就
寝。未逾时,疾忽大作,遂不起。当疾亟时,顾莹无他言,惟以恤刑爱
民虚心听讼为谕。呜乎,莹之负罪先府君以有此也!嘉庆二十四年,恭
逢睿皇帝万寿覃恩,府君以加三级得诰封奉直大夫,母封宜人,先王父
母皆赆赠如阶。府君为主父母位祭告毕,仍以常服终身。盖痛先王父母
之早丧也。呜乎,痛哉!

府君讳骏,字襄纬,号云浦,晚号醒庵,世为桐城麻溪姚氏。自明
景泰中,先云南布政使参政讳旭,以循吏显。先福建汀州府知府加副使

讳之兰，先兵部职方司主事，前兰溪县知县讳孙枽皆为循吏，卒祀名宦及乡贤祠。至国朝，先刑部尚书谥端恪讳文然，事圣祖仁皇帝，为朝重望，世宗宪皇帝特敕祀贤良祠。先湖广罗田县知县讳士基惠政爱民，卒祀名宦祠。是为府君之高祖。赠朝议大夫增生讳孔锳，为府君之曾祖，早卒。妣任，诰封恭人，钦旌贞节。翰林院编修讳范为府君之祖，以诗古文经学著，世所称姜坞先生者也。妣张。先王父讳斠元，邑增生。妣张，继妣徐。府君以乾隆二十九年甲申岁八月十六日生，卒于道光二年壬午十月二十八日，年五十有九。十八岁而吾母张太宜人来归，先兄朔、兄銮、及不孝莹、弟四和。兄銮、弟四和殇。有孙三，继光、启昌、应昌，皆兄朔生。女孙二。莹不孝，不能仰承遗训，追念生平，多违府君意，万死莫赎，尚何言哉！尚何言哉！顾念府君承累世贤哲之遗风，义质仁怀，与世不偶，不孝等斩焉。衰绖之中，忧泣昏愦，于其嘉言懿行未能一一记忆。兄朔执莹手，泣而言曰：此弟之责也。余兄弟既不孝，负罪府君，府君之志行不可不纪其实以告二三交游，贻世世子孙，使知府君，且志予兄弟之恸。莹泣拜受命，述状如左。呜乎，痛哉！

（东溟文集卷六）

先太宜人行略

呜乎，吾母太宜人弃不孝而逝也。莹之罪通于天矣。昔者，先府君殁于海外，岁在壬午，莹方罢官奉部檄入都，甫登舟，府君暴疾弃养。太宜人怜莹困，命兄朔奉枢先归，而自留闽。莹乃授读于台以养。卒服，北行，太宜人命之曰："吾年暮伤离，不欲远汝，故不归。今之京师且七千里，然复官例得还闽，吾仍待汝也。"莹泣拜而行。丙戌正月至京，奉旨以获盗改降，援例得复归部铨选。户部执闽中盐课事，往返檄问，既白，然后吏部注册，时距去闽十有六月矣。太宜人闻之，曰：闽既不还，则近地宜。莹请于部，今年三月当选，而太宜人凶问至。呜乎，伤哉！太宜人之音容不可见矣，其生平淑德懿行不可泯没。谨撰次其略，惟当世大人君子悯而鉴之。

太宜人，桐城张氏，故太傅文华殿大学士谥文端元孙女也。祖若霈，河南武安知县。父曾辙，云南寻甸州吏目。三岁失母，依祖父母居。少慧，善读，晓经史大义，寻旬公每闻读书声，则嗟欢恨非男也。二十归先府君，事先大父母承颜逆志。先大母有疾久婴床第，太宜人鸡鸣趋侍，至夜分未尝离侧，饮食衣服必躬亲，太母爱而怜之，强命退休，则暂匿户外。如是者岁余不衰。及殁，丧次哀戚，闻者动容。乃携先府君出游幕食。

太宜人持家事，叔娶姑嫁皆如礼。贫益甚，悉遣仆婢，井臼亲操。莹兄弟方幼，太宜人竭蹶延师教之。每当讲授，太宜人屏后窃听，有所开悟则喜，苟不慧或惰，则俟师去而笞之。夜必篝灯自课。莹兄弟《诗》《礼》二经皆太宜人口授，且夕动作，必称说古今贤哲事，乡里中某也才，某也不肖，历举之以为法戒。又时及本朝掌故，盖所闻于外家诸老先生者。及学为文，太宜人手钞制义数十篇，唐诗百首与读。字画端楷，业师惊欢。方是时，吾家困甚，居宅卑隘。太宜人晨起，督莹兄弟洒扫粪除，门庭整洁。待先生饮馔，虽约必精。亲族过者见之，咸谓是当兴起吾家矣。乾隆甲寅桐城大水，室中水三尺，浮板以栖，炊爨为断，外伯祖菉园先生暨群舅馈之米炭，乃得食。然太宜人甚自好，族戚虽丰厚，未尝以贫乏告。里人某暴富，兄弟以资为大官，闻太宜人之贤，欲婚莹兄弟。或居间为言，太宜人不许，曰："吾不以贫乏乞食族亲，顾令吾儿仰妇家钱耶？"是年，先大父殁于仪征。太宜人闻耗，恸几绝。府君舆榇归，黾勉成礼。未几，复出，数岁不返。太宜人卒抚莹兄弟以至于受室。

嘉庆丁卯，莹举于乡。戊辰，会试中式。不见用，南游粤东。兄朔亦就幕浙西，家食稍给。府君乃以辛未归里。先叔父客晋中，死，太宜人佐府君经纪其丧，抚育遗孤如已出。寻旬君卒，继配王孺人无子，太宜人就之居，奉事一如所生。有妹适戴氏而寡，太宜人赡其衣食。丙子，莹始仕平和，迎府君暨太宜人就养。逾年，调龙溪。俗强悍好斗，盗贼滋多，莹治之严。太宜人戒之，曰："古者，循吏治术不同，固当因地制宜。然吾不愿闻鞭扑声。今汝德不掩威，其能无憾乎？"已而，去任，士民焚香泣送者数千人，或为祠以祀，太宜人乃喜曰："吾无虑矣。"已卯，调台湾，莹以太宜人涉海为忧。太宜人曰："吾固甚健，思一见海外风土，且汝得常见，可同渡也。"乃奉两大人至台湾。道光元年，莹调噶玛兰通判，太宜人留郡。莹寻以龙溪公务有过差罢职。噶玛兰任内获盗，得旨引见。甫启行而府君卒于鹿耳门。颠沛流离至福州，羁滞不归，以至于兹也。

呜乎，伤哉！先府君之殁也，莹兄弟犹在膝下，今兄朔方营葬里中，莹又需次京师，病不奉汤药，殁不视含敛，尚何言之有？惟当世大人君子鉴吾母之贤，哀诸孤之不肖，赐以铭言，俾吾母懿行得闻于世，不肖之咎其或有瘳焉。

（东溟文集卷六）

亡姑圹志铭

嗟乎！女子不幸许字未嫁而夫死，悲矣。识从一之义，虽未嫁而守其志终身，重可伤也。乃求守其志不得而又不敢自为名以伤亲志，含悲隐泣，卒保其身以死，身完而志遂，节成而孝全，若此者，其惟吾亡姑乎！姑于从父姊妹行居四，吾祖春树府君长女也。春树府君先娶张太宜人为归化令曾太公妹。归化之配姚孺人，又府君族姊也。张太宜人归府君一年而卒，无子。府君痛之。继娶徐太宜人，生姑及醒庵府君。兄弟乃以姑许字归化之季子法。姑庄丽而慧，婉娩娴顺。春树府君爱之。法亦蚤慧，善读书。未冠而卒。姑年十八闻凶间，以未嫁也，不敢哭于父母之室。将往服夫丧，则礼无未纳吉而服夫丧之文。毁饰啜泣绝粒者十余日。春树府君、徐太宜人强慰之乃起，自是不为容。既逾年，春树府君潜与徐太宜人谋别字于马氏。数月而后，姑知之，遂病，未几卒，竟无一言。病革之夕，惟请姚孺人往，执手一长恸而已。嗟乎，姑之志乃如是哉！

夫圣王之制礼也，因人情而为之节文，不及则悖，过则矫。女子许字未嫁而夫死，以女子终身不贰可也，未成乎妇而服于夫家则过矣。父母爱女惧不能终其志而别字之，在家犹全乎，女从父可也，守不贰之志或激烈捐躯，则违亲命而且以伤亲之志，可乎？故不服张氏之丧礼也，素服不饰，矢志靡他，贞也。知亲已别字而口不言，无违父命，孝也。卒全其身，不及请期而死，节也。死以病闻，不徇名以伤亲志，智也。自古女子处非常之变而能从容中礼，无一毫之憾，孰有如姑者哉？姑既亡，春树府君大恸，悔之，语醒庵府君曰：吾误汝姊矣。命俟张太宜人之葬也而以姑附，明其志在张氏也。醒庵府君谨志之，以贫游四方，久不克营大事。越五十四年，道光十三年月日，莹与兄朔始得卜兆于某山之麓，以姑附葬张太宜人侧，俾世世子孙无亡姑祀而复春树府君之命。

姑生于乾隆二十五年某月日，卒于四十四年某月日，年二十。莹闻诸吾母张太宜人，盖醒庵府君之言云尔。铭曰：兰匪不芳而春则萎，玉匪不洁而璞已摧，未见君子，身将安归？志不可夺，父不可违，生死为女何所亏！海枯石烂白日驰，贞砥之镌涕涟洟！

（东溟文集卷六）

说　滩

初入闽广皆崇山，水下若建瓴奔马，顺流而操舟，甚捷也。然多滩，怪石巉巉，水方湍疾，滩遏之，水怒声若雷霆，大波汹涌。一不慎，则舟立沈碎。人恐焉，咸以咎滩之险。姚子曰：美哉，滩之功也。非是，人且死。夫人情莫不乘便而好易，水既迅疾，舟复顺流，其便易孰甚！人方贪之，忘夫水之能溺也，覆舟实多。有滩，然后戒惧之心生，大为之防，其舟之覆也斯寡矣。故溺人者，水也，而顺便形则忘其溺；生人者，滩也，而险阻形则昧其生。人能死于有形而生于无形，不其瘳乎？

（东溟外集卷一）

说　鬼

南人好（鬼，有溺人曰鬼。）之祟也，为浮屠镇之曰：鬼畏。是果少溺。或笑之曰：鬼岂能祸人者，抑岂真畏浮屠哉？是人偶溺，众恐之，而见怪异焉，则以为祟。俗固谓浮屠有神，鬼所畏，藉以镇之。其始也，心有所怖而气衰，怪异得以乘之；其既也，心有所赖而气盛，邪不敌其正，故无所见，非鬼之能祟而浮屠果能神也。姚子曰：鬼亦犹人耳。生畏鬼，谓其能祟，故死即以所畏者祟人；生畏浮屠，谓其有神，故死即以所畏者自畏，而不知鬼与浮屠自若也。人之知不愈于鬼，岂鬼顾知于人耶？则谓鬼畏浮屠也宜，故君子观人则知其鬼。

（东溟外集卷一）

李凤冈生圹说

李君凤冈即罢官，卜居京师，倏然自得，乃营生圹于西郊，诸公与君游者咸咏歌其事。

或问莹曰：李君，达人也，其学凌踔佛老，糠秕程朱，洞然于生死久矣，又奚以圹为，而汲汲自营之哉？莹应之曰：子言是也。然未闻道不足以知李君。夫道在天地，岂有故常，见有于无，归真于朴者，旷士之识也。无所于有，无所于无，因乎自然，不见华朴者，至人之通也。子第习庄生齐物之论，以蝼蚁乌鸢不择所食之为达矣，而不知有心于食之，是又以骸为饲也。夫生死亦大矣，吾莫之为而生。生而有君父焉，吾因以君之则忠，因以父之则孝矣。生而有妻子焉，吾因以妻之则敬，因以子之则慈矣。生而有饥，因以食之则饱。生而有寒，因以衣之则燠矣。凡吾之所为忠孝敬慈饱燠云者，皆行乎自然，而非强有事也。今将反之曰"吾奚以忠孝敬慈饱燠为？"则不可以一日生，是生而求死之事也，道岂有是哉？死之有瘗埋，犹生之有衣食也。今于衣食则为之，而瘗埋则委之，曰非是则不达。然则，孜孜以求其达者，不达乃逾甚焉。庄生之言不若是也。君之为是圹也，固以示人之有死，死则以死事之云尔。

君圹既成，不十年而南归，举京师所为居者一旦尽弃不顾。则是圹也，亦姑置之。异时物化，其犹将越数千里而赴葬乎？抑遂首其故邱乎？吾不得而知也。虽君亦乌能自必哉！夫不能自必者，君之所知也。知其不能必而固为之者，君之所以为君，其于道也大矣，人乌足以知之！

（东溟外集卷一）

张南山诗序

诗有可以学而至者，有不可以学而至者；有可以悟而得者，有不可以悟而得者。格律之精深，声响之雄切，笔力之沉劲，藻饰之工丽，此可以学而至也。意趣之冲淡，兴象之高超，神境之奇变，情韵之绵邈，此不可以学而至也。学而至者，不待妙悟；不可学者，非悟不能。若夫忠孝之怀，温厚之思，卓越之旨，奇迈之气，忽而沉挚，忽而激烈，作之者歌泣无端，读之者哀乐并至，是则天趣天籁，又岂可以悟得者乎？汉魏以前是矣。盛唐作者妙悟为多，李杜二公，可悟不可悟之间者也；天与学两至之矣。昌黎、眉山，则其诗也即其文也，去风骚汉魏之音远矣；虽然，性情正，胸怀旷，才力峻，学问博，得之于心，应之于手，举人世可惊可喜可哭可笑之事一于诗发之，千载以下，读其诗如见其人，如见其世，此则天与人合，不学焉不至，不悟焉不得，而实不关乎学与悟者也。夫如是，则其文也皆其诗也，所以并称于李杜也。世之为诗者，其以学至耶，以悟得耶，抑不由学与悟而得之天也？明何李之论诗以学至也。学之失，则有形合神异者矣。王阮亭之言悟，救其失也，而非废学也。悟之失，则又有以不至为至，不得为得者矣。沈归愚是也。于是钱箨石、翁覃溪辈思有以振之，取杜与苏，日伐其毛而洗其髓，于杜苏则有功矣；要亦言其词句体制耳，有不得而言者，二君末由及之也。故二君之诗难异俗学之浮声，实亦古人之游魄；天趣、天籁，吾未之见也，真气不存焉耳！近一二名贤，取材六朝而借径于少陵眉山，其家法吾莫能非也，然而有翦彩为花，范土为人者矣。门下从而和之，出入攀援自以为工。吾读其诗，泛泛然不能得其人也与其世也！不得已而强指之，则曰某者六朝，某者杜，某者苏而已。噫，是亦异矣！

　　岭南言诗，自冯鱼山而一变。彼诵法覃溪者也。三五年来，稍杂以他说，而莫有悟其失者。吾读南山诗有感焉。南山之为人，忠孝温厚人也。其得于天者既优，而又能尽力于学；充其至，吾无以量之。今所见已度越时辈如此矣。而所谓天人合焉者，乃时于集中见之。南山，其贤矣哉！

　　比，吾以文示南山，能道吾之所以为文，不觉喜而更以说诗之旨进南山，秘之，勿语人可也。

（东溟外集卷一）

松坡诗说序

　　昔钟记室作《诗品》，讨原辩委，定其上下，位置名流，或疑未允，要艺苑之雅谈也。顾详于品藻，未尽旨趣。刘舍人《文心雕龙》，乃区分体裁，钩抉元奥，扩士衡文赋之篇，蔚成鸿制。自是作者罕能�其藩焉。然不专论诗也。司空表圣作《二十四诗品》，义取彦和，名因记室，会心独妙，就体研辞，粹然渊雅之宗，诗人妙趣极尽拟议矣。而当时更有释子皎然作诗式，亦复可观。宋人诗话最多，最为芜杂。部帙之多，莫如茗溪《渔隐丛话》所云披沙拣金者也。惟严沧浪、姜白石乃时窥秘旨耳。元明以降，论益纷繁，门户既分，大都偏僻。足继曩哲者，其昌谷之《谈艺录》乎？若胡元瑞之《诗薮》、王敬美之《秇圃撷余》，亦其亚也。卮言则嫌繁秽矣。

国朝诗人，不必首推阮亭，乃其鉴诣之精，持论之允，固古今诗人一大总汇也。余自束发即好为诗，苦无师授，乃取诸家诗说观之，稍得要领。自是泛滥古人名集，溯自汉魏以迄本朝，作者数千，皆尝考其元要，究其得失，始叹诸家之说容有未尽。盖疆域日开，后来流变，昔人不及见也。而世之君子或囿于耳目，邪说丛滋，颇难扩辟。良由人心好新尚异，筝笛盛则琴瑟无音，燕赵陈则姬姜无色，漫陈古义，谁则悦之？又自胜国诸贤，或遗神取貌，剿袭堪嗤，其戒斯途，遂以法古为耻。由是淫哇俚唱，竞出驰声，诗道极坏，曾莫之悟。譬犹惩误剂而废医，见噎者而辍食，未有不至于饥病且死者，不亦舛哉！余窃悼然以所览古人之义，条其本末，究彼匠心，奥窔悉陈，幽元斯启，邪正自得，真伪判然，匪以方轨前贤，庶遗作者，明所用心而已。桐城姚莹序。

（东溟外集卷一）

黄香石诗序

嗟乎，自古豪杰之士成名于天下后世者，岂必其生平之所自命哉？夫人之一身有子臣弟友之责、天地民物之事，至没世后，举无一称而独称其文章，末矣！文章之大者，或发明道义，陈列事情，动关乎人心风俗之盛衰，乃又无一称，而徒称其诗，抑又末矣！然而李、杜、白、陆，竟以诗人震耀今古，称名之伟如日月江河者，何也？则不惟其诗，惟其人也。此三四公者，方谓天地间所责于吾身甚众且巨，将汲汲焉求以任之，不得已而以诗名，岂彼之所自命为豪杰者乎？惟自命不在此而卒迫之不得不出于此，然后以其胸中之所磅礴郁积者一托于诗，以鸣其意。其蓄之也厚，故发之也无穷；其念之也深，故言之也愈切。诵之渊然，而声出金石满天地；即之奕然，而光烛千丈辟万夫。思之愀然，聆之骇然。而泣鬼神，动风雨，夫非其声音文字之工也，是其忠义之气，仁孝之怀，坚贞之操，幽苦怨愤郁结而不可申之志所存者然也。惟然，故观其诗可得其人；其人虽亡，其名以立。今世之士，徒取其声音文字而揣摹之，辄鸣于人曰，吾以诗名。其与古人之自命不亦远哉？宋元以来工诗者奚啻千百，而赫然见称于世无几人也，亦可以思矣。

本朝诸公，自阮亭标举神韵，归愚讲求格律，后学奉之如规矩准绳，可谓盛矣。然皆以诗言诗。吾以为学其诗，不可不师其人，得其所以为诗者然后诗工而人以不废，否则诗虽工，犹粪壤也。无怪其徒具形声而所自命者不存也。

粤中言诗，近日后起者三人，曰谭康侯、张南山、黄香石。康侯，吾尝读其诗，爱其人，而未之见。南山则谆笃自好，方力于治经，余尝序其诗矣。香石与二子齐名，嘉庆十六年，余在学使程公署见所著论《诗话》、《罗浮小志》、《云泉随札》，心识之。越二年，乃相识于白云山中，见访以世务之大。夫香石平生所自命虽不知较古人若何，要其讲求世务，隐然有人心世教之忧，不可谓非有心之士。余行矣，留此说以质香石，无亦有窈然深思、穆然高望者乎？

（东溪外集卷一）

郑云麓诗序

余以嘉庆丁丑之岁至龙溪，事其贤士大夫，知云麓郑君。时君为吏部郎官在京师，无缘就问得失。道光壬午，余罢官，从海外返，始识君于其家。言民事惄然有忧天下之心，然犹未读其诗。及丙戌，余至都中选官，君亦在，时以诗酒过从，然后知君诗之工也。

君诗用力魏晋以追唐宋名贤，持格甚正，妙理清才，都雅有则，有明代诸公学古之善而无其失，而忧时悯俗之心时露言表。盖以为得诗人性情之正焉。曩所尝刻，诸君既序之矣。逾五年，余再入都，君出其新诗，俾阅订而叙之。

夫诗者，心声也。人才学术之所见端，亦风俗盛衰之所由系。今海内承平久矣，人心佚则淫，淫则荡，荡则乱，士大夫固有其所当务者，诗歌似非所先。然以持正人心，讽颂得失，实有切于陈告训诫之辞者。君固尝忧时悯俗，今以上考蒙知遇，方有守郡监司之寄，所以拯济黎元，上报天子者。吾于君诗觇之，必能异乎人人所为政也。民事吏治得失，愿从君终问之。

（东溟外集卷一）

香苏山馆诗集序

乾隆、嘉庆之间，海内以诗鸣者，咸称黄仲则。仲则奇情超迈，论者谓其才近太白，似矣。同时差后，才力足以并驱者，为吴兰雪。兰雪才雄气逸，思沈学博，能状难绘之景，写难显之情。他人极力为之，指僵颖秃，兰雪顾从容挥洒，其境屡变而不穷。比而论之，殆一时之二杰乎！仲则早死，其诗后刻传乃稍广。兰雪则自弱冠至京师，王述庵、翁覃溪、法梧门诸公盛相推重，自是遍交海内名士，酬唱四十余年，未有或先之者。袁简斋自负甚盛，亦心折兰雪之诗。至于传播外夷，朝鲜吏曹判书金鲁敬父子以梅花一龛供像及称为诗佛，日本贾人卖其诗扇首得四金，其见重如此。甚矣，兰雪才名之盛也。

然兰雪颇留心时务，尝欲一试吏事，乃自为诸生应甲辰召试，不用。久之，仅举于乡，数试礼部，不第。友人助之，始以资为博士，复不中。再以资为中书，浮沉国子学及内阁者且二十年。今逾六十，犹终日敝车羸马，奔走于风尘澒逐之中，曾不得一行其志。特于当世之以干济闻者心重而推挹之，惟恐其用不竟。异哉！兰雪之志亦可悲矣。

兰雪自伤其志不遂，仅以诗人闻也。晚编其集为古近体若干卷，属余为序。乃述所倾倒者如此。后之览者因诗以求其志，即兰雪可知矣。道光六年正月桐城姚莹序。

（东溟外集卷一）

北园宴集诗序

北园者，桐城方竹吾之居也。环山带水，松竹郁深，投子龙眠，云烟苍翠接其外，广轩曲池，鱼鸟倏然畅其中，近郭之胜，既无以逾矣。竹吾意气豪俊，文章书法尤善，故里中英彦咸乐游其地而交其人。嘉庆十一二年间，则有李海帆、朱歌堂、方植之、马元伯、左匡叔、徐六襄、张阮林、刘孟涂、吴子方、光聿原、朱鲁存，此十数人者，皆以文章道义相取。余时年略少，每与往来，觞咏其中，以为竹林之游无以过也。戊辰后，乃各散之四方，虽闲岁颇有会者，率寥落矣。已而，阮林、子方、孟涂相继丧殁，竹吾亦困顿出游，至者益鲜。

今秋余自海外暂归，当日同游独歌堂、鲁存居力中，而阮林尊甫守亭先生、季弟允谐及子方季父岳卿，以时相见，辄复欷歔。一日，偕至北园，水阔桥断，隔溪遥呼久之，竟无应者。回忆曩游，怆然而去。岂友朋宴处亦有盛衰之数于其间耶？未几，竹吾与匡叔归自浙西，乃稍稍叙集，而余已行有日矣。诸君相谋饯于北园，一时至者三十有二人，以常州周伯恬、陆纶山为客，于是北园之游复盛。

夫人之相处，怀抱学术平素或不必同，及夫光景流连，山川登眺，一言偶合，辄相赏忘形，故觞酒豆肉之间，性情见焉。矧在里闬姻党中，髫龀相习，少长追随，重以人事暌违动数十年，各有死生升沈丰约之感交并于胸中，一旦散而复合，衰而复盛，悲乐之情其能已乎？且夫盛衰，时也。离合，遇也。异同，心也。士有异面同心，则千载以上，万里以外，犹将应之；苟非能然，同舟可以敌国。自古天下之务，未有不成于一心而败于相戾者也。

吾桐昔时风气淳朴，友朋聚处，上者相劘以道德，次者相励以文章，然皆彬彬各有礼叙。十数年来，弟子轻其先师，后生慢其长老，党类渐分，浮嚣日竞，此其病患甚深，有心之士窃相与忧之。然则时事盛衰，岂独离合之迹哉！今诸君子不以余之不才，盛为此会，以宠其行，合远所高才者数十，大抵笃学敦义，养誉乐道，盅粹之情，盎于面背，兴逸气峻，各为诗歌，盖又昔年之所未有，亦余前日之所不料也。由此观之，风气变易之机，或者其在兹乎？

夫衰而复盛，散而复合者，天之道也。持其气于既衰，要其合于已散者，人之事也。由诸君之诗以存今日之游，由今日之游以推诸君之心，文学行谊之修且有日，恢美而未已者，北园特其倡耳。而竹吾三十二人，亦自兹远矣。伯恬、纶山方主修邑志，姑以此游，觇吾桐之盛衰也。

（东溟外集卷一）

山人珠玑序

二五之精，盈天地而播也，人物得之，形声具焉。形声者，二五流行之迹也。精中有神，附于人物，以鼓荡其形与声，而人物之用以灵。故神与形声合焉则生，离焉则死。生死云者，主形声以立名，去形与声而神自存，故神不可言生死也。

上古之世，人神杂糅，夷然不为怪也。重黎绝天地之通，然后神退处于虚无，独以人道立人事。然圣人不欲人忘其初也，为制祭祀之礼以通微合漠，而天神地示人鬼出焉。圣人之道若是，后世见所不见以为怪而屏之，何异世家子孙有言其先祖微贱事者辄以为诬而怒之乎？三代以来，传记言鬼神者众矣，南宋末际，乃有扶鸾术以通人神，盖上帝神道设教之心，济人道所不及也。儒者谓其惑世讳言之，而灵异昭然莫之能夺，于是奸者淆之以伪，益依托焉，世反以儒者之言为欺矣。

吾以为与其讳而疑于人也，不如辨而存之以为吾道之助。往者长洲彭氏为《质神录》，吾见而善之，独惜其稍近祸福，使明神弼世教之心流于末俗干利禄之具，思为说以发之，未暇。比来漳州，见雪山道人，与人诗文酬酢，若师友者，然虽淑身攻心之旨不及《质神录》者深切，而善世之意寓焉。不涉祸福，不入迂诞，录而著之，以见人神交接之正，不亦可乎？夫天地之道，大矣，圣人尽人之性与物之性，故化育参。儒者未尽人物之性，辄以己见为道，务名而忘其实，哀哉！

雪山者，不知何许人，亦不言姓氏。乾隆末，与蔡葛山相国酬酢，降乩于漳浦，今三十余年。以文章道义见重，所作随人辄应，甚奇捷。而典赡有体，得者皆持去，未有存录。久之，好事者惜焉，搜葺奇零，并及其友壶山、醒山之作，曰《山人珠玑》，梓行于世。余乃推原鬼神之义如此，览者无惑焉。

（东溟外集卷一）

侯冠芳遗集序

世之善游山水者必穷其境，境不同而游者所得亦异。大抵得天地之气最清者为佳山水，而得山水之境最清者为善游。夫山水之最清，则未有不幽深峭峻者矣。今置身武夷九曲、黄山三十六峰之间，心与目所遇，无非清泉、古涧、曲洞、悬崖、白石、青松、云霞、鱼鸟之事，而与量洁文绣膏粱钟鼎之华贵，樵夫牧竖皆笑之矣。甚矣，人恶可以不善取境。虽然，宇宙大矣，境之胜美如武夷、黄山者，吾不知其凡几也。山水之境无穷，而吾人之游有尽。则境者，天地所以怡人之具，而吾人所自怡者安在？惟善文章者。不然，取天下之境之最胜者而悉揽焉，于其心身所至者，其境至焉，身所未至者，其境亦至焉，极造化之奇所必不能有其境者，而心亦至焉。故观其文而作者之境斯存，吾于侯子冠芳益信也。

以冠芳之学之才，不得于世之所谓文绣膏粱钟鼎者，而独得于山水幽深峭峻之境。吾不知冠芳之游果尽天下之佳山水否，而观其诗，如游佳山水焉，读其文，又如游佳山水焉，是其诗文之境所存者如此。所为清泉古涧曲洞悬崖白石青松云霞鱼鸟之胜，一揽卷而使人心目时时遇之。吾不能穷冠芳之境，又乌能穷冠芳之心哉？而世之论者，固犹以困于诸生，早卒，为冠芳惜。是殆入武夷、黄山而惜文绣膏粱钟鼎之不至也，不可以已乎！

冠芳之子笠青孝廉以此集示余，乞为之序，乃言其境如此。世有知侯子者必能知余言也。然而悲矣！

（东溪外集卷一）

与吴岳卿书

岳卿四丈先生足下：顷友人自南雄还，云足下欲于连阳事竣即息心读书，莹闻之甚喜。海内豪杰之士多已，莹耳目至隘，犹得屈指某也贤某也才，其耳目所不及者，亦得大略想其风望。盖魁奇雄杰往往不乏，至若志气纯明、践履贞白，又能虚中求善，或未有如足下者也。虽愚者千虑，亦复何所赞益哉！然惟足下素有克己之功，兼以求善之笃，以莹谫陋无似，向承爱纳最深，义不当不有所陈白，惟裁察焉。

窃意未悉足下所欲读者何书也，将以平日所求古人之学更加讨论乎，抑将求进于科举之学乎？今天下彬彬，可谓同文之盛矣。然窃有慨焉者，非士不读书，而读书通大义者罕其人也。夫读书不通大义与不读同，为学不法古人与不学同，二者不可不择也。古之学者不徒读书，日用事物出入周旋之地皆所切究，其读书者，将以正其身心、济其伦品而已。身心之正明其体，伦品之济达其用。总之，要端有四：曰义理也，经济也，文章也，多闻也。四者明贯谓之通儒。其次则择一而执之，可以自立矣。后世学术纷裂，纯杂多门，然一艺之成，咸足通显当时，称名后世，未有猥俗浅陋如近日科举之学者也。

　　国家立法之始，原以正人心、厚风俗，使学者服孔氏之遗经，鉴往代之正史，旁逮天文律历诸子百家之言，皆习而通之，以底于用。故三场试以制义并及诗策，所以求通才、收实效也。意岂欲天下之人尽弃经史子集百代之书，第取所谓鄙儒论说，与夫先辈及近时应试举之文，穷年殚精，咿唔摩拟而已哉！自世之操选举者，不能以此意求士，苟以新奇浮华为尚，士人读书，惟知进取为事，不通大义，不法古人，风气一坏如江河之决不可复挽。有志于学者，纵不能塞其流，亦不当更逐其波也。足下资性明笃，素自拔于流俗，读书为学，具有古人之风，所作诗文议论，皆极高旷，每叹为不可及。然窃有惑者，似乎犹有科举之见，此非所望于君子也。夫士人进身之正，舍科举无由，岂谓不讲、然后为学哉？鄙意以为讲之有道，不必如世之所云也。今使足下口不绝吟于诗书六艺之文，手不停披于诸子百家之编，轨必遵乎仁义，说必准乎儒先，因端以竟其委，沿流以讨其源，若游乎江海之广不知其至也。以日而以年，当其未得也，茫乎东西之无极。及其有获也，恍乎左右之逢源。当其难也，发一虑而多窒。及其易也，纵千言而沛然。以求义理则甚精，以求经济则甚实，以求文章则甚茂，以求多闻则甚广，科举之学出其绪余而已。足（下）① 又何全力之攻焉。况乎科举之功浅而易通，以足下素所制作即已甚工，所以未得志者，非术之未至，或时有未逢耳，又何疑乎？尝谓士人进取，固不必为必不遇之文，亦断不能为必遇之文，惟以吾之可遇者俟彼之取否可已。

　　莹于此事尤所云猥俗浅陋并未能至于可遇也。徒以家遭中落，身遭迍邅，不得已而汲汲求之。若足下夙事帖括，既已有功，而身势又非艰迫，父兄彪炳上第，子侄又辉映而起，家虽贫乏，有仕宦者足以养其身，非莹之比也。犹虑进取之术未工，更求精进，岂真以一第为荣哉？有以知足下之不然也。夫进身固有所由，然既进，正复可虑，平素无所蓄积，一旦茫然决裂者多矣。足下贤者，岂有此恨？然愿于古人之学更

---

① 原文"足"后当漏"下"字，兹补上。

有充益，科举之学第勿荒废而已。异时所学既成，登进于上，使天下之士谓读书学古固无妨于进取者自足下始，则所谓不逐其波者，未必非所以塞其流也。其有功于人心风俗甚巨，岂非足下夙昔之志愿者哉？不揣狂直，幸垂听焉。

（东溪外集卷二）

与吴春麓员外书

　　某月日姚莹顿首春麓先生阁下：莹少骏蹇，不通世故，又贫贱无以自结于当代贤士大夫，所守独先世遗书而已。莹之先人数世皆忠厚读书好古，不为浮薄，以故虽或仕于朝，宦于四方，独无余禄以给子孙。及莹之身益困，常惧辙轲不能自立，以坠先人之业也。日夜兢兢，冀有所就。诵古人之言，求古人之义，束发于兹十有余年矣。始尝与一二同志讲论里中，而先辈长老颇非之，或相讪笑以为狂，此亦无足怪者。独念今时古学不明久已，一二才杰之士力可以及古人，而趋舍乖方，求名太亟。太史公所云好学深思，心知其意者固已罕遇。窃以为天下之大，不当遂无其人，或有之而穷愁隐困于山岩陋室之中，类皆谨行自好，不为矜耀，眩人耳目，而世俗浅陋无以知之耳。此非游历四方，身自访求，不能得也。盖莹自少时求友甚殷，而交友甚难有如此。

　　十一年之秋，识哲嗣子方于郡城，以为卓荦。既与论古今大义，不余厌也，则订交而去。越三年，复识介弟岳卿于都，纯明贞白，德器蔼然，心钦之。前岁俱来岭南，相处久，日益亲。先生之家固多贤俊，莹得奉教者既如此已，所未识独先生耳。岳卿、子方尝为言：敦古谊、崇实学，是莹所景仰而心敬者也。昨偶致岳卿书，稍论俗学之非，不意远及省览。子方来书云，先生见书深叹以为人杰也，且愿下交，命某以告。噫，莹何以得此于先生哉？尝闻君子之于人也，观其所弃，常人之于人也，观其所取。夫排声韵妃黄白、驰骋辞翰、竞尚雕缋，奔走于公卿之间，大以致通显，小亦取声誉，岂非才杰之士为一时之所欣慕欤？其言廓落，不工颂扬，其容偃蹇，不善亲附，其文旷浪，恣肆无姿，媚以为悦，而多陈得夫是非，岂非迂阔之徒笃人之所厌薄者与？然而彼且视人所欣慕者而弃之不为，独于人所厌薄者取以自治，必有说矣。然而不敢以己之所为，且暮望见知于君子也。乃今者吾之所取夫其弃者亦或从而取之矣，是非常之知所不敢旦暮望者，竟得之于君子也，此岂非一介之士所深幸而窃喜者哉！

虽然，先生所称不敢当也。下交之云，尤为非分。惟区区闇薄之衷，平日未敢自信者，一旦为先生许其不妄，则幸甚矣。且与人子弟交，其父兄复有知己之言，而无以自通，于义不可，莹自是又将奉教于先生矣。

（东溟外集卷二）

与光律原刑部书

律原足下：春初得去岁复书悉。眠食无恙。离群之感，彼此同之。至御河桥鄙人足迹，久没于车尘马矢间矣。而良友念深，犹步武相寻，其可感念何如。（来书云，尝与同辈观月御河桥，各皆散行，余独周走桥上下殆遍，踵趾相接，不间枲黍。人问其故，余曰，是昔尝与石甫游此中，疑有石甫足迹，冀步武有合耳。）大约古人之交，意气未有不合，而于其中有分量多寡存焉。

莹在里门时，从诸君游，有见以相质，有作以相示，或然或否，不必尽合，亦未尝强合也。然仆尝语足下云，吾生平议论与明东合者十之四五，与匡叔阮林合者十之六七，与足下合者遂十之八九，此非仆之私言也。顾仆好为繁言费说，每众议蜂起，往复论难不休，而足下独默然不发一语，问其故，则曰，某之意，石甫已道尽矣。噫，此亦非足下之私言也。今不见足下四年矣，足下识趣议论有进于曩时否？回思昔时，所共论者合否又何如也？若仆，则时见有不必合者，已非先后异致不能自坚也，觉向日意思未免于声气标榜之习，如嘉隆七子复社诸公所业所期，岂不甚善？然而近名之讥，吾不能为诸公讳。

自今日论之，窃以为未然也。天下学术之坏非一日矣，其始病于人心之不能无所苟其苟也。意有所贪，则汲汲以求之，求之不即得，然后乃为新奇以骇之，唱和以张之。谓夫不朽之业攘袭可成，振古之名标榜可得。然而求其实，或一有不副。于是世之小人争媒孽其短，大声以倡于众曰：若所为，皆如是耳。夫一二君子所汲汲以求立于天下后世者，名也。彼其人岂不尝具绝俗之智，怀慕古之思，慨然欲挽颓风，励气节，为中流之砥柱哉！然而名业未成，小人之祸已烈，至使无识之徒数世以为口实。呜呼，小人诚足畏，如诸君子者亦有以自误也。使求其实，不贪其名，深厚以植其基，广大以存其量，虚中以诱之，诚心以纳之。惟中无所贪而后事无所苟也，我无所苟而后人无所争也；争端不起而后人心日底于平，乃可以从事于学。纵吾力未足以及人，而自立者不已坚而明、公而恕乎？如是，则声气之说安所用之！

夫名者，鬼神之所忌，况于人乎？天下未有投人所忌而能使人从之者也。然则，吾辈今日所当从事者可知矣。足下骤闻斯说必骇，以为仆今昔之论何不合乃尔！俯而深思，必哂然笑，以为吾两人今日之合固如此。御河桥足迹，往日之迹耳，吾今日过之，亦必有不合者，而足下求之如曩日。呜呼，吾何以报足下哉？

（东溟外集卷二）

复杨君论诗文书

昨以诗文寄览，未蒙绳削，乃奖借过辞，甚自愧。近代诗人之弊，诚有如足下所云者，至以仆为不废江河之喻，则不敢当，此自足下阿其所好耳，然得无为他人笑耶？承教以敛其才，更反于朴，积其气，使进于浑。旨哉，言乎！终身佩之矣。虽然，此可为才气已足者言，若仆犹未能语此也。

抑尝论之，才与气二者，有得于天，有得于人。才之大，如江如海至矣，气之盛，如霆如雷至矣。然江汉犹必纳众水以汇其流，雷霆不能击钟鼓以助其势者，其充之有渐，其积之甚厚故也。孟子曰"观于海者难为水"，又曰"配义与道"。斯言也，不为诗文言之，吾以为诗文之道，无以易此矣。曩吾尝观古之善为诗文者，若贾生、太史公、子建、子美、退之、子瞻，皆取其全集玩之，谓彼特异于古今者，其才其气殆天授，不可以几也。既读书稍广，于数子生平，得其出处言行之大节，然后知数子之异，不仅在诗文，而其诗文才气之盛，有由也。

夫诗之与文，其旨趣不同矣。顾欲善其事者，要必有囊括古今之识，胞与民物之量，博通乎经史子集以深其理，遍览乎名山大川以尽其状，而一以浩然之气行之，然后可传于天下后世，岂徒求一韵之工，争一篇之能而已哉！且夫文章莫大于六经，风雅典谟既昭昭矣。说者谓善学者得其道，不善学者猎其文。吾以为不得其道，即文亦乌可得哉？夫文者，将以明天地之心，阐事物之理，君臣待之以定，父子赖之以亲，夫妇朋友赖之以叙其情而正其义，此文之昭如日月者。六经所以不废为文，苟求其不废，舍斯道无由也。向数子者行事虽于道未能尽合，若夫忠义之节，仁孝之怀，任天下于一身，视万物如一体，耿耿自矢，百折不回，千载而下，仰其风者，犹将奋起，况其发之为炳炳烺烺之辞，诵之有铿铿锵锵之节者哉！数子之文，非特才气为之也，道在然也。得斯道者，才与造物通，气与天地塞。故夫六经者，海也；观于六经，斯才大矣。诗文者，艺也，所以为之善者，道也。道与艺合，斯气盛矣。文与六经无二道也，诗之与文尤无二道也。凡此皆有得于天，而又得于人者，是也。吾自视其才气非真有充焉，意者道未至乎，方将反求乎？孟子之说，病未能也，如吾子之教，谨佩之不敢忘矣。

（东溟外集卷二）

复吴子方书

　　子方足下：别后不奉教者四年矣。德业不加，风尘困顿，无足为故人告慰。春首忽得手书，勤恳劝问，感愧殊深。足下以过人之资，慎取师友，加之家学渊源，其造进正非鄙人所能望，乃以仆为稍有知识，不惜虚怀下问，并述尊丈谆谆盛意，仆诚骇陋，其何以克当耶！

　　仆之交足下也，在丙寅之岁。维时，里中英杰颇多，皆尝与游，后乃更得足下。犹忆于九日偕诸君为龙眠之游，涉涧登崖，各适其趣，仆独与足下踞松根，论宋元明儒及近代诸公学术之辨。既而长堤月满，把酒持螯十觞之余，仆乃发声大哭，满座歔欷。此时豪心盛气，几于千载一时。足下犹记之耶？退而作五言古诗奉赠，所谓“独力为砥柱，障此百川狂”者，当不独以望古人也。

　　仆少即好为诗古文之学，非欲为身后名而已。以为文者，所以载道，于以见天地之心，达万物之情，推明义理，羽翼六经，非虚也。世俗辞章之学既厌弃而不肯为，即为之亦不能工，意欲沉潜于六经之旨，反覆于百家之说，悉心研索，务使古人精神奥妙无一毫不洞然于心，然后经营融贯，自成一家，纵笔为之，而非苟作矣。诗之为道亦然。三百篇而下，无悖于兴观群怨之旨，而足以千古者，汉之苏李，魏之子建，晋之渊明，唐之李杜韩白，宋之欧苏黄陆，止矣。此数子者，岂独其才力学问使然哉？亦其忠孝之性有以过乎人也。世之为诗者，不求其本，而惟字句格调是求，已浅矣。矧其并字句格调无足观耶？仆之持论如此。而才力浅薄，学问阃陋，则又非旦夕之事也。

来书云，惟孜孜焉去己之恶，而扩己之善。大哉，言乎！孔子曰"吾未见能，见其过而内自讼者"，孟子曰"凡有四端于我者，知皆扩而充之"，即是说也。终身行之，岂能有加哉？仆向者赖一二良友之益，颇闻所以为人之理，盖尝从事于此。始也，惟自见其善，继乃稍觉其恶，卒乃但见吾恶而所为善者微矣。然至但见吾恶，而吾之善亦阴长矣。何也？善与恶相为倚伏。善如君子，恒藏而弗耀，恶如小人，每匿而不彰，使小人无所匿，而君子藏其身，则阴消阳长之几也。如是，行之有日，自觉洋洋然有生意。

不幸身为饥驱，从事四方，良友久违，莫由闻过，恶之复萌也多矣。足下素于笃实处有功，近复从汤敦甫先生游，孜孜于为善去恶，必有大过人者。如仆鄙钝，固企望以为不及，又何以为足下献乎？聊述生平持论用力之端，不足为刍荛之一得耳。

（东溟外集卷二）

覆汪尚书书

窃莹不佞，藉先人世业，从事诗书。束发之初，即思慕古，每览名臣贤豪事绩，未尝不欣然跂望。奸回鄙吝，嫉如寇仇。年稍长，则尝覃思于天人性命之理，出入于诸子百家之书，泛览汉唐宋元明诸儒先传记之说，博考史汉以来正通别霸史臣载纪之详，乃悄然悲宇宙辽阔，惧此身之委于草露也。既冠远游，北抵燕赵，南逾岭徼，览山川之雄势，极都邑之壮观，上谒名公巨卿，下友贤士大夫，访民风，询利害，乃益知天下之大，立身之难，虽尺功寸名不可以幸冀。

今夏幸以微员受职来闽，得见大人翼翼之度，从容进退，教诲周详，皆二十年来所未尝闻诸大人先生者，钦服之余，益深悦喜，始知平素所闻德望之隆，经济之实，殊未足以尽山海之崇深也。昨更猥蒙赐以手书，念所受地繁剧，民情诈悍，械斗盗贼之风滋多不息，教以平情理讼，清绝根源，至于兴教化，课农桑、正民风、端士习，此皆古循吏之所为者。自揆生平，非有微末谬见知于左右，何以得此责望之殷！然后知大君子之盛心，勤求吏治，汲引后人，无在不以至诚相格，僚属有不心悦诚服，争自濯磨以冀仰酬万一者乎？

　　窃自受事平和及今两月，接见缙绅耆老，咨访老成吏胥，考历年案牍之所以纷繁，前人之所以得失，大略有可言者。盖平和地界闽广，从古为盗贼之薮，自王文成平寇乱而始建邑。其地溪岭深阻，榛箐丛密，无三里五里之平远，岩壑蔽亏，彼此悬隔。民皆依山阻水，家自为堡，人自为兵，聚族分疆，世相仇夺，故强凌弱，众暴寡，风气之顽犷，亦地势使之然也。田不甚膏腴，而山泉蒙生，溪流潆曲，灌溉便而苏樵易，有地瓜以备水潦之虞，有芬草以通商贾之利。其田亩依山开垦甚多，而纳赋不及十之二三，故民力强而富。强则斗，富则淫，是其情也。治斯地者莫不以诈悍劫虏为虑矣。莹愚以为和民之诈，非诈也，悍，非悍也，盗或非盗，虏或非虏也。何以言之？夫诡变之民，逞其嚚讼，莫不工于弥缝，巧为出入，和民则好讼而不顾理，陈词而不近情，但知蛊惑为能，实则罅隙易露，意取得财而止。莹以为非诈也，贪也。凡桀骜之民，性气刚暴，习衽金革，皆臂力强而伎勇著，和民则以户姓之大小支派之富贫为强弱，一夫攘臂，和者千百，势甚汹汹，及其党散，不敢越足步。盖伎止负嵎，初无绝人之力。故莹以为非悍也，狡也。若乃白日持械劫人于途，不可不谓之盗，然和民比党毗邻，无非寇仇，睚眦之怨，报之以死，平素彼此不敢入境，惟伺劫诸途，以快其私怨。故莹以为是仇，而非盗也。若虏人勒赎则有之矣，其始或由仇怨，近则奸伪之徒往往藏其子弟而以掳控，或妇女私奔而以掳闻，及推究之，往往非实。故莹以为是黠，而非虏也。更有异者，命盗之案，控者姓名累累，指证确凿矣，及按究之，则大枉。盖和民相习，凡被杀劫，姑不即控，则取其素所嫌怨富有力者，按户指名，扬言将控，其人畏诬，即贿求除名，否则不免。故所首控往往不实，而真凶真盗反以贿脱无名，即有名，每错杂胪列，不可辨别矣。又地多毒草，有不甘，辄服毒索诈，其轻死而好货如此。至于倚众抗拒，差捕莫施，动需督带兵役亲临围捕，则漳泉以下皆然，然亦以其富强而不和也。故民有内哄而无外盗，有抗悍而不敢为逆。控制安辑之方，殆不可以常律。

　　每览古名将驻边，贤臣治外，莫不因其俗宜作为教令。其道有三，不外恩威信而已。夫姑息不可以为恩，暴虐不可以为威，贪诈不可以为信，前乎此者往往不免于偏弊，今思兼而用之。自到邑后，昧爽治事，无巨细皆亲裁决，匪特幕友丁胥，即至亲亦无假手。民间投讼，则日坐堂皇讯断，与民共睹，以示劝惩。严缉盗贼，诛锄强暴，以安善良。每有访闻，即漏夜亲临督捕，鸡犬不惊，民无扰累。朔望之期，择地适中高台宣讲圣谕，招集缙绅民庶环拱敬听，至者数千人，人皆予赏，莫不鼓舞欢欣，以为闻所未闻。他如观风、课士、宾兴、乡饮之礼，以次举行，欲令僻陋顽民渐知礼教。虽不敢仰希曩哲之风，庶几矢以实心，无负教谕谆谆之至意云尔。

至仓库正杂各课，立法督催，定遵新例，年内全毕，万不敢稍有亏移。惟是事繁费巨，所入廉俸甚微，又科条严重，动辄诖议，匪惟竭蹶，实类捉衿。虽茹蘖饮冰，未有所济。倘邀逾格裁成，尚乞赐之矩训，则幸感宁有纪极，请将平和情事及愚见所及附陈钧鉴。语言繁冗，非分良深，狂率之愆，谅希宽宥。不胜惶悚之至。

（东溪外集卷二）

再覆汪尚书书

望前接受赐书，以莹之愚妄，不加遣责，乃益以奖励之辞，溢分过情，深惧不当。复蒙教示剀切，绎诵再三，信皆不刊之名论，入仕之正轨。诚能遵奉而行，盖无往不宜，又不独为平和发也。然后知大君子学问、经济初非二事，从来见理之真极，精当宏深，言之转若平易。以来谕所云，证之实心可靠，二说无不相为表里，此岂寻常蠡测所能万一哉！谨勒座右，以当箴铭，并俟修名臣言行者采录焉。

莹尝闻古人之相遇也，上以进贤使能为亟，而不为市恩之举，下以立功励名自见，而不为干请之私，故后世往往并称其美。抑又闻之，饰情干誉者，诈也，虚词无实者，妄也。君子道无不闾，则矜奇之事为可羞，小人行恐不章，故矫诈之情亦易败。抑又闻之，计深远者必无旦夕之功，图大成者不惜是非之论。旷鉴前古以来，知遇之难甚于针末之相值，及其道行功见，庸众乃相诧为奇。此事理之必然者也。莹虽至愚极陋，敢不兢兢图其终始，使大人无轻誉之悔，下吏无跃炉之诮乎。

廿七日，又承示询先从祖所撰《稼门集序》及《实心藏铭》稿本，欲以手书勒石，古谊高风，诚无有伦比。先从祖八月二日之书，莹今岁过钟山书院时，偕家叔等编校《惜抱轩文后集》曾见之，已录入《尺牍》中矣。其二文俱入后集，惟手稿未见，向皆存家十叔名雒处，鸠工付梓亦叔与群弟子所经理也。闻娄江姚春木有助资百金之说，未识果否？昨得家书，知家十叔尚在院中。今作书往取此稿，惟平和僻处不便，今不揣冒昧，特乞饬交邮致，幸甚。至桐邑并及门中学先从祖书者，虽间有一二，皆未可以代，惟家十叔所书，时有近似，先从祖尝喜之，然风神韵味岂能及耶？倪原稿已亡，或试令书之，可乎？

（东溟外集卷二）

与吴孝廉光国书

不佞莅兹土七月矣，德薄能浅，愧无以安缉善良，锄涤强暴，副士民之望。每思延贤者助其不逮。闻有孝廉吴君者，好学砥行，士林所重也。除夕前一日，巡行四境，道出后嗣，一见光仪，信为读书君子。而停与途中，不能深通款曲，殊为怅然。顷以和俗剽悍，不知礼教，欲崇养人士，渐摩以仁义之术，稍变其风，特倡议兴修书院，捐储膏火，聘延名师，仿古白鹿及前人棉杨之遗轨。顾事大费繁，难与创始，虽有一二端士，知其不谬，金以为非吴君出与其事不可。然则，足下之盛德，非有足以詟服士心者，安能如是乎？不佞益不能无厚望于足下。

今订于月之十九日集议事宜，业已简达，想足下当此，必能惠然而来也。前语贵族人有劫留廖姓之事，烦察其有无，令彼约保送县治。今未至，得无忘之否？此事并非可以涸贤者，特以君子立身，出有安民之责，处有宗族之望，方将助吏为治，岂可坐视乡族中有此顽梗而莫之问乎！其或势有所难，不妨面陈委曲，幸勿为逾垣之避。用特奉问，届期早得晤教为望。

（东溟外集卷二）

复曾秀才大椿书

姚莹顿首茂才足下：月廿一日差来，承示寄学中诸君为鄙人请留文状，展阅之下，且惊且愧。窃莹江北一迁生耳，猥以渺末来宰此邦，于今一载矣，夙夜兢兢图尽厥职而未能。每念盗贼不能靖也，械斗不能息也，狱讼之犹繁而刑罚之失中也，老有饥寒贫有失所也，吏役之弊深，闾阁不能无惊扰也，围捕之事频，室家不能无破丧也，强暴不尽锄也，良弱不免累也，此数者，皆古良吏之所勉而鄙人之所深愧于清夜者也。方惧以不职获咎于此邦人士，乃今者诸君不惟不责其庸陋，顾复嘉誉而甚扬之，至以称于上官，欲得久留，岂非所谓不虞之誉，足使人惭者乎！莹于足下虽数相见，非有豪末之私恩，至如诸君子中，乃多未尝识面，抑何见爱之众且深如此也！莹在此未有成绩，何敢遽去？且荷诸君之爱，即众民亦殷然颇相亲附若有家人之谊，又何忍去耶！且龙溪岩疆繁剧非常，尤不可以菲材任，虽蒙上官荐，而自顾鲁劣不敢仔肩，昨已具牍力辞而不获，特未识上旨如何，或得遂所请，未可必也。苟在此间，敢不始终黾勉以图报称乎？抑莹于诸君乃不能无厚望焉。

莹闻孟子曰：为政不难，不得罪于巨室。巨室之所慕，一国慕之。此言世家大族，言动好恶足为齐民之所观效也。今诸君皆平和大族，又身儒冠而游庠序，俨然为四民首，宵小之徒，即无赖莫不有加敬焉。诚愿诸君平昔身为孝弟力田，敦品励行，闾巷既习见之而有所观感，更不时剀切以敦孝弟，睦宗族，和乡邻，敦礼让，息斗争，罢词讼，崇勤俭，禁非为，凡鄙人平素所谆谆致告于诸君者，随时随人而劝导之。如此助吏为治，则愚民虽无知，未必尽能听从，然乐闻而愿奉行之者，必不少矣。其或鄙人政有不善置，利有当兴，害有当除者，可明白指陈，俾得裁度而行之。不惟莹可藉此以求寡过，而地方之受益岂浅鲜哉！

试事何时可竣？相晤不远，特此道意，乞为遍致诸君。幸甚！幸甚！鄙人辞调龙溪上中丞启，兹钞奉清览。并问文佳，余不具。

（东溟外集卷二）

复座师赵分巡书

北来警信，大属骇闻，何物妖民，敢猖獗至此！普天之下，发指心惊！乃圣主虚衷，诏先罪己，草野小臣，海隅伏读，泣涕纵横。念本朝忠厚之恩，痛天下贪婪之敝，因循宽纵，殷鉴在元，财尽兵骄，何以守国？溃痈之患已形，厝薪之势弥急，而二三执政方且涂饰为文，讳言国事，大体既昧，小节徒拘，忠志不存，空言掣肘，其当官有言责者，微文琐屑，几等弹蝇更生之封事，不闻贾谊之痛哭安在。肉食者鄙，未能远谋，窃钩者诛，可为太息。嗟乎，杞忧不妄，阮哭非狂。当今即有一二慷慨忠义之士，稍识事体者，类皆混迹俦人之中，因塞风尘之际耳。平时操觚染翰，妃黄媲白之流，徒能饰辞藻，修边幅，以斌媚取容而已。吾师阅人以来，当必有得之于北牡骊黄之外者，其名氏可得而闻乎？

愚意天下之务，莫急于人才，得人之法，莫妙于因材善使，无以常格拘，无以小行责，白其志，伸其气，宽其程，严其效，夫委蛇俯仰进退胆徇者，皆阘茸之人也。沉毅智勇之士，又不易得。然则，舍果敢好义之人，又谁取哉？凡人患不诚而已。诚于家则孝友，诚于国则忠良，诚于好善则进德，诚于好士则得人。今之所称诚于好士者，大臣中吾未之见也。人才何由进，时事何由济乎？

嗟乎，正直敢言之气于今衰也久矣！自古未有委靡若此之甚者也。古道亡而后人心坏，人心之坏则自谗诡面谀始，谄谀成风则以正言为可怪，始而惊，继而惮，继而厌，最后则非笑之以为不祥。夫以正言为不祥，其时其事尚可问哉？人心风俗所以为国家之本、盛衰之端，未有不由此也。平日有所窃愤深忧于中者无自质其是非，不能自已，于吾师前屡发其绪，亦有所激尔也。汉武有言曰，久不闻汲黯之言。今又妄发矣。吾师岂其云然哉？

（东溟外集卷二）

答张亨甫书

亨甫足下：夏初得去岁惠书，甚感拳拳。比贻书恭甫先生问状，中元后三日手问再至，知已来福州，仍就恭甫先生所，而穷困不能自适其意。此殆天以资足下也。

宇宙间可久可大之业，其成功虽甚平庸，而出之未有不惊奇绝特，定三辰，奠山川，驱役百灵，使魑魅罔两自窜于荒漠穷裔，莫敢与人杂处而为害，此非圣人之奇乎？自孔子删书，不载神奇之迹，儒者求其说不得，则以为荒远不经，圣人惧其惑世云尔。夫索隐行怪，圣人尝恶之矣。今以古帝王神圣，平成万世之功，乃等诸索隐行怪而削去之，以为此圣人意也，其信然乎？书虽不存，而帝王神圣之奇自在天壤，恶在其能去之。圣人若曰观其迹可知之矣，乌用吾书？开关以来，文字谁制？书契谁作？又从而《经礼》三百，《曲礼》三千，何为而造其始？《易》

以著阴阳，《书》以道政事，《诗》以理性情，《春秋》以辨名分，何为而创其体？别其义例。此周公孔子之奇也。有所未有之谓奇，有之，斯不能无之之谓奇。老、庄、列子、释迦氏以其荒诞之说奇，屈原、贾谊、马迁、相如、昌黎、眉山父子以其雄骏瑰伟之文奇，李陵、苏武、陈思、越石、李白、杜甫各以其悲愤慷慨之诗奇。然是奇也，大抵有所为而后发，有所为而非困顿沈郁、势极情至而不可已，则发之也浅，其成之也不可以大而久。洪水之湮而鲧则殛死也，管蔡流言而狼则跋疐也，陈蔡绝粮而匡则围之也。非困穷忧患，则圣人之遇不奇，非绝无仅有则宇宙之奇不泄，诸子亦各以其穷为其奇而不朽。盖从古无安常处顺坐致富贵而能奇者，斯其与草木同腐也固宜。足下之才可以奇矣，而未致其极。吾故曰：子之穷，天殆以资子也。

不穷不奇，不奇不可以大而久。今足下不自奋其奇，而以海外之奇望仆之诗，以为子瞻昔在儋耳有然。仆又无迟暮迁谪之感也。噫，仆虽不能奇，若其穷固有甚于子瞻者，足下岂尝知之哉？昔子瞻得六一之赏，又有韩、富诸公相推毂，名动人主，每叹为奇才。虽见倾群小，几死诏狱，然天下之人皆知之，太后至为上白其枉。及在儋耳，不过迁谪屏逐之苦，俯仰盖无所恨。仆虽蒙知一二巨公，而名不挂于朝端，一第放归，久之乃得外授。又见恶于上官，既罢斥废弃，复阴摧沮之，几不能容。谁知之而谁白之者？无家可归，老父殁于海外，孀母旅寓福州，浮寄一身，渡海依人存活，其穷如是，视子瞻当日何如哉？愧无文字之奇。然不肯草草负此忧患，思有所以表见。顾空言不若托诸行事，年来颇述海外岩疆所以安危之要，及近时贤执政之所兴革论建，比而著之，以见圣朝德泽之广，与夫控制外夷、屏藩数省之利，九重所以无东顾之忧者，非无以也。事皆纪实，言归切要。异时书成，相与观之，诚不足当海外之奇，若其久且大者，惟足下勉之也。

（东溪外集卷二）

复方彦闻书

廿九日奉书，情辞斐挚，具征相爱之深。阁下于竭蹶之余，更为谋归人资斧，感甚。初意端午节后行，讵为颖斋观察及少鄂坚留以待秋初，俾免冒暑就道，业已诺之，恂如来书所料也。拙稿领讫，纠政处极允当，获益良多。惟所谕究觉过誉，令人渐怍。

　　窃谓文章一事盛于周秦，衰于建安，自士衡《文赋》、子桓《典论》出而斯道为之极变矣。周秦以土①惟六经之文大纯无疵。诸子亦各出其瑰玮之言，大抵义丰辞约，气固神完，以道为标，以志为的，采其一言，终身可行，究其全归，六合不尽，是以繁简微显，荡志恢心，凡所修辞，立诚为木②，自贾董扬马恢张闳肆，已觉词胜于义，气王于神。建安以来，则专精辞赡，而高古坚朴之意尽矣。然风骨矫骞，神气遒迈，创语造意，廉杰精奇，誓不相袭，盖道衰而文盛，亦升降之大端也。唐宋诸贤有见于斯，然望道未至，果于自矜，修辞之工或反不逮，特其取义甚正，立体尤严，譬诸乐然，虽非清明广大之奏，已绝烦数淫滥之音矣。

　　先正论文，所以必主八家者，非谓文章极于八家，谓八家乃斯文之途轨耳。斤斤一先生不敢失其趋跄謦欬，又岂八家之意哉？莹力薄志衰，未能究心斯道，然生平不为无实之言，称心而出，义尽则止。何者周秦，何者建安，何者唐宋，放效俱黜，盖不敢以是为文也。来教欲引而进之异日者，苟得息肩于此，用力殚心，以从诸君子后，不胜大幸愿望之至！

（东溟外集卷二）

一乐居记

　　一乐居者，姚子为其友天倪子筑室成而名之也。天倪子，生二十九年矣。少乐而善忧。其忧非一，自幼父常客外，久不归，则忧之。家屡空，无以供母，则忧之。有兄甚仁爱而弱，常恐其病，则又忧之。母贤而通经，教之，学惧不成以坠其世业也，则益大忧之。既长，悉读其家藏书数万卷矣。乃更游心于造物之始，探思于六合之外。见夫古今之易，忧天地不能无成毁也。宇宙之大，忧万物不能皆生遂也。寒暑相薄，水火相搏，忧生人不能无寿夭也。圣贤之生或百年，或千年，忧其晦塞而德业废也。天下之治或数世，或不数世，忧其纷乱而四方涂炭也。乃至当食而忧人之饥，当衣而忧人之寒也。方成聚而或忧其散，方

---

　　① 疑刻误，"土"当为"上"字。
　　② 疑刻误，"木"当为"本"字。

贵盛而或忧其败也。山或忧其崩也，水或忧其竭也。鱼鸟之游泳而忧其烹获，草木之华茂而忧其萎折。至于耳之所不闻，目之所不见，无不忧之。忧与时俱，境与忧偕，是以年未壮而衰，精神耗敝，形容枯槁，其家人以为大戚。

姚子闻而非之，曰：是所谓外其心而丧其形者也。不去其忧将死，乃筑室以居之。是室也，无址与寄，而无不寄。近城市而不喧，甚清寂而非野，无土木之工，风雨之飘，广不经庭，崇不及仞，始望之窈然而深，既入之洞然而明。其中空虚，不贮一物，远可以达八荒而闭其枢，高可以至九野而塞其窦，耳之有闻而无闻也，目之有见而无见也。天倪子居之既定，屏绝往来，反观内照，寂然久之，于是向之所忧者，若成毁、生遂、寿夭之理，有以得其所以然，而晦塞纷乱饥寒散败之数，有以知其无如何。彼夫崩者、竭者，游泳而华茂者，亦有以如其分而知其不能强也。外忧既释，中情自安，精固神完，形体充实，其家人莫不怡怡然忘其所忧而得其所喜，一旦天倪子顾而乐之，然后知此室之果有足乐也。

姚子曰：如是，则可谓能保其身以养其亲者矣。有此一乐，何忧之不去乎？既又恐其居之久而渐忘也，并为之记。

（东溪外集卷三）

桂警轩记

县署敬思堂之西偏有轩，钱唐袁君颜之曰双桂。庭有二桂，故名也。桂之华常以秋，秋或再华，盛者三而止。春夏秋冬各一华者，俗言四季桂也。月一华者，俗言月桂也。然皆有歇时。即盛亦旬日歇，乃复华。闽地气暖，华不以常候。余来平和之冬，廨内桃与梅、桂同时大盛，不足异也。独二桂自闰六月至于今正月，繁华未常歇。老吏窃异之，以为数十年未有，殆其瑞乎？相率而请易名以宠之。

余谓物忌太盛，英华既竭则衰，此恒理也。愚人乃或指为祥瑞，遂侈大之以为感应之美。夫物理之感应，岂必尽无要？必有盛德异政乃足当之，否则妖。盖以警夫贪残昏暴者，使知改勉耳。余不德，治此八月矣，殚心竭虑，夙兴夜寐，以求士民之安而不得，虽免贪残昏暴之讥，要未足言感应，奚瑞之有哉！意者嘉桂示异以警之也，敢不益戒慎以自厉，乃更颜曰桂警。且夕处此，可以鉴观云尔。嘉庆二十年上元日桐城姚莹记。

（东溟外集卷三）

戒杀文

人虽残忍，不能生而杀人，其始，必有所由，以渐至于日滋月长，而后残忍之性成。盖机之萌也蚤矣。杀物者，杀人之机也。苟充无欲杀人之心，则吾有取于释氏矣，戒杀放生之说是也。世之好辩者有三难焉：一则曰物无知也，一则曰妇人之仁也，一则曰此浮屠氏法，非先王之教也。噫，可谓不思其本矣。天下之物，惟死则无知耳。苟蒙血气而生，未有无知者也。然即使无知，而我不惟其义，惟其知。是天下之蠢蠢者，皆可杀欤？夫知之有无，物非得已也，业不幸而无知，又从而加之以杀，何物之重不幸也。所谓妇人者，谓其知爱而不知劳，能养而不能教耳。或纵恶养奸，噬脐贻患，故谓之妇人之仁，岂必残忍而后为丈夫乎？

世之杀生者，杀之吾不知其罪，舍之吾不知其害也。至以戒杀为浮屠氏法，非先王之教，则尤有不得不辨者。亦尝观天地所以生人物之本乎？原夫乾坤端倪，阴阳兆基，氤氲摩荡，黄白萌芽，天地之亭毒，本无心于人物，犹父母之胎孕本无意于男女也。及其既生而脂者，膏者，裸者，羽者，鳞者，类分焉，谓之大兽之属。外骨、内骨，却行、仄行、连行、纡行，以胠鸣者、以注鸣者、以旁鸣者、以翼鸣者、以股鸣者、以胸鸣者，类分焉，谓之小虫之属。其于天地皆父母而子育之耳。于是蠢蠢蠕蠕，各求自饱，弱者肉之，强者食之，互相吞噬，血走肉飞，法斯时也。人以虚灵之性，独含二五之精，固已得气至清，秉生特厚矣。然伦纪未立，政教未开，则亦混混沌沌，无以大异庶物，故食肉衣皮，木居穴处，争夺相杀，同类相仇。逮乎后圣有作，立之君臣父子兄弟夫妇朋友以纪其伦，定之上下尊卑贵贱长幼亲疏以辨其分，城郭宫室以安其居，水火金木以备其用，七礼以制其节，六律以导其和，而特悯其戕生杀物之惨也。故教之种五谷以为食，治丝麻以为衣，政教既开，民物大定。然后跂行喙息，蠕飞蠕动之伦，各得其所，而不相害。自是万物皆贱而人独贵，天心亦有所归矣。然彼万物者，同受天地之气而生，特以蠢顽不如人道之立，固犹然天之所悯惜而同在，字育者如父母，然有贤子俾立室家为之长，帅其愚不肖者有益矜之矣，岂得贱恶而杀之哉？《虞书》曰"若子上下，草木鸟兽。"《商书》曰"鸟兽鱼鳖咸若"，《诗》曰"王在灵囿，麀鹿攸伏。王在灵沼，于牣鱼跃"，又曰"敦彼行苇，牛羊勿践履"，自古圣帝明王皆能体天地生物之心，仁及庶类，万物各得其所。夫然后天心顺而风雨时，地气畅而蕃育息，人情洽而四国和，万物得而凤凰降，麒麟游，龟龙假，瑞草挺。夫惟好生之德，有以洽乎上下幽明之际也。

然则，古者祭祀宾客与夫饔飧之馈，先王不免牲杀，何也？曰：此先王之不得已也。盖血肉之食，可以充养气体，人非有清心内养者，十日不肉食，则面有槁容，百日不肉食，则体或骳骸。圣人不强人以所难，故为酌中之制，食有常牲，物有常品，取有常时，制有常法，不求远物，不珍异味，其于祭祀宾客也，于己之养有所加以致孝敬也。推圣人之意，岂不以为有余憾哉！故《礼》曰：君无故不杀牛，大夫无故不杀羊，士无故不杀犬豕，庶人无故不食珍。其撙节也如此。獭祭鱼，然后虞人入泽梁。豺祭兽，然后田猎。鸠化为鹰，然后设罻罗。草木零落，然后入山林。昆虫未蛰，不以火田。不麛，不卵，不杀胎，不殀夭，不覆巢，其爱养也如此。且以圣人之功德，于民物大矣。其口体之，奉祭飨之，仪所必不能废者，天地民物亦皆乐有以供。而圣人犹撙节爱养之如此。故天下咸被其仁，而感其诚，但见其生，而不见其杀。

今无圣人之功德，徒借口古礼以济其贪残，岂仁人之心也哉？甚矣，人之惑也。惟其不惜物命，果于杀戮，日习既久，不觉其慈祥，恺恻之意，渐以牿亡，而刚强暴戾之心，潜以滋长。一旦杀人，不难矣，为其机之先动故也。嗟乎！礼始诸饮食。古圣皇教民稼穑，其功最盛于万世者，非徒谷食之良民以无病也。自农事兴而天下万世之物命赖以全者，巨矣。儒者诵法先王，不能从其最盛而为撙节爱养之，斯亦可矣。顾不察天地所以好生之心，而以戒杀为浮屠氏病，是所谓好辨其名而忘其实者也，亦终于不仁而已矣。

（东溟外集卷四）

焚五妖神像判

皇帝治世，勤政爱民，天眷隆显，百神效命，各尽其聪明，正道以佑我黔黎，皇帝嘉之，凡有功德于民，皆命有司修其祭祀，礼官职载于古，特备其民俗土神祈祷求福者，虽祀典所未入，以庇民之故，不为厉禁。盖能庇吾民者，皆祀之。则害吾民者，必除之。此大经也。闽俗好鬼，漳泉尤盛。小民终岁勤苦，养生送死且不足，辄耗其半以祀神，病于神求药，葬于神求地，以至百事营为不遂者，皆于神是求。愚民之情亦可哀矣。然皆求福而祀，未有害虐我民如五妖者也。

稽尔五妖，本五通之遗孽，昔在三吴为祟，抚臣汤以天子命驱除之，吴民至今安堵。妖顽不泯，窜入闽中，以至海外，尔宜造福此方，即潜匿民间，窃血食，有司体皇帝爱民之意，岂不尔容，胡乃怙恶不悛，肆其凶憝？台湾民人许某者，兄弟和爱，负贩养亲，年末三十，邻里咸称谨愿。昨者无故体病，谓尔五妖责求祭祀，其兄贫莫措，尔益为厉，以致于死。许某将死，语兄若不祀尔者，且祸一家。其兄大惧，因称贷毁家作尔像，盛礼迎祀，阖郡喧然。吾既为天子守土宰，境内之事，吾得主之。今尔敢虐吾民，肆为妖妄，岂可容纵。且人之死生有命，非尔魑魅所能擅权。不过适见许某将死，尔欺愚民无知，遂凭之为祟耳。惑世诬民，莫此为甚。今遣役械絷尔像，公庭鞫尔，尔之妖妄已著，是宜杖碎投火，绝尔妖邪之具，开吾赤子之愚。傥尔有灵，三日内降祸吾身，使吾得闻诸上帝。此判。

（东溟外集卷四）

劝修九和书院告示

为崇文劝学，恢拓书院，增置膏火以隆教育而垂久远事。照得理乱之机，先观士习，教化之盛，首振文风。故崇文养士者，为政之大端也。幸逢圣代右文，立学校，设科第，辂弼公卿皆由此出，可谓盛矣。然取士之途虽登俊秀，而造士之法道在师儒。有志之士，欲立身显名，起家光国，而或囿于方隅，无师友之助，或困于薪水，无攻书之资，俯仰孤寒，形气沮丧，未有不望名贤之汲引，有司之栽培者。然则，书院之设，岂可缓哉！

　　况乎平和俗敝，士气更衰，虽科场获隽有人，而仁让淳风未起，豪强凌夺，雄据为奸，愚悍无知，附和成斗，至以读书守分之英良，不免械斗党凶之波累。干戈之事不息，诗书之气不扬。本县披牍察情，深为发指，用思扬我善类，振尔文风。且和邑乃阳明之所造基，漳郡为考亭之所遗治，芳型不远，道矩可寻，更宜大启于今兹，以冀上求夫先哲。无如九和书院，规模狭隘，讲舍无多，师生之膏火无资，讲诵之科条未立，课无定期，士无常额，不足以奖拔后进，步武先民。寻览之余，怃然有间。夫政教敝而后风俗偷，礼义衰而后争夺起。今百里之内，劫夺频闻，旬日之间，杀伤未已，此皆为有司者德意不加，威令不行之所致也。今将挽此悍俗，莫如丕振文风。欲为恢拓书舍，广置学田，延聘名师，详定规则。惟是资费浩大，必赖捐输。除本县捐廉倡率，尚须众力以成善举。为此特选老诚绅士督理此事，合行传谕尔等绅耆殷户诗礼之家，苟思教子成名，何惜轻财尚义。银自五十两以上，或数百元，田租自十石以上至百石，随捐皆纳。谕到各即题名注数，以便择日兴工。以二月上旬开课，务期兴仁讲让，礼教大行。试赋程文，科名日盛，举扬善后，振拔单寒。辨清浊之流，别莠良之目。毋许嚣争，积习致韬经籍之光，纵令邪伪，指诬莫沮衣冠之气。尔等捐题义士，亦藉以垂名勒石，奕世流光，岂不美哉！

（东溟外集卷四）

捐簿题引

　　夫礼教者，出政之本，文学者，造士之邮。士之不文，政于何立？国家文治雍容，崇儒养士二百年矣。学校之兴，至于海外，俊秀之选，岁岁不绝。虽舟车所至，风气异宜，要未有不服礼教而重文士者也。况乎闽中大儒辈出，矩绪可寻，乃漳南之风独形桀悍，世家大族日寻干戈，礼义之教不宣，衣冠之气沮丧，何其敝也。然则，为有司者不忍其颠蹶而莫之救，莫如养士兴学之为急务矣。维我平和，设学以来，执经之士数千，非不贤髦间出，而散居伏处，实鲜师资。莫测道义之渊海，未睹文章之大观，盛美不臻，无以振发其志气，余甚惜之。用思大启九和书院，宏拓舍宇，以为肄业之区，创置膏火，以助攻勤之本，延请名师，广召生徒，远寻白鹿之遗踪，近仿棉阳之轶轨。凡尔彬彬之士，苟能附我清流，悉与荡涤邪秽，以期多士咸沐诗书，小民渐知礼让，消彼悍戾，保尔室家，无负国家教养斯文之至意。除捐廉倡率外，业经出示晓谕在城及各乡殷户，劝令捐题，共成善举。今特选派老诚绅士董司其事，分路劝输。簿到，其各书名，量捐无吝。

（东溟外集卷四）

谕大坪黄氏

为恺切晓谕革故从新，敦宗睦族，以息争斗而安民业事。照得平和民性愚顽，风俗刁敝，争强很夺相寻，往往以小衅微嫌，酿成巨案。械斗抢劫，习为故常，藐法害民，深堪发指。然犹各顾宗姓，不伤本枝，未有同姓相残，罔顾族谊如尔大坪黄姓者也。查黄氏为平和望族，元勋忠义，彪炳天朝，人物科名，于今为烈，即尔大坪八房，分支别派，虽历有年，反本穷源，实同一气。中如旗杆、楼西、爽睦、顺新寨等处，多习诗书，素称富庶。古隆、安抚等房颇为贫穷，而子弟恃强。以理而论，固宜富者抚恤其孤贫，强者护卫其殷实，守望相助，疾痛相关。乃不寻敦睦之好，专事仇雠，不数年间互相斗杀，命同草菅，案积邱山。官府之诛捕，时劳兵役之扰累无已，以致诵读者辍其诗书，耕耘者失其耒耜，老弱奔窜于巉岩，棘栖露伏，妇女惊慌于晓夜，灶冷烟消。在有司存为民父母之心，睹此情形，犹深悯恻，岂尔等本一体祖宗之后，逞其嚣悍，必事伤残？本县度理准情，良用三叹。夫十室之邑，必有忠信，矧万丁之族，岂尽冥顽？滋事之徒虽多，倡乱不过三四，自非悖类。即系困穷，亦具人心，当殊狼类。苟能理格，何必刑求？

既已洞悉本源，不惜谆诚告诫。为此特行示谕尔等八房绅耆士庶知悉，国家法重如山，恩宏若海，矜恤民命，刑期无刑，怙恶者不假姑容，自新者悉从宽大。本县仰体皇仁，下怜民隐，是以谕令该家长黄宜春等，传尔阖族，晓以一本之仁，洞开三面之网，荡尔凶秽，涤尔垢污。尔族中大小各旧案，争夺械斗杀伤等件，除确查正凶，拿究以彰国法外，其被告牵连及小过细故，可以原释者，概予从宽。令其各解怨嫌，相为和辑。在于祖祠中聚齐族众，公议调处。嗣据该家长禀称，各房明理者皆知自悔，愿从安辑，悉改前愆。独古隆社中有黄定、黄甲、黄补、黄言者，胆敢阻挠成议，怙恶不悛，梗我教言，实犯众怒，若非亟加诛捕，无以旌别良善，留此祸胎，终为民害。是以不辞跋涉，复此亲临，除该犯黄甲、黄定、黄补、黄言四名罪在不赦，法所必诛，现饬差悬赏严拿务获外，其余各房一切人等照常安堵，毋有惊疑避匿。择其明白晓事者，从容来见，面谕事宜。从此务须痛释前嫌，尽从和睦，上为国家守法之良民，下为祖宗敦仁之孝子。岁时相见，问吊相通，周恤困穷，防卫盗贼，从此士安诗礼，农守耰锄，化干盾为文章，山川皆增秀丽，还寇仇为手足，门闾定集嘉祥。仁让之风大行，敦庞之俗斯在，凡尔子孙为利世世，本县有厚望焉。

（东滨外集卷四）

召乡民入城告示

为暂停拘捕，召徕士民，舍旧从新，分别淑慝以苏民困而达下情事。照得设官者，所以抚民。抚民必亲，然后上下之情通而利病可悉。执法者，所以讨罪。讨罪必严，然后强暴之徒畏，而愚弱可安。此古今不易之道也。国家以抚民执法之权授之地方官吏，必深明乎所以抚民执法之本，并用而不相害，则民知戴天恩而懔国法。苟用严不当，有罪者未能儆，而愚弱益以自危，则良善之民欲亲官而无由。于是执法之敝，反为抚民之大病，甚非所以宣广皇仁、绥安黎庶也。

龙溪为漳州首邑，地广人稠，习俗强悍为诸邑最，械斗攘夺自古有之。甲寅水灾以后，乃益甚。迩者，古县之郑姓及杂姓五十余社械斗于南，天实之陈姓及杂姓七十余社械斗于西，田里之王姓及洪岱之施主械斗于东，归德之邹姓与苏郭等姓械斗于北。西北则乌头门之詹陈等姓，东北则鳌浦扶摇之吴杨等姓，浦南芹里之梁宋钟林等姓，丰山龙架阪之杨林等姓，金沙银塘之陈赵等姓，东南则官田宅前之吴杨等姓，各社接连，大者数十，小者十余，频年以来，仇怨相寻，杀夺不已。其焚掠截虏，死伤破败之惨，既不可胜言矣。而奸徒指诬株累者动十百数，村愚不知出诉，惟有深匿远飏。及兵役往捕，则恃其族众，以抗拒为得计。此良莠所以愈不能分，强弱所以愈不能辨也。上下之势已成隔绝，官则但见民之顽悍，而莫察其情；民不自知其法当拘捕也，而反以为官之扰累，负嵎自固，视兵役如仇雠，望城市如陷阱，经年不敢一入。于是讼师奸吏得以任意舞文。嗟乎，漳郡古称繁富之区，而比来人物凋敝，商贾萧条，元气大亏，疮痍满目，所谓父母其官、子弟其民者安在哉？夫圣明在上，薄海内外，莫不奉守法度。尔等辄敢私怨相仇，恣行斗杀，复恃其众而不就拘，且以抗拒，此与乱民何异？本县即曾带大兵尽族痛剿，亦属罪所应得，然而不肯出此者，则以我朝深仁厚泽，二百年来，皆以爱民为本，地方官吏仰体圣主好生之德，于执法之中，仍寓抚民之意。且念尔等虽愚，其中不无胁从，株累之苦，不可不分别办理。欲使尔等息讼解怨，姑许尔等改过自新。除选派公正绅耆为尔等各社中素所信服者，令其明察尔等历年仇怨之故，排释调处务使平允和洽外，并将尔等困苦情形面禀镇道府宪，请饬各衙门兵役暂停拘捕，听尔等各乡社士民入城来见，通达下情，合行剀切晓谕。

为此示仰合邑士民家长人等知悉，尔等凡有旧仇夙怨者，各该社之家长务须约束子侄，静候本县选派之公正绅耆到社，为尔等排释调处，无许再行滋事。仍一面率带子弟入城来见，本县亲加访问，所有委曲，无不可以面陈。见已严饬兵役，不论有无控告，一概不得妄拿，务使尔等无不达之隐，无不通之情。然后各自核明历年强暴不法滋事之徒，缚送以正国法。傥冥顽不悟，本县即访明尔等历年巨案，一一通禀，照叛民例请兵诛剿。尔时悔惧不已，晚哉！呜呼！本县莅任，首以亲民为急，所愿尔等涤除旧恶，革面洗心，不惜谆谆告诫，开法网以苏民困也。言出如山，决无失信。尔等毋得观望自误，懔之。特示。

（东溟外集卷四）

谕七百社家长

谕某社家长某某知悉。日者，以尔等频年械斗，困苦已极，本县深念尔等隐曲，下情莫能上达，特颁明示停拘捕，选绅耆使为尔等解释怨仇，共修和睦。月余以来，四境斗风顿息。绅耆回报，所有四路各乡社历年起衅之由及构祸以来残毁死伤之数，除经报验有案者，听候缉凶究办外，所有彼此焚毁之庐舍，残破之田园，困苦无依之孤儿寡妇，皆议令两造互相补偿抚恤，各社子弟皆已愿受约束。又各社家长入城来见者七百有余，经本县一一询访，并剀切劝导，且赏以酒食，莫不欢欣鼓舞，感激遵奉，如解倒悬，如救饥渴。本县察尔等皆出于至诚，尚非阳奉阴违之比，甚喜。尔等改过自新，能亲信其上而和辑其下也，兹特颁给札谕戳记，准尔某为某社家长，约束子弟，理某社之事，以某某为之副，与尔禁约四条而已。

一不得械斗抢虏。查械斗抢虏之故，大约不过数端，除夙仇旧怨业已解释外，其新事者或妇女口角，或打伤牲畜，或践踏禾苗，或索讨钱债，或侵占田园，仓卒而起。地方文武所不及知，惟尔家长知之，苟及时谕止，可立散。今与尔约，尔与族人约，自兹以后，凡子弟有不甘心如上事者，不得擅自相争，必先告尔本社之中，尔即理处之。如两社，则彼此家长共议之，不决，则请邻社家长议之，再不决，然后控诉。倘子弟不遵，则会集族众议于祠，其擒而解官惩治之。如此则事无不理，而械斗可止矣。

二不得疏容盗贼。漳郡盗贼之风，历称猖獗。或白日伺劫于中途，或聚众肆劫于黑夜，其所以猖獗无忌者，皆以尔等强社大族子弟穷苦者多，不能安置约束，任听召集匪徒，日夜往来。家长漫不稽防约束，而兵役又因社强大不敢轻往缉捕，此盗贼所以无忌也。今与尔约，尔与族人约，自兹以后，责成尔等稽防本社子弟毋得聚集匪徒，倘日劫于途，则就所劫之地，先罚家长照数赔赃，仍勒令拿解盗犯。其夜劫于城市或乡村，则追踪盗踪所入之社，罚家长照数赔赃，仍勒令拿解盗犯。如此则匪类无所容，而盗贼可息矣。

三不得抗欠钱粮。龙溪钱粮额数最多，甲于他邑，而抗欠之风亦甲于他邑。或贫户失业而欠，或小户逃亡而欠，甚或田业富饶恃其族大丁强、粮胥莫敢如何而有心抗欠。或欠十余年，至数十百年，未尝惩治，实堪痛恨。彼所持者，顽悍之子弟耳。今子弟皆守吾法，彼复何所恃而欠乎？今与尔约，尔与族人约，核明有粮之户，开列清单，协同粮胥督催之。有不遵即指名禀闻，本县亲往问其抗粮之罪。尔若扶同徇隐，即惟尔是问。尔固不必为此豪富不仁者累也。

四不得苴匿被告。龙溪词讼之繁甲于通省。自本县观之，大抵新案少而旧案多，非尽案难结也，或以有告而无诉，或有诉而空词抵饰，临审无人，故一钱债而控或经年，一田土、婚姻而控延数载。其坟山、命盗之案，则数十年而莫能结者，比比皆是。其情虚者半由恃其强大而不肯屈服于弱小，其理直者又惧未能审结而先受羁累于无穷，所以或任控而不诉，即诉矣，宁逞辩于讼师之笔端，而公庭不肯一至。今与尔约，尔与族人约，自兹以后，尔社有被控告者，本县饬差就尔先行察覆，一面即带被控之子弟赴案，随到随审，随审随结。或未能即结，其案小者仍交尔带回候讯，不交差押。其案重者，有罪可援自行投审之例，稍从末减，无罪立即讯明摘释，交尔保回。如此则无枉累羁候之苦，尔又何所惮而不为哉？

以上四条简而不烦，便而易行，本县所责尔者如此而已。其他繁文条教，不以烦苛尔也。嗟乎！十室之邑，必有忠信，矧尔等年长朴诚，经通族佥举，出受吾教，则非不习事者。即尔族众，亦岂尽愚顽哉？其所以比年讻讻者，特莫为之主耳。今日以往，吾为尔主，尔为子弟主。子弟之枉曲尔为直之，尔之枉曲吾为尔直之。要如身之使臂，臂之使指，则尔于一社犹一家一人也，吾于合邑千社亦犹一家一人也，岂不美哉！

（东溟外集卷四）

东溟文后集 东溟文外集

（1824—1849）

台湾地震说己亥五月

台湾在大海中，波涛日夕鼓荡，地气不静，阴阳偶愆，则地震焉。盖积气之所宣泄也，或灾或否，台人习见，初不之异。道光十八年，台邑十月雨后至于十九年三月不雨，他厅县或微雨，四月郡城始雨，未甚，五月三日丁酉乃大雨连日，间有晴霁，诸厅邑同时大雨，山溪涨发，十三日丁未始霁。十七日辰刻郡城地微震，是夜丑刻再震，不为灾。惟嘉义县同时地大震，官舍民屋多倾圮，毙者百余人。余既行府县，查勘抚恤矣。

有言者云，据《府志》，地震主奸民为乱。余戒之曰：台地常动，非关治乱。为有司者，惟当因灾而惧，修省政事耳。若必以为乱征，非也。台人好为浮言以乱人心，今甫平靖而为此言倡之，可乎？既戒言者退检府、县《志》：自康熙二十二年至嘉庆九年凡书地震者九，惟康熙五十九年地震，六十年有朱一贵之乱，雍正八年地震，九年有彰化大甲社番为乱，余七次皆无事，足见非乱征矣。乃备纪之于左，以《县志》书成稍后，且郑六亭所修，故主之，而附《府志》于下方：

《台湾县志》，康熙二十二年，王师平台。

二十五年四月甲辰，地震。（注云，台地时震不书，大震则书。）《府志》：夏四月二十日辰时，地大震，是时无事。

五十年九月丁酉，地震。《府志》：秋九月十一日戌时，地震。是时无事。

五十四年九月，大风地震。《府志》同。是时无事。

五十九年十月甲午朔，地大震。十二月庚子，又震。十余日，房屋倾倒，居民多压死。《府志》：十月朔，地大震。十二月八日，又震。房屋倾倒，压死居民。凡震十余日。

六十年四月，南路贼翁飞虎作乱。五月，府治陷，贼推朱一贵为首。六月伏诛。

雍正八年七月丙午，地震。《府志》：八月十日，地震。

九年十二月，彰化大甲番林武力为乱。十年三月，凤山吴福生乱，四月伏诛。六月，擒林武力，正法。

乾隆十七年六月庚戌，地震。《府志》：六月，地震，不为灾。府自乾隆二十三年后无志，是时无事。

三十九年三月己巳，地大震，是时无事。

五十七年六月丁亥，地大震，是时无事。

六十年七月戊子，地大震。己丑，复大震。是时无事。以上台湾府、县《志》所载地大震者九，地震次年有乱民者二事而已，其无事者且七。奸民每藉祥异摇惑人心，以为作乱之隙，岂可不考而妄言之乎。地方时有祥异，为有司者但当修省政事，抚恤灾民。至于台民好乱，则无时不当思患预防，岂待地震而后为之哉？台民之乱十数，其先一年地震，见府、县《志》者仅二事，余皆未言地震。或言道光十二年十一月，张丙方乱，贼登坛拜旗，地亦震。盖地祇恶之也。余非讳灾者，惧好事之徒，撼不经之言，转相传播，启奸人心，特详考而论之，以祛其惑。

或曰：如子言，台地之震为海涛鼓荡，阴阳偶愆，说有本乎？曰：庄子有言，海水三岁一周，流波相薄，故动。夫中国土厚水深，阴阳相薄，地且时动，况台湾在大海中波涛朝夕鼓荡，其动不亦宜乎？或曰：若然，则人事无关矣，又何修省之有？曰：曷为其无关也。人者二气所生，其于天地犹子于父母。父母有疾，孝子为之不宁，天地变常，君子观之知惧。地者，阴，道民之象也，地以载物为能，苟失其能，物莫之载，况于民乎？地气郁而不宣，外气薄之，乃震。惧吾民疾苦屈而不伸，怨气所积，是有灾沴，不可不深省也。今震在嘉义，郡城次之，意者嘉民其有隐困乎？比见嘉民控恳丁役者多，屡饬邑令惩究之，而令或未能，民气不伸，怨必积矣。苟伸吾民，惟亟去其丁役之害民者。台镇大兵已撤，奸人尚有冒为营弁，恐索株连，必获治之。台邑亦有蠹役，甫饬革之，抑其次焉。至于命盗案犯，现为民所控恳，府中提讯颇有枉者，是皆不可不省也。今檄各属悉心清厘，毋更怙过。余与镇军、郡守亦各思其咎，益修政事以伸民气而定民志，庶可寡过而安此土也乎！既辩言者之惑，更申谕之以警吾侪。

（东溟文后集卷一）

论赵恭毅覆奏宋学士参款事

康熙四十七年七月，内阁学士宋大业奉御书至南岳，复命奏参偏沅巡抚赵申乔不敬之款八、溺职之款六，赵公遵旨回奏，得无罪。宋之倾陷与公之孤危，天下咸知之矣。顾余窃怪，立身如公，何以尚有馈宋七千金事也？

公疏云：康熙四十二年六月，宋大业祭告南岳，赉御书匾额，一到长沙，虚张声势，多方恐吓于臣，长沙知府姜立广从中传说，逼索多金，始容悬挂。臣敬畏天使，许以三千两，不允，加至七千两，令姜立广向布政使暂借库银，即令姜立广送七千两，随礼七百两，幕宾刘某、张某各索银一百两，共七千九百两。嗟呼，权贵之陵人也，虽公亦不能无慑耶。此银暂借库项，未言作何归补。疏后云，宋大业本年再至，欲援旧例，但至今日派不可派，捐无可捐，仅令各官共送银一千两，随礼一百两，大拂其意，遂欲置臣于死。则前此之项，其为各官派捐可知也。疏又言，姜某所领司库银五千两建造御书楼，议捐四十二年俸工补项。是年冬剿抚红苗，大师云集，一应锣锅、帐房、运送、米豆、夫船、供应、犒赏诸费皆借币应用。而四十三、四两年俸工已捐修岳庙，其库项不可虚悬，署布政使张仕可详称，各州县愿将加一火耗之内加捐五分清补军需，督臣暨臣批准。至四十四年，因修道路桥梁，雇备江南船只，借动库银，又以四十五年俸工捐补。考四十三年公题占修南岳庙疏称，相度料估需银三万九千三百六两，自知县以上各官捐俸修葺，及后修御书楼有捐，军需有捐，道路桥梁船只有捐，四年之中，无岁不捐，俸工不足，加以火耗，此皆取诸司府州县者。而复有派送宋学士前后九千余金之事。是时，公方严裁州县私派重征，参劾之章数十上，而此等派捐之事，顾频为不已，欲使属官无怨，其可得乎？再考四十三年八月，姜立广以隐匿宁乡县亏空为公题参，盖在馈送宋学士之后。夫不参姜之为宋索贿，而参其隐匿亏空，岂公亦投鼠忌器耶？

嗟乎！赵公身为巡抚，以清节上蒙知遇，而事势所迫，犹不能无派累属官以馈权贵之事，则府州县以下其为人所威怵者更不知凡几。巡抚派之属官，属官将派之何人乎？稍知自爱者皆不肯朘削民膏，欲其并亏空而无之，不可得矣。先是四十三年，有奏请给各官养廉，禁征火耗者，上命各省督抚议。公言：各官贤愚不等，现许征收一分，尚恐浮收，一分之外，今再给银，诚恐利欲熏心，巧借倾销起解名色，藉收火耗，是既有损于国，仍无益于民。上纳公言。至雍正中，乃定归火耗于上而给养廉于官，其后官解钱粮倾销火耗无出，仍不能不私取于民。公言诚有验矣。而因事派捐俸工养廉犹不足，一切办公无不责之州县，所在以亏空参劾者，后先相望，以至于今也。悲夫！

（东溟文后集卷一）

再上陶制府北课融销南引议 丁酉五月十二日

再奉钧函，以丁酉纲淮南融北一事，据票盐总办谢令及童分司复称不便，应毋庸议。商课要在严催，库银必须谨守。又谕此时治标之法，严堵缉以催销，速疏销以提课，先充库贮，再议通融，始为当务之急。若欲另筹别法，将使库贮渐缩，旁观谓俞、刘二公苦积之功寻至渐少，大滋口实。伏读三四，惶悚殊深，既承指示，谨当恪遵办理。前月廿六日已开丁酉新纲，所拟本纲课则亦于本月初五日呈送，静候核定饬发，即可刊行。

惟寻绎明谕，深恐库贮不充，致烦垂仅。谨将本年三月初八日开征起至五月初六日止征收支解银数开具清折呈览。计前司存库银三百三万有奇，莹接征两月以来各商完纳正杂课银一百十五万八千八百五十两，内除领抵数外，各商实完现银七十六万九千一百余两。他如各场折价耗羡规费淮北票盐正税官运回课等款，收银三十七万余两。总共实收银一百十四万三千一百五十余两。连前存库，通共实收银四百十八万有奇。除报解京外甘肃诸处饷银七十六万三千八百余两外，支各款银三十万四千四百余两，实在现存库银三百一十一万三千九百余两。各商感荷宪仁，亦尚急公。莹仍当不遗余力严催完纳，一面移咨楚西盐道并饬汉岸委员严提回课，不敢松劲。至积欠河饷，今亦择要先拨六万一千七百余两，委候补大使张梓林于十二日起解矣。又承示，以陆运司有请假回籍之说，到任尚稽时日，谕令悉心筹画各务。伏查陆运司甫自本籍入都，无由请假。大约于去冬在京已蒙简放四川，迟至今年二月出都，其中或有请假之事，以此讹传，亦未可定。然莹深荷知遇，惟有竭力认真办理，断不敢因护理人员稍存观望。特素性耿直，待人如己，不免为公事认真之故，自取嫌怨。所恃仁明素鉴，不以自疑耳。前闻各处蝗蝻颇有萌动，深切殷忧，因奏销在即，不敢稍涉张皇，密札三分司查询，各场情形尚未复到，而兴化周令通禀境内蝻孽已净。惟东台县场邻近蝗蝻，颇多蠢动，现在委员分赴三分司，切实查询扑捕，务期净尽。日来颇得透雨，若再能溥遍，复有西北风，庶几蝗可无虞矣。

再有请者，本年新纲已开，淮南即当按商派运，惟各商原办之引可派，而无著之引加派殊难。昔淮南盛时，富商百数，辛卯、壬辰之际，仅存四十余家。维时初改章程，乍轻课则众情踊跃，投请欣然。及癸巳开纲，稍形疲退，俞前司始行派运之法，各准上纲运数，先派八成以应奏销，续派二成以完纲额。其时已有无著悬引加派通纲者，众商勉强应命，间或未遵。及至甲午，派数愈艰，原派多欠运，未清加派，亦有名无实。黠者巧于趋避，犹可撑撑，拙者勉力从公更形竭蹶。伏思辛卯以来，仰蒙奏请裁浮费、轻课则、准缓纳、减窝价，所以恤商至矣。而未能大裕者，外苦于岸销之积滞，而内困于派运之日增也。滞销之病，人皆知之。派运之病，容或有未知者。即如许宏远一商，初行二三万引颇见从容，及后累增至五六万，遂以不支，求减不能，卒至身亡业歇。今淮南总商、散商虽有九十余旗，实乃一人数旗，止三十余家耳。旗数愈分，资本愈薄，且时去时来，本尽则退，通计商资不及千万，承运一百三十余万之引，其势固常岌岌矣。黄、包二商，今日所称最巨者也。黄氏三旗附王颐泰一旗，癸巳以来，派运十七万引，迩来更形竭力。包氏七旗附十四旗，时有损益，名亦屡更，盖纠合众资为之，癸巳、甲午派运十八万引，实行亦未能足，丙申派运二十一万引，实行仅十四万。其次如和福盛，派运九万余引，实行不过八万。汪福茂，初派六万引，递干（半）加至九万足矣。赵德和，派运五万三千余引。支允祥，派运六万二千引。陈祥盛，派运四万七千引。姚临泰、邹德兴，皆二万余引，仅能自保。此外各商，派运万引或数千引，皆难以加增矣。至于庄玉兴、谦泰二旗，初派五万九千引，实行止二万七千，后乃改派三万，本商已故，老友何佳琛抚孤代办，竭力经营，殊觉难支，每见次言之泪下，亦可悯矣。总计通纲自癸巳以来，每年派运未行已八九万引，今尉、许二商罢歇，新旧悬引无商认运者，盖二十余万。此莹所日夜深思，不能安于寝食者也。商盐一引用资本十三两有奇，全额运行需资本一千六七百万两。现在商资通计不及千万，其何能行？

夫事势将穷必当变。计前者乙未纲引未开，已蒙深鉴积引之多商力之困，切疏请命，仰荷圣恩俞允分带，不啻吹朽肉枯，商非木石，岂不感戴宏仁？丙申一纲，踊跃输将，本属完善之局，无如尉、许二商后先倾覆，逋欠数十百万。一时苏、扬资铺相戒不与商人交易，银路不通，众乃束手。莹上年在郡为刘前司言，宜乘此丰年出库银三十万交商贾谷，藉此转输，使资铺无所居奇，其机可转。刘前司始颇然之，中惑人言，谓库贮不宜轻动，事不果行。众商力绌，纳课不前。今岁正月，见刘前司，言深悔之而已无及，延至二月奏销坐愦，遂以身殉，良可痛也。莹受事，查库贮现银犹三百三万余两，未尝不充，而事机竟愦，则其故可思矣。方运司初亡，人情汹汹，讹言日闻，众商莫知所措，势将涣散，幸宪台驻节淮扬，接见众商，抚以温霁，众心稍安。然犹以绌课甚多，惧仓猝不能奏报。又蒙俯用莹策，给还应颁窝价，纳六销四，银不出库，以给还十六万之名，而坐收四十万之利。又值楚西课银回扬者二十余万，经莹晓以利害，众商悉数投完。三月初八日开征至十五日，凡收银七十余万，奏销遂足八分以上。十六日申送册揭，不致愆期，此皆善权事变，是以舆情悦服，不假鞭扑，公事迅完。

由此观之，欲图库贮之充，固有以予为取，失少得多者矣。向使应还者不还，惟以诛求为事，则大局几不可问。今事已平定，局外之人或犹以不守库贮为讥，且睹前司覆辙，不求其故，是将使淮纲一愦再愦也。今日之所大惧再愦者，则来岁奏销是矣。课出于运，运出于商，商出于资。今各商资力不足，招徕新商又非月日可计，若以二十余万无著之引，复加派于筋疲力竭之商，恐继尉、许二商倾覆者且将接踵矣。再四筹思，实无良策。适因淮北票盐畅行，有加给大票之请。查出上年溢请已销三十二万引，又本年准给四十万，通计七十二万。除淮北奏销三十七万外，请暂拨二十万溢销之盐，融代淮南二十万无著之引，仍余十五万，溢存淮北，以备来年票贩或有不足之需。至课则不符，亦已设法配合。窃谓于淮北并无窒碍。童运判亦以为先保淮北，再顾淮南。除留三十七万引外，所有溢数可尽融南方，冀事有可商。及连奉明谕，乃知为谢令之言所沮。谢令在北言北，无怪云。

然莹则职兼两淮，南北皆所当筹，不敢顾此失彼。且南纲事情重大，历年为淮北融销滞引二三十万，及今疲敝之余，犹每年代淮北纳完税课。今淮南引地现受北私侵灌之害而不许暂融淮北溢票之引，揆之情理，亦有未顺商情，已不免怨嗟，倘更加摊重派，诚恐有名无实，非追呼所能从事者。莹代庖数月，原不及办来岁奏销，然不及早图，维惧有后时之悔。且体察情形，实有必不能行之处，有益于公，浮言非所恤也。

（东溟文后集卷二）

上陶制府请买补盐义仓谷议丁酉九月十二日

前月二十八日奉谕，以莹详请买补盐义仓谷恐各商又蹈从前领银无谷之辙，饬俟来春察看，或委员会办。仰见宪台库贮仓储两期实裨之至意。惟其中尚有委曲情形为前详所未尽者，正拟缕晰敷陈，兹于初六日载奉谕教，以丁酉新纲截至八月初九日共收正杂银十四万余两，距明春奏销之期不过六月，商情困乏，亟须设法筹维，买补义仓，以南融北二事，未尝非商课出路，令将融北一节先叙妥详，以凭入告，买谷之事，可俟明春。大要在得尺得寸，总以严催商课为先。宪虑周密，无微不照。谨悉心斟酌现在商课情形及买谷融北二事举行次第机宜，为宪台陈之。

窃见商人完课在今日实已不遗余力矣，淮南运商虽九十余旗，行盐实止三十余家，通计资本不及千万，而运盐百余万引，又当岸销久滞，盐价减跌之时，其困可知。然本年莹自三月初八日开征至九月初九卯止，共征南商课银二百四十万二千七百余两，益以正二月刘前司所征六十五万五千四百余两，共已征银三百五万八千余两，较之丙申全年征银二百八十四万五千余两，已为过之。年内尚有三十三卯，约可征银一百余万。溯查历年以来，惟癸巳年征银四百三十万为最盛，而甲午年则止四百一万，乙未年则止四百九万，其时大商如尉济美、许宏远、庄玉兴犹未败也。若壬辰年则仅征三百四十五万矣，辛卯年则仅征一百八十三万矣。今许、尉二商既罢，庄玉兴又敝不可支，而本年征课犹如此，故以为不遗余力也。惟各商之课新旧并完，而奏销之期则新课九亟，计明年二月丁酉新课及带乙奏销以八分计之，当征银一百八十余万，今截至九月初九止甫征银二十六万五千余两，距奏销之期不满六月，督责虽严，商纳未必逾二百万，此中尚须带运积残，则新赋或仅半之，是尚短数十万之奏销也。不为早计，临时恐费周章。

急之则元气愈伤，宽之又不免垫报，此莹所以不得已而为融北买谷二计之请也。融北之事，诚如宪示，所当虑者三端，令妥为筹议以免大部驳诘。谨更熟思，在调剂商力言之，虽为融课，以疏销积残言之，则实为融引。盖纲食各岸历年滞销，残引日积，四月间初议此事时，查明楚西食岸未运各纲盐一百三十余万引，纵使极力疏销，非一二年所能竣事。转瞬戊戌开纲，陈陈积压，商何能支？两淮本属一家，彼此通融历有成案。今以淮北溢销之盐融淮南滞销之引，于课无亏，于商有益。若虑南盐无路分销，恐致透私，则本年春夏场盐本多缺产，似可无虑者，一也。北盐正税每引一两五分一厘，合经费四钱，悉数拨补南课，尚属不敷，本须通纲改摊科，则今人奏只当以票盐正税为言，其余不敷，概令通筹洒带，务符南课正杂之数以应解支。经费一节，本不必琐细上陈，似可无虑者，二也。十五年部咨票盐溢请二十七万引，所有淮北前停积欠如何分带，当时咨复，请俟带完己庚正课后再行加带。今票税余存，恐部行令抵补淮北积欠，此固在所当筹。然此时入告，专为融销积引以纾淮南之商力，而带补淮北远年之积欠，事在可缓，倘经部驳，尚可复咨，似可无虑者，三也。惟此事若于五月为之，方在奏销多故之后，新纲甫开之时，恰当机宜。今凭空言之，费辞无谓。似宜俟新运司到任，查明积引，通盘筹画详办，则为新运司到淮条陈事宜。此所谓虽有镃基，不如待时者也。

至于仓谷一事，似觉转不可缓。盖民间谷价，惟新谷登场，间阎出售，以为卒岁之资，价值最贱。一交正月，则人人待价而沽，谁肯贱价出售。况买谷二十二万石带补十一万石，非寻常万石千石之比，即分路而行，亦俟陆续买运，非经二三月之久，不能买齐。及发价，而收仓竣事已在十二月间，犹及民间卒岁需银时也；若交春令，即使民间肯卖，计竣事当在三月价贵之时，非但商人不愿承领，即委员亦恐不敷。时际青黄不接，而买谷数十万石，米价必一时腾踊，即今飞蝗在野，后虑方深，故愚闇之见，窃谓事机当在此时也。

至于昔年虚领谷价，无谷上仓，其咎虽属商人，而弊源亦自有在。往时之买谷也，例价一两四钱，给商实领，其水脚关钞八钱，则为院司库官胥吏丁役陋规。而水脚关钞不过问也，置谷一石需银二两二钱。弊有其源，是以商无忌惮，或价发而谷不上仓，或上仓而谷不足数，官吏任听所为，莫能究诘。今力裁浮费，所有陋规全革，只给水脚关钞一钱五分，商人无所借口；复严定章程，官为查验，安敢无谷上仓？且现金之商，其行盐或十余万，少亦数万者，前此并无领买未到之谷，特因亏谷诸商皆死亡倒罢，衣食不周，诸人有监于江大镛，义切同袍，不忍坐视监追之苦，愿领一石之谷价，自买新谷一石带补旧亏谷五斗。此其意在急公尚义，初非贪利为之，亦岂肯自蹈覆辙乎？而由官课言之，则丁酉新纲完纳无几，借此谷价，令诸商全数抵课，自行备谷交仓，且收三十余万之谷，仓库两裨，并旧亏亦完，商力不劳而人情悦服，以此言利，利孰大焉！

委员会办，窒碍实多。盖库中谷价本捐自商人，名曰义仓，自当归商经理。委员能采买于一时，不能收管于久岁，设有霉坏，商岂甘赔？以暂时差委之穷员，与百万巨资之商较之，得失固不侔矣。故窃以买谷归商，则承管亦责有攸归，似为允洽也。二事既举，则来岁奏销自可督完，而商力未亏。即戊戌新纲，亦可从容部署矣。

莹目睹时事之艰与夫商力之困，日夕筹维，求所以安上全下者，有所见不敢不白。非惟职所当尽，亦义所难辞，并不敢以交替有期，稍存漠视。惟仁明决择施行。

至于运库，前按刘运司存银三百三万九千九十余两，今自三月初八日开征至九月初九卯止共收两淮课银三百一十九万七千三百九十两，除解支二百九十七万九百余两，现存库银实贮三百二十五万六千五百七十两。附呈辛卯以来逐年逐月征收商课册，本年正月至现在止运库每月出入四柱册，以备会计。

（东溟文后集卷二）

上督抚请收养游民议状戊戌七月

台湾民情嚣动，奸宄时萌，上仅宸衷，盖有年矣。窃见台湾大患有三，一曰盗贼，二曰机斗，三曰谋逆。三者其事不同，而为乱之人，则皆无业之游民也。生齿日繁，无业可以资生，游荡无所归束，其不为匪者鲜矣。道光十二年张丙之乱，渠魁仅数十人，而贼众何止二万！若辈附和，非必欲作贼也，徒以无业荡游，贼招之则为乱民，官用之则为义勇，此皆可良可贼、视能食之者则从之耳。当时诛捕十才二三，余众万数千人，名虽解散，实犹在嘉、彰两邑，此所谓伏戎于莽也。

言者皆曰清庄联甲，是固然矣。夫清庄者，严事稽查，不使内贼之匿。联甲者，互相防守，不使外贼之来也。第思此等贼民，既不归庄，行将焉往。台地外限大海，内阻凶蕃，非如各省昔年教匪可以散之四方，则仍潜伏一隅而已。大庄富强者不敢归，惟贫弱之小庄及内山之僻地为其通逃。任听之，则日往月来，势必复思啸聚。急捕之，则挺而走险，旦夕可以燎原。所以甫逾年而有许戆成，再逾年而又有沈知之乱也。窃意逆案逸犯有名者不过数人，余皆无名男子。在圣朝宽大久已冈治胁从，而若辈未免，自怀疑惧，巨匪大奸自知不赦，复以危言劫之，坚其必死之心，众乃以贼为归。今夏以来，嘉彰地方拿办盗犯已七八十名，地方稍靖，尚有匪徒结众群行，文武购拿猝难下手者，其故实由于此。

窃谓与其但事搜捕，适成为丛驱爵之形，莫若收用游民，以为化莠归良之计。夫游民众矣，将收用之，必筹所养，而不必官为养也。计嘉义一县三十五保一千四十二庄，彰化一县十三保半一千四百二十七庄，大庄约数百人，小庄约数十人，无业游手者十只一二，除实系逆案巨匪及抢劫盗犯或命案正凶之外，其仅止惰游强悍与匪类往来者，大庄不过十数人，小庄数人耳。今使各总理董事查明本庄似此者凡若干人，收使归庄，赦其前罪，准予自新，由董事劝谕本庄公给饭食，作为庄丁。无事则巡守田园，有事则逐捕盗贼，仍造具年貌名册送官存案，责成总董稽查约束，不许更与匪类往来。如此，则游民自愿归庄，无业皆为有业。虽有大奸，而党散势孤，易以成擒矣。今年春夏间，嘉彰一带树长刀枪之形，浊水忽清七日，民间以为乱兆，谣言四起，人情汹汹，秋冬恐有事变，不可不蚤为计也。

夫法不可屡更，令必期信守，此收用游民之法，非于旧行章程有所更改也，正即清庄联甲之法而推行之。所虑愚人惜费，或以为难养闲人。然台地年来大熟，米商不至，各庄皆有余粮，以数百人之庄而养十数人，以数十人之庄而养数人，当不至于不给。且此本庄之人，非其族邻，即其戚属，并非外至。向来台俗遇有匪类械斗及逆匪到庄，皆有派饭章程，民间习为之矣。有事以之养贼，害且为之；无事以之养民，有利无害，何惮而不为？惟在地方官督率总董认真行之耳。其或本系穷庄，游民归无所食，则令地方官查明山陬海埔有可垦辟之地，准其呈明，给照往垦，务使人皆有业，则反侧自安，盗贼易捕，地方可靖矣。

职道熟虑再三，询之于众，并以商之在籍王提军，皆谓可行。现已札饬嘉、彰两县，出示各庄，给谕总理董事，委大甲巡检蒋律武、候补府经历县丞庞裕昆分赴两县，会同范、贾二令及该管之县丞、巡检妥为劝谕办理。如果此事能行，是乃先事弭乱之急务也。

（东溟文后集卷三）

台湾山后未可开垦议 辛丑二月

　　道光二十一年二月二十四日宪台札开，奉正月十八日上谕给事中朱成烈奏，台湾应垦地亩甚多，请饬查办一折。据奏称该处地方辽阔，未垦之田极多，如果认真垦种，即以每岁所入为福建海防，可潜消英夷觊觎等语，著即饬台湾道府确切查明具奏，钦此。蒙饬职道督府确查详覆。惟原折未蒙抄发，不知所言应垦地亩系指何处。职道先后在台年久，地利情形知之颇悉，谨详陈之。

　　台湾在大海中，本一大山横峙。其山前宽广之地近二百里，南北延长一千二百余里，山后略短，南北不及千里。自山前之西尽山后之东，连山腹最宽处，约数百里。山前面西，开设四县一厅与福州、兴化、泉州、漳州四府对峙。山后面东，平埔之地颇狭，新开噶玛兰厅在山后北境，北自三貂、鸡笼，南至苏澳，约二百余里，与淡水之南境及彰化之北境隔山相值，地势最宽处不过五六十里。逾苏澳更南，则皆生番，未入版图之地，一曰奇来，二曰秀姑峦，三曰卑南觅迤逦南转，即山前凤山县之琅峤番地矣。此台湾地势之全形也。淡水、噶玛兰二厅，台湾、凤山、嘉义、彰化四县，生齿日繁，地利尽辟，久无旷土，间有山陬沙砾隐垦未报升科者，为数畸零，若纷纷查丈，必生事端，非海外安抚穷黎之道。是以从前屯租缺额，屡思查勘拨补，迄未能行。惟彰化县水沙连山内有水、埔二社，蕃地空阔，尝为民人越垦。道光五年奏奉谕旨，恐启蕃衅，立碑禁止。又噶玛兰有近山傍溪瘠地一千数百甲，甫经民人续垦，由厅详报勘丈，现办升科未竣。此外并无堪以开垦地亩。即彰化水、埔二社亦在县内山腹中，夷人无从觊觎。所未开垦而可虑者，独山后噶玛兰界外奇来、秀姑峦①、卑南觅耳，其地颇平衍，堪以垦种。三处延长约数百里地，皆平埔，其各社生番较之内山凶番颇为平善，然与噶玛兰之苏澳中阻凶番，不能陆进。数十年前有汉人泛海至彼，为番妇赘土胥，后人陆续往垦，番亦安之。因其未入版图，无从查诘。职道初虑汉奸在彼召纳亡命，或勾引外夷潜踞，使人往觇。回报蕃社约以百数，汉人散处裁十之二三，沿海一带，尚皆荒芜，草树蒙翳，并无路径。虽有山溪数道入海，亦浅狭，多不通舟，故遂置之。及前年奉文严

———————————————

　　① "蚕"，据前当为"峦"。存疑。

禁鸦片，因思凤山县沿山皆粤籍民人，地近琅峤熟番，其陆路与山后之卑南觅接壤，海面与粤东之潮州南澳遥通，粤人渡台往往自彼驾小舟由琅峤僻处登岸，风闻有携农具通好熟番，至山后开垦者。粤人最善治地，虑其援引日众，港道开掘宽深，船只往来透贩鸦片，夷人闻风必生觊觎，当饬凤山县查禁。该令复称，前有粤人为熟番所引，从内山越垦，及后继至，山径荒迷，多为凶番所杀，遂不敢往。已遵饬严谕琅峤番社头目，不许再引汉人透越，并取粤庄头人切结在案。

职道伏思台湾在前明时尝为红毛所踞，彼岂忘情，特英夷现争内地马头，或不暇及此，一经败衄，则必谋窜台湾。彼知山前文武严防，未必得志，或往山后，攻取生番之地，或潜购汉奸开垦，为将来巢穴，则与我共有台湾，患将无已。似宜我先取之，勿以资敌。然而有可虑者四焉。山前厅县环列，皆在平埔，其东山脊千里蜿蜒，岭复溪重，尽系生番种落，性凶嗜杀，日事抚绥防御幸乃相安。一旦往垦山后，必以兵护行，番见兵至，势必相持，煽动内山凶番为助，则全台震动。是逆夷尚未外来，番衅已先内启，将使英夷坐收渔人之利，其不可一也。若不用兵而善取之，则必厚赏生番，先与和约，然后召徕民夫，荷锄往垦。地既广大，众当盈万，非十余年之功，不能成熟，非十数万之费，不能竣功。方今军需浩繁，岂有余力及此？其不可二也。即以善取，而地广人稠，亦必督以文员，理其讼事，更将以兵弁镇其纷争，事属创始，非得贤能廉正，年力强壮，堪耐烟瘴，且熟悉地利，洞晓民情番俗者，不胜此任。目前文武尚未得其人。昔噶玛兰之开也，其时民间地亩已辟，番情已和，自请收入版图，然后官为经理。然犹杨廷理开之于前，翟淦继之于后，经营岁久而后定。今情异事殊，所遣不得其人，恐无成功，其不可三也。山前山后，形势相背，凶番中阻，道路不通，南北须由海道绕行，风涛险远。方今未入版图，治乱犹可不问，一经开辟，当设州县，文如牧令，武则副参，守以重兵，乃能底定。果竟宴然，固善矣；设有意外，而山前之兵应援莫及，如其仍不能守，取之何为？其不可四也。有此四难，职道之愚，所以筹度久之未敢轻率上闻也。

至谓垦地，每岁所入可为福建海防，则又尝深计之矣。台湾一郡文武廉俸、兵饷船政，岁费国帑三十万有奇，本地钱粮、盐课、杂税所入抵除之外，藩司发解台饷常需十数万两，入供内地者仅兵谷十万耳。地方时有蠢动，军需小者三五万，大者百万，历稽一百七十年来，军需十数动矣。噶玛兰厅之设，杨廷理画策，初计地方所入，供用有余，嗣以增兵，仅能自给，所谓余利盖亦无几。今开山后，即如杨廷理法，岁以供山后之用，未必尚有盈余。况现在海防俱系山前，即噶玛兰厅亦尚与内地相望，而形势已觉孤悬，若山后开辟，则东尽汪洋，不但内外不通，并山前已自隔绝。海防所虑，更费周章，恐国帑岁费益多，恶在所入可裨福建海防乎？

　　或谓广东之琼州亦在海外，十三州县未尝不环五指生黎，台湾山后全开，亦即琼州之类。殊不知琼州虽云海外，距雷州海面仅六十里，水程裁一更耳。台湾则距厦门十三更，即蚶江相距亦尚七更，五虎门约与蚶江相仿。山前已远非琼比，何况山后？且琼州之西，尚有安南接近，为我外藩，台湾之外，则万水朝东，沧波无际，固不可与琼州同论也。窃谓山后不开，诚有后患，而此时遽开，则尚未得机宜。与其辟之而沟塍显露、速以兴戎，莫如荒之，使无可垂涎，暂缓致寇。第未审朱给事所言是否即山后之地，或非此地？异日亦必有言者，若不及今具奏，恐干欺隐之愆。熊守所查情形亦大略相同。谨就管见，据实以闻。

（东溟文后集卷三）

上邓制府请造战船状庚子六月

　　前奉宪函，以夷务紧要，恐师船未能得力，令询王提军前造建威船式，当经往询。顷得复书，谨以陈阅。闻提军亦自有书径复铃辕，由鹿港发递，当可速达。窃意此时夷务关重，制造大号战船实为要著，而不得其人，徒资糜费。且洋面正在需人，似难更行分拨。闻宪节即日移驻泉州，可否驰书约王提军到厦面商，或竟奏令到厦督造战舰，必蒙俞允也。

　　此次大船专为攻击夷船而设，其制与旧时成规不同，工料皆倍，只可暂用一时，不能以为常制，且非道厂文员不谙海洋攻战者所能承办。查例造集字号船，梁头二丈六尺，长八丈二尺，实领例价银五千八百余两。成字号船，梁头二丈四尺，长七丈八尺，实领例价银四千九百七十余两；大同安梭，梁头一丈九尺，长七丈二尺，实领例价银九百九十余两。此二项船，皆水师攻战所必需，而实不及夷船高大。欲求必胜，自当更造巨舰，如王提军昔时建威、奠海等船而后可。建威、奠海二船，梁头皆二丈九尺，长十丈六尺有奇，大桅皆用番木，其长十丈以上。此等巨料，皆道厂所无，松杉等大犹可购自上游诸府，番木大桅，则惟厦门有之。此等番木大桅皆价值数千，今商船稀少，此物较贱，若得千数百金或二千金，似亦可购。诚能奏请在厦专造数只准集字号，工价倍给，专工制造，当可有成也。

至台湾水师，惟有同安梭及白底艍二项，更无出大同安梭以上者。缘海外往内地购料转运维艰，往返稽时，累月经年，必致误事。是以向来并集成字号船，亦未建设，第恐夷船窜入，诚非大同安梭所能取胜，拟求宪台于制造大号战舰之时，并饬督工之人在厦添造如集成字号各二只，交安平、澎湖水师二协分领驾回配用。查福厂前开来折内，承造集字号一船，例价外，赔用工料银一千八百余两。台厂向无造过此号大船，此次若由内地制造，所有例价不敷之银，应由台湾道府厅县公捐津贴，由司先发，在台饷内扣拨在台捐还，以济要工，而重军需。莹为夷务紧要起见，是否有当，除备公牍外，先此驰闻。

（东溟文后集卷四）

上督抚言防夷急务状庚子七月二十日镇府会衔

本年六月初一日，职道等会同查明台湾各口水势及水师船炮情形，具禀宪鉴在案。兹于七月十三日行商传抄，逆夷竟敢驶至浙江，径攻定海，县城失守，不胜发指。查逆夷奸谋已久，因粤东闽省防御甚严，出我不意越犯浙东，以定海兵力稍单，猝致失事。现在大兵云集，指日自可荡平。惟闽粤为逆夷往来之路，且有夹板船于本年六月十五、十九等日在澎湖及台郡外洋窥伺，虽均经当时击走，而防备更不可不严。现闻宪台亲驻泉州，调度一切，厦门有水师提督重兵驻守，复有金门漳州两镇水陆声援，可期磐石之安。

独台湾一府，孤悬海外，民情本已浮动，自前年惩创后，去岁至今，甫得安谧，而元气久亏，正在加意抚循。讵闻定海警报，未免人心疑惧。况年来查办烟案甚严，沿海奸民不免嗟怨，一旦有警，恐其乘隙滋事。是台湾所患不惟外御逆夷，尤须内防奸宄也。台协水师副将虽辖有三营弁兵二千二百七十名，然其右营洋汛则在凤山，左营洋汛则在嘉彰，随驻安平防守郡城者，实止中营游击弁兵七百七十三名而已。南路港小水浅，尚非夷人之所垂涎。北路绵长，水师左营游击驻札鹿港，距鹿耳门洋面三百余里，中有五条港即树苓湖，口门较宽，无险可守，最为紧要。艋舺参将所辖沪尾水师一营弁兵仅七百名，其洋面上自噶玛兰，下至淡水之大甲，七百余里，口门数处，惟鸡笼、沪尾较大。而鸡笼尤为宽深，实通台最要之处，距郡辽远，殊苦鞭长莫及。至于澎湖，四面大洋，为台、厦中流锁钥，水师副将所辖两营弁兵一千八百三十八名，文员只通判一人，虽民风尚淳，不若台湾之浮动，而形势孤单，实为可虑。三路水师情形如此。现在整饬船炮械①，仅可防御一二夷船，倘遇大帮，即形单弱。本职训练精兵未敢稍懈，惟台湾每届秋冬，尚须出巡，南北两路浮动之民尤须镇压，未便舍根本而事外洋。台澎水师又各有洋汛自行防守，更无堪以调拨之舟师。此职道等所日夕筹思，不无趑趄者也。

　　兹督同卑府一本再四熟商，惟宜严守口岸，断绝接济，察夷船之多寡，相机出击；倘夷船连舟宗而至，尚须内地舟师迅速接应，是为要策。谨将现办急要事宜七条为宪台陈之：

　　一曰募壮勇以贴兵防。防夷要口，一为安平大港，二为树苓湖，三为五汊港，四为沪尾即八里坌，五为鸡笼。水师汛兵不敷巡守，自当酌调陆营弁兵贴防。惟腹内地方紧要，奸民伺隙即起，未便多拨，致令空虚，尚宜兼用民壮以资防守。盖台地向来有事，无不借义民助力者，不惟以壮官兵声势，且假此收用游民，免为贼用也。今拟每口酌雇壮勇二百名，派委文武督同总理头人管带，驻札海口以资防御。委员薪水、壮勇口粮，由地方官同管口之员捐给一半，由职道于公项内津贴一半。自九月后，西北风起，预备至年底止，察探逆夷情形，再行减撤。其陆营弁兵，则俟临时调拨，以免自老其师。

　　二曰派兵勇以卫炮墩台地。正口虽有炮台，而小口如东港、树苓湖、五汊港、鸡笼，或因地形偏僻，或因沙埔平远，无险可据，炮台并未建设。近奉宪台会同钦使奏建炮墩，诚为简便，但既设炮墩，必有炮墙以藏兵勇。今悉用竹篓、麻袋贮沙为之，每一炮墩、墙宽二十丈，用兵勇百人，架大炮二门、小炮三门，以十人放炮，二十人执鸟枪以卫炮，三十人执长枪以卫鸟枪，二十人持藤牌短刀以卫长枪。每一口岸相度地形，酌用炮墩三座或两座，互为犄角。

　　三曰练水勇以凿夷船。募海边壮丁善泅水者，水师每营百名，使之

---

① 应为"现在整饬师船炮械"原文中"师"字模糊不清，据前后文揣定。

学习水底行走，用大铁钻凿逆夷船底。或彼有倒钩则不可凿，从其艄后扒上夷船，杀其夷人，砍其艄舵。此项水勇必须召募，除台湾额准召募名数外，其内地各营换班额内，现有班满事故未经换到补额者不下数百十名，应请准于召募水勇中挑其尤为精壮者，赏给补充。咨明内地，暂免换补，俟事平后再复旧规，以符定制。

四曰习火器以焚贼艘。海洋舟师远者用炮，近则利用火罐、喷筒以焚敌舟，非练用精熟不可。本职现令水师如法制造，教习各兵，务使娴熟。惟火药现仅领到十七年分，尚欠十八十九二十等年未到，伏乞饬行藩司，全数发交台营，请领员弁迅速解回应用，俟到日补具印领申送。

五曰造大舰以备攻战。台湾向无大号战船，缘台厂军料购自内地，大料不能配运。哨船至大号同安梭而止，傥备攻击夷船，必须添造大舰如集成号者二只或四只，分给台澎两营配用。嘉庆年间，攻剿蔡、朱二逆，曾奏明特造大舰。今逆夷猖獗，似宜请动帑项，专派大员在厦制造多只，为台厦水师之用。或例价不敷，由台内文武分年摊捐，实乃攻夷要务。但须选访善于制造之人，亲自督工，非寻常厂员所能晓办。

六曰雇快船以通文报。逆夷去来无定。洋面候息千里，侦探消息必须内外相通，不容迟误。应饬澎湖台防鹿港淡水有口四厅各雇快小渔船二只，往来台、厦、蚶江、澎湖侦探逆夷动静，一有警信，立即飞报，并请宪台饬令厦防、蚶江二厅一体雇备驰报台、澎。

七曰添委员以资防守。地方有事，各口及地方该管官皆有责成。惟台地如嘉、彰二县。民情浮动，事务殷繁，淡水一厅，又以地方而兼口务，澎湖则文员止通判一人，诚恐顾此失彼，必须添委干员，协同防御。现有玉庚、徐柱邦二丞，范学恒、裕禄、魏瀛三令，俱经卸事，尚未内渡。拟委玉庚往淡水，协同该丞、刘继祖办理，范学恒往嘉义，协同署令魏彦仪办理，徐柱邦虽系丁忧人员，但新任孙署倅甫经到任，徐柱邦正在澎湖交代，且防夷军务，可以援例奏留，应请即留在澎湖协同署倅孙化南办理。此三员，皆曾任其地之员，情形熟悉。再于佐杂内挑选明干者随之，会同该地文武团练乡勇，查禁奸民接济，似为得力。裕、魏二令及素有赡略熟悉军务之参员托克通阿暂留郡城，听候差遣。

以上七条，皆目前必不可缓之事。惟是事关重大，处处皆需经费筹备为先。道库虽有备贮之款，未敢遽行动拨；而在台文武廉俸无多，向为每年额捐及历次军需摊捐，又操练精兵船厂赔费各款已数万金，尚有随时派捐不在此数，是以办公素形竭蹶；此次防夷需用甚多，不得不仰乞宪恩筹拨无碍闲款，通融津贴。查有噶玛兰历年征存下则田园供耗未报升科之款洋银一万元解存道库，道光十八年七月间经职道报明前宪批准提出九千元分贮凤山、嘉义、彰化，以备不虞。是年南路张贡、北终①赖三等匪徒滋事，各县赖有此款先行拿办，中路胡布、游碰生逆匪之起，党羽无多，得以迅速扑灭。及后奏请帑项，或销或摊，已归还封贮。昨准前任吴藩司来文，又将此款详请改发府库，抵扣明年大饷。在吴藩司以为兰地未报下则田园，现办升科，所有历年征存必须报部候拨，固为慎重钱粮起见。但事有轻重，时有缓急，不可无所权衡。台湾海外严疆，军旅数兴，府、厅、县库早已奏明匮竭。地方浮动，不定何时用兵。当事之初起，全赖办理应手，庶星星之火不使燎原。而无费不行，徒手必然坐误。今防夷事大，所费甚巨，若责令在台文武尽出捐资，实有万难措备者。况此款并未报部，实不同于正项。即使升科案定，亦可据实奏明。惟有仰祈宪台俯鉴海外孤悬，防夷紧要，饬行藩司准予兰厅征存未报部款内由职道酌量动拨为防夷之用，事后核实报销，免抵明年大饷。如此则地方办公有资，各属赔累稍轻，举事庶能应手。倘为日持久，再容另筹。抑更有请者，海外文报往返稽迟，以上各条若俟奉到宪批，恐不及事，职道等彼此熟商，意见相同，不得不在地先行举办。合并呈明。

（东溪文后集卷四）

覆邓制府筹勘防夷状庚子九月

八月十三、十四等日奉六月二十一暨七月十二两次钧函，祗悉逆夷犯顺，舟山失守，宪台现奉谕旨驻札泉州筹办攻剿防堵事宜，深蒙仅念台湾，开示要略，颁发饷银。又奉檄文十数件，示以夷踪诡秘，教以备御之方。莹时在鹿港、彰化一带，勘办北路各口防御事宜，捧诵之下，钦佩实深，当即缄封宪函，驰寄达镇一同阅看，饬行所属文武遵照。

伏思蠢尔丑夷，因天朝绝彼贸易，无计资生，竟敢肆其猖獗，扰我边陲。定海猝未及防，致为越占，指日天戈云集，不难迅奏荡平。而台、厦、澎素为彼所垂涎之地，势必分趋骚扰丙地。水提在假，陆提又

① 据上文，当为"北路"。

赴援浙江，宪台总统文武独抒经略，莹身受海外重寄惴栗倍形。民情浮动之区，攘外先须靖内。逆夷船高炮大，势难取胜外洋，我兵攻具未齐，目下要务自当保固藩篱，守定而后议战。前经查明水师船炮并筹议事宜同经费要款先后会禀，计日内当邀垂览。至防守要地，则郡城全台根本，鹿耳门虽已淤浅，商船不入，而安平大港外之四草洋及鹿耳门北去二十里之国赛港，均为远来商船停泊之所，大港迤南之三鲲身亦可小船出入，皆郡城门户。全赖安平一协，西障四草，北阻国赛港，南控三鲲身，实乃第一扼要。经会督护水师副将江奕喜、台湾府知府熊一本、台防同知同卜年及该营、县，派雇战哨民船，多配弁兵水勇千二百名，罗布港门。复于红毛城原设炮台一座、新设大港内外炮台四座之中。横筑炮墩，绵亘百余丈，守以兵勇五百余名。达镇复于岸上深挖濠沟，密布钉板，多插旗帜，派委前台湾县托令督率乡勇，每日三次登埤，严申号令。其四草、鹿耳门、国赛港、三鲲身亦多筑炮墩自十余丈至二十余丈不等，各守以兵勇屯丁或一百名或二百名。所有大小炮位及新制火器，会同亲试演放，均能如法。是郡城防守尚为谨严。至北路各口，经莹于八月初七日启行，遍历嘉义之树苓湖、缠仔薮，彰化之番仔挖即鹿港正口，王功港即鹿港之内口，五汊港（在淡、彰交界），及淡水南境之大垵、中港、香山、竹堑四口，北境之沪尾即八里坌口，以至极北之大鸡笼要口，凡十七处，皆当设防。而尤以树苓湖、缠仔薮、番仔挖、沪尾、鸡笼五处为最要，均会督营将厅县设立炮墩，派雇战船、民船，分配弁兵、壮勇，或巡守于港门，或驻守于岸上，多插旗帜，兵勇每日三次登埤施放号炮，务使声威严壮。其各小口亦酌仿而行。每勘一处，皆相度地势，酌定章程，或八条或十数条，咨商达镇。九月初十日勘竣，仍沿海覆查，约本月下旬可以回部①，再将办理章程逐一闲②具清折，绘图贴说，另呈宪鉴。

惟澎湖一岛孤悬，鞭长莫及，詹副将同该厅在彼堵御亦尚谨严。现因徐署倅告病，已经藩司委云霄同知玉庚前往接署，莹饬令台湾府筹备银款发给，以补司扣饷银，当不误事。

缘奉谕函，谨以现办情形先行呈复。

（东溟文后集卷四）

---

① "部"疑误，当为"郡"。
② "闲"疑误，当为"开"。

防夷急务第二状镇府会衔辛丑正月二十日

本年正月初六日准水师提督咨，奉道光二十年十二月初二日上谕，以英夷包藏祸心，无厌之求益无底止，如有不得不攻剿之势，则兵贵神速，不可稍有迟延坐失机宜，务当体察，严密防范，其平日得力之将弁及应用之枪炮火药等件，均当预为筹备，前调各兵虽已有撤回归伍者，而本地防兵为数不少，尤当分布要隘，有备无患等因，钦此。又咨抄宪台十二月初七日奏，英夷复肆桀骜，闽省各海口现在练兵调勇，严密防守情形一折，当经咨会王提督并飞饬各属一体遵行。职道等会查台湾防堵事宜，已于上年九月内详绘图说禀陈在案。嗣奉宪文遵裁撤壮勇渔船之旨，职道于十一月二十日后酌量次第减撤，以节糜费。本职仍督饬弁兵严行防守。今英夷既仍有桀骜情形，自当如前派设壮勇，以助军威，而昭严密。

伏思台湾孤悬海外，南北二厅四县绵亘一千四百余里，名为一郡，实兼内地福兴漳泉四府道里之长。内地水陆二提六镇四协，以全省兵力防守尚形吃重，台湾一镇虽云水陆官兵一万四千，除澎湖协兵隔海外，在台水师仅安平一协及艋舺参将所辖不及三千人，分守十七要口，实形单薄。陆路弁兵分布郡城内外及诸厅县存城分防一百四十二汛，仅敷弹压。而民情浮动，奸宄时萌，近又查拿鸦片严紧，愚民恶习一时未能湔洗，匪类常思与官为难，定海失守，夷船游奕台澎，深恐在地奸民乘机窃发，内靖外攘，十倍内地之难。欲计安全，非徒手所能为力，倘不先期预备，一旦遇警，则重洋间阻，内地纵有熊罴之师，百万之饷，不能飞渡。此职道等日夕思维，不无深虑者也。再四熟商，现有急要四事，不得不仰陈于仁宪者。

一曰海外经费不可不裕。台湾昔时地方殷实绅商颇多，每逢警变，莫不捐输效力，府库亦常存银二三十万，可先支应，以待内援。然前人犹时以东顾为忧。自蔡逆骚扰海上，商力大亏，生业消败，三十余年矣。经以嘉庆十五年，道光六年两次分类械斗，十二年张丙、十六年沈知、十八年胡布屡次作乱，元气荡然，绅民纵肯急公，多苦捐资无出。而府库备贮自嘉庆年间已为军需用尽，即道光十三年奏发道库备贮十万，亦为沈、胡二案动支，仅存五万五千余两，为数无多，殊不足恃。上年筹备防夷并未领帑，所用经费三万四千余两，酌动兰厅未入额征存谷价外，府、厅、县尚挪垫二万有奇。职道现请饬司发还，今年防御事宜，实属无可支应。且上年夷人图销禁物，犹可守而不战，设今再至，必当相机攻击，情事不同。现据各厅县纷纷禀请筹发经费，每处万数千金，或至二万，为数甚巨，其势不能不给。伏思前蒙预发本年大饷六万，所以为海外计者实深且远，上年防夷，卑府即于此项挪用一万余两。本年经费若待请领来台，缓不及事，不得不仍先挪用。而大饷本隶亦属紧要，防夷久暂未可预期，断非宽为筹备不可，应请宪台饬司于本年大饷之外，拨银十万两，半给足重番银来台作为防夷经费。更采前任吴藩司道光十八年之议，奏明再拨捐监银十万两，亦半给足重番银解台存贮道库，以备地方不虞，庶岩疆有恃无恐。

二曰大饷扣抵不可过多。台湾年支兵饷二十二万余两，除在地钱粮杂款抵支外，嘉庆年间省发常十五六万或十七八万，嗣后司中扣抵款项渐多，然尚在十万以上。惟上年大饷止发六万余两，即澎湖需发银三万余两，亦因抵扣仅发二万两。藩司稽核度支，原皆应扣应抵，无如各款内或因豁免奉删，或系军需挪垫，或以捐摊未足，或因交代奉追，亦有本系应领因款册奉驳未给。又民间希冀豁免钱粮，徒事追呼，仍多延欠，若非稍事通融，则纸上空数之银，不济实用，恐海外兵饷缺乏，贻误匪轻。至澎湖穷岛孤悬情形更亟，应请饬司于台、澎二饷应扣应抵之中，察其事尚有因者，准免扣抵。司中少扣一分之饷，则海外可减一分之忧，遇事即多一分之用。

三曰派委大员协守澎湖。查澎湖西距厦门水程七更，东距台湾水程六更，四面大洋，与台湾同一孤悬，幸地小民贫，风气淳朴，尚无反侧之患。额设通判一员，水师副将一协，两营弁兵一千八百余名，原足以资镇守。惟台、厦两处现均戒严，万一夷寇猖獗，仓卒难以救援。澎湖需费、需人，必当筹计。上年蒙前宪奏委副将叶长春带经费番银三千往同守御，职道亦筹番银一千同卑府筹给银番，委丁忧之前署通判徐柱邦及司委署厅之云霄同知玉庚往澎会办。嗣因内地撤防，叶副将给咨北上，内地未再委员前往台营。所在皆关紧要，将备弁兵实无可以调拨者。应请仍于内地各营遴选明干大员，同詹副将及该通判等协防要地，并请筹给经费一二万两，随同大饷发交该厅存贮，撙节动支，俾无贻误。

四曰新铸大炮分给台、澎以备要口。上年省中铸造八千斤及六千斤大炮，原为防夷之用，此时当已告成。台、澎大炮无过三千斤者，应请将新铸大炮酌给八千斤者二门、六千斤者六门，拨给台湾郡城之安平八千斤二门、六千斤二门，淡水之大鸡笼及沪尾各给六千斤一门，澎湖之妈宫口给予六千斤二门，庶为得力。

以上四事，均属目前急务。职道等督同卑府熟商，意见相同，王提军亦以为然。伏祈宪台俯念海外地势孤悬，夷情叵测，悉准饬司，迅速核议施行。

（东溟文后集卷五）

驳凤山令港口毋庸设炮募勇议

据禀会营勘视该县海口情形绘图筹议防御三事，具已阅悉。惟云港口与安平北路大小不同，祗宜内修战备，毋庸外示兵威，此论似是而实未洽。

所云战备者，不外兵勇船只炮械之用。凤山地方广阔，时有贼盗匪徒滋扰于内，陆营兵力尚须弹压地方，非临事未可轻动，此时用防海口，惟舟师耳。试思该县水师属安平右营，额兵仅七百七十三名，尚须半留安平，以固郡城根本，所可分防者三百数十名耳。是否足额，尚未可知，而要口已有东港、打鼓港二处，则每处仅百数十人，以御寻常土寇，尚有难恃，而调可当大敌乎？该县所恃者口小水浅，夷船不能入耳。彼非愚人，岂不知巨舟不能入港，不思更换小舟耶？现奉宪檄以夷匪牵劫商艘，配坐夷兵，剥取汉人衣服，则其改坐小船假冒汉人为入港之计，智固已出该县上矣。夷人腿直利水而不利陆，如果登岸，我兵原足以胜之，今不御敌于港门之外，姑且开港纵之使入，或欲诱之登岸以取胜乎？是亦一奇也。然所以必能胜敌者竟安在？引敌入境似奇而危，非密为部署不可。万一所谋不遂，徒自撤其藩篱，不又蹈定海镇之覆辙乎？

善用兵者，必先自为不可胜以乘敌人之可胜。闽人矫悍固非浙比，然亦惟滨海无赖之徒敢死耳。其平时饱食钱粮、晏安习惯者，未必皆敢死也。况我水陆兵丁有限，而夷匪之来，半以汉奸为之羽翼，其变服而在夷船者及贩烟土惧罪下海而为盗者，将与夷匪并力为难于我，此诚未可执一而不思所变计矣。该县但知攻夷于岸为我之利，独不虞汉奸先驱、夷匪尚纵其后乎？安平及北路，皆用大口，为夷人窥伺，故以防大口为亟。南路则惟打鼓港、东港稍大，总以设立炮墩，先募乡勇百名或二百名协同汛兵、舟师防守炮墩、炮台为要。炮位亦宜先设，既有兵勇防守，似可无虞为嫌兵勇之少也。故更多张旗帜以疑之，使不测我之虚实。及乎夷匪大帮果至，则更以各保团练在庄之壮勇千人或二千人，同蓄养锐气在营未调之陆路兵出战以破之，而使登岸者得以休息，并非徒任在戍久劳之士，责以破敌。所谓不自老其师者此也，岂如该县所言哉？本司道通饬厅县示谕各庄团练壮勇者，正为此用耳。

夫恃险轻敌，自古兵家大忌，该县岂未之闻乎？若以石大山、张贡之流视夷匪，则误之甚矣。其更会营悉心筹办，好谋而成，勿任偏见，不复三思，是为切要。仍将如何筹办之法缕悉驰报察核。本司道北路回郡后，即亲临南路勘视，现在夷船来往窥伺不离台、澎，并非一旦猝临者，毋得往返空言，迟误机宜。凛之！慎之！

（东溟文后集卷五）

驳淡水守口兵费不可停给议

昨据淡水曹丞，以北路海口防兵不能得力，请停给防夷经费，专用乡勇，已经本司道严批驳饬矣。

兵者，国之爪牙，所以宣上威、镇乱民也。将弁不才，训练无方，但可更易将弁，岂可因噎废食耶？专用乡勇，其患更有不可言者。曹丞能得民心，善练乡勇，但知现在义勇感奋整齐，以为团练有效，又见营兵骄惰，虚糜经费，时复滋事，遂欲罢艋舺、竹堑两营防夷兵。殊不思乡勇非他，即台地之悍民也。能善驭之，故为义勇，苟一不善，则乱贼矣。兵亦犹是也。不肖将弁治之而骄惰，苟得贤能将弁，亦岂不可治之为劲旅乎？冠虽敝，不加于履，辨等级，所以养国威也。台营恶习本司道非不知之，即镇军亦非不知也。特镇军之力，但能练在郡四营之兵，犹不能遍，仅练千人，他营则皆不能，费不足也。即此千人，亦有内外之别，内精兵实止六百人耳。例领钱粮不足，全台文武捐助，练费丰厚，倍于他营，所以奖拔之者，亦优于他营，故富而强整。水陆万四千人，安得尽如精兵之优厚哉？全台十三营，皆镇军统辖，而厚薄攸殊，诸营不能无怨，镇军无如何也。诸将中贤者犹不失其律，不肖者则藉为口实，坐使废弛，有由来矣。

吾思有以结众营兵心，正赖防夷经费优给之，于常得钱粮有加，彼亦人情也。恩惠既及，乃可受吾驱策，此一定之理。今逞一遍之见欲罢防夷兵，专用乡勇，恐乡勇由此而骄，益轻诸营，设有反覆，谁为制之？且以素怨之兵，见文官偏用乡勇，必怒，一旦为变，曹丞能率乡勇以讨叛兵乎？纵使能讨，必益长台人之乱，祸不旋踵矣。东汉董卓、唐代藩镇之不可制，皆由先假外兵以平内难所致，可不戒之哉！

自古师克在和。台湾孤悬海外，全赖文武同心，官民一气，庶几众志成城，岂可显为畛域，废本司道数年调辑苦心？若如曹丞之见，是必无台湾也。其可乎哉！

（东溟文后集卷五）

台湾不能坚壁清野状 辛丑九月

八月二十四日奉宪台札饬，逆夷船坚炮猛，沿海若与交锋，万难制胜，不如诱之登岸，四面埋伏截杀，所有原设海边大小炮位亟须移徙内地十余里或三五里之阨要隘口，不令窥见。如其船至海边，即令沿海居民避徙内地，协同我兵埋伏，鸟枪抬枪抬炮长短各械，俟其上岸时至隘口，先用大炮轰击，继以围杀。又奉札饬，各处港口必须堵塞，除面临大洋及内港退潮水深止七八尺者及荒僻口岸不必计议外，如有港口退潮水深丈余，夷船能以阑入之紧要内港，速即购备竹篓破船，装满沙石，分别填塞。其夷船未到之时，中间仍留小口，以便商渔船只出入。如遇夷船窜至，再行一并填满，以杜夷船联艅闯突。其由海岸登陆及要隘之地如可挖濠，即迅速开挖，宽深或暗埋蒺藜等物，仍将何处紧要应办缘由禀覆察核等因，奉此祗聆之下，仰见深烛夷情，指示机要，洵为避实击虚之良策，当即飞饬所属，各按地方情形，遵照办理。

伏思用兵之法，攻守异势，攻以旷野为利，守以险隘为宜，而地势不同，民情差异，则有未可一概论者。自古守险，非依山则据水，平陆则深林密箐，皆可为守。台湾惟噶玛兰之苏澳、淡水之鸡笼、沪尾三口，系大山高耸，中夹口门，可以据险凭高。余皆沿海平沙，一望无际，口门悉在。水底或有沈汕暗礁，可陷敌舟，平时口门皆插竹为标，以进商船，有事即去其标，故称天险。然亦仅数处。大抵水口浅狭，非夷人之所必攻，余皆无所据依，守者极难立足，自当退而设伏，不与近海交锋。

然而，其难有五：海畔平旷，村庄散漫，处处可行，并无扼要之所，其难一也。沿海之人，十九皆穷，其心叵测，绵亘千数百里，人口繁众，迁之则无地可容，无业可活，置之则引敌登岸，无所不为，其难二也。台地恶习，最忌迁移，匪徒每欲为乱，则造方恐吓居民迁徙，乘间为乱，其难三也。沉舟载石，固可堵塞口门，然无兵勇守之，则堵者仍可以开，塞者亦可以去，其难四也。台人好乱，无事犹造播谣言，若撤退守口之兵，则明示以官兵懦怯，良者以为官弃其民，奸人益启猖獗之志，其难五也。

且如郡城，西临大海，城外即水，仅恃安平一镇横互为卫。安平地狭，东西一里余南北二汕迤逦相连，今守郡城，舍安平更无退步。城系土筑，未可言坚，虽欲坚壁清野而不可得。展转筹思，惟有因地设施，以求万一之济。石壁虽不足当巨炮，而舍此更无可立足之区，大炮虽不能破坚舟，未尝不可击登岸之贼。现更用大竹篾编为夹墙，亘数百丈，中实沙土，高仅五尺，其厚丈余，藉为我兵避炮之具。复挖长濠，下埋钉桶，以陷登岸之匪。其港门内横列大木数排，上安千斤炮各二门，以为拦截。更架棉包牛皮，中藏勇士，伺敌将近，以炮击之。前以大木数百头上钉尖锐大铁挠钩，中贯巨藤以挠其杉板木排。后用竹筏停泊，傥敌炮破我木排，则弃炮于水，人登竹筏而退，诱其登岸击之。支港内则钉梅花木桩，以阻其闯突。安平之北，隔港六里为四草，亦砌筑石壁夹墙七十余丈，内设兵勇炮位以防敌人占据。过四草五里则鹿耳门废港，用石填塞。更六七里为国赛港，其处水口宽深，用不堪修葺哨船并买民船，凿沈堵塞港内，仍设乡勇屯丁对岸一带，复联集村庄团练壮丁设伏，以防登岸。安平之南，距炮台七里为三鲲身，新开港口水深丈许，现用大木作水鹿角横拦水中，复用竹篓载石堵塞，守以乡勇。复于对岸联集村庄练勇设伏以待。更南六七里为喜树仔小港，地颇荒僻，居民甚杂，尤防草鸟贼船阑入，亦联集在地之庄社团练壮丁以为伏兵。郡城西面围以木栅七百余丈，中安炮台三座，多设壮勇分守之。郡城八门，除弁兵外，复募壮勇一千四百名，授以器械，分段协守。城内各街分七十二境，责成绅士铺民，各募壮勇二三四十名不等，共二千余人，多立木栅隘门，巡防街道，稽查奸宄，此郡城设守之大概情形也。

郡城以外，凤山县仍驻埤头，以竹为城，距海口二十里，嘉义、彰化二县，皆砖城，距海口七十余里。淡水厅石城，距海口十里，兰厅竹城，距海口五十余里。而淡水之沪尾，即八里坌，一水三十里直通艋舺，彰化之番仔挖一水三十里直达鹿港，此皆商民百货所集，阛阓之盛倍于城中，杉板船皆可以至。其次则嘉义县丞所驻之笨港，佳里兴巡检所驻之盐水港，市井颇稠，皆濒海数里，幸港道浅狭，即夷人杉板亦不能至。惟有懔遵宪示，于各海口中择其地有要隘可以退伏者，将炮勇酌量分撤，半守口门，半为埋伏，诱其入而歼之。傥或地势不便，则量为变通办理，以期仰副谆谆垂示之至意。

（东溟文后集卷五）

风闻厦门夷情反覆状_{壬寅十一月廿四日}

前月廿日接据护送夷人往厦委员虑继祖、张肇銮等禀称，遭风夷人二十五名及夷目颠林等九名均已到厦交收。惟因颠林等在澎湖候风兼旬，到厦稍迟，厦门谣言四起，以致鼓浪屿夷酋疑惑，大生怨谤，以为台湾两次破获夷人，皆系遭风夷商，不当正法等语。职道不胜骇异！

前次来台夷官业已感服，极为恭顺，何以鼓浪屿夷酋忽生异议？仆鼎查在江苏与钦差大臣议定一切和约章程，言定浙江、福建、广东等省未接议和之信以前傥有攻击夷船，均当原情免议。岂得显违条约？此端一起，则向后各条皆不足据，凭何信守？至两次来台破获之夷，俱在未议和以前。两相争战，彼此仇雠，即系遭风夷船尚当擒办，何况并非遭风商船！现有原供及起获船上炮械及厦门浙江营件、浙抚营员印文册折，现在贮库确凭，何能支饰？

窃意仆鼎查所到之处，无不纵横如志，惟独台湾连遭挫衄，有损彼威，其恨可知。讳败夸强，亦无足责。但和议甫定，不当有此一节。诚恐讹言日久，以伪乱真，于大局必有关碍。宪台必有先闻，自必定策权衡以全大局。事关夷情反复，职道既有所闻，关系重大，不敢缄默，是以会达镇据实上闻。言皆切直，并无一字涉虚。至夷情实在如何，海外无从揣测。伏乞宪台指示机宜，是所幸祷。

再有请者：夷情诡诈多端，难以理争，亦不必以一镇一道而碍国家大局，使海外又启兵端。职道愚见，夷人深恨台湾败衄之耻，故为此举。且彼既在厦门设立马头，而台湾与厦门对峙，镇、道二人在台，于彼诸多不便，故为此谋。欲去其所忌，未必真为正法之夷人抱屈也。若镇、道更易，似可相安。惟有仰恳宪台密以此意奏闻，先将镇、道撤回候旨，一面善与之言，不失天朝之体。彼见去其所忌，自亦无所借口。傥蒙圣明垂鉴，别赏差使，则易地亦可报效，不必定留在台，免致牵动大局，似为妥洽。谨密陈。

（东溟文后集卷五）

复管异之书己丑

异之足下，远承惠问，劳苦愁寂之中如亲笑言。又以仆起复有期，虑其好热闹而不节用，甚非今世所宜。恳恳谆谆，诲所不逮，非相爱之深，不能为此言者。顷得左匡叔书，亦谓近日士大夫多修饰小节，以为进取。而光栗原亦以谦谨相诫。三君之言，何其若合符节也。三复规箴，感欢不已。仆今年四十五矣，读书二十年，游历仕途崎岖忧患者又二十年，不应愦愦然，亦窃有微衷，请为足下言之。

夫志士立身，有为成名，有为天下，惟孔孟之徒道能一贯，其他盖不能以同趋矣。为名计者，谨言行，饰廉隅，此乡曲自好之所求也。自东汉以虚声征辟，天下争相慕效，几如今之攻举业者，孟子所谓修其天爵以要人爵也。当时笃行之士固已羞之。明季，东林称多君子，天下清议归焉，朝廷命相至或取诸儒生之口，固宜宇内澄清矣。然汉明之季，诸君子不能戡定祸乱，反以亡其身者，无亦有为天下之心而疏于为天下之术乎？天下大矣，不可以一言几也。有开创之天下，有承平之天下，有艰难之天下。开创人才无论矣，承平者务在休息教养，士大夫言论从容坐镇，风俗斯谨，饰文雅之儒所以乘休声也。及乎承平日久，生齿繁而地利不足养，文物盛而干盾不足威，地土广而民心不能靖，奸伪滋而法令不能胜，财用竭而府库不能供，势重于下，权轻于上，官畏其民，人失其业。当此之时，天下病矣。元气大亏，杂证并出，度非一方一药所能愈也。今夫求马者于冀北，蓄蚕者于江南，稼问农，蔬问圃，天下艰难宜问天下之士，而与乡曲自好者谋之，其有济乎？奇才大略不世出，必不在修饰边幅中也。汉明之季，诸君子所为视今何如？吾犹不能无憾，又况其下焉者哉！且世之善为修饰者，初亦何能自好，不过视时所尚为之。上以是求，下以是应，犹之夫攻其举业云尔，立身求己之实，盖未究心焉，尚谓有恫瘝于天下乎？夫谦谨者，君子之美德。然既受人之爵，宜忧人之忧，食人之禄，宜任人之事。今于爵禄，则取其大者厚者，而于天下事，则为其微者细者，曰：是能谨慎供职，吾不知所职又何事也。呜呼！一生谨慎，武侯语也，乃以为趋时之具，无怪孔光、张禹者流比迹于千古，是亦大可痛矣。且夫举业，趋时者可以数变其文体，为人而趋时数变，将何以立身？盖通塞者，命也，好恶者，人也。吾之赋命有定，而人之好恶难齐。命苟塞矣，阔略者固非，曲谨者亦可罪也。今日阔略，明日曲谨，不且两失之乎？

吾愧道不足以济世，才不足以救时，乃其志则不欲曲谨求名。聊存其面目于百折崎岖之后而不敢变者，意亦有所羞也。异之责其好热闹。夫好热者必热中，热中者必慕势，异之视仆亦尝慕热否耶？三至京师足不及权要之门，三为县令，未尝降志于督抚，所热闹者，海内节义文章之士、贤豪跅弛之人耳。数厄当道，艸塞困顿，或跌宕于诗歌酒肆以发其无聊，此学问不能养气耳，岂好热哉？若夫节用之说，固尝思之。然以家无儋石之人，生平结交当世贤豪，以此赡其父母妻子以逮五服三党数十口无冻馁者二十余年矣。生平无声色服食珍玩起居之好，尝负官责巨万，然在官未尝妄取民间一钱。及罢职去，士民辄争为代偿，卒亦无锱铢之负国家。人之于我何其厚也！我尝厚取于人，而我之于人必用节焉，丰之入而啬之出，得毋为鬼神怒乎？吾尝少也，不能悦人，今老矣，而涂脂泽粉以事后生，异之谓我能之乎？虽然，君子者求反正以可常，不诡备以立异，三君勉我以中庸之道，将使之改过迁善，则闻命矣，勉以宜时则私衷有所未安。敢尽区区，惟登教之。

（东溟文后集卷六）

覆程中丞书 辛卯九月

昨陈倒塘一事，奉宪批：河防机宜，非地方人员所能遽悉，总须广询博问，执端用中，庶可不负委任。饬即会同厅、营察看情形，随时相机酌办，务使各帮回空军船迅速星飞南下。仰见宪台明察庶情于慎重公事之中，寓造就属员之意。

窃惟服官之道，当以慎勤为本，忠信为质。及乎治事则首在识时，其次因地，又次观人，终于审事，未有任心执一而不乖误者也。即以地方言之，钱谷兵刑虽有成法，而用法之宽严缓急则又当体察而行。时有异势，地有异宜，人有异等，事有异情，明乎四者，然后可以无弊。故或狱市不扰而非姑息养奸，或摘伏若神而非舞文深刻，或豫备几先而非急，或事至不动而非缓。盖治事如医投剂，可用古方，而辨证在乎切脉。如明谕所云，察看情形，随时相机酌办，诚治法之要枢也。然非广询博问，则时地人事之异何从而知？非执端用中，则宽严缓急之间安能悉当？谨终身佩之，不独河防机宜而已。河防之事本所未谙，非在工年久，目睹身勤，纵使广询博问，犹或未能了然。执端用中之难，有倍于地方者。如地形之高下曲直，水性之缓急通塞，其事至粗，已有经年在工面问之茫然者矣，况其远近迁变，倏息易形，益非卑职之愚所能通晓。

此次奉委倒塘催运军船，本有成法，谨会同厅、营随时相机办理，一俟军船出塘完竣即回省销差。谨肃以闻。

（东溟文后集卷六）

覆陶陶军言盐务书乙未九月

日昨奉命至运司署检盐案诸卷，按年摘要，以备查考。连日逐款摘开清折十二件，于三十日戌刻呈都转阅定，驰送行次，计达钧览矣。伏思此次开呈各款，因为时仓卒，仅自嘉庆二十一年起至本年止凡二十年，纲盐之起运、岸销、统带、奏销、征存、报解，以及商借帑本、报效、外支、历年大数，可以一览了然。计丙子至庚寅十五年中，运盐之数仅丙子、丁丑、己卯、甲申、乙酉、戊子六纲全运，辛巳、壬午、癸未、丙戌四纲则折半行运，戊寅、己丑、庚寅三纲则分纲带销，丁亥一纲全统，庚辰盐虽全运而课仍分年带征，未有如辛卯、壬辰、癸巳、甲午四纲连年全运者也。奏销之数，计二十年为银四千四百余万，而辛卯、壬辰、癸巳、甲午四年乃九百余万，此皆以多为美者也。征收之数，正项今昔略同，惟杂项一款，昔年多者六七百万，今则年裁一百一十万耳。盖昔人以财为悦，先私交而后公义，进于内者惟恐不盈，朘削脂膏，搜剔骨髓，泛泛然有所不顾，是以商力竭而运库空虚。今则急公义而绝私交，取于下者必量其力，裁革浮费，减轻课本，呕呕焉培养不遑，是以商渐裕而运库充实，此则以少为贵者也。

自古善谋国者，必固其本，故保民而后有赋，保商而后有税。世安有民穷商困而赋税能长盈者乎？有嘉庆中年之极盛，斯有道光初年之极敝，相去不三十年，前人之所以得，正前人之所以失也。明明覆辙，而议者犹以为美，竟欲复彼旧规，此岂谋国之胜算哉？夫局中之事，外人不知，山不见故也。今吾倾筐倒箧，胪而出之，而道旁之人皆能举数矣。使彼洞然于今昔先后之数，与所以赢绌之故，则得失之理，人将自明，不事喋喋与辨。

莹之愚计，思作嘉道以来盐法表，编年于上，而以十二款者分十二层线注于下，使不晓盐务者，亦可展卷，洞然得失见，则是非自明，可以示天下，信后世。而都转意为不可，故不敢多请，而意则有未尽也。嘉庆中盐务最盛莫如乙丑以后，前盐政阿公在任之日。今独此十年，未得查开，而历年盐政运司之任卸及巨贾之成败，皆大关系，亦未能备悉。虽由仓卒，亦缺憾也。商人资厚而运盐多，实乃国课之根本。昔岁运十万引以上者众，今则五万以上即为富饶矣。若查取历年某商行运五万以上几家，何年长消，何年倒罢，使人考之，亦见今昔司事之难易。傥以尊意，更索诸都转，发下俾莹得见之，可乎？

（东溟文后集卷六）

覆贺耦庚方伯书<small>丙申正月</small>

窃莹凡陋下材，附青云之末二十九年矣。浮沉下吏，不获一侍清言。然大君子治绩声称，上结九重之知，下逾岭海之外，士大夫操觚从政者，无不仰为当代伟人。莹之景行更当何如也。曩岁友人示以巨制《经世文编》，伏读既终，甚欢贤哲所为宏卓，匪是不足为明体达用。顾以刍荛一孔之见，亦间蒙采录其言，且感且惊，思以一函自通，而疏贱中惭，申纸复辍者数矣。上年冬，从陶泉都转所递到赐书，咨及闽事，所以待莹者甚厚，诚非所敢当也。沈屙未瘳，逾月乃起，又有护理运符之役，鹾务烦冗琐细，不遑作复，今兹稍暇，谨对以所知。

窃谓为政之道非一，所贵在乎因地得人，或弛或张，惟用之当而已。自古治边地者，莫先威惠。闽自大儒间出，文物声名媲于齐鲁，然实山海交错，悍陋之俗未能尽除也。漳泉之械斗、台湾之好乱无论矣，即延建汀诸郡与江浙接壤，而盗贼会匪出没盘踞，类非安静文弱之吏所能治者，惟福州、福宁二郡属或庶几耳！

　　夫人材各有短长，视乎上之器使，为地择人，当先其大而后其细。威惠并著者，上也。强毅有为者，次之。明习吏事者，又次之。应对便捷，虚言无实，皆足以害政，未可用矣。闽海严疆水陆二提督，陆路建宁一镇、汀州一镇、漳州一镇、邵武兴化二协、水师金门一镇、海坛一镇、南澳一镇、闽安一协，而海外又有台湾一镇，安平、澎湖二协。大小将弁数百员，兵卒七万数千有奇，此用武之国也。国家昔尝有事，以定叛乱有余，今方太平，以捕盗贼不足，此其故何也？大吏多文儒，不习武事，诸将皆以趋承交结巧取升阶，而弓马技艺委诸弁兵，风云沙线委诸舵工水手，宜其不可用也。苟欲讲求，必从上始，拳勇、戈矛、火器、弓箭、风云、沙线有能娴熟，猛如彪、捷如猱者，皆不次而拔诸行间，习其勤劳，作其勇敢，恤其疲乏，风气所趋，下好必胜，何致岁费百万金钱养此无用之惰民哉！苟不讲练于平日，惟责以不能捕盗，虽日事参革，有不胜其参革者矣。是当留意者也。

　　今天下州县甚苦疲瘠，而闽尤甚。盖牧令办公惟赖钱粮之有羡余，闽民抗欠成风，岁征常绌，不但羡余不足供用，且多方垫解以免处分，安能不疲且困？嘉庆中董文恪分帅闽，福清生员聚众抗粮，文恪严捕其魁，立请工命诛之。奏入，上以为是各属钱粮一时顿起，旋遇恩诏豁免天下积欠，民间又存侥幸之心，至今欠风复炽。愚以为自非灾荒，必当严办欠户，否则不但司库奏销时形支绌，牧令亏空亦以愈多，徒事撤参，岂有济哉！台湾一府孤悬海外，积贮必使长盈，而台地正供所入皆米谷地丁银款，仅足支各官廉俸。台镇所辖水陆十三营，弁兵一万四千有奇，俸饷马干，皆需司库解往，岁常二十余万，此诚不可缓者。特款目繁多，常苦缪辘，其大端有三，一曰截旷，二曰换班，三曰借支。隔海行走，往返动辄经岁，然不过迟延月日，犹可稽也。积弊难清，则在司书、提塘之勾结。盖将备不谙例款，惟书识是师，书识则惟提塘是赖。于例各营饷干，皆由台府支给，彼恶其近而易稽也，往往越府而求诸司，空白文领盈箱满箧，皆在提塘之家，谋诸司书而时用之，以故缪辘益甚。台府详查准驳，仍悬司书之手，无由破其奸欺。傥清弊源，非从此究绝之不可。

　　以上所言，皆昔在闽中知见者如此。今去闽久，情事或又有更易，且阁下以明睿之资，负果毅之力，当机立折，固无俟于鄙言。而犹晓渎左右者，不愿虚善人受言之问，抑欲假此求大君子之教也。傥蒙诲其不逮，是则所深幸耳。陶泉先生竟病不起，其遗缺圣明闲放刘星轺都转，现在常熟，可即来，莹俟交替后，即拟请咨引见。肃此具复。

（东溟文后集卷六）

上林制军言西商脚私书丙申三月

莹于本月四日接护运篆，今已旬日。两淮公事繁重，本多未谙，逐节讲求，未易得其要领。大约运商疲乏当恤，其隐情，票贩散漫，当约以纪律，场产各有丰亏，可以相时调剂，岸销每形短绌，必须严缉透私。而其中情变万端，虑有所穷，势有所格，惟在得人经理。乃地越数省，人逾百族，在官任使，既无如许贤员，诸商亦无如许得力之人分置场岸。盖大计则关乎国用，而言利实尽于锱铢，利在则争趋，利亡则不顾，以视州郡之可以法齐理喻者，情形又有不同前者。

盐法敝坏，帑尽课悬，自改制以来，云汀宫保与陶泉都转大力斡旋，同心宏济，乃得五年全运，四届奏销，商本渐盈，库贮充足，成法粗定，人心稍安。宪台复运以精思，益求美备，莹可随事仰承训迪，庶免愆尤耳。昨见江西来信，知江船夹私一案，搜获子店帐簿，讯有端倪，张守已禀宪辕，请从严办。窃以江船夹私，本干例禁，既已获破，严办诚宜。微闻张守欲因此延及岸商，则过矣。盖商盐一上江船，成本巨万，悬于船户之手，虽有商厮押运，而形势孤单，恐怀不测，船户沿途收私盗卖，亦无敢如何，惟求包内引盐无缺或少缺，即为大幸，断无通同使带脚私、自碍纲盐之理。及至江岸，则文武官人具在，船户始有畏忌。交起盐包，心虚情亏，虑恐岸商家丁及管仓之人收盐挑剔，不免给予规费。此乃相沿数十年之陋习，不特岸商知之，即扬商明知而任听，因虑船户之以包盐为规费也。故水脚每引比楚盐加倍六钱。夫江西路近于楚而水脚反多者，正为此耳。如其可裁，扬商何肯甘心加价乎？计无复之而出于此，此其苦衷，亦可悯矣。船户贪心不足，水脚既尽，复带脚私，即以私盐变价为交盐规费，所称九十三两者，即此费，千引千包者，亦即此费也。故谓岸商知之而不能禁则可，乃谓以此牟利，岂其然哉？计西省额盐二十七万有奇，每年行销不过二十万，而商人岸费几四十万两，利少而费重。扬商苦之，皆欲避而趋楚。每纲派运，运使格外体恤，而江船户犹不愿装西盐。每届写雇，各商亦格外津贴，此其病皆由岸费之重使然。费何以重，由盐数少故摊派多也。张守不察乎此，乃以为岸商罪，诚恐岸商涣散，而扬商益以裹足。然则，此举以恤商疏引之初心，转为病商绌课之敝政矣。惟治船户以应得之罪，而勿问岸商情事始平，大局保全非细。

俞运使月来病势，初服镇江李生方颇效，顷乃变为泄泻，殊觉支离，实堪忧虑。并以附闻。

（东溟文后集卷六）

与姚春木书

春木先生足下：昔嘉庆中，家惜翁在钟山日，足下数从游处，莹独伏居里门，偶至江宁，翁为言足下未尝不称善也。惟异之、伯言时与往还且久，最后得交生甫，又间于他处见足下小文数首，益知所以为人及学与艺之美，钦重于兹有年矣。仕宦奔走，不及通问。至扬州，乃闻足下有太夫人之忧，讣至，思一为言，已复省念于古人知生知死之义，两无所附，而苦块之中又不便敷陈文字，与夫夙昔之所向慕者，用是抑郁且辍。去年秋，李申耆、吴仲伦二君见，顾生甫亦在坐中，二三英彦，先后毕集，颇思延致足下而未敢也。今且之闽，以两世之交，生平所钦向，幸及同时，又在一省，扬州距松江五百里耳，乃不可一见，能无怅歉乎！讣来而不之，复于心尤所不安，此所以不能终无一言于足下也。莹无似不能负荷家学，即惜翁文章亦不能仰承百一，幸赖足下与异之、仲伦、生甫及惜翁门下诸君子昌大其言，俾文章正轨久益昭朗，可谓盛矣。莹虽罢驽，岂能不思一奋兴乎？

窃谓文者，载道之言，其精与博者，可得而言之，不可得而尽之。而言之炎炎，又不如行之慥慥。诸君子立身具有本末，文章所发皆大远乎今人，而津津与古会，莹自讼时有未足，大惧不克自行。其言，获罪于君子，以是不敢有所论述。然遇有道君子未尝不忻忻受益，如足下者，安能不有以教之乎？行至严州，生甫相送及此，与登钓台，喟然思予陵之风，又吊文谢一公之义，益念平生交游，因致此书托生甫道其拳拳。

（东溟文后集卷六）

与毛生甫书己亥四月

去冬得两书并诗册及李申翁书，悉近状窘之。而仆六月发书竟未到，继知其舶遭风。是时方办贼事，未再作问。今岁又两得手书，方喜与练立人相处，何意立人暂辍任去，现计吴中无复可托为足下计者。陈梁叔嘉礼虽成，而困于山左，海外人无从著力，蕴结曷已！仆在此心事亦殊恶劣，聊为言之。

台本沃土，其民士多富而好义，乃自道光六年械斗，十二年张丙作乱，两用大兵，十四、十六两年乱民再扰，闾阎元气荡然。有司亟谋善后，修城、建仓、积谷，一切派捐，民间复兴建考栅，动辄数万，创痍之后，其何以堪！又前此嘉义被围时，官借绅民数万金，事平不偿，前守某复呵责之，以是富者疲于捐资，义气亦衰，此民之困于人者也。台人皆食地瓜，大米之产，全为贩运以资财用。比各省皆熟，米客不至，台人苦谷有余而乏日用，富家一切兴作皆罢，小民无从觅食，盗贼益多，此民之困于时者也。地方官办公全赖钱粮正供羡余，今以民间缺用，虽大稔之年，而赋贡不前，追呼所入十裁六七。富岁民欠转甚于荒年，此官之困于民者也。自张逆乱后，贼党一万数千人散在民间，时思啸聚，五六年来，抢劫殆无虚日，有司捕盗全赖悬赏购线，破获一案，费数百金，而岁常数十案，此官之困于盗者也。台镇自张逆乱后，倡练精兵之议，此正务也。而练兵经费每岁取之官捐，文自道府厅县捐万金，武自参、游、都司供用亦数千金，即如仆每岁亦捐千六百金，按季送给，否则，有鼓噪之虞。台镇每年南北两路出巡皆以重兵数百人从，所过厅、县供费自一二千金至二三千以为例。此官之困于兵者也。官民之困既如此矣，而更有危乱之忧。张逆余贼，皆无业之游民也，迫之则立反，遣之则日事劫掠。去岁春夏间，嘉彰地方忽有树生刀枪、浊水澄清之异，民间以为乱征，其势岌岌，台镇练兵虽勤，而不得民心，即诸营亦颇怨之。

以重困之官，抚重困之民，将骄悍之兵，而处必反之势，此所以到任后日夕筹维，不能安枕者也。除患必先固本，惟有躬行俭约以清治原，裁减各属供应去其陋规之甚者以纾官，力撤辕门差事，一切署中自备，革去道役例差之病民者，停诸工作，兴举之科派，勒捐者以苏民困。根本既固，然后督饬有司急捕巨盗九十余人，悉置之法，闾阎稍安。然匪徒甚众，策其反谋未能已也，乃请于督抚行联庄收养游民之法，使嘉、彰二邑各庄头人查其本庄少壮无业而惰游者，除常为乱首或大盗杀人正凶三者不赦外，余皆免究，籍其姓名年貌以为庄丁，由本庄酿钱养之，使巡守田园，逐捕盗贼，颁示委员周历诸庄，自七月至于九月所收游民八千有奇，略以兵法部署之，由是贼党皆为义勇，其势乃衰。乃九月，闻北路贼将起，亲至嘉、彰一路，督营、县破获，在地诛之。南路贼起，亦飞饬县营驰往，破散两路，擒斩逆匪积盗二百数十人。地方安谧，未有蹂躏。最后中路贼起，台镇自将兵出，贼皆溃散。仆亲往军中督营县先后擒其渠魁，从贼六十余人。镇军复入内山窃搜贼巢，获其山东大王，各路亦报获贼匪百数十人。全台乃定。仆以九月初七日出巡，十二月初五日还郡。台镇以十一月二十四日出军，正月十五日旋师，所至捕诸反贼，摧朽拉枯，民自擒献。由其党先已收为义勇，虽有倡乱，而附和者少，故破之易也。先后入奏，幸免劳师糜饷，残害闾阎。新春以来，则比户弦歌，如未尝有寇者。此去岁筹办台事之大略也。

来书以戢威用恩相勉，计此次先后擒诛贼寇不过四百余人，而收养者八千有奇，闾阎被贼之地，无所残害。以此报命可乎？

足下此时竟安在？申翁能健，慰甚。去岁七十，未有以寿，容图之。练明府顷在何所？春木自楚中有书来。亨甫不知消息。植之仍在粤未归。去年舍下丧一小女，家兄亡两孙，内有一最佳者，可悼之至。

（东溟文后集卷六）

与汤海秋书 己亥四月

海秋仁弟阁下，去夏到台湾，未一致书，以地方多故，筹所以安全之，不欲空言渎清听，负知己相爱之意。比幸地方粗安，阁下康济为怀，识议宏达，谨以近日情形言之，可以共商榷也。

台湾在大海之中，波涛日夕震撼，地气本浮动而不静，其人皆来自漳、泉、潮、嘉，尚气轻生而好利，睚眦之怨，列械为斗，仇杀至于积世，故自孩幼即好弄兵，视反乱为故常。初不必年岁之凶荒，官吏之不肖也。而年岁与官吏，亦即为乱之隙，无隙庶可不变，即有变乱而无所害，是则治台之术也。台自道光五年闽、粤械斗，十二年张丙作乱，当时大兵虽云平定，而攻剿擒斩者不过十之一二，其巨魁贼党万数千人犹在闾阎，时思啸聚。十三年之许戆成、十六年之沈知，皆其遗孽也。上年春秋间，嘉、彰道傍树枝忽变刀枪之形，虎尾溪浊水忽清，民间以为乱兆，匪民所在百十为群，肆行劫掠。台人所产米糖，惟以商贩为利，比岁闽浙皆熟，米贩不至，富人乏用，一切工作皆罢，游手无业者莫从得食，益有乱心。昔人言凶岁多盗，不知台民固丰年亦多盗也。是以下车首严捕盗之令，捕斩九十余人，而盗风未已，策其秋冬之间必反，非有以解散而安置之不可。盖若辈自十二年后反谋熟悉，其胆愈张，更有蠢动，其祸必烈。

而自来言弭盗者，皆以清庄编查保甲为言。愚窃以为不可。盖游民散在各庄为匪，尚易捕治，一行清庄，则匪人无所容，是驱之为乱矣。且大奸倡乱，向以若辈为羽翼，而自官招之即为义民。与其既乱而招之，何如未乱而用之？若辈为用则贼党散势孤，必易成擒矣。台之南路为凤山一县，中路则郡城也，嘉义、彰化、淡水厅皆为北路，道里绵长，嘉、彰盗贼尤多，彰化民多习鸟枪，形势隔远，一有蠢动，则嘉义及中南两路皆掣其后，前人往往受困，故治台以北路为亟，而彰化更在所先，日夕筹之，乃为联庄收养游民之法，使嘉彰二邑民庄联结互守，头人查其本庄无业荡游者，其醵钱米收养之，以为庄丁。数百人之庄养十数人，数十人之庄养五六人或四三人。无事则巡守田园，有事则逐捕盗贼。刊刻示谕，委员同地方官周历众庄，编查庄丁年貌名册，略以兵法部署之。自七月至九月事竣。凡收养嘉、彰两邑游民八千余人，皆劲旅也。九月间贼果四起，风谣颇盛，兄出巡北路督饬县、营捕斩裁二百数十人，北路遂平。南路贼起，亦驰檄台、凤二县会营捕获百余人，镇军复出巡以镇定之，南路亦平，贼无蔓延。兄以彰化最远，亲驻久之无敢动者。至十一月，中路台、嘉之间贼起，攻湾里街汛，以有备却退，所召各路匪民已先为庄人收养，无应贼者，营、县驰往，贼遂溃。再约内山贼出攻店仔口汛，戕兵三人。镇军闻之，立统大军出剿，贼复奔溃。此十一月廿三日事也。兄亦自彰化驰至军中，获贼首胡布及戕兵之贼十二人，先斩以徇。兄于十二月初五日回郡，三路皆平。大军仍驻店仔口，督捕逸匪，入山穷搜，击斩擒捕百余人，全台大定。正月十五日镇军旋师，此上年筹办全台之大略也。

然此第为弭乱一时之计，而台湾近时之病固不止此。其大者则在乎官民两贫，官贫则心有所馁，不暇远谋，民贫则争利愈急，难与为善。

古人云，瘠土之民好义。此言地土本瘠之民，习于勤俭，故无淫佚之思也。若台本沃土，民久习于奢淫，富而忽贫，常人且不能安分，况海外浮动之区乎？以不暇远谋之官治难与为善而且思乱之民，必无济矣。夫官胡为而贫也？官赖维民，民赖维物，物力耗竭，富安从来？台民生财之道，一曰树艺，二曰贸迁。及其敝也，一耗于奢淫，二耗于词讼，三耗于械斗，四耗于乱逆，五耗于盗贼。五耗并至，其竭固宜。今欲治之必先富之，其道奈何？曰：养其所以生，去其所以耗而已。夫民有地自能树艺，民有货自能贸易，惟有扰之者斯害其生。苟去其耗，则得其养，二者虽殊，其道一也。今吾躬行节俭，凡道署中向所取给于属吏者，减之裁之，吾不扰吏，然后可使吏不扰民，凡奢淫之事，以渐禁止，所谓耗者，去其一。督饬所属勤理狱讼，不能无讼也，惟速结之，所谓耗者，去其二。一县千数百庄，庄有董事，十数董事举总理，理之董之。能无械斗者，有赏。斗者，有罚。所谓耗者，去其三。周防于未乱之先，迅办于为乱之始，善筹于既乱之后，所谓耗者，去其四。家自为守，人自为保，无业者有以资生，为盗者即行捕治，所谓耗者，去其五。去此五耗，民乃可生；生得其养，比及十年，富将可复。治台以此，其庶几乎？

夫治国比于乱丝，必得其端，不得其端，益滋棼耳，非善治也。愚见若此，质之足下，幸有以教之。计足下补户曹久，当有转迁，由京察而外简，庶可以行其素志，利济民物。日跂望之。

（东溟文后集卷六）

上督抚言全台大局书_{庚子四月}

台湾孤悬海外，南北绵亘千数百里，地气本浮，人心好动。命盗案多，甲于通省，分类械斗，变生顷刻，布谣胁惑，谋逆造反，习以为常。治理弛张之道与内地迥不相同，南北两路情形又与郡城大异。盖郡城有镇、道、府重兵镇守，奸民尚知所畏。嘉、彰一带毗连内山，为匪类渊薮，随捕随聚，诛不胜诛。且若辈视死如归，地方官驾驭稍失其宜，即激成大案。自康熙二十二年平台以来迄今一百五十余年，奸民倡乱数十起，大半起于嘉、彰，而南路响应。统计全台之势，嘉、彰两县既要且繁，最称难治。台、凤两邑稍次，淡水厅又次之。噶玛兰为山后新开之地，离郡城十三站，险阻崎岖，鞭长莫及，解犯提案，甚费周章，幸地止弹丸，尚称易治。澎湖厅孤悬海中，户口不及十万，地瘠民贫，命盗案皆归台邑承审，澎厅不过勘验捕犯而已。是兰、澎二厅皆要而不繁。至于海洋风吼靡常，文报解犯不能与内地一律稽程。有两船同时开驾，一船先到，一船迟至数月者；有数船同开，众船皆到，一船漂无下落者。即如现在委员王豫成船漂粤东，王鼎成身遭淹没，淡水刘丞四船赴任，两船遭风，淹毙幕友家丁舵水数十人。涉海之难，此其明证。

所尤虑者，台湾在昔颇有沃土之称，民多旷土可开，官亦宽大为政，是以地方遇警，官民趋事赴功皆不致竭蹶。自嘉庆以来，地利尽辟，野无旷土，生齿日繁，民无余资，情形已不如昔。至十一年蔡逆扰乱，南北骚然，继以十五年漳、泉分类械斗，民日凋敝。幸自十六七年至道光二三年，地方无事，闾阎粗安。及乎四年，凤山则有杨良斌之乱，六年有闽粤分类械斗之乱，十二年有张丙之乱，十三年有许懋成之乱，十六年有沈知之乱，十八年又有张贡、胡布之乱，大兵数动，官既仓库空虚，民亦疮痍满目。惟冀休养生息，闾阎或可稍安。而大乱之后，遭孽犹存，盗贼纷纭，民之困于劫夺者一。岁屡不登，民之困于口食者二。商船遭风，岁常十数，货物倾耗，民之困于财用者三。昔之富商大户存者十无二三，是以词讼日繁，赋多逋欠，元气益荡然矣。民困既甚，官即随之，不惟缺分疲瘠迥异曩时，而军需捐摊数加无已。近者台镇奏练精兵，文员岁捐盈万，每年出巡南北两路，地方不靖，势难少带弁兵，亦难拘定月日。夫马口粮，地方供顿不资，逆案盗案人犯岁常数百，解内地者亦百十余名。每获一犯，悬赏自数十金至数百金，而流罪以下例解内地，重洋远涉，每一犯需费番银四五六十不等。嘉、彰二邑最多，岁费巨万。今更查办鸦片烟案，人犯不可胜纪。而调台厅、县又时挟亏短而来，以内地之不足取偿海外，展转挪移，皆所不免。每至交代，无不棘手，揆厥所由非尽官之不肖也。

夫以浮动好乱之地，当官民交困之时，为政为道，似以抚绥为先，而缉捕更不可后。捕犯解犯非费不可，职道上年密陈前宪，欲照淡水厅拳和官庄之例，奏明兰厅未升科粮地留为全台缉捕经费，使各属办案有资，可免畏难苟安，收弭患未萌之效，此亦目前要务也。昔年台饷除抵扣外，司发常十七八万，少亦十二三万，近年扣款过多，拨亦愈少，及本年只发银六万余两。而兵丁逾万，官弁数百人，刻不容缓，府中无款可筹，则以各厅、县应解之款划抵，使就地支放，而各属应解之款非亏空军需案内尚未补足即民欠无征，支绌万状。民间亦生意日蹙，富室凋零，遇地方有事，裹足不前，海外情形，隐忧甚大。前者程督宪按临台地，奏拨银十万两贮道库以备急需，沈、胡两逆案皆动拨，临时幸免周章，而仍无补于全台元气。现在各属无事之时，已形竭蹙，一朝蠢动，势必束手无策，此职道所日夜隐忧也。

海外安危，关乎全省。职道才识短浅，惴栗实深，缘奉查询地方，不敢有所欺隐。伏惟宪台按切地方事势，筹示机宜，抚凋敝之民生，咸安衽席，俾愚蒙之下吏，得有遵循，全台幸甚。

（东溟文后集卷六）

覆邓制府言夷务书 庚子五月十二日

莹以庚寅之岁皖江趋承节署，得侍诲言。自奉职江南，虽数有陈辞，未尽私曲。丁酉冬忽蒙圣恩擢畀海外监司，戊戌夏闰受事。时当巨逆甫平，遗孽遍地，各属元气亏竭，病楚百端，兼之大案异灾层出叠见。妄意民情浮动之区，抚循疮痍，必镇静为培养，诛夷群丑，惟急务之先，图海外安，则内地亦安，庶几上纾九重之忧，下苏吏民之困，不敢以细故操切，致有方剂误投之悔也。一载后有名巨寇以次获诛，闾阎喘息略定，而大府新更，未蒙以地方下问。正恐区区无由上达，今春二月欣闻世叔大人移节浙闽，不觉以手加额，谓海外从此可幸安全，上报天子矣。顾以宪节尊严，不敢未及而言，仅循例禀呈履历。适准司移知札询所属地方与现在各官才具，当即开折具复，附陈全台大局情形，未识有当高深否。方企悚间，兹于五月九日金守自淡水递手书至，勤恳下逮，几及千言，匪特忠荩之忱昭然如揭，且英谋硕画，深切著明，钦佩之余，弥增感叹，圣天子所以顾諟再三，东南半壁必倚资于元老也。

方今中外汲汲莫不以鸦片夷务为事矣。夷人数十年诡计一旦为天朝烛破，严定吸食贩卖科条，自王公以及士庶轻者徒流，重则论死，盖非此不能力去沉疴，振启聋聩也。继因夷情狡谲，绝其贸易，有事用兵，此亦事势之必然者。夫英夷以贸易为生计，恃其狡悍，胁制西南各岛久矣。今奸谋既破，不但生计无资，且为各岛夷所轻。奸谋破则必愧；生计绌则必迫；各岛轻之则必怒；澳门马头既失，复恐各岛素为伊所据者，亦将动摇，则必惧。兼是四者，安得不并力致命于我？非有以大创之，诚如宪虑，未肯帖然就我规矩也。

则简练舟师，选择将帅，修葺战舰攻具，以御其外；严禁奸民，杜绝勾通，谨守口隘，以清其内，此诚目前要务矣。夷船坚大而便捷，师船小者不足以安巨炮，其大者水师又以滞重为嫌。来谕询及王提军昔造建威船制，容往咨访，再以报闻。向尝问诸老商云，夷船灵捷，惟在布篷，若师船易篾为布，节节为之，则转驶亦灵，似可与善海洋者商之也。窃意造大舰必先储费，工价非倍于常例不可，而造船之人又必习知洋面攻战者，亲督之乃能有用。诚能制造巨舰十只或八只，每船费以万金，期以半年当可竣工，交提镇大将领之，每舰更助以集成字号及大中号同安梭、大白底艍数十只以为羽翼，庶可制敌取胜。至于师船用炮不同平地，大至千斤足矣。通省各营如此者，亦尚有之，可以简料而用。宪台自粤中携至夷炮十数门，若更集匠铸五六千斤大炮以备陆地守口之用，似亦非难。惟理事厅不谙制造，匠人搀和铁砂过多，或非一火铸成，或炮内车磨不净，则用时必然炸裂，宜得诚实晓事者监制乃可用耳。水师懦怯者多，风云沙线尚有未谙，何况攻战？然苟将帅得人，勤求善者而驾驭之，未尝不可得力。窃见前水师提督隙化成操守廉洁，节制有方，熟悉海面情形，上年曾与夷船接仗，虽未能胜，亦未败衄。炮火轰击之下，士卒偶有伤残，此乃军中常事。闻夷人亦多伤毙落海者，似未可咎之。遽与江南对调，实为可惜。计现在水师诸将实未见有更胜之者。

至于台湾，旧为红夷之所踞，诚如宪虑，未能忘情，此又莹所日夕深念者。夷船阑入，必从深水，台湾各口惟大鸡笼及沪尾与树苓湖最为宽深，其鹿耳门及鹿港近皆浅狭，商艘三四千石即难收入，何况夷船？上年有小夷船一只至彰化之五汊港外洋面，该地文武立带兵船驱逐，并未停留而去，使人量其汊口，亦非宽深，恐本地奸民勾引，严饬营、县查拿鹿港行铺有买卖鸦片烟者，分别搜拿封毁。迩来各属获办之案不少，果无勾引之人。纵使夷船停泊，惟有调集舟师严防口外，地方文武督率兵勇堵防口内，断其接济，是为要著。台、澎水师二协及艋舺营所有师船，惟大号同安梭为最，诚不足以攻击，惟可守口而已。一旦有警，不得不起王提军用之，年虽七十有一，精力甚强，此乃老成宿将，但必假以事权，畀水师听其调度，乃能得力。此非奏明咨调不可。达镇练兵甚勤，能爱惜士卒，惟台澎洋面二千余里，非陆营所能为力，必责成水师，达镇专顾地方，以免顾此失彼。台营各口炮位以安平、鹿港二处为多，大至一二千斤者不乏，府、县诸城皆自一千斤至二三千斤以上，临时抽拨，未为不可。然师船皆小，不足以安巨炮，设有大敌，非内地舟师巨舰不能为力。今内地舟师方亟，恐难兼顾，台洋设有来者，少则击之，众则坚守，以计破之可也。

而区区之愚，更有过虑者。东南沿海奸民，富者出资贩卖鸦片，贫者出力以小船竹筏为运送，数十年来衣食于此，一旦无以为生，又地方文武查拿不遗余力，纷纷下海为盗者不知凡几。去冬以来商艘报劫甚多，皆若辈所为也。巡洋舟师方调集，并力以事夷船，捕盗未免稍疏，日渐滋多，盗船成帮，将与夷船合而为患，不能不更烦宪厪耳。莹才质鲁下，未能思出万全，惟在闽稍久，目睹二十年来情形变异，深思地方利害之端，与夫前人所以得失之故，不敢恣玩废弛，亦不敢目前趋利，贻害方来。以人心浮动之区，当兵革数兴之后，官民交困，深以根本为忧。整顿与培养，二者不容偏废。而尤以和文武、诛盗贼、安反侧、抚疮痍、筹经费为本计。至于严烟禁、防海口、备夷船，则更目前要务，相其轻重，次第行之。幸逢节钺莅临，敢竭驽骀，披沥肝胆以闻。

（东溟文后集卷六）

与王提督书 庚子八月

本月十七日接准司文奉咨之后二日，会布详函，交玉丞齐呈。二十一日奉到惠书，知钦奉上谕之件已达，而前函尚未奉览。承示此时惟协恭同心奉公为念，断不更计镇军前事，足征二兄忠荩大公，如青天白日，下怀不胜钦佩。达二兄处，弟亦寄函婉商，尚未得其回书也。弟此间勘过树苓湖、番仔挖、王功港、五汊港各口，谬筹办法，因各处情形稍别，是以章程小有不同，均经备具公牒，同近日接到省文先后咨移察照。

大约目前事势，且先议守；守备既周，然后议战，此乃不可易之理。台湾口岸甚多，最要者郡城之安平大港即四草，入郡之咽喉。四草难守，不知大港扼要，故守四草尤以大港为重。嘉义则树苓湖即象鼻湖之下湖也，彰化则番仔挖即鹿港王功之外户也，淡水则八里岔与鸡笼二口，必分据守之。此五者为最要。其次则以安平鹿耳门以北之国赛港、大港甚近之三鲲身，此又左右辅翼于大港者也。三鲲身与大港甚近，易守。惟国赛港远，而其地沙汕不可立足，内埔虽设文武汛房，而四面环水，兵无退步，此兵家所忌也。守之不便，议俟临时塞其港。若鹿耳门则久非商船之所出入，竟以塞之为是。南路惟打鼓港、东港二口。打鼓本有炮台，距埕头十里，守之尚易。东港无炮台，似当设炮墩也。北路又有五汊港，即栖栖港，在彰化北境，口门稍宽，亦当设防。此外如盐水港、北港、埭仔挖、吞霄、后垄，皆浅水小港。惟本地小船出入，非内地商船之比，有事塞之甚易，似不足虑也。其守之法，莫如多筑炮墩于内岸，守以兵勇，而令水师船守其外口。夷船少则出击，多则于内港以俟。彼大船不能入也；以小船入则非我所畏，如不胜而近岸则有炮墩、兵勇以御之。彼若登岸，则我之所长而彼之所短矣。惟守口兵勇日久费大，不能多人，且恐久而生懈，一旦敌至，或不能得力。故大口水师之外，乡勇只以二百人，小口一百人，早晚严申号令，多竖旗帜，在港商船亦授以大旗悬挂出港缴回，使敌人自外望之，不测我兵多少。及乎接仗，则临时另以陆营兵而助之以沿海各庄团练之壮勇。昨已发给告示，沿海每保五十庄以上者练千人或七八百人，三十庄以上者练五百人或三百人，平时编立队伍，造具名册，临时听调，半守本庄，半出御敌。视敌人之多寡，大约非千人不足以战。我平时不用，以养其锐，临事然后用之，则皆生力军也。故无事则以守口为正兵，有事则出新兵以胜之，其港内小渔船，亦皆编立字号，给印旗为记，朝出暮归，稽查奸宄。

区区之愚，所私计者如此，未知有当否。前因勘视树苓湖，该县所筑炮墩尚未如式，令更添筑，加以高厚宽长，并多建草蓁以栖壮勇，拟北路回途覆勘。未知现在办法何似，得二兄亲临勘视，教其不备，是为大妙。北路各口亦然。俟办竣，尚须并请临勘也。前备文移咨各条，望详正之。

（东溟文后集卷六）

复梅伯言书 辛丑闰三月

台地民情浮动好乱，当凋敝之后，芟夷而安定之，抚循而休息之，二年以来，甫见靖谧。讵逆夷多故，海内外日事戒严。上年夷船再犯台湾，幸为数少而我以有备之兵勇击之，比即退去。嗣更加意设防，全台南北一千四百余里，要口十七，亲往相度形势，部署稍定。盖台湾不同内地，他处但防夷耳，台则兼防内乱也。大要在不动声色，静以镇之，各路陆营弁兵仍旧弹压地方，不轻调动，以防内变。守口之事，惟责成水师，而助以乡勇驻防其各属村庄，则如前收养游民之法，使民庄头人选壮丁自为团练，造送名册以备临时调用，无事时各安其业，既使游手有归，而官无口粮之费。其给口粮者，独长驻守口之二千六百八十人，而团练待调者，则一万三千矣。由此推行，可得精锐数万。盖守口者日久，则罢不可用，故临敌之师，必储蓄之，养其锐气，乃可战也。外既有备，内亦无扰。

顷覆制府书有云，以结人心，安反侧为本计，筹经费、缮守备、和文武、策群力为亟图，区区之愚，所以治台守台之术，不外乎此。惜同事武人不知方略，性复矜猜，不洽舆情为可虑耳。惟有委曲善全，期无偾事，然亦极费经营矣。

至于夷人大局，一误再误，人所共知。莹则以为畏葸者固非，而轻敌者亦未为是。忠于谋国者，总当无立功好名之心，审量事势机宜，善权终始，岂一言所能概耶？莹职在守土，惟知守土而已，不敢他及也。

（东溟文后集卷七）

再覆颜制军书辛丑五月

本年三月三日具书一通，又议覆朱御史条陈台湾开垦事，未识曾否已呈钧览。十七日奉到二月十六日手函，知岁前所发恭迓宪节及请举杨双梧、郑六亭二人名宦之件次第已达，仰蒙许可，示以现驻厦门指挥一切。窃计此时靖逆将军将到粤东，林、邓二公可藉纾忠略，江浙有裕鲁山制军力持正见，宪台通筹全域，砥柱二省之中，万里海疆，长城已固，必能上邀天佑，迅奏肤功也。台湾筹备事宜，前岁详陈图说，谅蒙察核。惟所筑炮墩，系以竹篓麻袋贮沙土为之，尚非久计。达镇近于鸡笼之二沙湾改建石炮台，两边加砌石墙，已兴工将竣。莹拟通台各口，择其要者，如郡城之大港口、四草、嘉义之缠仔簝即树苓湖口，彰化之蓄仔挖、五汊港、淡水之中港、竹堑，皆于原设炮墩内添砌石壁各三十丈，为经久之策。鸡笼险远，二沙湾一壁形势尚孤，拟更于三沙湾现驻

屯丁处增垒石壁，以相应援，庶乎得力。又省铸八千斤大炮当置安平大
港，而旧筑炮台薄小不能胜任，前与达镇、熊守勘议，必需别砌炮台承
之，高以六尺为度，垛高三尺，长八丈，宽五丈，中边皆实，亦已兴
工。惟此事及全台石壁工需数万，未敢遽请帑金。现且劝捐，未审能否
集事。傥不足，再请动项，可冀稍轻也。

　　王提军忠荩老谋，人极可敬，昨来书以乡勇乌合，恐无纪律，议欲
分交各营随同操演，所论诚当。但今雇募在口长驻防者二千六百余人，
又各庄自团练者又一万三千，为数实众，若皆配营操演，岁当费银十余
万，何能办此？况台营各兵与民人素不相洽，若随营操演，难免细故口
角，动即械斗，其祸甚烈。况台人勇悍好乱，所以尚易扑灭者，正为其
乌合也。若入营操演，教以纪律则营中所长，彼且有之，更习知营中虚
实，异日不可复制矣。盖海滨犷悍之民易动难静，一时得其力固易，事
后弭其患甚难，不可不深长思也。昨覆书稍言其利害，而提军意未了
然。反覆思之，惟有兵民分操，必不可以合练，亦第可就现募守口者，
令文武员弁就地教习。其各庄团练之众，仍令人自为之，庶乎其可！夫
战士得力，惟在统率者，平时能得其心，临事能鼓其气，果见强敌而不
走，守队伍而不乱，更能执戈矛以杀贼，此即百胜之师矣。何必尽如营
中之所习哉！此议达镇、熊守皆以为然，莹胸无适，莫见善必从而不能
不权其可否。提军与莹素好无间，谅不疑其有他耳。因念台地情形，言
者或见其一端，或得其形似，未必悉能深知远虑。以宪台仅注之切，自
必欲得其真，而事绪多端，非一言可尽，谨就年来因事敷陈诸稿摘录一
册，恭呈披览。识虑浅薄，尚望海所未逮。

　　莹二十年前于颠蹶之中，荷先尚书未识一面即加扬举，虽时乖福
薄，不能仰副大贤之期，然知遇之感，没齿不忘，风义所垂，千秋为
烈。忆己丑岁感怀杂咏历叙生平，有云"海外功名泡影如，群公网岂漏
游鱼。然明未必都相识，犹有平原待荐书。"盖纪见知事也，每念及慷
慨不已。兹蒙明谕，荐牍犹存，益觉泣然矣。莹不及事先尚书，今幸备
员下吏，敢不竭其驽骀以图报称乎。宪柬谨世藏之，无忘懿美。

（东溟文后集卷七）

覆怡制军言夷事 壬寅五月二十三日

　　逆夷犯顺，于今三载，恶贯满盈，神人共愤。职道未娴军旅，勉力

从戎，幸而夷舟数次犯台，或破或走，台守常坚，圣训宪猷，指示机宜，未致贻误。乃荷天恩叠被，迥异恒常，愧恧之余，益增惶悚。所有办理情形，具详公牍，谅邀垂鉴。昨又奉旨复讯夷供，已连日督同府、厅再加研讯，具得其情，谨会达镇军据实复奏，并绘图具说进呈。

窃意夷虽强，本亦乌合各岛黑夷而来。与我争利者，红白夷也，其人少，每船仅数十人。余皆黑夷，愚蠢无知，惟仰食于红白夷，工资口粮，所需甚巨。今闭市久，夷之钱粮无出，其所丧失亦复不少。夷以货财为命，两年以来，货皆贱价私售，折耗资本不可胜纪，情势亦必中绌，则求通市之心自必益亟。特狡诈性成，乃更扬为大言云，复以大兵前来，水陆并进，胁令闽人在番地贸易者为之致书厦门效行以给我，复择富饶之区沿途骚扰以胁我，凡此，无非急求所欲耳。且闻夷人孟加剌地方屡为东印度所败，虏其将士妇女千余，夷必回兵往救。若我更坚持三月，夷将内溃。惟诸将屡经挫衄之后，怵于夷之威诈，未知能及此否。

台湾前获夷犯已遵旨分别留禁正法。泉州府沈守两次来书，深以逆夷性好报复为言。尝熟思之，夷性畏强欺弱，我擒其人久而不杀，彼以我为惧彼，是明示之弱也。沈守又以舟山、厦门失守，为夷人报复之证。试思夷初至舟山，非有所仇也，近至上海，又岂有仇乎？逆夷垂涎台湾已久，即不杀夷囚，彼亦可以破舟丧资索偿于我。前所斩溺之夷，无不可为报复之词也。不杀，徒自示弱，杀之，犹可壮我士卒之气。惟当抚人心，益修守备，严捕奸民，尽心力而无懈耳。两军对垒，势必交锋，非我杀贼，即贼杀我，乃先存畏彼报复之见，何以鼓励士卒乎？愚昧之见，伏乞训示。

（东溟文后集卷七）

覆福州史太守书壬寅七月初八日

弟五载台洋，内抚不靖之奸民，外御频来之夷寇，力小任重，日夕惴惴，寝馈不遑，情事想邀澄鉴。昨与达镇军遵旨将年来所获夷囚除头目留禁外，悉斩之。台人素怵于泉、厦郊商之言，颇怀畏惧，及见夷屡次被创，胆气稍壮，至目睹夷人讯供，临斩时觳觫情形，转甚于台地强悍之逆犯，士卒胆气益张。而畏事者犹津津以报复为疑，殊不知夷性畏强欺弱，彼见我久擒其人不杀，以为畏彼，是更示之弱也。即使大队复来，仍是平日垂涎之素志耳。

论者每谓宁波之失，由裕督师之剥皮逞忿；厦门之失，由陈守备之箭射夷酋，恐非衷论也。当日舟山初失，孰为启之？近时上海之警，又孰仇之？彼苟有所欲，则竟至耳；至则不善，惟有交锋，岂能惧其报复？台湾先后两破其舟，死及囚者不下千人，丧失资财甚巨，彼欲甘心于我久矣，岂待戮其人乎？不然屡至台胡为者？泉、厦之人闻台湾大戮夷囚，议必纷纷，傥大宪言及，尚望代达鄙意，以释群疑，幸甚。

昨讯夷供，略得情，已同镇军据实入奏，今录图说呈览，魑魅伎俩，莫逃明鉴矣。

（东溟文后集卷七）

再复怡制军言夷事书<small>壬寅八月初八日</small>

五月二十三日肃禀具陈近日夷情及分别斩决留禁夷酋之意，未审已邀钧鉴否。七月十八日奉到五月十二日赐函，蒙以职道幸晋头衔，渥承奖励，抚躬循省，实切悚惶。职道才识庸愚，猥当海外重任，实切冰兢。夷务数次微劳，无非仰禀宪谟，恪遵圣训，幸乃无误事机，何敢谓办有成效！即蠡测管窥，是否不谬，尚有待于圣主及宪台明示，未敢自信，稍懈严防。窃闻逆夷北上，复分扰江南，以久不习兵戎之地，忽见夹板夯突而来，复有在地奸民为其区画，镇江之失，江宁之困，无怪其然。闻当事诸公有暂事羁縻，请圣明速决大计之奏，虽云急迫万分，何遽至是？又闻广东有言，英夷国已空虚，群夷不服所为，颇多兴怨，似有内溃之形，乃转掠商艘以助其势，外益夸张，内实急迫。米利坚亦谓天朝不可堕其术中。此言似又与职道前月所陈不无吻合。若我但严守口岸，不与海上争锋，内查奸民诛之，不事姑息，再持数月，夷将自溃。不审朝内诸公如何赞襄纶绰，翘首天南，疢如疾首矣。

频岁以来，各省军需甚巨，大农筹计维艰，蕞尔台湾，亦已费四十万。昨因支用将竭，不得已由台径请，仰蒙圣明俞准，赏给五十万，此诚海外苍生之庆。闻广东已拨解二十万到省，今熊守委员由八里坌内渡请领，职道亦备具公牍，伏乞宪台饬福藩司迅为拨给，派文武干员由五虎门东渡，若能于二十万之外，更有拨到之款，即多予解台，免海上屡次往返，则更善矣。

（东溟文后集卷七）

上刘中丞言事书<small>壬寅八月初八日</small>

六月二十七日解饷官即用县邓令交到四月初七日覆示，以制政用人大体及海外公事不予掣肘，以莹稍识事宜，许为正直通达，与熊守咸受知信。际时事多艰，且据孤危之地，得奉明谕，使忧深坠溺之心顿若有所恃赖，前于谢恩奏中，曾据实上陈，想亦大慰圣怀，诚海外之幸，非独一人私感已也。

方今经费支绌，屡奉檄谕，亟宜广为劝捐。无如台地昔时富人今多中落，黄化鲤以讼死，其弟欠府中盐课至于押追久之，县中正供亦多蒂欠。吴尚新避地远宦京师。吴春禄欠府中公项，追严而完少。嘉义玉王峰许捐厦门石壁五千，并未完缴而没。淡水二林惟林祥云尚肯急公，前年捐淡水儒学公项万圆，上年职道劝捐又令其侄林占梅捐银一万，已为入奏。林平侯年耄而悭，劝捐义谕全置不理，反谓觊觎其财；昨忽据噶玛兰厅通详该职员有业在兰，愿捐番银一万，作一年分期完缴。查林平侯产业皆在淡水，兰产不及十分之一，何以忽舍本籍而赴兰捐输，徐倅遽为通详？其中恐有别情。现委邓令往查，傥无别故，亦当于淡厅有所报捐；若有弊端，似未便乞恩议叙也。

春间大安破获夷舟，兵民所得水中银物无多，其酋颠林供系咈嘌喳以番银九万纹银六千来台购奸民为内应，并无百万及五十万之事。泉、厦所传，殊非确实。且上年鲁舆、甄甫二前宪先后颁发印示，皆谓兵民破获夷舟，财货尽以充赏，职道与镇军亦出示，禁官人不许骚扰民间。乃曾藩司来书，欲以半充军实，似可毋庸议。傥恩准闽省报捐人员在本省上兑，或当有来者耳。近闻粤中有言逆夷北上天津，复分舟沿扰江南。其实国已空虚，群夷多怨，内情急迫，外更扬为大言，恐诈以求和议速成。米利坚亦言天朝不可堕其诡计，似与职道前此入告之言有合。未审内廷诸公如何赞襄大计也。此间于八月初三日有三桅夷舟在洋面游弋，自南而北，惧我攻击，船插白旗，则其情亦可见矣。惟海上草鸟匪船既多，岸上土匪复众，每自称通夷，造谣伺乱。虽已大加惩创，先后捕诛百数十人，地方差靖，而时届秋中，乱民必先措置，安抚事宜更宜加密。即使外患稍纾，而内患不可不虑。古人云，功败于垂成。台地无日不如临大敌，或可免乎！

（东溟文后集卷七）

与方植之书 壬寅九月

七月十四日覆书，详言竹虚到台，得手书及大刻种种。不意其书在洋被劫。八月廿四日又读来函及大刻，具知文体大适为慰。足下书皆卫道，见真语确，多前儒所未发，高、顾群公固不及之，即阳明亦未必不以为畏，岂待后世有子云耶？然所论辩，皆在学者用功著力处，苦心苦口，开悟来兹。

若道之本原，则有不可言、不容言者。斯理浑然，无有畔岸，人各窥寻，就见为说，皆非道体。生平最喜《阿含经》"众盲言象"一段，与吾儒"仁者见之谓之仁，知者见之谓之知"同意。儒先诸说，往往小言破道，但取能教学者之失，有功世道人心可矣。忠敝而救之以质，质敝而救之以文，文胜则反之于质，如五行之相克而相生，其用无穷。而于天之所以为天，道之所以为道，则皆非也。害道之事多矣，圣人随事立法以救世耳。邪固害道；正而非当，害与邪同。吾观前贤之书，虽有浅深纯杂不同，但就我所敝而救其失，则皆神农之本草也。参、苓、术、草，各适其用，是为得之。必使天下人蓄参、苓、术、草，其他一切屏弃，必有待桂、附、乌头不得而死者矣。特参、苓、术、草之性质功用为良，使天下人知其良而近之，桂、附、乌头之性质功用为劣，使天下人知其劣而远之可也。过为去取，非道矣。吾所言，乃就大体而言之也，与足下之言相辅；若以为有异同，则岂足知道乎！天下事类此甚众，恨无深心明识者与之商榷也。因足下言道，偶一及之。

昨讯夷供，颇得其形势虚实，绘具图说上呈，且具言夷外益夸大，实已内空，诸岛夷将叛散，不能久持，急求通市罢兵，吾但稍迁延以持之，虽不能不准所请，其中尚可权衡。乃此奏以五月二十八日五百里发递，竟在洋被劫，恐当事诸公不知底蕴，复受其欺也。岂非天耶？其图说已为台人付梓，莹意更取南怀仁、陈伦炯二图合刻而讨论之。姑先以二图刻于颠林图之首，今以寄览。事已无及，然后来之患方长，有心人或犹愿观之也。

（东溟文后集卷七）

奉逮入都别刘中丞书 癸卯四月

莹与达镇军以擒斩夷俘为夷酋谲愬，大帅相继纠弹，复有摭拾浮言为夷之助者，致上震怒，逮问入都。既负圣明特贲之恩，更幸宪台知荐之德，惶悚不可言也。吕游击示知宪檄护解，以道、府原案及所获夷件均送大部，即当赴省候文就道，不得面辞，歉仄愈不能已。在泉州时承明谕，原奏未尝非，惟斩夷太急，再逾两月，则抚议成而事可免。又谓镇、道此行非辱甚矣。大君子持论之允也。顾一得之愚，尚有未白于左右者，兹当远违，敢卒尽其区区，惟鉴察焉。

今局外浮言不察情事，言台湾镇、道冒功，上干天听。夫冒功者，必掩人之善，以为己美，未有称举众善，而谓冒功者也。鸡笼其地，距郡程十日，大安稍近，程亦五日，皆在台湾北境。两次擒夷，镇、道均非身在行间，惟据文武士民禀报之词耳。自古军中验功，皆凭俘馘、旗帜、铠仗，有则行赏。故人人用命，非如狱吏以摘奸发伏为能。是以周师耀武，史有漂杵之文，项羽自刭，汉有五侯之赏，所谓兵贵虚声，宽则得众也。鸡笼之夷，虽以冲礁，大安之夷，虽云搁浅，然台湾擐甲之士，不懈于登埤，好义之民，咸奋于杀敌，乘危取乱，未失机宜。夷船前后五犯台洋，草乌匪船勾结于外，逆匪巨盗乘机数乱于内，卒得保守严疆危而获安，未烦内地一兵一矢者，皆赖文武士民之力也。苟无以鼓舞而驱策之，焉能致此哉？况当时各路禀报，皆称接仗计诱，所献夷囚、炮械、衣甲、图书，既验属实，复有绿营旗帜、军衣、刀仗与浙江巡抚营官印文、火药、道里数册，确系骚扰内地之兵船。其时夷焰方张，蹂躏数省，荼毒我人民，戕害我大将，朝廷屡有专征之命，闻外曾无告捷之师，宵旰忧勤，忠良切齿。郡中得破舟擒夷之报，咸额首称庆，谓海若效灵，助我文武士民歼此丑类。亟当飞章入告，上慰九重焦愤之怀，且以张我三军，挫夷锐气。在事文武方赏劳之不暇，岂为镇、道不在行间，功不出己，遂贬损其辞哉？

镇、道原奏皆据众报汇叙，未言镇、道自为，即文武禀报，亦未没士民所获，士民亦未有控文武攘其功者。怡督宪渡台逮问镇、道，成算早定。一时郡兵不服，其势汹汹，镇军惧变，亲自巡循慰谕乃散。翼日，众兵犹人持香一炷赴钦使行署泣愬，而全台士民远近奔赴，佥呈为镇、道申理者甚众，皆未邀夷案议叙之人也。虽怡督宪批不准行，然皆已受其辞，在案可稽，则镇道非有冒功之心明矣。鸡笼夷舟到口三日后乃开炮，我兵亦开炮相持。大安夷舟实为渔人所误搁浅，兵民因以乘之。当时陈辞，初非臆造。讵夷就抚后，追恨台湾擒斩其人，遍张伪示，以为中华之辱，莫甚于此，计逐镇、道，以快其私；大帅相继纠参，而台湾冒功之狱成矣。在诸公创巨痛深，以为甫得休息，深惧再启兵戎。谋国之意，夫岂有他？

正月二十五日，怡宪渡台至郡，二十六日传旨逮问，以所访闻，令镇、道具辞。莹与镇军熟计，夷人强梁反覆，今一切已权宜区处，肤愬之辞，非口舌所能折辩。镇、道不去而夷或至；必不能听其所为，夷或别有邀求，又烦圣仅。大局诚不可不顾也。且愬出夷人，若以为诬，夷必不肯服。镇、道，天朝大臣，不能与夷对质辱国；诸文武即不以为功，岂可更使获咎，失忠义之心？惟有镇道引咎而已！盖夷未抚以前，道在扬威励士；既抚之后，道在息事安人。镇、道受恩深重，事有乖违，无所逃罪，理则然也。

且上年十二月初三日镇、道见夷伪示，当即照录具奏，自请撤回查办。其折在口守风，闻怡宪已奉旨渡台，乃追回，曾钞呈怡宪舟次。缮折犹存。今以罪去，诚乃本怀，此所以具辞请罪也。

至于官民结称并未接仗计诱者，台湾地本孤危，众恃镇、道壮其胆气，今镇、道获咎，委员复以危词恫喝，谁敢坚执以自取戾而致怨于夷乎？此又情事之昭然者矣。镇道入都，亦必如前请罪，以完夷案。惟宪台有知己之感，区区微衷，若怀匿而去，非所以对大君子。

夫世俗纷纷，皆由功名富贵之念，重则君臣道义之念轻耳。胸无俗见，不特进退坦然，苟利社稷，即身家在所不计。古有杀身成仁、毁家纾难者，彼何人哉！怡督宪不谅志士立身，各有其品节，以为及此，尚形强矫，颇深责之，不能辩也。居常言台湾镇、道奏事，乃国制也，隔海文书往复，不能克期，军中朝夕百变，若事事请命，则贻误多矣。鸡笼获夷之奏，如常发驿。奉上硃谕，嗣后夷事皆四百里奏报，若获胜仗即五百里，大胜则六百里。诚念切海外，欲速知情事，望捷书也。圣仅若此，何敢复为展转耶？初获夷因，泉州沈守称，怡宪令解内地，以易厦门。莹以夷船遍布海中，解不能至，徒为所夺覆之。宪意大怫，以为镇、道欲专其功，而岂料遂有后来之事乎？溯莹至台以来，惟云亭钟公、巀筠邓公、丽泉魏公、鲁与颜公，皆许以便宜，不为遥制。宪台则更手书，谓在此必不掣肘，未尝不叹大贤用心，若合一辙。今乃益知宪台暨四公者，洵古人不可及矣。感念其何有极！

（东溟文后集卷七）

再与方植之书癸卯四月

年前接读手书及论夷事文，深为叹息，所论何尝不中？无如任事人少，畏葸者多，必舍身家性命于度外，真能得兵民心，审事局之全，察时势之变，复有强毅果敢之力，乃可言之。此非卤莽轻躁所能济事也。虽有善策，无干济之人，奈之何哉！今世所称贤能矫矫者，非书生，则狱吏，但可以治太平之民耳。晓畅兵机，才堪将帅，目中未见其选也。况局势已成，挽回更难为力耶！

莹五载台湾，枕戈筹饷，练勇设防，心殚力竭，甫能保守危疆，未至偾败。然举世获罪，独台湾屡邀上赏，已犯独醒之戒。镇、道受赏，督、抚无功，又有以小加大之嫌。况以英夷之强黠，不能得志于台湾，更为肤愬之辞，恫喝诸帅逐镇、道以逞所欲，江南、闽中弹章相继。大府衔命渡台逮问，成见蚤定，不容剖陈。当此之时，夷为原告，大臣靡然从风，断非口舌能争之事。镇、道身为大员，断无晓晓申辩之理，自当委曲以全大局。至于台之兵民向所恃者，镇、道在也，镇、道得罪，谁敢上抗大府，外结怨于凶夷乎？委员迫取结状，多方恐吓，不得不遵。于是镇、道冒功之案成矣。然台之人，固不谓然也。始见镇、道逮问，精兵千人攘臂呶呼，其势汹汹。达镇军惧激变，亲自循巡，婉曲开譬，众兵乃痛哭投戈而罢。士民复千百为群，日匍伏于大府行署，纷纷金呈申诉者凡数十起。亦足见直道自在人间也。

覆奏已上，天子圣明，令解内审讯。寻绎谕辞，严厉中似犹有矜全之意，或可邀末减也。委员护解启程当在五月中旬。大局已坏，镇、道又何足言！但愿委身法吏，从此永靖兵革以安吾民，则大幸耳。夫君子之心，当为国家宣力分忧，保疆土而安黎庶，不在一身之荣辱也。是非之辨，何益于事！古有毁家纾难、杀身成仁者，彼独非丈夫哉！区区私衷，惟鉴察焉。倘追林、邓二公，相聚西域，亦不寂寞，或可乘暇读书，补身心未了之事，岂不美哉！

（东溪文后集卷八）

又与方植之书癸卯五月

昨又得本年四月书及大著，知近于义理之功进诣益粹密，李畏吾洵为过说已！寥寥宇宙，可与证此事者复几人哉？翁年七十有二，生平未尝处一顺境，鉴以磨而愈光，金以炼而益坚。是天之所以生翁者，原不在穷通得失，而非尽历奇穷拂逆，恐用功不能若是。

孟子云，尽其心者，知其性也。世岂有不尽其心而能遂知其性者乎？人性空虚，一无所有，而无时不有，其所发端，惟在一心。能自观心，自可见性，此本一物，初非有二。然心有明昧动静之殊，性无明昧动静之别，则又微有不同。告子以知觉运动为性固非，然非知觉运动亦无以见性。譬如太极，非阴阳不见，而不可执阴阳为太极也。阴阳有尽，太极无尽；心有起灭，性无起灭。然则心者，其性之奴乎？翁其为我证明之。来教甚伙，尚容细玩。

莹现所处，人皆以为患难。莹曰，非也。患者，利害得失之谓，难者，困穷陷塞之事。此皆外物，无与干己。譬如风雨晦明，其时则然，而非我事。今以夷之狡谲，胁诸懦帅，上欺朝廷，时方议抚，不值以此事再启兵戎。国家一切宽大以容，为人臣子仰体圣怀以全大局，非一身之利害得失，亦非一身之困穷陷塞也。前在台湾寝馈不遑以治军事，若以今日息肩较之，则甚暇逸，于吾一身，初无毫末之损，岂以为害乎？人情耽耽不能已者，徒以一官耳，莹之得失，岂在一官耶？然此心有不能恝然无恨者，则天下之忧，此即翁不忧一身而悲愤时事之意云尔。

顷有和家庚甫叔及马元伯见寄诗同近作钞为一册寄归家中，翁览之可以见其情绪也。余不多及。五月二十二日延平舟中。

（东溪文后集卷八）

与潘河帅书癸卯七月

两间，一积气也。气有正，不能无邪，圣人扶正抑邪，乾以之清，坤以之宁，故配天地为三才。太平之世，正气常伸，邪气常伏，君子犹惧邪气之潜进也，时有履霜之忧。衰世方多故，阴阳相争，邪气竞进，正气所存，几于不振矣。苟无人焉，出全力扶持而振起之，乾坤不其毁欤？正气者，其人公而无私，计一国不计一家，为天下不为一身，人能忘其身家以为国而至天下，气之正孰大乎是？此《乾坤正气集》所由梓而行之不可缓也。

是集也，其人皆忠孝节义，身际艰难，不贪富贵，杀身成仁。见其事，咨嗟而涕泗，闻其风，感奋而兴起。世之娟嫉奸佞、谄谀苟且、阴狠诈伪者流，对之泚然内愧，可潜消其邪愿之心。邪心消，则其气沮，正气自申，而纲常名教可扶，乾坤定矣。人虽至不肖，未有肯自承为小人者也。惟富贵名利之念重，则娟嫉之念生。自彼观之，诚有见于君子正人之可恶者，以君子正人所为不便于己也。既恶之矣，则凡可以短之、陷之，与不利于君子正人者，罔不为之。故君子目小人为邪，小人亦目君子为邪。惟私欲之盛，有以陷溺其心也。《乾坤正气集》成，则如立照胆之镜，使自窥之，毋庸与辩而良心油然而生，有功于世甚大，刻而行之固有缓乎？

道光十八年，莹过吴门时，既刻《史忠正集》，已属顾君湘洲刻《左忠毅集》；知其家藏前代忠义诸公遗集甚多，属为目录，考其卷次，上起离骚，下逮国初，编为《乾坤正气集》，约至台湾筹资。乃军事叠兴，所愿不果，殊以为憾。今再过吴，《左忠毅集》已刻成，而《正气集》未举，湘洲先取诸公遗诗编为十二卷刻之，计文集全书五百数十卷，非三千金不办，芸阁先生如能留意成之，天下幸甚！

（东溟文后集卷八）

与余小颇书 乙巳二月

昨过雅州又得一夕谈，承教为商出处之宜，感何可言。区区之愚，特不欲有所负，非有所贪也。

尝念五伦中，惟父子兄弟夫妇不言报施，若君臣朋友则有视所施为报者矣。大义人人所同，施者有殊，斯报者愈不可不重。古人一言知己，感之终身，或千金报一饭，诚以所入者深也。居尝叹士大夫及世太平，争取通显，一旦有事，即思为洁身之计，何其薄耶！汉二疏辞官归里，所谓知足不辱者也。然其言曰，今仕至二千石，宦成名立，如此不去，惧有后悔。是其所为足者不过宦成名立而已，不亦鄙乎！明儒薛方山非之曰，二疏位为师传，责在辅养太子，顾以宦成名立为荣，后悔为惧，其自为谋则得矣，如吾君太子何？斯言，非苟二疏也。君臣大伦不可以欲洁其身而乱之也。夫不有身为贵卿，三已之不愠者乎？又不有身为小官，三黜之不去者乎？又不有身遭放逐，九死未悔者乎？如二疏是，则此三子者岂皆非欤？抑此固有两义，当各行其是欤？

莹自通籍以来，三见黜矣。前者为贫，欲得微禄养亲，亦思有所树立，以大臣荐，遂受知遇。台湾力守，所以报也。英夷之狱，议和诸帅皆欲甘心镇、道以谢夷人，赖上仁明，供辞甫上，立出之狱，复予官，使避夷入蜀，此岂寻常恩遇哉？所如不合，则命为之，非上意也。固不得以此遂忘其大夫臣子用心。不必求知于君父，要当自尽其道，孤行其志；傥竟不及报而复以黜退或衰病也，吾心亦可无负矣。官有高卑，如子有长幼；子不以长幼异性，臣岂以高卑易守哉？前日而言未尽，故卒陈之云尔。

伯言为海秋墓志铭诚佳，然似未尽海秋，伊但以文章论耳。二人交浅，宜不深知。莹道中更作一传，足下以为何如？傥致京师，俾知海秋者见之，甚善也。此间小驻旬日，即出关西行。不具。

（东溟文后集卷八）

复鹰青一兄书丙午四月

顷自察木多回成都，得前冬月书。闻青海黑错寺进兵，首辅奏对达都统事，因及莹在台湾部署之善，具征敷奏之美，良深叹服。某公于莹意似厚，然感之而不敢谢也。忆前出狱时，某公亲诣吾兄，告以弟事，深致殷勤。比有劝往谒谢者而不敢，（盖）某公尊贵，义在国家，不容私谢也。莹时未有受职之嫌，犹不敢谒谢，况今日？

生平不为诡激，而常欲以义自持。相国潘公、尚书祁公，皆十数年前旧识也，及有事则不往。祁公与有姻，故承枉顾，答以公在密勿，获咎之人，于义不当干谒。祁公深然之。旧相因萧山汤公尝属朱朵山大司马，仁和许公尝属吾兄，皆欲一相见，而自撰不可。蒙宰陈公、大宗伯祝公、总宪魏公、仓督杨公，皆以同年同乡置酒相召，然入蜀后，未尝以一书通问，岂不知获咎于诸公，以此为人所深讶哉？《礼》曰：君子爱人以德。《孟子》曰：齐人莫如我敬王也。士大夫守身当如处子，若妄有干谒，是妄以身事人矣。愧无古人高洁之行，伏处邱园，而浮沉外吏，数见黜辱，已自伤矣。然思柳下惠三为士师，陈仲弓为太邱长，皆不耻之，犹可以古人自解也。

若无一日之故，无官守之责，奔走显贵之门，则何为乎？张安世、王子明，古之名相也，张以引荐之人私谒为恨，王以张师德三及其门为惜。盖古大人巨公为国进贤，不为私惠不欲人之干谒，以示大公。其自爱、爱人如此。莹虽不敏，何敢不爱其身，复不以古大臣之义爱诸公乎？昔在嘉庆中未仕，尝见知于山阳汪文端公，以为"众鸟啁啾，独见孤凤"，生平知己，未有如公者也。然钱唐一见后，卒不复通一书。后公大用，益以自远。有问者，莹答云：公之知我以为贤也。若因此时时自见，则乌在其能贤乎？要当勉自树立，俾知我者无失言之悔耳，岂在尺书通问哉？数十年中，此心未尝不如一日也。故窃欲报诸公之爱，莫如以古大臣敬爱诸公而不嫌其自为疏远也。若必以通谒为敬，则作吏三十年，所事郡守及督抚监司众矣，其间岂必尽贤哉！然而属长之礼未尝敢阙，盖分有当循而义则有在焉耳。都下诸公傥见怪问，幸以此意白之。

（东溟文后集卷八）

复光律原书

里中人至，奉八月书，知竹虚携函已达，起居无恙，近抱曾孙，著述益闳富，而自执谦约，以为文仅如罗鄂州，诗仅能如许。《丁卯笔记》步趋沈、洪后尘，可谓深情雅韵，使人意远者矣。阁下晚年诸作未得尽读，就所自信者如此，岂易及哉！承谕植翁近注佛书，以为横决不当至此，欲莹嗣与翁书，当鞭辟近里。具征爱翁之深，教莹之切，君言是也。

吾人从事六经犹多未暇，何必张皇异教？植翁此书不作亦可。朱子注《参同契》，犹为人口实，况佛书乎？莹前在里中，翁尝言及，亦未索观其书。窃谓释氏与老庄有同有异，其同处在收心返观净静为体，以制群动。其异处则不免索隐行怪。然其观心之法，实能体勘种种偏私傲辟、嫉妒忿狠、谄媚贡高、矜己慢人、损物自利，一切贪嗔妄见，切中隐微。士大夫终日儒行者，多护己非，其自讼之诚或未能逮也。虽其深妙之义不出吾教，而所行坚忍，则有不止于富贵不淫、贫贱不移、威武不屈者，恐亦无可厚非。特《中庸》所云"知者过之"耳，果能如其推勘私心，毫无己见，亦何害于人耶！世俗崇奉彼教，多悚于祸福死生之说，固鄙陋可嗤。若上智不以祸福死生为念者，往往亦喜观之。故程朱大儒皆尝从事，惟能透过此关，所以为程朱也。植翁岂犹未能透过耶？乃其大义则皆以吾儒义理折衷彼教，溯源指归，一以实证，深破自来说佛者之谬妄，亦足多矣。

天下道理必穷极研深，求其真是。肤闻浅说，空争门面固非，即有一毫未彻，亦终信不过。所以朱子哭陆子，惜其带去许多骨突道理也。莹生平不奉佛，而佛书大概观之，惧世人怵于祸福死生，舍吾儒而从事也。故《康輶纪行》一书，以所亲历考证所闻，为天下明切言之，俾知诡异之言不足惊异，然后反求身心伦理，不为祸福死生所夺，正人伦物理间所当有事，非驰心域外之言也。阁下未见全书而疑之，不亦宜乎！昨以全书稿本寄回，植翁见之，当有水火相济之益，似不致以水济水耳。且吾之为此书也，更自有义。盖时至今日，海外诸夷侵凌中国甚矣！沿海数省，既遭蹂躏，大将数出，失地丧师，卒以千万取和，至今海疆大吏受其侮辱而不敢较。天主邪教，明禁已久，一旦为所挟而复开。其他可骇可耻之事，书契以来所未有也。忠义之士，莫不痛心疾首，日夕愤恨，思殄灭丑虏，捍我王疆，以正人心，以清污秽，岂可以身幸不在海隅，遂苟且目前，为一身之私计已乎！

夫海夷之技未有大胜于中国也，其情形地势且犯兵家大忌，然而所至望风披靡者何也？正由中国书生狃于"不勤远略"，海外事势夷情平日置之不讲，故一旦海舶猝来，惊若鬼神，畏如雷霆，夫是以偾败至此耳。既震其积威，复申之以邪教，几何其不胥中国而沦于鬼魅乎！自古兵法，先审敌情，未有知己知彼而不胜，瞢瞢从事而不败者也。英吉利、佛兰西、米利坚，皆在西洋之极，去中国五万里。中国地利人事，彼日夕探习者已数十年，无不知之。而吾中国曾无一人焉，留心海外事者。不待兵革之交，而胜负之数已皎然矣。澳门夷人至于著书笑中国无人留心海外，宜其轻中国而敢肆猖獗也。莹实痛心！故自嘉庆年间购求异域之书，究其情事，近岁始得其全，于海外诸洋有名大国与夫天主教、回教、佛教，一一考其事实，作为图说，著之于书，正告天下，欲吾中国童叟皆习见习闻，知彼虚实，然后徐筹制夷之策。是诚喋血饮恨而为此书，冀雪中国之耻，重边海之防，免胥沦于鬼蜮，岂得已哉？来教以为司马氏之奇伟，第就域内之人事伦理求之，非驰心海外及未来之千百年后，意若责莹为矜奇眩异，骇人耳目者。嗟呼，此浮薄庸妄子所为耳。莹虽不肖，何致浅陋若此哉！

古今时势不同，当务为亟。今日事势可忧可惧如此，似不宜守拘墟之见，犹以覆辙为美谈也。嗟呼！莹一生崎岖挫折，不肯趋倚权贵，不肯媕阿随俗，当患难出狱之际，诸显要贵公欲一过其门而不肯往。其不通晓世故如此，宜所如之不合矣。蜀中旧例，有大不韪者，则罚以藏差。莹徒以不能善事贵公而得是役，且一再罚之不已，此全蜀之人所共知也。沉困陷塞之中，鹗不变音，老而弥笃，作为是书，皆中正平实为归，初非有怨愤不平如司马氏之意存诽谤，而斤斤以人心世道为忧，曒如白日，自谓宜无恶于君子。乃阁下不以为然，岂亦闵其困而思救之，且以为处世道当尔耶。三复来教，敢不以为韦弦之佩乎！丙午大寒日。

（东溟文后集卷八）

谢陈子农送重刻逊志斋集书

子农年大兄阁下，月十三日奉惠书并《逊志斋集》新刻，如获珙璧球琳。阁下宦迹所在，寻求曩哲之遗徽，复兴前人之嘉绩，前年成都一谈，至今耿耿，不意冠盖尘劳中得此芬淑，且在同年中也。今正友人陈息凡曾以此书见贻，云阁下重梓板存成都，将广其行，已叹君子用心，诚不可及。又疑善举如此，何以年来通书未蒙道及，今果专役远惠之，喜何如也！

本朝书籍之盛，远迈前代，人才学问文章皆甚盛，独气节之士靡焉！非无人也，在上诸公未有能提唱而振作次，在下君子复未能推明而宏宣之也。处则埋头举业，出则驰逐利禄，拾青紫、致通显，而莫究其所由。其贤者或以事功学问文章自著于一时，若夫忠孝气节之行罕能卓然自立；即有其人而子居块处，方众怪之且诽笑之，未有讲明此事者。夫天理未尝不在人心也。今欲使此事彰明，大昌于天下，则莫如举前代忠孝气节之人其生平所为文章事业载见书册者，重刊而广布之，俾家有其书，披览寻求，动其固有之良，有志者翠然奋兴，益坚其志，不肖者亦有以生其愧耻，而知所自立。此其为功于人心世道岂浅鲜哉！

莹在江南，尝欲搜求周秦以逮明季忠烈名贤遗集尽刻之，为《乾坤正气集》，已刻左忠毅、史忠正二集，存其板于吴门，旋为英夷事不果。癸卯过淮，以告河帅潘公，潘公欣然许肩其事。莹复荐有名诸生可任访抄校刻者七人，潘公皆厚币延订，开局扬州，未知今已成否。前岁来蜀，见陈息凡刻《张南轩文集》同《论孟讲义》于绵竹，今又见阁下刻正学先生此集于成都，德之不孤，于兹益信！意者气运其将有开乎？圣主仁明勤政，接见大小臣工，寒暑无间，大权不移，虚心采纳，屡容直言敢谏之士。仕宦草泽中复得遍读此等名教气节之书，必有奋然感发，上报国家，下励风俗者，岂独子农之喜，抑亦天下之幸也。谨申谢。

弟前使西藏，有《康輶纪行》十六卷，颇详西域山川、疆域与英夷马头之在印度与后藏接界者，因乍雅前后藏而推及廓尔喀、披楞、五印度以至佛兰西、英吉利、弥利坚西洋有名诸国；因两胡图克图而推及达赖剌麻、班禅额尔德尼黄教红教以至诸国回教、欧逻巴之天主教，讨其源流支派情形地势，考证而辨明之，绘为图说，并杂论古今人物学问文章政治之利病得失。孤远小臣，负国厚恩，无能裨益，思欲以管窥孔见，聊备控驭遐荒及风俗人心之一助云尔。甫写清本，未能付梓。傥异时刻成，再以奉教。

（东溟文后集卷八）

候林制军书丁未六月

甲辰之秋，有前平远州李牧赴京过陕，曾具一启托镜源世兄附寄伊犁，敬候起居。李牧回蜀，询云已确交，而不得镜源覆书，未审果入尊览否。乙巳冬在察木多将返，闻有京卿内召之命，喜而赋诗。嗣后叠闻筹办黑错寺蕃功成，还抚关中，洵慰天下之望。今移节滇黔，道出成都，而莹奉职之地僻远，得信最迟，不及一谒，深为怅歉。然古人敬爱之诚，虽千载之后，万里之外，如共晨夕，不在区区谒候，想亦所深谅也。

莹生平迍邅，仕途自由命定，而兢兢自求惟一义字，以此内权行止、外接事物，稍有得力，虽艰厄多端，庶不自失其性。通塞毁誉，一切听之。特时为江南旧累，蜀中新逋所苦，愧无以偿之耳。幸官卑事简，稍得以暇读书，于役两年，成《康輶纪行》十数卷，纪所历山川风俗人物，杂论古今学术文章政事，因考达赖、班禅黄红教而及天主教回教之源流，是非明辨之，以防人心陷溺之渐；因考前后藏而及五印度西域诸国以及西洋英吉利、佛兰西、弥利坚之疆域情事详著之，以备中国抚驭之宜。数十年来，所未了然者，复因魏默深之书，得闻粤中尊译欧罗巴人《四州志》，知其大概，惜未见原书，未审有刊本可得否。莹亦有英夷图书数种，苦无翻译之人，徒藏筪中而已。安得善译者，一考校之耶？

滇、蜀皆接藏地，藏外即廓夷，其部落东接缅甸，西接毗楞，毗楞即英夷所得东印度地，与后藏仅隔哲孟雄一部。哲孟雄即廓夷属也。毗哲中界一山颇险阻，近为英所据，屯兵其上，哲部不敢较，英可长驱入藏矣。蜀中英烟最多，皆从此入藏而入蜀、下长江也。上冬，英求通藏市，盖其窥藏之心久矣。廓夷本与英有隙，欲报之，庚子、辛丑间，闻英初抚粤中，求天朝助之兵饷，往攻其巢。当时执事者不悉地形兵事，拒其所请。及英大扰闽浙、江南，廓夷乃自乘虚袭之，大胜。英自闽浙抽兵回救不及，乃以所得于我之物赂之，赎所虏掠以和。廓夷由此怨我而骄，益形轻慢，藉上次贡使不返为词，本年贡期延不遣使，大约藏中尚费周折耳。

莹聥影山城，久甘缄默。知忠荩之怀，下车必勤咨访。滇、藏唇齿，故敢告以所闻。若滇中汉、回之事，则旌麾所莅，必已望风革面，悉就抚绥，不足重烦大区画矣。

（东溟文后集卷八）

与朱伯韩书

去岁再得惠书，知状。见邸抄，知复时有论列，圣明非不见知，而未转一科，何耶？陈颂南竟为人所累，降官南归，诚可惜。盖为国家惜，非为颂南也。颂南人已自存于世，岂在一官之得失哉！其所受过，乃不知同官有所私，未能依例阻止，此公过也。例得抵销，而竟实降，如日月之食，于颂南何伤乎？

尝叹世人于去就之间，多未深究其义，习见鄙夫贪冒无已之可耻，而深羡知足之不辱也。于是名利既得即善计自全，以云矫末俗、远危害可矣，究亦巧于患失耳，非古大人之义也。仕宦不问是非，但计利害，充其心将何所不至耶？生平颇笑二疏"宦成名立"四字，以为此老胸中鄙俗，而近世达官善为身家计者辄引以鸣高，众亦从而和之，恐古人之义不如是也。古人不事王侯、始终皆然，故为高尚，岂在富贵既得之后乎？惟小臣禄薄恩浅，进退可以裕如，否则不可以负，况尝为显宦而阳援知足之名、阴为全身之计，可乎？

莹在京师日，颂南见语，有劝其蚤退，免为人中伤者。余曰：知矣，而未为仁。君甫言事，几蹈不测，幸圣明特用其言，且以为伉直，君臣之义若此，奈何为世俗之计耶？颂南深以为然。今日之去，可谓不负心矣。阁下以为何如？

莹自察木多回，即至蓬州，已一年矣。蜀固多事，猓夷、啯匪深为民患，蓬州尚无之，而有城市山林之乐。谪官于此，亦复何负！寒士归家，不过求一山长自养耳，此不愈于山长耶？惟心有不欲负而力不从心者甚多，则无如之何耳。

亨甫诗文全集钞犹未竣，非三百金不能付梓，蓬州何能办此耶！其世兄亦在此，云前携回之五百金已为债家逼去大半，罕有存余，可叹也。前为海秋及亨甫作传，今同近作诗文各钞一册在家兄鹰青处，嘱送览，亦可知莹蜀中情事。余不多及。道光丁未八月廿日。

（东溟文后集卷八）

再与梅伯言书 丁未八月

入蜀后仅一致书，而相念之情则未尝一日去怀也。著作文章想更宏富。阁下蚤岁志在有为，既而专功文章，惜翁后，异之往矣，今海内兹事，舍阁下其谁属耶？

然文之至者，固皆深明于天人、事物之理，与夫古今学术、人才、政治是非得失之故，宏通精实，蓄之既深且久，然后提要钩元，无所不当，此古大家之文所以异于世俗浮浅之作也。异之之文精矣，而惜其未宏，意者其在阁下乎？虞伯生、宋潜溪虽未及古作者，犹能自著一代，况不甘为虞、宋者哉？莹于此事未能深用功力，固自愧其家学矣。

蓬州受事经年，地僻事简，不啻山居之乐，造物于我，果何负哉？身世所遭，则有义命，非人所能为。年逾耳顺，此中宁尚有未豁然者乎？圣人云，君子不忧不惧。又云，作易者，其有忧患。合而观之，可以得其会通矣。久别无可言者，辄钞近岁诗及杂文各一册，由鹰青家兄转致阁下，观之可知其在蜀情事也。阁下在部已久，补缺之期当近。长安居甚不易，秋气已深，伏惟珍重。不具。

（东溟文后集卷八）

与余小坡言西事书

久不奉书通问，而雅度萦怀未尝时释也。荣篆一年，按部广远，纠察属吏，绥抚民彝，必有切时宜而振聋聩者，嘉猷可得闻乎？

莹待罪山城，循分戢影，幸僻陋之区，人近质朴，尚易为理，得以其暇，稍事笔墨。《康輶纪行》一书，大为修整，去其烦芜，而增订后藏外五印度诸国及西洋英吉利、弥利坚、佛兰西诸夷地制情形与英、廓二夷通接后藏之要隘，凡诸国佛教、回教、天主教源流支派，详考而辨论之，复绘图于卷末。盖自古名贤皆恐世主侈情务远，骚中国而事外夷，故深拒夷事不讲。明成祖、宣宗屡使通洋，取其图说藏在职方，而世未之见。虽有学士通识，亦第讲求塞下形势而已。今昔不同，岂可置之？无怪外夷交侵，群相惊畏而莫知所措也。此岂深心世务所以抚御遐荒者哉？夫今日时势，虽庸人亦知不可有事戎兵矣。莹为此书，盖惜前人之误，欲吾中国稍习夷事，以求抚驭之方耳，非侈新异，欲贪四夷之功也。英夷及西洋人士每笑中国无人留心海外事者，其笑固宜，有志之士，乌可不一雪此言哉？然而举世讳言之。一魏默深独能著书详求其说，已犯诸公之忌。莹以获咎之人，顾不知忌讳耶，特不忍自负其心，冀中国有人一雪所耻耳。阁下其谓之何？

乍雅梗道，有旨川藏会议，大府欲莹与胡观察往莛其事，然藏中来议固谓内地勿再委员，但调诸部夷兵恫喝之，复厚备赏物而专以夷目往办矣，以此免行。

近闻英夷求通藏市，而廓尔喀复求助饷以击英夷，否则降英。盖二夷已和。英夷之披楞与后藏仅隔哲孟雄一小部落；哲孟雄者，廓夷之属也。英夷窥藏，蓄心已久，昔吾以廓夷为藩篱，今廓夷既有二心，而哲孟雄介隔披楞之险阻近又为英夷所据，势可长驱入藏，廓夷自知不敌而与连和，其为患于藏者不已迫乎！腹内亦自不安，奈何！道路传闻可骇。僻处山城，不知近日情事，阁下能以所闻见示一二否耶？

（东溟文后集卷八）

复卜贞甫书

贞甫足下，首夏得去岁九月书暨抄文二首，深见贤者之志与所以为人。大抵器识卓越，论议宏正，而忠义之诚溢于文字之表，文亦恢畅沉雄，仿佛刘子政、苏长公遗意，将来成就甚大，不可以文士待足下也。

所谓人才为天下之本，廉耻为人才之本者，岂不深中近时之弊哉！自古一功一事足以震动一世，不少其人，而不可谓之才者，由不知廉耻自持，致陷不义，得罪于天下，良可惜也！或有少负俗累而中年发愤，卒能自致非常之节业者，亦由廉耻之存，故能终振。其材能所济，国家赖之以安，天下人心赖之以定，风俗赖之以纯。即或抱志没身，而其人已自能立于天地间，犹足以风百世。此千古人品邪正之所以分，世道污隆治乱之所由辨也。足下所学所志岂非豪杰之士乎？少穆先生见书必有刮目于寻常之外者矣。

仆于古人何敢妄几，特生平为人为文不欲自负其心，粗为有志耳。来书乃以王文成见勖，其不使人骇汗耶？重承辱爱，辄抄近日杂文数首奉寄，可略知鄙意之所在，不足言文也。足下剑气珠光，必不能掩，当即脱颖而出，异日大摅所抱，宏济甚远。仆老矣，犹能拭目于蚕丛巴僰间也。丁未重九后五日。

（东溟文后集卷八）

复王守静书

去岁有自常州来者，持足下书，勤恳谆挚，欲得仆一言，扬尊甫之盛德，将传诸后。愧不能任也，久之未复。顷复有人以书至，重申前请，且云尚有一书未达。足下所以表扬先人之意笃矣，而辞益迫。

嗟乎，仆一远谪待罪之人耳，足下思扬其先，宜就显盛于时者为之，何独数千里外拳拳于仆哉！且有吴仲伦为之传，李申耆为之碑，朱沧湄为之铭，恽子居为之书后，阐扬备矣，于法亦无可更言无已。则有一焉：孔子之教人也，曰"庸言之信，庸行之谨。"古之君子，皆以门内为先，惟求此心之安，不为惊世绝俗之事以求闻于人也。自文章之士，每假人以自高其文，凡庸言庸行辄厌之为不足道，此文士见耳，岂古人所以自为之意哉？尊甫生平行事，庶几父母昆弟无闲言矣，或以是为庸行略之，乌知孔子所以称闵子者不过如是哉！或又以世尝业贾为讳，是亦不然。贾而贤，不更愈于儒而贤乎？尊甫自为诗云"中夜无妨质鬼神"，信，斯言也！儒者之盛，奚以加焉？此仆之所以钦钦于尊甫也，意者其古之人欤！

既感足下意念之笃，读诸君文，又得足下好学为文，越乎流俗之美，是不可终无复也。请以此言附诸君文后，报足下之意。道光二十七年冬至后十二日。

（东溟文后集卷八）

又与梅伯言书

岁内一书属陈子农大令携至京师，闻尚未成行，想新岁起居，定增胜也。莹待罪蓬州，本拟三年，然后告归，讵藏中有调办粮台之请。盖后藏外接披楞即英夷孟加剌之属部也，披楞又名噶里噶达，孟加剌又名第里巴察，与后藏之阿里，皆古东印度地，英既占东、南、中三印度之半，思进窥后藏久矣。昔赖廓尔喀之小部落哲孟雄大山所阻，山极险，仅通一羊行。近年此山为英所据，开山通道可以长驱入藏。又廓夷与英连和，心轻中国，不肯为我藩篱，藏失其险，复无屏翰，英遂有通市藏中之谋。朝议已许之，使斌少寇出镇经理藏事。少寇请莹为助，殊不知莹为英所深仇，断不能预和市。英必借口称戈，大臣以边事归罪，惟有受诛而已。国家既无毫末之补，而徒有大损，岂人臣忠于谋国之义哉？又无人计此为上言者，少寇已亡，大府亦不欲莹此行。自念老病，陈情开缺回籍。即于二月三日卸事矣。公私累殊甚，设法摒挡，未知济否。傥能于川水未盛前登舟，何幸如之。桐城债负拟鬻薄产以偿，更于近地觅一书院为活，或可得乎？阁下见藏奏必念，辄布区区。不具。

（东溟文后集卷八）

复陆次山论文书

来教欲仆为大集作序，意在取义论文，循其涂轨，以进于成就。足下之言美矣，顾仆何足以序足下之文哉。然不敢负谆谆再三之意无已，则以所闻于先正者，略言其要，可乎？

夫文无所谓古今也。就其雅驯高洁、根柢深厚、关世道而不害人心者为之，可观可诵，则古矣。非是，而急求华言以悦世人好誉，为之虽工，斯不免俗耳。唐以前论文之言，如曹子桓《典论》、陆士衡《文赋》、虞挚《文章流别》、刘彦和《文心雕龙》，非不精美，然取韩昌黎、柳子厚、李习之诸人论文之言观之，则彼犹俗谛，此未易为浅人道也。

大抵才、学、识三者，先立其本，然后讲求于格、律、声、色、神、理、气、味八者以为其用，而尤以绝嗜欲、淡荣利、荡涤其心志，无一毫世俗之见于乎其中，多读书而久久为之，自有独得，非岁月旦夕所可几也。仆之所闻如是而已。

近代方望溪最善此事，其言以义法为主。虽非文章之极诣，然涂轨莫正于此。足下天才既美，读书复多，循此涂轨求之，更进以家惜翁之说，必有深得于出入离合之间者矣。仆乌足以测其所至哉？《易》传曰"修辞立其诚。"《书》曰"辞尚体要。"《诗》曰"无易由言。"《论语》曰"君子一言以为知。"是皆论文之要也。愿深味之，异时集成付刻，或即以此书列其首，亦无不可者。戊申三月。

（东溟文后集卷八）

赠汪孟慈序 丙申九月

孟慈为户部郎官且十年，数建大计，以伉直闻。其言多深中事情，执政施行，天下未尝不称便也。中以忧归数年，益究心东南事。既服阕，将之京师，乞言于其友人姚莹。莹应之曰：

子，南人也，而官户部，地方之疾疢，国计之盈虚，皆知之矣，奚事余言？然窃怪以今天子之明圣，宰相公卿与督抚大吏之贤，而中外议论时有异同者，岂非上下之情犹有未尽通，而吏民之隐痛犹有未尽达者乎？国家比岁以来，西逆授首，楚粤间顽苗盗贼再勤师旅，灾荒弥于七省，度支固不能无绌矣。而海塘、河工岁侈动辄数百万，不得已而有筹备之例。论者皆谓，与其外筹，曷若求诸常赋？常赋之大者，则莫如地丁漕盐，以故征责稍急焉。三吴数歉，赈抚未已，而壬辰犹运全漕，复附运截漕米二十余万。癸巳秋灾，漕尚百十余万焉。两淮盐法敝坏之后，改弦更张不及四年，而上入税课年皆三百数十万两，带纳旧逋又数十万，运库久罄，一旦积存至三百余万，此皆毕大吏之智能，极下吏之喘息，而竭闾阎之脂膏者也。

三吴古称财赋之区，然八府四州，幅员不及千里而上供恒倍数省。定制，凡直省赋税银五千四百四十五万七千五百九十五两，而江苏两藩司地丁三百九十九万八百余两，漕项六十一万二千三百余两，两淮盐课杂费三百二十二万，又帑息七十余万，上海、浒墅、龙江、扬州、淮安关税一百一十四万六千九百余两，通九百六十七万有奇，盖六分而出其一。凡直省漕粮行月米五百一十一万九千二百石，而江苏漕粮米一百五十三万七千一百余石，行月米二十万二千二百八十余石，通一百七十三万九千三百八十余石，盖三分而出其一。其在丰岁犹有病者，况疮痍未苏、物产久耗，其能堪乎？民力不足，负地丁者十犹一二，负漕米者十乃三四，中人之家每称贷输将，州县催科乏术，上畏考成，皆借私责移官钱补苴集事。盖苏、松、常、镇间，无不困之官，无不病之民矣。孟慈游历东南，其见今日大吏尚有任权势以受苞苴者乎？州县之中尚有纵晏乐以自封殖者乎？匪特无之，在官则以征解不及为忧，罢官则以交代亏空是惧。官吏疾首痛心，闾阎呻吟憔悴，此孟慈之所目击也。

若夫盐务，则课出于商，商出于盐。今沿海场地非潦则旱，澌产不旺，几于地爱其宝，此盐之绌也。徽西大商昔日数百万之资者，今无一人。百计招徕，小商仅足应课，又为积残滞引侵占新纲，故完课不能如额。此商之绌也。然并积引计之，则每岁所完课数亦略相抵，若此者，为之减根窝、节浮费、轻课则、顾资本、缉枭贩、堵邻私，便之卹之，唯恐不至。夫是以诸商资本虽微，犹能黾勉奏销而不致亏阙国帑也。今之言者，于漕必取其全而且责其速，地丁每届奏销，必以三年比较而责其多，于盐课不问正杂而惟责其岁输皆盈，此凡昔全盛之所难能，而以求诸凋瘵之后，岂谋国者有遗算乎？抑明于内而昧于外，但见上之需，不见下之困也？非有深知吏民之隐痛者，切陈于公卿宰相之前，事理何由上达？

孟慈，勉乎哉！以若所见及若所闻，悉以达于卿贰，卿贰以达于宰相，宰相以达于天子，为东南官吏民商休养数年，以舒其气；官民之气舒而后财赋之本可固，国用其有不足者乎？

孟慈，南人也，而官户部，位可以言，言之必可听。以今天子之明圣，与夫宰相公卿之贤，苟闻此言也，中外议论必有洞然深中者，而何异同之患哉！

（东溟文后集卷九）

送余小颇守雅州序

古之君子必有高天下之识，不可一世之气，胞与民物之量，尘垢轩冕之怀，蔼然忠信岂弟之质，益以博览周稽上下古今典籍之所载，阅历山川形势之险夷，风俗人民情伪之同异，恢恢其广也，渊渊其深也，犁犁其辨也，肫肫其实也；出则达之而著为事功，退则存之而托为文章，故精诚不朽、滂浹宇宙，身不必存而人存，名亦可存而不必存。余尝以是求诸天下四十年，未有得也。则翻然曰：今之君子何必其然？彼斤斤门户声华者勿论矣，苟能介然确然厚其躬而薄责人，充以有容，阁而日章，岂非有道之君子哉！若此者，盖又难之。反而求诸吾友，亦不数见焉。宣城梅伯言，其一也。

道光癸卯至京师，因张亨甫识陈颂南、王少鹤，因伯言识朱伯韩、邵位西、余小颇、冯鲁川。伯言谓余曰，小颇中藏甚厚而寡合，其于人不易用情，有用未尝不挚，盖忠信岂弟之至也。余一再往反，信然，则又悔曩时所见之隘。今年秋余至蜀中，小颇亦出守雅州，后余八日至，欢甚。小颇出册示余，则伯言、伯韩、少鹤、鲁川四君之赠言也。小颇为人，四君之文详矣。余则有一言曰：

雅，边隅也。南界滇南，西邻打箭炉番地，西藏之咽喉，而川西之瘠壤也。边吏外柔内抚，道在惠而有威，持之以信则无事，此小颇所知，无待鄙言者。余所念，则雅之瘠也。古语不云乎：瘠土之民好义。蜀自明季献贼后，休养百六十年，富庶冠西南，民逸而淫，是有教匪之乱。靖三十年，人又忘难而有淫思。今岁大熟，民间顾蠢焉以啯匪之难、猓夷之难，吁大吏而号呼者日有闻之，独雅郡宴然，岂不以其瘠耶？吾愿小颇有以长治而久安之也。小颇不易用其情，今兹殆其时乎！吾知小颇忠信岂弟不远古人也，小颇岂以今之君子自画者哉？爰继四君子后而赠之行。道光甲辰七月十日。

（东溟文后集卷九）

重刻山木居士集序

古人文章所重于天下者，一以明道，一以言事。理义是非不精则道敝，利害得失不核则事乖。然理义可以空持，利害必以实验，故言事之文为尤难也。唐之陆宣公、宋之苏文忠公，皆善言政事者，文与实俱茂焉；他人为之，非诡则萎矣。

本朝作者如方望溪、朱梅崖能为古人之文，海内无异辞也。望溪之后，有刘海峰及吾家惜翁。梅崖之后，则称鲁山木。山木先生又以所自得者，就惜翁商榷之。其文章渊澹处，真可以追古人矣。而政事之文，特为茂实，所陈得失利害，皎如也。匪惟言之，其居乡及服官固一一行之有效，非空为斐然者，其重于世而传于后，不亦信乎！

先生之甥陈硕士侍郎，尝刻全集于闽，版归其家，不善藏而漫漶。先生之孙应祥谋诸邓旰原、黄东园二太守，重刻之，属莹为叙。先生既于惜翁有故，侍郎又于莹有姻谊，不敢辞也。谨识一言于卷端。道光二十年上巳日。

（东溟文后集卷九）

鹰青诗集序

国朝诸公病明代诗复古之弊，乾隆、嘉庆以来多避熟就生，以变其体，大约不出苏、黄二公境中，究未能自开生面也。古今作者文质相宜，繁简递嬗，要当抒轴性情、雕绘景物、风骨坚壮、才思高翔、格高体正、绝除卑俗、则其善也。若必以常见为非，力求新异，即明珠白璧等诸瓦砾，特牲太牢不登肴俎，此乃赋七之奇，岂复言志之旨？虽复自矜沈奥，及乎群辈为之，久更生厌，犹然炫烂之极归乎澹耳。前后易观，何足深讥乎！

吾家鹰青总宪不以诗鸣，乃古近诸作正复不少。谛观全集，雅托唐音，绵邈其思，俊逸其气，清辞丽句不绝于篇，虽不同晋、楚称雄，亦屹然周、宋王者之遗矣。乙酉、丙戌间，读未卒业。莹以艰归，颇存胸臆。今兹蒙恩出狱，未敢即行，乃得以暇竟读，知雅意攸存，不戾先哲。乃序论而归之，质诸海内作者，当不齿冷斯言。

（东溟文后集卷九）

潘四农诗序

余之知潘四农也，因张亨甫。亨甫告余曰，吾遍交海内贤士，以诗契合者众矣，大半皮骨声响之间耳。吾尝喜人攻其短而卒鲜攻者。曩在京师，得徐廉峰、郑云麓、黄树斋评刺吾诗，多中。而尤精当者，潘四农也。余观亨甫诸诗稿本，信然。亨甫曰，匪惟论诗，其为人也，类有道君子。已而，毛生甫至，言四农一如亨甫。余慕之，属生甫为书延四农教子若婿，四农欣然至扬州。其从来者，弟子吴君大田及其子亮弼也。于是丙申、丁酉之间朝夕聚处，纵观所为诗文，精深奥宪，一语之造，有耐人百日思者。窃叹张、毛二君不我欺也。

余尝与四农、生甫各携其弟子游金、焦二山，信宿赋诗，一时兴趣邈然，若与造物者冥游八极之表，曾不知哀乐之何寄。嗟呼，人生倏息耳，安能常有此境哉！已而，四农北去，李申耆偕其弟子与吴仲伦、左石侨及亨甫后先复至，申耆弟子吴君俊为余作《谈艺图》，写诸君之貌甚工。诸人旋散，余亦渡海。逾三年，则闻四农殁。

癸卯过淮，四农之孤缞经犹累然也，余以缧绁之身，不能哭于其家，忍恸而行。是时仲伦、申耆、生甫皆已亡，亨甫偕余北上，殁于京师，石侨继之，谈艺诸人风流顿尽矣。

又五年，四农弟子刻其师遗集既成，吴君大田两以书来，属余为序，其何能辞！乃述其所以交四农者，黯然识之如此。若其诗之精妙，则诸君论之详矣。道光己酉上元后六日桐城姚莹序。

（东溟文后集卷九）

陆制军津门保甲图说序

自唐用府兵，宋用刺字军后，国制皆以养兵为事。宋孝宗言，国家财赋十八养兵。历元明至今，未之能改矣。然及军兴，往往复用养民之力，何耶？久逸者骄而不可用，反不若贱且劳者之急公自卫，故义民得力常多。虽然，有其民矣，而形势不讲，未为得也。今京师以直隶、山东、河南为三辅者，自中土之形势言也；若以海言，则奉天、山东实左右臂，而天津为中门，旅顺、成山其外户。乃汲汲于中门之内，岂有说乎？曰：缓急异势，缓视其远，急视其近。

道光二十年，英夷扰我海疆，游奕之舟直伺天津。其时，嘉庆中复设之水师甫裁。未几，人情汹汹，时事亦孔棘矣。今两江制府沔阳陆公时以天津道，议集义民助新设兵六千以守直沽，内外既固，夷舟不复犯。二十二年事平，有旨命直督与公筹善后，乃复议御外防内之策各八。是时，天子已新设通永一镇，驻芦台，控制山海关以西，而天津兵亦习水战，制师船矣。乃复议，每岁五月至八月，通永总兵移驻北塘，天津总兵移驻大沽，通永与奉天会哨于天桥厂，天津与山东会哨于庙湾。新设兵不复撤，事皆得施行。公尝集当时中外所筹议与夫义民局之始末为一编，详绘天津城厢及四路村庄地图二百有二，而附以引河图一终焉，二百里形势道路咸具。呜呼，不睹斯图，恶得其实乎？公既刻成，梅伯言郎中许为之序，久而未果，兹以属余。余曰：

夷务军兴为宵旰忧十年于兹矣。义民以效力闻者，广东、台湾及天津而三耳。天津、台湾官与民一而守固，广东官与民二，初以不振，卒之官与民一而复有功，义民固可忽乎哉？乃纪其事，为言海防者有所考焉。

（东溟文后集卷九）

屠琴坞课桑图记

钱塘屠琴坞令仪征日，余以同年尝一过之，所言多除暴捕监枭事。后乃闻君课农桑，兴学校，文治彬彬，为一时吏最。及余监制淮南，则君已返里，久之且归道山矣。其子秉，字修伯，能诗画，有君之风，以盐官需次扬州来见，出示此图，求志一言。

夫农桑者，衣食之本也。扬州习醝业者多，闾阎仰食于盐，反置耕田为末，蚕织之事绝不闻，以是士女惰逸，风俗难以复古。君为令，独远致桑数千本，教之种艺，一时蚕织大兴，岂非务本善俗者乎？乃君去此十余年后，为政者不能继之，而桑政大坏，民习如故，莫之挽。是可慨也。修伯，勉之哉！虽作盐官，不忘其先人务本善俗之思，乃可谓贤矣。道光十七年十月，余将之台湾，书而归之。

（东溟文后集卷九）

桐乡书院记道光丙午十月

吾桐之名，始见春秋，群舒之一也。汉初，地之西北境，为龙舒。东南境，为枞阳。二县唐并为桐城。今之孔城，即古桐乡，盖龙舒地也。宋时，孔城为桐城九镇之一，见《元丰九域志》。地有桐梓山，水环其下，以出于江。桐之得名，虽未必以此山，而兹地兹山，其名古矣。自朱大司农为桐乡啬夫，有令德，后世论吾桐人物者，必以朱司农为始。

夫地气之盛衰，与世运不其同哉！开辟几万年，而地之名始见于经，又数百年，而人士之贤始见于汉，又千年，而唐之曹松始以科名著，宋之三李始以节操闻，由明迄今，气节文章、道德功业、名位科目，为海内望邑者数百年矣。或以为山川磅礴郁积之气有待而盛，是固然矣。然地气不能有盛而无衰，犹世运不能有隆而无污也。则将一听诸气运乎？曰：不然。惟有人焉，能维持乎地气世运与之为盛隆而不与之为衰污。故春秋有孔子，战国有孟子，三国有诸葛武侯，禄山乱而郭、李兴，南渡危而朱子出，皆大振其衰而涤荡其污，人实为之。天地胥有赖焉，在豪杰所自命耳。

孔城于近代有南山戴先生，枞阳则海峰刘先生，实其故里。吾桐言文章者，于二乡必称二先生。兹乡之人，景仰前哲，将欲振兴文风，乃醵金为书院，名之曰桐乡书院，从其实也。道光甲辰，余过孔城，戴生钧衡邀观之。则桐梓一峰，俯瞰其东，大河环出其下，形胜足以眺览，矧前辈流风遗迹，足以睪然仰慕者乎！

戴生乞一言以志其成，诺之而未暇也。明年方使西域，而生以书来趋之，乃举气运赖人之说以告此乡之有志者。嗟呼！豪杰之士，其可不知所自励哉！司农与二先生斯其近焉者矣。

（东溟文后集卷九）

桐城烈女节孝三祠堂记 道光二十八年十月七日

桐城烈女祠，立自前明，祀唐桐城主簿张孚卿之妻王氏、明四川断事方法之女川贞以下节烈贞孝九十三人。本朝风化隆盛，令天下立节孝祠，吾桐得旌者尤众。二祠皆在西城外，相去仅数十武。乾隆五十八年，邑君子既人为之位，复书其姓氏事实，悬额于节孝祠中，又立石刻其姓氏，而以烈女旧额所书冠其首，嗣复时有所增，于是节孝祠中悬额八、立石七焉。其始分别以死殉事者曰旌烈，未婚守志者曰旌贞，少寡不二者曰旌节。后乃杂列之，但书某贞女、某烈妇、烈女而已。计烈女、节孝二祠所祀一千四百有三人，可谓众矣。嘉庆二年，邑人绩考未及旌者九百九十一人，群请官立室于节孝祠后，曰待旌，亦为位祀之，立石刻之。道光十三年朝廷颁总旌之例，于是嘉庆以后贞女、烈妇、节妇咸得旌焉，乃易待旌之名曰总旌。祠内两次立石凡七所，祀又一千三百七十一人。合烈女、节孝二祠，通祀二千七百七十四人。呜呼！吾桐一邑耳，而贞节之女若妇，宋代以前不过数人，明后及今乃如此。

世谓桐城风俗、气节高于江左，非虚语也！旷观史传，忠贞节孝之事，古以为难。宋明至今，一若为之甚易者，岂非宋儒讲学之力哉！自程子言饿死事小失节事大，然后人人知有礼义廉耻，虽中人亦勉为之。然非圣天子崇儒重道以风天下，乌能若是？而轻薄小生，辄以为后世好名，不若古人之朴，岂将禽兽吾人而后快欤？盖孔子六经垂教之功至宋而大著，兹之盛也，有由来矣。或曰妇人之心专一，故诚而无伪，非如男子二三其德。是说也，吾不敢非之。然则，吾桐贞烈节孝之妇女，吾犹不以为多，必胥天下为妇人者人人知以贞烈节孝为事，然后不负圣人垂教、天子旌名之意，则二千七百七十四人固多乎哉？吾家谱载前明及今姚氏之女以烈闻者六人，妇三人。未婚守志者，女三人，亡姑与焉，妇三人。以节孝闻者，女四十二人，妇九十五人，先高祖母与焉。今祠内之数悉合，惟亡姑不在祀中，以其事实而志隐也。莹尝为之圹志铭矣，独恨作《姚氏节妇记》时，考之犹未详焉，附正之于此。

（东溟文后集卷九）

江宁府城水灾记

道光二十八年七月霖雨，湖南北、江西、安徽、江苏、浙江滨江海诸郡县患水，大吏承天子命缓征银米，赈恤既周，当司农告匮之时，文绌维艰，官民捐资居其大半，幸乃获安。而江宁被水尤甚。明年四月，莹至江宁，见城中门扉水迹三四尺不等，咸相告曰，某某市中以船行也。未几，闰四月，久雨不已。五月，复大水，阛阓深六七尺，城内自山阜外鲜不乘船者，官署民舍胥在水中，舟行刺篙于人屋，春野外田庐更不可问矣。人被淹且饥死者无数，或夫妇相携投水中，或男妇老稚相结同死。破屋浮尸沿江而下，以诸省复被水且甚于前年也。督府陆公既入告，亟与江宁司、道、府、县官捐银赈抚，发仓平粜，招徕客贩，广设济厂，檄行郡邑，遣官行恤，又虑国帑之绌，日夕筹计，得五十二万金，以纾上忧。盖是时苏抚议请百五十万者，公已备三之一。然诸省频灾，费且数百万，未有处也。已而，上命有灾诸省藩、关二库岁额解京师者悉停解备赈，且出内帑百万加恤灾民。

客有忧者曰：夷务靖甫数年，疮痍未复，而西北屡旱、东南频年大水，奈何？莹曰：水旱古所时有，即以江宁言之，自蜀汉延熙十四年为吴大帝太元元年八月朔，大风，江海涌溢，平地水深八尺。永安四年五月，大雨，水泉涌溢。自是历年患水。晋咸和、永和、太和、太元、元兴、义熙中，志称涛入石头城者六，或漂败万舟、流骸相望。梁中大通五年五月，大水，御道通船。陈祯明二年六月，涛水入石头，淮渚暴溢，漂没舟乘，府城自坏。唐贞元二年七月，江淮大水害稼，溺死人，漂殁城郭庐舍。宋隆兴二年，大水浸城郭，坏庐舍，操舟行市，溺死甚众。乾道六年五月，建康水，城市有深丈余者。明嘉靖三十九年七月，江水涨至三山门，秦淮民居水深数尺，至九月始退。万历十四年五月，大雨，城中水高数尺，江东门至三山门行舟。三十六年戊申五月三日，秦淮河干见底，至十三日，潮水忽涨，一日夜平岸，夏至后大雨半月，平地皆水，自学宫乘舟至大成殿，江中浮尸相续。本朝康熙二年壬寅六月，大水，船行市上。自汉延熙十四年辛末至康熙二年壬寅，千一百七十八年，江宁患水见于载记者八十有五，举其大者十七。及今，又一百七十六年，而连年船行市上。

夫气运乘除自有消长，与人事或应或不应。灾异之见，岂必皆衰季之朝哉？所恃者，人君大臣以时修其政事，不为害耳。天地爱人而厉气恶恶，惟圣人裁成辅相之，人或德衰，复有厉气乘之，则乱矣。善乎，宋徐复之对仁宗也。昔仁宗方忧辽夏，国用不足，召复问天时人事，复曰：以京房卦气演之，似唐德宗在奉天时，在疆圣德。仁宗惊曰：何致是？复曰：无深虑也。德宗天性猜忌，欲以兵力胜天下，德与凶运会，故奔走失国。陛下恭俭仁慈，西事由外起，时与德宗同，而德异，不久即定矣。已而，辽夏果无事。盖仁宗为一代令主，复有韩、范、富、欧、庞、狄诸公宣力中外，帝宵旰忧勤，虽军需乏竭，屡出内帑数百万济国用，至于六宫亦捐供奉以助边费，大将数丧而卒获太平也。以德弭患，厉气潜消，天心亦为之转移，岂不信哉！尧水汤旱，圣人之德益明，此之谓矣。今上有尧舜之忧勤，中外宣力诸公诚皆以韩、范、富、欧、庞、狄自勉，则一德感孚，虽灾何患？既答客已，因为之记。

（东溟文后集卷九）

雷继贤铜戈记

国家以文治天下，承平岁久，自王侯下至庶人，皆以科目为荣，文武两科制同，世乃重文轻武，四方有事，卒赖天子威灵平定，其以材武勇敢著者罕。或遇之有著者，必其出身义勇者也。是果何故欤？

士者，四民之首，平日言论行事习与民近，士好之则民尚之矣。无识书生，自始读书，即鄙夷武夫，羞与为伍，天下一气同声，虽有如虎如彪之材，亦惭沮不前，况愚懦之夫，稍有膂力者哉？如是，而欲人知重之趋之必不能矣。

华亭雷继贤者，名震，以乾隆癸卯武举人，为江南刘河营把总、署川沙营千总。少有膂力，善用枪，一可敌百。乾隆六十年，蔡逆未平，出洋巡盗，遇贼与战，连毙数十人，有潜从后伤其臂者，遂被害。事闻，朝廷嘉其忠勇，命祀昭忠祠，世袭云骑尉。其孙炯，现为宿州营守备，家藏一铜戈，继贤生时所用，至今实之。雷氏为华亭世族，多以文贵，独继贤与仲兄瓒、季兄鸿习武，有五虎之目。其族孙葆廉为莹言，乞文为记。嗟呼，如继贤者可谓无忝科目矣。世之操翰为词章，由科目跻显贵者，举目皆是也，果何益于国家之治乱、风俗之隆污耶？稍不自知爱重，则流为浮薄而已耳。继贤视之，不且如粪土乎？然则，世之为士大夫者，可以知所宜尚矣。

（东溟文后集卷九）

十幸斋记

十幸斋者，幸翁自名其室也。翁生六十五年矣，生平幸得于天者十事，以名其室，而为之辞焉：

人生有托，使在荒裔绝域或僻陋之乡，则蠢然没世已耳，翁生桐城文物之邦，其幸一也。通邑百族编氓，微姓多矣，而生于麻溪姚氏，代有名贤，学问、文章、道义、宦绩，渊源有自，其幸二也。不好为制举之文，然一再童试遂入郡庠，一试于乡而得举，一试礼部而成进士，其幸三也。时年方少，使竟出仕，其于国事、吏治、民生，未之有学，贻误必多，而放归八年，周历世事，然后为吏，且空乏其室，拂乱所为，得以动心忍性，其幸四也。其性拙直，其行孤危，所至士民好之，而挖于上官长吏，宜将困踬以终矣，天子明诏大臣露章荐贤，遂以县令为江督陶公、苏抚林公以其名上，陶公称之曰"精勤卓练，有守有为"，林公称之曰"学问优长，所至于山川形势、民情利弊，无不悉心请求，故能洞悉物情，遇事确有把握。前在闽省，闻其历著政声，自到江南，历试河工、漕务、词讼听断，皆能办理裕如，武进士民至今畏而爱之。"其在台湾也，闽抚刘公称之曰"经济根于学问，正直而能通达，讨逆平叛，功绩昭著，洵海外之保障。"此三公贤者，先后荐之，天子用之，天下信之，其幸五也。台湾之狱，江、广、闽、粤四省大帅为夷所慑，弹章相继，或且为书遍布京师曰"不杀镇道，无以谢夷而坚和约"，然而朝野之论殊不谓然，论救之章相继，圣主亦念其劳，为之昭雪，其幸六也。生长中国，于异域地形、风土多所茫昧，一再出关，西至喀木，殊方情事了然可征，其幸七也。既受殊恩，方在迁谪，断无引退之理，乃或荐之边徼，或沮使勿行，遂得全身而退，其幸八也。贫士以禄为养，去官不能家食，则有诸公为之推挽，不使途穷，其幸九也。有妻偕老，和敬无违，有子虽少，诗礼自好，和厚端良，免不肖之忧，其幸十也。

此十者，所不能求之于人，不可必之于天者也。冥冥之中，一若有笃好阴相于翁而维持成全之者，乌能不夙夜耿耿于心哉？孔子曰：罔之生也，幸而免。翁生虽非罔，而几不能免者数矣，卒皆能免，岂非幸哉？惟其幸也，是可惧也。黄帝曰：战战栗栗，日甚一日。翁生六十五年，盖无日不在战栗中矣，孟子所谓"生于忧患"也。以幸名斋，益自箴焉，无堕晚节，殆终免乎？以语其友，友曰：信如子言，请识之，以告世之知天者。

（东溟文后集卷九）

书西域见闻录控噶尔事后

昔者，九皇御世，兄弟九人分治九州，地舆乃尽。九州者，邹子所言大九州，非《禹贡》之九州也。九皇各主一州，自为政教。今之中国，五帝三王以来，所治乃大地之东南隅。中土以外，八州风气异，宜政教各别。三代本有载籍掌于太史，《九邱》之类是也。自秦代焚书，史失其职，遂无可稽。世儒见所未见，概以为诞，则迂矣。汉后异域渐通，略复纪载，实皆古皇之所遗治也。

大地径三万里，为万里者九，当以方万里为一州，今圣人在宥中国舆地实已倍之，意异域诸国大小兼并不知凡几。如控噶尔者，西北近海大国，即普鲁社也。其王名控噶尔者，尝与俄罗斯国都邻近，构兵败之，入其都，议和而退，事在乾隆中。其时，土尔扈特为俄罗斯连年征兵不已，苦之，叛求内徙，恨俄罗斯，又见俄罗斯之强大尚屈于普鲁社，以为彼国更大于俄罗斯，讹传其事而侈其词，略如《后汉书》之大秦国者。又误以人名为国名。遁逃之言本不足信，而七椿园轻采之耳。松湘圃、赵芸菘、魏默深诸书辨之详矣。即如所见，亦未足异。

周之成康、汉之文景、唐之贞观、本朝康熙乾隆之间，天下富庶，教化洽隆，岂异域殊方所能仿佛者。发仓赈粟、蠲免钱粮动千万计，史乘书之犹为盛大，而生当郅治，身及见之，转若寻常，亦恒情耳。惟所云都城门二千四百，城内大江三，南北马行九十余日，则为荒谬，分别观之可也。今中外一家，人迹渐远，异域事日有记载，其言何必尽诞哉？自吾至台湾，而悟秦时方士所谓海上神仙者，殆指此地。今观此书控噶尔事，又恍然于佛书所谓极乐之国不过如此。世之谈二氏者，可以哑然一笑也。

（东溟文后集卷十）

考定焚黄仪制书后己亥三月

呜呼！小子莹无似上承十七世之清泽，重以严慈矩训，逾冠获科名，三十为邑令，崎岖久之，年且五十，忽逢圣天子诏中外明保人才，大臣上其名，未入见，擢知高邮州，迁淮南监掣盐务同知，道光十六年召对，明年迁台湾道兼提督学政。故事，台湾道莅任后，督抚为奏请旨，然后得加按察使衔，莹不待请，上遽加之。莹不才，何由得此？良由天眷先德，三世未行其志，故假小子以彰显之耳。循例为考及祖考请得赠如其官，进一阶，为通奉大夫，姓皆夫人，貤赠曾祖考姓如之。莹方服官海外，不克躬焚黄于家。阅朱子集，见其为先世焚黄文有感焉。遍考《礼经》及唐《开元礼》、《司马公书仪》、《朱子家礼》，准以《大清通礼》，参定仪制，撰告祝文，遣兄子济光归从伯兄朔敬成其礼。呜呼，是可怆也！

昔我姜坞府君，一时名德，中外推之，顾仕不竟用而归，有班、刘之文章兼贾、郑之经术，履道纯粹，耆学弗衰。殁四十年，遗书始得编次。又十年，闻于朝，入祀乡贤，附传国史。莹束发读书，稍得古人之涂轨者，实赖一二遗册存其绪言也。莹兄弟之生，祖姓已殁，春树府君客游，未见两孙，而朔、莹之名，府君实命之。童时于故箧中见家书言命名之义。先姓述府君言，"吾孙必有兴者。"顾莹兄弟未成立而府君殁。其后莹游粤东，主讲香山县之榄山书院，府君尝主讲于此，门下生犹有来者，因得访其遗教。及监掣仪征，乃府君客殁之地，伤何如矣！嘉庆二十一年，莹初仕平和，迎醒庵府君张夫人就养。历龙溪、台湾三任所，睿皇帝万寿覃恩，封赠二代考为奉直大夫，姓为宜人。莹以事罢官，今上登极，察其获盗功，命引见。登舟甫行，而府君殁于鹿耳门。兄弟衔痛侍张夫人奉柩内渡，海神哀之，风涛甚平，两日夜达厦门。困不能反里。明年，赵文恪公来闽，助归其榇。张夫人留闽中，莹幕游为养。再渡海，展招魂之祭于鹿耳门，怒涛奔涌如雷，若为莹鸣其不平之哀也。客台湾逾年，回福州寓，省张夫人。乃归告服阕，引见复官。方需次，而张夫人弃养于闽寓。是时，兄朔求醒庵府君葬地在籍，闽寓治事者莹妇方氏、兄子济光而已。应昌童幼。莹兄弟先后奔至，视鹿耳门之痛滋益深焉。兄再奉丧归。莹服阕，入京师。十一年，江南请守令，莹至江苏，兄及家孥仍聚官所，而醒庵府君张夫人不逮养矣。今莹以监司至闽，得遭回踯躅于旧寓与鹿耳门故地，岂非我二亲之灵有以相之乎？

椎牛而祭，不如菽水承欢，昔人哀情何殊今日！莹乃不能亲奉少牢之祭，又昔人之不若矣！因考定焚黄仪制毕，书其后，告我宗人，咸悯斯志，俾无阙焉。

（东溟文后集卷十）

左忠毅公家书真迹书后

左忠毅公家书，里中钞传。莹幼时尝见数本，篇数多寡不同，惜未能汇钞其全。道光十八年过吴中，见顾湘舟家藏前代忠烈遗集数十种，议欲更搜辑上自屈大夫下及国初范忠贞杀身成仁、有关社稷者，总刻之为《乾坤正气集》，以左忠毅为莹本邑先刻之。盖即公子国材所刻奏疏本，未及家书也。渡海后值军务数兴，不遑此事。二十二年奉逮过淮，属河帅潘公为之。适吴稼轩孝廉示以公裔孙家藏公遗稿，较原刻为多，莹遂假其本付谢梦渔孝廉，盖潘公所命董刻事者。而里中钞公家书未得，举付歉焉。

今蒙恩假归，梓庭孝廉以公二书来示，更取里中十九书校之，前书宛在，少后一书。方植之云，赵子鹤明府曾钞十三书，有之。然梓庭所藏乃公真迹，合十九书则二十篇矣。赵本莹未及见，二书外不知其异同又何如也。植之谓，此二书为公屯田时作。莹考《明史》本传，未言公屯田、督学时先后。据公曾孙宰所撰《年谱》，公以万历四十八年二月为直隶印马屯田御史，七月神宗崩，八月光宗即位，疏请移宫，屯田未竣。明年三月改督畿辅学政，再疏请开屯学。此书所言，盖在泰昌元年八月。方言是也。第详二书辞气，前为寄二亲书，后似寄诸弟者。光栗原刻《龙眠藏书》，入公《年谱》四卷，傥更举公奏疏并家书二十篇刻之，不其善欤？甲申正月后学姚莹谨书后。

（东溟文后集卷十）

平湖卜氏杨节妇传书后

妇人所重三伦，上者舅姑，中者夫，下者子。幸乃三者无故，善矣。不幸而舅姑殁，不逮事可以祭，尽其礼。有子而折，可以哭，尽其哀。惟夫为所天，存亡与俱，不敢有其身也。而古传记所载，不数人焉。岂礼教之哀耶？夫有未终事之父母，身殉则仰事之义阙，夫有孩提之孤子，身殉则俯育之义乖，此皆不可以从亡者也。世或不察，徒以节烈为微行而轻就之，虽可风励末俗，非礼意矣。杨太孺人适卜氏，再期无子而夫死，有叔季妇可以事祖姑及姑，请命焉，致祭焉，而后从亡。卒以叔子为其夫后，卜氏益昌。何其从容中礼也！事在乾隆二十五年庚辰，迄今道光二十四年甲辰，殆近百年。海内士大夫争为记传，歌咏不衰。太孺人之孙葆衍以进士为蜀宰，莹得观其藏帙，是诚得礼之意，岂漫与日月争光也乎？

（东溪文后集卷十）

方植之金刚经解义十种书后

呜呼，是方植之之所作也。植之尝为《汉学商兑》矣，以近世汉学诸贤妄毁宋儒且诬圣道故，力申考辨，而圣道以明。又尝为《书林扬觯》矣，以无识之人妄事著书，故详言古人不肯苟作与夫不得已而有作之旨。是二书者，可谓精于立言矣。曷为而有此作哉？律原以为不应横决至此。诚哉，畏友之言也。余不解佛，顾尝粗观其书，植之谓他人无可语此者，时时以其说示余。律原贻书责余，谓不当更扬其波。善哉！良友之言也。

然吾观植之自言学佛，夫植之岂真学佛者哉？毋亦有所激愤而为之乎？植之理究天人，学穷今古，行年七十八矣，曾不知是书得罪于天下乎？且与其所自著书大异，胡不畏天下以彼其矛刺其盾者将不止汉学诸贤也？昔吾以闽人李畏吾《岭云轩琐记》示植之，植之非之，谓沿王龙溪之邪说也；曷为自蹈之且更有甚焉耶？凡此皆常人之所能知，而谓植之有未知乎？嗟呼！是可深悲也矣。韩退之，辟佛者也，而深敬浮屠大颠。程子、朱子，嗣道统者也，而谓佛说近理。岂佛说之精妙，果有与吾儒相契合者欤？孔子曰：素隐行怪，后世有述。夫佛不可谓非素隐行怪也，谓后世有述，是孔子之时已有作之者矣。孔子既不为之，曷为不辨而非之，岂有余于方外者乎？子路、子贡之徒，曷为亦无一言攻之也？岂道之大原无贰，圣人之徒特不为之而亦不攻之乎？夫不攻之可矣，乃从而有述焉，其不得为圣人之徒明矣；何植之自绝于圣人之徒耶！

嗟呼，人非有沈愤隐痛于中，不得已于言者，曷为有此作哉？抑植之者博大精深，无所不学，自吐其胸中所得，借佛以发其意，初无知我罪我之见耶？吾惧天下见其书者不得植之之意，而或远于孔子之言也。乃书其后。

（东溟文后集卷十）

苏厚子望溪先生年谱书后道光己酉二月

年谱之作，所以著人一生出处行事之实与其文章言论相为表里，所谓夷考其人者也。或言行相顾，或行不掩言，皆存乎此。一失其实，则非以表之，适以诬之。比于传状，殆有甚焉。《望溪先生年谱》，旧有先生门人王兆符撰本，而世失传。计先生之殁，于今百年矣。读其书者，绝无恩怨，无事瞻徇顾忌，所患考之不精，不备，难免失实耳。厚子质直朴重，有先儒通道之笃，无文士浮夸之气，沉潜于先生文章者既久，而搜讨于先生出处行事之实复精且备，《年谱》积岁始成，时复增损，务求其实，岂疏浅者所能望哉？君尝增订《张杨园先生年谱》，吾读而敬异之。今复为此谱，可以见其学行诣力，即其志可知矣。

（东溟文后集卷十）

吴黄二贞女传戊戌十月

吾尝为麻溪姚氏节妇记，记吾家自明以来女若妇五十有七人，是在嘉庆辛未之岁。其明年，有吴氏贞女事。女为内阁中书乔龄次子仲蓉聘妇，监生吴文栋女也。仲蓉随父之官湖南，父卒，匍匐护丧归，病瘵死。女闻，请归姚氏，执夫丧。父弗许，膝行三日夜求之，许在家终志。女泣而起，不出户者逾年。有隐为议婚者，女恍若有知，涕泣废食。父佯怒，女病且死，举家皇然。父呼而许之，乃苏。父于是告其夫兄元芙，以归姚氏。族众具礼迎之，入门拜姑，行子妇礼。姑怜爱之，以长孙为之嗣。

越二十五年，吾从弟之子敦仁聘妇黄氏，又以殉节闻。黄氏者，家武进，父克昌，直隶定州知州，兄曾慰，为贵池令，以女字敦仁。道光十六年正月，婚有期矣，其父母方自贵池送女于桐，至前七日，敦仁暴亡。女闻之，泣请父母守志于姚。父母不许，女遂不食且病，不百日而死。年二十一，长敦仁一岁。其家以丧妇姚氏，合葬焉。

论曰：明归太仆作《贞女传》，谓女未嫁而为其夫死或终身不改适者为非礼。其言曰，女子未有以身许人之道也。未嫁而为其夫死，且不改适，是以身许人也。引曾子问婚礼，有吉日婿之父母死及女未庙见而死之礼，比附以明其义。及后作《张氏女贞节记》则云，礼以率天下之中行，而高明之性有出于人情之外，此贤智者之过，圣人之所不禁。而以伯夷、叔齐未有禄位于朝，君臣之分甚微，而耻食周粟以死，孔子亦谓之仁。论人者当取法于孔子。盖亦自觉前说之未安矣。近时，汪容甫不见后说，反缘前论，引而信之，谓妇人不二斩，故为夫斩，则为父母期；未有夫妇之恩，而重为之服以降其父母，于婿为无因，于父母为不孝。又曰，父子之亲，君臣之义，夫妇之恩，不可解于心。过而为之死，君子犹哀之。苟未尝以身事之而以身殉之，则不仁。汪氏斯言，得无过欤？夫女子之义，莫大于守身，守身之谓贞。《易》曰，女子贞，不字，十年乃字。夫字者，正礼也。以不字而许之，曰贞。则圣人固有取尔矣，曷尝责其违礼哉？女子未嫁，从父母之命，无命，则人贱之。若既受聘，则有父母之命矣。而谓其以身许人，不亦真乎！先王制礼取其中，合天之道，顺人之情，俾贤智者无所过，愚不肖者可以企。整齐画一，以为治天下之法耳。至于非常之事，不能望之人人者，本不为定制，有则特表而旌之矣。古未有以臣死君者，殷之世，乃有比干焉，伯夷、叔齐焉。孔子一则曰仁，一则曰贤。求之《礼经》固未尝以死责人也。不惟无责，管仲不死，孔子犹许之曰，如其仁。然则，圣人固有出于《礼》文之外者，非常之事，必待非常之人，岂可以常礼绳贞女子乎？且二子所援曾子问之文，亦尚有说。曾子问曰，婚礼，既纳币，有吉日，婿之父母死，则女之家亦使人吊。父丧称父，母丧称母，父母不在，则称伯父世母。婿已葬，婿之伯父致命女氏曰，某之子，有父母之丧，不得嗣，为兄弟使某致命女氏。许诺而不敢嫁，礼也。婿免丧，女之父母使人请婿弗取而后嫁之，礼也。详此，《礼》文一则曰不敢嫁，再则曰而后嫁，是固有迟之又久不得已而为之者。明乎改嫁非女子之美行，虽夫家辞婚而犹守之至再，重之也。其以不敢嫁而后嫁为礼者，对不待夫家之辞而亟嫁者，为非礼也。盖先王之道，婚姻以时，女子失时不嫁，惧人情所难，而或有荡检逾闲之事，故顺其情，且使夫死听改嫁，非禁其守贞也。由此观之，是改嫁之义，特以防中人之不肖，岂以待非常之女子哉？今功令妇人夫死听其改适，能守节则旌之。旌之者，以其能人所不能也，苟以守贞为非礼，是导人不守其身矣。然则，女子未嫁而守贞者何义乎，曰，古人一诺重于千金，惟其信也，况许嫁大事乎！贞女之义，亦谓吾已受聘，父母既命之矣，未嫁而夫死，此意外之变，非夫家有所悔弃，何忍负之？守死不渝，以成吾信，遑计其他。故说《礼》者，贵其能为世道之大防也，今附会《礼》文，而导天下女子以不守其身，不亦贼礼之甚乎！

（东溟文后集卷十一）

汤海秋传

海秋，汤氏，名鹏，湖南益阳人。道光二年进士。初为礼部主事，年甫二十。负气自喜，为文章震烁奇特，诸公异其才，选入军机章京，补户部主事，转贵州司员外，擢山东道监察御史。君在军机，得见天下章奏，又历户曹，习吏事，慨然有肩荷一世之志。每致书大吏，多所论议。及为御史，再旬而章三上。有宗室尚书叱辱满司官，其人讦之，上罢尚书吏议。君以为司官朝吏过失，当付有司，不可奴隶辱之。此臣作威福之渐也，吏议轻，不足以徵，援嘉庆中故事争之。上以为不胜言官任，罢回户部员外。而君方草奏，大有论建，未及上而改官。

君见其言不用，乃大著书，欲有所暴白于天下，为《浮邱子》八十一篇，篇数千言，通论治道学术。《明林》十六卷，指陈前代得失。《七经补疏》，明经义。《止信笔初稿》，杂记见闻事实。诸作皆出示人。惟《止信笔初稿》，人多未见。或问之，曰：此石室之藏也。

英夷事起，沿海诸省大扰，上再命将无功，卒议抚通市。君愤甚，已黜，不得进言，犹条上三十事于尚书转奏焉。大臣用事者曰：书生之见耳。上虽召见君，而无所询，报闻而已。君是时已更为本部四川司郎中，京察亦竟不得上考。君感慨抑郁，诗多悲愤沉痛之作。二十四年七月卒，年四十四。

君少为文有奇气，初成进士，所为制艺，人争传其稿，市肆售之几遍。君曰：是不足言文也。取汉魏六朝迄唐人诗歌，追拟之，必求其似，务备其体。已梓者三十余卷。又好为文，尝谓其友人曰：汉以后作者，或专工文辞而义理时务不足，或精义理明时务而辞陋弱。兼之者，惟唐陆宣公、宋朱子耳。吾欲奄有古人，而以二公为归。其持论如此。

姚莹曰：道光初，余至京师，交邵阳魏默深，建宁张亨甫，仁和龚定庵及君。定庵言多奇僻，世颇訾之。亨甫诗歌几追作者。默深始治经，已更悉心时务，其所论著，史才也。君乃自成一子。是四人者，皆慷慨激厉，其志业才气欲凌轹一时矣。世乃习委靡文饰，正坐气萧耳，得诸子者，大声振之，不亦可乎！以宗室尚书之亲贵，举朝所屏息者，而君倡言弹之，亦见骨鲠之风矣。君又与宜黄黄树斋、歙徐廉峰及亨甫以诗相驰逐。岁在丙戌，余服阕入都，诸君与周旋久之。树斋以编修为言官，数论事，洊至大用。廉峰及君则以言黜，幸不幸，殊焉。辛卯余再入都，廉峰已病，未几卒。定庵继之。癸卯，台湾之狱，亨甫力疾赴余难，因不起。犹忆君探余狱中，及出狱后，与诸君置酒相贺，又同治亨甫之丧，依依送余出都门时也。默深成进士最晚，以知州需次。亨甫则未一第而殁。余待罪蜀中，树斋亦以事更罢为部曹。俯仰二十年间，升沈存殁若此。悲夫！

（东溟文后集卷十一）

蓬州新建玉环书院碑

自古教学养士之法，莫备于成周，战国暨秦荡然矣。汉元、成间，乃复教学养士。东汉太学颇盛。六朝益修之。唐初以国学太学为未足也，于国子学、太学、律学、书学、算学外，又设宏文、崇文二馆，创立学舍教养诸生，皆在京师。其后外郡、县乃有自为书院以教生徒者，实宏、崇二馆开其先也。宋世既立太学、四门学、小学矣，崇宁中，以天下皆兴贤贡士，更即国南郊建外学，凡上舍、内舍，外舍生多至六七千人，而诸儒自为书院讲舍，教授生徒者不可胜纪。元至元二十八年，令江南诸路学及各县学内设立小学，选老成之士教之，其他先儒过化之地、名贤经行之所与好事之家出钱粟赡学者，并立为书院，每书院设山长一人。书院之设山长，自此始也。明代至今，天下府、州、县学外，莫不各有书院，大抵官与其地士庶自出钱粟为之，不尽官立也。地大而财广者或二、三之。呜呼，盛哉！然盛极而衰者，事理之常，亦有不能建一书院者，或有之而简陋不足教养人士。

今蓬州治，梁相如县地，非古蓬州治朗山蓬池之旧也。城依玉环山，在五马山南，面嘉陵江，隔岸凤凰山横列，揽秀拖蓝，最得形胜。旧无书院，或就文昌祠稍葺斋舍，延师课士，强以蓬山书院名之。然大小蓬山在今营山县东北，名实既乖，且讲堂不立，膏火无资，岁取济仓余谷数十石供课而已。山长修脯取诸僧寺入官之产，岁入数十千钱，不能聘延名师，诸生无养，莫肯肄业。学舍之草满矣。莹以道光二十六年来知蓬州，见之，不能无愀然也。以问蓬人，佥曰：众思兴之久矣。前年卜地城北州廨后，学宫前左偏，形家言于此建书院，大利学人，文风盛而稍不利于官，众莫敢请也。莹曰：何其妄哉！官民一体耳，苟利士民，官何不利之有？数十年来，州官无迁擢，惟有死亡，又将谁咎？且州无龙神祠、大成殿，祭器阙然，及此书院膏火，皆事之所当先者，蓬人能出钱粟助我乎？佥曰：能。乃与学正赵富辰、训导杨光海暨吏目王钧谋之，延伍君联芳、顺贤、蓝君世茂、侯君代仁议首事，分路劝捐，设局城中，伍、蓝三君倡捐公钱外，局中之费，伍君与顺贤复自备之。众出钱者皆至局书名。逾年，得钱九千六百四十千，诸首事各司其事，鸠工庀材，以二十七年二月始建书院于新所，明年二月毕工。栋宇坚壮，规模宏整，讲堂学舍，山长寝室湢厨咸备，名之曰玉环书院。凡用工物钱四千六百千有奇，置田六区，供山长修膳、诸生膏火之资。龙神祠亦告成。惟祭器未置，书院章程未定，而莹病退，经费未裕，尚有待也。蓬人忧之。滇中封君允濂继知此州，力任诸事。蓬人乃喜，请余为文记其缘始。

龙神祠，莹已有记矣。乃考书院所由来，而告之曰：诸君知书院所以异于官学者乎？天下学校自京师国子监及诸官学外，诸省府、州、县所在立学，贡士教养之法备矣。又有书院之设，何哉？盖官学者，登进人才之地，而非讲习肄业之区也。群萃而处之，朝夕讲诵，执经问难，师弟授受，谊兼尊亲，则书院山长尚焉，非如学官岁月一考校之而已。故学官之用舍，大吏可得而黜陟之。山长者，必道德文章艺业可为师法，士望归之，乃执贽于门；天子不得而可否之，大吏不得而进退之。然后坐拥皋比，士心悦服。故虽世道衰微而礼义廉耻之四维犹存于书院也。

然则，书院之设所以教人敦本立行、修其文艺，圣贤所以经纬天道、立人道之大端者，于是乎在。苟师道不立，德之不修，学之不讲，即书院可无设矣。有志君子，循吾言而深思之，必有翟然望且跃然喜者，则人皆豪杰之士，岂但文艺之工日新月异，取青紫如拾芥已乎？是则区区之心所深望也夫！

（东溟文后集卷十三）

捆场缉私章程变通状_{乙未}

窃据署仪征县王令详：奉宪札，据淮海道详称，近来各营汛兵役遇大伙私枭畏惧不拿，而于肩挑小贩陆续拿获，积有数起，归并具禀，所获之盐辄自送垣变价，以多报少，更有邀功员弁，谋通商店空出垣收。请嗣后查拿私盐，必须人、盐并获，盐斤交地方官查验，变价充赏。若获人不获盐，即行释放。大伙私枭，移订会拿，肩挑小贩，例所不禁，不准拿解。私盐解送，州县秤验，三面交收，不准营弁私自销变。或路远难送，即移明所在州县亲往秤验。如委员拿获私盐，由州县据实禀报，毋庸委员禀白。傥州县没其功劳，不行声叙，查出撤参等情。本部堂查该道所议切中时弊，不独海州一处为然，除详批示外，札饬移行文武遵照新定章程核实办理，以除积弊，而免扰累。仍将遵办缘由，先行禀复查考等因，到县，转详前来。

卑职伏查淮海道所禀营弁邀功妄拿之弊，固所不免，诚如宪札"不独海州一处为然"，自当懔遵通饬章程办理。惟是缉私之例虽无区别，而因地制宜，情形亦有不同。如仪征乃百万引，盐掣挚改捆之区，情形实与他处有别。每逢商盐旺捆，蝉连数里，人众盈万，一望如蚁，虽无大伙枭徒持械兴贩情事，而沿江洲地旷野，巴杆匪类实繁有徒，专在捆场艄后偷爬为事。屯船畏其强悍，不敢声张。又有一种匪徒，当盐包起岸后，有破散包盐堆集在舱，辄即蜂拥上船，手持箕帚口袋硬行扫取，名为扫二水。每人原不过数十斤，群取则为数甚巨。各商解捆，每盐千引竟有缺至八九千斤至万余斤者。此等透漏，实居其半，每年捐失不下千引。若以数十斤为零盐不究，不但商本亏折难堪，且任听积少成多，然后获犯治罪，则是纳民于陷阱之中。不获，则由此透漏出江，实于鹾务大有妨碍。仍有一种辰州妇女百十成群，各持箕帚在场扫取零盐，中为扫场，乘闲偷窃，男子在场外遥为接应。卑职每口亲会奇兵营游击督率批验子盐两大使暨委员，巡查弹压，江面河下捆场，有犯则拿，不能与他处缉私一概而论。此皆当场拿获，随时责惩，即予释放。所获盐斤皆经文武委员及批验子盐大使，当场验秤，实数共见，亦不致以少报多。如所获系本场之盐，即交还本商回场入捆。惟不在捆场之盐，无从交还，方交官店变价充赏，以示鼓励。若以零星之盐，必须同犯送县候秤待讯，所有盐斤一交官人之手，设隔日经时提验，则必致短少，往往争执，亦属不成事体。而人犯为此羁押，转觉可悯。此仪征捆场拿获零星私盐，往往送人不送盐之原委也。

惟盐数过多，有关罪名出入。若不并人、盐送县，不特犯多狡供，即县中亦难凭空拟罪，缉私章程似当稍为区别。请嗣后仪河场下无论文武员弁，如获盐只百斤以下者，即由在场员弁会同批验子盐大使在商棚眼同秤验，应还商者即交商回场入捆，如无商可认即发交商店，只提现犯责惩示众。如盐在一百斤以上者，当场会秤后，封贴印花，人、盐送县堂验，盐交营弁领回发店变价，犯人照例治罪。如此分别，庶于缉私、防弊两无窒碍。卑职目睹情形，仪河实与海州有别，不得不因地制宜。管见所及，祈示遵行。

（东溟文外集卷一）

仪河挑工章程议状 乙未十月仪征县王令会衔

为勘估要工详请疏浚事。窃查仪征运河为百万引盐捆运之所，常形淤垫，盐船不能到洲移捆，安庄各商甚苦不便。本年七月间，职莹经将内外河道请择要兴工，先治外河，并别开新河情形，绘图通禀，宪台批司饬令延访绅耆亲诣勘视，通盘筹画，会请详办等因。奉此，前以河水尚深，北新洲芦柴未伐，不能勘视，兹当洲柴已伐，河水渐浅，职等延访绅耆皆以为沙漫洲口门，外为盛滩壅遏江流，内有回龙洲阻塞，即施大工亦属无益。惟北新洲别开新河，确有裨益。据举人候选知县厉秀芳、进士原任同知郑士杰等绅士二十三人，以河道不通，不但盐艘有碍，且通邑民商汲饮灌溉及客货船只均多不便，先后请开新河。又据北新洲业户厉德泰二十八人及生员吴铮等，呈请捐地开河，便商济民。而通河各商亦纷纷以疏浚运河为请。职等察看舆情甚为急切，会同傅集绅商连日至运河上下，悉心勘视。

　　缘仪征运河，昔时全赖沙漫洲江口大溜畅注，又有淮水自三汊河入境，由新城及东门绕出南城，与江水汇合下注，盐洲来源旺盛，足以冲刷潮淤，故无浅阻。自三汊河淮水直注瓜洲，于是分流入仪之水小弱不到，新城内河之源已竭。其沙漫洲江水近年秋冬以后即至断流，外河之源又竭。盐洲以下运河遂成死港，仅赖泗源沟及猫儿颈江湖倒灌，无怪停淤易积，此实全河受病之根。若不大畅来源，即每年兴工，终归无益。而沙漫洲为盛滩，回龙洲壅塞，不能施工，自当别筹良法。此新河所以不得不开之原委也。兹勘得北新洲南岸苇庵一带有断岸一处，西南正迎江水大溜。若于此处开一新河，斜入东北岸内河，与捆盐洲头之龙王庙正对，畅引江水，径达盐洲，不但运河来源畅旺，上流下注可以冲刷潮淤，且商货船往来亦便。应取用民地四百二十七丈、宽三丈估挑新河，外口宽十二丈，内口宽十丈，通河正身口宽八丈，底宽三丈，深一丈三尺，即日钉椿立界。又勘捆盐洲运河自漾泰旗棚至鲍庄止，河长二千四百丈，内有一千七百四十丈最形淤浅，亟应挑加宽深。又勘猫儿颈口门，自去岁捞罱免致移捆安滩之后，因运河来源自上年十月断流，至本年五月江水方至，为时最久，以致浊潮停住，亟宜乘此将猫儿颈口捞罱深通。其工段长三百丈，应捞土九千三百方。又勘泗源沟南口滩嘴梗塞，不迎江溜，必须另开口门，自西南斜接大溜，方为得势。工长四十丈，深一丈三尺，宽十四丈。又勘大泗源沟对岸小泗源沟，向为民间柴船运送南门河道，近因淤垫不通，柴船停泊运河，冬令水浅河窄，屯驳盐船出入拥挤，亟宜将此小泗源沟开通，俾柴船得入，免泊运河，占塞屯船之路。工长一百三十丈，挑深五尺。又勘捆盐洲头以上至沙漫洲，虽不能兴无益之工，但此处究系数百年仪河正道，若竟听共淤废，亦觉可惜。且数里居民，一交冬令，断流之后，汲饮无资，闾阎甚苦。应请挑一小沟，长七百四十丈，宽一丈，深五尺，为费有限，不惟便民汲饮，且可引此江流，助我运河水势。

　　以上工程六处皆系实有裨益，必不可缓之工。通计工长三千三百二十七丈，估挑土七万一百六十七方五分，捞土九千三百方。查照抚宪大挑徒阳运河章程及道光十二年挑办泗源沟、上年罱猫儿颈成案，每方酌给挑土价银二钱二分五厘，捞土船工价银二钱八分，一切经费悉照泗源沟、猫儿颈成案，实用实销。查泗源沟案内三处工段一千四百六十一丈，用经费银三千一百二十八两三钱四分九厘，猫儿颈经费用四百八十五两三钱三分四厘，此次六处工程共长三千三百二十七丈，较上届泗源沟工程不啻两倍。且有江口捞土，委员段差必需添派，筑坝车水椿木绳缆工料一切均需倍用，撙节估计，此项经费不便请动币项，惟有仰恳宪台于运库暂行借领，饬令各商按引征还归款。

抑更有请者，向来仪河官工或因浮费太多，或因工程草率，各商至今以为口实。此项银系捐，自应工归商办。众商出资，办切己之事，自必尽心，不致有虚糜及工程苟简之弊。仍派委员稽查督催，庶臻妥洽。除由职莹谕令众商公议分段承办并筹归宪款外，伏祈宪台谕饬各商遵照，即日妥议分工，领银承办，实于工程大有裨益。管窥之见，是否有当，合将会勘仪河紧要工程绘图贴说，拟议章程并简明清捐详送钧鉴。如蒙核准，即请饬司先发银八千两，委员解仪，以便发商领办兴工，余银陆续请发为便。

（东溟文外集卷一）

议挑仪河章程十二则

一施工次第宜先派定也。此次工分六处，势不能同日兴工，自应派定先后，以免紊乱。而尤在捆运，正当吃紧。一经打坝停捆，则于赶运有碍，不可不妥为筹画。今卑职议定，先挑北新洲新河，同猫儿颈可以同时兴工。盖新河在捆盐洲以上，平地开挑，无庸打坝，而猫儿颈系属捞工，屯船可以照常行走也。俟新河开毕，暂将南北口门留住，不必放水，即于捆盐洲起至鱼尾止打坝，将水车入新河及泗源沟内，动工兴挑，商盐暂行移捆于鱼尾以下，对泗源沟，以便拨上江船。俟此处工毕，即将新河内外开通放水入河，商捆仍归旗棚。鱼尾以下至鲍庄工段，打坝车水兴挑，此处工段不大，多用人夫赶紧抢挑，不过数日可毕。商捆暂停，亦尚无大碍。此处兴工，一面将泗源口门及小泗源沟同时动工，俟各处工毕后，再办捆盐洲头以上至沙漫洲挑沟之工。先后缓急，次第合宜。

一挑工宜限以时日也。查新河工程只长四百二十丈，而口底宽深，且系生开，未知土性，应限以二十五日完工。捆盐洲至鱼尾工段绵长，且须打坝车水，应请限以三十日完工。猫儿颈系在大江之中施工，风浪不时，难以克定，然亦当有限制，应请限一月完工。至泗源沟口门及小泗源沟均各限以十日。其鱼尾至鲍庄一段，工程虽小，但须打坝车水，亦请限以十日。至洲头以上及沙漫洲挑沟，工虽长而土方少，应请限以六日。以上除猫儿颈系同时兴工毋庸接算，又大小泗源沟亦可与鱼尾、鲍庄同时并挑亦可以十日并计，惟最后之沙漫洲挑沟六日，须先后接算，统限以七十一日，六处工程通行完竣。傥值天气晴燥，则比较上届泗源沟犹少九日，不致旷时虚糜。

一各商承挑宜分段派定何人以专责成也。扬商不下数十人，且不谙工程，未必能亲临工次，自须仍托仪商代办。仪商向有十二家，颇皆谨饬，不致浮华，素为扬商信任。但必须扬商呈明转托仪商代办，以便派令各商分段认工，领银承办。俟各人认定之后，即将何处工段给予，分工牌示，将其人名下何处工程，系第几段、土方若干、应领工价银若干，明白晓示。工程既办，既饬令兴挑，务须合式，庶乎各有责成，工归核实。

一请派委员段差稽查弹压以便督催也。各商承雇夫工人数众多，但能支发工钱，在工照料若无官人弹压，诚恐各夫偷安怠惰，草率不能如式。猫儿颈捞工验土放筹须用一人，收筹算工须用一人，而同时开挑新河，亦须派委二人，此分催四员必不可少。俟此二处工毕后，可以酌量调拨。至于总催，必须二员者，工段既多，一人势难周遍也。职莹查职澄现在虽当卸事，尚须在仪候算交代，如蒙宪委，自可以任总催之事。职莹即日交卸，尚有接署之员，总催、督催，自不容辞。仪征新任罗令，虽属初任，究系地方官，亦应会同弹压照料。惟分催之员，必须盐务、地方参用，方为妥洽。查现在地方人员有旧港巡检徐廷禄及典史吴景增，可以差委。盐务中如批验子盐两大使公事殷繁，势难分身照应，仅有宪委大使张梓林一员随同勘工，情形最熟，足资倚任。此外尚求宪委盐务一员来仪差委。

一委员差役薪水船价饭食宜酌量定给也。查上届挑办泗源沟案内，委员一人每日薪水连跟人轿役等，饭食银一两二钱，差役每名每日饭食钱一百文，此次即可查照支给。

一夫工方价必须核实分起给发也。查上届挑办泗沟案内，系声明出示，写明方价，召募人夫。但访闻仪人言，实在亦未能照办，仍系雇觅夫头，各立承揽。此项商办，更与官办不同。只须责令夫头承雇散夫若干名，认办土方若干，定价若干，当官写立承揽，责令书押，如有短少人夫及工不合式，均惟夫头是问。所有承揽夫价，务令各商实发，不许商厮扣减。惟工价不宜先发过多，应先发十分之二，以便雇夫。其余按日每夫酌给饭食钱文，余存若干，俟工完找足。

一打坝车水宜核实工料给发价值也。打坝用土若干，应照高宽丈尺核算土方，应用椿木席板临时照件给价。车水每部照乡间车水之例，雇定价值，按日核实给发，以水干为度。仍派人督查，不许怠惰偷安。

一分工志椿必须认真以凭验收工程也。挑工丈尺全赖志椿封墩，其法于两岸各钉椿木，用绳牵直，量自绳平至河底中高若干为志，逐段记明。工毕后丈量，即可得其深浅。但恐不肖之徒，偷移志椿，应于封墩内盖用灰印，瓦钵合住，加土封埋。工完查验，如有移动，除将夫头、地保责处外，仍罚令赔挑如式。

一河心挑土宜备用板跳竹跳也。雇夫挑土，竹筐绳担锹锄之类，系各夫自备。惟出土上岸，必须先挑土路，层级而上，深处淖泥，须用竹跳板跳之类。应令各商随时酌量预备板跳，或借用板行竹跳，或酌量买置，均令核实办理。

一挑河先令抽开龙沟以验水准也。河底高低不一，必须从中先抽龙沟一道，深二尺为度，俟两边将次挑平后，龙沟再加挑深，一可以验水准，二可以渗积水。

一新开河道业户捐地应豁免钱粮酌予奖励也。查上届挑办泗源沟时，洲户多方阻挠，勒索地价，并于捆盐洲一带挑河对岸，洲民不让出土，种种费手。此次该业户等不但不出阻挠索价，且自相呈请急公捐地开河，其各处挑河工段岸上洲地悉听出土，殊属可嘉。所有取用民地，除照例由县详豁免钱粮外，其各业户及倡议开河之举人厉秀芳等，应请酌给匾额，以示奖励。

一新开河道设有掘出枯骨应为迁葬也。查新开河道地段内有民人坟冢，前于勘丈时具已让出，并无妨碍。现据绅士及同仁堂董事呈请，如有掘出枯骨，即由该绅董料理买棺迁葬。其骨殖已朽者，送入收棺塔内，应准其循照旧例办理。

（东溟文外集卷一）

淮南悬引暂拨淮北融销状 清册附丁酉十月初五日

为淮南各岸残盐壅积，新纲悬引招商乏人，详请援案暂拨淮北融销，以期赶副课额事。窃查丁酉纲淮南纲食各岸引盐，前经职护司详明开征，催商纳课请运，并以许宏远、尉济美二商乏歇，认引虚悬，另招新商接办。无如各残纲存岸未销，并开江在途，及各商已纳课未运之盐尚不下两纲之数，虽蒙宪台同湖广、江西、安徽督抚宪设法疏售，总难格外畅销，以致商人资本尽被占搁。而尉、许诸商退悬额引二十余万，招徕无人，若将悬引加派现运之商，更力难兼顾。来年二月即居丁酉奏销之期，如不另筹疏通之法，非特难副造报，且恐愈形壅积，益难挽救于将来。

历检旧案，嘉庆四年，淮北行销纲盐，因销滞商疲，递年积压，请于己未、庚申两纲各提出十万单引，融销淮南江广各岸，奏奉谕旨依议。嘉庆八年，续将淮北壬戌未销引盐，融拨淮南十万单引。嘉庆十三年复因淮北额引未能畅销，自戊辰纲起至丁丑纲止，每纲融入淮南行销盐四万单引。嘉庆十六年，淮北未运庚午引内分拨淮南十万单引。道光五年，淮北甲申纲未运盐二十六万六千余引融拨淮南，分乙酉、丙戌两纲带运，均奉奏行在案。淮北自改行票盐以来，民贩众多，岸销畅旺，本年已全额运销，各场报存，池产尚多存积，民贩仍络绎不绝，是票引各地亦尚需盐接济。兼值双金闸开放，河道深通，捆运甚易，若因年额已清，停收税银，来年再行开办，恐民贩既难缓待，场盐无贩买运，易致透私，口岸不敷销售，徒为私盐占据，于公无益。

窃思两淮引地虽分南北，而纳课办运事同一体。从前淮北疲敝，淮融拨于淮南，现在淮南滞销，亦宜暂融于淮北。况淮南诸场，因春间雨雪过多，产盐短缺，而淮北池产充盈，贩多销畅，尤当因时变通，酌盈剂虚，以畅补滞，使南北引课均得依限报完。职护司通盘筹计，应请照历办淮北融南成案，将丁酉淮南纲食引内提出二十万引，融运淮北票盐引地行销，令民贩完税请票，乘时买盐运售，所完票税抵收淮南入奏，正杂课银其不敷外带杂款即于淮南纲食引内分别加摊，计楚西科则每引共银四两一钱有零，尚不过重。安池太及食岸科则仍有减无增，许、尉二商悬引毋庸加派现运之商，通纲减运二十万引，所省资本甚巨。淮北、淮南皆受其利，而悬引不致无著。俟有新商认办，仍归淮南正纲原额筹议具详，仰祈盐核，俯准奏行。至此项融引，拟派拨湖广六万引，江西四万引，安庆二万五千引，池州一万引，太平五千引，宁国三万引，上江三万引，所有应完票税，经费抵收正杂课银及不敷杂款，分别加摊银数，开具清册，附呈查核。俟奉奏准，即将丁酉纲科则改行刷印，谕商完纳。

（东溟文外集卷一）

覆颜制军书辛丑三月

厦门快艇至台，奉到宪牌三件，蒙赐手书，祗承一切。伏惟宪台中忘况瘁，万里星驰，讦谟本家学渊源，宸命惬中朝物望。蠢彼丑夷，贪黩无厌，肆其豕突，日益鸱张，讵为和议迁延，以致失机误事。海隅义士，无不疾心攘臂，日夕望斩逆酋以快众愤。兹幸天威震怒，命将出师，中外一心，忠谋咸奋。侧闻宪台幨帷甫驻，即日视师，亲历厦门，指挥形势，易水师之大帅，壁垒一新。保获咎之元臣，谠言首建。泉厦商民欢呼相告，飞摇海东，此诚天心转移之机，志士奋兴之日也。

职道力薄任重，地处孤危，以人心浮动之区，当寇乱再萌之后，元气久亏，疮痍满目，抚循休息未即能苏，缉匪锄奸甫期安谧。乃英夷猖獗，警报频闻，自上年五六月间夷船游奕台澎，随时击退后，日事戒严。非惟外攘逆夷，尤须内防奸宄。盖民风不靖，举动未可张皇。而民力未舒，疲弊不宜骚扰，故以安反侧、结人心为本计，筹经费，缮守备，和文武，策群力为亟图。

日昨同镇府会禀事宜，计已仰蒙洞察。顷知新铸大炮已委员分解台澎，游击林瑞凤赍银五千亦于前月行抵澎湖，留营协守，下怀不胜钦慰。更望俯如所请，多筹备贮，少扣大饷，则全台受赐益宏矣。海外情形，上关宸虑者非一端，不切之言，或无当于事理。如朱给谏所奏，颇有关系，遵谕另文议覆。

（东溟文外集卷一）

与陈梁叔书丁未十月

梁叔足下：不相见四年矣。消息久未通闻，今秋得夏月书，乃知前岁有书未达，亦远道浮沉之常事也。去年江南题名录此间未见，见来书，乃知足下去岁乡试已捷，喜甚。虽会试见遗，然方在壮年，稍迟一科，未为晚耳。承念鄙人行止甚厚，非相爱之深，不能为此言。然足下似但知鄙人之迹，而未见其心，又习见近世仕宦者善为趋避，而于古人风义品节之详尚有未深究也。

世之善于仕宦者，大抵见利则趋，利犹未形而先求其径以逢之，则趋利之术愈工；见害则避，害犹未见而先计其势以远之，则避害之术愈巧。此皆世所谓智者也。古之君子则不然。其就也，其去也，无所固必，一准乎义而已！阿谀容与以求悦于上，矫饰诈伪以取誉于下，如此者，固生平所不屑为；即交游中，未尝不谓某之屡仕屡踬有由然也。夫乌知众人所谓失者，未必非其所自得者乎？自省数十年中，不动心于祸福者久矣。臣之事君犹子事父。父受人言不悦其子而鞭挞之、冻馁之者，世尝有之矣，子不能以鞭挞冻馁而怨其父；君受人言不悦其臣而诛罚之、贬黜之者，世亦有之矣，臣乌得以诛罚贬黜而怨其君哉？若以当事者，道有不合而为去就之计，则又末矣。身当三黜，自反皆无咎于心。既习见之，展氏所谓"焉往而不三黜"也。历观古来贤哲，大抵名位盛则思止足而乞身，未有处遣谪之地而求退者也。前在西域差次，有句云"智常无碍须弥小，心自能亨蜀道平"，梁叔以为何如？且鄙人穷宦数十年，虽昔在两淮膏腴之地，未尝不穷。至今负责万数千金未偿者，皆两淮时事也。生平未尝妄取，不自言贫而好施予，故人亦罕知其贫者。寒士作官，以禄为养。前在江南，连任武进、元和疲邑，为前参令之贤，保全其功名身家，代赔亏阙巨万。疏浚孟渎三河大工，二十万金悉交绅士，未尝涉手，而坐任千余丈最深之工段。复肩任二十万币金之部费，供亿豫陕官兵往来过境。又承办灾漕，所亏负官项后先数万。其时，大府始惑人言而挫之，既知其误，予之监掣三年，再权运使，始偿补过半。复假扬州数友人万金以继之。台湾六年，困于军旅，未能偿也。今即欲退归，其如诸逋负何哉？此又私事之不能退者，外人何能知之耶！公义私情，两无可退，此所以恬然于蓬州也。梁叔相爱素深，故聊及之云尔。

西域往返两岁，颇成《康輏纪行》十六卷，于异地山川、风俗、形势及海外诸国之情形，刺麻、回教、天主教之源流，考论而辨证之，间及古今政治、学术、文章之是非得失。已脱稿矣。蓬州地贫事简，公余大可读书，整理所著未刻数种以付儿辈，剞劂之事，则俟诸异日耳。惜不得吾梁叔一观之也。足下在练笠人所数年，甘旨之奉，想足以供所业，进境何似。笠人处未及作书，为致鄙念。不具。

（东溟文外集卷一）

与童石塘论注南北史书

月前再晤未得畅叙，公务纷冗不敢烦扰也。承惠修伙，又得此间主人厚遗，节下私事已得部署，可安心治南北史矣。

此二书体宏卷富，作注匪易，遍考群书，搜讨最为勤苦。自古史书，惟《史记》、前后《汉书》、《三国志》有注，通史惟《资治通鉴》而已。裴骃、司马贞、裴松之、刘邵、李贤、颜师古、胡三省，皆博极群书，学通今古，且经昔人注本，乃集其成。然皆殚毕生之精力，或数十年而成之。千百年来，犹时为人所纠，苟欲速成，乌能傅世哉。本朝彭文勤因徐无党旧注《五代史》过于荒略，欲更搜讨古书，凡关五代事实者，悉为援引以成补注。然文勤亦仅发凡起例，更以属之刘金门先生。二公皆博雅素著，复资以四库书籍，阅数十年乃成。信乎，注书难，注史尤不易也。五代距今千余年耳，当时书籍已多放佚，况六朝至今千六七百年乎？古书存者益少，征引无由广博，所恃不过晋、宋、齐、梁、陈、北魏、北齐、周、隋诸《书》及《通鉴》而已。此外皆少全书，不得已于古类书，如《初学记》、《艺文类聚》、《白孔六帖》、《太平御览》、《册府元龟》、《北堂书抄》各种中有六代事文者，遍加考索，以为之注。一字一句，或烦旬日，非可定拟为之，此岂可以岁月速成者乎？

现在诸君所为，虽大体已善，而其中尚须斟酌者犹多。如注当双行小字，乃大书单行，复加阴文注字别之，此乃传体也。彼尊古注，故用大字单行。笺别于传，疏别于笺。故笺皆以阴文识之，而疏则仍用双行小字。今自作一注，何所尊别乎？又所引诸书，异同详略之间，各有所宜，未可一例，须稍有增损乃当。至于字句脱误，则缮书人之过，而校勘亦岂易言？莹旬月以来甫竟阅一卷，行笥无书可检，仅就本书及正史各种讨论之而已。更当随时修补，乃善耳。

世人好轻易著书，如周保绪之《晋略》，徒为卤莽，远出谢蕴山《西魏书》之下。谢书世亦少见。毛生甫欲重修《元史》，莹尝见其稿久而不成，诚有见其难也。毕秋帆作《续通鉴》，亦赖前人先有此书，更加考订修饰。又有洪稚存、孙渊如、胡雒君诸人在局成之，故其书尚可观。此事岂易言哉？李清注《南北史》，稿本已见，此是李清自修《南北史》耳。李乃明季人，相沿元、明人习气，妄以本书书法失当，辄凭己见任意删改原文，而自注其下，荒略武断甚矣！宜《四库书目》中已收而复去之也。今作此书，如能以数年成之，抑已率矣。默深赴邗上，略陈其概如此。晤局中诸君，幸致此意也。

此间有先后《海运》二案，立夫制军以陶文毅有《海运成案》一书，属莹更编《后案》。莹谓文毅前书，皆公牍抄案，非书体也，欲以陶公之海运，略仿前人纪事本末体式，修为《海运前编》，陆公之海运作为《后编》，庶可传后。顷《后编》先成二卷，其《前编》尚俟徐为之也。谨以附闻。

（东溟文外集卷一）

与南北史合注局诸人书

孟瞻、沛崖、季子、句生、熙载诸君子仁兄阁下：不奉教言，每深企仰。此间缘有书事，稽留秋后，当可诣邗上，载接清光也。昨以石塘太守有意注南北二《史》，延诸君分修《纪》、《传》，惟体例未一，又恐过繁，属莹更通校而润色之。顷已见《南史·宋纪》三卷，《南齐高帝诸子传》三卷，《外夷传》二卷，《北史·魏纪》五卷，《齐纪》三卷，《齐宗室诸王传》上下二卷，《万俟普》至《傅伏传》一卷，《僭伪附庸传》一卷，《外国传》六卷。窃见诸君子搜讨仇校用力勤矣。引列灿然，体义明备，《魏纪》尤美。第所据二《史》，未言何人刊本，即所取校，亦未指其为明监本或汲古阁本，抑殿本？无由分辨。鄙意当据殿本而校以他本，且著明某本如何，乃为精审也。

古人言，史擅三长。岂惟修史？凡成书皆然。夫正史久已昭垂而犹注之者，非欲著其所未明、详其所未备乎？天文、职官、地理、制度、典章代有不同，本书有志，可无费辞。若其无之，则非注不能明了矣。其未备者，亦非即为病。昔人去取，不无意义，诸家异闻，必有汰削，或始末未赅，或存舍未审，故当博收傍证，即本书去取之旨益明，此注所由作也。匪是，则无须矣。然注家得失，亦有可言。弇陋者，失在简而多阙。繁博者，失在滥而鲜当。此其蔽也。大小颜注有《汉书》，刘昭、李贤注《后汉书》，裴松之注《三国志》，胡三省注《通鉴》，可谓善矣。前后《汉》自有《志》，地理、职官、制度可无详，而前人犹多所援引。《三国》、《通鉴》本无《志》，故注者考征益详，此后人所当取法也。然《通鉴》上采千数百年之事，卷帙已富，则注不容更繁。《三国》卷轴无多，则注不妨广博，此又相体为通，不可不察也。元明以来，学人著书，但严取义，而事实辄从疏略，读者病焉。乃矫之者又但尚广博，而昧于体裁。苟能两祛其蔽，斯为善耳！李氏之为《南北史》也，取宋、齐、梁、陈、魏、齐、周、隋八代之《书》，芟其繁芜，而通著之，世皆称善。犹有未尽，朱子讥之。然非取八代之《书》互观，乌知其所以善，与朱子所以讥哉？今诸君子用力已勤，宜若无可赘言。

莹精力就衰，旧学遗忘殆尽，又行笥少书，何堪补缀？谬以所见，稍有损益，尚望诸君子教之耳。昨见李清合注稿本，竟取二《史》原书为之删改，大乖注书之体，仍是明季人不学之陋习。盖无足观。其子楠亦觉其不安，悉为更正。然可取者甚少，自可备采择之一种耳。吴存中注本或当胜之，然未见也。注宜双行小书且体异，注疏不烦，标明注字，已为石塘太守言之，复详所签条内矣。鄙意注书取明文义、考事实为主，而别本校字次之。八代之《书》并行，宜著其异而省其同，就其详而去其略。若全书载入，则烦复无谓，恐遗讥于通识，未免自类其书。至于纪传详略，各有攸宜，义多互见，读者自知。惟他书征引则宁详无略耳。序传自言梁、陈、齐、周、隋五《书》十《志》始末，皆其所修，是《志》自系于各《书》，不能不补入《南北史注》。至于二《史》及八《书》详略，但存所当存，异之甚者著之，小小文辞繁简，无庸校量。拙见如斯，未审当否？

一月以来披详《宋纪》甫毕，尚须覆核。诸君草创讨论之功，何能迫促。昨已为石塘太守言之矣。

闻诸君欲为《南北史》补作《志》、《表》，夫《南北史》本非无《志》，唐太宗修史时，魏征等通南北朝为十《志》，本名《五代志》，因附《隋书》之后，世遂误以为《隋志》，非也。李延寿自叙谓：十志未就，表上《纪》、《传》，其实见诸人既有十志，己书不能胜之，乃废其稿耳。《隋书》十《志》最为精善，历代通儒咸无异词。延寿自谓不及，今乃为延寿作补，岂不为古人所笑耶？《志》书援据必须确实，今六朝书籍典故久已散亡，仍不过取魏征十《志》，稍加窜易耳，岂非赘耶？惟当时无《表》，或可补为。然亦未可苟作。观太史公诸表序自明，诸君裁之可乎！

（东溟文外集卷一）

与陆制军书

昨示邸抄，广东夷不入城，良由官民同心之力也。以如此可用之民，前人不惟不用，且更摧抑之以悦夷，海内同声愤恨久矣。今天语煌煌，十年隐忍之深衷，一朝宣露，不但粤中义士之气大伸，其四方怀忠抱义、见屈抑于和议诸人者闻之，必皆感泣奋兴，争抒忠勇，图报国家矣。果率天下忠勇之人，鼓其郁愤之气，乌有不可以振天威而固疆圉者哉！粤中文武受此懋赏，不但现在义民当遵旨查请优赏以旌有功，即从前杀伯麦之人亦宜乘此上闻，而倡义为檄文鼓众作气、反受窜戍者，不可为之声请援赦乎？此一朝得失之机，四海安危之计，悦致书粤中，未审可一言及之否？

南漕改折一议，攸关国计民生，幸赖我公与石梧先生同心建言，感悟天心，收回成命，俾东南数省元气不致荡然，且国体具存，纪纲不紊，较昔年孙相国请免查陋规之奏，尤为彪炳史乘，岂惟亿万部民感颂而已！我公奏稿尚愿乞观之。是晚为之加餐，一夜喜而不寐。谨缴邸抄一本，伏候台衹。不具。

（东溟文外集卷一）

覆黄又园书

读所集《近思录》诸儒先之说，思以付梓，见属弁言。

窃欵海内学术之敝久矣！自四库馆启之后，当朝大老皆以考博为事，无复有潜心理学者，至有称诵宋元明以来儒者，则相与诽笑。是以风俗人心日坏，不知礼义廉耻为何事！至于外夷交侵，辄皆望风而靡，无耻之徒，争以悦媚夷人为事，而不顾国家之大辱，岂非毁讪宋儒诸公之过哉？足下独善所师，崇尚得其正轨，以家惜翁考订不废义理之说为宗，所谓不图今日复睹汉官威仪者矣。谨当绅绎竟读，作一文以志庆。非独为学术人心庆也，以为读此，然后有以反其陷溺之初心，心地明而后廉耻立，庶几有人思雪国家之大耻而立天下之纲纪也！此一书所关岂细故哉！

淮南盐法为当事者败坏久矣。陶文毅未及整理，至于今日，已成涣散之势，亟求变法，岂可朝夕待乎？童石塘一接护符，首思除害，此淮南一大转机也。鄙人昨有致立夫制军书，妄献一议，抄以呈教，何如？

（东溟文外集卷一）

江氏音学三书序 （代）

两汉以前不言音韵，贾、郑大儒注《经》，惟言某字读如某而已。魏孙叔然后乃有反切以音求声。及齐、梁，四声之说大行，然后有牙齿舌喉唇五音之辨。此吾中土音学之权舆也。然《汉书·律历志》引《古文尚书》于欲闻六律五声八音七始咏。杨升庵谓：七始者，即牙齿舌喉唇之外，有深喉、浅喉二音是也。姚石甫亦谓：《虞书》六律五声八音，皆以乐言乐，必有歌；歌者人声，皆自牙齿舌喉唇出。歌则有字，是有文有声，苟无韵以比齐之，其声不嫌乱乎？故又曰：声依永，律和声。永即咏也。后世乃谓之均，又谓之韵。声依永以歌者，言律和声以乐器，言人声既依其咏六律，复和其声，然后八音克谐，无相夺伦。以升庵之说为长。

由此言之，中土音韵之说，始见《尚书》，虞夏以来已有之，不自齐、梁也。特先儒未畅其说耳。世以僧守温所传《华严》三十六字母为音韵所自出，舍中土而祖异域，此何异中土律算之学，《周髀》本精，特失其传，西洋人得之以入中国，而吾人反以为惊奇乎？虽然，牙齿舌喉唇五音之说，齐、梁言者不详，莫如浮屠之悉，无怪求音韵者翕然从之，即圣祖命儒臣修《字典》，亦必首举之也。抑吾观释氏字音说，亦不同《涅槃经》文，字品有十四字，为一切字本，较之《华严》少二十二字。《涅槃经》字音十四字，比声二十五字，超声八字。唐僧元应曰：字者，文字之总名，四十七字为一切字本。此元应及《涅槃》所言又与《华严》不同。故知浮屠亦自互异，与吾人各家传闻异说等也。桐城方密之《通雅》所言字音之母较《华严》又少十五字，方氏说亦本释氏，学者当何从哉？

我朝言音韵者皆宗昆山顾氏。而江慎修先生音韵之书亦有三种，一曰《四声切韵表》，一曰《古韵标准》，一曰《音韵辨微》。其书专用三十六字母而辨诸家之非，近世言字母者，无以过焉。前二种世已梓行，独《音韵辨微》未有刻本，余从当涂夏氏得其钞本，乃以三书并为镌版以行，使海内为音韵之学者得观江氏之全，与顾氏五书并传，且举西域字母字本之异同及吾中土音韵之肇自《尚书》而不本之异域，俾学者有所考焉。

（东溟文外集卷一）

陈息凡康邮小草序

自汉武帝通西域，使节所至，极于罽宾、条支，皆西北诸夷国也。自唐世吐蕃内逼，而星轺所指，乃极于逻些、五天竺之地，则西南近海，越日南、真腊以外数千里矣。昔人奉使者仅能粗有纪载，而采风之咏无闻，岂非以外夷人物山川陋恶，不足以入篇章欤？然荒陋之地，风气开扬，皆凭人力，苟经学士文人作为诗歌润色之，则陋者亦华矣。

元世郡县实尽西藏之地，明则不入版图，但谓之鸟斯藏。本朝康熙之季年，乃复设王官，以大臣镇之。自打箭炉外，悉立台站，邮使岁时不绝，而文人殊少吟咏。乾隆末，和泰庵尚书有《西藏赋》。嘉庆中，松湘浦相国、颜惺甫尚书有纪事图诗。而王我师、马若虚诸人则从事幕府，作为篇什纪咏，亦第形其陋恶而已。道光甲辰、乙巳间，余再奉使察木多，尝为《康辅纪行》十六卷，亦间有诗歌，然无多也。

息凡几以丁未之春继使其地，八月，归成都，则成古今体诗二卷，可谓富矣。陋恶之区不从此而大生其色乎？息凡诗文俊拔，回非俗响，已刻诗集既足传于世矣。此二卷，所历界外山川风俗人物，一一如绘，不但余一披览，恍若再游，即未尝往者读之，亦不啻身行而目睹之。盖雕写景物之中，兴寄寓焉，固非徒夸游览之异者，是乃诗人之旨也。息凡自题之曰《康邮小草》云。

（东溟文外集卷二）

先茔记

形家言世族盛衰由葬地详矣，而儒者陋之，谓不如观德。是二说也，未可偏废。世有无德而骤兴者矣，未有不德而能长世者也。天道有常不能无变，地理岂有殊哉？人受天地之中以生，而地与人实近。盖地储天之精生人，犹之母感父精生子，灵蠢强弱，受之父母，成德达材，则存乎其人。犹之富贵寿考受于气数，忠奸贤佞，气数不得而梏之也。人道裁成天地，豪杰不得于气数，犹自能不朽，况得于地气者乎！吾家之兴在明中叶，于今四百年矣。贤哲代生，簪缨相望，江南称世族焉。儒者言曰：明德之远。形家言曰：地气之祥。自《先德传》成，明德既有征矣，地形之说，亦诚有不诬者。姑即本支，记其始末，俾吾子孙有以观焉。

其记曰：地理之志始自《汉书》，而形家亦云地理，何也？理者，条理之谓。自《禹贡》九州以山川分纪，脉络分明，言地理者祖之，以定郡国；而论形胜者亦祖之，以察气运。地气之运，必循脉络，苟非脉络所在，则气不运行。地气不行，人生何由盛乎？地理明而脉络可辨，此形家所以言地理也。桐城麻溪姚氏始兴之祖茔曰钱家桥，吾一世祖故居，而三世祖考、四世祖妣之所葬也，五世祖参政公以进士起家，考与妣亦葬焉。四世祖考赠给谏公茔于萧家冲，亦称善地。六世祖杏林公、七世祖石崖公若妣、八世祖葵轩公、十世祖妣方夫人皆葬大宭口，益盛大，以至于今。若方山，若峛崺，若峡山者，吾族大宗所同祀焉。乃吾小宗，则松茂岭、枫香岭、长岭之三芝庵，形家皆以为吉。综而计之，自始祖至莹十八世，而葬吉地十五，皆在桐城。复有江宁之小山，为十世祖考芳麓副使兆域，其形胜不下峡山，今详其地形脉络于后。吾乡左先生殷荐撰《桐城地脉记》曰：

桐城山皆发脉於潜之天柱东南六十里，起香炉尖，下有黄土关。入桐城分二干，左为大干，右为西干。东南至三芝庵，折为长岭，转东南，起分水岭二姑尖，逾老关岭，起华崖山，由是至黄草尖、金字寨、旗岭、土脉岭，过小关，起洪涛山，绵亘一百余里。西北诸山皆从此分出。其大干中行，东北起喜子峰，入庐江县，六十里起白兔山，再起平顶山。左为大干，北去。右干旋转复入桐城，为县东之右干，西南行至大宭口，入桐城，特起大山为龙王顶，即大宭山也，奇特如狮，百里内皆见之，俗名狮子地。龙王顶迤逦而复南，起一顶，窿高而上平，中有大石宽广一亩如镜，上嵌大铁钱数枚，径三寸许，不知何代人所为。顶下东南四里为梨树凹，即六世祖杏林公妣江太君、七世祖石崖公妣方太君、八世祖葵轩公墓也。山界广，东北跨庐江三十里，西南周山之麓，迤逦南至钱家桥，皆姚氏。钱家桥者在麻埠河西。其原自龙顶，分枝东降平冈，至樊家冈复分三枝，中为正枝，由罗家铺过峡至老人牓，发石马滩，尽于邰家桥府君庙。左水由石婆岭至青竹涧口，会罗昌河南行。右水自三圣庙前行，过吕郎桥、钱家桥，至麻埠河，两水会合，南入石溪。一世祖胜三公居钱家桥西，即三世祖仲义公妣萧太君、四世祖妣范太孺人、五世祖参政公妣余孺人墓。峥峣者，自二姑尖，折而东南三十里，至菜园岭分脉，东南为县治，脉起黑窊岭即挂车岭也。南起倒观尖，又南起放鹰尖。左分枝行葛家岭，西至扁担冲，东南至土地岭。过峡横超大嶂，左分枝东至龙井冲。中枝南起峥峣尖，最为峻耸，在县治西北。倪太夫人葬此山之阳。峡山萧家冲者，东右干南至屋春山，右分枝西南起鸡龙山，又西当高店，过峡南，过伏牛岭，起峡山，十一世祖职方公墓在焉。昔副使芳麓公殁，职方公卜葬峡山，而尚宝公以为江宁之小山吉，遂葬小山。职方曰：峡山非弱，吾其葬此！及卒，端恪公兄弟遂奉安焉。启视乃石山土穴，世所谓猛虎跳涧者也。峡山之西脉，左分枝行萧家冲，西至韩山口而止。四世祖赠给谏公墓在萧家冲，即外家地而广之。方山者，大干出华崖山，自丈人石东北至杨家大山头分脉，东南起北黄草尖，东北为唐家岭分脉，起虎头寨，南过试剑石岭，南分一枝至清泉寺即谷林寺也，寺后北行，折而东南，过洴坊岭，当鲁㪉口之左，东北为方山，九世祖赠光禄公墓在焉。下为平地，过吕亭驿，起小冈，曰走马冈，东北尽沙河之内鲁王河。松茂岭者，屋脊山南过会宫，又南至分水岭，穿塘过峡为二脉，其正脉起抱龙山，在县东百二十里，又东过会心岭，南曰芒槌山，过峡东南起凤冠山，山右分小枝为黄华。正脉自凤冠山过白沙岭，东起标鹿尖至大茅竹。左枝南起枪山，尽羹湖赛，右枝折而西北，起磨盘山，过伏子岭，折而西行长冲之左，至松茂岭。十二世祖妣夏夫人墓在焉，先尚书端恪夫人也。三芝庵者，自潜之天柱峰东南行六十里，起香炉尖，过黄土关，入县界之西干，东南至三芝庵，折为长岭。先高祖赠编修公、先曾祖编修姜坞公妣张夫人合墓在三芝庵，后伯祖惜抱公配张宜人祔其右，长岭尚在墓下，万山围，耸广二十余里，界桐城西北，潜山舒城三县间。枫香岭者，自唐家岭分脉，东行折而北，其左枝东行至小龙尖，又南行至枫香岭，十三世祖妣张安人、先高祖妣任太恭人墓地。

（东溪文外集卷二）

饬嘉义县收养游民札_{戊戌七月初六日}

札嘉义县范令。该令上年到任之初，禀称向来办理保甲，不过造一烟户册，清庄联庄，不过贴一告示，不欲为纸上空谈，特立团练章程为清庄联庄之法，前护道已批准照行在案。本司道检阅所议各条均为妥善，果能如法力行，地方何患盗贼。惟嘉义自上年以来，盗贼之风仍未能靖，岂虽有良法而总董奉行不力乎，抑地方公事殷繁，尚有未及查办之庄乎？该令素称勇于任事，惟地舆既广，匪类素多，诚非期月所能奏效。所望督率本属县丞、巡检稽查总理、董事，必使已行团练者不敢懈怠，未行团练者迅速遵行，自能日有起色耳。然本司道尚有过虑者，则逆案之余匪也。

夫为政之道，贵在相时因地，揆势度情，台地大患三端，一为盗贼，二为分类械斗，三为谋逆。此三者虽别，实皆匪类所为，游手日多，展转聚处，倡乱之奸民甫十数人，附和即可千百。附和者初无定见，匪类招之则为盗贼，官人招之则为义勇，惟利是视而已。强者或劫掠钱财，弱者或求一饱，人多事巨，不免身受极刑。果能处置有方，此皆良民耳。国法莫重大辟。道光六年分类械斗之案，十二年张丙、陈办之案，十四年许戆成之案，十六年沈知之案，每次捕诛多者千人，少亦百数，其寻常劫盗历年所诛亦将盈千，而盗贼之风未息，则诛之不胜诛矣。著名逆犯固已八、九就擒，所患者一、二遗孽自知罪在不赦，辄复煽惑余众，以冀死灰复燃。急捕之则挺而走险，适乃为渊驱鱼；缓置之则群聚日多，必且蔓延弗制。

本司道以为此时要务，自当联庄团练以固良善之藩篱，尤当收用游民以免匪徒之诱结。联庄团练之法，前人及该令已为周备，但须实力行之。至于收用游民一事，初闻必且难之，然非不可为也。计一庄之中丁壮不过十分之三，老弱妇女约居其七，此丁壮中有业者究多，其无业者亦不过十之一、二，除实系逆匪劫盗及人命正凶必当严治外，其仅止游荡或与匪人来往者每大庄不过十数人，小庄数人耳。傥令总董各查本庄，造具年貌花名清册，许以改过自新，既往不究，由各本庄派出公费给予饭食，使为庄丁，巡守本庄田园门户，或任为雇工力作，责成总董约束稽查，不许出庄滋事，及与匪人来往。如此则无业变为有业，匪民悉为良民，不但不出作贼，且贼党解散，招诱无人，必不敢轻犯其庄矣。贼党既散，则擒捕更易为力，遗孽何患不靖，死灰何患复燃乎？盖若辈向无名册，无人管束，易滋事端。今名册既入，管束有人，如果滋事，不难按册而稽，指名可索，自必安分守业，有所忌惮矣。

或虑公费无出，则试思大庄约数百家而养十数人，小庄或数十家而养数人，其力何致不给？且此等非其族邻，则皆戚属，为之守庄力作，并非空养闲人，于情事亦为公允。惟在实心办理之总理、董事耳。

本司道斟酌情形，特为此举，先行之嘉、彰二县，以次及于全台，想该令必亦有同心也。但念地广庄多，该令政事殷繁，未必能亲历各庄查办，除已出示发给分贴各保外，今更刊刷印谕，遴委大甲巡检蒋律武赍赴该县，仰即查照一体示谕各庄总理，并饬斗六、笨港两县丞暨佳里兴巡检，会同蒋巡检驰赴各保，传集各庄总理、董事，遵照示谕妥议，核实办理，造具庄丁年貌名册四分，一存县署，三分交委员赍送镇道府衙门备查。该令仍亲自先往办理数庄以为之式，务须妥速核实为妙。限两月内办竣，候本司道亲至该县查阅。凡此收养游民，无非多一良民即少一匪类耳。其有著名聚匪之庄当如何设法办理，该令妥速筹议，分别行之可也。

（东溟文外集卷二）

谕嘉彰二县总理董事

台湾地方，生齿日繁，人多无业，又有内地客民偷渡，始听人言以为乐土，及乎到地，乃知不若所闻，流荡无归，因相聚而为匪。本地无业之不肖子弟，复被其诱惑，遂相习而为盗贼。甚至党羽渐多，遂有不逞之徒，妄思肃聚，谋为不轨。大兵一至，旋即破灭，身受极刑。在滋事之匪徒，罪所当得，原无足惜，而地方村庄遭其蹂躏，不保身家，地方日形凋敝，岂不寒心！

是以定制设立重兵，申严法令之外，特有总理、董事之设，俾董率各庄，稽查匪类，无事则守望相助，逐捕盗贼；有事则率领庄丁，保护村庄，随同官兵讨贼立功。法至善也。今日久玩生，虽有总董之名，而不能认真办事，非但软懦畏事，甚有庇匿匪盗，藉为不法者。若不严行甄别，何以整顿地方？上年该县禀送清庄团练章程甚为妥洽，该总董多未实力奉行，是官为尔等苦口苦心，而地方反视为具文，良可叹也。

至于匪类之中，亦有差别，如系逆案要犯及劫掠重犯，人命正凶，法在不赦，自当立予捕诛。其或实因无业，仅与匪类往来，并未犯有叛逆、盗劫、人命之案者，尚可改过自新。此等每庄不过十人数人，宜责成总董逐一查出，壮者作为团练庄丁，令其日夜巡守本庄，公议酌给饮食，弱者任为雇工，令其服役，看守田园门户，总使有业可执，不许无事出庄。总董不时稽查，教导约束，傥有不遵，或仍与匪徒往来者，即送官究治，并造具庄丁清册，注明姓名年貌，送官查考。如此，则本庄无业之人皆为有业，自可勉为良善。在该丁既可养其身命，在本庄亦可保其室家。一庄如是，庄庄如是，则匪类无从引诱，党羽自孤，不但不敢轻犯其庄，并且易于缉捕矣。本司道昔在龙溪，即常行之，有效。欲靖地方，莫善于此。或有悭吝愚人，以为资力有限，何能更养闲人。不知众擎易举，计各庄大者或数百家，小者亦数十家，此等非尔族邻，即尔戚属，大庄不过十余，小庄不过三、四，合十家之力而养一人，且为之守护田园门户，可免盗贼之虞，所得甚大。悉皆有用之人，岂可指为闲人乎？惟在各总董实力秉公办理耳。

此事既办，即结联众庄，就地方远近，形势毗连，力能彼此照应者，各庄总理、董事相与合约，协力同心，凡遇有事，一家有贼则一庄鸣锣，一庄鸣锣则各庄鸣锣相应，各出庄丁走相救应，其余一切照该县前议团练章程办理。如此盗贼尚敢入其庄者，吾不信也。今欲甄别总理、董事之贤否，必有所凭。即以此为凭。果能遵奉实力办理者，贤总董也，不但用之，且必奖赏之。傥阳奉阴违，视为故事，甚乃庇护犯法庄丁，不肯送官究治者，即不肖之人也，不但革之，必且治以应得之罪。

本司道赏罚一秉大公，不以人言为是非，惟视其行事之实否耳。除分委干员赴县会同办理外，合亟谕饬。为此谕仰该总理（某某）即行传集各庄董事面见委员，遵照事宜查明各本庄此等游手无业壮丁共若干人，通庄共议给予饭食，作为庄丁，巡守本庄；责成该总董约束稽查，不许出外，再与匪人交结；造具年貌花名册四分，呈镇道府县查核，不得以有业之人充数。妥议章程，送县听候本司道按临查核办理。至各委员官人应需夫价饭食，造册纸张，已由本司道捐廉给发，刊印册式，交委员赍去，各庄只用照填，毋须册费。傥有借端派索，本司道察出，惟总董是问。

（东溟文外集卷二）

中复堂遗稿 续编

（1849—1852）

变盐法议

嘉庆、道光间，两淮盐法之敝极矣。淮北无商，陶文毅力行票法而转盛；独淮南未及变法，仅奏请数端，减轻课本以恤商而已。当时虽云恤商，而病根未去，淮南盐法仍未有瘳也。病根奈何？一曰出盐之场灶，一曰销盐之岸店。二病不除，盐法未见其可矣。道光十六年，文毅尝问莹曰：有劝淮南并行票盐者，可乎？莹曰：淮北课少而地狭，淮南课多而地广，其事不同。夫票法之善，以去商贩之束缚而民便之也。有票贩，有水贩。票贩纳课，赴场领盐，运至西坝而止，为时数月，行内河数百里耳。水贩则皆淮北引地诸府州县之人，至西坝买盐而归，散售于州县食盐之户，谓之水贩。官惟责课于票贩，而不问水贩。票贩惟售盐于水贩而不问食盐之人，地近而易从，此其所以善也。淮南不然。其引地远在楚西三省，且有长江千里之险，若行票法，则票贩断不肯赴场领盐，且冒险千里运至楚西，其远者运及仪征而止耳；楚西水贩亦断不肯冒险售盐于淮南。如此，是楚西无淮盐也。三百一十九州县之人能淡食乎？惟驱使食蜀粤之私耳。淮南盐既无所销售，课将十去七八，国家何赖焉？文毅乃止。

然至今日，文毅之法又穷于淮南矣。昔者莹尝再护运司，库贮实银常三百六十余万，岁解京外诸饷未尝告缺。今司库存银才十余万，京外诸饷积欠又数百万，官与商皆烂额焦头，相顾束手矣。淮南额引一百四十余万，仪征改捆岁常七八十万，犹以为少。今频年仪捆仅三十万，捆工数万人，饿者大半环监挚号呼乞活，而无以应之。殷商运盐能行二三万引以上者，不过十余家。新纲每开，几于无商可派。积引如山，复多悬而无著。运司计穷，惟以率由旧章万①字，借口藏拙。大府筹议补救，又沮格不行。商人因极，无如何矣。十一月十九夜，楚北停盐，忽被天灾，焚去四百余艘，逃存不过三分之一，淮商课本一炬而去四百余万。众商闻之，魂魄俱丧，同声一哭，相与佥呈告退。通计淮商资本不及千万，今一炬失其大半，欲责其运行千余万金之盐以输国课，恐加以严法而不行。此诚危急存亡之秋更甚于道光八九年间矣，尚能无变法乎！

---

① 原刻本为"万"字反字。

变法奈何？曰法半敝者，犹可补救图全，今敝十之八九，如病者仅存一息耳，非大泻大补之不可。大泻大补者，减缉私之费以收场灶之盐，撤楚西岸店以免匦费之弊而已。夫缉私之途不一，自邻私外，以江船夹带之私、场灶透卖之私为大。江船透卖，七八出于场灶。其病由垣商相时谋利，不能多收灶户之盐；灶户不能枵腹以死也，执不能不私售于枭贩，例禁虽严而无所用。若清查场灶实数，每灶出盐若干，分为四季，垣商收不尽者，官为收买，俾灶户得以生养，何必犯法售私乎？垣商之盐以备商运，官收之盐以应官办口岸，较之用银买自垣商者资本不更省乎！官办盐本既省，何致复有欠课。第收盐之费，司库不能复筹此款，则莫如减缉私之费以收盐，计无善于此者。盖缉私一项岁常费数十万，大抵有名无实，不过委员稍分枭贩之利、益其私囊耳，无益于公久矣。今大加裁汰，第存扼要之所数区及总督随时赏犒委员之用，可岁省其费之半。饬淮南二十场大使，责令按季收盐，报明备用，如有短欠不实，严定处分。官运口岸之委员无须盐本，但须运岸之费。是去缉私之虚名，拔枭私之病根，而益官岸之实用。此其为大补者也。

楚西岸店，其毙无穷，始为商人卖盐收课本而设，既乃为地方文武取用不穷之府。乾隆中即有匦费之名，屡经裁减，迨道光十年奏定每引四钱，以销盐之数计之也。而不肖有司则不计销数，而定为岁额：楚岸七十万，西岸四十万。不问费所由来，第以额定赂规，争取之而已。近十余年，楚岸日增至一百余万，盖名为岁额，而有重支，有豫借，习以为常。是无增额之名而有加费之实也。复有往来游客，随时抽丰，不能定数。盖自总督、盐道以至州县委员，无复念商情之苦者矣。楚西岸店之人无非淮商亲友，复借有司之掊克贪求而浮报用数，分润入己。此所以岁至一百余万也。夫以销盐一引输费四钱计之，楚西匦费年仅当数十万耳，而违例妄取加增之数及于百数十万。试思国家岁课几何，尚年欠百数十万，而入有司之腹者，反丝毫无欠，且重支、豫借过于其额。今中外度支如此之绌，圣主日夕忧劳，大小诸臣食何人之禄，不能为国分忧，而相与营私、蠹耗于公如此，其能无愧于心乎！楚盐因岸店所在汉口人烟稠密，无地建仓，又时有火患，是以皆船泊省会，由盐道给发水程听各县水贩子店分盐散售。然自九江大姑塘以下，楚西二境二十余州县，皆坐视盐船之过而不能买商盐，仍须自省运回，价值安得不增？是以人情不顺，皆争买船户之脚私。商盐为例所拘，转不许开舱售卖，此成何理耶！法令皆自相束缚以困商民，及其敝也，国家亦暗受其害而不知。

夫为法而病商病民以至病国，犹斤斤守之而不敢议，此非愚也，私耳！昔陶文毅原奏本有金商于黄州等处认运口岸之议，而楚盐道详称，设店即有应用经费，恐不肖商伙影卖脚私，致汉岸水程无从稽查；西盐道则称，所金之商新置店屋盐仓以及岸店，辛工日用，核算店费，浮于水贩赴青山领盐水脚，商力难赔，仍必增入盐价，似多窒碍。遂格不行。夫添店金商，诚有如二道所云者，然实则假为公言，以阴遂其就近鱼肉商人之计。且既有省店，又于中途添店，资费皆须重出，故不愿行。今不金商添店，但令商盐船至九江姑塘，即准其开舱分给水贩子店运售，或自至各府散售。其楚西岸店皆撤，有留者，官不必问，但令赴两盐道请领水程，一如淮北票盐。西坝以上官为稽查，西坝以下但给水程，其余听之。则官民皆便，火患胥除。两省匦费仍遵定例，按数由淮商完纳，运司委员批解交两盐道分给。如此则岸伙无自浮开，不肖有司无从重支、豫借，游客无骚扰，可省匦费百万。设本商愿在青山或九江大姑塘一带立店者，听之可也。楚西接界卡要之地，缉私文武照旧设立，其费亦令商纳，司库备文批解，盐道不许私取于商。盖盐法本为国课，群下收其余利以资办公可也，然亦止可十之一二。今正杂课才三百数十万，而岸费已一百数十万，是三分而及其一，盛时犹为违制，况凋坏至于今日岁完正杂课不及二百万，而岸费犹一百数十万，有加无已，虽幸众为讳匿，上无严谴，其如商力不支何哉！今以淮南之姑塘、九江，当淮北之西坝。姑塘、九江以上既处处稽查严密，姑塘、九江以下大开法网，去其束缚，听商售卖，但约以水程边卡仍设官缉私，地方官毋庸责成销盐分数。则文武不能额外多取，店伙不能影射浮开，游客不能抽丰骚扰，然后岸费之浮增可节，而正杂课之输纳可盈，苏商之困。下利民而上利国，中不失办公之资，楚西文武衙门及委员店伙俱有人心，宜亦无怨。此其所为大泻者也。

诚使大府原议诸条颁行，而益以大补大泻之法，是虽不行票盐而实半师其意，淮纲其犹可立乎！

（中复堂遗稿卷一）

上陆制军辞南盐议叙书 庚戌十一月十六日

本月十一日一书敬申连奉宪函感谢之意，计冬至节间可达钧座矣。

联臬司示知本月初二日札行前月南盐成效一奏已奉议叙之旨，录示谢恩折稿，仰见鸿谟嘉绩，上结宸衷，中外同深悦服，矧受知如莹者其欢庆更何如耶！闻联臬司谈次及宪台告以奖励出力人员当为莹请复道职，不胜惊愧。忆前在江宁时曾面谕及此，当经辞谢，何以未蒙鉴许？是当时尚未深罄微忱也。伏思人之立身，必期以行践言，国家赏功尤当循名责实。莹薄材凉德，窃不自揣，尝欲追踪古人，而以行不践言为惧，束发孜孜于今六十年矣。南盐改票之议，始自宪台上年节莅两江之后，见淮纲颓坏，运绌课悬，深为忧虑，力求整顿之。方广集群言，勤加咨访，历半载而后决计。本年二月童护运司甫定议上详而故，复蒙深鉴能办此事者，毅然以谢丞为总局，副之以范倅，而以魏牧至海州整理。又蒙圣主特命联臬司及刘运司二人随同宪台办理。联臬司精明独运，刘运司坚定不挠，是以明虑所及，诸人皆能遵奉力行。四月开局，不数月而成效已著。莹七月奉檄到扬，其时全局已定，毫无赞襄。八月到卡，不过遵奉定章，督同在卡诸人行之无弊而已。其新章成效实无纤毫可言，乃蒙垂念微员，欲加提挈，盖大贤爱惜之深，欲借此为汲引之路耳。不待指摘之加，而抚躬循省，愧怍多矣。

孟子云：君子三乐，不愧不怍为首。今有此愧怍，无乃夺其乐而予之以忧乎？伏读宪台遵登极举贤一诏陈言有云：世皆以此为捷径。诚哉！是言也。乌可使莹为捷径之人，又岂可误宪台以矛盾其言乎？且人口出一言，必思可复，况其笔之于书，传之天下后世者，其可躬自背之！昔楚昭王失国，屠羊说从亡，既返国，行赏及说，而辞曰：大王失国，非臣之罪，大王返国，非臣之功，不敢当其赏。夫屠羊，贱业也，且不受无实之赏，莹昔使喀木，尝深取之以为可使妄希荣利者劝，载入《康𬨎纪行》第十三卷中，方将风示末俗，今乃自背之，则生平所著书皆虚伪之言，可一炬焚矣。君子爱人以德，必不肯以太牢享爰居也。古不少自好之人，名节自矜，及其老也，贪念一萌，堕其晚节，天下后世惜之。生平不敢妄自菲薄，既尝见许于世之君子矣，时以晚节不终为惧。若老而贪冒荣名，不自丧其生平乎？莹既自爱，欲践其言，不敢不以践言望宪台也。夫及今日奖励之章未上，言之犹可止也，若此章既上，则辞之难矣，即使莹可辞，而宪台已为过举矣，其何以对知己哉？抑莹有请者，此次带疾应诏实于本籍起程呈内报明，乃本省抚宪于复奏传旨折内但言已起程前赴江宁，未及带疾之事，窃以为憾。伏读两次恩纶皆云：俟南盐办有成效，送部引见。前曾乞请宪台免予引见，伏望此次于折内一言：姚莹前因九江距家甚近，是以带疾就道，实在年近七旬，衰病不堪引见，该员屡次陈请，伏乞圣主俯如所请。如果病甚不能办事，准其告退。则感成全之德于无涯矣。披肝沥胆，出于至诚，伏乞仁鉴。

再有请者：已故淮北盐掣同知童濂，前于倡议改变盐法之时，该员力上详请，是始议变新章者，童故丞之力也。其议已蒙采纳行之矣。又上年一奉檄调，即预筹加北票十万引以备捐赈之需，深蒙嘉赏，乃变法之议甫上，旋即病故，又蒙宪台深为惋惜优恤其家，生卒皆同感激矣。独恨其不及见变法之成功也。童故丞为人刚直，公事精详，其服官洁己忘私，盐务诸商一无所染，临没犹戒家人不许受其赙奠，其贤于人远矣。今既为诸人叙请奖励，窃愿不没其最先详议之功，为之议叙。该员已加府衔，可否加赠道衔，不惟慰该故丞于地下，且使生者闻之益感奋鼓舞矣。

（中复堂遗稿卷一）

黄右爰近思录集说序

甚矣，人心陷溺之端有由来也！圣人道远。纵横之说兴，而人皆急于功利，清静之说起，而人乃流于刑名，自是治天下者不出此二端矣。汉武始求六经，训诂章句之儒，徒以干禄起家，六朝议礼，时有依据，然皆骛于圣人之迹，未有得圣人之心者也。荀杨五子稍明圣道，而纯疵互见。韩子倡言仁义，宋儒阐明心性，然后圣人之道大明。历宋元明至本朝康熙中，非日月之中天乎？

乾隆三十年后，武功极盛，亘古之所未闻，海内承平，四夷实服，天下人心乃大生其奢侈，四库馆启，始以教人读书，文其疏陋，继乃大破藩篱，裂冠毁冕，一二元老倡之于上，天下之士靡然厌其所习之常，日事亲异射利争名以为捷径。复有所谓汉学者，拾贾孔之余波，研郑许之遗说，钻磨雕琢，自以为游夏之徒，其于孔子之道复背道而驰，人心陷溺极矣。于是上自公卿，下至州邑，依然不出功利刑名之见，刚愎者或贪婪而无忌，阴柔者惟逢迎以保禄，孝悌忠信、礼义廉耻之防荡然无复存者。至于海外数万里之远夷，以其隙侵侮中国，天子虽有外攘之志，而中外大臣颓焉不振，莫不惊心咋舌，罔知所为，相顾聚谋，惟以和夷为事，辱国丧师，不知愤耻，其有奋义讨敌者，反抑之以悦敌人，甚且奏请重兴异教，若恐人心陷溺犹有未尽也。

呜呼！此非衰敝极变之候乎？天佑大清，圣从继世，仁孝英明，整顿纪纲，深以吏治日坏、人心日浇为忧，首务任贤去邪。明诏所颁，天下垂涕。盖天道剥极必复，帝德王道于焉大明，一洗腥秽，息邪说以正人心，不在今日乎！夫人心陷溺之故，皆由骛外日远，是以日浇也，何以援之？惟一反观于内而已。《近思录》一书，非今世之药石哉！

黄生右爰，习闻惜抱先生之说于陈氏，既尝从事考证矣，谓是非本源之学也。乃取元明以来，先儒所以发明此书者，广集而为之说，成四十卷，可谓富矣。余尝反复观之，叹为正本、清源、切时之药石也。俾速梓之以广其传，庶几赞助圣明出治之一端乎？嗟呼！孰谓人心世道为非切近而可须臾忽之也哉！道光庚戌嘉平月姚莹序。

（中复堂遗稿卷一）

桐旧集序

昔人谈诗，才力或限于一代，风气或囿于方隅，有余者每恨粗豪，不足者又嫌浅弱，岂非作者之通病哉！至于钞选诸家，则又意为进退，或去连城之璧而拾其碔砆，使作者面目不存，精神渐灭，是亦诗人之一厄也。国朝持论之善，足洽天下大公者，前有新城尚书，后有吾家惜翁，庶几其允乎！归愚沈氏所得本浅，论诗仅存面貌而神味茫如，其当乎人心之大公者盖寡矣。然此通一代或数代言之，非一都一邑之作也。至一都一邑之作，近世钞刻尤多，囿于方隅，往往又滋诟病。

吾桐则不然。窃尝论之，自齐蓉川给谏以诗著有明中叶，钱田间振于晚季，自是作者如林。康熙中潘木崖先生是以有《龙眠风雅》之选，犹未极其盛也。海峰出而天[1]振，惜抱起而继之，然后诗道大昌。盖汉魏六朝三唐两宋以及元明诸大家之美，无一不备矣。海内诸贤谓古文之道在桐城，岂知诗亦有然哉！

亡友徐樗亭尝病木崖未见后来之盛，欲通前后更钞之，购求精择三十余年，乃有《桐旧》之钞。其人存者不录。余在台湾，君从阳城寓书

---

[1]　疑印刷过程致误，当为"大"字。

述意，而艰于锓刻之资，余深叹之。未几，君归家，旋卒。余亦多故，不能助君成之也，尝以属里中诸君子。是时光聿原方伯已有《桐城丛书》之刻，于是马公实通守力任其事，复属苏厚子重加审校，编为三十卷，凡例一本樗亭。而附樗亭之作于徐氏末，为君已亡也。咸丰元年某月竣工。夫《襄阳耆旧传》，古人景慕前贤之所作也。兹以《桐旧》名集，樗亭之意岂不曰吾以是著耆旧之思乎？矧前贤苗裔，其企慕又何如也？樗亭往矣，异时必有绩是集而为之者，合律元《丛书》观之，可征吾桐之文献矣。姚莹谨序。

（中复堂遗稿卷一）

跋方存之文前集后

文章一事，欲其称量而出，积于中者，深则郁之，郁之不可遏也则停之养之，如或忘之，顺乎其节，然后发焉，又必以其时也。故其析义必精，立言必当，学欲其广而取裁欲微，意欲其昌而树辞欲卓。未能行也，则认其言，无所为也，则韬其光。百家之精，茹之辨之，一心之运，卷之舒之。片言弥六合，累牍有余味。若此者，其庶几乎！存之才识有余，吾不量其所至，辄书数言卷端，异时业成，请以证之。道光戊申十二月望后二日某记。

（中复堂遗稿卷一）

平贼事宜状

广西土著民人皆苗瑶侗僮，不过十分之三。其七皆来自外省之客民，湖南最多，广东次之，贵州又次之。地瘠水迅，产米之外，不殖百货。男子嬉游仰食于妇，妇人操作健于男子。嬉游者多，故习为盗贼，而外盗亦因之而入，有土马、外马之称。故治粤者，首重捕盗。近十年来，大吏疏于缉捕，盗贼益多，复有奸民结盟拜会，聚集匪党千百为群，盗匪、会匪几于遍地。大吏惮于大举，苟且粉饰，于是匪徒日炽。始犹不过截河抽税、劫掠村墟及徒党既众，又见官兵懦弱，遂抗官拒捕，入城戕官。会匪乘机，乃敢公然为逆矣。前二年，湖南匪徒雷在浩、李沅发皆延及广西，二逆伏诛，广西匪徒乃大举发，而广东之匪亦遥为应和。上年陈亚溃一股虽平，而平乐、庆远、浔州、思恩、南宁、太平诸府贼匪分股众多，自向提军、李、周二制军到营屡加惩创，群盗渐见破散。而武宣之大股会匪聚众万人，其势尚炽，该匪自称后明，有洪秀泉者，称太平王，以广东花县人习天主教之冯云山为军师，曾三秀、梁老四为左右将军，韦正为文官，专理词讼。自牛排岭、大黄江两次为官兵击败后，屯聚武宣之东乡。近日窜至象州之寺村、中平、北仗、新墟等处。官兵围剿尚未得手，而兵已久疲，又不能和睦，群情涣散，不肯用命，故未见有功。今中堂以忠诚重望仗钺临边，云霓之望、父母之怀，不克以喻。惟地形贼势兵情民隐或有未尽陈左右者，谨胪举数端以效刍荛一得之愚，惟俯赐察览，采择行之，幸甚！

一曰收人心。自古成大事者以得人为本，欲得其力，先得其心。未得心悦诚服而不出其力以从令者也。论者皆谓军令宜严，是诚然矣。然赏罚者，驭众之大权，不可任一时之喜怒，赏当其功，罚当其罪，则众服。否则怨而谤，其心不服矣，何令之能从？督师周公忠毅果决出于天性，而过于急暴。每有所闻，未加审察而轻喜易怒。往往举发错误，事后知之必悔，悔则自责而谢过，明日复然。是以人怀恐惧，阳奉阴违，莫肯出力。愤兵将之不用命则益怒，严参示威而众心愈益不服。苟救其失，宜慎举动，赏罚审当，人心自然悦服矣。今宜先行犒师，以猪羊数百头，酒数百瓶，清暑辟瘟药数百料，遣人宣谕各营，以师旅日久疲苦，将领以下遍加抚问，必雷动欢呼感悦，以为中堂爱我，而人心得矣。盖严急之后，易于见恩也。

二曰和将士。今岁以来，楚兵与黔兵不和，镇算兵又与常德兵不和，兵与勇不和，东勇又与西勇不和。故上年向提军所至皆捷，而今年无功也。师克在和，未有不和而能克敌者。今宜以中堂手谕提镇诸将从容晓譬大义，解其夙怨，令提镇转谕将备以下，庶可和睦各营，有事互相策应矣。

三曰简粗壮。古人云，军事先谋，士必精壮。此言徒勇不能有功，徒众不能简练也。今西省额兵二万二千分守各汛外，楚黔滇三省之兵数已逾万，益以各处壮勇又将数千，可谓众矣。然未经挑选，大抵精壮可用者不过十之二三，率皆惰游之夫，勇于私斗，怯于临敌，是以少能杀贼。今宜先令各营自行挑选实在精壮奋勇者造册，派亲信大将覆加挑选，厚以钱粮以为头敌，每战更番迭进而众兵继后，则奋勇争先，不至见敌辄走，不堪久战矣。

四曰治练勇。地方有事必先团练，以本地之民守本地之村庄城市，自顾身家，其心可固。虽未必皆能勇敢得力，而多一团练即少一股贼，亦可以助官兵声势，否则为贼所用矣。盖地广贼多，不能处处以兵策应，而不应又无以为守，故必使民人自为守也。至于外省壮勇有剽悍可用者，亦宜募用。大抵以本地之团练保守地方，以外省之壮勇随营剿贼，二者皆不可少。特此等练勇有事时固得其用，而事后散之甚难，又若辈多桀骜不驯，管带驾驭不得其人易于滋事，事后散而无业，势必作贼，是在善其区处耳。

五曰先攻大贼。广西贼股众多，梧州、庆远、柳州、平乐、南宁、太平、思恩诸府贼股众多，以堂名称者不可胜举，或七八千人，或三四千人，或一二千人。今虽屡有破散，然屯聚尚多。又有东省廉州、钦州、肇庆来者。东省之匪如凌十八、刘八、温大、贺五，皆时来时去，然此等剿捕尚易为力。惟先在金田、武宣，现窜象州之会匪洪秀泉、韦正等一大股最为猖獗，其人众万余，心力颇齐，非诸匪之比。议者皆谓先去其易，后除其难。殊不知诸贼易办者其股甚多，办一股非分兵勇二三千人不能办，兵分则力薄。今聚兵盈万，屯勇数千，仅可与大贼相持，不能决胜，若再分兵单弱，其何以御之？且各股贼杀之不尽，余党必归并大股，是为渊驱鱼，非计之得也。故宜厚我兵力，先破此大贼，所谓擒贼先擒王。然则群盗其置之乎？曰非也。群盗所在皆有，兵勇特无多耳。群盗之众者如郁林博白一股，已有滇兵在地矣。其次则南宁、桂平近日有贼数千，俟新兵到后分二三千人击之，而大兵则注意象州会匪，不日添调四川、安徽、湖北之兵，陆续必到，六月望间似可齐集，又内帑饷银亦到，足食足兵，可为一鼓歼除之计。

六曰八面环攻。贼屯聚象州，内连武宣，自东乡、新墟、三里墟、庙旺墟、台村以至寺村、北仗、新寨、中平数十里村庄，皆其巢穴。今之官兵所堵截者紫金山，滇兵在其东北界岭，楚兵在其正北马鞍山，黔兵在其西北象州，大营兵勇在其西，此四路者，彼已知之，有以备我矣。东路、东南、正南、西南四路，我兵力不足，未之堵截，彼亦不之防备。宜及大兵齐集之时，探明路径，克期八路齐进攻之。彼八面受敌，猝不及防，破之必矣。此贼大股既破，其余贼心胆皆惊，然后分兵剿捕，势如破竹矣。

七曰各营将领不宜轻易更换。各省之兵心力不一，惟本营将领习知其兵长短喜忌之所在，临阵之时，兵将熟习，乃可收指臂之效。若骤易生手带领，兵不习将，将不习兵，必不可用。心手不调，安能行事？即如前日掣回秦、周二镇以乌都统代领黔兵，立为贼扑营而败，伤亡将备二十余员，兵二百余人，是其明证也。将来各营之兵，宜仍支本营将领管带，而以新到大将督之，则可矣。

八曰贼未穷蹙，不可轻言招抚。自古误国之人皆主招抚，近代熊文灿、陈奇瑜，其彰明较著者矣。然降兵降将未尝不可立功，本朝之用孔有德、洪承畴、黄梧、施琅，非前明之降将乎？即明季之高杰、李定国，皆降贼也。然必自审我之兵力足以驭之乃可，未有我兵未振而先事招抚者也。彼以为官兵无如贼何而倚仗于我，则其心骄，虽降不为我用，多所需索而不厌其求，则仍畔去耳。未有私憾于贼徒贪吾之饵而受抚，一旦所欲不遂，则其心二矣。嗣后如我兵未大胜，贼未大败，必不可轻言招抚，自增肘腋之患。

九曰奖励有功，不可先其私人。赏罚者，用人之大权，赏罚公明，则众人心服而争先出力；赏罚偏私，则众心解体观望退后莫肯用命，胜败之数全在于此。自来主将皆有私人，或其所亲，或其所爱，打仗毫无出力，惟俟有胜仗奖励则窜名其中，冒他人之功以分其赏。此豪杰所以灰心、死士所以堕泪也。请示谕各营将领，报功务求确实，更加访问，众口一辞，然后登诸荐牍。倘有亲爱私人冒功滥列，查出不但除名，且坐主将以欺妄之罪。如此，则人心悦服，出力者必多，而可胜敌也。

十曰团练出力，不可不予鼓励。地方团练即数百人，亦即有数百人之经费，号衣、号旗、器械、火药、枪炮，其用不少，地方富足者易办。广西贫瘠，民间少有富户，各村庄集举此事，众人鸠资不易，西省民人捐费百金即抵东省捐资千金矣。现在各地方举行团练者不少，除贼所残破之地，人民逃亡未归，无可团练外，亦有地极贫苦无能出资举事者，不得不官为筹费，或官民各半，或量予津贴。并查各团练人数之多寡，是否整齐，令其造册报官，查验属实，即量其所练人数酌予空头，札付分别赏给顶戴，生监赏给七八九品军功职衔，民人赏给千把外委顶戴，绅士奏请议叙。倘更立功，生监民人准其咨部补官，绅士优擢。如此，则鼓舞欢欣，行之必众矣。

十事既备，更有六宜，谕饬诸将严申约束：

一曰哨探宜明审。自古用兵，先求哨探。哨探者，探贼之情与地之利，以为之防而设其备也。或明遣数十人往哨之，或暗使数人改装探之。

盖山势险曲，或草树蒙翳，则察其有无伏兵；河水横截，则防其壅遏上流，乘我半济而决放。先之以探，继之以哨，然后大兵前进，是为万全。

二曰进战宜更番。贼每出战，皆令其人饮壮胆药酒，如闹杨花之类，故勇气十倍，有前无退。且分队而进，前战既疲，则以后队轮流接替。古之善战者，罔不如此。我兵何独不然？宜令诸将约定每出战必分左右翼，每翼皆分十排，第一排接战或有伤亡，则以第二排补缺。鸟枪五出，则以第二排接替。二排接战，则第三排如之。如此，兵力不致久疲，即不令饮酒，亦可恐其醉而凌乱误事也。或言山径险窄，安能张左右翼！殊不知窄径只可堵塞，不可以战。战则地稍宽矣，或平原，或田塍，必不止一路，即可分左右翼而进，兵势乃不孤单。谚云"单丝不成线"是也。

三曰诸军宜互相策应。自古行军，最忌孤军深入。我兵每队前进，既张左右翼矣，而尤须别路之军互相策应。古人所以有犄角之军也。今宜申令诸将，每路皆分两军，一军为正，一军为应，一军之中又分左右翼，此战彼应，所以张我之势而分贼之锐也。

四曰驻扎宜声势联络。行军最忌中断，断则声息不通，彼此不能救援。宜令诸将扎营相去或三里，或五里，必有一营。前后左右步步相接，则声势联络矣。

五曰枪炮宜及近施放。自来我兵之败，多由远望见贼在一二里之外即先放枪炮，相去甚远，不能伤中贼人。惟惧其前进而已。贼俟我火药铅弹渐尽，然后蜂拥而来，我之枪炮已不可用，不得不弃之而走矣。又贼每以被胁之人当前诱我，俟我枪热药尽，然后出其精锐而来。宜严申号令，使掌队者执旗，视贼行近百步之内，枪力可及，然后举旗，众兵分排放枪，乃能击贼而不致虚放。如贼不及百步内而妄放枪者，斩。是为最要。鸟枪两排后，或间用抬枪亦可。又军中大炮只以三百斤以下者为宜，轻便易于行用也。鸟枪、抬枪既放两番，则放一炮，一炮过后，仍复用枪。

六曰抄截宜先事预防。贼与我军对敌，每出骁锐抄我后尾，或横截，我军往往为其挫衄。是必先事预防一路，军分三段，简选精壮，每段以数十人当前，其第三段则令居后为殿，时备贼抄。如退军时，皆令后军先退，以前军为后军，始不凌乱。

（中复堂遗稿卷二）

陈永安善后事宜状壬子三月初二日

敬禀者，窃永安州贼窜逃，州城克复，本司当于二月十七日随同中堂入城，周历察看，城垣、衙署、监狱、仓廒虽小有损坏，无须大动工程。所有坛庙，惟文庙毁坏须动大工。其街市民房多已破损，居民除逃亡在外者，多被贼杀，或被贼驱胁而行，无一存者。本司及署州牧彭作檀、训导刘子复、署吏目高谦在于城中居住旬日，并派守备周光碧、投效生员黄懋勋带回义勇三百人居住招徕，现在民人闻知，颇有归来贸易者，街市宛有起色。大抵已复十之三四，再过月余，居民当可次第复业。惟城外春耕及时，农民尚未归来耕种。察看情形，春耕已迟，且民间逃散被害之后，元气未苏，今年断难开征。胥吏多已被害，实征册籍皆无。永安州地分五里，经彭牧悉心查访，目前仅获群峰、东平、眉江三里征册，其余二里册籍失亡，尚待查册更造，非一朝一月之事。应请（中堂宪台）准予奏明，俟册籍查造之后，明年再予开征。所有现在应办事宜，谨开列于后，恭请（中堂宪台）察核施行。

一损坏坛庙、城垣、衙署、监狱、仓廒分别办理也。查永安州城本不甚大，贼匪上年攻城小有损坏，现在无大损伤。各官衙署亦尚如故，破损不大，同监狱、仓廒，但须修葺。惟社稷坛及文庙为贼毁坏，应行另估动工修理。今拟请城垣门楼以一千两修葺，州官衙署、监狱酌给银六百两，学官及吏目衙署各给银一百两，足以修葺。社稷坛亦酌以百金修葺。惟文庙工程稍大，应请酌动银五千两。倘有不足，再于本地绅民劝捐兴工。

一被难民人应请酌加抚恤也。查贼踞永安民人被害失业者多，除已陆续收回、量予赏恤外，此次招徕复业，其实在赤贫无力及受杀害之惨者，查明酌赏，极贫惨者恤银若干两，次贫惨者恤银若干两，应令彭牧督同学官及公正绅士查明，造册请恤并请于军需项内提银三千两备用。

一被难文武官尸身现已寻获，应请奏予恤典也。查上年闰八月初一日城破死事者，平乐副将阿尔精阿及署知州吴江、学正丁履吉、吏目宋光烈及官亲幕友家人仆妇等，惟训导刘子复坠城伤足得免，所有被难文武官亲家人尸骸，现在多已寻获，除给银收殓交各亲属领回，禀请奏给赏恤，并在官所本籍各建专祠，以昭劝忠之典。

一失业民人应次第招徕复业也。失业民人甚多，有人在而业亡者，亦有业在而人亡者。贼匪踞城，民间被杀及逃出者纷纷，自须出示招复。而逃亡者闻抚归来，清查产业，其事至为繁杂，应饬该州及委员逐一为之清厘。

一地丁、田亩、钱粮，应请停征一年、查造征册也。征收全凭册籍，现在吏书死亡，除群峰、东平、眉江三里实征册底经彭牧查出外，其龙定里征册全无，龙回里十甲仅存六甲，不仅春耕已误，元气未复也。现经本司出示民间，令各民人家藏征完钱粮串票寻出，赴官号挂，给予执照重立新册，其无串可呈者，著邀同邻里地保公同出结存案，给予执照，亦准入册。并查明生监中公正诚实者数人赴乡随同查办。如此，数月之后，可以立册，再行开征，然后民力可纾，钱粮有著矣。

一州中命盗、词讼等案，应令赴府抄卷也。查州中命盗、词讼案卷皆已荡然无存。其案经控禀到府者，府卷尚存。应饬彭牧召选官书赴府，禀请饬房凡关永安之案一概照抄带回，可以十得六七。其余未报府中，无案可抄者，概作新案办理。

一地方官办理公事，应酌予津贴也。地方官额定廉俸无多，全赖钱粮开征少有出息，今不开征，地方官未免办公无资。应请酌予津贴。除州官已经本司禀明每月给银三百两以开征之日停止外，所有训导兼署学正及吏目二员应请每月各予津贴办公银三十两。此项即于军需项内支出给予。学正一缺开正后再委人。

（中复堂遗稿卷四）

覆贵州黎平府胡

润之大兄大人阁下：阔别十有余年，虽一通音问，而彼此宦海升沉多故，徒深离别之思。今年四月过长沙晤少云，询知近状。顷在桂林奉手书专差走问，得知一切，如一朵彩云自天而降，欣忭奚如！承询粤东贼状以便尊处设备，具见公事求实之诚，佩甚！此次粤贼情形，本分二种，一为会匪，乃广东人习天主教传染而来，其党沿及粤西、湖南、贵州各省，实繁有徒，几于遍地皆是。盖合天主教、青莲、添弟诸会混而为一。粤西现在各为上帝会，实即天主教之会也。此种匪徒其心受染已深，牢不可破，最为可恶。有心为逆，自号真太平天国，称有王号，设有文武伪职，其心既齐，又熟于《三国演义》、《水浒传》用兵，颇有纪律，诡计百出。逆党二万余人。自去年至今，官兵屡有胜负，大帅不能和辑其下，是以久之无功，贼势反炽。幸庙谟洞烛，更以首相视师，益调各省精锐，事权既一，又能调和诸将，人皆用命。是以六七月来数见捷胜，贼势大衰。前后擒斩甚重，其党始知悔惧，溃散甚多。现为官兵四面堵剿，逃入紫荆山中，即前明大藤峡也，凭险负隅。又为官兵击破，夺其险隘，贼益穷蹙，火药将尽，粮食无多，贼党仅存数千人。大兵壮勇一万六七千人，围困进攻，不日可冀荡平矣。其一种土盗，则遍地如毛，西省十一府一直隶州，无贼者不过三府。其一、二千人，三、五千人，七、八千人者，凡二十余股，今皆为官兵团练击斩已及十之七八，现存惟南宁、太平四城三府及郁林属尚有数股往来。其郁林州属，则往来东西二省。今劳方伯驻南太，林前道驻梧、郁，督同兵勇剿办，亦可以渐次扫平。惟会匪败逃，恐有窜入贵州者，尊处堵之，极是。

（中复堂遗稿卷五）

与严观察

仙舫先生阁下：弟出省后由阳朔、荔浦而永安州，到处体访情形，考求地势道里，而人言不同，必互相参推，得其一是。苦于各处禀报未能确实，旬日以来推求印证，稍得其真，随时随地筹度措置防堵事宜，手不停披，心不停想，是以未能详报阁下暨仲铭二兄，心殊耿耿。又念屡次报节相中丞书必以出示，似毋须赘说也。兹于二十日巳刻奉到十八日手书，诸承教示，筹计精详，感泐之至。大兵到粤，困贼于中平而窜，再困于紫荆山匝月之久，再夺其险，屡败其党，以为指日新圩可破矣，而又窜。乌帅虽追击甚迅，同张敬修皆斩获，而巴、向帅挫于平南，贼乃扬扬而过，又土匪乘机勾结，遂入永安。此军威所以不振、省垣所以震动也。总局委员中陶、阮二人，一闻永安失守，至于面如土色，连夜索临桂雇夫欲返。此固无胆无识人之常情，而此等举动，实足以骇听闻。虽稍有胆识者，亦不能不为之动，所谓惑乱人心是也。群情如此惬怯，弟所以勇决一行，冀壮众胆而安众心，非敢冒昧从事，知已必能谅之也。

窃谓人心齐、地利熟、胆气壮，此三者，贼之所长而我之所短也。

火器精、粮饷足、兵勇众，此三者，我之所长而贼之所短也。以顺讨逆，以正击邪，以众御寡，我何惧焉！将虽不一其心，尚未敢猜嫌而相轧；兵虽不齐其力，尚未致因败而溃散；事权仍有所统，并无敢有抗违；谋虑各尽其知，尚未致疏忽。若以小人不惬人意，则贤者犹不免贻讥，似不必遽以苟诸武夫，幸明智大贤不惑于众听耳。贼自大、宣逃窜，本属败丧之余，徒以向提督、巴都护仓卒一败，土匪乘机附和，永安城小兵微，致不及守。于斯时也，我无轻敌之心，彼有骄满之意，整师而进，必有可观。况侦探之言，获犯之供，皆谓逆贼不过数千人，而老弱妇女几及一千，能战之人不及二千，众口所同，宜乎不谬。其余土匪附和者未得确数，然皆乌合不能拒敌官兵。我何惧焉！乌、刘、李三师意气从容，足以办事，惟巴、向不知何若。窃计向犹可用，其来迟者，丧亡之军装未备，湖勇中散，现仍召用，不能无待耳，且患疟疾未愈，岂有异心哉！乌都统前日来书约刘、李二镇以十八夜往攻水窦，其勇气可知。弟以贼之精锐皆在水窦，向军未至，乌军独进恐有不利，嘱缓一日以待向军。盖长、李二镇之兵已于十五日至昭平，候向示。而由昭平至永安不过两日。省局解军装委员，弟令至昭平，待十三、四间必到，则长、李二镇既得军装，当可前进。向示十六、七间亦可到永安，与乌军两路并进，刘、李二镇亦同时进剿，当可无虞。虑事如此，岂冒昧者哉。嗣因乌遣人还报，水窦之路为贼挖断，欲改十八之期。顷间又得乌信，谓弟意不谋而合，已仍如前约，以二十日丑时同刘、李进兵矣。是否得手，明日即可有信。

　　天下事见可而进，不可失时。畏葸太多，必至不能办事。此书生之见所以往往误事也。至于防堵之事，自以周密为是。然要隘甚多，但可权其轻重，若点水不漏，安得十万人筑长围乎？方今知己中可与言兵者莫如阁下，其以为然乎，不然乎？浔州太远，转运粮台必须移地，前请在平南一带，中丞虞其近贼地，曾有荔浦亦可之言。顷思荔浦虽有饷道而陆路险远，可暂而不可长，莫如平乐之为善，由省城一水可通，三日到平乐，二日到昭平，再陆运两日，可至永安大营矣。望以请之中丞也。并望送仲铭阅之。

（中复堂遗稿卷五）

与王少鹤书_{九月二十九日发}

少鹤仁兄大人阁下：本月初间接奉惠书，承示以孤虚亭亭之法绘图，见教欣服无量，此诚兵家之要用也。当思以其法与诸将行之，颇有知者而不得其用之之人，何也？用兵之道，当先视其兵心之向背强弱，更观其将之赏罚纪律。兵心所向，虽寡而强，兵心所背，虽众而弱。何以得兵心之向乎？曰赏罚明、纪律严而已。故兵之强弱，视其将而不视其兵。今之为将者，平素无恩义以结其兵，及临阵，胜负复不能明其赏罚，所赏皆其私人，而戮力行间者姓名不知，惟所赏不公，故亦不敢用罚。虽有纪律，何日能严。四者亡矣，欲其兵之可用也，不亦难乎！兵既不可用矣，孙、吴不能为之谋，贲、育不能为之力也。目前南北两路诸将，乌实冠军，次则长瑞、李能臣二人，尚得兵心，肯用其命，余则未见其人。是以屡出奇谋而不能行，其奈之何哉？长虽可用而病，今幸可以不死而未能督战也。李虽可用而滇兵太少，始以二千人来，今存三百五十人耳，兼以博白练勇一百五十人，仅成一旅，何能责以成功？故必待潮勇助之，更待李孟群之一千四百人来。其人颇勇往，使之同安徽兵从壬山出贼东面，而长、李出西面，夹攻之，庶乎其可。南路乌营以一孤军当水窦、莫村两面之劲贼，亦望潮勇至，乃可攻拔一处，即分兵以守，免为复夺。如此，然后大功可成矣。议者但讶以万余兵勇何以不能灭数千贼，盖于知己知彼之道尚未得其实也。敢布其腹心，惟阁下明察焉。心斋大兄处望为致候，不另。

（中复堂遗稿续编卷二）

识小录

（约 1802—1835）

读书大义

盈天地间皆道也。有器，有数，有理。何谓器？典章、制度、文物，诸灿然者是矣。何谓数？二气、五行、十日、四时之迭运，长短、大小、高下、清浊、厚薄之不齐，凡诸错然者是。何谓理？天之所以刚健，地之所以柔顺，人之所以灵贵，物之所以蠢贱，三纲之所以立，五常之所以顺，凡诸事之所以然者是矣。

器统于数，数统于理。明乎理者可变其数以制器，局于器者或昧其数以害理。虽然，理不易明也，托诸空言，不若见诸行事，舍器与数，则愚者无以为信；而人自以意为理，异端邪说之患又生。圣人虑焉，故修《六经》，载古圣贤之行事与礼乐制度之迹，使观其制度、行事，先王之道可知也。而其大经大法，所以制作行事之本，则器、数所不能尽，非深明乎道德仁义之微与身心性命之极者，乌足以知之？故大人之学，始于致知、格物，终于治国、平天下。《中庸》之教，始于率性修道，终于无声无臭，广大精微，一以贯通，岂拘拘习制度、考行事者所能测其故哉！《大学》、《中庸》者，《六经》之囊橐；礼乐器数者，《六经》之宝藏。而《论语》者，《大学》、《中庸》之锁钥也，故详于理而略于器数。非略之也，以为明乎此然后见先生器数之美，或不备即有废兴焉可也，此圣贤之微义也。世儒言理者，或指器数为糠秕；而好器数者，又讥空理之无据，胥失之矣。

（卷一）

朱子之学先博后约

《论语》曰："君子博学于文。"又曰："多闻择其善者而从之，多见而识之。"《中庸》曰："博学之，审问之。"孔子之门，身通六艺者七十二人。可见学者先以多闻为贵。朱子生平博闻强识，无书不读，自天文、地理、诸子百家之言，无不精通大义。盖其闻见广，故局量大；器识高，故裁鉴精；惟宏故通，惟明故辨也。人但见其表章《六经》"四子"，于典章、名物、训诂不甚凿凿，遂疑其空疏，是未尝读《朱子全集》者。特人之精力有所专注以成名，则余事不能兼尽其至耳。夫典章、名物、训诂，此汉、唐诸儒之所长也。其精力尽于此，故"天人"、"性命"之理，圣贤精微之蕴，莫能明焉，然不可谓其一无所得也。朱子精力专在"天人""性命"之理，圣贤精微之蕴；而于古今治乱兴亡之迹、人物是非臧否之实，尤详考而熟悉之。至于天文、地理，"九流"、"二氏"、诗文、词赋、杂技小数，无一物一事不推求而得其义。若典章、名物、训诂，特其学问中之一事耳，又未尝不孜孜考索，征实辨谬，以求其确当也。此其通材宏智、博学多能亦岂汉、唐诸儒所及？若其生平出处，言行中正醇粹，无不可以示天下而为万世之法，盖孔子以后一人而已。

（卷一）

学而时习之

此为已能从学而有得者言也。学人之病：贪多骛广者，锐进而求速，未免旋忘其所能；懈惰自画者，甫进而中废，亦安能日知其所亡？惟"温故"乃可以"知新"。新者得之自然，故者无所忘失，此"时习"所以为学人之首事也。苟未能有得，则但可言"学"，不得云"习"；言"习"则有熟习、娴习之意矣。人惟学无所得，故每见勤苦而不觉其甘；乃至有得，久而不忘，则熟极巧生，妙味自出，乃不图为学之至于斯也，能无说乎？

朱子谓：学者当先问所学何事。余谓有弟子之学，自洒扫应对，入孝出弟，谨信爱亲，以至诗书六艺之文是也。有大人之学，明德、新民，止于至善是也。此君子之学也。有名法之学，急功近利，为一切富强之计是也。有训诂之学，析文破义，字栉句比，而略于道理之安、是非之实是也。有辞章之学，涉猎经史，獭祭典故，排声韵，妃黄白，淫佚新奇，专为悦目骇心之作是也。有象数之学，自天文、历律，占候、推步，以至医卜、方技之流是也。此四者善而用之，皆君子所不废。一不善而悖于君子之道，则足以取一身之名利，而害天下之人心，君子、小人之间者也。惟小人无学，而常遁于四者之中，未有学人而甘处小人者。及其为之而不自觉，则恒以四者为藏身之术，此"四子书"中，所以自"弟子之学""大人之学"以外，无余学也。

（卷一）

人不知而不愠

古之学者为己，今之学者为人。为己者，如富人之置产，滋生不已，至积千累万，惟深藏而用之。曰："此我之有也，人乌得而与知乎？"如此久之，虽外露有不容掩者，而其守之于内则已固矣。为人者，如荡子之破家，锦绣珠玉，日陈于外，以夸示于人，惟恐人笑其贫也。即非己有，亦假取而欺人，曰："我之富若是，奈何不知？"如此，虽旁观艳羡不起盗心，而其耗竭于内必已多矣。人于财货，身外之物，颇多以为己，而不求人知者；独于学问，身内之事，莫不以为人，而惟恐人之不知，可谓惑矣。

（卷一）

夷狄有君

春秋之世，大夫强横，弁髦公室，以至弑夺窜逐其君者，多在诸夏之国。如鲁三桓、晋六卿、卫之孙宁、齐之崔庆、宋之华父，皆诸夏大国也。当时夷狄，秦楚最大，而君尊臣卑，权不下移，未有衰弱若鲁、卫、齐、晋、宋之甚者也。夫子著《春秋》，历观二百四十二年行事，深有痛乎诸国之乱，曾不若秦楚，故叹夷狄之犹能有君，不至如诸夏之亡，盖伤之也。岂盛美中国而贱夷狄哉？古注言：中国礼义之盛，而夷狄无之，说非也。夫诸夏礼义之盛，以有君也，苟其亡君，又何礼义之有？而以夸夷狄之有君乎，为不通矣。

（卷一）

射不主皮

古注射、力二事，《集注》据《乡射记》文，以"为力"句解"不主皮"之义，二说不同。余按：当从古注。盖礼"射不主皮"，已有尚德不尚力之义矣。若用民之力为上、中、下之科，见于《周礼》，诚王者之政。春秋时徒役烦兴，不惜民力，一时弊政又有不止于尚力者。故圣人与"不主皮"之射，同慨为"古之道"。古注之义长矣。

（卷一）

不知其仁焉用佞

《集注》："我虽未知仲弓之仁，然其不佞，乃所以为贤，不足以为病也。"此言夫子不许仲弓之仁，非也。孔门四科，仲弓列在德行，为颜、闵之亚。仲弓问仁，夫子告以"出门"、"使民"、"不欲"、"勿施"之语，广大精微，仅次颜子。他日至以"南面"许之，门人中莫能及也。不仁安能若是？意当时夫子，或尝许其仁，故或人疑其仁则然矣，而如不佞何？以不佞为惜，必非能以仁许仲弓者，不可与由、求同类也。此云"不知其仁"，即指上御人以口给者耳。盖谓彼世之工于佞者，徒逞口舌给辩御人，致屡为人憎恶而已，其中之仁，必有不可知者，亦焉用此佞为哉？语本一气，未说及仲弓以佞为不仁，则仁者不佞可见矣。与"巧言令色鲜矣仁"同意，"不知"即"鲜矣"之谓也。邢疏：言佞人既为人所憎恶，则不知其有仁德之人，复安用其佞耶？亦以"不知其仁"属佞者言，但语拙意晦耳。

（卷一）

吾斯之未能信

孔安国注："仕进之道未能信者，未能究习。"按孔氏以"斯"字专指"仕进"之道，未免有用而无体，故朱子以"斯"字指此理而言，则兼治己、治人，皆在其中。然余谓尚不及郑注"善其治道之深"。"道"字，盖治身、出仕之道，各有其理。其事皆须一一究习。言道则理事兼该，言理则未能兼事。故《大学》兼明德、新民，则谓之道，不谓之理。《中庸》"率性而行"亦谓之道，不谓之理。盖天下颇有深明其理，而处事不得其当者，不可谓我明此理，不必问其事也。如一代有一代之典章，一国有一国之风俗，一时有一时之机势，事目繁多，须学究讲习之始得。漆雕开之意，指理与事，均未可知，只如郑注以"道"字尽之，岂不明白该括乎？

又按：《论语》所云"斯"字，皆必有所指，多承上言。如《礼用》章"斯为美"，"斯"字指"和"。《无谄》章"其斯之谓与"，"斯"字承上"贫而乐，富而好礼。"《异端》章"斯害也矣"，"斯"指"攻异端者。"《问谄》章"如示诸斯"，"斯"字上文无说，记者特补之云"指其掌。"《人之过也》章"斯知仁矣"，"斯"字指"有过之人。"《子谓子贱》章"斯焉取斯"，上"斯"指子贱，下"斯"指"君子"，如此之类，不可胜数。此章"斯"字明承上文"仕"字来，则指"出仕"而言自是，《正义》孔注未可遽非也。朱子兼治身、出仕而言，体用一贯，道理自然阔大，恐漆雕之意未必如此耳！

（卷一）

性与天道

朱子大儒，见理分明，澈上澈下，诸所发明，皆得圣贤不言之精义。但以解书文，或于语气轻重微有不合者，要不足为朱子病。盖其大义未有不尽善也。如子贡曰："夫子之言性与天道，不可得而闻也。"朱子注云："性者，人所受之天理。天道者，天理自然之本体。"此已将"性"与"天道"作两截说矣。又恐人误会"天"与"人"有二理，并用之云："其实一理也。"此五字乃朱子晓后人之意，非子贡本旨也。余按：子贡本意自以"性"与"天道"为二，故言"性"复言"天道"。若子贡以为一理，则言性已足，"与天道"三字赘矣。窃疑子贡之意，以人所受于天之理为性，则仁、义、礼、智、信五常之本，及喜、怒、哀、乐未发之中，是也。其所谓"天道"，则指阴阳五行所以消息、生死之机，与夫四时之所以运行，万物之所以并育，世运升降、兴废、盛衰所以不齐之数，凡极深极奥，不可以人智窥测者皆是也。子贡就其不同者言之，故曰"性与天道。"朱子则穷究天人合一之原，就其同者言之，故曰"其实一理"，此足补子贡未及之义，而非子贡立言之本旨也。虽训诂章句之小病，然可见宋儒之善言理，于圣贤之言有所发明，不仅拘文字而已。学者会其意而观之，凡解文句自有文句之意，若求义理之极，则有不可滞死句下者。各以其意推求，庶乎有得，固不必强经就注，亦不可以传、注偶异，并其义理之美而非之也。盖古人作传明经，往往各有意见，不妨别出旨义。观孔子赞《易》，与文王、周公之义亦自不同，岂得谓圣人不善解《易》乎？正以别有发明为善耳。汉、晋人解书之善者，独一向秀注《庄》，能得言外之意。严君平解《老子》作《道德指归论》数万言，无一语依文解义者，是即孔子赞《易》之旨也。呜呼，是岂俗学小儒钻研训诂者所能识其宏意哉！

甚矣！读书之难，不可以一端尽也。子贡以为"性与天道，不可得闻"矣，然《论语》："性相近也，习相远也。"又曰："唯上知与下愚不移。"《系辞》云："继之者善也，成之者性也，""成性存存，道义之门。"又云："穷理尽性，以至于命。"即《中庸》"天命之谓性，率性之谓道"，亦非圣人不能为是语，而"十传"赞《易》，其言阴阳消息之道备矣，恶在其不可得闻也。《论语》记"子不语怪、力、乱、神"矣，而《春秋》弑君作乱之事不绝书。《易》言"精气为物，游魂为变，是故知鬼神之情状。"《中庸》"鬼神为德"一章，《祭义》"宰我问鬼神"一章，圣人言之详矣。曷为其不语也？《论语》又记"子罕言利与命与仁"矣，利之言，见于《论语》者如"放于利而行多怨"，"小人喻于利"，"见利思义"，皆勉人不可为利，固不可云言利。若"道之将行也与，命也"，"不知命无以为君子也"，"君子居易以俟命"，《中庸》引《诗》"维天之命，于穆不已"，可谓言之深切著明。至"义"与"仁"则言之尤指不胜屈也。"罕言"之说，然乎？否乎？自《论语》有"不可得闻"及"不语""罕言"之说，于是浅陋之徒皆以借口，于"性命"、"天道"、"鬼神"、"仁义"之说，率不究心，反以宋儒苦口讲说为多事，至宁为训诂、辞章之陋，盗名欺世以自为利，矢口妄说，不顾义理之安，使后生不学之徒惊其博而喜其新，终日言论，烦碎支离，无非务外之事，于圣贤所以立教垂世之苦心，竟毫不解其何谓矣！岂非读书之难，"不得于言"适以大误也哉？

（卷一）

可也简

《集注》："可者，仅可而有所未尽之辞。"余意不然，圣人论人取大体而已。周末繁文太甚，本实俱亡，于时人君大抵纷纷烦碎为政，无复能知体要，夫子心非之而不敢明言，故屡发其意，如"为政以德"、"无为而治"等章是也。"简"者，不烦之谓。《书》曰："简而严"，又曰：

"简而无傲",又曰："临下以简"。帝王之道,莫不由此。是诚驭世之大法,非寻常小善一德之比也。虽不能至无为之盛,要可谓得人君之体矣。子桑伯子盖亦见及此意,故圣人以为"可"。可者,亦谓其可以南面也。"可也"绝句,"简"乃明其所以"可"之之善,固有取尔。仲弓因就简中别其不同,俨有"为政以德"及"恭己"气象,又不徒知大体而已。故夫子更深然之,不得谓许伯子之时有不足之意也。

人有大段可取,圣人即亟予之,所谓"乐道人之善也"。其人果能更进,自为圣人之所深嘉,然不尽以此相责也。如许了桑伯了及称林放与曾点,皆同此意。林放生平无可考,其能问及作礼之本,识见甚高,亦及门所罕见,故深嘉其所问之大。曾点狂者,见识高明;若其行事,则未免放矣。夫子特以其能见大意,故喟然深与之,岂暇遽计其放乎?设使有以点之放进者,夫子亦未必不以为过,若当时则见其狂、未见其放也。故圣人因事论事,有所取则不及所非,往往问一事而彼此答殊,论一人而前后说异,而要其予人之意常多,责人之意常少,此圣人之所以近人情,而为七十子所悦服也。自胡氏作《春秋传》有"责备贤者"之论,于是三代而下,自孔、颜、曾、孟外,无不负瑕含垢者,甚或舍其己(已)著之美,而摘其未然之恶,于是儒者之论几于酷吏,此中人以下所不能服也。何怪其纷纷与吾儒为仇敌乎?殆非所谓"循循善诱"者矣!

外注《家语》记伯子不衣冠而处,夫子讥其欲同人道于牛马。余按:此语见《说苑·修文篇》云:"孔子见子桑伯子,子桑伯子不衣冠而处。弟子曰:'夫子何为见此人乎?'曰:'其质美而无文,吾欲说而文之。'孔子去,子桑伯子门人不悦,曰:'何为见孔子乎?'曰:'其质美而文繁,吾欲去其文。'故曰:文质修者谓之君子,有质而无文谓之易野。子桑伯子易野,欲同人道于牛马,故仲弓曰'太简。'"据此文,讥伯子"欲同人道于牛马",乃刘向之言,非孔子语也。

解书人尚有一病,凡事必谓圣人所见高出贤者,诸为圣人所未及言,而贤者言之,则以为圣人意中本有是言,特引而不发耳。吾谓亦不尽然。盖圣人存心忠厚,语言浑朴,往往有余,而诸贤好学不欲自止,遂必抉摘分明。如"子使漆雕开仕",自是见其可,仕而开意犹有未足,夫子悦之而止。与子贡论贫富,而子贡遂悟及《诗》之无穷。与子夏论绘事,而子夏因悟及礼之为后。此章言伯子之简,可以南面,而仲弓乃补出居敬之本,皆即圣人所言,引而伸之,触类而长之,不必皆出夫子之意中也。惟其多出意外，故有"起予"之叹。若颜子则不然，其心中旁通启悟不止一端，既不胜言，又能深信不疑，无事更问，惟"默而识之"，夫子所以叹其"非助我"也。夫教学相长之义，贤圣所同，圣人有所未及，而贤者及之，此无害为圣人之大，何必委曲回护耶？盖泰山不让土壤，河海不择细流，圣人不弃迩言。观孔子生平无过，总是任过；后人不免有失，独不肯说失，相去不亦远哉！

（卷一）

注疏言性情

《诗》："天生蒸民，有物有则。民之秉彝，好是懿德。"郑笺："天之生众民，其性有物象，谓五行：仁、义、礼、智、信也；其情有所法，谓喜、怒、哀、乐、好、恶也。"《正义》："性为五性，情为六情以充之，五性本于五行，六情本于六气。《洪范》：五行：水、火、金、木、土。《礼运》曰：'人者天地之心，五行之端'，是人性法五行也。昭元年《左传》曰：'六气：阴阳、风雨、晦明也'，昭二十五年《左传》：'民有好恶，喜怒哀乐，生于六气'，是六情法六气也。《孝经援神契》曰：'性者，生之质；命者，人所禀受也。情者，阴之数，精内附著生流通也。'"又曰："性生于阳以理执；情生于阴以系念"，是性阳而情阴。"五行谓仁、义、礼、智、信"者，郑于《礼记》之说，以为木行则仁，金行则义，火行则礼，水行则智，土行则信，是也。"六情有所法者，服虔《左传》之注，以为好生于阳，恶生于阴，喜生于风，怒生于雨，哀生于晦，乐生于明也。唯《礼运》云：何谓人情？喜、怒、哀、惧、爱、恶、欲七者，弗学而能。独言七者？爱即好也，欲即乐，惧盖怒中之别出，己情怒则彼怒而惧，是怒之与惧，外内相依，以为彼此之异，故分之为七，大意同也。"

（卷一）

礼不丧出母

《檀弓》"子上不丧出母"一条，窃意秦汉博士所说，未必孔氏家法也。如所言，礼为不可通矣。五伦之谊系定于天。夫可以罪而绝妻，子不得以罪而绝母。妻之可出者罪三：淫、逆、悍而已；恶疾之说，已不近情。如礼家言，先贤往往以微故出妻，其视妻也与敝屣无以异，有是情乎？妻者，齐也。一与之齐，终身不改。故夫死不嫁，妻之于夫可谓厚矣。而为之夫者，直以敝屣视之，可乎？且昏定之始，礼之如彼，一旦弃之如此，苟非有大不得已之故，君子当不若是之忍也。至于得罪而去，则人伦之变，君子已伤之矣。然其妻绝于夫者，子未尝绝于母也。子于父母如天地然，人不能自绝于天，独能自绝于地乎？以为"不丧出母"者，是世之儒者谓妇人既出，绝于祖庙，子当以继祖为重，且父绝之而子通之，是背父也。余谓不然，妇人绝于祖庙，不祔于姑，不祭于祖，不哭于寝而已；子服之何害于义？若谓父所绝者不当通，此指常人，非所言于母子之天恩也。因父出妻而子不以为母，是犹祖逐其子而孙不以为父也。礼本顺乎人情，而儒者以不顺矫之，至夺其天恩而不顾，有是礼乎？惟昧于此者多，故卫辄拒其父，而有以为是者！

（卷二）

朱子易经本义

朱子《本义》于《上经》条下云："中间颇为诸儒所乱，近世晁氏始正其失，而未能尽合古文。吕氏又更定著为经二卷、传十卷，乃复孔氏之旧文。"盖朱子所订《本义》固已悉依吕氏，复古文之旧观矣，而今俗所传诵本仍从王弼。其始失于永乐中修《大全》，取朱子《集传》割裂卷次，以附程传之后。而程传固用王弼本也。明初士子习《易》遵《大全》，程、朱二传并习。其后厌程传之繁多，弃不读，止习朱子《本义》。于是坊刻即《大全》中刊去程传，而以程之次第为朱之次第矣，实非朱子之旧也。顾亭林《日知录》论右事最悉，而深惜朱子定正之书不见于世，吾乡钱田间先生亦云然，而不知朱子古本固未亡也。当时朱子《本义》既行，宋元儒多用古本，如胡炳文《周易本义通释》，盖悉依朱子之旧，明《永乐大典》存之，外间亦有单行本。国朝成德刊《通志堂经解》又重刊之，现行于世，是即《本义》之原本矣。顾氏、钱氏或未之见耳。又元儒吴澄著《周易纂言》亦用古本。御纂《周易折中》，一复朱子之旧，盖有所本云。

（卷二）

佛教传授宗派

　　佛教之在今日，其宗门分派，又自各有源流。偶阅彼书，得其所以分门别派者，亦自确然可考，宋景濂、胡元瑞诸人皆尝考之最悉。今抄其大略于此。昔释迦牟尼在世说法四十九年，自从鹿野苑中，直至于跋提河演说，苦空无我，无量妙义，随机利钝，分为顿、渐二门。无小无大，尽皆摄入萨婆苦海。弟子得道，百千万亿。然后于拘那城婆罗双树间，以二月十五日入般涅槃。既灭度后，其弟子阿难陀多闻总持，有大智慧，结集其说，为修多罗藏。而诸尊者后先阐化，千百年后，乃分为教、禅二门。

　　教者，其始有优波离集四部律，谓之毗尼。金刚萨埵于毗卢遮那前，亲受《瑜珈》五部，谓之秘密章句。无著天亲频升知足天宫，咨参慈氏（即弥勒），相与造论，发明大乘，谓之《唯识宗旨》。西竺、龙胜，以所得毗罗之法，宏其纲要，谓之《中观论》。敦煌杜法顺深入华严不思议境，大宣元旨，谓之华严法界观。毗尼之法，凡此五等，其后各演其说，遂分为教门五宗。其一，行事防非止恶之宗。魏嘉平初，昙柯罗始持僧祇戒本至洛阳，而昙无德、昙谛等继之，立羯磨法。羯磨者，作法办事也。唐南山澄照律师道宣作疏明之，"四分律"遂大行。其一，瑜珈微妙秘密之宗。金刚萨埵以瑜珈授龙猛，猛授龙智，智授金刚智。唐开元中，智始来中国，大建曼荼罗法事，大智、通氤、大慧、一行及不空、三藏咸师尊之。其一，三乘法相显理之宗。唐贞观三年，三藏玄奘往西域诸国，会戒贤于那兰佗寺，因受《唯识宗旨》以归。授慈恩窥基，基乃网罗旧说，广制疏论以传。其一，四教法性观行之宗。梁、陈之间，比邱惠闻因读《中观论》悟旨，遂遥礼龙胜为师。开空、假、中三观，上观法门。以《法华》宗旨授慧思，思授天台国师智颉，智颉授灌顶，顶授智威，威授惠威，威授元朗，朗授湛然。其一，一念圆融具德之宗。隋末，杜法顺以法界观授智俨，俨授贤首法藏，至清凉大统国师澄观追宗其学，著《华严疏论》数百万言，圭峰宗密继之，而其化广被四方。是为教门五宗。

禅者，其始世尊大法，自迦叶二十八传至菩提达摩，达摩悲学佛者缠蔽于竹帛间，乃宏教外别传之旨，不立文字，而见性成佛。达摩传慧可，可传僧粲，粲传道信，信传宏忍，忍传曹溪大鉴禅师慧能，而其法嗣特盛。能之二弟子怀让、行思，皆深入其阃奥，各以所得为传。其后，遂分为禅门五宗。其一，为临济之宗。怀让传道一，即马祖也。马祖之学，江西宗之，其传为怀海，即百丈也。海传希运，运传临济慧照大师义元，元立三元门策励学徒。其一，为沩仰之。宗海之旁出为沩山大圆禅师灵佑，佑传仰山智通大师慧寂，父唱子和，微妙玄机，不可凑泊。其一，为云门之宗，青原行思传希迁，即石头也。石头之学，湖南主之，其传为道悟。悟传崇信，信传宣鉴，鉴传雪峰、义存。存传云门匡真大师文偃。偃之"气宇如玉"三句之设，如青天震雷，闻者掩耳。其一，法眼之宗。元沙师备偃之同门友也。其传为罗汉桂琛，琛传法眼大师文益。益虽依"华严六相"唱明宗旨，迥然独立，不涉九情。其一，曹洞之宗。石头之旁出，为药山惟俨。俨以宝镜三昧五位显诀三种渗漏传昙晟，晟传洞山悟本大师良价，价传曹山元证大师本寂，而复大振。是为禅门五宗。

右教禅分门如此。考其兴废，则教门五宗，瑜珈久亡，南山亦仅存。其盛行于后世者，惟天台、慈恩、贤首而已。禅门五宗，法眼再传至延寿，流入高句骊。仰山三传至芭蕉微，当石晋开运中遂亡弗继。云门、曹洞仅存如线；唯临济一宗，大用大机，震荡无际，明代极盛，至今亦微矣。

（卷二）

释氏五劫

《庄椿论》云：五劫者，龙汉为木劫，赤明为火劫，延康为土劫，开皇为金劫，上皇为水劫。一起一伏，周而复始。又劫有六种：一、中劫，二、成劫，三、住劫，四、坏劫，五、空劫，六、大劫。中劫者，即辘卢劫，初阎提人寿八万四千岁，身长八丈，凡过百年，命减一年，身减一寸。过千年命减十年，身减一尺。减至十岁，身长一尺，则减劫之极也。自尔复入增劫，凡过百年命增一年，身增一寸，如是增至八万四千岁，身增八丈，则增劫之极也。如是一增一减，共计一千六百八十万年，名一辘卢劫。积三十六辘卢劫，共六亿零四百八十万年，为一成劫。自成劫后，交住劫已经八减、八增、八辘卢，今当第九减劫，有四佛出世。初减，人六万岁，时俱留孙佛出世；次减，人年四万岁，时俱那舍牟尼佛出世；次减，人年二万岁，时迦叶波佛出世；次减人年一百岁，时释迦文佛出世。从住劫至释迦文，已一万四千二百七十九万三千年。又至释迦文减至宋绍兴二千一百年，又减二十一年，身减二尺一寸，今人只可六尺，寿八十也。此去更过七千年，人寿十岁，身长一尺，此减劫之极也。复入第九增劫。至二万岁时，铁轮王出，四万岁时，铜轮王出，六万岁时，银轮王出，八万四千岁时，金轮王出。此增劫之极也。复入第十减劫。减至八万岁时，弥勒下生。是时百亿阎浮，真金为地平如掌，粳稻自生。思衣衣来，思食食具。男女五百岁方婚嫁。弥勒初会，度人九十六亿；第二会，度人九十四亿；第三会，度人九十一亿，尔后度人无数。弥勒减后，尚有九百九十五佛相继出世。十一辘卢劫中，如是千尊出，尽二十辘卢已满，则坏劫到来，渐成空劫。大灾之后，复入"成劫"如前。劫风鼓扬、劫水水厚，沫化作三禅天等，迤逦下至人间，大地依前造化。星宿劫亦有千佛出世。

又云：三世诸佛：过去、现在、未来。过去曰庄严劫，现在曰贤劫，未来曰星宿劫。庄严：第一尊曰华光佛，末后尊曰毗舍浮佛。贤劫：第一尊曰俱留孙佛，末后尊曰娄至佛。星宿劫：第一尊曰日光佛，末后尊曰须弥佛。凡过去、现在、未来，每劫千佛。今释迦文当第九减劫，于贤劫为第四尊；弥勒当第十减劫，于贤劫为第五尊。一大劫去，成、住、坏、空凡四种，为一大劫。成而即住，住而续坏，坏而复空，共成住坏空八十辘卢劫。总一十三万四千四百年为始终极数，所谓一大劫也。

（卷二）

古佛名

六祖云：古佛应世已无数量，今以七佛为始。过去，庄严劫：毗婆尸佛、尸弃佛、毗舍浮佛。今，贤劫：拘留孙佛、拘那舍牟尼佛、迦叶佛、释迦文佛，是为七佛。按毗婆尸佛，此云胜观。释迦于此佛州，初种相好，故为七佛之首。尸弃佛，此云持髻；毗舍浮佛，此云佛一切自在；拘留孙佛，此云所应断；那舍牟尼佛，此云金色仙；迦叶佛，此云饮光也。《宛委余编》云：毗婆尸佛、尸弃佛、毗舍佛，俱姓刹那。拘留孙佛、那舍牟尼、迦叶佛，俱姓迦叶。释迦文佛，姓刹氏，小字顿吉，讹为悉达。《事物绀珠》异国十三佛者，一头楼斯和，二罗邻那谒，三朱蹄彼会蔡，四密蔡罗萨，五楼波黎波蔡口祭，六那惟玉蔡，七维黎波罗，八如阿蔡，九尸和群黎，十那他蔡，十一和那罗维于蔡口祭，十二佛霸国耶蔡，十三随阿闪谁波多蔡。

名经所载三十佛：始金刚不坏佛，终法界藏身阿弥陀佛。五十三佛：始普光佛，终释迦牟尼佛。凡八十三佛，人所常诵。又诸佛始释迦牟尼，终摄取光明宝台，凡七千六百八十三；世尊始妙乐上德，终须弥山王，凡十有二；如来：始宝莲花步，终宝生德，凡六千七十有六；菩萨：始会无量，终大意声王，凡三千二百五十五；尊者始吉祥密，终噜呬尼圣坚宝贵，凡七百四十五；神僧：始摩腾终胆也，凡二百有七。合计，凡万有八千六百七十有七。

佛号泛称者，如诸佛则有一藏虚空佛，十方佛，十光佛，十上光明佛，六十光明佛，六十功德宝佛，六十宝作佛，六十二毗留罗佛，百金光藏香流佛，三百同名大幢佛，五百波头摩王佛，五百欢喜佛，五百威德佛，五百日王佛，五百净声佛，七百同名光严庄佛，百千晃耀光明佛，百千德光幢佛，千光明佛，千上光明佛，千近佛，千香佛，千迦叶佛，千阎浮檀宝空藏佛，千阎浮檀金佛，千光静住王佛，千八百寂灭佛，二千宝幢三千毗庐舍那佛，八千坚精进佛，八千威德佛，八千然灯佛，十千迦叶如意佛，万八千婆罗王佛，三万同名拂邻佛，百亿微尘金刚藏佛，百千亿劫智慧岳声德佛。如来则有：过去七如来，灭罪八如来，恒河沙佛如来，无垢世界等行如来，恒河沙诸佛土忍慧世界香尽如来，恒河沙诸佛土梵音世界梵德如来，六十功德宝如来，百焰光明胎如来，五百上威德如来，五百静声王如来，五百普现如来，百千佛土庄严德如来，千光明如来，千势自在声如来，千八百寂灭如来，三千毗庐舍那如来，八千坚精进如来，九千法庄严如来，万八千普获佛如来，万八千婆罗王如来，三万散花王如来，十八亿佛刹如来。百亿恒河沙诸佛土水晶世界净尊如来，恒河沙宝如来。菩萨则有：十百光明火炽然菩萨，千相菩萨，日光千相如来，东北西南千万亿菩萨。初会、二会、三会无量至千十会恒河沙数菩萨，凡此皆泛称者也。如此之类则荒谬僧人展转附演，支离可笑，初非实有其人也。

吾读二氏之书：见其支离漫漶、怪诞新奇，浩乎莫究其极，荡乎莫名其宗。二氏之病，大约相仿也。异域胡僧翻译经典，文人学士从而润色羽翼之，其与羽衣黄冠，依文计会，妄撰经文，不可究信一也。然释藏之书，卷帙数万，纵极谬妄，而若有可观。道藏之书卷帙数千，如养生之术亦多有验，然而浅陋易见，往往令人失笑者何也？释藏之言来自异域，其有无荒诞不得而诘也。若道家者流，言不出乎一身，其人即在中土，其书则出自后世，年代不远，事有可稽，耳目既近，荒唐易见。如画者鬼物易工，寻常翎毛难肖，以习见与不见异也。又况道藏无文人学士为之润色，凡所附会、盗袭，痕迹宛然，此其书之所以易辨也。若君子之观书则不然，寻其本末，究其源流，极其正变，反覆乎事物人情之理，默参乎天地阴阳生死之机。不习其所见，而疑其所不见；不薄其所常，而震其所不常。泯奴主之心，化彼此之域。夫天地大矣，以径寸之心与之往还，自非有出入宇宙，包括八荒之精神，会通幽明、凌蹈今古之气识，则不漂泊流荡而忘反，即牛角鼠婆，僵触而难通矣。

（卷二）

五经取士

顾亭林谓："秦以焚书而《五经》亡，本朝以取士而《五经》亡。今之为科举之学者，大率帖括熟烂之言，不能通知大义者也。而《易》、《春秋》尤为谬戾。以象传合大象，以大象合爻，以爻合小象，二必臣，五必君。阴卦必云小人，阳卦必云君子，于是此一经者，为拾沈之书，而《易》亡矣。取胡氏传一句两句为旨，而以经事之相类者，合以为题。传为主、经为客，有以彼君证此经之题，有用彼经而隐此经之题，于是此一经者为射覆之书，而《春秋》亡矣。"顾氏此言为前明发也。余谓《五经》为射覆之书，此弊不始明人。观《封氏闻见记》，唐主司取士，率以经文注疏一句、两句或数十字糊其上下，使士子标全文，则射覆之弊，由来旧矣。宋人亦仍其弊，而益以史书、诸子耳。

今数十年来，小题之文盛行，割裂圣经，截上搭下，始犹小试为之，继乃见于闱墨。于是彭芸楣，赵鹿泉辈为学使，试士各题，争新取巧。在其初，原不过以杜士子抄袭熟烂之弊，迨其后，遂专以示学使裁截组织之工。上则侮圣言，下则坏士习。俾一时人士，不讲求圣贤所以立言之微意，而用心于纤巧诡僻之途，遗害斯文，岂细故哉！

（卷三）

刘孟涂

　　友人刘（开）孟涂，壬申之岁游岭南。上书制府言事曰："粤东有金玉象犀之富，有玳瑁珠玑之产，其珍异甲于天下也。而谷食常苦不足。沿海所重惟海防也，而乘波狎浪，操奇出胜，其水师不如闽地之精。拓林、南头之间，大鹏、静海之际，备至密也，而遏海之要区，近地无崇山峻岭以为屏障，其形势不及浙地之险。然而贼不得肆其毒者何也？天子威灵震薄海外，大臣效力，而蔡逆既歼，其众不相统一，各自携贰，是以我军得乘其瑕，而彼亦不能不就抚也。然古之成大功者，不惟能弭目前之忧，而并有以消未然之患。目前之患有形，未然之患无形，思患预防，必有道以善其后矣。

　　夫海滨所恃以御盗者，兵也。而兵之弊在不畏官而畏盗；所恃以为安者民也，而奸民之不法者，或且食贼之饵，甚者与之接济为之乡异（导）。揆厥所由，训练无素，恩信不立，故兵不用命也；吏不能安辑，斯民穷而不克自存，故激而从乱也。夫以滨海之广，贫民之众，不勤本业，全依海以为命，此祸之所由生，而盗之所以不能除。其良民畏法而不敢为奸者，贼至则被其害矣！而为贼肆虐者，久亦不能幸生。故开以为粤东近洋之民，生于海而亦死于海，此仁人之所叹息者也。如欲救之，莫若使民遂其生；欲遂其生，莫如崇俭而务本。夫粤俗喜奢而恶朴，器用之制，服玩之饰，宴饮之费，天下莫之过也。上下相化，比户同之，民贫而亦饰为富，故财力日绌。州郡近海者十之七，务商者众，务农者寡，家无谷粟之蓄，而仰给于外。苟获一日之利，而游惰不勤四体，一旦禁洋，势不至于为盗，无以自全矣。今遽夺其所习，而改其所从，虽圣人不能。但为上者体'国奢示俭'之意，各以朴素相尚，则物不腾涌，而民力以宽。讲求农务，使民重力田而轻逐末，以耕为业，以粟为贵，行之既久，亦渐可以足食。夫粤之食非徒急于民也，广州有镇，虎门有镇，碣石有镇，南澳有镇，而且雷琼有镇，高廉有镇，所以为军粮计者亦孔繁矣。而海又耗之，倍所入以籴粟，商民唯利是趋，粟安得不出外洋而耗于海也。是又夺军民之食，而资盗以粮也，如此安得不困。然而有可幸者，历岁无饥馑之患，四邻无闭粜之虞，故得以坐食无恐，然及时而不为之所，后将何以待之？"

又曰："昔之时盗与民别，今之时盗与民混；昔之盗藏于外洋，今之盗苟潜内地。往来省会，莫之能稽，中外无禁，任其遂意。以为民耶？彼其狼子野心，恐久不克安于良善；以为贼耶？彼且群就安抚以祈幸免，则又以貌为民也。凡此者，急之则生其变，而害且速；缓之则酿其祸，而害日深。明公宏猷绝识，必有以处此矣。"

右所言切中时弊，而崇俭、务农，尤为得本之论云。时蒋公攸铦为制军，见书大为叹赏，厚礼之。

（卷三）

关尹子近释氏

《关尹子》曰："梦中、鉴中、水中，皆有天地存焉。欲去梦天地者，寝不寐；欲去鉴天地者，形不照；欲去水天地者，盎不汲。彼之有无，在此不在彼，是以圣人不去天地、去识。"此即释氏无意识之旨也。

又曰："流者舟也，所以流之者是水非舟；运者车也，所以运之者，是牛非车；思者心也，所以思之者，是意非心。不知所以然而然，故其来无从，其往无在。其来无从，其往无在，故能与天地本原，不古不今。"此即释氏真性不生不灭之旨也。

又曰："是非好丑，成败盈虚，造物者运矣。皆因私识执之而有，于是以无遣之，猷存；以非有非无遣之，猷存。""譬如昔游再到，记忆宛然，此不可忘，不可遣。善去识者，变识为智。变识为智之说，汝知之乎？曰想，如思鬼心栗，思盗心怖。曰识，如认麦为稷，认玉为石，皆浮游罔象，无所底止。譬睹奇物，生奇物想，生奇物识。此想此识，根不在我。譬如今日，今日而已。至于来日，想识殊未可卜。及至来日，纷纷想识，皆缘有生，曰想曰识，譬犀望月，月影入角，特因识生，始有月形。而彼真月，初不在角。"此即释氏"无住生心"之谓也。

又曰："目自观，目无色；耳自听，耳无声；舌自尝，舌无味；心自揆，心无物。众人执于外，贤人执于内，圣人皆伪之。"此即释氏"五蕴真空"之旨也。

又曰："譬如大海，能变化亿万蛟鱼，水一而已。我之与物，翕然蔚然，在大化中，性一而已。知夫性一者，无人无我，无死无生"，此即释氏"无人、我、众生、寿者"之谓也。

又曰："昔之论道者，或曰凝寂，或曰邃深，或曰澄彻，或曰空同，或曰晦冥，慎勿遇此，而生怖退，天下至理，竟非言意。苟知非言非意，在彼微言妙意之上，乃契吾说。"此即释氏"无有言语文字"之谓也。

又曰："天地虽大，能役有形，而不能役无形。阴阳虽妙，能役有气，而不能役无气。"此善言天地阴阳者也。

又曰："人平日，目忽见非常之物者，皆精有所结而使之然。人之病日，目忽见非常之物者，皆心中有所歉而使之然。苟知吾心能于无中示有，则知吾心能于有中示无，但不信之，自然不神。""如捕蛇师，心不怖蛇，彼虽梦蛇，而无怖畏。"此善言心境者也。

又曰："气之为物，有合有散。我之所以行气者，本未尝合，亦未尝散。有合者生，有散者死，彼未尝合未尝散者，无生无死，客有去来，邮亭自若。"此所谓常生心也。

又曰："言道者如言梦。夫言梦者曰：如此金玉，如此器皿，如此众禽兽，言者能言之，不能取而与之，听者能闻之，不能受而得之。"余谓程子尝对王安石言"公之言道，如坐百尺梯，指塔上琉璃告人，如何光彩，如何圆径，言之了了。某之言道，如从平地上塔，一步一级，直至塔顶，方见琉璃，如此光彩，如此圆径，虽不能了了，却实从亲眼见来"，即此意也。

又曰："天下之人，盖不可以亿兆计。人人之梦各异，夜夜之梦各异。有天有地，有人有物，皆思成之。盖不可以尘计，安知今之天地，非有思者乎？"此即列子"梦鹿"之谓也。

又曰："死胎中者，死卵中者，亦人亦物。天地虽大，彼固不知。计天地者皆我区识。譬如手不触刃，刃不伤手。"此言天地与人物无心也。

（卷三）

精气神

道家以精、气、神为三宝，言长生者皆炼此而已。大约养气以固精，保精以存神。精气融化，与神为一，形体虽坏，而真元超脱。后世道书不啻数千，而语多诞妄。余摘其论说之善者于此，大要必以清静为本。

《日用经》曰："一念不起谓之清，灵台无物谓之静。身是气之宅，心是神之舍。意行则神行，神行则气散。"

《关尹子》曰："果之有核，必水、火、土三者具矣，然后相生不穷。三者不具，如大旱、大潦、大块，皆不足以生物。精水，神火，意土，三者本不交，惟人以根合之。"又曰："有时者气，彼非气者，未尝有昼夜；有方者形，彼非形者，未尝有南北。何谓非气？气之所自生者，如摇箑得风，彼未摇时，非风之气；彼已摇时，即名为气。何谓非形？形之所自生者，如钻木得火，彼未钻时，非火之形；彼已钻时，即名为形。"又曰："知夫此身如梦中身，随情所见者，可以飞神作我而游太清。知夫此物如梦中物，随情所见者，可以凝神作物而驾八荒。是道也，能见精神而久生，能忘精神而超生。吸气以养精，如金生水；吸风以养神，如木生火，所以假外以延精神。漱水以养精，精之所以不穷；摩火以养神，神之所以不穷，所以假内以延精神。"

谭景升《化书》曰："道之委也，虚化神，神化气，气化形，形生而万物所以塞也。道之用也，形化气，气化神，神化虚，虚明而万物所以通也。古圣人穷通塞之端，得造化之源，忘形以养气，忘气以养神，忘神以养虚。"又曰："太上者，虚无之神也；天地者，阴阳之神也；人虫者，血肉之神也。其同者神，其异者形。是故形不灵而气灵，气不灵而声灵，觉不灵而梦灵，生不灵而死灵。水至清而结冰不清，神至明而结形不明，冰泮返清，形散返明。"

《玄纲论》曰："太虚之先，寂寥何有，至精感激，而真一生焉。真一运神，而元气自化。"又曰："天地不能自有，有天地者太极；太极不能自运，运太极者真精。真精自然，惟神惟明。"又曰："本无神也，虚极而神自生；本无气也，神运而气自化。气本无质，凝委而成形；形本无情，动用而亏性。"又曰："阴与阳并，而人乃生。魂为阳神，魄为阴灵。结胎运气，育体构形。然势不俱全，则各返其本。阴胜则阳竭而死，阳胜则阴消而仙。柔和、慈善、贞清者阳也。刚狠、嫉妒、淫浊者阴也。必澹而虚则阳和袭，意燥而欲则阴气入。阳胜阴伏，生之渐也。阴胜阳衰，死之徒也。"又曰："上学之士，时有高兴远寄，陶然于自得之乡，谓真仙可接，霄汉可升者，神之王也。虽曰神王，犹恐阳和之气发泄，阴邪之气承袭耳。可入静室，夷心抑制，静默专一，则神不散而阳灵全，谨无恣其康乐之情，以致阴邪之来"。

《大道歌》曰："欲得身中神不出，莫向灵台留一物。物在身中神不清，耗散真精损筋骨。"

《坐忘区翼》曰："炼形为气，名曰真人。炼气成神，名曰神人。炼神合道，名曰至人。"

刘海蟾《至真歌》曰："神是性兮气是命，神不外驰气自定。本来二物更谁亲，失却将何为本柄。"又曰："莫将闭息为真务，数息按图俱未是。比来放下外尘劳，内有萦心两何异？但看婴儿胎处时，岂解有心潜算计。"又曰："元气不住神不安，蠹本无根枝叶干。休论涕唾与精血，达本穷源总一般。此物何曾有定位，随时变化因心意。在体感热即是汗，在眼感悲即为泪。在肾感合即为精，在鼻感风即为涕。纵横流转润一身，到头不出于神水。神水难言识者稀，资生一切由真气。"

白玉蟾《玄关显秘论》曰："心者，神也，神则火也，气则药也。以火炼药而成丹，即是以神驭气而成道。"

施肩吾云："气是添年药，心是使气神。若知行气主，便是得仙人。"

马丹阳《直言》曰："天关地轴者，神气之谓也。只要不染不著，心定则气聚，心动则气散。"又曰："道人要妙不过养气。夫人汨没于利名，往往消耗其气。学道者别无他事，只在至清至静，颐养神气而已。心液下降，肾气上腾，至于脾元，氤氲不散，则丹聚矣。"又曰："清静者，清谓之清其心源，静谓之静其气海。心源清，则外物不能挠，故性定而神明生焉。气海静，则欲念不能干，故精全而实腹矣。是以澄心如澄水，万物自鉴；养气如护婴儿，莫令有损，气透则神灵，神灵则气变，此清静所致也。"又曰："无心为体，忘言为用，柔弱为本，清静为基，若施于身心，节饮食，绝思虑，静坐以调息，安然以养气。心不驰则性定，形不劳则精全，神不扰则丹结。"

长生刘真人曰："人道多年，内养精气。精气盛，则神思气、气思神，自然神气相见。神者性也，气者命也。性喻土，命喻水，性命相见，如水土和为泥造成器物。若未经火炼，土再见水复化为泥；如经真人锻炼成器，则不坏矣。如砖瓦会经火炼，亦可千年不坏，何况性命，炼成至宝。"

长春《语录》曰："修行要三全：戒思虑，神全；戒言语，气全；戒色欲，精全。又要三圆：神圆不思睡，气圆不思食，精圆不思欲。依此三全，自然三圆。"

郝太古曰："日用者静处炼气，闹处炼神。"

道家言心

道家言性命，与吾儒迥别，惟言心境大约相似。但其归，究亦以此心为幻，与释氏同旨耳。《关尹子》曰："一情冥为圣人，一情善为贤人，一情恶为小人。"此即太极动而为阴阳之说也。又曰："利害心愈明，则亲不睦；贤愚心愈明，则友不交；是非心愈明，则事不成；好丑心愈明，则物不契。是以圣人浑之。"此言只是"不动心"耳，即告子"勿求于心"之旨。又曰："无一心，五识并驰，心不可一；无虚心，五行皆具，心不可虚；无静心，万化密移，心不可静。借能一则二偶之，借能虚则实满之，借能静则动摇之。惟圣人能敛万有于一息，无有一物可役吾之明彻，散一息于万有，无一物可间吾之云为。"此语殊精实。又曰："情生于心，心生于性。情波也，心流者，性水也。来干我者，如石火顷，以性受之，则心不生，物浮浮然。"此与告子"性犹湍水"之说又不同。

《玄纲论》曰："人心，久任之则浩荡而忘返，顿栖之则超跃而无垠。任之则蔽乎我性，栖之则劳乎我神。致道者奚方而静？盖性本至凝，物感而动，习动滋久，胡能遽宁？既习动而播迁，可习静而恬晏，故善习者寂而有余，不善习者烦而无功。是以将躁而制之以宁，将邪而闲之以正，将求而抑之以舍，将浊而澄之以清。游哉优哉，不欲不营，行于是，止于是，造次于是，逍遥于是。习此久者，则物冥于外，神鉴于内，不思静而自静矣。"此可为求放心者明指出用功之方矣。

虚静真人《心说》曰："夫心者万法之宗，九窍之主，生死之本，善恶之源，与天地而并生，为神明之主宰。或曰'真君'，以其帅长于一体也；或曰'真常'，以其超古今而不坏也；或曰'真如'，以其寂然而不动也。用之则弥满六虚，废之则莫知其所。其大无外，则宇宙皆其间；其细无内，则入秋毫之末，而可以象求矣。此所谓我之本心，而空劫以前本来之自己也。然则果何物哉？杳兮冥兮，恍兮惚兮，不可以知知，不可以识识，强名曰道，强名曰神，强名曰心而已。"此以心即神、即道，指点极分明。又曰"瞥起是病，不续是药，不怕念起，惟恐觉迟。"

王重阳《论降心》曰："凡降心之道，若湛然不动，昏昏默默，不见万物，杳杳冥冥，不内不外，无丝毫念想，此是定心，不可降也。若随境生心，颠倒寻头觅尾，此名乱心，败坏道德，损失性命，不可纵也。"又曰:"欲界、色界、无色界、此三界也。心忘念虑,即超欲界;心忘诸境,即超色界;心不著空,即超无色界。"此与禅家极相似。又曰:"法道安心,贵无所住,若执心住,空远是有,非谓无所。凡住有所,则令心劳,既不合理,又反成病。但心不著物,又得不动,此是真定正基。若惟断善恶,心无指归,肆意浮游,待自定者,徒自娱耳。若遍行诸事,言心无所染者,于言甚善,于行极非,真学之流,特宜灭此。"又曰:"心如眼也,眼则不安,小事关心,心必动乱,既有动病,难入定门。"此皆为初学下手功夫也。

（卷三）

齐书论佛之谬

史书之作,所以著明得失,昭法戒于将来。或书或否,必有深义,故必学醇识正,乃可为良。至其论断,尤不易易。马、班二史外,范书犹有识断。六朝人学识陋劣,所作史书往往可笑。如《齐书·高逸传论》:"史臣曰:顾欢论《夷夏》,优老而劣释。佛法者,理寂乎万古,迹兆乎中世,渊源浩博,无始无边,宇宙之所不知,数量之所不尽,盛乎哉! 真大士之立言也。探机扣寂,有感必应,以大苞小,无细不容。若乃儒家之教,仁义礼乐,仁爱义宜,礼从乐和而已;今则慈悲为本,常乐为宗,施舍惟机,低举成敬。儒家之教,宪章祖述,引古证今,于学易悟;今树以前因,报以后果,业行交酬,连琐相袭。阴阳之教,占气布景,授民以时,知其利害;今则耳眼洞达,心智他通,身为奎井,岂俟甘石? 法家之教,出自刑理,禁奸止邪,明用赏罚;今则十恶所坠,苦及无间,刀树剑山,焦汤猛火,造受自贻,罔或差贰。墨家之教,遵上俭薄,摩踵灭顶,且犹非吝;今则肤同断瓠,目如井星,授子捐妻,在鹰庇鸽。从横之教,所贵权谋,天目连环,归乎适变;今则一音万解,无待户说,四辩三会,咸得吾师。杂家之教,兼有儒墨;今则五时所宣,于何不尽。农家之教,播植耕耘,善相五事,以艺九谷;今则郁单粳稻,已异阎浮,生天果报,自然饮食。道家之教,执一虚无,得性亡情,凝神勿扰;今则波若无照,万法皆空,岂有道之可名,宁余一之可得。道俗对校,真假将仇,释理奥藏,无往而不有也。"云云,不以孔氏六经,先王礼乐之法,折中二氏之非,乃反夸辞盛说,张大异教，尽贬九流，以崇释氏。至谓儒家之教，仁爱义宜、礼从乐和而已。又谓宪章祖述，引古证今，于学易悟，以儒为浅陋，抑何悖谬至此耶！即其所推论，在释义中，亦皆浅俗猥陋，正与齐之君臣同失，盖并彼教精义，实已相去万里矣。史臣如此，何足讥哉！

（卷三）

四十二章经

《魏书·释老志》汉哀帝元寿元年，博士弟子秦景宪受大月支王使伊存口授《浮屠经》。中土闻之，未之信了也。后孝明帝夜梦金人，预有日光，飞行殿庭，乃访群臣，傅毅始以佛对。帝遣郎中蔡愔、博士弟子秦景宪等使于天竺，写《浮屠遗范》。愔仍与沙门摄摩腾、竺法兰东还洛阳。中国有沙门及跪拜之法，自此始也。愔又得佛经《四十二章》及释迦立像。明帝令画工图佛像。置清凉台及显节陵上，经缄于兰台石室。余按：此中国始得之经也。其经如言："佛告比丘若欲脱诸苦恼，当观知足。知足之法，即是富乐安稳之处。知足之人，卧地上犹为安乐；不知足者虽处天堂亦不称意。不知足者，虽富而贫；知足之人，虽贫而富。不知足者常为五欲所牵，为知足者之所怜悯。"又曰："凡人事、天地、鬼神，不如孝其亲，二亲最神也。"其言如此，虽粗浅而平实，后编集释典者，以其平淡入之小乘，而别取夸大奥渺之词为大乘。以余观之，岂其然乎？且释氏最粗陋者，莫如记诸灵异之应，及舍利宝塔寺，而俗人极诚信尊崇，此昌黎所谓"甚矣，人之好怪也！"与其夸张灵异，则又不若专言心性矣。苟非达摩东来，一扫缠绵支离之陋，象教何自而明乎？

（卷三）

六根六尘六识

《般若经》：六根者谓：眼、耳、鼻、舌、身、意也。六尘者谓：色、声、香、味、触、法也。眼见为色尘，耳闻为声尘，鼻臭为香尘，舌尝为味尘，身染为触尘，意著为法尘，合为十二处也。复次六识者，本自一心，遍由六根门头而成六识：谓从见为眼识，从闻为耳识，从臭为鼻识，从尝为舌识，从染为身识，从分别为意识，如是根、尘、识三事和合为十八界：余按：此言十八界甚浅陋。

（卷三）

贪嗔痴三品

《般若经》：恶不善者谓贪、嗔、痴。贪复有三：上品贪者，闻欲境名，举心踊跃，深心欢喜，不观欲过，非理追求，心心相续，曾无暂舍，唯见妙好，不知过患，此类命终，当堕恶趣。中品贪者，离欲境时，欲心不起。下品贪者，但共笑言，欲情便歇。嗔亦有三：上品嗔者，愤恚若发，心愦目乱，或造无间，或谤正法，或复造余诸重罪业。中品嗔者，以嗔恚故，虽造诸恶，寻即生悔。下品嗔者，心无嫌恨，但口诃毁，即使追悔。痴亦三品，如理应之，虽作是观，而知诸法皆如幻梦，虚妄不实颠倒，故见灭外境界，内心寂静，不见能行，及所行法，无二无别，自性离故。余按：此言三品，世人不可不知。

（卷三）

八解脱

《般若经》：八解脱者谓：有色观诸色，是第一解脱。内无色想，观外诸色，是第二解脱。净胜身作证，是第三解脱。超一切色想，灭有对想，不思惟种种想，入无边空处，定具足住，是第四解脱。超一切空无边处，入无边识处，定具足住，是第五解脱。超一切识无边处，入无少所有处，定①具足住，是第六解脱。超一切无所有处，入非想非非想处，定具足住，是第七解脱。超一切非想非非想处，入灭想受，定具足住，是第八解脱。余按：此言解脱义颇善。

（卷三）

---

① 原文是"入无少所有定处"，据上下文，径改。

六　通

《般若经》：一、神境通。能起种种神变，震动十方，变一为多，变多为一。或隐或显，迅速无碍。山崖墙壁，直空如空；凌虚往来，犹如飞鸟；地中出没，如出没水；身出烟焰，如燎高原；体注众流，如销雪岭。日月神德，威势难当，以手杖摩，光明隐蔽，转身自在。二、天耳通。过人天耳能如实闻十方，各如殑迦沙界，情非情类，种种音声，大小悉闻，无障无碍。三、他心通。能如实知十方沙界他有情类，心心所法，谓遍知他贪、嗔、痴等心，离贪、嗔、痴等心，乃至聚心、散心、小心、大心、寂静、不寂静心，解脱、不解脱心，皆如实知。四、宿住随念通。能如实念十方沙界，一切有情，一心十心，乃多百千心，若一日若二日，至多百千年劫。如是时、处，如是名姓，死此生彼，若广若略，若自若它，诸宿住事，皆能随念。五、天眼通。能如实见十方沙界情非情类种种色象。死时、生时，妙色、粗色，善趣、恶趣，若胜、若劣，复知随业受生差别，或成就身、语、意恶行，诽毁贤圣，邪见因缘，身坏命终，当堕恶趣；或成就身、语、意妙行，赞美贤圣，正见因缘，身坏命终，当堕善趣。六、漏尽通。能如实知十方有情，若自若他，漏尽不尽，此通依金刚喻定，断诸障习，方得园（圆）满，得不退转菩萨地，时于一切漏不现前，故亦名为尽。菩萨得漏尽通，不堕声闻独觉之地，唯趣无上菩提。余按：六通之义如此，然皆震惊于六朝时禅理盛行，六通皆不足言矣。

（卷三）

十八不共法

《般若经》：一、无有误失。二、无卒暴音。三、无忘失念。四、无不定心。五、无种种想。六、无不择舍。七、志欲无退。八、精进无退。九、忆念无退。十、般若无退。十一、解脱无退。十二、智见无退。十三、若智若见于过去世，无著无碍。十四、若智若见，于现在世，无着无碍。十五、若智若见于未来世，无著无碍。十六、一切身业，智为前导，随智而转。十七、一切语业，智为前导，随智而转。

十八、一切意业，智为前导，随智而转。此十八法，唯佛独不与二乘共。余按：此十八法皆粗浅，唯二乘人当行之，佛则不用，故云不与共也。

（卷三）

四大和合身

《圆觉经》：我今此身，四大和合，所谓发、毛、爪、齿、皮、肉、筋、骨、髓、脑、垢、色，皆归于地；唾涕、脓血、津液、涎沫、痰泪、精气、大小便利，皆归于水；暖气归火，动转归风；四大各离。今者妄身当在何处？即知此身，毕竟无体，和合为相，实同幻化。四缘假合，妄有六根。六根四大，中外合成。妄有缘气，于中积聚，似有缘相，假名为心。善男子此虚妄心，若无六尘，则不能有四大，分解无尘，可得于中，缘尘各归散灭，毕竟无有缘心，可见善男子彼之众生，幻身灭，故幻心亦灭；幻心灭，故幻尘亦灭；幻尘灭，故幻灭亦灭；幻灭之故，非幻不灭。譬如磨镜，垢尽明现。余谓此乃释氏本旨，亿万千言不离乎此。

（卷三）

诸天俱有阴阳

《阿含经》：四天王天身长半由旬，衣重半两，寿五百岁。以人间五十岁为一日，身身相近，成阴阳。忉利天身长一由旬，衣重六铢，寿千岁。以人间百岁为一日、相抱成阴阳。阿修罗身衣等与忉利天同。焰摩天身长二由旬，衣重三铢，寿二千岁。以人间二百岁为一日，相近成阴阳。兜率天身长四由旬，衣重二铢，寿四千岁。以人间四百岁为一日，执手成阴阳。化乐天身长八由旬，衣重一铢，寿八千岁。以人间八百岁为一日，熟视成阴阳。他化自在天身长十六由旬，衣重半铢，寿一万六千岁。以人间一千六百岁为一日，暂视成阴阳。魔身天，寿三万二千岁，身衣不载。以下皆有嫁娶之法如人间。唯北郁天无我，我所树枝若垂，男女便合，无有婚嫁。梵、迦、夷三天寿一劫，以上诸天身衣随意、无复男女淫欲，以禅定法喜为食。

（卷三）

识如蜜蜂

《宝积经》：此识从众生身内移于彼处，有取有受而住，或受福或受罪，从于此世，移至彼世，犹如蜜蜂取诸花味而舍其花，更移别花，或舍恶花，移至好花，坐花上已，乐著彼花，取彼香味。然此神识以多善根，或受天身；受天身已，以恶果故，复受地狱、畜生饿鬼，轮回不已。

（卷三）

四依趋

《宝积经》：菩萨修行，般若波罗密多，故于四依趋，善能具足。所谓依趋于义，不依趋文；依趋于智，不依趋识；依趋于《了义经》，不依趋《不了义经》；依趋于法，不依趋数。取趋者，云何名为"依趋于义，不依趋文"？所言"文"者，谓世间法，传习文词。所言"义"者，谓通达出世间法。乃至如来所演八万四千法藏，声教皆名为"文"，诸离一切言音文字，理不可说是名为"义"。云何"依趋于智，不依趋识"？谓善巧，了知诸有言教，数取趋义，是名为识，此不应依趋；诸有言教，如法性义，即是于智，此应依趋。云何"不依趋《不了义经》，依趋《了义经》？"若诸经中，说世俗谛名不了义；说胜义谛名为了义。乃至经中所说，厌背生死，欣乐涅槃，名不了义；若有宣说生死涅槃，二无差别，是名了义。云何"依趋于法，不依趋数？"取者若有依数取之，见诸所缘法，如是之相名数起者，如来依世俗谛为众生说，若有众生于此言教，起于执著，如是等类，不应依趋。何以故？若来欲令于彼正依趋，故说如是法。汝等依趋诸法，实性无宜依趋，彼数者何等是为诸法，实性谓无有变异，无有增益，无作无不作，不住无根本、如是之相，是名法性。

（卷三）

三因三缘

《本事经》：佛告苾刍，当知三因三缘。能感后有云：何谓三？所谓无明未断，故爱未弃，故业未息，故由是由缘能感，复有所以者何？业为良田，识为种子，爱为溉灌，无明、无智、无了，所见之所覆蔽，识便安住。欲有色无有色处，欲最为下色，为其中无色为妙由，欲界业感异熟果，正现在前，故可施设，此欲为有，当于尔对，业为良田，识为种子，爱为溉灌，识便安住，下欲有处，若色界无色界，感异熟果，亦复如是。

（卷三）

五　眼

《五眼度世品经》：佛言：随时开化，入于五道，而净五眼。一、肉眼，处于世间，现四大身，因此开化，度脱众生。二、天眼，诸天在上，及世间未识至道，示以三乘。三、慧眼，其不能解智度无极，皆开化之使入大慧。四、法眼，其在褊局，不能恢泰，悉开化之，解法身一无去、来、今，平等三世。五、佛眼，其迷惑者不识正真，阴盖所覆，譬如睡眼，示以四等、四恩之行，布施持戒，忍辱精进，一心智慧，善权方便，进退随宜，不失一切，令发正真道意。

（卷三）

内旗外旗之别

本朝幅员极广，西北穷边多史鉴所不载。自《会典》、《一统志》、《八旗通志》及平定准噶尔、两金川，皆有官书矣。他如《西域闻见录》、《北征纪行》诸家私传载记不下三十余种，大抵各记所闻，或考诸传志，互有异同，尤征繁衍。今大学士松公筠，两为伊犁将军，前后居西北塞外几十年，身所巡历盖数万里。尝著有《西招纪行诗》、《绥服纪略图诗》，志其疆域地制最为详确。余以考诸书，间有不合者，暇日从容以请，公又为剖其是非。然后知公所言，皆得自足迹所尝到，固与纪诸传闻者异矣。爰以所得于公者略志于左。

今考北边口外，自盛京、吉林、黑龙江不记外，以八旗、蒙古为首，盖有内、外旗之别。内旗者，科尔沁等四十九旗札萨克王公是也。外旗者，喀尔喀七旗札萨克王公是也。内札萨克四十九旗，本元世后裔，共有六盟，游牧均相联络。其极东界连盛京、吉林者，为科尔沁、札赉特等十旗，谓之哲哩木盟。迤西则有喀喇沁、土默特等五旗，谓之卓索图盟。其游牧南与山海关外老边九关台及关心喜峰口接，西与热河围场东崖口接，又围场东北有巴林、奈曼、敖罕、翁牛特、克什克腾等十一旗，谓之招乌达盟。迤西转南，与直隶张家口外察哈尔八旗蒙古界接，有乌竹木亲霍齐特、阿巴噶、阿巴噶那苏宿尼特等十旗，谓之锡林果勒盟。又西南与山西归化城、土默特八旗界连，为四子部落乌喇特茂明安等六旗，谓之乌兰察布盟。又西南与陕甘界连，为鄂尔多斯等七旗，谓之伊克格盟，此即明之河套，西通宁夏者也。近宁夏有阿拉善厄鲁特亲王一人，其游牧遥通青海，此为内八旗之极西边者矣。至喀尔喀者，其全部环包六盟游牧之外，亦元之后裔也。本兄弟七人，分居大漠，谓之七旗。自康熙二十七年，喀尔喀全部内附，乃定制以一札萨克为一旗，凡四部八十札萨克是为八十旗。其游牧在阿拉善北，与科布多边地相近者，为札萨克图汗部，东为三音诺彦部；又东为土谢图汗部，又东为车臣汗部，自此南与锡林果勒盟游牧界接，东与黑龙江将军所辖呼伦贝尔、索伦达呼尔界接。右内外旗，凡六盟四部，均有特授之正副盟长，咸统以典属，其外则俄罗斯矣。

（卷四）

喀尔喀内附始末

喀尔喀四部共八十札萨克。每一札萨克为一旗，每旗下有佐领，多寡不一。多者十数人，少者一二人，亦有人户少不足一佐领者。每佐领下各五百户。其户口及喇嘛人数，由四部盟长五岁一造册，报理藩院。其后生齿日蕃，四部户口至百余万，皆奉黄教喇嘛，所最崇信者哲布尊丹巴胡土克图也。先是准噶尔、厄鲁特最强，与喀尔喀相仇杀不已。康熙二十七年，喀尔喀力微不能敌，众议投俄罗斯避之，请决于哲布尊丹巴胡土克图①。胡土克图曰："俄罗斯弱，不足倚，且素不奉佛，视我辈异言异服，非久安之道，不如内徙。今天朝方盛，且素厚我也。"众以为然。土谢图汗乃请胡土克图率其众来降。仁宗令于张家口外多伦淖尔旁、达兰淖尔游牧安置。于是车臣汗札萨克图汗、三音诺彦陆续来归，皆锡爵赐印封，建札萨克有差。后大兵进征准噶尔，贼酋噶勒丹走死，喀尔喀游牧奠定。康熙三十九年命大臣分送归土。至乾隆二十二年，准部尽灭，喀尔喀乃永无腹心之患矣。胡土克图者，喀尔喀头辈喇嘛之号，哲布尊丹巴者，土谢图汗亲弟，盖当时为胡土克图者耳。

（卷四）

俄罗斯通市始末

《元史》所载西北藩有乌斯藏而不及俄罗斯。国朝喀尔喀内附之后，俄罗斯始通中国。其地环内外八旗之外，东界连黑龙江、索伦达呼尔；西界绕喀尔喀，直接准噶尔，遥通藏地，东西长而南北狭。人不甚众，服食房舍略似西洋。其地严寒，田禾少。惟额济勒河一带，夏颇暖，土堪种艺，而居人甚少。其莫斯克瓦地，气候亦暖，而水多田稀，故其人惟鱼是食。其部长，妇人居多，谓之哈屯汗。蒙古语：哈屯，夫人也。男为部长，则为察罕汗。蒙古语：察汗，白也。其罕所居地名莫斯克瓦，在恰克图西北约数千里。其大臣曰色费窝特，办事头目曰萨那托尔，又有雅固毕咭那，喇尔玛约尔、哩咭斯塔喇托尔等号，皆其官名也，多西洋人为之。

乾隆五十八年，西洋英吉利贡使玛噶尔言：今俄罗斯之哈屯汗，本西洋国女，乃前哈屯汗之外孙女也。其表兄袭汗，娶以为妻，生一子而汗没，子幼，其妻遂为哈屯汗，子今已三十余岁，将来传之，子没即传子妇，其旧俗然也。先是未通中国。黑龙江索伦土语呼俄罗斯为罗义。康熙二十九年有罗义犯界。副都统萨布素奉命进征，夺其雅克萨城。会西洋霍兰国贡使至，其地与俄罗斯近，询悉其故事。乃发檄谕交霍兰使臣回传谕之。俄罗斯谢曰：犯界之事，乃边人所为，去国中远，彼汗不知，业约束不令滋事矣。盖黑龙江外所居之俄罗斯，多彼国遣犯，每与

---

① 原文"哲布尊丹巴、胡土克图"不应断开，径改。

索伦构衅者，皆争打貂皮所致耳。于是俄罗斯见喀尔喀之全部内归也，心颇动。霍兰使臣至，又述天朝威德，益惧。乃请遣人至京学国书，通晓后更代回国，即以清文兼俄罗斯及西洋文字，缮文驰递，庶有事关白无误，许之。

　　雍正五年，上以其地毗连喀尔喀，当定界以免侵越。俄罗斯亦请通市。乃命尚书察毕那、特古忒、图丽琛①三大臣往会俄罗斯，勘定疆界，设卡伦五十九所。极东十二卡伦属黑龙江将军辖，索伦兵戍。西四十七卡伦，以喀尔喀四部属下蒙古。按游牧远近，每卡伦设章京一员，率兵携家戍之。俄罗斯对界亦一体设立。其中隙地，蒙古语曰萨布，语石堆曰鄂博，凡萨布处所皆立鄂博为界。间有丛林，无可堆石，则削大树镌记之。是时库伦尚未有大臣驻防，凡此卡伦，即令总理夷务喀尔喀王公丹津多尔济统之。定市易规条，凡喀尔喀、俄罗斯边人无相盗，不食逋逃，恰克图贸易两无榷税。恰克图者，两界适中之地。雍正七年，设立市集，理藩院司员驻督之，其东二十八卡伦为土谢图汗部所设，西十九卡伦为札萨克图汗三音诺彦两部所设。盖四部卡伦适中通衢，山势雄峻，林木森然，商民建立木城，中城阛阓。其对界则俄罗斯，市圈中立公廨，曰萨那忒。以其哈屯汗妇人，不便文檄，有事由萨那忒申文，径达理藩院，以为定制。

　　乾隆二十二年前喀尔喀丹王之孙桑齐多尔济总理夷务，修治卡伦最完善，乃驻钦差大臣，同治之。二十九年②，两边互失马，俄罗斯闭关，既而悔惧。三十三年乃遣使谢罪乞市。命库伦办事大臣庆桂与喀喇沁贝子湖图灵阿往察之。俄罗斯恭顺，乃开市。四十三年，恰克图夷人犯法当鞫，俄罗斯匿不送，办事大臣索林遽闭关绝市，上闻切责之；别令尚书博清额驰往与土谢图汗彻登多尔济谕俄罗斯出其夷犯，治之。四十五年复开市。未几，有库伦商民近卡伦之乌梁海贸易，遇俄罗斯，劫掠以去。办事大臣勒保及喀尔喀副将军郡王蕴敦、多尔济盟长贝子逊都布多尔济③访知盗名，檄俄罗斯驻额尔口城之固毕纳托尔拉木巴，令捕获之，遣其咭那喇尔送恰克图会鞫，仅罚赔货物，释去不诛。库伦大臣

---

　　① 原文"察毕那特、古忒图、丽琛"，误，径改。
　　② 原文"乃驻钦差大臣。同治之二十九年"，误，径改。
　　③ 原文"办事大臣勒保及喀尔喀副将军，郡王蕴敦，多尔济盟长，贝子逊都布多尔济"不妥，径改。

屡檄拉木巴，以已罚辞。① 上令理藩院檄萨那式，令易其固毕纳托尔，
不从。五十年遂撤恰克图贸易。俄罗斯悔，乃撤拉木巴回，更新固毕纳
托尔驻额尔口，乞捕贼自赎。适卫勒于卡伦巡兵，齐巴克出卡，遇俄罗
斯打牲，哈哩雅特前诘，哈哩雅特恐捕，枪伤齐巴克，死。时未得贼
名，发檄谕捕。固毕纳托尔奉命至，五十四年获之，送恰克图抵罪。乞
市易，将许之矣，有喇嘛萨麻林者，至京师，言俄罗斯有异志，上疑
之，命檄询俄罗斯，萨那式见檄大骇曰："夷素守法，且正求市易，乌
得有此？"既乃知其妄。盖萨麻林本西路塔尔巴哈台之土尔扈特，因迷
路至哈萨克，闻其讹言，复入俄罗斯界，乃至京上言，冀免其私出卡伦
之罪耳。廉得服罪。乃允俄罗斯请，群夷大悦。固毕纳托尔、色勒裴特
由额尔口城以马驾驰至听命。库伦大臣松筠及逊都布多尔济副都统普福
往宣谕毕，色勒裴特以手加额，复以指扣眉曰："大皇帝，天也，敢不
诚服！"既与宴，益感激，曰："向者有事，但于界所设毡庐，会议毕各
返寓，今以大皇帝天恩，故酉亲来市圈，复蒙优礼，愿请大人下临，以
申诚悃。"松公等许之，遂轻骑往。色勒裴特遣头人整队远迎。俄罗斯
俗：见其汗时，皆脱帽去裘。是日春雪大盛、色勒裴特以见汗礼，立候
于门。室内，北悬哈屯汗图像，服饰一如西洋。松公等至，屏像设席，
皆南面坐，色勒裴特陪随从官于下，肴馔皆亲奉，作乐歌舞以侑，尽欢
而罢。

（卷四）

库　伦

　　库伦者，蒙古语城圈也。有喇嘛木栅如城，故名。在喀尔喀，土谢
图汗部游牧最大，南十余里有汗山，绵亘高耸，茂林如画，春秋祭祀，
禁樵采。山北有河曰图拉，源出库伦东北肯特衣山，曲折流二千余里，
北入色楞格河，由恰克图西侧入俄罗斯之拜噶淖尔，复东南流归黑龙江
入东海。库伦钦差大臣辖土谢图汗、车臣汗两部，总理恰克图贸易，每
岁秋，轮调两部兵数百于近地围猎习劳。凡四十七卡伦。恰克图东卡伦
二十八，属土谢图汗、车臣两部，各十四。每部有专理卡伦札萨克一

---

① 原文"库伦大臣屡檄拉木巴；以已罚辞，"不妥，径改。

人，又有总理两部卡伦札萨克一人。恰克图西卡伦十九：属三音诺彦部者十二；属札萨克图汗者七；其专理总理之札萨克一，如东两部。库伦钦差大臣统理四部卡伦之事，凡镇两爱码克，蒙古语部落也，抚一哲克布尊丹巴、胡土克图，盖黄教喇嘛也。其札萨克图、三音诺彦两部隶乌里雅苏台将军统辖。乌里雅苏台去库伦西千数百里。库伦在京都正北偏西，出张家口西北，走军台三十站，转东北走十四站至库伦。距京四千余里，更北行十一站，至恰克图八百余里。

（卷四）

卡伦形势

恰克图以东，车臣汗部十四卡伦，地多平甸。卡伦内驻库什固尔兵二百人，库什固尔者，蒙古语保障也。其西多山林，仅恰克图为通衢。自恰克图至库伦，绵亘八百余里，扼要有色楞格大河，东岸联冈直南至衮图达坝罕①，其间峡沟丛树，皆天然险隘。各札萨克属下额兵俱善围猎，枪箭乃其所长。俄罗斯马少，无习射者，固不敢入，即入不足当沿途一围耳。

先是准噶尔恃强入俄罗斯境，不见一人，遂至额尔口城，深入六百余里，无一人，准噶尔以其狡猾惯示以弱，恐诱之深入，乃退。俄罗斯呼准噶尔为喀勒玛克。及见喀勒玛之强，为大兵灭绝且尽，大惧，边境遂谧。其国与中界连者凡四游牧：一布哩雅特、在恰克图边外迤西，人、俗同喀尔喀，间有仿俄罗斯盖房以居者。一哈哩雅特，在布哩雅特西，与边内之唐弩乌梁海同。一哈木尼罕，在恰克图边外迤东，与边内哲克布尊丹巴胡土克图属下打牲之哈木尼罕同，亦有盖房居者。一奈玛尔，接连哈木尼罕，与边内巴尔呼同。以上四种皆喀尔喀未附时久属俄罗斯者，多奉黄教，亦有与卡伦蒙古相善者，虽久隶俄罗斯，为之防守卡伦，而淳朴类蒙古，故每卡皆有俄罗斯数人羁绊戍守，盖恐其内附耳。松公云：此四游牧但宜羁縻，不可招致，一以定制，彼此不食逋逃；二则其人众心不一，故乾隆三十年有布哩雅特十数户欲求内附，俄罗斯逋绊不果，诏亦不许。四十八年复有俄罗斯四十余户由科布多投

---

① 原文"东岸联冈直、南至衮图达坝罕"断开不妥，径改。

诚，诏按户赐予口粮，抚谕令其回国，俄罗斯益倾诚无异志矣。

自库伦以西，与俄罗斯界通者，则有乌里雅苏台所属之津济里克卡伦、塔尔巴哈台参赞所属之辉迈拉呼卡伦。津济里克东接库伦辉迈拉呼，西接科布多。盖俄罗斯部落东西极长，自东而西，绵亘黑龙江、库伦、乌里雅苏台、科布多四属，卡伦八十有二，科布多属极西卡伦，名曰和尼迈拉呼。由此渡过额尔齐斯大河，即至辉迈拉呼。其津济里克外，尚有木克木齐克及阿勒坦淖尔、乌梁海，蒙古游牧塔尔巴哈台外，尚有哈萨克游牧相隔，由此以北乃至俄罗斯。乌梁海久服，岁纳貂皮，由乌里雅苏台将军送京，其近俄罗斯者亦与彼交纳。

哈萨克，相传古大宛地，盖非也。圣祖御制《西师》诗曾考正其误。哈萨克有左、右、西三部。乾隆二十二年来归，锡封汗王，常遣子弟入觐、贡马。其部北与俄罗斯邻，西南与布鲁特接。布鲁特者，在伊犁卡伦之外①，直至回疆喀什噶尔一带，皆其种类。东西二十厄鲁克，皆游牧打牧为食，各族头人曰伯克，由众推立。其地产马与哈萨克同，亦贡马入觐。

乌里雅苏台城，在三音诺彦部。驻札定边左副将军总统喀尔喀四部兵力，兼理札萨克图、②三音诺彦两部事务，有参赞大臣二人，一用彼处藩爵，一由京简放，四部蒙古藩爵内各特授副将军一人，四时同札萨克台吉往乌里雅苏台轮流驻班，听将军调遣。其中有专管牧厂者，或不善理，则有倒毙赔补，不免累四部属下蒙古矣。

科布多城，在札萨克图汗部西北，近阿勒台山。城东北有明噶特蒙古游牧。西北有数百户，旧厄鲁特游牧，城南有阿勒台、乌梁海等游牧。阿勒台游牧内，尚有乾隆三十六年安插土尔扈特蒙古，尽属科布多管辖。科布多地暖，稍有屯田，谷麦足供一城之食。自津济里克至和尼迈拉呼一带二十三卡伦，由四部札萨克选台吉、章京③兵丁分驻，一年更代，官给钱粮。所有总管卡伦侍卫由京派往，三年更代。

科布多城北卡伦以内，乃都尔伯特游牧，属将军、参赞④辖。此等蒙古本厄鲁特四卫蒙古之一。乾隆十九年全部来归，封汗、王、公⑤、

①　点校本原为顿号，不妥，径改。
②　原文"兼理札萨克图，三音诺彦两部事务"逗号不妥，径改。
③　原文"台吉章京"未断开，径改。
④　原文"将军参赞"未断开，径改。
⑤　原文"汗王公"未断开，径改。

札萨克台吉有差，由科布多卡伦西通塔尔巴哈台，西南径红庙可抵乌鲁木齐，塔尔巴哈台卡伦皆轮遣满洲及厄鲁特兵戍守，伊犁所属卡伦戍兵亦然。

（卷四）

新疆两路形势

本朝既平准噶尔、厄鲁特，辟地数千里，谓之新疆。凡分西南两路，哈密、叶尔羌、吐鲁番等，为南路；伊犁、乌鲁木齐、巴里坤等为西路，中有昆都仑、穆苏尔、达巴罕等，冰山雪岭间隔。蒙古语"横"曰"昆都仑"，此山横亘伊犁、回疆之间，即古所谓昆仑也。蒙古语"冰"曰"穆苏岭"。曰达巴罕即所谓"天山"，葱岭是矣。山岭平陆，多产野葱，故谓葱岭也。新疆南路，西南极边与布鲁特界连之喀什噶尔回城，驻参赞大臣一人，协办大臣一人，总理南路，大小回城事，仍属伊犁将军统辖。喀什噶尔以内有英吉沙尔回城，驻办事大臣一人。喀什噶尔东南十数站，即叶尔羌回城，驻正、副办事大臣二人。北四五站和阗回城，亦驻正、副办事大臣二人。近和阗尚有伊立齐、哈喇哈什、玉珑哈什、齐拉塔克、克哩雅等五小城，皆有伯克分管回众。叶尔羌东北十数站乌什回城，东有阿克苏，又东库车，又东喀喇沙尔，又东吐鲁番，每城各驻办事大臣一人。又东哈密回城，驻办事大臣二人。喀喇沙尔有土尔扈特游牧吐鲁番城，外又有辟展回城。以上各部回众有近城住牧者，有去城稍远者，皆有大小伯克统之。由阿奇木伯克纳税输粮。其哈密郡王，及各城伯克，皆轮班入觐。统计道里，自哈密至喀什噶尔，共七十余站，由嘉峪关出口，至哈密十八站，此新疆南路大略也。

伊犁横隔天山雪岭之西北，故谓之西路。自伊犁赴南路，必经穆苏尔、达坝罕冰山，乃至阿克苏，路通台站。或东绕吐鲁番，亦通驿传。此外虽有近路，非地处岩险，即多戈壁，无水草。惟伊犁西南经布鲁特游牧，至喀什噶尔三千里中，有特穆而图淖尔、巴尔浑山帖哩业克、达巴罕，入卡伦，道虽险，颇多水草。每一二年伊犁领队大臣率兵阅边，俱经此地。此新疆西南两路相通之略也。其西路以伊犁、乌鲁木齐为重镇。伊犁本雅噶尔、厄鲁特游牧，大兵平定后，辟垦屯耕，遂成沃壤。伊犁将军统辖两路驻此。兵凡五队，满洲、索伦、锡溥、察哈尔、厄鲁特，各有领队大臣一人外，文武各官，屯田镇将弁兵，回子及废员、商民、遣犯，塔尔巴哈台官兵夫役，皆仰食于此。岁有赢余，猎场水草佳而飞走蕃。每岁秋较猎习劳，获禽分赏，斯为乐土矣。塔尔巴哈台为东北极边，距伊犁千五百里。有城驻参赞大臣一，领队大臣二，由伊犁遣兵轮戍，并有绿营屯田。伊犁之东，有库尔喀喇乌苏城，驻领队大臣一，又东则乌鲁木齐驻都统一，领队大臣一，提督一，分领满、汉官兵，所属道、府、州各一，县五。乌鲁木齐东有古城、巴里坤二城，各驻领队大臣一，巴里坤并驻总兵一。又东即至哈密。统计道里，伊犁至哈密亦七十余站。乌鲁木齐地土辟垦，丰收如伊犁，均有内地人民开荒升科如土著。布帛由官颁给，马、牛、羊只由哈萨克市易。此新疆西路之大略也。

伊犁西路所有屯田，回民无多；南路最众，耕织无异内地，纳赋无缺。卡伦外则布鲁特、安集延、拔达克、爱乌罕、沙莽苏尔各部，回众亦皆觐贡。拔达克山汗素尔坦沙以献逆回霍集占首级，全部归款。而爱乌罕伯克至以高七尺之马入贡，尤为恭谨云。

霍集占者，一名和卓木。先是准噶尔强，侵扰回部，回酋和卓木为准噶尔迫胁拘系，以回民分隶部下苦役之。大兵西征，和卓木纳款，因纵还，旋以叛受诛。西域乃定。[①]

（卷四）

廓尔喀

廓尔喀者，其国都地名阳布，在前藏西三千余里。自前藏西南行经曲水，过巴则、江孜西行十日，至后藏班禅额尔德尼所居札什伦布。由此西经刚坚寺、彭错岭、拉孜、甲错山、罗罗塘，协准噶尔过定日通拉拉大山，十一日至聂拉木，为藏地西路极远隘口。外通廓尔喀，五日可抵阳布。由聂拉木旋行一站，西北经伯孜草地，巩塘拉大山，琼噶尔寺，复西南出宗喀，走衮达卓党，七日至济咙，亦藏地极边隘口。外通廓尔喀，十日可抵阳布。阳布本巴勒布地，先是巴勒布三汗：一曰库库木，一曰叶楞，一曰布彦廓尔喀，本系巴勒布所属。小头目即如唐古忒

---

① 此条原文句读多有商榷处，酌径改。

世家之类，其巢穴向在阳布西南，相距七日路。后因巴勒布三汗不睦，部弱，廓尔喀乘间进据阳布二十余年，复侵据哲孟雄、作木朗、洛敏汤三部。哲孟雄者，藏地西大路之左，江孜南，帕克哩边外。东接布鲁克巴，西接廓尔喀，其部土地人民被侵已大半。作木朗、洛敏汤，本在藏西极边，济咙之右，与哲孟雄左右相距千余里。洛敏汤又作木朗之小部落，人户仅千余。在济咙卓党雪山西北，洛敏汤少东即作木朗。作木朗既为廓尔喀侵据，仅存头目苏班色父子，属下人数无多，故洛敏汤遂属廓尔喀，与之纳赋矣。

由洛敏汤东南行半月余，乃至阳布，山路崎岖，洛敏汤虽邻济咙而为雪山阻隔无路，其部近通宗喀，故常来藏，奉黄教剌麻。廓尔克（喀）既恃强侵据三部，人心不服，每岁收粮俱令头目以兵往索。其王性凶残，遇染毒疾，密令兵役夜出，盗斩人首，供献护法，以为祈禳之术，部民皆畏而恶之。又常与甲噶尔属之那布巴争兵不戢。廓尔喀兵不过数千，而甲噶尔、第里巴又诸部兵数皆倍。乾隆五十六年，廓尔喀与唐古忒构衅，扰至后藏札什伦布，上遣兵讨之，深入其境，屡战皆捷，直至堆补木地，将近阳布。廓尔喀惧，乞降，乃释之。五十八年春，廓尔喀贡使噶箕第乌达特塔巴至京，请以后倘有外藩侵陵伊部者，乞天兵拯救，不许。廓尔喀既与唐古忒释兵，后颇有与结亲者。其部人皆奉黄教，部长旺杰多尔济之次子，即为剌麻，住萨迦庙学经。国家因其俗，即以达赖、班禅羁縻之。[①]

（卷四）

西　藏

今西宁所属青海、蒙古王公，古所谓吐蕃是也。鱼海者，今之洮水，俗称泸江，即打箭炉之内河也。青海游牧有和硕蒙古固什汗之后裔，凡二十一旗札萨克，又有厄鲁特绰罗斯，旧土尔扈特及茶罕诺们汗喇嘛共九旗札萨克，是为三十旗。固什汗者，即国朝崇德七年同达赖喇嘛、班禅额尔德尼，遣使来进丹书者是也。由青海至前藏，经两月程，固什汗因后藏之藏巴第巴[②]不敬班禅，率兵来藏灭之，遂奄有藏地。后

---

① 此条原文句读多有商榷处，酌径改。
② 一般称"藏巴汗"或"第巴藏巴"。

自回青海，属其子达彦在藏为汗，传孙达赖汗，曾孙拉藏汗。准噶尔策旺阿喇布坦与有衅，遣斋桑策凌敦多布伐之，杀拉藏汗。是时前六辈达赖喇嘛已死，呼毕勒罕出于裡塘，甫二岁，青海、蒙古迎之，居西宁塔尔寺。康熙五十九年，钦命抚远大将军王及平逆将军延信进征，西藏既定，以呼毕勒罕坐床于布达拉，于是蒙古番子大悦。唐古忒康济鼐者，号德亲巴图鲁，即拉藏汗之婿，奉敕封为贝勒，与噶布伦阿尔布巴同理藏务。雍正五年，阿尔布巴谋杀之，唐古忒台吉颇罗鼐自后藏以兵擒阿尔布巴，俟大兵至，诛之。因封颇罗鼐为郡王，卒，子朱尔墨特那木札勒袭封。乾隆十五年叛，伏诛，遂除西藏王爵。凡卫藏事，一由驻藏大臣与达赖、班禅裁决之。

西藏初平，各族番众尚属青海、蒙古统辖。雍正元年，固什罕后裔察罕丹津与厄鲁特罗布藏丹津不睦。罗布藏丹津诱青海属众，掠其游牧，大兵平定，乃令各族番众不属蒙古。九年分其番众四十族属西宁大臣，三十九族属西藏大臣。又量设千户、百户，百长皆分给号纸，约束其众。前藏至打箭炉东路，由拉里、边坝、硕板多以北，即三十九族番众也。硕板多之东，地名落隆宗，为类乌齐喇嘛住牧之所。又东地名康，即喀木，又名察木多，乃帕克巴拉呼图克图住锡之地，有大庙番众，皆呼图克图所属，势与达赖、班禅等，盖三藏之一也。更东为乍雅番众，亦呼图克图所属。又东为江卡番众，则达赖喇嘛所属也。江卡西北有观角番众，西南有三安坝番众，皆隶前藏。由江卡南通云南，东接巴、裡二塘，各有正副土司。又东则打箭炉，有明正司，即前代之西鱼，通宁远军是也。北接木坪土司，西北通德尔格及郭罗克番子，皆隶四川郭罗克，亦领有号纸约束其众。其游牧界连青海王那罕达尔济，其人仅千余户，地产少，遇牲畜灾，即出抄掠，青海、蒙古颇患之。又有归德番众，亦西宁所属，甚强悍。

察木多南通云南，东北连德尔济部落，自正土司外，有大小头目百数人，户万余，亦强悍。其部有红教剌嘛，曰色多呼图克图者，众所服也。而最敬者则为札什伦布以西之萨迦呼图克图。相传明永乐时，有宗喀巴者为黄教之祖，生自西宁，而学经于萨迦庙。庙内旧贮经卷最多，其经一如黄教。所有僧众亦如黄教，无家室，惟萨迦呼图克图有之，朔望一相见，为生子袭衣钵计，盖即元之帕斯巴剌嘛也。其徒云：所有经典，皆始自甲噶尔，即大西天。大西天有巴特玛萨木巴瓦者，是为红教之祖，唐时来藏传教，其经与黄教无异。或云惟咒不同，兼尚法术。盖敬萨迦者，非独德尔格，即打箭炉、裡塘、巴塘、类乌齐诸部，虽崇奉达赖、班禅，而心信萨迦者多。至青海，蒙古亦敬之，如敬达赖也。乾隆五十四年，驻藏大臣舒公濂，尝奏言：萨迦本同黄教。松公云："余尝密访红教之实，初无法术，仅供奉巴特玛萨木巴瓦处，诵护法经咒而已。盖法术本属妄诞，圣人神道设教，不过因俗羁縻之耳。"①

（卷四）

三　清

道家称元始天尊居玉清清微天，灵宝道君居上清禹余天，太上老君居太清大赤天，即化身老子者也。陶虚白《真灵位业图》则谓：玉清三元宫，上第一中位，上合虚皇道君，应号元始天尊；第二中位，上清高圣太上玉晨玄皇大道君，为万道之主；第三中位，太极金阙帝君，姓李，壬辰下教太平主；第四中位，太清太上老君，为太清道主，下临万民。不知所谓老子者，金阙帝君乎，太上老君乎？又三清三位，此则有四，而皆在玉清也。《雷霆玉经》云：浮黎元始天尊，玉清圣母元君，生长子为玉清元始天尊，第九子为高上神霄玉清真王长生大帝，不知此所谓长生大帝者，即金阙帝君否？其长子、九子之说，则又与释氏千佛兄弟同旨。《谱录》又云：第一度师上玄真明道君，即元始上皇丈人；第二度师无上玄老，即高上九天太上真王；第三度师金明七真，一在上清金相宫，一在上清金兰宫，一在上清丹台上宫，此皆上清三尊也。元始乃又有丈人之号，其所云第二、第三者，不知孰为灵宝太上也。《大有金书》又称：天宝君为大洞尊神，号玉清宫；灵宝君为洞玄尊神，号上清宫；神宝君为洞神，号太清宫，则又三清之别号矣。

《真灵位业图》：玉清上元宫上左位，五灵七明混生，高上道君，东明西华北玄南朱高上虚皇道君，玉清上元宫四道君，玉清中元宫紫清六道君，玉清下元宫高清四元君，玉清中散位一士君，右位紫虚高上元皇道君，洞虚三元太明玉道君，太素高虚上极紫黄道君，虚明紫兰中元高上停皇道君，三元上玄虚皇元晨君，三元四极上玄虚皇元灵君，三元晨中黄景虚皇元台君，三元紫映辉神虚生主真元胆君，玉玄太皇君，上皇

---

① 此条原文句读多有商榷处，酌径改。

道君，玉皇道君，清玄道君，玉天太乙君，太上虚皇道君，太上玉真保皇道君，玄皇高真太乙君，玉天太乙君，高上玉帝，右玉清镜，元始为主巳下道君，皆得策命，学道号令，群真太微，天帝太受事，并不与下界相关。自九宫以上，太清以下，高真仙官，皆得朝宴焉。按此类名号，皆太史公所云：言不雅驯，搢绅先生，难言之也。

（卷四）

惜抱轩诗文

惜抱轩诗文，皆得古人精意。文品峻洁似柳子厚，笔势奇纵似太史公。若其神骨幽秀、气韵高绝处，如入千岩万壑中，泉石松风，令人泠然忘返，则又先生所自得也。或谓文学六一，余意不尔。集中文以记、序、墓志为最，铭辞不作险奥语，而苍古奇肆，音节神妙，殆无一字凑泊。昔范蔚宗自称其《后汉书》论赞，以为奇作，吾于先生碑铭亦云。

文章最忌好发议论，亦自宋人为甚。汉、唐人不然，平平说来，断制处只一笔两笔，是非得失之理自了，而感慨咏叹，旨味无穷。此盖文章深老之境，非精于议论者不能，东坡所谓绚烂之极也。先生文不轻发议论，意思自然深远，实有此意，读者言外求之。

诗以五古为最，高处直是盛唐诸公三昧，非肤袭貌取者可比。七古用唐调者，时有王、李之响；学宋人处时入妙境，尤不易得。七律工力甚深，兼盛唐、苏公之胜。七绝神俊高远，直是天人说法，无一凡近语矣。

五古中如《送演纶归里》、《邠州黄山》二首，俊逸神到，居然太白。《景州开福寺塔》一首岂逊盛唐诸公《慈恩寺塔》耶？他如《山寺题沈学子步屧寻幽图》、《赵北口舟中作》、《吴戍桥》、《南旺湖》、《岳麓寺遇刘朴夫》等作，神似崔、王。《田家》一首，虽学渊明，却近储太祝。《由桥头驿至长沙》一首，则步骤大谢；《九日渡湘水》一首，则小谢也。

七古中，《泖湖渔舍图》、《送朱子颖之淮南》、《送余伯扶重游武昌》等作，是东川、龙标逸篇。《酬胡君》、《唐伯虎匡庐瀑布图》、《赠沈方谷》、《唐伯虎赤壁图》等作，横逸之气，直逼太白。《万寿寺松树歌》、《沈石田画桧歌》、《赠钱鲁思》等作，则沉壮苍老，入少陵之室。若

《元人〈散牧晚归图〉》、《延祐元年江西乡试卷》、《魏三藏菩提流支译〈金刚经〉拓本》、《新城道中书所见》、《唐人〈关山行旅图〉》等作，则东坡得意之篇，真杰作也。

七律中全篇如古意效西昆体《出塞》、《南朝》、《金陵晓发》、《河上杂诗》、《彰德怀古》、《吊王彦章》、《怀刘海峰》、《怀王禹卿》、《临江寺塔》等作，皆沉雄高浑，调响气劲，唐音之尤者。若《清苑》、《望郎山漫兴》、《泥汊阻风》、《谢简斋惠黄精》诸作，则又苏、黄妙谛也。佳句尤多，摘录于左。七言如："伊阳风雨从中出，洛下山川向北多。""行穷南汊山初见，吟到澄江叶尽飞。""斜阳万里背人去，落叶千声与客悲。""寒吹满空云出塞，暮天无色日平关。""寒朝不隔中原望，白日遥悬大海流。""沧海雾摇孤月上，青天影合二流来。""中原日落关城白，西楚河来天地黄。""春草不知韩信垒，秋风曾到项王台。""千秋遗迹寻黄石，一片寒阳下白楼。""屠市故人从偶语，屏风侍史不知名。""紫陌莺花故人犊，黄河风雨郡城楼。""归人夜夜听山雨，落雁声声下郡楼。""尽室相看浮汊去，数山如画入船来。""贾舶霾云吹暗浪，佛图悬日照空矶。""藏史著书归苦县，祠官侍礼在甘泉。""安定有城名第一，陇西出将每无双。""十月清霜天地肃，一江空水古今寒。""南国市朝非曩日，西风阑槛又经年。"五言如："水淡松兹郭，月生天柱峰。""河水流中国，寒阳下塞门。""连峰勃海外，流亩穆陵西。""筒水浇青圃，檐风陨白花。""单车度淇水，秋雨绿王刍。""闭门生径草，空砌堕邻花。""风丝垂缫女，雨蔓长牵牛。""连朝江路冷，数点岸花春。""帆势遥投戍，涛声故近人。"右凡数十联，皆精深华妙。七言绝句如：《送人往郫出湖口》、《淮上有怀》、《留别扬州诸君》、《湘阴江上》、《送吴殿麟》诸首，在唐人中犹为高作。若《黄河曲》二首，则"黄河远上"之亚。秦汉宫辞，即似龙标；《竹枝》等篇，何殊梦得？若在明贤中，使王、李见之，能不击节耶！

（卷五）

桐城禁书记考

禁书目中，吾乡著作凡十有余种，今记于左：

《亦园全集》先七世祖职方著（公名孙荩①，明崇祯庚辰进士，兵部职方司主事）

《楚岳游草》孙晋著（字名都，号鲁山。天启乙丑进士，兵部右侍郎，总督宣大诸军事）

《左忠毅公全集》左光斗著（万历丁未进士。《明史》有传。）

《环中堂诗集文集》方孔照著（字潜夫，万历丙辰进士，兵部职方司郎中，以忤魏忠贤削籍。崇祯初，起尚宝卿，迁副都御史，巡抚湖广，忤杨嗣昌，坐兵败系狱。嗣昌死，屯抚河北。门人私谥贞述先生。）

《全边纪略》前人撰。

《读书堂稿》叶灿著（字以冲，万历癸丑进士，国子监司业。天启末，削籍。崇祯初，起教习庶吉士，迁南京礼部尚书，追谥文庄。）

《太白剑》姚康著（本名士晋，字康伯，号休那。）

《浮山前集》、《后集》、《浮山文集后编》、《流寓草》方以智著（字密之，崇祯庚辰进士，授翰林检讨，晚为僧，名宏智，字无可，号药地。所著别有《通雅》，不在禁书内。）

《无他技斋稿》蒋臣著

《田间诗集》、《文集》、《所知录》钱秉镫著（字饮光，号田间。别有《诗学》、《易学》，不在禁内。）

《读史纲》、《读史编》左昊著

《涂山集》、《涂山续集》方文著

《木崖集》、《续集》潘江著

《龙眠风雅》潘江选

《白鹿山房文集》方中发著

《时述堂遗集》方其义著

《南山集》、《意园文集》、《戴田有全集》、《忧患集》、《孑遗录》俱戴名世著

（卷五）

地气寒热

中国在赤道北二十三度之下，值冷带暖带之交，为温带，故气候和

---

① 人名原书未能打出，仅标注上非下木，此处改正。

平，寒暑昼夜进退适中。然亦江南、两湖、江西、河南、山东、四川、浙江为然。南自闽、广、云、贵则多热；北自直隶、山、陕则多寒。其间南北相距不过十度之外，而不同如此，则地气之故，非由天也。盖地之寒热有系乎天者，视太阳之远近；有系乎地者，视山水之高深。高山之下，夏有重阴；深潭之下，夏有冱寒，此其征也。然云、贵多山，闽、广近海而多热，何也？中国南境在赤道北二十度，而夏至日行在赤道北二十三度。则五月以后正居太阳之下，阳气直下，其热不亦宜乎？江湖之间，在赤道北二十三度余，太阳至春秋二分，正行赤道中，斜射二十三度之外，故冷热适中。若中国南境则斜射犹在二十度以内，其热安能遽退？若中国北境，则赤道北三十度，太阳至春秋分已去远矣，故早寒。及冬至，则太阳在赤道南二十三度，距中国北境四十余度矣，故大冷。而交广为中国南境，则在赤道北二十度内，太阳斜射近十余度，宜其无大冻严寒也。然近二十年来，地气亦稍有变。余童时见里中冰厚五六寸，风雪则檐溜成柱，此其常也；十余年来不复见之，冬亦无甚酷寒，惟春多寒耳。及至广五六年，亦皆冬暖春寒。己巳以前，人犹少衣重裘者，庚午元旦，余时夹衣犹觉微热；今则皆狐裘迎春矣。此方寒暑，较吾乡殊不太远也。岂非天道南行，太阳最高，又有移宫之差乎？

（卷六）

量天尺

本朝治历，专用西法，其最重者莫如量天尺。推步十二宫，分首星度数既准，然后七政进退，得以考焉。大约宫星之差，前后三十年必进一度。今查康熙五十五年丙申，犹用牛二尺，子宫首牛初度，丑首箕三，寅首房一，卯首亢初，辰首翼十，巳[1]首星七，午首井九，未首觜十，申首卯五，酉首娄初，戌首室十，亥首尾初。至乾隆二十五年庚辰以后，则用斗廿二尺，子宫首斗廿二度，丑首箕一，寅首氐十七，卯首角八，辰首翼十，巳首星五，午首井廿七，未首参八，申首星二，酉首奎十，戌首室八，亥首虚八，此钦天监所用量天尺也。然以逐年冬至日躔推之，则其尺宫实不尽然。如康熙丙申年十一月初八亥时冬至，日在

---

[1] 原文为"己"，误，径改。

箕三度，为丑宫首度。及乾隆五年庚申十一月廿二午时冬至，则日在箕二度，为丑宫首度。仅二十五年宫星已进一度矣。及至二十五年庚辰，用斗廿二尺，则冬至宜在箕一度，为丑宫首度。然是年十一月十五未时冬至，日仍在箕二度，为丑宫首度。至四十六年辛丑十一月初七，冬至始在箕一度，为丑宫首度，此又四十余年，宫星进一度何也？盖钦天监所颁外间量天尺，有度而无分，内用则有度有分。每年挨分递进，其数甚细，颁尺不及逐年更易，而推太阳躔度，则必核尺之分数、秒数而后密。世所行七政、四余，所载尺度特疏，仅约其大概而已。若必核算，则每岁有每岁之尺，安得十年之后犹有旧尺哉？今世推五星者，遇歧度之星，每至不准，由此故也。余意创为活尺法①，视逐年太阳冬至躔度为丑宫首度星度，以此推之，十二宫庶得其稍近之真度乎？

（卷六）

五星出东井

嘉庆四年己未五月廿六日癸未，水星在井初度，土星在井二十三度，火星在井三十度，凡三星聚于东井。金星于是年四月十七日乙巳交井初度，及会火、土二星同守者几一月，行至五月十四日辛未始出。惟木星于是年九月十三日戊辰交井初度，不及会诸星，则是年五星皆先后出井也。是时方用师川楚，将帅多不利，民人死亡无算，然不三年而荡平振旅，岂其应欤！考东井为蜀分野，金者太白主兵会，火土共守井分最久，疑主蜀地受兵为近，木者岁星，独不及会此。仁君有德，卒告成功之象，而是数年禾谷颇多成熟，则亦未始非其征也。

（卷六）

星　变

嘉庆十六年辛未八月，有星孛于大角，尾长三尺，其光直指紫微垣九十余日，拂太微垣及天市垣梁宋星而灭。十八年癸酉九月，遂有逆贼

---

① 原点读欠妥，径改。

林清之事。时车驾方自热河回跸，行至白涧闻警，宫中搜捕三日始靖。二十一日车驾入城，复闭九门大索，而八卦教贼于九月初六日自直隶长垣起，转掠数邑，据滑县城，山东、河南应者蜂起，饥民从而肆扰，山陕、湖北，一时蠢然。大兵数月乃罢。孰谓天象不可畏哉？当时见者，或以为彗星，非也。彗者，尾细、数十，如拖帚之状，此独一首尾，特光盛长而已，是孛非彗也。大角者天门，将军不守，妖星起内，直犯中垣，其象甚急，故贼潜起禁中，卒至天市垣梁宋诸星而灭者，外贼由直隶蔓延东豫，中窜陕楚，而卒殄于河南，受兵亦河南最甚，是其应也。中拂太微者，时车驾在外，未及京师而闻警。太微为巡守之宫，故兆之也。皇后在宫中，遇警而安，则以星光及左右枢而止，幸不至垣内也。国家方鼎盛，圣德媲美尧舜，而奸民辄敢犯顺如此，岂非由太平日久，门禁疏懈，久为所窥之故哉！

（卷六）

脱脱足食

元顺帝至正十三年，脱脱言：京畿近水得地利，召募江南人耕种，岁可收粟麦百万余石；不烦海运，京师足食。帝曰："此事利国家，其议行之。"于是立分司农司，以右丞悟良哈台，左丞乌古孙良祯兼大司农卿，给分司农司印。西自西山，南至保定、河间，北抵檀顺，东及迁民镇，凡官地及元管各屯田，悉从分司农司立法佃种，给钞五百万锭，以供工贾、牛具、农器、谷种之用。又略仿前兼集贤学士虞集议，于江淮召募能种水田及修筑围堰之人各千人为农师，降空名敕牒十二道，募农民百人者授正九品，二百人者正八品，三百人者从七品，就以领其所募之人。所募农夫，人给钞十锭，期年散归。按：脱脱此计，可谓善矣！惜乎国祚不久，无成功也。

（卷六）

王缑山

《王缑山全集》诗五卷，文十二卷，其子太常烟客所编，明万历丙辰丁巳间刻，有冯元成时可、陈仲醇继儒两序，余见之王蓬壶明府所。冯、陈序中皆言江陵不服忧，吴、赵两太史疏纠之，祸叵测，文肃争之丧次，江陵怒甚。时缑山方十四岁，和《归去来辞》以招其父。文肃公出以示人曰："吾不归，将无为孺子所笑？"以是名动京师。余以其言推之：江陵夺情在万历五年丁丑，文肃时为学士，逆计之，缑山盖生于嘉靖四十二年甲子。① 戊子，顺天发解，年盖二十五；辛丑擢鼎，年盖三十八矣。将卒时，病中《与顾泾阳书》云："求复其十四年前伴食面孔，尚不可得，"谓文肃罢相时也。太仓罢相在万历十九年辛卯②，二十一年癸巳复入阁，二十二年甲午五月复罢，以再罢之年推之，则缑山卒年当在丁未，年盖四十四岁。故冯、陈序中，皆以年不足为言。

缑山诗沿七子，文颇明白平正，要非作者。独《学艺初言》中，有数条论当时文章风气颇当，今录于此：

国家定试士之路，其优等不过曰"通"。余家有前壬辰乙巳墨卷，榜首只批"平通清顺"而已，此不但见先辈古朴，而亦见先辈得文章大义，识"通"字之难也。近世未求"通"，先求奇，遂至步步枳棘，少一篇首尾成章者，真可谓叹。惟夫下劣之士，始讳为"平通"，而究其血脉神理，谬戾殆有甚焉！无惑乎天下之争好怪矣。

严沧浪论诗云："诗有别才，非关书也。然非多读书则不能工。"惟时艺亦然，上乘之文，著不得一句学问，乃类极肤浅者；而真肤浅文却自不同。天下惟大智若愚，大巧若拙，此非明眼人不能辨也。今人见时文中，斑斑驳驳，好用古书者，便道有学问。到家见得古人真处，下笔之时，如织纯锦，梭梭顶接，何处可下杂色？又如食前方丈，下著自然不轻。有司但能令士子实实读书，则文体不正而自正矣。

文章与世高下，的的不谬。非文章关世运，乃世运自兆文章耳。以气运论文，不当论其名家杰出者，当论其大凡。成弘之文，如婴儿之始孩，浑是一团元气；正嘉之中年而后，神骨才情始畅茂而完足；癸丑而后，肤革充满，神采为所障溅，不免痴肥；至隆万则臃肿一清，而气亦为少索矣，然筋骨固自在也。午酉之交，奄奄就尽。流至今日，非但怪诞者化为魑魅魍魉，即世所号为平正者，亦如跛眇具形、骷髅戴发，都非完人。当天下全盛之时，而元气涣散，有以水搏沙之象，是则深可虑也。默移之道，又不在文章矣。

---

① 原点校本未断开，径改。
② 原点校本为"十年九"，误，径改。

今世有欧阳公，文体可即正乎？曰：甚难。彼刘几等辈，皆胸中实有文章，不过故为怪以投时好，一拨转即正矣。若今人粗知章句，已为近日时文恶套蟠据胸中，譬人生不识菽粟，菽粟何由自进？临场之时，一班后生，苟非迟钝不能变化者，类皆摇唇鼓舌，慕为新奇，其平日苦心积学之士，即颇仓皇改步，而常苦意跨两歧，反不如少年墨浓笔饱，粗豪动人。则有司之"所好反所令"势也；士子之"从所好"而"不从所令"，亦势也。文体何由而正？故厘文体不在口说，亦不在临时，非以真精神实倡而徐导之，虽三令五申，只为戏矣。

右四条言场屋文风之弊，可谓尽之。而自来选时文墨卷家，皆取其别条而不及此，则正缑山之所讥耳。近日墨卷之弊，则更有甚于此者，愿有志之士于此观之。

缑山《与顾泾阳书》云：不佞累辱先生以道义见知，两年以来不通片纸者，避世嫌也。今先生且脂车出国门，敢致书稚登效其惓惓焉。不肖窃观天下之乱，莫大于人心之不和，始于相睽，而成于相激。相激不已而门户，而戈矛，朋起角立，若有真是非、真邪正者，而其端十之九皆误也。盖近年以来，官府堂陛之交隔，而百误渐生。大小臣工之不相能也，阁、部之不相通也，不知自何日始也。意其初不过薄物细故，礼文体统之龃龉，亦或一人一事有小异同而已，而不幸与事变会，又不幸而与圣怒会。天下有一种居奇、献新之徒，睫耳莠口，遂饰无以为有，张小以为大，嗡讹其言语描写其笑貌以为真，而君子皆胴焉有外心。于是，远者高蹈，近者前却，讽者嗫嚅，憨者诟骂，而当事之意不能无少望，曰："我何负于彼，而弃我至是也？"而庸知彼之望我殆有甚焉者也。于是相与疏；疏则居奇，献新之徒，又各以诪张煽惑者，同耳而异入，而心始大疑。疑则谓人皆腹刃也，皆窃铁也。举凡责难求备于我、道听途说于外者，视为借口讼词索瘢之隐计，而不知其未必至此也。彼爱之人，我亦爱之，核其根源，如蕉子卸叶，不尽不止，是固可以不辨。虽然人情不大相远也，未有事不白、心不平而不辨者也。求白而反不白，求平而反不平，则势不得不争。既争矣，此正则彼邪，此直则彼必曲。以各误之见，持不服之心，而挟乐成其误之党，求胜不求是，而争不得不成，盖其间非无虚衷好善，欲以口舌为调人者，而常苦于壁坚而不得进，列成而不可解，以求盟为护，以免胄为耻，则有徘徊太息，退守其误而止耳。此近年以来，不和之大较也。家君之至于是也，此风旧矣。无何，遂有赵之谪、刘之哄，一则偶有望而可疑之事，一则先有望而见疑之心，而其后实则皆洞然无疑以去。去之后，眉睫肘臆之变幻，又不知凡几。安知误不复化为真，而要之终不可谓之不误也。幸遇先生掌铨事，冲虚而高远，贞固而圆融，不惟徼其肺腑与家君久通，而且敷历其肾肠，以告于百执事。家君辄举以告小子，而辄自喜也。曰"泰交其为之兆乎？"今家君在告逾月，而先生遽以谴去。自此隔者愈隔，争者愈争，天下事尚可为耶？虽然，及今尚可谓之误也。惟天下真豪杰为国家虑深远，故不即误以为真，而且即真以为误。以待君子，则如周公于召公；以待小人，则如郭子仪于鱼朝恩。彼岂以畏途而容之？以为天下事，诚不可以激也。激则不白不平之极，何所不至？其究必下挟其同以为公，上挟其独以为势。所谓误者将真，而国之祸不知所终矣。家君受事两年，幸不得罪于公论，且旦暮随先生去，他何暇恤哉！而恤吾两人已去之后，其为世道忧者方大也。

按《明史》万历二十三年甲午三月，吏部郎中顾宪成削籍。五月大学士王锡爵罢。先是，大计京官，吏部尚书孙鑨与考功郎中赵南星力杜请谒，尽黜执政私人。于是众多憾之。给事中刘道隆劾南星专权植党，贬南星三秩，鑨亦夺俸，遂乞休去。群臣之争，国本也，大学士惟王家屏与言者意合。申时行、王锡爵皆宛转调护，亦颇以言者为多事。宪成主文选，凡所推举，多与执政抵牾。至是会推阁臣，宪成举家屏，忤帝意，削籍归。锡爵之再入阁也，密请建储，以践大信。帝手诏欲待嫡子，令元子与两弟并封为王。锡爵惧失上指，立奉诏拟旨进。又外虑公论，因言汉明帝马后、唐明皇王后、宋真宗刘后，皆养诸妃子为子，请令皇后抚育元子，而生母不必崇位号，以上压皇妃，亦拟旨进。帝竟下前诏，令有司具仪。于是举朝大哗。礼部尚书罗万化、给事中史孟麟等，诣锡爵力争。廷臣谏者章日数上。锡爵偕赵志皋、张位请追清寒前诏，不从。已而谏者益众。岳元声、顾允成等十余人，遮锡爵于朝而争之。锡爵请下廷议，不许；请面对，亦不报。因自劾求罢。帝迫公议，乃寝前命。锡爵居政府，当请罢江南织造，停江西陶器，减云南贡金，力争不宜用廷杖，为世所称，特以阿"并封"旨被物议。既而赵南星斥，赵用贤放归，论救者咸被谴责，众指锡爵为之，因连章自明，乞罢归。缑山与泾阳书，盖在是时。以顾被谴，惧得罪公论，故缑山为文作书以自解耳。其言甚费而曲，其用意亦良苦矣。书中云"避世嫌者，缑山以执政子当仕翰林，泾阳司文选，不得通谒也。"所云"不和始于相睽，成于相激"，而归其过于"居奇献新之徒"，似谓当时顾、赵诸公，与太仓迹稍阔，而众言者于疑似之间，构成疑隙，致诸公意有不满，遂力白其误，以自解免。又谓"其始不过薄物细故、礼文体统之龃龉。"余以当日事情考之，殊不然也。诸公所争者建储之大义。太仓始密疏请建储，继乃阿曲调停，孙、赵之斥罢，以力杜请谒、黜执政私人，而太仓不救，并论救者亦咸被谴。执政何人？虽有百口何能解？计其不和皆关大体，非仅如郭英乂与鱼朝恩坐位之比也。乃以为"薄物细故、礼文体统之龃龉"，岂非不伦耶！若云顾泾阳与太仓迹稍疏隔，则尤不然。顾公札记中载为文选时，与太仓相见，论甚数。泾阳入都，往谒太仓相国。太仓曰："近日朝廷有一怪事，朝议之所是，外间必以为非。"公曰："外间亦有一怪事。"太仓问："何怪？"公曰："大约外间之所非，朝廷必以为是"也。太仓默然。观此，可见两公之所争。而太仓调停之说，盖不特建储一事；即举劾之际，亦持此见。缑山云云，盖正白其所以调停之意也。"睽隔"之云以语赵、顾二公，似乎不切，然能自知惧得罪于公论，而以书辨免，要为不昧心者。是时太仓已上章乞罢，犹未得告，故云"在告"，已而果去，遂不复出。太仓犹贤乎哉？（又鲁公《争坐位帖》所谓郭令公者郭英乂，非郭子仪也。缑山云："郭子仪之于鱼朝恩"，亦误。）

《缑山集》末，又有《与顾泾阳光禄书》云："比疾病缠历，疑于大贤謦咳绝矣，不图教命远辱，命童子倚案读之，为之慨然！居平谓忠恕二字难体贴。斯何时也？翁乃以伊周相业为家君劝驾，即此似亦体贴未尽处。使出而如姚崇十事，应答如响，则为姚崇亦足矣；如其不然，求复其十四年前伴食面孔，尚不可得，何论伊周耶？精神力量，长短自知。其次则知父者莫若子。某一身之外，惟知为老亲营菟裘，课鱼鸟而已，此外非所敢闻命矣！当今时事虽大纷；然较量亦有胜前代者。惟学术滥放不可复理。初犹不肖者自占便宜耳；今遂欲掀翻孔孟棋局，以妖髡代之。此何可长？此时言伊言周，总是画饼，于此下一砥柱，乃真勋业。要其道亦惟大聪明人守村学究蒙说，如是而已。盖道本无不明；谭道者自晦之。开门户，则自不免多生徒，多生徒则自不免立异说。即南宋大儒，吾未敢以为不落窠臼也。先生为斯文宗生，幸少加意！"余谓缑山得第后，一为翰林，即请终养，归侍亲盘桓，能为太仓画止足之计，不谓无见。若于道学，则本所不解，所云"妖髡"亦不知何人，俟检泾阳原书考之。

（卷六）

东槎纪略

（约 1821—1829）

自　序

　　台湾，海外一郡耳，悬绝万里，而糖米之货利，天下帆樯所至，南尽粤、闽、两浙，东过江南、山东，北抵天津，以及沈阳，旬月之间可达也。地亘千里，沃饶甲于南服。然其人蕃庶强悍，易动难静，归化百四十年，乱者十数起；械斗劫掠，比比有之。国家岁费帑金二十八万，设一总兵、三副将，水陆十六营，戍兵一万四千六百有奇，其重之也如此。夫无事则享其利，有事则弄其兵，区画而措置之者，吏也。置兵所以治民，治其民不可不知其情，知其情不可不审其势，审其势不可不察其机（几）。故情得则势见，势见则几明，势见几明而方略出焉。顾或习近闾阎，而阇于制度，或锐意兴革，而昧于事情，逐末者忘本，务名者乖实，言之娓娓而无所用，发于其政，害于其事，利害相乘，不可不辨也。嘉庆己卯、庚辰之岁，余从政台邑，兼摄南路同知，今上元年，权判噶玛兰，稍识全台大略，尝有所言，上官弗善也，未几罢去。癸未春，先师赵文恪来督闽、浙军，深忧海外，特请以知福州府方君往守，属要务十余事焉。君知无不言，每陈事，文恪未尝不称善，立从所请，卒能戡弭祸乱，海外以安。甲申夏五，中丞孙公巡台，表上其绩。会诏问贤能，文恪以君对，擢汀、漳、龙道，仍守台事。又一年，文恪督云、贵去乃易。夫天下治安在守令，督抚虽贤，耳目固难真切，即切矣，而奉行之实仍待其人。故知之而不能言，咎在其下；言之而不能举，咎在其上。若夫言而举之，合如针芥，吾不以羡君之遇，而叹文恪之知君，能竟其用也。余以羁忧，栖迟海外，目睹往来论议区画之详，实能明切事情，洞中机要。苟无以纪之，惧后来者习焉不得其所以然，设有因时损益，莫能究也。乃采其要略于篇，附及平素论著涉台政者，而以陈周全之事终焉。世有审势察几之君子，尚其有采于兹。道光己丑冬月。

　　　　　　　　　　　　　　　　　　　　　　　　　（卷首）

埔里社纪略

　　埔里社者，台湾彰化县之归化番社也。其地在彰化东南山内，为社二十有四。《府志》所载：曰埔里，曰决里，曰毛崒，曰猫丹，曰社仔，曰木扣，曰木武郡，曰子黑，曰子希，曰倒咯，曰峦恋，曰田仔，曰猫兰，曰田头，曰思顺，曰挽兰，曰外斗截，曰水眉里，曰内斗截，曰内眉里，曰平来万，曰致雾，曰哆咯啷，曰福骨，凡二十四社。埔里，特其一耳。距县治九十余里，中隔大山，路径崎曲难通。其入社之道有二：南路，自水沙连沿触口大溪东行，越狮仔头山，至集集铺广盛庄；更越山东行十里，至水里社之柴围。又北逾鸡胸呤、芊蓁林、竹仔林十五里，而至水里之头社。地颇平广，皆番垦成，田甚熟。更进八里，则为水社。中有大潭，广可七八里。潭中有小山，名珠仔山，番皆绕山而居。《番俗六考》所谓"青嶂白波，云水飞动，海外别一洞天"者也。潭之东岸为剥骨社，西岸则水里本社。其番颇饶裕，善种田，能织罽毯。番皆白晰佼好，《府志》称之。绕潭更北行，逾山七里，至猫兰社。又北五里，至沈鹿，地颇宽广。迤西复入山几十里，谷口极狭，几于一丸可封，最为险要，名曰崆口。过此以北，始为埔里大社。地势平阔，周围可三十余里。南北有二溪，皆自内山出，南为浊水溪源，北则乌溪源也。乌溪为入社北路，自彰化县东之北投，北行过草鞋墩至内木栅阿发甫。渡溪东北行，至火焰山下，五里；过大平林，入山，十里；逾内龟洋至外国胜埔，更渡溪而南，二十五里，至埔里社。自水沙连入，可两日程。北路为近，然常有凶番出没，人不敢行，故多从水沙连入。水沙连则番社之久输贡赋者也。盖埔里乃界外番社，例禁越垦，故汉人图垦，则假名于水沙连耳。相传：埔里社更东北越山五日行，即通噶玛兰。东南则奇来及秀姑兰一带。《番俗六考》云："水沙连属番二十余社，各依山筑居。山谷巉岩，路径崎岖，惟南北两涧，沿岸堪往来，外通斗六门。竹脚蓁乃各社总路隘口，通事筑室居焉"。余谓：南北两涧，即触口与乌溪也。斗六门为嘉义所辖，距彰属水沙连颇远，盖万斗六之讹耳。《府志》言："康熙六十年，阿里山水沙连各社，乘乱杀通事以叛。六十一年，邑令孙鲁，多方招徕，示以兵威，赏以烟、布、银，乃就抚。自后无闻焉。"乾隆五十三年，开屯各社，遵设屯丁。水里、埔里二社，内有屯田一百余甲，其番自耕田亦百余甲，未垦荒埔无数。嘉庆十九年，有水沙连隘丁首黄林旺，结嘉、彰二邑民人陈大用、郭百年及台府门丁黄里仁，贪其膏腴，假已故生番通事、土目赴府，言积欠番饷，番食无资，请将祖遗水里、埔里二社埔地，踏界给汉人佃耕。知府某许之。大用随出承垦，先完欠饷，约垦成代二社永纳，余给社众粮食。倘地土肥沃，垦成田园甲数，仍请升科，以裕国课。二十年春，遂给府示，并饬彰化县予照使垦，然未之详报也。其受约者，仅水沙连社番而已，二十四社皆不知所为。郭百年既得示照，遂拥从入山，先于水沙连界外社仔垦番埔三百余甲，由社仔侵入水里社，再垦四百余甲，复侵入沈鹿，筑土再垦五百余甲。三社番弱，莫敢较，已乃伪为贵官，率民壮佃丁千余人至埔里社，囊土为城，黄旗大书"开垦"。社番不服，相持月余。乃谋使番割诈称罢垦，官兵即日撤回，使壮番进山取鹿茸为献。乘其无备，大肆焚杀，生番男妇逃入内箐，聚族而嚎者半月。得番串鼻熟牛数百，未串鼻野牛数千，粟数百石，器物无数。闻社中风俗，番死以物殉葬，乃发掘番家百余，每冢得枪刀各一。既夺其地，筑土围十三，木城一，益召佃垦。众番无归，走依眉社赤崁而居。先是汉、番相持，镇、道微有所闻，使人侦之，皆还报曰："野自与社番斗耳。社番不谙耕作，口食无资，汉佃代垦，以充粮食。又人寡弱，倚汉为援，故助之，所杀者野番也。"二十一年冬，武镇军隆阿，巡阅台北，悉其事，严诘之。于是，彰化县令吴性诚，请谕垦户，驱逐众佃出山，而奸民持台府示不遵。有希府中指者，言汉佃万余，所费工资甚巨，已成田园，一旦逐之，恐滋变。性诚上言曰："埔地逼近内山，道路丛杂，深林密箐，一经准垦，人集日多。窃恐命盗凶犯，从而溷迹。倘招集亡命，肆行无忌，奈何。且此埔素为生番打鹿之场，即开垦后明定界址，而奸贪无厌，久必渐次私越。虽番性愚蠢，而凶悍异常，一旦栖身无所，势必铤而走险，大启边衅。不若乘未深入，全驱出山，尚可消患未萌。"镇、道深纳其言，饬台府撤还。二十二年六月，传诸人至郡会讯，予郭百年以枷杖，其余宥之。署鹿港同知张仪盛、彰化县知县吴性诚、吕志恒，赴沈鹿，拆毁土城。水、埔二社耕田尽撤。生番始各归社。集集、乌溪二口，各立禁碑。然二十四社自是大衰。汉人稍稍复入，社仔社番被逐，并入头社；猫兰并入水里社。而哆咯啷、福骨两社，与沙里兴为邻，混入凶番。眉里、致雾、安里万三社，亦暗通凶番以自固。埔里人少，虽与水里和睦，而不能救援，甚自危。道光三年，遂有万斗六社革通事田成发，诡与埔里社番谋招外社熟番为卫，给以荒埔垦种。埔社听之。田成发乃结北投社革屯弁乃猫诗、革通事余猫尉，招附近熟番，潜往复垦。而汉人阴持其后，俟熟番垦成，溷入为侵占之计。先是成发之党，尝与水沙连社丁首萧长发有隙，长发乃首破其谋。道光三年九月，鹿港同知邓传安，会营入埔里社察之。越垦熟番，闻声先遁，抚谕社众而还。然传安颇有开设之议。又有流寓绍兴人马我士者，至福州诱商人林志通，谋为业户。赵文恪公以问前台湾县姚莹，莹曰："台湾生齿日繁，游手甚众，山前无旷土矣。番弱，势不能有其地，不及百年，山后将全入版图，不独水、埔二社也。然会有其时，今则尚未可耳。"四年五月，孙公至台，欲议其事。传安力言其地膏腴，山川秀美。孙公意动，欲如噶玛兰故事，以问台湾知府方传穟。时姚莹在台，传穟访焉。莹曰："必欲开二社也，有要略八事，君其言之。"传穟问其略云何，莹曰："往者噶玛兰之开也，乾隆间即有民人潜往。嘉庆元年，吴沙率众佃入山，占夺攻杀，凡十余年。杨廷理往开时，大局已定。故众社番献纳舆图，设官经理。然委员督垦之初，东势社番，亦尚相持，强而后可。今埔社开垦之民，已驱逐出山，社番并未输诚愿纳，前此汉人焚杀，夙怨未忘。今往开垦，必先和睦番情，其一也。番、汉言语不通，和番需用通事。而通事多即奸人，彼不以国家安抚为辞，而以危辞恫喝。社番畏而从命，心实不甘。设有异谋，殊伤国体。况开设之初，番、汉交涉，事多小故，斗殴皆足酿乱，通事必求良善，其要二也。水社在外如社仔、审（沈）鹿诸地，已为汉人占垦者无论矣。埔社周围十余里，其中社番自垦成田者，不过十之一二，余皆荒埔。今外社熟番往垦者，不过二百余人，官垦则招佃，约用巨万。将以何者为番田，何者为官佃？官课、番租，不可淆混，其要三也。社东北沿山各社，即非埔里之地。其内箐诸处，是否并开？或以山为界，其山外通噶玛兰及奇来、秀姑兰诸处，开设后，不无民人私越往来，其中界址作何开闭？其要四也。前此汉民往垦，各有头人承领垦照，其意在充业户，此时必仍萌故智。业户之设，其弊无穷，初不过十余人出名领照，名为自出工资募佃，实即鸠合朋充，私相契约。及垦成，报官勘丈，戈甲若干，四至何所，业户一人。界广易于隐匿，赋定之后，遇水旱偏灾，可任意影射。且征收租课，户止一名，欠尝千万，一有破败，更换为难。不若官荒召佃，永除业户之名，此前守杨廷理所以力破业户之议也。然奸人鸠资谋充，其利甚大，不惜贿赂，以求必得，则倡为邪说，以惑上听。惟奸计不行，然后民佃乃可相安，其要五也。地方数十里，垦田数千甲，用佃多者，殆将万人。纷纷乌合，苟无头人经理，不但无从约束，且工本何出？昔兰人之法，合数十佃为一结，通力合作，以晓事而资多者为之首，名曰小结首。合数十小结，中举一富强有力、公正服众者为之首，名曰大结首。有事官以问之大结首，大结首以问之小结首，然后有条不紊。视其人多寡,授以地。垦成,众佃公分,人得地若干甲,而结首倍之或数倍之,视其资力。今开埔社,亦当略仿此意行之,庶乎其可,其要六也。噶玛兰地,南北盖百余里,并山计之,几于二百。东西腹内,亦四五十里,不足置县,故设一厅。今埔社方三十余里耳,并水社山埔计之,或百余里,似不足为一厅、县。然其地在万山中,南自集集铺,北自乌溪,两路入山,皆极迂险,内逼凶番,后通噶玛兰、奇来诸处,盖全台之要领,前后山海之关键,形势天成。去彰化县城辽远,非佐杂微员所能镇抚,不得不略如厅、县之制。文武职官廉俸、兵饷,作何筹给,不可不为计及,其要七也。田园日辟,生聚日多。不特商贾货贩通行,即所产米谷民食,必须出山粜籴。其南路由崆口进水社,山岭重峻,势不可行。惟北路乌溪,水道可通,而溪水上流颇浅,乱石巉岏,亦当开通,以便舟楫,其要八也。以上八事,乃开设之大纲,其余细务,犹在所后。经理之人,非才识足以干事,操守足以信众不可。"传穟陈其说,孙公见而难之。时吴性诚为淡水同知,吕志恒为噶玛兰通判,令传穟更集众议。性诚、志恒皆以为禁之便,传安不能执前说也,亦以为当禁。传穟乃采众议,详请禁之如故。

  论曰:台湾本海外岛夷,不宾中国。自郑氏驱除狉獉,始辟入籍,时止三县;半线以北,康熙之末,犹番土也。朱逆既平,乃增彰化,设淡厅,遂极其北境,至于鸡笼,山前之地尽矣。然南北衮不过一千二百余里,嘉、彰最中,腹内自山至海,宽乃百余里耳。入内供粟,岁不过十万,而兵饷给外者倍之,其不能利益国家明矣!嘉庆中,又开噶玛兰,遂及山后,增幅员百里。论者皆以形胜为言,夫圣德遐被,八荒皆我外藩,鸿图式廓,远迈隆古,乃侈言沧海之一舟,大圜之一星,岂非陋耶?若夫雕题裸体之民,言语不通,蹲伏深山,垦耕自给,没世不敢出山一步,然犹慕化充屯,则是我天朝之赤子,较诸汉奸不法者奚翅十倍,此土牛立界所以严申厉禁,诚仁之至也。有司守此边陲,不以宣播德威为务,乃任彼私人交通豪猾,违禁开边,且肆其凶残,暴其枯骨,所当骈首境上,以昭炯戒,而慰番黎。乃复隐忍逾年,越垦之诘,发自镇臣,斯时犹有阿意庇奸为依违之说者,向非邑令抗争,镇、道明决,则奸人之计仍行矣。卒之投鼠忌器,曲赦有罪,使固禁不申番冤莫理,政刑之失,孰有甚于此者哉!火炎不烈,厉禁益虚,于是奸人故智复萌,不及数年,而水社之谷复归汉佃。番愚不知讼诉,社众日衰,外迫凶番,内惧汉逼,不得已从奸人之谋,欲引外番自卫,汉奸更从而蹴其后，养虎揖盗，其事益愚，其情益可悯矣。邓君深入内山，穷履生番之境，可谓壮甚。而水社之山川秀美，埔社之地土沃饶，言次犹津津称之，且以番黎拙于治田，不能深耕灌溉为惜。自余观之，喜功利者，贪壤地之膏腴；惧开边者，守土牛之虚禁，此皆见止一隅，未深计久安之策也。水埔二十四社，自雍正、乾隆间，即称沃衍，惟时番族犹盛，足以自固，汉人不知虚实，无敢深入。且台湾开辟未久，地利有余；今山前无隙土矣。旧族日滋，新来不已，无业可执，则有三种莠民：一舆夫，千百为群，动与兵斗；二赤棍，结党立会，散处市廛；三盗贼，窃劫频闻，诛之不尽，此全台之大患也。不为区处，台湾未可言安，则旷土之开，云胡得已。汉人番衍，丁口已二百五十余万，而生熟社番不及二十分之一，匪惟贫削，实亦丁衰，寡弱之形，殆若有天数焉。其不能自固者，不仅水、埔二社也。势既寡弱，则奸民欺凌益甚，况频年深入，虚实周知，即外社熟番，亦垂涎至矣。虽有明禁，而趋利忘生，旋驱复入。昔者杀番掘冢，其首恶既释不诛，今兹负耒而来，安能遂置重典，一再宽宥，禁碑尚可恃乎！既不能禁，不但社番被逼，有走险之虞，抑且地形险阻，设有巨奸招聚亡命，即林爽文之大里杙也，其患可胜言哉！则安抚之道，又不可不讲矣。

（卷一）

噶玛兰台异记

皇帝登极之元年六月癸未夜，噶玛兰风飓[①]也，或曰台。雨甚，伐木坏屋，禾大伤；继以疫。于是，噶玛兰辟十一年矣，水患之岁五，台患之岁三。兰人大恐，谓鬼神降灾，不悦人之辟斯土也，将禳之。姚莹自郡反，闻灾驰至，周巡原野，倾者扶之，贫者周之，请于上而缓其征，制为药而疗其病，疫以止，民大悦。乃进耆老而告之曰："吾人至此不易矣！生人以来，此为荒昧，惟狉獉之番，睢睢盱盱，巢居而穴处，其所以异于禽兽者几希。始自吴沙数无赖召集农夫，负耰锄以入荒裔，剪荆榛，凿幽险，御虎狼之生番，数濒于死矣。乃筑围堡，置田园，聚旅[②]成郛。既以无所统而相争夺，大吏以闻，天子悯焉，然后为

---

① "风飓"，点校本误用逗号断开，径改。
② 点校本注："旅，同治本作'族'。"

设官治之，黔首绥和，文身向化。今则膏腴沃壤，士、农、工、商备矣。城郭兴，宫室毕，妇子嘻嘻而乐利。夫山川之气，闭塞郁结，久而必宣，宣则泻，泻则通，通然后和，天道也。今以亿万年郁塞之区，一旦凿其苞蒙，而破其滃洞，泽源与山脉偾兴，阴晦与阳和交战，二军相薄，梗塞乍通，于是乎有风雷、水旱、瘵疾之事，岂为灾乎！昔羲、轩之世，淳风古处，百姓浑浑，不识不知，未有所为灾者。逮乎中天运隆，五臣递王，文明将启，而于是乎有尧之水、汤之旱，圣人以为气运之所由泄，而不以为天之降殃于人也。不然，德如唐尧，功如成汤，岂复有失道以干鬼神之怒哉！若夫地平天成，大功既毕，则惟慎修人纪，以保休嘉，而于是乎时和年丰，百宝告成，宇宙熙皞，臻于郅治。苟有失德，肆为淫慝败乱，则鬼神恶之，而天乃降灾，此天地之气既通，而人事不和之为厉也。今兰地初开，虽风、水屡浡而不为异，五患水，三患台，而民不饥，无有散乱，何也？民皆手创其业，艰难未忘，不敢有淫慝之思也。虽然，吾特有惧焉，惧夫更数十年后，地利尽辟，户口殷富，老者死而少者壮，民惟见其乐而不见其艰也，则将有滋为淫佚，而乐于凶悍暴乱者，人祸之兴，吾安知其所极耶。然则如之何而后可也？曰崇节俭，修和睦，戒佚游，严盗贼。守斯四者，庶乎可以久安而不为灾，攘何为者！"耆老曰："善。"乃记之。

（卷三）

噶玛兰厉坛祭文

呜呼！上帝好生，蠢灵无异；圣王御世，中外一家。安民以惠为先，善俗以和为贵。冤惨之深，莫过沙场不返；厉气之积，多由馁鬼无依。嗟尔噶玛兰，开辟之初，三籍流民，皆以孤身，远来异域，或负耒营田，披荆斩棘；或横戈保众，贾勇争先。探身鲸鳄之渊，射利虎狼之窟，始与凶番格斗，继乃同类相残。战争越十五年，死亡以数千计。聚众夺地，殁既无名；违例开边，死且负咎。重洋阻隔，魂踯躅以安归；乱冢纵横，骨抛残而莫辨。肝脑空涂，未得一弓之地；幽冥沦滞，长衔九壤之悲。至于三十六社土番，被发文身，圣化未沐；含生赋性，复载攸同。草为衣而肉为食，猿鹿是伍，何知布粟之精；巢斯处而穴斯居，风雨飘零，不解宫室之美。射鹿打牲，以镖弩为耒耜；赤男裸女，无葬娶与室家。睢睢盱盱，獉獉狉狉。乃始以市买而通汉，继因土地而交争。战斗屡摧，信汉人果有神助；疆原日蹙，疑番众殆是天亡。生虽愚陋无知，白刃可蹈；死亦沉冤莫释，碧血难消。更有黄发少年，白衣壮士，奋孤忠而讨贼，识大义以勤王。当孙恩猖獗之时，亦卢循纵横之会。蛟吞鲸视，屡思破卵营巢；大舸楼船，尚待焚艘拔帜。乃父老深明顺逆，士女争馈壶浆。生擒丑类投辕，愿效前驱破敌。成功碧海，身丧黄泉；莫考姓名，未蒙恤典。忠诚不灭，义魄何安。方今天子怀柔，泽周海外，嘉群番之向义，负籍归诚；悯绝域之初通，设官布化。授地分田，餬瀛有截；食租免税，鳞册无颇。十二年教养涵濡，七万户讴歌鼓舞，汉庶则成家聚族，都忘锋镝之艰；番黎亦凿雨锄云，渐有衣冠之象。生人安矣，受福方长；死者哀哉，含悲何极！万众青磷之鬼，不免馁；而频年癙厉之灾，良有以也。莹等共膺此土，保赤为怀，睹民、番之错处，日久而安；念溟漠之沉沦，心悲以恻。爰广安民之惠，更修祀鬼之坛。建幡招魂，设屋为主。传集三籍各社耆长；涓吉致祭。俾知忘身保众，死事无别乎公私；木本水源，此日犹申其禋祀。苑楥既置，足以栖灵；生籍虽殊，何妨共食。奋身以争地，身亡地丧，尚复何争；为汉以怨番，汉睦番和，可以无怨。如果仇忿两释，自能厉气潜销。汉乘风而内渡，速返乡园；番超脱于沉幽，各登善地。从此人鬼相安，民番永乐，殊方异域，皆成舜日尧天；滞魄冤魂，尽化和风甘雨。岂不休哉，尚飨！

噶玛兰始入版图，民、番未能和辑，时有械斗；又频岁多灾。莹锄除强暴，教以礼让，民、番大和。乃以秋仲，会集三籍汉民、生熟各社番，设厉坛于北郊，祀开兰以来死者。为漳籍之位于左，泉、粤二籍之位于右，列社番之位于地，以从其俗。城隍为之主，列位于上。是日文武咸集，率各民、番，盛陈酒醴牲核以祀之。至者二千余人，社番亦具衣冠，随众跪拜，如汉人礼。祀毕，又使民、番互拜。莹乃剀切谕以和睦亲上之义，陈说五伦之道，使善番语者逐句传译之，听如堵，多泣下者。

（卷三）

台湾班兵议上

比闻大府檄下，议改台湾班兵，召募土著。愚窃以为过矣！台湾自古海外荒服之地，明末，郑氏窃据，为闽、浙、江南忧者数十年。圣祖仁皇帝命将兴师，克瑷衔璧归降，始入版图，于今一百三十三载。设立重镇，总摄师干，俾以专杀之典，为东南延海数十郡外藩。日本、荷兰，无敢窥伺者，台湾之功也。台、澎一镇，水陆十六营，额兵一万四千六百五十有六。自督、抚两院，水、陆二提，漳州、汀州、建宁、福宁、海坛、金门六镇，福州、兴化、延平、闽安、邵武五协五十八营，抽拨更戍，多者七八百人，少者百数十人。其到台也，又分布散处，每内一营，分台营者十数，极多不过百人而已。匪特三年之中，分起轮班，出营收营，纷纷点调之烦，配坐哨船或商船，重洋风涛，岁有漂溺之患；而且戍台之兵，既有兵糈，又有眷米，岁费十数万。天庾正供不少惜，而何所取而必为之哉？盖尝推原其故。窃见列圣谟猷深远，与前人立法定制之善，不可易也。夫兵者，凶器，至危，以防外侮，先虑内讧。自古边塞之兵，皆由远戍，不用边人，何也？欲得其死力，不可累以室家也。边塞战争之地，得失无常。居人各顾家室，心怀首鼠。苟有失守，则相率以迎，暮楚朝秦，是其常态。若用为兵，虽颇、牧，不能与守，故不惜远劳数千里之兵，更迭往戍，期以三年，赡其家室，使之尽力疆场，然后亡躯效命。台湾海外孤悬，缓急势难策应，民情浮动，易为反侧。然自朱一贵、林爽文、陈周全、蔡牵诸逆，寇乱屡萌，卒无兵变者，其父母妻子皆在内地，惧干显戮，不敢有异心也。前人犹虑其难制，分布散处，错杂相维，用意至为深密，今若罢止班兵，改为召募，则以台人守台，是以台与台人也。设有不虞，彼先勾接，将帅无所把握，吾恐所忧甚大，不忍言矣。其不可一也。兵者，貔貅之用，必使常劳，勿任宴逸。自古名将，教习士卒，劳苦为先。手执戈矛，身披重铠，虽遇寒冬雨雪，盛夏炎蒸，而大敌当前，亦将整旅而进。苟平居习为安逸，何能驱策争先！故练技艺，习奔走，日行荆棘之丛，夜宿霜冰之地，寒能赤体，暑可重衣，然后其兵可用。今营制训练，各有常期，将弁操演，视同故事。惟班兵出营，约束烦难。且以数十处不相习之人萃为一营，彼此生疏，操练势难画一，将备惧罚，即欲不时勤操演，有所不能。是于更换之中，即寓习劳之意，益以贤能将帅，讲习训练，斯成劲旅。若改为召募，则日久安闲，有兵与无兵等。其不可二也。兵者，猛士，以勇敢为上。胜败在于呼吸，胆气练于平时。百战之兵，所向无前者，胆气壮，故视敌轻也。古者，名将教士，或卧于崩崖之下，或置诸虎狼之窟，所以练其胆气，使习陷危机而不惧。台洋之涉，亦可谓危机矣。骇浪惊涛，茫无畔岸；巨风陡起，舳折橹敧。舟师散发而呼神，邻舶漂流而破碎。大鱼高于丘岳，性命轻于鸿毛。若此者，班兵往来频数，习而狎之，胆气自倍。一旦冲锋镝，冒矢石，庶不致畏葸而却步。且平日海洋既熟，即遇变故，亦来往易通。兵法云：置之死地而后生。此之谓也。今若改为召募，免其陟险，则惴怯性成，遇难望风先走，胆气既无，鲜不溃败。爱之适足以死之，甚非国家所以养兵之意。其不可三也。以必不可易之制，而欲变更，是以台湾视同内地，毋乃于列圣谟猷、前人美意，有未之深思者乎！然大府之所以议改者，亦自有说，请释其疑，可以无惑。一曰节糜费。闽省兵糈，仅能支给。自林、陈、蔡三逆军兴，各府、县运谷赴台，积贮空其大半，频年买补，尚缺额者十数万石。而台湾每岁运谷不能时至。各县借动仓谷，垫放兵米，旧贮未满，又有新借，各县借口，不免亏空。且台湾新设艋舺一营，兵米不敷支给，是闽省仓储，颇形支绌。若改班兵为召募，则内地眷米一项，岁可省谷数万，数年之后不惟补足，且有盈余，并可减运，以给艋舺兵米。此节糜费之说也。殊不知内地储仓，并不亏于军需，而亏于官吏。军需所缺，历年采买，不难报竣。所虑者，有采买之名，而无买谷之实，及至交代，辗转流底，虚报存仓。至于台谷，不过运期稍迟，虽则借垫，运到即还，何至亏空？若艋舺不敷兵米，则台地亦尚有别款可筹，何必贪节省之虚名，而误百年之大计。二曰处游民。台地口禁虽严，而港汉纷歧。自鹿耳门、鹿港、八里坌三正口外，南路则打鼓港、东港、大港、喜树仔；北路则笨港、五条港、大甲、椿梢、后陇、中港、大垵、乌石港；其他私僻港口，不可胜纪。无业之民，偷渡日多，非游聚市廛，则肆为盗贼，捕治不胜其众，若募为兵，若辈有可资生，亦所以区处之道。此处游民之说也。不知召募之额有常，而游民之来无限，不为兵者，又将何以处之！且若辈惰游无根，小不遂意，及或犯法，则逃去无所顾忌。若操之稍急，又鼓噪为变，一旦奸民蠢动，此辈皆其逆党矣。况台地漳、泉、粤三籍，素分气类，动辄械斗。将弁带兵弹压，非彼之仇，即彼之党，不更助之乱乎！其患无穷，不待智者而决矣。三曰免烦扰。台湾班兵，三年抽换，往来络绎，则有造册移报之烦；缺额事故，则有补革案牍之烦。台湾、鹿港、蚶江、厦防四厅，配船候渡者无虚日，内五十八营，外十六营，收营出营者属于途，且班满出营之后，多不遵约束，纷纷滋事。带兵员弁，既畏如虎狼；地方厅县，更难于治问。若改为召募，则诸弊皆清。此免烦扰之说也。不知文移案牍，不过书识之劳；厅营纷纭，各有旧章可守。倘其出营滋事，一能吏足以安之。若虑烦扰，务求安便，此事简民纯之区所宜讲求，而非所以施于繁要，况海外重兵之事乎！然则由前三者，其害甚大；由后三者，并无所利。吾不知议者何取，而轻改旧章也。夫老将言兵，计出万全；忠臣谋国、期于久远。事必权其利害，而利之所在，弊即在焉，亦视其大小何如耳。班兵之制，于今一百余年，推其弊不过如此，其利则保障全海；而改为召募，则其害不可胜言，并无所利，可以决所从违矣。

（卷四）

台湾班兵议下

班兵之不可易如此，则大府欲易之也其误明矣。吾闻大府入觐，尝面言事宜，已得谕旨，必有言之甚切者，此可揣而知也：以为班兵不得力耳。朱一贵之乱也，全台陷矣；林爽文之乱也，南北两路俱陷，不破者郡城耳；陈周全之乱也，始陷鹿港，既陷彰化；蔡牵之乱也，始入艋舺、新庄，既陷凤山，据洲仔尾，郡城受攻者三月。班兵不能灭贼，皆赖义民之力，继以大兵，而后殄灭，是为班兵不得力之明验。嗟乎，此文武诸臣之罪也，班兵何与乎！台湾地沃而民富，糖蔗、米油之利，北至天津、山海关，南至宁波、上海，而内济福州、漳、泉数郡。民商之力既饶，守土者不免噬肥之意。太平日久，文恬武嬉，惟声色宴乐是娱。不讲训练之方，不问民间疾苦，上下隔绝，百姓怨嗟，① 致使奸人伺隙生心，得以缘结为乱。仓卒事起，文武官弁，犹在梦中。② 一贵致乱之由，言之使人痛恨。后来者不知炯戒，久而渐忘，又有爽文之事。陈周全本陈光爱余孽，诛之不尽，及彰化米贵，匪民肆抢，台守驰往，仅擒治二十余人，粉饰了事，又置周全不问，以致纵成大患，甫旋郡而难作。蔡逆大帮，骚拢海上二十余年，以重利唉结岸上匪类，受伪旗者万余人，一旦扬帆直入，匪民内应，故得直薄郡城。此皆诸臣经略不足，于班兵何尤！藉使不设班兵，当时已皆召募，能保无事耶？然吾闻朱一贵乱作，文员先载妻子走避澎湖，是以人心无主，总兵欧阳凯力战死难。若林爽文初据嘉义，总兵柴大纪一出而歼贼复城。陈周全别股贼

---

① 点校本原为句号，不妥，径改。
② 点校本原为逗号，不妥，径改。

首王快攻斗六门，千总龙升腾，以兵百人败贼千数。蔡逆攻台，澎湖副将王得禄，以水师兵六百人，破贼数万于洲仔尾，不三年卒歼蔡逆。台人至今犹能言之。则是班兵非不得力，顾用之何如耳。而欲改变旧制，岂理也哉！抑台营今日有宜讲者五事：一曰无事收藏器械，以肃营规。二曰演验军装枪炮，以求可用。三曰选取教师，学习技艺，以备临敌。四曰增设噶玛兰营兵额，以资防守。五曰移驻北路副将，以重形势。台湾班兵器械，除炮位、铅药外，皆由内地各兵配带。因杂派各营，恐有遗失，向皆自行收管，不交弁备。然分类之习未除，每口角细故彼此出械相斗，将备不及弹压，已致伤人。虽屡加严惩，此风不免。良由器械在手，易于逞凶故也。今宜定制，自入营点名之后，所有器械，编号书名，交本营守备收入库局。惟操演教习，差派出营，逐捕盗贼，按名散给。无事则皆缴收，不许执持。各汛距营稍远，亦交千、把总收管。如此，则手无挟持，平时可免械斗，而营规整肃矣。武备之用，利器为先，藤牌、鸟枪、长矛、半斩腰刀，在在必须坚利。大小炮位，一发击贼数十人，尤为取胜要具。台营军装，惟火药硝磺，由内地运给，自行煎煮；其余皆由省局制造，委参、游大员解运赴台；旧坏者，收回缴省。尝见刀刃脆薄，不堪砍斫。每斩决囚犯，仅一再用而缺。藤牌甚小，围圆不过三尺，藤尤轻薄，此仅利于操演时腾舞轻便耳，若以临敌，不足遮蔽矢石。鸟枪尤短，不能及肩，安能中远。至于炮位，铁多未经熟练，又搀杂铅沙，掷地稍重，两耳即断。火门又或欹斜，往往炸裂伤人，至于不敢演放。武备若此，虽有健锐，亦难胜敌。向者出局交营，皆顾瞻情面，草率收受，贻误军情，莫此为甚。今宜严定制度，务以厚大坚利为主，枪炮必须委员当面演放，并由镇、道会验，然后收营；否则驳回另造，且治工匠以应得之罪。如此，则省局不敢偷减工料，委员不敢徇情解运，台营不敢草率点收，而军装可期坚利矣。营制操演，弓箭、鸟枪、藤牌、刀矛，各有用法；进退跳荡，腾走击刺，各有规矩。平时督抚、提镇较阅之时，皆按一定阵图演习，此不过死法陈规，练其步伐耳。及至遇敌冲锋，则临机应变，惟以勇敢便捷整齐为上。必使手与器调，器与心调，心与伍调，伍与弁调，弁与将调，然后千人一气，众志成城，无不克敌之理。每见市中无赖，皆有膂力相尚，一营之中，岂无娴长技艺之人！苟能留心拔取，使为众兵教师，朝夕训练，将备亲自董率，日省月试，考其优劣，能教十人以上者赏，百人以上者拔用。如此，则人争以技艺见长，劲旅可成，临敌必能制胜矣。噶玛兰新开，额设守备一员、千总一员、把总一员，战兵二百六十名、守兵一百四十名，归艋舺水师游击管辖。所拨班兵，皆用上游四府。惟兰境北至三貂，南至苏澳，边界横亘百余里，三面负山，口隘二十处，皆生番出没之所。东临大海，其内港则乌石、加礼远二口，自三月至八月，港道通畅，民人贩载米石，小船络绎。外洋则苏澳、龟山、鸡笼洋面，南风司令，每有匪船游奕，防堵尤要。兰地僻远，在台湾极北山后，距郡十三日程，中隔三貂大山，径窄溪深，极为险阻，设有不虞，百人可以梗塞。今额兵裁四百名，分守汛防，未免单薄。须添设战兵一百二十名、守兵八十名，设都司大员统之，驻五围。① 城内守备，移驻头围；千总，移驻三貂。更设在城千总一员、外委二员，始足以资弹压。惟添兵即须筹饷，窃见兰营兵米饷银，皆就兰厅正供、余租支放，每岁银谷皆有盈余。谷约五千石，余租番银二千。今若抽拨战、守兵三百名添防，则岁增兵米七百二十石，不过用谷一千四百四十石，岁尚有余谷矣。增设兵饷：战兵一百二十名，每名月饷银一两四钱；守兵八十名，每名月饷银一两，岁约用银二千九百七十六两。都司全年俸薪、马干、养廉，约银四百四十九两。千总俸薪、马干、养廉，银一百九十二两。外委养廉银三十六两。增设各兵加饷，银九百五十五两耳。凡共需银四千六百余两。兰厅余租一项，颇有盈余，以给官弁养廉、戍兵加饷，足敷支给。至此项额兵，若再从内地抽拨，似觉纷烦。阅军册内台郡城中，驻城守参将一员，兵一千一百七十九名；北路左营都司，驻嘉义，兵一千二百八十二名，额兵颇多。今若于城守及嘉义二营中，酌量抽拨，即可足额，且无庸另筹饷银、眷米。如此，则兰营兵力，可无单弱之虞，而防守更为周密矣。台湾府治，东南路至琅峤，四百五十里；北路至苏澳，一千二百余里。以形势而论，南短北长。兰境未开，初设北路副将一员、中营都司一员，额兵一千二百三十八名，驻彰化城内。辖嘉义都司为北路左营；竹堑守备，额兵七百二十六名，为北路右营。艋舺、新庄以上空虚。故嘉庆九年，蔡逆从沪尾登岸，径至新庄。后乃添设沪尾水师一营，驻游击一员，以艋舺营守备、陆路兵八百七名，及兰营陆路守备，皆归管辖。所以两营陆路，皆辖于水师游击者，北路副将驻彰化，鞭长莫及，故为一时权宜之计耳。沪尾游击所辖洋面，上自苏澳，下至大甲，八百余里。中隔鸡笼，须候南风。由鸡笼至沪尾及于

---

① 点校本原为"设都司大员统之。驻五围城内守备，移驻头围；"不妥，径改。

大甲，须候北风。此一路浅澳最多，向为匪船出没之所，哨捕稽查，殊为不易。今更统以陆路，实有顾此失彼之虞。一旦淡、兰有事，仍不得力。愚意不若以北路副将移驻竹堑，改右营为中营。抽拔彰化营额兵二百名、艋舺营额兵一百名，归竹堑守备，加都司衔，随同副将驻札。改彰化都司为北路左营，改艋舺守备为北路右营，同兰营守备，共四营兵统归副将管辖。其嘉义所辖驻左营都司，改为郡中城守营参将管辖。如此，则北路副将中权淡水，南可以应彰化，北可以应艋舺，噶玛兰形势始为扼要。郡城可无北顾之忧，而艋舺水师游击，惟尽心洋面，以专责成，水陆两路，皆可得力矣。以上五条，实为目前台营之急务，见诸施行，必有实效。然自古治法，莫如治人，苟守土之官，平时廉正公明，勤于政事，不贪安逸，吾知台人必爱之如父母，畏之如神明，虽有奸宄，不敢萌心。即万一不虞，而吾以有备之兵御之，再以子弟之民助之，有不旦夕扑灭者，未之有也。又何致上仅宸衷，远烦数万大兵，耗费无限之粮饷也哉！

道光二年，督、抚以前台道叶公言，欲改班兵之制，观镇军疑不能决，就莹问策，为议上之。镇军亟以为然，而叶公旋擢闽抚，面对犹及此事。上命与总督筹之。三年，赵文恪来督闽、浙军，见此议乃罢。复采其言，于台北营制有增改焉。

（卷四）

复笛楼师言台湾兵事书

奉六月望后谕，以台营恶习，几有魏博牙兵之势，深虑之。集思广益，令博采舆论以闻。莹以为此不足为台地深忧，皆告者过耳。自古治兵与治民异，盖兵者凶器，其人大率粗鲁横暴，驭之之道，惟在简严。简者，不为苛细，责大端而已；严者，非为刻酷，信赏罚而已。夫虎豹犀象，虽甚威猛，然而世有豢畜之者，驭得其道也。马牛犬羊，虽甚驯扰，仆夫童子，操鞭棰而驱之，壮夫卤莽，或受蹄角之伤死者，驭之不得其道也。市井无赖，三五群殴，其势汹汹，妇人孺子，心胆欲碎。老儒学究，向判曲直，反受诟谇而归，摇手气愤，痛骂其无良而已。道傍之人，袖手窃议短长，纷纷未已。一武夫健者，奋怒叱之，二比哄然而散。台营情势，亦若是而已矣。今之走告于夫子者，非妇人老儒，则道傍袖手者也，何足以烦明听哉！请质言之：台湾一镇，水陆十六营，弁兵一万四千有奇，天下重镇也。兵皆调自内地督、抚、提、镇、协，水陆五十八营，漳、泉兵数为多。上府各营兵弱，向皆无事；兴化一营稍黠，多不法。其最难治者，漳、泉之兵也。人素勇健，而俗好斗，自为百姓已然，何况为兵！水提、金门两标尤甚。昔人惧其桀骜，散处而犬牙之，立意最为深远。然如械斗、娼赌、私载违禁货物，皆所不免，甚且不受本管官钤束，不听地方官申理。盖康熙、雍正之间尤甚，乾隆、嘉庆以后，屡经严治，乃稍戢。此兵、刑二律，所以于台地独重也，岂惟今日哉！重法如迅雷霹雳，不可常施；常施则人侧足不安，故曰："一张一弛，文武之道。"然小者可弛，而大者不可弛。小者宿娼聚赌，揽载违禁货物，欺虐平民之类是也。若械斗人命，不受本官钤束，不服有司审断，则纪纲所系，必不可宥，此轻重之别也。故治兵者，不可不知简严之道。不辨轻重者，不可以简；不简者，不可以严；不严者，不可以威；威不足，则继之以恩；恩不足，则守之以信，自古名将，得士力者，皆由用此。今之用兵者，大抵既不知简，又不能严。有罪而不诛，则无威；将不习弁，弁不习兵，劳苦之不恤，而朘削之是求，则无恩；当罚者免，当赏者吝，则无信，此所以令之不从，禁之不止也。然则以为不足虑者有说乎？曰有。兵之可虑而难治者，叛变耳。自古骄兵乱卒，大抵在其本乡，形势利便，易于叛变。若客兵，则有溃而无叛，其形势不便故也。魏博之牙兵，皆魏博人也，故敢屡杀逐其大将，而不受代。若台兵，则皆拨自内地，上游与下游，不相能也；兴化与漳、泉，不相能也；漳与泉，复不相能也。是其在营，常有彼此顾忌之心，必不敢与将为难明矣！况其父母妻子，皆在内地，行者有加饷，居者有眷米，朝廷豢养之恩甚至。设有变，父母妻子，先为戮矣，岂有他哉！虽台地之民，大半漳、泉，而兵与民素有相仇之势，故百余年来有叛民而无叛兵，乃治兵者，每畏之而不敢治，则将之懦也。且漳、泉之人，其气易动而不耐久，一夫倡而千百合，初不知何故；及稍知之，非有所大不愿则已懈；更盛气势以临之，鼠伏而兔脱矣。如吹猪泡然，初虽甚壮，但刺小孔即索然，此漳、泉之人之情也。漳、泉之兵既治，则他可高枕而卧矣。请以近事证之。嘉庆二十四年七月，安平兵斗，死数人矣，将备理谕之不止，情恳之不息，镇军怒，整队将自郡往剿，众兵闻声而解，竟执数人，分别奏诛，无敢动者。二十五年正月，郡兵群博于市，莹为台湾令，经过弗避，呵之，众皆走矣。一兵诬县役掠钱相争。

莹命之跪而问之。众散兵以为将责此兵，一时群呼持械而出者数十人，欲夺犯去。县役从者将与斗，莹约止之。下舆，手以铁索絷此兵往迎之，曰："汝敢拒捕，皆死矣！"众愕然不敢犯，乃手牵此兵，步行至镇署。众大惧求免，不许，卒责革十数人，而禁其博。自是所过，兵皆畏避。又，① 是年九月，兴化、云霄二营兵斗，将谋夜起。诸将备仓卒戒严，莹亦夜出巡视。各营众兵百十为群，见莹过皆跪，好谕之曰："吾知斗非汝意，特恐为人所劫，故自防耳。毋释仗，毋妄出，出则不直在汝，彼乘虚入矣。"众兵大喜曰："县主爱我。"至他营亦如之，竟夜寂然，天明罢散。观镇军切责诸将，众兵乃惧，皆叩头流血，察最狡桀者营数人，贯耳以徇，诸军索然。此三事，其始汹汹，几不可测，卒皆畏服不敢动，可见台之兵犹可为也。及再至台，则闻纷纷以兵横为言者，或虑有变，诘其事，大率如拿赌不服之类。将备懦弱畏事，又镇道、营县不和，是以议者纷纷，张大其词，而非事实。观镇军每为莹言，未尝不扼腕，恨无指臂之助，此所以决意引疾也。既去，而营、县中，乃有思之者矣。今年正月，凤山、淡水两营，皆有营兵铳毙小夫之事。营将规避处分，厅、县始意将外结，方守护道与观镇力持不许，然后得以凶兵解郡，而将备中或有以为怨者。五月，安平营兵与民人乘危抢米，将备又思不究。幸抚军巡台值其事，② 严责之，斩三人，余以军流抵罪。方抚军之盛怒切究也，台中论者纷纷，以为兵民习惯久矣，骤治之恐变。或言安平兵皆溃走下海矣；或言出斩之日，将谋劫夺矣！方守入见抚军，力陈无虑之状，惟请勿多杀而已。案奏之日，兵民畏服。然则悠悠舆论，其可凭乎！善乎夫子之言曰："非得有如李临淮者，安可望其壁垒焕然一新！"斯言可谓得其要矣。夫李临淮固不可得，若以台营视魏博，则尚不至此。虽有不法，一健将、能吏，足以定之，保无他也。且夫聚兵一万四千余人之众，远涉重洋风涛之险，又有三年更换之烦，旧者未行，新者又至，此其势与长年本土者固殊。而营将能以恩、威、信待兵者，百不得一；又时方太平无事，终日嬉游廛市，悍健之气无所泄，欲其无嚣叫纷争、违例犯法之事，必不可得也。而懦懦无识者，既不能治，徒相告以惊怪，是可喟矣！

（卷四）

① 点校本原无逗号，酌加。
② 点校本原为句号，径改。

复笛楼师言台湾兵事第二书

日前一书，备言台兵可无深忧，惟在镇将得人，能以简严为体，恩威信为用，即无难治。说已详矣，既又思之，此言为将之略，惟深明其意者能变通行之，非今日诸镇将所知也。不知此意，而偏执台兵不足虑之言以相诟病，非疑则骇矣。颖斋太守见莹稿，以闻于荃溪观察，索取阅之，谓太守曰："所言戍兵不敢叛，则有然矣，以为不足虑，则吾不信，吾即虑其溃耳！"莹在此落落，观察虽有世谊，而不数见，不能为道所以然者。惜乎观察有忧世之心，而不识兵情，此难以口舌争也。在台湾者，尚不能无疑，况吾师远隔重洋，兵事岂能遥度！赵充国老将深谋，犹必亲至塞上指画军势，可见古人不易言之也。请毕申其说，惟夫子毋惑焉！自古名将，非拔自行阵，则皆出身微贱，不矜细行，兵卒尤多无赖健儿，故能强悍勇敢，捐躯致敌。若皆循循规矩，则其气不扬，气不扬，则情中怯，将焉用之！壮士如虎，懦夫如羊，牵羊千头，不能以当一虎之虓，何必费国家亿万金钱哉！明季边事之坏，正由书生不知兵，挠军情而失事机，虽有猛将劲卒而不能用。一切以法绳之，未见敌人，其气先沮，此壮士所以灰心，精锐所以销折也。近时武人，大都习为文貌，弃戈矛而讲应酬，以驯顺温柔取悦上官。文人学士尤喜之，以为雅歌投壶之风。嗟乎，行阵之不习，技艺之不讲，一闻炮声，惊惶无措，虽有壶矢百万，其能以投敌人哉！驯弱如此，无宁粗猛。粗猛之甚，不过强梁，强梁即勇敢之资，善驭之，犹可得力；一经驯弱，则鞭之不能走矣！且将卒者国之爪牙，苟无威，岂设兵之意！昔李广以私憾杀坝陵尉谢罪，汉武报书曰："报忿除害，捐残去杀，朕之所图于将军也。若乃免冠徒跣，稽颡谢罪，岂朕之指哉！"武帝此言，可谓知将略矣。若夫差其过失，小大施刑，此乃军吏之职，非将略也。故郭汾阳、岳忠武，名将知礼者也，然皆尝犯有司法矣。科条繁细，武人粗疏，最易触犯，虽郭、岳之贤，犹且不免，而以绳今之悍卒，其能行乎！不求所以训练之方，而惟悍不守法是虑，吾故曰不识兵情也。今不虑其叛，更虑其溃，夫兵则何为而溃哉！古之溃兵者，或师老而罢则溃；或守险粮尽则溃，或强敌猝惊则溃，此皆非今之情势也。无故而溃，四面重洋之阻，溃将安往乎？且班兵可虑之说，不自今日始也，其议自叶健庵中丞倡之。中丞尝观察台湾，深以班兵为忧，建议改换之制更为招募。未及行，而中丞罢去，犹以未行其志为憾。今吾师已洞知其说之不然矣。而闽中执事者不虑情形，往往耳食其论，且不独文官，近有一游击告人曰："台兵吾不能治，他日有急，惟自刭耳。"将备犹作此言，故文员益惧而深恶之，每见兵丁不法，辄张大其辞以相告，于是兵之势愈张，此文武诸官皆不能无责耳矣！夫台兵本无难治，不咎己之无能，而曰兵悍可虑，至为自刭之言，亦可哂矣！独惜台营巨万健儿，皆国家劲旅，坐误于三五庸懦之将官，兵事尚可问耶！有将则兵精，无将则兵悍，自古不易民而治，于今岂易兵而治乎！故为吏而曰民恶者，其人必非良吏；为将而曰兵恶者，其人必非良将。虽然，良将难矣，执法之不能，更何知将略！莹所力争于众人者，明成兵可治，欲安众心，而释群疑，救其懦而壮其志，冀有振作耳，岂好为是喋喋哉！不得已而求其次，姑为救弊之法，有三事焉：一曰小事勿问，大事勿赦。二曰按期实操，每月亲考。三曰责成千、把，不得频易。夫军法最重，有事然后用之。时方太平，不能常用此律。然不可不使知之，若寻常易犯及兵民交涉，宜分别其事之大小，小事宜有以容之；大事有犯，则必以其罪之，而不可赦。盖小事常有，不容则繁密，而军必不安；大事不常有，若赦，则无所忌，而法令不行。一宽一严，恩威并著矣。中枢政考操演，本有常期，每三、五、八、十，皆应操之日。弓马器械，枪牌阵图，各有定法，今悉以为具文，无一营实在奉行者，条教虽明，而遵行不力，此方今之大病也。宜责诸镇，督饬各营，实力行之。每月由副、参、游亲考一次，分别等第，造册送省，以观优劣，有不遵者，特予纠参以惩。如此，营伍自能整肃，兵卒可收实效，并免惰游滋事矣。至于班兵到台，分营分汛，各有本管千、把。向以并无操演，兵士任意出营他往，而各汛千总、把总、外委，不时更易，非规避处分，则揣量肥瘠，营将不肖，至有以为利薮者。以此之故，往往千、把不识头目，更无论兵卒。前书所云"将不习弁，弁不习兵"者此也。今宜分定营汛，责成将备，不时抽查点验，使兵无妄出。千、把总各守汛地，不得任意更换，按季一报，由总兵不时抽查，使千、把、外委无常易。如此，责成既专，然后勤惰功过有所归矣。以上三事，至为浅易，而认真行之甚难。其严罚信赏，不足以示惩劝而挽颓风，故必赖有贤镇将也。废弛已久，必有力言不便多方阻挠者，即察出特参以警，然后令乃可行。谚曰："慈不掌兵。"故简严尤治兵之要，惟裁念之。

（卷四）

答李信斋论台湾治事书

　　阁下在晋江，贤能懋著。近调台邑，海外之幸也。乃执词下逮，谆然以地方之张弛垂问，愧不敢承。顾莹于此邦，有旧令尹必告之义，谨竭所知。莹闻：善治国者，如理一身，气血流通，官骸运动，乃可以无病。苟一支一节，气滞血凝，则病作矣。然投剂者，必审其秉体之强弱，与受病之浅深，有同病而异药者，其奏效一也。又闻：为政在乎得民，而得民者，必与民同其好恶。阁下由泉而之台，台之民，半泉人也。泉人之为病与其好恶，既习知之矣，若台人之为病与其好恶，容或有同而异者，是岂可以无辨乎哉！今夫逞强而健斗，轻死而重财者，泉之俗也。好讼无情，好胜无理，赌馆娼间，槟榔鸦片，日寝食而死生之，泉之所以为泉也。台人固兼有之。然而台之地，一府五厅四县，南北二千里，有泉人焉，有漳人焉，有粤人焉，有潮人焉，有番众焉。合漳、泉、潮、粤、番、汉之民而聚处之，则民难乎其为民。一总兵、三副将、水陆十六营，为督标，为抚标，为水提标，为汀、邵，为延、建，为长福、烽火，为兴化，为诏安、云霄、平和，为金门、同安，合通省五十八营之兵而更戍之，则兵难乎其为兵。民与民不相能也，兵与兵不相能也，民与兵不相能也，番与兵与民不相能也，其日错处而生隙焉，势不能免，则安抚而调辑之者，难在和睦。台之门户，南路为鹿耳门，北路为鹿港、为八里坌，此正口也。其私口则凤有东港、打鼓港，嘉有笨港，彰有五条港，淡水有大甲、中港、椿梢、后陇、竹堑、大垵，噶玛兰有乌石港，皆商艘络绎。至于沿海僻静港汊纷歧，在在可以偷渡。士也怀筴，农也负锄，商贾负贩而云集，来往不时，居处靡定。其内地游手无赖之徒，重罪逋逃之犯，阔迹杂沓而并至，有业者十无二三，地力、人力，不足以养，群相聚而为盗贼，则所以稽察而缉捕之者，难在周密。内地之民，聚族而居，众者万丁已耳。彼此相仇，牵于私斗，无敢倡为乱异者。台之民，不以族分，而以府为气类。漳人党漳，泉人党泉，粤人党粤，潮虽粤而亦党漳，众辄数十万计。匪类相聚，至千百人，则足以为乱。朱一贵、黄教、林爽文、陈锡宗、陈周全、蔡牵诸逆，后先倡乱，相距或三十年，或十余岁，虽不旋踵而灭，然戕官陷城，生民涂炭，兵火之惨，谈者寒心。糜国家数十百万之金钱，劳将帅累月经年之战讨，而后蒇事。人心浮动，风谣易起，变乱之萌，不知何时，其难在守常而知变。凤邑之民，狡而狠；嘉、彰之民，富而悍；淡水之民涣；噶玛兰之民贫。惟台邑附郡，幅员短狭。艋舺通商，户多殷实，其民稍为纯良易治。然逸则思淫，一唱百和。官有一善，则群相播颂而悦服；官一不善，则群相诟诈而为奸欺。故举措设施，其难在有德而兼才。凡此皆台之病也。知其病而药之，则投剂必有其方矣。虚者补之，毒者攻之，捍隔而不入者，和解而通守之。虽扁、卢，无以易此。夫所谓与民同好恶者，非为苟安之政一切姑息也。其民既浮动而好事，非严重不足以镇靖。锄强除暴，信赏必罚之谓严；事有豫立，临变不惊之谓重。威以震之，恩以结之，信以成之，大要尽于此矣。民恶盗贼，而我严缉捕；民恶匪类，而我诛强横；民恶狱讼，而我听断以勤；民恶枉累，而我株连不事，其同民之恶也如此。民好贸易，而我市廛不惊；民好乐业，而我闾阎不扰；民好矜尚，而我待之以礼；民好货财，而我守之以廉，其同民之好也如此。宽以容奸，而有犯必惩；惠以养士，而非公不见。调和营伍，平心以臻浃洽；亲接贫贱，广问以达下情。防患于未萌，慎思以明决，文武同心，官民一体，则血脉自尔流通，百骸无所壅滞，尚何病之不治哉！

（卷四）

康辅纪行

（1844—1846）

余小坡太守

二十九日，张竹虚为宣太守所留，余与丁别驾先发，宿名山县百丈驿。云南提督张公必禄，自建昌入觐过此，携酒来饮，夜分乃散。三十日，名山县早饭，晤穆明府精阿。晚宿雅州府城，余小坡太守召饮，观其近著文章，出示梅伯言所为汤海秋墓志铭、栗朴园河帅小传。小坡谓余："道不行矣，曷不引身退乎？"曰："此事思之熟矣，得利则进，失利则退，此廉颇之客，所谓市道交者，可以之事君乎？古之君子，有辞美官者矣，乌有降谪而避者哉！义有所不安，命有所当受耳。"小坡咨嗟而罢。

（卷二）

复设天主堂

十四日，定议。十七日，出关。留仆及兵丁，护茶、烟、缎疋诸赏需之物续发。十六日，报出关日期，余发省寓及余小坡书，录寄《汤海秋传》稿。伊濂江出示奉文准西洋人设天主堂行教粤中，奏言：西洋人自前明入中国，奉天主教，无非劝人为善，因习教者假此诱淫妇女，取人死后目睛，嘉庆中禁止，今佛兰西在五处马头设天主堂，请弛中国习教之禁，倘有诱淫妇女、取人目睛者，仍如例治罪，系西洋人，交夷目办理。

（卷二）

天主教源流（三条）

《后汉书》曰："大秦国一名犁鞬，以在海西，亦名海西国。地方数千里，有四百余城，小国役属者数十。以石为城郭。列置邮亭，皆垩墍之。有松柏诸木百草。人俗力田作，多种蚕桑，皆髡头而衣文绣。所居城邑，周圆百余里。城中有五宫，相去各十里，宫室皆水精为术，食器亦然。其王日游一宫听事，五日后遍。常使一人持囊随王车，人有言事者即以书投囊中，王至宫发省，理其枉直。各有官曹文书，置三十六将，皆会议国事。其王无有常人，皆简立贤者，国中灾异及风雨不时，辄废而更立。其人民皆长大平正，有类中国，故谓之大秦。土多金银奇宝，有夜光璧、明月珠、骇鸡犀、珊瑚、琥珀、琉璃、琅玕，朱丹青碧，刺金缕绣，织成金缕罽、杂色绫，作黄金涂、火浣布，又有细布。合会诸香煎其汁为苏合香。凡外国珍异皆出焉。以金银为钱，银钱十当金钱一。与安息、天竺交市海中。常欲通使于汉，而安息欲以汉缯彩与之交布，故遮阂不得自达。至桓帝延熹九年，大秦王安敦遣使，自日南徼外献象牙、犀角、玳瑁，始乃一通。其所表贡，并无珍异，疑传者过焉。或云：其国西有弱水流沙，近西王母所居处，几于日所入也。《汉书》云：从条支西行，一百余日，近日所入。则与今书异矣。前世汉使，皆自乌弋以还，莫有至条支者。又云：从安息陆道，绕海北行，出海西，至大秦，人庶连属，十里一亭，三十里一置，终无盗贼寇警，而道多猛虎狮子，遮害行旅，不百余人赍兵器，辄为所食。"鱼豢《魏略》曰："大秦国俗多奇幻，口中出火，自缚自解，跳十二丸，巧妙非常。"《新唐书》曰："拂菻，古大秦也，居西海上，地方万里。以名通者曰泽散，曰驴分。泽散直东北，不得其道里。东渡海二千里，至驴分国。贞观十七年，遣使献赤玻璃、绿金精。大食稍强，遣军伐之，拂菻约和，遂臣属。干封至大足，再朝献。开元七年，因吐火罗大酋献狮子、羚羊。"《宋史》曰："拂菻国东南至灭力沙，北至海，皆四十程；西至海，三十程；东至西大食及于阗、回纥、青磨，乃抵中国。元丰四年，其王遣大酋来献鞍马、刀剑、真珠，言其国地甚寒，土屋无瓦，产金、银、珠、西锦，王服红黄衣，金线织，丝布缠头；岁三月，诣佛寺；不尚斗战，邻国小有争，但以文字来往相诘问，事大亦出兵；铸金银为钱，面凿弥勒佛，背为王名。"《文献通考》曰："唐史有拂菻国，以为即古大秦也。然大秦自后汉始通中国，历晋、唐贡献不废，而《宋四朝史·拂菻传》则言其国历代未尝朝贡，至元丰始献方物。又《唐》传言其国西濒大海，而《宋》传则言西距海尚三十程，其余界亦不合，土产风俗亦不同。故以唐之拂菻，附入大秦，此拂菻自为一国云。"《明史》曰："拂菻，即汉大秦。桓帝时始通中国。晋及魏皆曰大秦，尝入贡。唐曰拂菻，宋仍之，亦数入贡。而《宋史》谓历代未尝朝贡，疑其非大秦也。元末，其国人捏古伦入市中国，元亡，不能归，太祖闻之，召见，命赍诏书还谕其王，复命使臣招谕其国，乃遣使入贡，后不复至。万历时，大西洋人至京师，言天主耶稣生于如德亚，即古大秦国也。其国自开辟以来六千年，史书所载，世代相嬗，及万事万物原始，无不详悉，谓为天主肇生人类之邦，言颇诞谩不可信。"《职方外纪》曰：亚细亚之西，近地中海有名邦曰如德亚，此天主开辟以后肇生人类之邦，天下诸国载籍，上古事迹，近者千年，远者三四千年而上，多茫昧不明，或异同无据，惟如德亚史书，自初生人类至今，将六千年，世代相传，及分散时候，万物万事造作原始，悉记无讹。地甚丰厚，人烟稠密，是天主生人最初所赐沃壤。其国初有大圣人，曰亚把剌杭，约当中国虞舜时，有孙十二人，支族蕃衍，天主分为十二区，厥后生育圣贤，世代不绝。故其人民百千年间，皆纯一敬事天主，不为异端所惑。其国王多有圣德，乃天主之所简命也。至春秋时，有二圣王父曰大味，得子曰撒剌满。尝造一天主大殿，皆金玉砌成，饰以珍宝，穷极美丽，其费以三十万万。其王德绝盛，智绝高，声闻最远，中国所传为西方圣人，疑即指此也。此地从来圣贤多有受命天主、能前知未来事者，国王有疑事，必从决之。其圣贤竭诚祈祷，以得天主默启，其所前知，悉载经典，后来无不符合。经典中第一大事，是天主降生，救拔人罪，开万世升天之路，豫说甚详。后果降生于如德亚白德梭之地，名曰耶稣，言救世主也。在世三十三年，教化世人，所显神灵圣迹甚大且多，如命瞽者明、聋者听、喑者言、跛者行、病者起，以至死者生之类，不可殚述。有宗徒十二人，皆耶稣纵天之能，不假学力，即通各国语言文字。其后耶稣肉身升天，诸弟子分散万国，阐明经典。教中要义数端：一曰天地间至尊至大，为人物之真主大父者，止有其一，不得有二，一即天主上帝而已，其全智全能全善，浩无穷际，万神人物，皆为天主所造，又恒赖其保持安养，凡人祸福修短，皆其主宰，故吾人所当敬畏爱慕者，独有一天主也。此外或神或人，但能纯一教人以事天主，即为善人吉神，若以他道诱人求福免祸，是僭居天主之位而明夺其权，其为凶神恶人无疑；崇信祭祀此类者，不免获罪。一曰天地间惟一天主为真主，故其圣教独为真教，从之则令人行真善而绝不为恶，可升天堂，永脱地狱；若他教乃是人所建立，断未有能行真善、免罪戾而升天堂、脱地狱者。一曰人有形躯，有灵魂，形躯可灭，灵魂不可灭。人在世时，可以行善，可以去恶，一至命终，人品已定，永不转移。天主于是乃审判而赏罚之：其人纯一敬事天主及爱人如己，必升天参配天神及诸圣贤，受无穷真福；若不爱信天主，违教犯戒者，必堕地狱，永受苦难也。其苦乐永永无改，更无业尽复生为人及轮回异类等事，故实欲升天堂，脱地狱，只在生前实能为善去恶，无他法也。一曰人犯一切大小过恶，皆得罪于天主者也，故惟天主能赦宥之，非神与人所能赦，亦非徒诵念、徒施舍所能赎也。今人生孰能无过，欲求赦宥，必须深悔前非，勇猛迁改。故初入教无悔罪，有拔地斯摩之礼，既重犯求解罪，有恭斐桑之礼。遵依圣教，守戒祈求，必获赦宥，不然，一生罪过无法可去，地狱无法可脱也。钱氏《景教考》曰："《册府元龟》：天宝四载九月诏曰：'波斯经教，出自大秦，传习而来，久行中国，爰初建寺，因以为名，将以示人，必循其本，其两京波斯寺，宜改为大秦寺，天下诸州郡宜准此。'此大秦寺建立之缘起，而碑言（即景教流行碑也）贞观中即诏赐名大秦寺，夷僧之夸辞也。舒元舆重岩寺碑云：'合天下三夷寺，不足当吾释寺一小邑之数，释寺惟一，夷寺有三，摩尼，即末尼也；大秦，即景教也；祆神，即波斯也。'今据元舆记①而详考之。《长安志》曰：'布政司西南隅胡祆祠，武德四年立，西域胡天神也，祠有萨宝府官，主祠祆神，亦以胡人称其职。'《东京记》引《四夷朝贡图》云：'康国有神名祆，毕国有火祆祠，疑因是建庙。'王溥《唐会要》云：'波斯国东与吐蕃康居接，西北距拂菻，其俗事天地日月水火诸神，西域诸胡事火祆者，皆诣波斯受法，故曰波斯教，即火祆也。'宋人姚宽曰：'火祆字从天，胡神也，经所谓摩醯首罗，本起大波斯国，号苏鲁支，有弟子名元真，居波斯国大总长如火山，后化行于中国。'然祆神专主事火，而宽以为摩醯首罗者，以波斯之教事天地水火之总，故诸胡皆诣受教，不专一法也。大秦之教，本不出于波斯，及阿罗诃者出，则自别于诸胡。碑言三百六十五种之中，或空有以沦二，或祷祀以邀福，彼不欲过而问焉，初假波斯之名以入长安，后乃改名以立异。若末尼，则《志盘统纪》序之独详。开元二十年敕云：'末尼本是邪儿，妄称佛法，既为西胡师法，其徒自行，不须科罚。'会昌三年秋，敕京城女末尼凡七十二人皆死。梁贞明六年，陈州末尼反，立母乙为天子，发兵擒斩之。其徒不茹荤酒，夜聚淫秽，画魔王踞坐，云'佛为上大乘，我乃上上乘'。盖末尼为白云白莲之流，于三种中为最劣。以元舆三夷寺之例核而断之，三夷寺皆外道也，皆邪教也，所谓景教流行者，皆夷僧之黠者稍通文字妄为之词，非果有异于摩尼、祆神也。"《金石粹编》曰："按西洋奉天主耶稣，或谓即大秦遗教，据碑有判十字以定四方之语，与今天主

---

① 点校本作"《元舆记》"，联系上下文，当误，径改。

教似合。然《日下旧闻考》载：天主堂构于西洋利玛窦，自欧罗巴航海九万里，入中国，崇奉天主云云。若大秦一名如德亚，今称西多尔，其在欧罗巴南、印度之西，相距甚远，似不能合为一也。（莹按：此语迂谬。天主教始自大秦，流行于大西洋耳，今旦自大西洋流入中国矣，况自唐至明，越千数百年乎？）杭氏谓：唐时回纥，即今之回回，说亦未然。唐之回纥，即回鹘，其地与薛延陀为邻，距长安只七千里；若回回有祖国，以今职方诸书考之，在古大秦之东，一名伯尔西亚，今称包社大白头蕃，与回纥隔远，亦不能合为一也。（莹按：此言亦非。包社乃回回祖国，既云祖国，则近西域诸部为其支派种类明矣。犹吕宋本国在大西洋，与贺兰、佛兰西邻，而其别属近琉球之岛，亦名吕宋耳。）碑称大秦国上德阿罗本，而《唐书·西域传》所载诸国，惟拂菻一名大秦，无一语及景教入中国之事。《唐会要》称波斯国西北距拂菻，则波斯在拂菻之东南，故《长安志》所载大秦寺，初谓之波斯寺。玩天宝四载诏书，波斯经教出于大秦，则所谓景教者，实自波斯，而溯其源于大秦也。《唐书·西域传》：波斯距京师万五千里，其法祠祆神，与《唐会要》语同。然亦无所谓景教者。祆神字当从示、从天，读呼烟切，与从夭者别。《说文》云：关中谓天为祆。《广韵》云：胡神所谓关中者，统西域而言。西北诸国，事天最敬，故君长谓之天可汗，山谓之天山，而神谓之天神，延及欧罗巴，奉教谓之天主，皆以天该之。《唐》传载波斯国俗，似与今回回相同。此碑（谓景教流行碑也）称'常然真寂，戢隐真威，亭午升真，真常之道，占青云而载真经'。举'真'字不一而足。今所建回回堂，谓之礼拜寺，又谓之真教寺，似乎今回回之教，未始不源于景教。然其中自有同异，特以彼教难通，未能剖析，姑备录诸说，以资博考。至碑称景教景字之义，文中只二语云：'景宿告祥'，'悬景日以破暗府'，是与景星景光流照之义相符。然则唐避讳而以景代丙，亦此义欤？《四库全书提要》曰：《西学》凡一卷，附录唐大秦寺碑一篇，碑称贞观十二年，大秦国阿罗本远将经像来献上京，即于义宁坊敕造大秦寺一所，度僧二十一人云云。考《西溪丛语》载：'贞观五年，有传法穆护何禄将祆教诣关闻奏，敕令长安崇化坊立祆寺，号大秦寺，又名波斯寺。至天宝四年七月，敕：波斯经教，出自大秦，传习而来，久行中国，爰初建寺，因以为名，将以示人，必循其本，其两京波斯寺并即改为大秦寺，天下诸州郡有者，准此。'《册府元龟》载：'开元七年，吐火罗国王上表，献解天文人文慕阇，智慧幽深，问无不知，伏乞天恩唤取，问诸教法，知其人有如此之艺能，请置一法堂，依本教供养。'段公式《酉阳杂俎》载：'孝亿国界三千余里，举俗事祆，不识佛法，有祆祠三千余所。'又载：'德建国乌浒河中，有火祆祠，相传其神本自波斯国，乘神通来，因立祆祠，内无像，于大屋下置小庐舍向西，人向东礼神，有一铜马，国人言自天而下。'据此数说，则西洋人即所谓波斯，天主即所谓祆神，中国具有记载，不但有此碑可证。又杜预注《左传》'次睢之神'曰：'睢受汴，东经陈留、梁谯、彭城入泗，此水次有祆祠，皆社祠。'顾野王《玉篇》亦有祆字，音阿怜切，注为祆神，徐铉据以增入《说文》。宋敏求《东京记》载：宁远坊有祆神庙，注曰：'《四夷朝贡图》云：康国有神名祆，毕国有火祆祠，或曰石勒时立此，是祆教其来已久，亦不始于唐。'岳珂《桯史》：'番禺海獠，其最豪者蒲姓，号白蕃人，本占城之贵人，留中国以通往来之货；屋室侈靡逾制，性尚鬼而好洁，平居终日，相与膜拜祈福，有堂焉，以祀，如中国之佛，而实无像设；称谓謦牙，亦莫能晓，竟不知为何神；有碑高袤数丈，上刻异书如篆籀，是为像主，拜者皆向之。'是祆教至宋之末年，尚由贾舶达广州，而利玛窦初来，乃诧为亘古未睹。艾儒略作此书，既援唐碑以自证，则其为祆教，更无疑义。乃无一人援古事以抉其源流，遂使蔓延于海内。盖万历以来，士大夫大抵讲心学、刻语录，即尽一生之能事，故不能征实考古，以遏邪说之流行也。"《澳门纪略》曰："澳中凡庙所奉天主，有诞生图，被难图、飞升图。其说以耶稣行教至一国，国人裹而缚之十字木架，钉其首及四肢，三日苏，飞还本国，更越四十则上升，年三十有三。故奉教者必奉十字架，每七日一礼拜，至期，男女分投诸寺，长跪听僧演说。蕃僧不一类，三巴寺僧，削发，披青冠斗帽，司教者曰法王，由大西洋来，澳酋无与敌体者，有大事疑狱，兵头蕃目不能决，则请命，命出，奉之惟谨。龙松庙僧，亦削发，蒙毡，内衣白而长，外覆以青。板樟庙僧，不冠，曳长衣，外元内白，复以白布覆其两肩。噶斯兰僧服粗布衣，带索草屦，不冠不袜，出入持盖。僧有尽削其发者，有但去其顶发者。又曰天主教者，西士曰天主耶稣，汉哀帝元寿二年庚申，生于如德亚国，其书所云五经十诫，大都不离天堂地狱之说，而词特陋劣，较佛书尤甚。尝寻求其故，西洋诸国，由来皆崇佛教、回回教，观其字用梵书，历法亦与回回同源，则意大里亚之教，当与诸国奉佛奉回回者无异。特其俗好奇喜新，聪明之士，遂攘回回事天之名，而据如来天堂地狱之实，以兼行其说，又虑不足加其上也，以为尊莫天若，天有主则尊愈莫若。盖其好胜之俗为之，不独史称历法也。昔西人有行教于安南者，举国惑之，王患之，逐其人，立二帜于郊下，令曰：'从吾者立赤帜下，宥之；否则立白帜下，立杀之。'竟无一立赤帜下者，王怒，然炮杀之尽，至今不与西洋通市，至则举大炮击之，西洋人亦卒不敢往。倭亦然。噶罗巴马头，石凿十字架于路口，武士露刃夹路立，商其国者，必践十字路入，否则加刃，虽西人不敢违。又埋耶稣石像于城阈以蹈践之，盖诸蕃严恶之如此。"

莹按：福善祸淫，虽本天道，然此不过天道之一端耳。至天道之精微广大，与人道之所以参赞化育、克配天地为三才者，岂可以祸福言哉！此义，不但吾儒，即释、老二氏，亦皆知之。彼回教、天主教者，大旨精微，止于敬事天神，求福免祸，正西域之婆罗门耳，佛法未兴时即有之，彼所谓傍门外教也。以其粗浅鄙陋，愚人易于崇信，故行之最易，而何足以当明智之论辨哉！今此二教横行，恐吾人不知其所以为教，故详纪之于此。

《通鉴》："唐宪宗元和元年，回鹘入贡，始以摩尼偕来，于中国置寺处之。其法日晏乃食，食荤而不食湩酪，回鹘信奉之。可汗或与议国事。"胡注引《唐书会要》："回鹘可汗王，令明教僧进法入唐，大历三年六月，敕赐回鹘摩尼，为之置寺，赐额为大云光明。六年正月，敕赐荆、洪、赵等州各置大云光明寺一所。《新唐史补》：蕃人常与摩尼僧议政，京城为之立寺，其大摩尼数年一度往来本国，小者年转。《唐史·回鹘列传》：元和初，再朝献，始以摩尼至。"《通鉴》又云：唐武宗会昌五年，"先毁山野招提兰若，敕上都、东都两街各留二寺，每寺留僧三十人；天下节度观察使治所，及同、华、商、汝州，各留一寺，分为三等，上等留僧二十人，中等僧十人，下等五人，余僧及尼，并大秦穆护祆僧，皆勒归俗。"胡注："大秦穆护，又释氏之外教，如回鹘摩尼之类是也。时敕曰：大秦穆护等祠，释教既己（已）厘改，邪法不可独存，其人并勒僧还俗，递归本贯，充税户；如外国人，送远处收管。祆乎烟翻，胡神也，唐制，祠部岁再祀磧西诸州火祆，而禁民祈癸。官品令有祆正，盖主祆僧也。"余按：此言摩尼入中国及毁其寺事，钱氏诸书皆未引之，今补录于此。《通鉴》谓元和二年，摩尼始入中国，本之《唐会要》，观开元二十年教，则其入中国久矣。末尼即摩尼也，《志盘统纪》所引，恐不及《唐会要》确。

（卷二）

《易》九卦（五条）

十九日，宣太守以人众与竹虚先行，余与丁别驾留一日。偶读《易》至九卦之德，孔子反复言之，然后知圣人之道，可以处忧患也。"履"虎尾之险，而以为"德之基"，何也？君子任重道远，非历艰难不能有成，立志之初，若畏而不进，则终身废矣。能知其难，不自疑俱而力行之，如履虎之尾，然后志器宏大，故以为"德之基"也。"谦"者，自卑而尊人，既云自卑，则贫贱过尤，人所难甘之境，皆身任之而不争。既云尊人，则所遇崇高富贵骄泰者，固以礼处之，即贫贱卑幼愚不肖者，亦必以礼处之。持此以行，乃有执持，故以为"德之柄"也。"复"，以一阳处五阴之下，微且危矣。如不自葆其光，非特发之弗耀，且为五阴所恶，必以非类去之，何复之有？惟时自惕厉，善养其阳，然后潜滋暗长，阴将自退，万事万物，由此而生，故以为"德之本"也。既能以卑自处，厚培其本矣。若频更险阻，仍复沮丧，则所得仍失之矣。必行之有恒，如日月之长久，然后不失。故云："'恒'，德之固也。"行道若此，能贞固矣，未必所如皆合也，或有不得于人，或人不知我，则损毁必至，惟即以其损自惕焉，所谓"为学日益，为道日损"也。前日之谦，我本自处卑下；今日之损，乃我已卑下，人更苛求，我复愈自贬损。修道莫大乎是。故云："'损'，德之修也。"我能如此，则道积厥躬，悦从者自众，行日宽广，为益多矣。故云："'益'，德之裕也。"虽然数有乘除，祸福相倚，君子小人，迭为消长，道至益裕，忌者必至，始犹不过损毁，至此且将重伤之矣。君子处此，安能无困乎？惟能固守其困，强力不变素，患难行乎患难，以自验其所守贞固，若此，非仅如前日之有恒而已。若因困而失其所据，则何德之可言乎？至此而自守其常，不失其所，乃可以言德。故云："'困'德之辨也"。行道至此，乃终底于成矣。其象如井，自居其所不动，任人往来绠汲迁移，而养物不穷，岂惟一时之利哉！故云："'井'，德之地也"。而其要总归于刚其中而巽顺其外，以此立身处世，如有定制。故云："'巽'，德之制也。"朱子本义谓九卦皆反身修德，以处忧患之事，而有序焉。孔子不云乎？所居而安者，易之序也。是朱子之所本也。

"'损'先难而后易"，朱子以为损欲先难，习熟则易；损以欲言，何也？富贵功业声誉，下至服食起居，凡便于己者，皆欲也。得之而喜，失之而怒，未得而求，未失而患，此欲之大者。君子不然，无论服食起居，常取其损，即富贵功业声誉，或受人屈抑，或自处贬损，初行之时，不无强制，是先难也。习行久熟，日近自然，故云后易。本卦象传曰："君子以惩忿窒欲"，此之谓也。

"'损'以远害"，何也？富贵功业声誉之崇，服食起居之美，人皆欲之，有得即有不得。得者，身处其中而甘之，则晏安酖毒，害即伏于此矣。吾能损其所有，不以为利，尚何害乎？不云无害而云远害者，圣人不易其言也。天下事固有出于常情之外者矣。故虽损以远害，复继之曰："'困'以寡怨。"

"'困'穷而通"，何也？人至于困，其道穷矣。然穷于人者，不穷于天，君子自"履"、"谦"、"恒"、"损"以来，自反于道无悖，如是而犹困，则非我之咎也，人也。人事境遇，于道何伤？人能困我之身，不能困我之道，大困之后，吾道益彰，通孰甚焉。

"'困'以寡怨"，何也？境遇之困，无非富贵、功业、声誉、服食、起居之事，此数者，我苟有得而人无得，必怨；我身既困，人复何怨？即使有之，亦必寡矣。反是则放利而行怨，有不多者乎？

（卷二）

《易》言吉凶悔吝

《系辞》言："吉凶悔吝生乎动。"又曰："吉凶者，失得之象也；悔吝者，忧虞之象也。"朱子谓吉凶相对，而悔吝居其中间，悔自凶而趋吉，吝自吉而向凶。余谓：《易》言天道人事，无非示人以趋吉避凶之理，而悔吝者，吉凶之几也。吝者，自遂其过，必至于凶，固可畏矣；人能反是而悔其过，则徙义从善，自可免凶，况复可以获吉乎？六十四卦之辞，言无悔者五，言悔亡者十八，言有悔者四，言小有悔、无祗悔、亏悔、悔厉者各一，未有一凶者。吾人苟思入德，可不先从事于悔哉！耻于悔过，好为文饰，究之人已咸见其过，何能文饰！不悔则吝凶将至矣。推其不肯悔过之心，皆由无所忌惮耳。能悔则忧，忧者生之徒也；不悔则肆，肆者死之徒也。

（卷二）

蕃妇不裈

张司马言：昔在松潘，蕃女短衣及膝，不裈，下缀缨络，取便溲溺。其太夫人谓女不知羞，作裈三百件令著之，欲变其俗。未半岁，死者百数，乃罢。余谓三代以前，皆未有裈，故古人未有衣裳，先惟有芾，后制衣裳犹加芾，示不忘初也。今之蕃妇，乃古遗制耳，不足为异，松潘则稍殊矣。往在噶玛兰，蕃妇夏日皆赤身，以蕃布一副蔽前体而已。余行令女当著裈，三月后，裈者数百人，及后再至台，询之，云：已无不裈者。西洋诸国，风俗亦然。

（卷二）

虞仲、夷逸放言

逸民七人，惟夷逸朱张无考。孔子以夷逸与虞仲并称隐居放言，恐亦有其书，或如《庄子》之类。《庄》以前书皆简古，《三坟》、《五典》、《八索》、《九丘》，不可见矣。六经外如《灵枢》、《素问》、《尔疋》、《山海经》，皆未有放言者。《老子》虽与六经异旨，其言甚约，不可云放。虞仲、夷逸之书，岂蒙庄之祖欤？伯夷、叔齐非周人，而及周有天下，余皆周人，故孔子论列及之，门人记于接舆、长沮、桀溺丈人之后。盖云诸子出处，各有其义，天下后世，必有行之者，而要以孔子为归也。

（卷二）

进退存亡当不失其正

《易》"亢龙有悔"，解者皆谓阳刚之过。以时位言之，则四时之序，成功者退，若贪进不止，则穷灾必至而有悔。是说也，知足之君子皆能之矣。然此但言处常之道，而非处变之道也。其在太平盛时，惧名位太盛，保泰持盈，奉身而退，洵为明哲保身之君子矣。若不幸国家多难，或主少国疑，当此之时，而私计自全，避位远害，则为不忠不义，岂圣人教人之意乎！苟非持禄固宠，则义之所在，虽小臣亦当赴难蹈死，何计利害乎？文王当纣之时，以谏见囚羑里；周公有辅成王之功，因负扆而致流言之疑；此二圣人者，身为《周易》，而亲履患难，曾无所悔。微、箕子、比干，行迹不同，孔子皆谓之仁。诸葛武侯，鞠躬尽瘁，岳忠武被诬见杀，千古以来，忠而被祸诸公，皆不可谓不知《易》者也。孔子既以"知进而不知退，知存而不知亡，知得而不知丧"，明亢之为言矣，必申之以圣人知进退存亡而不失其正，则固有防乎后世之借口亢龙而失其正者矣。故曰：《易》为君子谋，不为小人谋也。

（卷三）

《易》言吉凶悔吝不同义

《系辞》：吉、凶、悔、吝，四象皆生乎动，既以四象示人矣；乃《易·爻辞》复有言无咎者七十八，言无大咎者二，言何咎、何其咎者二十，又与无悔、悔七不同者，何也？悔者，自见其过；咎者，人责其过也。悔与吝对，皆在乎己；咎与誉对，皆存乎人。悔在己者，诚见其过，则宜改之勿吝。咎存乎人者，即或无过，亦宜补之。君子之过无多。故《易》言无悔、悔亡、小有悔、无祗悔、亏悔、悔厉者三十一爻而已。人之责君子者常多，故言无咎、无大咎、何咎、何其咎者至于八十四爻。学者言行动止，可不慎乎！

（卷三）

廓尔喀披楞（三条）

古天竺国，一名身毒，即五印度也。地在后藏之西，约一月程。后藏南为廓尔喀，西渡小海港，地名披楞，即东印度，披楞之南，有地滨海，名孟加剌。《明史》作榜葛腊，本东印度地，为英吉利所据，以利诱披楞为其所属。中国不知孟加剌为英吉利所据之马头，但相传为第哩巴察而已。英吉利既据此地，诱属披楞，复诱其傍地皆属之。乾隆五十七年，廓尔喀侵后藏，求助于第哩巴察，其酋果尔那尔，谓其国人在广东贸易，天朝待之厚，却之。廓尔喀既为大兵平服，遂与第哩巴察及披楞有隙。道光十九年，请于西藏，求借兵饷击披楞，不许。其时英吉利先已鸱张，欲谋并廓尔喀，以窥西藏矣。廓尔喀王之正妃与次妃，各生一子，皆幼，次妃有宠，正妃恐己子不得立，因次妃子疾，潜使人药杀之。大臣有毕兴者，为大噶箕（最贵官名），当国，王究药杀状，辞连毕兴，王诛之。其侄乌大巴兴，逃入披楞。道光二十年，廓尔喀王遣①使臣两噶箕入贡，未返，乌大巴兴因披楞之助，回国废其王，立正妃之子，尽杀治毕兴狱者。二贡使在其党中，乃籍没其家。二使臣返至藏中，闻变，不敢归国，中道亦逃入披楞。先是披楞贻廓尔喀王木椟，镯封甚固，曰中皆珍宝，须王亲启。大臣疑有诈，使因于空地启之，炮发毙囚。益怨披楞。广东方有英吉利之事，廓尔喀使告藏中曰："闻第哩巴察莫斯党（头目之称，谓义律也）与京属打仗，愿借兵饷助击之。"大臣不知所云。第哩巴察者，即英吉利；京属即广东也。奏入，上使查复。乃遍询得前驻藏大臣和泰庵所著《西藏赋》注，有第哩巴察，乃西南徼外一大国语复奏，事遂寝。廓尔喀乘孟加剌之虚，自以兵往袭之，大获。此二十二年事也。英吉利方肆扰浙江、江苏，要求无厌，闻第哩巴察败，亟分兵回救，至孟加剌，厚赂廓尔喀，赎还所掳男妇千人以和。廓尔喀既得志，又以数请助藏中，不许，抱怨，至是乃轻中国矣。

今《四川通志》：西域廓尔喀本巴勒布中一小部落，其地止东自札格达至巴拉打拉罕，计程十日；正南自巴尔布（即巴勒布）至尼诺忒克，计程七日；正西至库尔卡，计程六日；正北至西藏之济隆城卡，二日；自济隆至藏，计程二十日。巴勒布本三罕，曰布颜罕、叶楞罕、库库木罕，雍正十年内附，十一年奉表入贡，嗣为廓尔喀所并。乾隆五十三年，廓尔喀酋长剌纳巴都尔又兼并哲孟雄、作木朗、洛敏汤诸部，遂与西藏以交易滋扰。王师远涉至胁噶尔，震慑投诚，遣酋玛木野入贡。五十六年，复诱执西藏噶布伦丹津班珠尔，由萨迦、定日肆掠札什伦布而去，余贼屯济隆、绒辖、聂拉木。五十七年正月，福大将军同超勇公海兰察、四川总督惠龄进讨。大将军自青海至藏，聂拉木之贼，先已为领队大臣所破。四月，大兵次定日，直取济隆，临贼境，克热索桥。六月庚午，次噶多；癸酉，克其木城碉卡数十。聂拉木兵亦克铁索桥陇冈贼卡，进至利底，绒辖之贼遁去。廓尔喀大惧乞降，不许。七月，复战于堆补木甲尔古拉，直抵朗古。廓尔喀酋再遣人诣营，归丹津巴（班）珠尔等，献札什伦布所掠，使噶箕第乌达特塔巴进驯象、蕃马及乐工一

---

① 点校本作"遗"，当误，径改。

部，不可胜计，奉表归诚。大将军磨崖纪功而还。又曰：披楞西南一大部落，道路险远，在廓尔喀外，自称为噶哩噶达，其别部人称为披楞。其蕃民奉回教，部长乃第哩巴察所放，别为一教，不信佛，惟阿杂拉剌麻有佛庙一，距部长官寨不远，令剌麻一人在官寨通译文书。乾隆五十八年，遣剌麻齐格哩至藏投禀，极恭顺。又曰：第哩巴察在甲噶尔各部落中，地土较广，所属最多，噶哩噶达为第哩巴察属部中大部落，与廓尔喀南界毗连，为边外极边之国。披楞有小部落，名巴尔底萨杂尔，西通廓尔喀，东通布鲁克巴。乾隆五十八年，廓尔喀贡象、马，由巴尔底萨尔部中绕行，其部长备米、草、人夫护送，奏赏之。余按：《通志》修于嘉庆中，所谓西藏外诸部落，皆据藏中文案及平定廓尔喀奏章，当时但知披楞为第里巴察属部，以第里巴察为甲噶尔之大部落，初不知其即英吉利也。又称披楞民信奉回教，其部长乃第哩巴察所放，别为一教，不信佛，盖即天主教也。又称披楞之小部落巴尔底萨杂尔，西通廓尔喀，东通布鲁克巴，是时布鲁克巴犹未为廓夷所并也。布鲁克巴本红教剌麻地，与噶毕分为两部，其部长诺彦林亲，乾隆元年，赐额尔德尼第巴印，掌教剌麻为札尔萨立布噜克谷济呼毕勒罕，俱住布噜克巴蜂汤德庆城中。有大小城五十余，人民四万余户，剌麻二万五千余人。其界东至绰罗乌噜克图部，计程八日；南至额讷特克国，计程十日；西至巴木钟岭，计程十日；正北至帕克哩城，乃西藏属也，见《西藏赋》注。巴木钟岭，疑即哲孟雄与披楞隔界之大岭也。

自古九州万国，皆有图籍，掌于太史。意章亥之所推步，黄帝至大禹，皆有其书。春秋时，左史倚相犹能读《八索》、《九丘》，后世乃无习者。犹幸有《山海经》，于大荒之地，山川人物，纪载略具。后人行至异域，往往所见符合。可见《庄子》所言"六合之内，圣人存而不论"者，固欲其存，不欲其亡也。自太史公不信其书，前代诸公，多不留意，凡涉外域诸书，皆置之，一旦有事，茫然不知所为，无怪谈世务者骂腐儒也。

（卷三）

英、俄二夷构兵

莹前在台湾，奉旨查讯夷囚颠林，俄罗斯与英吉利是否远近，当时复奏，但言其不相交结，未知其在印度构兵也。后见林尚书所译西洋人新闻纸，乃知北印度英、俄二夷构兵之事。按《澳门月报》曰："道光二十年七月，澳门接印度五月十四日来信（魏云：即中国四月十三日），论及俄罗斯欲攻打印度之事。盖我英国之印度兵攻取兴都哥士山（魏云：近巴社国）南边各部落，而俄罗斯边境在此山之北，三年前尚有回教四五国亘隔英吉利与俄罗斯属国之间，各远数百里，今止隔一大山而已，俄罗斯近日直攻至鞑鞑里之机洼（魏云：鞑鞑里谓游牧各部，如哈萨克、布鲁特之类，东起葱岭，西至里塘，南界印度，北界俄罗斯，皆是也。机洼乃鞑鞑里南方部落），皆因我等攻取阿付颜尼部（此部原属巴社，今为英吉利所据，在印度之西，巴社之东北，鞑鞑里南），故俄罗斯亦攻至荷萨士河（鞑鞑里地，近机洼），已约木哈腊（亦鞑鞑里南方部落，近阿付颜尼）同取阿付颜尼部，以攻打印度，为我英国兵头沙阿力山及马约里治堵御，故计不行。俄罗斯前在希腊（巴社国东方部落，近阿付颜尼）与巴社人立约，欲收服阿付颜尼，以攻取印度，亦因我兵头律屋兰所拒（巴社即白头回国，南抵海，西界都鲁机，北界鞑鞑里）。后诡称收回逃散奴仆，突攻取机洼及木哈腊。人皆谓俄罗斯既得此二地，当必退兵，乃又使人日日学习印度事务，又与木哈腊人立约，同取阿付颜尼。不知俄罗斯人要到何地方肯住手。现闻俄罗斯使者已自比特革起程，由鞑鞑里到中国（此鞑鞑里谓喀尔喀，蒙古盖凡各游牧部，皆谓之鞑鞑也），必怂恿中国人与英国人争斗，并欲得北京出谕与缅甸人，使前来攻击，不知何时使臣能到得北京，我等切不可闭目不理。俄罗斯人曾以兵威自黄海攻至黑海，以广其国境，所以今日必要提防其在荷萨士河驻札之兵前来攻击。倘我将阿付颜尼防兵撤回，则俄罗斯人必带领木哈腊之兵同攻阿付颜尼矣。我等今年若将阿付颜尼王复立于加模尔城（阿付颜尼旧郡），即应带兵过兴都哥士大山，取回沙苏野所失之三部落（一曰衮都斯，一曰麻尔格，一曰模特散，皆在阿付颜尼北，木哈腊之南），然我兵到彼，必定遇俄罗斯兵与木哈腊兵约会夹攻我兵，我兵恐即扰乱而回，亦或与俄罗斯人相持。大抵英、俄二国，在阿细亚洲交战之事，不久即至，我等宜先预备出兵矣。"魏源曰："大海南洋曰印度海，与后藏、缅甸相邻，而廓尔喀介其中，其邻廓夷之孟阿腊，则东印度也。再西南之孟迈等部，则南印度也。溯印度河北上，为痕都斯坦，则中印度也。再北为克什弥尔，古罽宾国，则北印度也。印度河两岸，凡巴社各白头回国，则西印度也（即白帽回）。其国皆在葱岭西南,接中国西域。近日西洋英吉利自称管理五印度,盖惟北、西印度未为所据,其东、中两印度,半属英夷,而南印度则分据于西洋诸夷,此皆近日事也。方康熙、雍正间,英夷仅据有孟阿腊、孟迈二埠,未窥印度全境,而俄罗斯亦方与西北普鲁社构兵,未遑南牧,凡葱岭以西,濒地中海东岸,皆统于天方之回教。故乾隆中,西域甫平,痕都斯坦尚与巴达克山构兵,虽旋为爱乌罕所并(即古大月氏),亦回教,非西洋教。及乾隆、嘉庆以来,俄罗斯兵出黄海,攻取黑海各部,又日沿里海南侵,而英吉利亦吞并痕都斯坦,溯恒河北上。于是葱岭以西,自布哈尔、爱乌罕诸大国外,凡近里塘之游牧回部号鞑鞑里者,皆并于俄罗斯;凡夹恒河及南洋之城郭回国,半属于英吉利矣。其英、俄二境之中,尚隔有数回国,彼此各距数百里。及道光十九年,痕都斯坦北境,有阿付颜尼部者,与沙苏野部相攻,沙苏野请教(救)于英吉利,英吉利遂起各印度驻防之兵,攻灭阿付颜尼部。阿付颜尼亦走恳干(于)俄罗斯,俄罗斯复起驻防鞑鞑之兵南攻巴社,取机洼,取木哈腊,欲恢复阿付颜尼部,以直攻印度。英吉利兵据险力拒,于是英、俄二边部仅隔兴都哥士一大山,而血战无虚日矣。(兴都即印度二字音转,其山界北、中二印度之中。)阿付颜尼及沙苏野二部,皆在是山之南,机洼及木哈腊,皆在是山之北,而沙苏野之部落,亦有轶出山北者,是为英俄交恶之由与交兵之界。沙苏野王以道光十八年为阿付颜尼破,走投援印度英吉利镇守印度之兵帅,遂于十九年七月,起孟阿腊、孟迈、痕都斯坦三部之兵,使副兵帅沙机尼将之,而沙苏野犹自以所部兵乡导。时阿付颜尼酋,自都于加模尔城,遣其次子以兵三千五百守牙尼士城,长子以兵数千守加布尔城。牙尼士城本险固,于其城门前复增重濠重墙,守营甚固。英吉利军先营近郊诱战,不出,乃督马炮军、骆驼炮军、步炮军三路进攻,又开天炮击之。天炮者,仰空平炮,飞堕城中。遂逼城而营,并以兵扼加布尔援军之路。阿付颜尼酋遣其长子领千五百骑、步兵三千,由加布尔城赴援,夹攻后路,为沙苏野兵击退。次日,遂会各营,专攻城门,更番迭进,城内兵亦死力鏖战,既而天炮从空雨下,城中震虢,争溃逋。凡二昼夜,拔其城,禽其次子,乘胜两路进攻加布尔城。阿付颜尼酋率其长子,率兵万有三千,守格麻关。而军士夺气,望风解体,父子率三百骑走保麻缅,弃刍糗火炮辎械山积。英吉利遂据二城,沙苏野王复国,酌留欧罗巴兵、痕都斯坦兵及阿付颜尼新降兵,助守其地。此英夷侵北印度之事也。阿付颜尼既遁麻缅,则遣使乞师于俄罗斯镇守鞑鞑里之兵帅。俄罗斯久艳东南印度之富，特隔于各回部，至是乘各部自哄，谋由巴社以图印度。巴社者，回回祖国，即来粤贸易之白头蕃，所谓港脚是也。小白头为痕都斯坦，大白头为巴社。巴社虽不属英吉利，而与英吉利睦，故英帅律屋兰者，以兵助巴社拒之。俄罗斯复以收逃奴为名，袭破机洼及木哈腊二回部，又攻取沙苏野所属三部之在兴都哥士山北者，遂驻兵荷萨士河，与英吉利接界，并使人习印度法律言语，又购木哈腊人向导，无一日忘印度。而英吉利亦严兵阿付颜尼界为备，且议还阿付颜尼酋于故地，以息外构，而增藩蔽，议未定，而广东之事起。是年，我大清怒西洋鸦片烟之耗蠹中国，严禁鸦片烟，罢英夷互市，声其罪恶，布告诸国，诸国如佛兰西、弥利坚仇英夷者咸称快。廓尔喀亦白驻藏大臣，愿以所部兵收东印度。又传闻俄罗斯使臣已自比革尔国都起程赴北京，约中国兵由缅甸、西藏夹攻印度。事虽未行，而是时英夷则惴甚。"（莹按：以兵法言之，诚难得之事会也。而是时中国不知其情，岂非言语不通、疏于侦敌之故哉！）

（卷三）

第哩巴察即英夷马头

和泰庵《西藏赋》云："第哩巴察，人隔重洋；噶哩噶达，道通近载。"自注曰："第哩巴察，西南徼外一大国也，曰噶哩噶达，曰披楞，曰阿咱拉，皆其所属。乾隆五十七年，廓尔喀犯藏境，求伊助兵，其部长果尔那尔复云：我国人常在广东贸易，岂助汝攻唐古忒乎？"又注云："自布鲁克巴取道，约百日，可至噶哩噶达诸部落。"余按：此但知第哩巴察为徼外一国，尚不知其为英吉利之孟加剌也。此以噶哩噶达、披楞为二，《通志》则云："噶哩噶达即披楞"，盖后为披楞所并也。布鲁克巴在藏地西南，本西梵部落，雍正十年归诚，南行月余，即天竺国界。

（卷三）

中国佛教与西域不同

释迦二大弟子：阿罗多闻，总持如来，凡所说法，撰集诸部名经，一无遗漏，此佛之教也；迦叶，独得如来法外别传心印，不立语言文字，此佛之心也。佛教广演，遍十方界，愈演愈繁，惟心印之传，有一无二。自迦叶受持衣钵，二十七传，至达摩东来，遂盛行于中国。其在天竺者，未知何似。若宗喀巴之教，行于前后藏者，则全是庄严法相，以持诵经典，不迷本性为宗，盖又阿难传经教门之变也。中国至今日，宗教俱甚寥寥，而印度之地，渐为西洋人所据，天主之教方兴，佛法不其（式）微乎！

（卷三）

中国翻译佛经

朱子谓佛经本皆粗浅，自入中国，文人翻译以《庄》、《列》之旨，润色敷衍，遂益精深。余谓：梁、魏间，异域僧迭至，皆能习汉文，中国好《庄》、《列》者，先与往还讲论，深相契密；及诸僧奉诏翻译，遂以华言润色成之，大义虽是，辞句全非，如梵文或数字成汉文一字，安得截然有四字五字之偈乎？然佛法大旨，又自与《庄》、《列》不同，谓其窃取《庄》、《列》，则又不然。而佛徒展转，翻译日多，各以私意入之，不可复辨，则在所不免，不但华人一房融也。三教分立，同出一性，而旨归迥异，学人见浅见深，各尊所闻，支派相传，不无差别，卮言害道，遂有阳假其名，阴悖其实者，亦必之势也。六朝时诸僧阐说，文字繁兴，复有佛图澄、宝志辈，专以诡异之迹，震炫人主，幸达摩出而直指心源，不立文字，天台出而圆修止观，顿契佛心，然后释氏本旨大明，盖教法流传久之，不能无敝，吾儒且然，况异域之教乎！

（卷三）

明祖崇佛安边

古时诸佛多在天竺诸国，今之五印度是也。廓尔喀在印度之东南，后藏又在廓尔喀之北，前藏又在后藏之东，前后藏通称唐古忒。自青海以西至前后藏，皆唐时吐蕃之地。以近天竺，故皆崇信佛教。自佛入中国后，诸祖相传，高僧代出，皆有法嗣源流可考。而西域传教源流，无人问津，付之荒昧而已。元时帝师帕克思巴（按，即下文中"八思巴"），大宣佛教，必有梵册纪载，可以披寻。明初征聘儒臣，纂修《元史》，成书既速，搜讨更疏，且深恶梵僧所为，痛洗膻秽，故一切削去，不复纪载。即宋潜溪所述"教门禅门各有五宗，传授分明"者，亦皆中国之佛教，非西域之佛教也。明太祖深知佛法不可以治世，崇礼儒臣，讲求二帝三王之大经大法，纲纪规模，为汉唐所不及；然勤求安边之道，知殊方异类，不可不因俗为治，故于西域蕃僧，仍崇其封号。洪武六年，置乌斯藏、朵甘二指挥司及招讨司、万户府、千户所，以元国公纳木喀斯丹拜嘉勒藏等领之。又授八思巴之后监藏巴藏卜为大国师，授乌斯藏僧答力麻八剌为灌顶国师，并赐玉印。永乐中，承太祖之制，复先后封其蕃僧为大宝法王、大乘法王、大慈法王、阐教王、阐化王、辅教王、赞善王、护教王，凡八王，并给印诰，或间岁来朝。盖终明之世，惟以其教安抚徼外，非以其教治中国，如元代诸帝受佛戒而后为天子也。

（卷三）

前后藏事始末

《四川通志》：唐吐蕃赞普始建牙于跋布川，其国都号逻些城，今唐古忒语逻些为剌萨。《一统志》谓：土人相传，达赖剌麻所居剌萨之地，即唐时吐蕃建牙之所，有古碑可证。以《唐书》考之，当在今前藏布达拉之地。盖其俗以剌麻立床处为布达拉，以藏王所居为诏，称国曰图伯特，又曰唐古忒。最尊者曰达赖剌麻，曰班禅额尔德尼，代剌麻理事者曰第巴。又有汗，则蒙古部长为之。蕃俗崇奉剌麻，又在蕃王之上。（莹按：赞普奉佛，朝夕首藏而礼拜之，故蕃民谓佛在王上。）本朝崇德七年，达赖剌麻遣使归诚。至顺治九年，来朝，赐以金册金印，授为"西天大善自在佛领天下释教普通瓦赤喇怛喇达赖拉麻"。其后遣使贡献不绝。《通志》又云：相传有宗喀巴者，居剌萨，始兴黄帽之教，后世曰根敦佳木左，立第巴以治国事，索诺木佳木左始称达赖剌麻。又传云旦佳木左、阿旺罗卜藏佳木左。时藏之藏巴汗，威虐部下，毁弃佛教。第巴乞师于额鲁特顾实汗，击灭藏巴汗，遂留其长子达颜为汗，及孙拉藏亦为汗云。康熙三十二年，封第巴土伯特国王，赐金印。达赖剌麻示寂，第巴匿不以闻，潜与额鲁特噶尔丹通好。及召达赖剌麻、班禅、呼图克图来京，第巴阻之。四十四年，达赖拉藏汗诛第巴。朝廷嘉之，赐金印，封为辅教恭顺王，遣侍郎赫寿安抚其地。又因拉藏所请，以阿王伊西为达赖剌麻。其后准噶尔策妄阿剌蒲坦兴师侵藏，害拉藏汗，焚毁寺庙，迫逐僧众。时达赖剌麻胡毕尔汉移住西宁塔儿寺。五十九年四月，特命抚远大将军十四贝子永禵、平逆将军延信，统陕西满汉兵护送达赖剌麻归布达拉庙；定西将军噶尔弼统荆州满兵、四川绿旗兵，由巴、里二塘招抚，进藏副都统伍格率江浙满兵，会云南总兵赵坤、副将郝玉麟兵，由中甸进藏。准噶尔闻风遁，藏卫酋长，分迎大兵。九月十五日，达赖剌麻升床，西藏平。雍正元年，撤西藏兵，以贝子康济鼐总理其地，仍以大臣驻藏镇之。五年，西藏噶隆阿尔布巴叛，杀康济鼐。六年，大军进剿，未至后藏，札萨克台吉颇罗鼐，率众部落入藏，擒阿尔布巴，大兵至藏，诛之。七年，以颇罗鼐为固山贝子；九年，晋多罗贝勒，理藏卫噶隆事；乾隆四年，晋多罗郡王。十二年，其子珠尔默特纳穆札尔袭封。十五年，有罪，诛。十六年，以藏地均归达赖剌麻；其辅国公三人，一等台吉一人，噶布伦四人，皆给敕谕，戴绷五人，碟巴三人，堪布一人，均给理藩院执照，分司藏务。一切赋税献之达赖剌麻。二年一次入贡，贡道由西宁入，互市在打箭炉。莹按：乾隆中制，西藏贡赋，僧俗官除授，皆达赖剌麻主之，驻藏大臣督官兵镇压而已。达赖剌麻尊贵，大臣见之，皆行参谒礼。五十七年，大学士福文襄公至藏，始奏改其制。嗣是藏中事统归驻藏大臣管理；驻藏大臣除上山瞻礼外，其督办藏事，与达赖剌麻及班禅额尔德尼平等。噶布伦（即噶隆）以下蕃目、管事剌麻，事无大小，均禀命大臣而行。札什伦布公事，亦令戴琫、堪布禀之驻藏大臣，事权归一。又议唐古忒兵原设五千一百六十五名，毫无纪律，请定其实额，前后藏各设蕃兵一千，定日、江孜各蕃兵五百，原设戴琫三人，请以二人驻后藏，一驻定日，添设戴琫一人，驻江孜，戴琫（即戴绷）外更设加琫十二人，甲琫二十四人，定琫一百二十人，皆由驻藏大臣会同达赖剌麻以次检补，不得踏等。蕃兵每人岁给青稞二石五斗，岁共青稞七千五百石，在抄没庄田内拨给。戴琫六人各予庄田一区，加琫以下，俸银均于前藏商上支发。又议藏内大小蕃目缺出，立定等级，驻藏大臣会同达赖剌麻拣放。如噶布伦办理一切事务，戴琫管理蕃兵，商上仔琫及商卓特巴总司出纳，各缺尤要，不可越升。其各大寺坐床堪布缺出，达赖剌麻知会驻藏大臣、济咙呼图克图，公同拣择，予会印执照，派往住持。又议蕃寨租赋，有以银钱折交物件者，商上收纳不公，苦累蕃民，令商上铸造纯净银钱，用汉字、唐古忒字，于面、背分铸"乾隆宝藏"字，每纹银一两，换新铸银钱六圆、换商上旧银钱及巴勒布钱八圆，仍令驻藏大臣稽察，不得轻出重入。又议卫藏僧俗人众，往来踪迹靡常，由驻藏大臣给路票；令达赖剌麻查造大小庙剌麻名数清册，所管地方及诸呼图克图之寨落人户，一体造册，存驻藏大臣衙门及达赖剌麻处，以备稽查。其蒙古王公，遣人赴藏延请剌麻诵经，亦由驻藏大臣给照。凡剌麻私事往来，概不准擅用乌拉，亦不得私发信票；若公事差遣，须用乌拉，必禀明驻藏大臣及达赖剌麻给印票，始准应付。又议向来达赖、班禅用事亲族及呼图克图，往往听富户大族之托，给免差照票，苦乐不均，应严加查禁，免票概行缴销，不得专派穷蕃。又议达赖、班禅与外蕃通信，应告知驻藏大臣商酌；其外蕃部落差人来藏，由边界营官查报，验放进口；有呈禀达赖剌麻者，送驻藏大臣译阅，酌定谕帖遣回；噶布伦以下，不准私通。又议西藏边界，向无界址，济咙外之热索桥、聂拉木外札木地方之铁索桥及绒辖，皆设立鄂博。又议从前达赖剌麻之叔阿古拉、班禅之父巴勒丹敦珠布、达赖之弟根敦札克巴，倚势妄为，嗣后大小蕃目及管事剌麻，均不准以达赖、班禅族属挑补，俟达赖、班禅转世后，始量才录用。以上厘定章程，凡二十余条，是达赖剌麻之设，犹一外藩耳。自东北蒙古以至西蕃二万里，由此底定。设官定制，广大周详，迥非元、明两朝徒事羁縻之比。呜乎盛矣！今方从事西域，故详考而记之。（《唐书》：骠国之地，"南尽溟海，北通南诏乐些城，北距阳苴城，六千八百里。"乐些，即剌萨音之转也。杜诗"和亲逻些城"即此。惟阳苴城未知今在何处，岂谓阳关耶？今嘉峪关外沙州，东行四日，相传即古之阳关，故址尚存。以道里计之，约六千八百里矣。）

（卷三）

宗喀巴与释迦本教不同

释迦之未成道也，历五百劫，皆苦行勤修；既成佛，入涅槃，即不肯再转法轮。将灭度时，文殊请如来再转法轮，如来曰："咄！文殊，我说法四十九年，岂尝一转法轮耶！"此如来之本旨也。今藏中达赖剌麻，皆以转世立法，始自宗喀巴创兴黄教，西域以迄蒙古诸都，皆崇信之。其法以当住轮回，不迷本性，教化众生。然宗喀巴遗嘱二弟子，亦止令达赖转世六次，班禅转世七次而已。今则世世转生，不特达赖剌麻已十数辈，其在后藏则有班禅额尔德尼，复有第穆呼图克图、济咙呼图克图，青海则有哲布尊丹巴呼图克图（《卫藏图识》作额尔泽卜尊巴胡图克图），乍雅、察木多、类伍齐三处，亦各有呼图克图，皆以转世为教。而在京师者，则又有章嘉呼图克图，为各呼图克图之首领焉。考其名位，则达赖剌麻最尊，班禅额尔德尼次之；大呼图克图数十，而以哲布尊丹巴呼图克图为第一，章嘉呼图克图次之，济咙、第穆、察木多、乍雅、类伍齐以次序焉。蒙古、西域号呼图克图者尤众，何其多也？盖明成祖所封八王，亦即此类，乃世之人主为之，迥非释迦之教矣。自哲布尊丹巴呼图克图及诸呼图克图坐床后，多至前藏参礼达赖剌麻，或礼班禅，受大戒焉。藏中参礼受戒，必熬茶供僧众，大小招剌麻二三万，皆遍及之，如中国之放斋者。而达赖剌麻坐床，上亦遣章嘉呼图克图至藏照料熬茶，著为例。名秩尊卑，森然不紊，使殊方数万里桀骜强狠之人，知所群奉为活佛者，咸听命焉。其在《礼》曰："五方之民，言语不通，嗜欲不同。修其教，不易其俗；齐其政，不易其宜。"其此之谓欤？

（卷三）

西藏疆理（二条）

和太庵《西藏赋》自注云：前藏西北俱系草地，有克哩大山、纳克产隘口，北通哈真得卜特尔，其东接玉树界，又由羊八井至桑托罗海，越红塔尔山，过拉纳根山，即腾格哩喏尔，蒙古语天池也，乃达木蒙古游牧之处。又由吉札布至僧格物角隘口，东北至噶勒藏骨垒阿勒坦诺尔一带，皆塔斯头，难行，经沙雅尔小回城，过木苏尔达巴罕，通准噶尔境，又由后藏西北阿哩城，交拉达克罕库努特外蕃界，可通和阗及叶尔羌新疆，其路有半月无水草。

《会典》理藩院所掌西藏疆理：西藏达赖剌麻所居曰布达拉，是为前藏；班禅额尔德尼所居曰札什伦布，在布达拉西南，包于前藏境内，是为后藏。前藏东与四川边外土司接界，东北与西宁大臣所属土司接界，北与卓书特部落接界，西北逾戈壁，与和阗、叶尔羌接界，西与拉达汗部落接界，西南与廓尔喀接界，南与哲孟雄部落接界，东南与云南维西厅接界。其余各剌麻皆属于达赖剌麻，东起乍雅达呼图克图，与四川边外土司接界，其西为察木多帕克巴拉呼图克图，又西为硕般多剌麻，又西为类乌齐呼图克图。硕般多、类乌齐之北，皆与西藏大臣所属土司接界。硕般多之南为八所剌麻，又南为工布硕卡剌麻。类乌齐之西为墨竹宫剌麻，又西为噶勒丹剌麻；类乌齐之西北为赞垫剌麻，介居西藏大臣所属土司各族之间。其西为呼征剌麻，噶勒丹之西为色拉剌麻，西与布达拉接界；噶丹之南为琼科尔结剌麻。琼科尔结之西为文札卡剌麻，又西为松热岭剌麻，又西为邦仁曲第剌麻，又西为乃东剌麻；北与布达拉接界；乃东之西为琼结剌麻。布达拉之西北为布勒绷剌麻，西北为羊八井剌麻。羊八井之西为朗岭剌麻，西与札什伦布接界。朗岭之南为仁本剌麻，其西南为江孜剌麻，又西南为冈坚剌麻。冈坚之西为协噶尔剌麻。协噶尔之西为聂拉木剌麻。朗岭之西逾后藏为撒噶剌麻，又西为杂仁剌麻。

（卷三）

明哲保身当衡以义

士大夫好为明哲保身，苟不衡以义，则孔光、张禹、谯周、冯道之流，比肩接踵于天下矣。士大夫好养生之术，岂知单豹八十如处子，嵇康亲著《养生论》，一则终为虎食，一则身遭刑戮乎！士大夫好言先几避乱，余见嘉庆年间，江西、湖北讹言有乱，士大夫多移家江宁，然其故里三十余年，晏然无恙也。道光二十二年，英夷舟入长江，时江宁侨寓之家，皆纷纷奔走故里，丧失殊多，岂不徒多往返耶？嗟乎！世人营营逐逐，无非祸福利害四字锢结胸中耳。苟知死生有命，何如省己守义之为得哉！

（卷四）

归安愚者

丁别驾言：嘉庆中，归安袁家汇有村人幼而蠢愚，其家不中资，衣食不知好恶，卧以美衾，皆手碎之。或卧豚圈侧，贼夜窃豚，更为贼驱其豚使去。人莫不以为愚而弄之。然有言必中，父本沽酒为业，作酒必问愚者获利多寡而后置曲蘗，十不失一。愚者不识字，人或问节气，以指轮算之曰：某日当某节气，未尝不与历书符合也。有应童子试者问曰：某今年入泮否？愚者应之曰：来岁。已而果然。乡人患火，置水龙庙中而镭其室，愚者一日忽断其锁，取龙头出舞于市，群诟之，还诸庙，不三日，市中火灾，乃知其异。别驾徐访之，见于佛寺中，村人方环弄之，使觗斗为戏。愚者年二十许矣，体颇丰壮，即于石地上为觗斗，以笨重辄仆，群大笑为乐。别驾试以何日清明？愚者轮其指答曰：昨日也。果然。若此者，其殆隐仙乎？余曰：是人也，盖诚于天者也。人受天地之气而生，惟得一则诚，诚则明，而几于神矣。今夫龟，蠢物也，然而卜者问之，吉凶祸福，其应如响；小鹊，鸟也，望气知人家之衰旺，营巢知天风之向避。物固有然矣。是其知也，得之于天者纯一，曷尝有师授之而勤学之哉！惟能葆其纯一，而不杂以人智，故能不失其知，彼愚者不识美恶，故能有所知，惟诚故也。使愚者衣服饮食起居，一如人有嗜好焉，则失其知矣。《中庸》曰：至诚之道，可以前知。释氏云：一入凡情，五通俱失。（后汉淳于恭家有山田果树，人或盗窃，辄助为收采，则有心矫俗，非愚者比也。）

（卷四）

守其知者无七情

万物之生，皆二气之动使然。方其寂也，若无所知觉；及其动也，知觉即随之而生。飞、潜、动、植之物，无不有知，非特人与鸟兽昆虫鳞介也。草木之荣枯，山峙川流，蕴生万物，非其知乎？草木其细，山川其巨耳。万物能守其知者，惟无七情，无情故不以其知徇人；人常昧其知者，惟有七情，有情故不能以其知自保。

（卷四）

明臣议抚驭外夷

明嘉靖十二年，阁臣夏言、枢臣王宪等议西域称王者，止土鲁番、天方、撒马儿罕；如日落诸国，称名虽多，朝贡绝少。弘正间，土鲁蕃十三入贡，正德间，天方四入贡。称王者率一人，多不过三人，余但称头目而已。至嘉靖二年、八年，天方多至六、七人，土鲁蕃至十一、二人，撒马儿罕至二十七人。今土鲁蕃十五王，天方二十七王，撒马儿罕五十三王，实前此所未有。弘治时，回赐敕书，止称一王。若循撒马尔罕事类答王号，人与一敕，非所以尊中国、制外蕃也。盖帝王之驭外蕃，固不拒其来，亦必限以制，其或名号僭差，言词侮慢，则必正以大义，责其无礼。今谓本国所封，何以不见故牍？谓部落自号，何以达之天朝？今概给以敕，而彼即据敕恣意往来，恐益扰邮传，费供亿，竭府库以实溪壑，非计之得也。帝纳其言，国止给一敕，且加诘让，示以国无二王之义。十五年，入贡，复如故。甘肃巡抚赵载奏：诸国称王者至一百五十余人，皆非本朝封爵，宜令改正，且定贡使名数，通事宜用汉人，毋专用色目人，致交通生衅。部议从之。余谓：外蕃之敢为奸诈欺中国者，以中国无人留心徼外事也。苟每因其来，有人焉，访其山川疆域、国制民风，互相考校，久之必得其实，则彼一有奸欺，我有所据以折之，彼知中国有人，自可销其邪慝。惜乎明代诸臣，徒知防其诈伪，而不知讲求方略，内而中枢，外而边臣，皆不习地形，不晓夷情，一旦有事，惟相与震惊，如鬼魅雷霆，以为不可究诘，罕不望风披靡者，深可悼叹也夫！《明史》言：永乐十三年，使人陈诚自西域还，所经哈烈、撒马儿罕、别失八里、俺都淮、八答黑商、迭里迷、沙鹿、海牙、赛蓝、渴石、养夷、火州、柳城、土鲁蕃、监泽、哈密、达失于卜花儿，凡十七国，悉详其山川人物风俗，为《使西域记》以献，故中国得考焉。是明初犹有留心此事者，后乃绝少，陈诚之书亦亡。修《明史》时，检讨尤侗撰《外国传》，徒知抄袭王圻《续文献通考》，而王圻又本于《明外史》，今《明外史》、《四库书目》固已无之，仅见于《图书集成》所引。

（卷四）

外夷形势当考地图

本朝武功，莫盛于西北，自内外蒙古、青海、回疆、西藏，皆入图籍，学人皆得以披考之矣。唯东南岛夷，虽见《四裔考》及传记，苦不明了。《海国闻见录》、《海岛逸志》颇有图说，亦但据海舶所经图之，而海岸诸国及在陆诸国，何者接壤，孰为东西，孰为远近，无从知之。幸有西人艾儒略、南怀仁所刻《坤舆图》可以得其形势，盖即利玛窦《万国全图》而为之也。唯方音称名与中国传说诸书各别，某即某地，殊费钩稽。道光二十二年，奉命即诸夷囚问英夷及俄罗斯远近，当以夷酋颠林等所绘近海诸国地名形势录供，为说复奏，倥偬军旅之中，未能详加考订也。第就其所绘图取《海国闻见录》与南怀仁二图校之，形势实相符合。尝欲以此三图参互考订，于其地同名异者逐一详辨之，旋为此逮不果。友人邵阳魏默深得林尚书所译《西洋四洲志》及各家图说，复以历代史传及夷地诸书考证之，编为《海国图志》六十卷，可谓先得我心。余尝得英夷图书数部，皆方志也，苦无人翻译，览之茫然。颠林言伊国海舶，无不赍方志以行，盖备风飘至未及之国，以所见天文度数及人物山川稽之，可知其为某国也。倘至粤中，以其书觅人译而出之，不亦善乎？

（卷五）

《西域闻见录》

七椿园《西域闻见录》，余三十年前即见之，所录外蕃之国十八，曰哈萨克，曰布鲁特，曰安集延，曰博罗尔，曰敖罕，曰温都斯坦，曰克什米尔，曰巴达克山，曰退木尔沙，曰沙关记，曰塞克，曰鄂罗斯，曰控噶尔，曰郭罕，曰退摆特，曰辖里萨普斯，曰哈拉替艮，曰布哈拉。绝域之国十五，曰玛辖提，为一大国；曰安他哈尔城，曰看他哈尔城，同一部落；曰赛拉斯城，曰查尔丹城，同一部落；曰噶拉特城，曰查纳阿拉巴特城，曰摩勒城，同一部落；曰乌尔古特雅尔，为一部落；曰盘家戬特城，曰帕尔海城，同一部落；曰巴喇哈，为一大国；曰科罕，为一国；曰阿穆尔城，曰哈拉多拜城，曰巴拉城，曰哈喇他克城，同一部落；曰噶尔洗，为一部落；曰萨穆，曰阿拉克，曰哈他木，曰阿谛，各为一国；曰扎拉巴特城，曰色里丹衣城，曰别什克里城，曰阿色里巴拉城，同一部落。余按：外蕃诸国唯温都斯坦及克什米尔在叶尔羌西南，多江河，近通海洋，时有闽广商船至其地。余皆在其西北，最大者为鄂罗斯，鄂罗斯即俄罗斯，东北界海，南邻中国，西北邻普鲁社，东西距二万里，南北千里至三千里不等，以南怀仁、陈伦炯、颠林三图观之，已接近西洋诸国矣，温都斯坦、克什米尔二国所通之海，盖即南海，其地在印度，与英夷所据乌鬼之地盖加剌及望迈等处相近。克什米尔，即陈伦炯图内之克什米弥（尔）也。其绝域诸国中以玛辖提、巴喇哈、萨穆、阿拉克为最大，而玛辖提之铜炮，萨穆之居室修洁，阿拉克之人多巧思，皆类西洋人，其为地近西洋诸国，又可知矣。所言阿谛国人长三四丈，妇女一如常人，则又即《海国闻见录》所言之长人国也。唯言俄罗斯西北，又有控噶尔国，地包俄罗斯外云云，大谬。松相国及魏氏书皆辨正之。（温都斯坦之温，当依今《会典》作痕都斯坦。）

（卷五）

外夷讲图书

七椿园谓：回人文字有医药之书，有占卜之书，有堪舆之书，有前代纪载之书，有各国山川风土之书。余尝至英夷之舟中，见其酋室内列架书籍，殆数百册，问之，所言亦与回人相似，而尤详于记载及各国山川风土，每册必有图。其酋虽武人，而犹以书行，且白夷泛海，习天文算法者甚众，似童而习之者。盖专为泛海观星，以推所至之地道里方向远近，必习知此，乃敢泛海舶纵所之也。吾儒读书自负，问以中国记载，或且茫然，至于天文算数，几成绝学，对彼夷人，能无泚然愧乎？

（卷五）

《坤舆全图》

南怀仁所刻《坤舆全图》本为二图，每图围圆一丈五尺，国名、岛名、山川、人物、风俗皆注之，字细如蝇头，余取其国土山川之大者，缩为小国，台人并陈伦炯、颠林二图刻之，附余复奏《颠林图说》矣。其艾儒略、南怀仁诸说，余亦为录出，意欲取凡外域之书荟萃刻之，名曰《异域丛书》，俾究心时务者有所考镜，而见闻未广，尚待搜讨，今魏默深有《海国图志》之作，余可辍业矣。

（卷五）

西藏外部落

《卫藏图识》载西藏外蕃民部落，一曰阿里噶尔渡，在藏地之西，与后藏扎什伦布、三桑接壤，即古北印度属也。其蕃民帽高尺余，尖其顶，类回子帽形，以锦与缎为之，缘不甚宽，顶缀纬；妇人帽如笠，以珠下垂前后如旒，密遮面项，著圆领大袖衣，系褐裙，见官长不除帽，唯以右手指自额上，念唵嘛吽者三。余按：英夷见其国王，免冠，以手拔其额上毛三茎投之，与此意同，即稽颡叩首之意尔。阿里部落，地不小于后藏，在叶尔羌南，后藏之西，今舆图有之。二曰木鲁乌素部落，在藏之北，稍东，与西宁接壤。余按：今舆图前藏东北，驻藏大臣所辖三十九族之外，逾阿克达木山北三百余里，有木鲁乌苏河，西自巴萨通拉木山，东入玉树土司界，此所云木鲁乌素蕃民，似即其地，以乌苏为乌素，音之讹也。然自此东至西宁，尚一千数百里，中隔玉树土司、土尔扈特、青海诸地，谓与西宁接壤者，玉树以东皆西宁大臣所属耳。三曰布鲁克巴部落，在藏地之西南，本西梵国属，雍正十年始归诚。其蕃民披发裹白布如巾帻然，著长领褐衣，披白单，手持念珠；妇女盘发后垂，如以素冠，著红衣，系花褐长裙，肩披青单，项垂珠石，缨络围绕至背。俗皆皈依红教，崇佛诵经。余按：此言南行月余，接天竺国界，似即东印度也。蕃民头裹白布，类白头回子，但回子不奉佛教，未知孰是。四曰貉㺄茹巴野人，在藏地之南数千里。其人名老卡止，荒野蠢顽，不知佛教，嘴剖数缺，涂以五色，性喜食盐，不耕不织，穴处巢居，冬衣兽皮，夏衣布叶，猎牲并捕诸毒虫以食，卫藏犯罪至此者，解送怒江，群老卡止分而啖之。余按：既云怒江，则与缅甸邻矣，怒江有怒夷，不知即此种否？但藏地治因死罪，既送蝎子洞，何又越数千里解送貉㺄耶？此说恐有误。五曰巴勒布，即巴尔布，亦名别蚌子，在藏地西南，与聂拉木接壤（原注即尼雅尔木），计程几两月。天道和暖，产稻谷、蔬果、细缎、木棉、孔雀。向有三罕：一曰布颜罕，和泰庵《西藏赋》作布颜；二曰叶楞罕；三曰库库木罕。雍正十年，遣使内附，嗣为其族廓尔喀所并。其蕃民皆剃发、蓄小辫，联鬓短胡，似西宁回鹘，额涂白土二竖，眉间涂红土一丸，用金珠镶花坠两耳，以布缠头，贱者以青，贵者以红，著青白色小袖衫，以布束腰，踏尖头革鞮，佩短刀状如牛角，挽黑漆藤牌，径约三尺；妇人披发跣足，鼻孔穿金银圈，亦梳洗尚洁。乾隆五十三年，廓尔喀酋刺纳巴都与西藏以交易构兵，六师远涉，震詟投诚，遣使入贡，至今已五十余年。贡道由川入陕至京师，川人犹称为别蚌子，沿其旧也，廓尔喀在后藏正南聂拉木及济咙界外，其东北为哲孟雄、作木朗、洛敏汤三部，皆为廓尔喀所并。其南即东印度也，今为英吉利所据。魏默深云："廓尔喀界西藏及俄罗斯，摄两大国之间，故内贡中国，亦兼贡俄罗斯，近日英夷西与俄罗斯构兵争达达里之地，其地横亘南洋，俄罗斯得之，则可以图并印度，故与英夷血战。雍正五年，俄罗斯攻取西藏西南五千里之务鲁木，以其地尚佛教，遣人至中国学刺麻，当即与廓尔喀相近。"余按：魏此言恐误。俄罗斯攻取之务鲁木，在西藏西南五千里外，盖西、北印度之间，其中尚隔中印度、东印度，今皆为英夷所据，廓尔喀何由越英夷贡俄罗斯耶？乃谓近俄罗斯，非也。

（卷五）

详考外域风土非资博雅

历代正史外夷列传及诸方志，皆必详其山川人物风土者，外夷言语不通，文字各异，且古今地名改易，唯山川人物风土不易，故以此志之，虽千数百年后，万数千里外，犹可举辨。习其山川，则知形势之险易；习其人物风土，则知措置之所宜，非如文人词客，徒资博雅助新奇也。故留心世务者，皆于此矻矻焉。

（卷五）

西藏戍兵

西藏额设马步兵六万四千，内分剌萨马兵三千，后藏马兵二千，阿里马兵五千，稞坝马兵一千，党子拉杂、浪木错诸地黑帐房蒙古共马兵五千，前后藏拉里共步兵五万，皆唐古忒与蒙古之兵也。散在民间，征调有时，无常饷。乾隆五十七年，改定前后藏有常饷马兵三千；惟前藏札什布城驻绿营戍兵六百余名，三年更替。统以游击外，江孜一守备，定日一都司。道远饷巨，故不能多设戍兵，仅备弹压而已。昔新疆之设也，大小名城，唇齿相接，将军、参赞、辨事、领队大臣、提、镇数十员，副将以下，将备数百员。哈密驻兵一千，巴里坤驻携眷满兵一千、绿营兵三千，乌鲁木齐驻兵五千三百。伊犁驻携眷满兵三千八百、应役遣犯二千；其环列惠远城者，巴彦带驻兵一千九百，博罗他拉驻察哈尔携眷兵一千，他尔奇城、乌哈尔里克城驻屯田绿、旗兵二千六百，流犯千余；伊犁河南八堡驻携眷席伯兵一千，以上伊犁凡满蒙汉兵一万三百，而携眷者五千八百人，又遣流犯汉人应役者三千。挞拉巴哈台设屯田汉兵一千、满洲蒙古轮班兵一千五百，辟展驻兵三百五十，哈刺沙拉屯田防兵二百，库车城守兵三百，乌什满兵二百，汉兵一千，叶尔羌满兵三百，城守汉兵六百五十有五，喀什喀尔满兵二百五十、汉兵二百五十；以上各城满汉兵又五千九百七十余人。此皆客兵也，其回城本地之兵不与焉。今前后藏自唐古忒兵外，驻防绿营兵仅六百有奇，蒙古驻防亦不过三十九族而已，所恃者唐古忒习于佛教，柔顺易驯耳。然无事之时，固为我用，一旦有事，能保其心不异耶？自来驻藏大臣，加意戍兵，惠爱之无不至。定例：官兵奸民妇有罪，惟西藏戍兵，许雇蕃妇服役，盖所以慰远戍者之心也。近岁议者认为，戍兵奸生子日渐蕃衍，将渐成其种类，严禁革除。然戍兵生子，皆内地种人，如果繁衍，是变蕃人为我族类，我之利也，何谓成彼种类乎？新疆满蒙汉兵既众，复令携眷以往，而召垦屯田，亦皆用眷户，是固欲其蕃衍矣。更以流遣应役，故回城有事，皆得其用。夫罪人以我同类，尚得其用，况戍兵之子乎？昔西洋夷人，贸易广东，例不许其住眷，恐有滋生，于我不利也。近时英吉利求五处马头，弛我之禁，必以许其携眷为约，盖欲滋种于中国矣。夷至中国，犹谋增其种，我在异域，反自弱其人，意殆别有所为，非颛蒙所能喻也。

（卷五）

师生名谊当辨公私

凡人莫不愿为君子，恶为小人。今颂人以公忠，未有不喜；责人以私佞，未有不怒者。然往往终身私佞而自不知，此小人所以多也。古人之事君也，所宝惟贤，不市己恩，所退惟不肖，不避己怨。故大臣举用，不使人知，而受举者亦不谒谢。盖市恩则望人之私报，谒谢则为人之私人也，世安有君子而望人之私报，甘为人之私人者乎？萧何，刀笔吏也，举韩信不遗余力，未尝以为信德，及信有怨望，复为吕后谋诛之。张安世尝有所荐，其人来谢，安世大憾，以为举贤达能岂有私谢，绝弗与通。李光弼固郭子仪所荐也，然二将实不相能，何尝以荐引加厚？他如娄师德之荐狄仁杰，王旦之荐寇准，狄与寇二人初不之知。此皆唐、宋以来贤将相也。后世一为举主，则师生名谊，不惟终其身，且延其世。何怪杨复恭骂唐昭宗为负心门生天子乎？夫师者，必其人文章德行道义可为师法，故以师事之，非师其名位也。唐以礼部试士，士之得举者皆称门生，犹未以师礼事主试之人，主试者亦不尽以弟子待所举之士也。若因感遇知己，不忘旧恩，则存乎其人而已。及乎宋世，乃有以主试所得士必当私报，否则以为荒庄者。相习至今，虽深明古义者，亦不能免俗。甚乃师生谊重，君臣之义转轻，宁忤天子而不忤大臣，宁负朝廷而不敢负私室，以为国求贤之大典，竟为植党营私之善计，私门之害国家甚于朋党，是可深叹也矣！然则师生之谊，将遂废乎？曰：曷为其可废也？谊主于爱，君子之爱人也以德，知己之感，谊何可忘？惟举主以公忠报国、进德修业望其门生，门生亦以公忠报国、不陨名德望其举主，则相得益彰，师生之名实乃称耳。夫举主以得人报其君，门生即以报国家者报举主，谊孰有大于此者哉！若世俗报施之事，患难相急之情，则一饭犹不可忘，知遇之感不待言矣。私不废公，乃可谓之君子焉尔。公义私恩，辨之不可不晰也。

（卷五）

私恩不可妄受

人在贫贱患难之中，忽有人周其困乏，出之泥涂，乌能无知遇之感？然苟不择而受之，是妄以身许人也，倘彼有所深求，安知异日不大受其累乎？蔡伯喈旷世逸才，犹失身于董卓；荀文若失身曹操，既悔之而死；此皆贤者，而不能免，无怪后世比附大奸、身败名裂者，不绝于史书也。孟子曰："志士不忘在沟壑。"谚曰："丈夫不受人怜。"可不三复斯言乎？

（卷五）

天人一气感应之理

或问天穹窿在上，其于人事无不察者，果以日月照临乎？抑以鬼神鉴察乎？曰：是矣，而不止此也。天无形质，以气为体，气无不在，人在气中不见气，犹鱼在水中不见水，鬼在土中不见土也。六气不时，人感之而疾病，此气之动者耳。不动之气，无时不有，无物不在也。何以见之？于扇之生风见之，室本无风，扇动而风生，岂扇有气哉？以扇摇动，激其气而成风耳。有窍亦皆生风，故当门者有风，窥穴者有风，盖不动之气，淳潏空际，触物必动，透窍必出也。知气无不出，则知天无不在矣。天以气为体，如人以血肉为身。人在气中，如虮虱在人身，随动即觉，岂有告之者乎！故人一举动，天即知之，不待日月之照临，鬼神之鉴察也。虽然天德含宏广大，苟即事物而祸福之，则天不胜其劳，亦不若是之苛也。故阳授其权于日月，阴授其权于鬼神，日月鬼神者，天之一气凝聚之至精者也。日月可见，鬼神不可见。可见者为阳，司阳之权为天子，日月不明，则天子失其治矣。司阴之权为鬼神，鬼神之知能亚于日月，能自祸福人而辅相天子为治者也。人事万殊，天子有知有不知，鬼神则无不知。故天子之祸福，有所及有所不及，鬼神则无所不及；鬼神之无所不及也，一天之无所不及而已矣。（王充《论衡》曰："天气也，故其去人不远，人有是非，阴为德害，天辄知之，而辄应之。"）

（卷六）

获青莲教匪

本年正月，甘肃奏获青莲教匪夏长青等，湖北亦奏获教匪陈依精等，皆称听从四川人李一沅传教，四川旋获李一沅及其党郑子青六十余人。李一沅称，在湖北与陈汶阳设坛，请无生老母降乩，令其传徒，录有绫书经句十报、十忏、三皈、五戒之文。称弥勒转生朱家，总教主朱中立在湖北。又号八牛教，分排次第：一等曰内五行，为陈依精、彭依法、林依秘、葛依元等，在湖北传徒；二等曰十地，在川陕各省，掌教李一沅掌四川、陕、甘为一地；三等曰一百零八盘，分至各省传徒。右见《邸钞》及四川奏稿。先是道光七年，四川获教首杨守一及其党，遣发新疆，适有张格尔之乱，诸遣犯从军出力，多赦归，至是复兴其教，幸早破获。然首惑人者朱中立也，若得而诛之，使天下知弥勒之邪说为伪，庶愚民知误，否则其徒众多，可胜诛耶？蜀中啯匪，几于遍地，其党日众，虽时有诛惩，防缉亦严，而伏莽终为可虑，况益以教匪之众！若非此岁丰登，无惴栗乎？嗟呼！盗之为患，自古然矣，苟为上者诚心治盗，必先清心寡欲而后可，盖心清则用人公明，守令得人，盗于何有！

（卷六）

理数因

儒者言理，术家言数，释氏言因。凡事求其理而不得则参之数，更推其数而不得则付之因，三者若不同而实不相倍。盖理主其常，反是则变，天下不能有常无变也，以数推之，则可即常观变矣。数之变有万，而各有所起，起即因也，以所因究之，则可即起知止矣。常变起止，可推可究，非理乎？一理明则数与因在其中矣。事势所必者理也，数有千万各处其一，随举其一皆可为起，所起者异，即所止之数千万亦异，寻其一而推之，十百千万可知，非理乎？数有尽而理不与同尽，因有起而理即与之为起，故有一而后有万，一即万之因也。因有外来，有自中起，圣人不自起因，坐以观变，故常主于静。

（卷六）

设备道议

蕃性，犬狼也。两呼图克图，各用其私人，构兵不已，屡令文武劝谕之不息，判断之不遵，冷中碛辈，敢阻困回京之大臣，肆其挟制，此而不振以兵威，其有济乎？夫蛮触相争，本可置之不问，其所以不能置之者，徒以川、藏孔道，台站所在，不可梗阻耳。然川、藏自有孔道，非舍此不通，何必沾沾此路哉！乍雅一路，蕃情刁狡难驯，自昔已然。乾隆中即有"恶八站"之称，见于《卫藏图识》，岳大将军进兵西藏，未由此路，至今蕃人不识兵威。每年委员解运藏饷，台站更替，名为承应乌拉，实贪其利，于雇价外更邀赏茶布烟物，复有酒钱，背手种种无厌，每过一站，刁索阻延，无不苦之，皆视为畏途久矣。故文武委员差竣回省，多自察木多别雇骡马，由他道至江卡或阿拉塘，复归大道，以避乍雅，即民间货物往来，亦不由此路，其恶可知矣。今若别为备道，则往来官民既便，刁狡之蕃，无所挟持，即有蛮触之争，而道路无虞梗塞，彼此控恕，或理或否，我得操纵自如，何致顾忌多端，使车仆仆，失体损威，刁风日炽哉！或曰：徭役，人情所不愿也，添设台站，其如他道之人不愿何？曰：不然，余所言备道者非他，固达赖剌麻地也，自江卡以西，瓦合寨以东，别有商贾往来之路，既通商贾，岂不可设台站乎？达赖剌麻，一蕃僧耳，受国家养育之恩，予以全藏地，优崇之者至矣，其土地人民，何一非天朝所有，供此徭役，理复何辞？且此每年之役皆藏饷赏需，初非他人之用，即台站之设，亦皆为藏地联络声势。国家既予以全藏之地，复设大臣重兵为之护卫，以镇抚人民，捍御外侮，更不惜岁费数万帑金，越数千里，委员馈运，成都以西，内而州县，外则土司，为藏地劳费多矣，区区数百里之役，以藏人供藏用，尚何言哉！道光二十一年，乍雅两呼图克图之众相争，达赖剌麻贡使即由彼所辖地行矣。近年委员如朱锡保、武来雨、刘光第、宝钺、徐赓昌，皆自他道回省，即商贾往来大道，非不毛之地也。稍一转移，便利实多，若因循仍旧，其害无已，惟明者察之而已。

（卷六）

文昌星可以人神为之

星之有文昌也，古矣，神之有文昌也，始于近代。经生家多著论，谓文昌六星，本司禄命，非世所传之梓潼神也。征引古书，其说甚辨。余谓考古之学，自不可少，而天人之理，实不可诬。人本二气五行所生，其始未有非二五之精者也，精则明，明则神，神之与星，一物耳。星之精气，可降生而为人，人之精气，何不可上升而还为星乎？傅说，殷相也，殁为箕尾之星；梓潼神殁，升为文昌之星，亦就是耳。《化书》所云，虽若怪诞，然人物死精气不散，感而复生，实阴阳变化之理，不可以三生之说出于释氏而诞之也。精气本体，无人物之可名，其感而生也，可以人，亦可以物。世儒惟知贵人贱物，独不思人有贵贱，当辨其贤愚，不可概以为贵，犹之物有贵贱，当别其灵蠢，不可概以为贱也。桀、纣、操、莽，有何可贵？麟、凤、龟、龙，岂可言贱？人为桀、纣、操、莽之行，则好豺、狼、蛇、虎之心也，人其形而豺、狼、蛇、虎其心，戾气所聚，虽死不散，感而复生，各以其类，乌能不为豺、狼、蛇、虎乎？此不必有地狱之神，罚之殛之也，自为之也。物有麟、凤、龟、龙之德，则即圣贤豪杰之心也，物其形而圣贤豪杰其心，秀气所钟，死亦不散，感而复生，亦从其类，何必不为圣贤豪杰乎？此亦不必有天曹之神赏之命之也，自为之也。然而实有神焉，赏罚之而殛之命之，何也？天地无心，而有主宰天地之神，圣人无心，而有主宰人物之君，人物之贤愚灵蠢，能自为之，而世运之治乱隆污，人运之盛衰修短，不能自为之，必有司其权者，而后整齐画一，人物以之而定，否则散而无统，大乱之道也。故人所能自致者，身心之善恶耳，所不能自主者，名位之贵贱、气数之修短也。人贵其德，本有可贵其位之理，人善其心，本有可修其数之理，而不必尽然，则司其权者，别有道焉，非人所能知而亦不必知之矣。文昌之星，司人禄命，天星也，可以人神为之。人惟自修其德，安知异日不可为神，不可为星哉？不强其志，不究其理，徒执书传一言，妄为辨难，此亦泥古之过也。六月初一日，驻包墩，丁别驾言梓潼县文昌神庙事，记此。

（卷六）

事物本原于道

天下事物，莫不有所由来，由来者，事物之本原，本原即道也。事物可见，本原则或见或不见，智者明其理，愚人泥其迹，愚者多，智者少，道之所以不明也。六经自秦火后，赖汉儒传之经传即圣人之道以传。汉之大儒伏生、欧阳、申公、董仲舒、大小夏侯、后苍、二戴、孔安国、刘子政、郑康成、贾逵、服虔，粗明圣道，顾所讲说训诂，详于名物度数，而简于道理者。道德性命之精微，即寓于名物度数之中，上智者可即此而见。且名物度数之事，古人童而习焉，目见而身用之，其学之也易。后世三代法物皆不可见，惟于方策是求，其学之也难。穷年毕世，即粗者犹不能尽晓，况其精微者乎？有所及则有所不及，非谓道德性命可不必事事也。此数大儒者，其于性命何若，吾不能知，固皆身蕴道德矣。迨孔光、张禹、刘歆、马融辈，但以传经为业，不以道德为重，乃至身附篡逆，犹自诩通儒，是大叛乎圣人，而为王者所必诛矣。由不知道德性命为所当事也。及乎宋世诸大儒出，深有以明道之本原，知圣人著述六经之旨，固欲以治人善世，非如有司之徒存其器、典守其法也。名物度数，汉儒既已详明，学者可以考索而得，惟道德性命之精微，汉儒有所未及，故以其身所究明者，阐发以示后人。自是六经之旨乃明，圣人之道乃备矣。学者由汉儒所传，有以观圣人之迹，复由宋儒之说，有以得圣人之心，是两代大儒，皆吾父师也。近世诸人，因宋、元、明以来，习汉儒之学者少从事于此，妄自夸诩，遂欲蔑弃宋儒，矢口诋毁，又以宋儒之学，皆修身齐家正心诚意之事，不敢昌言攻之也。思宋儒所专精用力者，无如四子书，三尺童子，无不习之。则曰《大学》、《中庸》，本出《戴记》，当还其旧。若谓：此不过数十篇中之二篇耳。欲行其炫博矜奇之说，则以圣贤切实精微之旨，杂置繁文度数中，使人厌弃之，然后得自显其长。是其用心，全为自矜自炫之私，初何尝为圣人之六经及世道人心起见乎？由其陷溺已深，见宋儒之说有大不便于己，故为邪说以排距之，然"民有秉彝，好是懿德"，天下何能受其欺乎！

（卷六）

拉达克诱森巴犯藏

后藏之西为阿里，其西北界近底穆冈城，东有拉达克城，本一小部落也。东西境长一千五百余里，北至叶尔羌，十八站，西北为克食米尔，西南为森巴，南为哲孟雄、洛敏汤、廓尔喀，又西南为披楞；其西境内有茫玉纳山，自茫玉纳山以西，有地曰补仁，又西曰达坝噶尔，又西曰杂仁，又西北曰堆噶尔本，又西北曰茹妥，皆拉达克之地。堆噶尔本产金。五辈达赖剌麻盛时，夺取此五处。拉达克不敢较。道光十年，有张格尔余党，自叶尔羌逃至其地，拉达克酋长擒献，赏五品顶戴。又尝入藏礼达赖、班禅。后为西界外野蕃森巴侵占其地，走唐古忒求救，驻藏大臣拒之弗纳。拉达克怨，反投森巴，诱之寇唐古忒，欲复茫玉纳山西故地。森巴者，其部有三：最大而远者曰然吉森，次曰索热森，曰谷朗森。道光二十一年，索热森酋俄斯尔遂因拉达克来侵，藏遣噶布伦往御，卒少不胜，补仁五处，皆为所夺。大臣以闻，发唐古忒大兵剿之。森巴勇悍，善枪箭铜炮，而不耐寒。藏有红教剌麻宜玛汤者，能诵经祈雪，深数尺，森巴大冻，唐古忒乘雪以连环枪进攻，森巴大败，阵斩俄斯尔，擒八百余人，尽复所夺地，追至森巴界河而营。督唐古忒兵者，噶布伦策垫夺吉、戴琫比喜也。俄斯尔之妻率众继至，闻败大惧。然吉森以为俄斯尔之勇犹阵亡。又森巴得唐古忒营中护法神像忽自行动，大惧。乃使人请和，未成，决河水淹唐古忒营，兵皆走依山。策垫夺吉、比喜单骑入森巴营责让之，森巴乃奉约而退还所侵拉达克地，以处其酋。

（卷六）

哲孟雄听披楞通道

前藏西南小部落名哲孟雄，西南邻廓尔喀，南接披楞，去后藏之帕里三百程，北至江孜三百余里。又北一百余里，即札什伦布旧属廓尔喀。乾隆五十七年，廓尔喀平后修好于唐古忒，贡服王化，人强健而地小，素畏披楞。其通披楞之处，中隔大山，有道一线，仅容羊行，天生险隘也。藏人言近为披楞凿宽此道，设卡其上，哲孟雄不敢较。盖披楞欲窥西藏，为廓尔喀所阻，哲孟雄路近而小弱，故思取道于此。

（卷六）

张禹附王莽诡言天道

汉成帝时，吏民上书言灾异，多讥切王氏专政所致。上至张禹家，帝辟左右，亲以示禹。禹自见年老子孙弱，恐为王氏所怨，对曰：春秋日食、地震，或为诸侯相杀、夷狄侵中国、灾变之意，深远难见，故圣人不语怪神，性与天道，自子贡之属不得闻，何况浅见鄙儒之所言，新学小生，乱道误人，宜无信用。上信爱禹，由是不疑王氏。此佞臣假经术以欺人主、附和大奸、致成篡国之言，朱云所以请尚方剑断其头也。乃近世儒者，辄谓性与天道，子贡所不得闻，而讥宋儒言性理之非，是其所为经术者，亦张禹之徒，以为取富贵之具耳。始自公孙宏以明经致富贵，其后纷纷诵六艺以文奸言，致祸极于王莽，可不惧哉！

（卷七）

子产言天道人道

或曰："郑裨灶言灾异有验，而子产以为'天道远，人道迩'，'灶焉知天道'。子产之言，是亦张禹所本也，乌得而非张禹？"曰：此所谓似是而非者也。子产固云人道迩矣，其意盖在尽修政事，不欲以玄远之言惑世诬民也。故虽以言折裨灶，而缮修火具以防火灾，则未尝不心善其言而从之也。政事既修，人道可回天道，故郑亦不火。此修人道之验，岂天道之无凭哉！成帝之世，天道即云难知，人道之失，岂不彰著？王氏之擅权，后宫之邪嬖，主德之淫昏，何一非失政之大者？禹为师傅，不一正君之非，天既屡示灾变，复为奸佞之言，阿私网上，此并人道而不知，与子产若水火之异，何得援以为说乎？张睢阳骂贼曰："未识人伦，安知天道！"吾于张禹亦云。

（卷七）

孔光巧佞

孔光典枢机十余年，守法度，修政事，上有所问，对不希旨苟合，如或不从，不强争，以是久安。有所言，辄削草稿，以为彰主之过；有所举荐，惟恐其人闻知；沐日归休，燕语不及朝事。此史臣称光之言也。后世称贤相者，多以此为法，而明人非之，谓为不忠不直，巧佞成性，其削疏稿，正欲自盖其谗谄耳。光当时位太师，在王莽太傅上，尝称疾不敢与莽并，莽所欲搏击，辄为草以太后旨风光，令上之，莽睚眦莫不诛伤，光疏如是，犹有人心乎？宜其不令稿见于天下后世也。余谓光希外戚权臣之旨，苟合如是，史乃称其不希上旨苟合耶？及罢丞相，免为庶人，哀帝使董贤私过之，光下车拜谒，以是夤缘复相，与董贤并为三公；及哀帝崩，董贤自杀，则又希太后旨举王莽为大司马，卒成篡逆，乌在其举荐惟恐人知耶？汉史所言，殆光自言之以欺人耳。然本传但著其美，而散见其恶于他传，盖史法也。后世人但见本传，犹以为师法者，徒取其谨慎可保禄位而免祸耳。夫身为大臣，表师百僚，不思守义持正，尽忠匡辅国家，而孔光是法，徒以保禄免祸为心，非孔子所云"患得患失"之鄙夫乎？幸逢圣世，得全终始，亦浅之为贤矣，不幸而主非圣明，其又何所不至哉。

（卷七）

黄教红教之异

红教剌麻有法术，能咒刀入石，复屈而结之；又能为风雪、役鬼神，非虚也。然自屈服于黄教。盖黄教惟讲诵经典，习静禅坐，不为幻法，而诸邪不能侵之。故蕃人虽愚，其敬黄教，尤在红教之上。此佛图澄所以不如鸠摩罗什，而鸠摩罗什又不如达摩也。然藏中达赖剌麻及班禅额尔德尼，仅以清心无漏为转世法，他无异处；其转世亦在可知不可知之间；如来上乘，似不尔也。驻藏大臣以那们汗阿旺札布巴勒楚勒齐木不法，革遣之，达赖尚幼，访于班禅，以成其狱，失蕃人心。及班禅返后藏，蕃人敬礼大衰，班禅泣而悔之。乍雅大、二呼图克图，既以构兵结讼，类伍齐之大、二呼图克图亦以争权不睦，西方之教，不亦衰甚矣乎！

（卷七）

姚兴论人才

秦姚兴命群臣举贤才，右仆射梁喜曰："臣累受诏而未得其人，可谓世乏才矣。"兴曰："自古帝王，未尝取相于昔人，待将于将来，随时任才，皆能致治，卿自识拔不明，安得远诬四海乎？"兴言是也。然国家之兴亡盛衰，自有其运，人才之屯否通塞，亦有其命，求之而不遇者多矣，况无求之诚，复无知人之鉴乎？至若朝廷以阿顺为贤，宰相以直节为忌，群小盈廷，人才野伏，斯又千古之所同病矣。王褒之颂，岂易言哉！

（卷七）

宋孝武帝政官制

宋孝武帝不欲权在臣下，分吏部，置二尚书，又选名士为散骑常侍。蔡兴宗曰："选曹要重，常侍闲淡，改之以名而不以实，虽为轻重，人心岂可变耶？"沈约曰："君子小人，类物之通称，蹈道则为君子，违之则为小人。是以太公起屠钓为周师，傅说去版筑为殷相，胡广累世农夫，致位公相，黄宪牛医之子，名重京师，非若晚代分为二途也。魏立九品，盖论人才优劣，非谓世族高卑，而俗士凭籍世资，用相凌驾。周、汉之道，以智役愚，魏、晋以来，以贵役贱，士庶之科，较然有辨矣。"余谓：国家立法，各有其制，而用法则存乎人，惟明主贤相能因时损益而变通之，制度一定，可以为中人之法守，欲久而无弊，不可得也。沈约之言，其切中晋世之弊欤？

（卷七）

前藏岁时蕃戏（二条）

《图识》又云：西藏行岁，亦以建寅孟春为岁首，节令多与内地不同，如十二月大建，则以元日为年节，小建，则以初二日为年节。每遇年节，商民停市三日，各以茶、酒、果、食物相馈为礼。其日，达赖剌麻设宴于布达拉上，延汉蕃官会饮，有跳钺斧之戏：选幼童十余人，著彩衣，戴白布圈帽，足系小铃，手执斧钺，前列设鼓十余面，司鼓者亦装束如前，凡觚觫交错时，相向而舞，听鼓声之渊渊，而队兆疾徐咸中节。越日，观飞神，乃后藏蕃民供此役：以皮索数十丈，系于布达拉山寺上下，人捷如猱，攀援而上，以木板护于胸，手足四舒而下，如矢离弦，如燕掠水，亦异观也。过此，择日大诏内聚集众山寺剌麻，拥达赖剌麻下山谒佛，登台讲《大乘经》，谓之放朝。凡蕃民越数千里来者踵相接，以金珠宝玩陈列炫丽，举于首而献之，达赖剌麻若受，即从麈尾拂其首，或手摩其顶者三，出则夸耀于人，以为活佛降福也。上元日，悬灯于大诏内，矗木架数层，安设大灯万余盏，以五色油面，为人物龙蛇鸟兽，穷极精巧，自夜达旦，视天之阴晴雨雪及灯焰之晦明，占一岁丰歉。十八日，扬兵，集唐古忒马步兵三千，戎装执械，绕诏三匝，至琉璃桥南，施巨炮以驱鬼魅，炮大小不一，中一最大者铸自唐时，刊"威剿除叛逆"五字，演毕，商上出金银绸缎布茶劳之，并布施僧众，为诵经之资。越二日或四日，噶布伦、戴布伦、戴瑝刺麻，各出幼童，选快马驰骋，自色拉山寺东麓至布达拉后，约三十里，疾驱角胜，先至者受上赏，复以幼童裹体跣足，自布达拉西至拉擦东，约十余里，一时争道而趋，亦以先后较胜负，如力不胜，亲友旁观者以冷水灌顶为之助，此为一年夺标之戏也。二十七日，迎色拉寺之飞来杵至诏。三十日，讽经毕，送老工夹布，即《通志》所谓"打牛魔王"也：以刺麻一人，伪为达赖刺麻，于蕃民中择一人，面涂黑白色，作牛魔王，直诣其前，诋其五蕴未空，诸漏未净，达赖亦以理折，彼此矜尚法力，各出骰一枚，如核桃大，达赖三掷皆"卢"，魔王三掷皆"枭"，盖六面一色也；魔王惊惧而逸，于是僧俗人执弓矢枪炮逐之：先时于对河牛魔山列帐房，待牛魔审入，系以巨炮，迫以远飏而止；凡作魔王，必以贿得之，盖于魔王避居处预储数月之用以待之，食尽始归耳。二月初二日，达赖刺麻上山。仲春下旬或暮春之初，大诏寺中宝器珍玩陈设殆备，谓之亮宝。翌日，布达拉悬大佛像，其像五色绵段缄成，自第五层楼垂至山麓，约长三十丈；又有刺麻装束神鬼及诸蕃人物虎、豹、犀、象等兽，绕诏三匝，至大佛前拜舞歌唱，如此一月始散。四月十五日，寺门洞开，亦然灯达旦，任蕃人游玩。六月三十日，别蚌、色拉两寺，亦悬大佛像，有垂仲降神，蕃民男妇绵华服艳妆歌唱，翻悍相扑，诸戏咸备，亦二寺之大会也。七月十五日，任碟巴一人以司农事，其地之蕃自从之游，佩弓挟矢，旗幡前导，遍历郊圻，观田禾射饮，以庆丰年，然后土民刈获，亦所以重农事也。七八月间，临河遍设凉棚帐房，男女同浴于河，即上已祓褉之意。十月十五日，唐公主诞辰，蕃民盛服至大诏顶礼。二十五日，相传宗喀巴成圣日，或云即然灯佛，举国皆于墙壁间然灯，相映灿若列星，亦以灯卜其罗。除夕，木槵寺跳神逐鬼，有方相氏司傩遗意，男女盛饰，群聚歌饮，带醉而归，以度岁节。

嗟呼！人情不甚相远也。虽异域岂有殊耶？夫佛法精深，上智犹难尽识寂灭之说，欲以化导愚蠢之蕃民，其谁信从之乎？人莫不有好恶，好莫如生，恶莫如死，生矣则更求其福而乐也，死矣则又惧其罪而苦也。释氏深有观乎民情，非徒清净寂灭所能动其信从也，于是庄严色相，使民崇敬而不敢亵，更炫之以富贵，生其歆羡之心，以为从我者如是之福，可极乐也，不惟此生乐之，且生生世世乐之，虽中智亦欣慕焉，况愚蓄乎？犹恐人见佛之死，不见其生，疑为安也，更为转世以示其迹。民曰：佛果转世而有福如是也！欲不坚其信，得乎？至于死后之事，民不得而见也，则告之以地狱果报，神鬼夜叉，凶恶惨酷，以怵其心，复示之变相，以骇其目，虽君子亦有戒心，况小人乎？宋以前古佛诸祖，虽有三生之说，佛经亦但云历劫而已。宗喀巴出，乃实其事，确与否吾不得而知，然西藏蒙古二万里，人皆信服而心悦之，数百年矣，虽圣帝明王，威德及于遐荒，不能不藉其数以经凶顽而安边徼，此岂寻常智识所能及哉！观于西藏，听民以百戏相悦，与中国无异，凡所以宣滞导和，鼓舞人心，使皆熙熙皞皞，游于光天化晶，而不为乱也。意深哉！虽非古佛之制，而古佛之所许也。昔明太祖既定天下，思以销兵革之气，于金陵设十四楼，出官钱贳酒，帝实以官妓，接待四方之士，而草泽英雄之气遂以潜消。帝王大略如此，虽儒者之所几，非通智之所善欤？宗喀巴者，其雄杰岂在诸祖之下哉！

（卷七）

人类万殊圣人不一其教

天之生物也万殊，而翘出为人；人之为类也万殊，而各为君长。天不欲人疾病夭折也，复生万物以养之；君长不能人人衣食之也，使人自以技为养；不得其养则争，而杀夺侵陵之祸起；有余其养则侈，而淫佚骄纵之念萌；天既为君长以督约之，复生圣人以教化之，君长以约其身，圣教以化其心，而天之能事毕矣。夫人类万殊，一圣人不能尽天下也，天若曰：圣者觉吾民而已，何必其一哉！中国有孔子又有老、庄焉，西域有释迦又有三大士焉，至于回部、欧罗巴，亦各有穆哈默德与耶稣其人者。他外夷吾不能知，知天必不能恝然置之也。此数子者，皆体天道以立教者也，其教不同，至于清心寡欲，端身淑世，忠信好善而不杀，则一矣。道者何？犹路也，道之大原出于天，犹王人奉使，同出京师，其之四方，则南北东西不能一辙矣。水以舟，陆以车，山以樏，泥以橇，各有宜也，可相废乎？天若曰：吾使此数人者示人以路而由之，免为凶暴淫佚，同跻仁寿之域而已。故使人皆跻仁寿者，天之心也，必非议而相攻，是舍本而求末，岂天之心哉！虽然吾中国之民也，中国有孔子，吾终身由其道犹未能尽，乌能半途弃之，更从他道哉？岐道而彷徨，虽毕其生，必无一至矣。譬如六月盛夏，见美裘而好之，岂能释吾葛而从裘也乎？人能无惑乎此，斯可为知道者欤？（孔子系《易》曰："天下同归而殊途，一致而百虑"，朋从则非矣。故又曰："道不同，不相为谋。"）

（卷七）

达赖剌麻顶上云气

谢都阃又言：今达赖剌麻，道光十五年生于里塘之泰宁，其祖父本陕人，以业窑至泰宁，父习其业，母蕃女也。昔藏中乱时，达赖剌麻尝移床泰宁，故亦为胜地。达赖生甫三岁，藏中踪迹得之，自其家移大寺中，有五色云覆顶。初不之信，及迎至藏，将近布达拉，亲见其上有五色云如盖，随至布达拉大寺坐床，后始散，乃知灵异非虚。余谓达赖出微贱，一旦置身青云，始在孩提，即为天子隆重，二万里王公僧俗男妇，无不诚心敬礼，苟非福德殊异，何能臻此！昔汉高祖所在，其上常有云气，韩魏公廷唱第一，太史奏五色云见，古有之矣。天降灵祥，必非无意，今之达赖，其有殊乎！抑尝思之，人之始生，本二气之精，与星辰同体，惟受生后物欲习染，蔽其灵明，展转死生，精气耗剥，乃与常人无异耳。守贞抱一之士，与豪杰奇伟之人，精气坚凝，或以时发现，理固宜然，不足怪也。汉高祖、韩魏公与此剌麻之云，非山川之云，乃其本体之精气所发见也。岂但异人，凡大军所在，或千人之聚，其皆有云气，盖众气所凝，虽庸人亦然，不过盛衰明暗之殊耳。

（卷七）

释氏设心亦与礼、老相似

人受阴阳五行之气而有身，受天地之中而有性，此身此性，既受之天地，即当尽此身此性之事，乃可以对天地而无负吾儒之教，不待言矣。即老子言玄理，何一非治世之事，特作用不同耳，非后世服食长生之说也。释氏弃家苦行，以求明心见性，乃与孔、老判然两途矣，然必苦口说法度人，则仍以出世为治世也，其设心与孔、老何尝异耶？三教同一善世，吾人立心立命，当以为善始，以为善终，一息尚存，善根勿断，善莫大于无私，即不能无私，而不可不克，能克一分之私，斯有一分之善，积之日久，所得不已多乎？学者且不必争儒争释，但求自克其私而已，自克未能，徒攻人以口舌，亦德之贼也。孔子曰："攻其恶，无攻人之恶。"

（卷八）

前后藏非天竺（三条）

余前以《禹贡》"三危"，即察木多及前后藏地，盖本《一统志》。顷得和泰庵《西藏赋》自注云："三危者，犹中国之三省也，察木多为康，布达拉为卫，札什伦布为藏，合三地为三危，又名三藏。窜三苗于三危，故其地皆苗种。"此犹可据也。又引《括地志》"天竺国有东、西、南、北、中央五天竺大国，隶属者二十一，在昆仑山南。"谓康、卫、藏在天竺之东，即东天竺。泰庵此言则误矣。考《卫藏图识》，由后藏塞尔地方行十余日，交白木戎界，再半月余至宗里口，又数日始至白木戎住牧地。由白木戎西去（莹按：此言西去，则以上皆南行可知），十余日，交小西天界，再行十余日，始至小西天。人此登舟涉海，约半月，即至大西天矣。据此言之，去后藏之塞尔地方，两月余，且需涉海，乃至大西天。西天者，蕃人称佛国之谓，诸佛出此，故以大西天名之，此真天竺也。即小西天不必涉海，亦尚在后藏之西南界外，则后藏非小西天明矣。若康、卫、藏为东天竺，则藏人当自以为小西天矣，何反指后藏外行将两月之地为小西天乎？且唐时王元策袭执天竺国王，其时吐蕃赞普已以逻裟川为国都，前后藏皆吐蕃地，既称天竺，必非藏地，明甚，何得混藏地为天竺乎？佛经所言山水地名，今前后藏皆无之，则其去天竺远矣。《楼炭经》云：葱岭以东名震旦。盖西域称中国之名也。初祖达摩曰："当往震旦，设天法乐。"遂泛重溟，达于南海传法。观此，益可见诸佛国自南而往，本尚隔海，则五天竺俱不得在今藏地，断断然矣！今之藏地，或即《括地志》所云五天竺隶属之国耳。《括地志》明言五天竺在昆仑之南，若前后藏则在昆仑之东矣，岂可混耶？

唐史言天竺去京师九千六百里，指长安而言也。今陕西西安府至成都，二千一百余里，成都至后藏，七千四百余里，合之正当九千六百余里。然则天竺者，其今后藏外之阿里以西地乎？阿里在后藏西，地千余里，其东有冈底斯山与后藏接境，北与和阗、叶尔羌诸山相联属，蕃人谓即梵书之阿耨达山，其南有池，谓即阿耨达池，地名阿里者，即以此山得名。《卫藏图识》言：阿里噶尔渡之民，见官长不除帽，以右手指额，念唵嘛吽者三。是其为天竺之教无疑，第未审其为天竺何境，大约近北、中二天竺之间也。（魏默深曰：阿耨达池出四大水，东流为黄河，西南流为恒河，为缚刍河。今黄河源距冈底斯山数千里，如何可通？不以蕃人之说为然。）

钦定《蒙古源流》以额纳特阿克为中印度，而魏默深据《新唐书》及西人《四洲志》定痕都斯坦即为中印度之境，以克什弥尔为北印度，以甲噶尔为东印度云。余按：甲噶尔者，即《明史》之榜葛剌，一作孟加腊，其边城则披楞也。披一名噶里噶达，又云披楞，久为英吉利属国，与廓夷积衅，福公康安进兵征廓夷，尝檄近廓夷东境之哲孟雄、宗木布鲁克巴，西面之木作朗，南面之甲葛（噶）尔、披楞等部，同时进攻，许事平分裂其地。由此观之，是西藏与天竺接界，而非即天竺明矣。《续文献通考》亦云："榜葛剌本忻都州府，西天有五印度，此即东印度也，国最大；从苏门答剌海西北行二十日，抵湖地港，自港至琐纳儿江，有城池街市，聚货通商；再行至板独哇，酋长居焉，王及诸官皆回回人，男祝发；白布缠头，圆领长衣。"余谓此即今英夷所据地也。廓尔喀、哲孟雄界在西藏及披楞之中，为西藏之外藩，屏障英夷，此诚不可以失驭者也，岂可以福公时事衡之耶？

（卷八）

宗喀巴开教

《西藏赋》注云：明蕃僧宗喀巴，名罗布藏札克巴，生于永乐十五年丁酉，幼而神异，精通佛法，号甲勒瓦宗喀巴，在大雪山修苦行，《穆隆经》者所立也。《穆隆经》者，即今之摩罗木也，我木译言攒诏，盖达赖剌麻至大诏，众剌麻所诵经也。宗喀巴初出家时，学经于萨迦庙之呼图克图，乃元时帕思巴之后，为红帽教之宗。宗喀巴修行既成，为蕃众所敬信，衣紫衣，相传其受戒时染僧帽，诸色不成，惟黄色立成，遂名为黄教。其教大行，最盛于前藏，今拉萨诸庙，咸供奉其像。余按：泰庵此注，本之《布达拉经簿》，盖剌麻之家谱也。凡剌麻历代源流事迹，无不具载，亦时有续修，各处剌麻皆有之。稽考前代，必以《经簿》为据。和赋成于乾隆五十八年癸丑，时为驻藏大臣，故得见之。而《经簿》所载，止及其时，后无闻焉。据此言之，是黄教之先，本亦出于红教矣。

（卷八）

尽物之性

《中庸》："唯天下至诚，为能尽其性。能尽其性，则能尽人之性；能尽人之性，则能尽物之性；能尽物之性，则可以赞天地之化育。"此可悟原始要终之义。盖性本于天，两间人物，无非天之所生，一本同原，各得之以为性。性在天地，譬诸大海之水，蛟龙鱼鳖以至虾蛙百族，莫不得水为命，惟所受之量有大小清浊不同耳。水族百种，同养于水，人物万类，同育于天。百族犹一族也，万类犹一类也，殊其形不殊其性。天地之大德曰生人。能生育一物，即赞天地生育一物也。人物情状不同，同一好生恶死，吾不能尽知人物之性；但使人物各全其性，而不戕其生，是即尽物之性也。圣人治天下，岂人人物物而饮食之哉！

（卷八）

圣人至德无非一诚

圣人极功至德，无非一诚，诚可以格天地，动鬼神，感人物，小诚小效，大诚大效，至诚则有不可思议之效。然其效也，非揣量计较而得之也，有揣量计较之心，则不诚矣。父母有疾，戚戚焉忧之，百计求愈其疾而已，岂尝计之曰：吾以为孝乎哉？国家有难，不顾身家以赴之，惟期有济于国事，岂尝计之曰：吾以为忠乎哉？惟不自知其忠孝，乃所以为忠孝也，莫之为而为者，诚也。诚于亲则孝矣，诚于君则忠矣。其为物不贰，不贰者无揣量计较之心也。蹈汤火、赴白刃而不辞，其不辞也，不见其可畏也。心专于一，则视之不见，听之不闻，何畏之有！此诚之说也。

（卷八）

无住生心似克己复礼

《金刚经》："应无所住而生其心"，住即著也。有所住，即著我见、人见、众生见、寿者见之谓；无所住，则无有我见、人见、众生见、寿者见矣。既云"降伏其心"，又云"生其心"者何耶？盖降伏者，有我人众生寿者诸见之妄心，即吾儒所谓人心也。生其心者，无有我人众生寿者诸见之真心，即吾儒所谓道心也。无住而生之心，即应住之心矣。所谓渣滓尽去，清光大来也。孔子告颜子曰："克己复礼为仁。"己者何？人心是也。意、必、固、我，四者皆已去，孔子绝是四者，自然而无，无事于克，从容中道之圣也。颜子犹待克之，故未达一闻。释氏之无所住，其即吾儒克己之谓乎？无所住而生其心，其即吾儒复礼之谓乎！释氏用功：惟在无所住著而有生心之功；吾儒用功，惟在克己更无复礼之功。释氏并非无心，应无所住而生其心，吾儒心本有礼，必能克己斯复其礼，苟不克己，惟事是己非人，匪但得罪圣人，抑亦见讥于释氏矣。善现问"如何降伏其心"，佛答以"应无所住"，此降伏法也，降伏即克之谓。病况现问"如何应住"，佛答以"应无所住而生其心"，此即应住之心矣。生即复也。《孟子》："今人乍见孺子将入于井，皆有怵惕恻隐之心。非所以内交于孺子之父母也，非所以要誉于乡党朋友也，非恶其声而然也。"此即无住生心之说也。释氏说法，度人一切苦厄，非吾儒恻隐之心乎？受持诵读佛经，免为人所轻贱，非吾儒羞恶之心乎？以世尊之尊，人所敬重，犹亲自率众行乞而食，非吾儒辞让之心乎？分别有无智识，摧灭魔道外教，非吾儒是非之心乎？心性皆同，为善去恶又同。孟子不云乎："三子者不同道，其趋一也。"

（卷八）

儒释二教皆从平实处起

《金刚经》为大乘上智者说，盖已能通澈诸法，复以此教之，俾得究竟之义；钝根小智者固不可与闻。苟未通诸法，而即欲闻之，是躐等也。钝根小智，既恐堕入魔道，未通诸法，亦恐认贼作子。如来以筏喻法，苟未有筏，身未度（渡）河，何云能舍乎？自宋以后，南宋宗门大盛，俗僧轻易说法，苦行全无，惟以口舌体锋取胜，以妄为真，不得为得，其于如来真实不虚之旨，大相违害矣，岂非释氏之罪人乎？此等不但欺人，实是欺心，以欺心人说法，势必堕入恶孽，是可哀也。先圣有言："下学而上达。"又曰："中人以下，不可语上也。"学者且莫谈空说渺，先从平实地处做起，方是真正种子耳。行远自迩，登高自卑，为儒者且说子臣弟友，为释者且通四谛十二因缘，是为入德之门，世宁有不入其门先入其室者哉！究之，至深微妙之理，不出平浅实地之中，室亦不在门外，轻易语人，不若使深造而自得之也。

（卷八）

四谛解

佛经注云：四谛者，一苦谛，即逼迫之义；二集谛，即招集之谓；三灭谛，即寂灭之谓；四道谛，即通达之义。《心经》："无苦、集、灭、道。"古注云：此四谛法也。无苦者，圆觉菩萨谛审五阴十二入之法，皆即真如，实无苦相可舍也；无集者，一切烦恼尘劳不生，因性本清净，实无招集生死之相也；无灭者，生死涅槃，体元不二，实无生死逼迫之苦可断，亦无涅槃之寂灭可证也；无道者，一切诸法，皆即中道，离边邪见，实无烦恼之惑可断，亦无菩提之道可修。从来诸佛度人，先说四谛，得度者万千，今言无者，既到彼岸，筏无所用矣。

（卷八）

十二因缘解

又云：十二因缘者，一曰无明，谓妙法本明，因一念妄动而有迷昧，故号无明；二曰行，本体湛然，因无明鼓动而有迁流，故名为行；三曰识，既迁其体，则智转识矣；此三项乃前世因也。四曰名色，盖因必有果，今识乃四大色身和合，有名有相，故为名色；此初投胎之始，受形之原，住胎凝滑之相也。五曰六入，既入其胎，六根完具，已具入尘之义，故名六入；六曰触，六根既具，形成出胎，根与尘接，故为触；七曰受，领纳所触违顺诸境，故为受；此三项乃今世果也。八曰爱，则以必生爱也；九曰取，以爱心取执也；十曰有，盖取必造业，既造其业，后果不忘，又生后有；此今世因也。十一曰生，既有业因，而后果随之，故有生；十二曰老死，既有生，终归老死；此后世果也。《心经》："无无明，亦无无明尽，乃至无老死，亦无老死尽。"古注云：众生不知悟道，故有无明等世间因果，圆觉从此十二因缘悟道，故有无无明等出世间因果，若悟正菩提，则不但无世间相，并无出世间相，所谓"无无明尽"至"无老死尽"，则不但本无，并无亦不受，谓之曰：无是为灭无尽相也。

（卷八）

学道从浅近处把握

圣贤教人，从浅近处说；吾人学道，从浅近处做，盖浅近处有把握也。得一尺是一尺，得一寸是一寸，及至工夫将到深妙处，只用一点即醒，若无工夫而早醒，醒犹未醒耳。有以言黑白，无以知黑白，乃学人之通病也。

（卷八）

圣人设教在学者自为

深水大河，兴建长桥，更设船筏，皆渡人之具也。临河观望，不肯举足，其奈此人何哉！故佛不能度人，人当自度，圣人设教，亦在学者自为。如来云："灭度无量无数无边众生，实无众生得灭度者。"孔子云："不愤不启，不悱不发。"《易》曰："匪我求童蒙，童蒙求我。"

（卷八）

邵蕙西

　　癸卯在京师，仁和邵蕙西（懿辰）非议阳明之学。余曰：阳明自有是处，我辈不及阳明处多矣，未可论之。邵曰：学者当先辨志。余曰：不学阳明，即辨志矣，议论何益于事！蕙西经史之功颇深，有志力行，今学人所罕，余因梅伯言识之。

　　　　　　　　　　　　　　　　　　　　　　　　　　　　（卷八）

桐城先辈

　　吾桐经学，始于钱饮光先生澄之；理学，始于何省斋先生唐；博学始于方密之先生以智；古文，始于方灵皋先生苞及戴潜夫先生名世；诗学，始于齐劳保川先生之鸾，昌于刘峰海先生大櫆。至于博究精深，兼综众妙，一无理学、考据文人之习，则先姜坞编修及惜抱先生，实后学所奉为圭臬，无异辞者也。今方植之东树，学问文章，体博思精，其亦编修与惜抱先生之后尘矣乎！奉使异域，离群索居，兴念故人，记其敬爱之意如此。

　　　　　　　　　　　　　　　　　　　　　　　　　　　　（卷八）

圆觉即尽性

　　释氏言"圆觉"，吾儒言"尽性"，只是一义。人性本于天，天之分量何若，即吾性这分量何若，一分未到，即性有未尽也，一分未觉，即觉有未圆也。往尝疑天下只有一理，何以圣贤大儒，亘古以来，言之娓娓不已，千佛菩萨，苦口辩才，岂非多事？今乃知此理，澈上澈下，无有中边，苟有一分窒滞不通，则所为理者皆靠不住，故必充类致义，反复推明，既可觉人，亦以自觉，非弄唇舌逞才智也。若甫有一隙之明，即自谓性已尽、觉已圆，此非悟也，障耳！

　　　　　　　　　　　　　　　　　　　　　　　　　　　　（卷八）

《金刚经》言布施

一部《金刚经》摄尽诸法，何以但举布施言？盖佛所言布施，不止财物，凡出我以加乎人者，皆布施也。以财予人，以身及人，以言教人，以意感人，以法度人，绵布我之有以施于人，无非布施也。天下万事，无非人我之境，或交不交殊耳，我虽未交，已自具交之理，交则布施也。故佛以布施为六波罗蜜第一义，般若波罗蜜者，第六波罗蜜以智慧为究竟，实则六波罗蜜只是一波罗蜜，并无二义。举布施言，即摄尽诸法，皆在其中矣。盖人贪著种种，皆由不舍我见故也，舍则无贪，以我予人，即是无我之见，无我即是无人，一举而两善备焉。孟子曰："恻隐之心，仁之端也。"有此一端，推行扩充，以尽其委，广大精微，无所不至，则吾性之分量全体具焉。故仁包四德之全，布施贯六波罗蜜之终也。

（卷八）

佛智妄议

佛告须菩提："若福德有实，如来不说得福德多；以福德无，故如来说得福德多。"方植之解之曰："佛智空而无住，妄识住而不空，凡言不空，但妄识不能空，非真实不空也，苟忘怀而达之，则无所不喻也。如即元圭告岳神，但无情于万物，则都无碍，世所谓真实皆空矣，此所以为破相之宗。庄子曰：'子孙非汝有，身非汝有。'是真实皆空也。空真实以智为本，智者，离相也，离相则见世人皆妄识颠倒。"余谓：全部佛经，只是"天道无心而成化，圣人无为而成能"二语，足以尽之。学者明澈"无心无为"四字，不必受持诵读，可以随取诸经解说而通证之矣。先圣曰："无为而告治者，其舜也与？"又曰："天何言哉，四时行焉，百物生焉。"孟子曰："所恶于智者，为其凿也，禹之治水也，行其所无事也。如智者亦行其所无事，则智亦大矣。"此即天道无心、圣人无为之证也。有凿之智，即妄识也；无事之智，即佛智也。自释氏言之，精深玄妙，自吾儒言之，可等平实！平实，即诚也，释氏亦云真实不虚，佛言真空，即吾儒之言至诚，老子之言自然，岂有二理哉！理一，故其为物不贰。

（卷八）

佛言福德圣人不言福利

佛既空诸法相，何以又言"福德"？为凡夫可以转圣也。凡夫学道，非福德不能发其入道之心，吾儒亦曰"皇天无亲，惟德是辅"；又曰"积善之家，必有余庆"；又曰"故大德必得其位，必得其禄，必得其名，必得其寿"。天道有感必应，本是实理，非圣人之诳人也。特圣人为善，无求福之心，而福自至耳，凡夫为善，有求福之心，而福亦至者，善感则福必至，不问圣凡，如人之有影，人在则影随之，岂问贵贱老幼乎？惟圣人无求福之心，其善无量，即福亦无量，凡夫人有求福之心，其善有量，即福亦有量，此其异耳。譬如士人读书，意求功名，及得功名，其福止矣。圣贤读书，惟在明理，一无所求，斯无所应而无所不应，盖理无尽也，其福岂有量哉。福德不同，转凡可以入圣，此诚而明者之事也。

（卷八）

释氏不切于用

嗟乎！释氏之说，余反复推究，其言心性之旨，未尝不与吾儒同其终始，故程子、朱子皆谓其言近理。然不可舍吾儒而从之者，高而不适于用，远而不切于事，则不中之过也。未生以前，本有未生前事，既已往而不可问；既死以后，自有既死后事，方未来而不可求。惟此现有之身，则有此身之事，修其五德，敬其五伦，推己及人，推人及物，身修而家齐，国治而天下平。自始生至终死，既善既诚，即未生以前有恶，何恶不除；倘既死以后有福，何福不报！作百善言何如行一善事？以无私之心行事，事虽烦冗，何损清明？心既清明，事皆利济，一诚积至，上下与天地同流。性本于天，不失其性，则身死而性自存；身亲乎地，不失其身，则归土而身亦完；匪惟不害其身，且亦不害其性，一修身而性无不在，此中庸之道，所以贯始终而澈前后也。佛老皆究人生前死后之事，吾儒之学，只说现在为人之事；佛书专谈六合以外，吾儒只谈六合以内；三数或主出世，或主治世，各行其是，不相为谋也。

（卷八）

仁兼四德

《论语》："知及之，仁不能守之；虽得之，必失之。"集注云：知足以知此理，而私欲间之，则无以有之于身矣。以无私欲释仁，其义精矣。余谓：仁，心之安宅也，事必求其心安，即仁也。知足以知此理，必求实践无违；不能实践，则心不安，斯谓仁能守之矣。不惟知也，即义、礼、信三德，皆非仁不能守。盖仁乃存心之德，义、礼、知、信，则德之交物者也。四者皆由心出，一有不得于物，则心不安，故仁为四德之全，虽寂然不动，无感于物，而四者无不具于心，有感则应之而已。此仁之体也。譬如身有百骸五官，既已具足，随时随事可用，岂待临时现觅耶？

（卷八）

《太玄经》

惜翁《书录》论扬雄《太玄》曰："圣人之道，原本盛大，以仁义中正，顺播于万事，惟变所适，而物得其理，于是作《易》以教世，错综万端，经纬人事，虽庸愚不肖，苟筮之而见所以处事应物者，皆合乎圣人这道也。故曰：吉凶者，言乎其失得也。得义为吉，失义为凶。故《易》者，导民于义者也。自孔子之时，老聃之说兴，其道以观乎阴阳运行、屈伸循环，制为用舍进退之度，因时而为业，若有同于《易》者。然而古之圣人，当隆盛治平之世，居位则裁成辅相乎天地，而维天下万世之安，非第不居盛满，功成身退而已。《易》曰：'勿忧宜日中'是也。当否遁之日，有济天下之心，有进德修业及时之志，又不幸所遭祸乱，必不可避，则致命遂志，非第全身远害之为善也。故有休否干蛊者，又有过涉灭顶凶无咎者。以老子之懦弱谦下，而终不涉乎世患，视世之务于功利名誉之徒，其贤则多矣。及以圣人之道揆之，然后知老氏之为陋也。孔子殁，七十子之徒，传诵六艺，转相为说，或得或否，瞀乱本真，其时杂家并兴，仁义蒙塞，而汉世尤重黄老之书，盖至元、成之间，蜀严君平以老子为教，扬雄少而学焉，故雄尝美君平之湛冥。及自著书，覃思竭精，贯律历之数，究万物之精，而旨不出乎老氏而已。盖彼不备知圣人之道，而以所窥乎老氏者为同乎《易》，于是作《太玄》以拟《易》而无惭也。其晦家上九赞曰：晦冥冥利于不明之贞；测曰：晦冥之利不得独明也。此特老氏之'和光同尘'，于《易》'箕子之贞明不可息'之训，不亦远乎？"莹按：惜翁此论允矣。雄本辞人，相如、枚乘之流也，既而薄之，又见仁禄不进，乃以道自处，虽较胜于孔光、张禹，而利禄之见未化，由不明于孔子之仁义也。盖以孔子之道观之，雄不免春秋之贬黜，若以老子之道观之，雄其犹贤乎哉？后世君子，世治仕进，但以不居盛满为戒，亟亟功成身退，而不问辅相裁成为何事，世否身危，则但亟亟全身远害，而或疑致命遂志为近名，曾未有衡以圣人之义者，其皆疏广、扬雄之支派乎？然其言则皆曰：吾不为二氏也。其亦未之思矣！（魏默深见余此条，曰：老庄之学，处乱世则为黄石公，为商山四皓，为盖公，为严君平，可也。岂肯《剧秦美新》、《法言》颂安汉公之德乎，岂肯好奇字取投阁之祸乎？谓雄有当于老氏，吾未之敢许也。余谓：惜翁言旨，不出乎老氏，第就《太玄》言之，明其异于《周易》耳，非许其人当于老氏也，默深误矣。）

（卷八）

古书言异域

古书所传荒远之区，事不经见者，迂儒孤陋，辄以为诞妄，然有数千年后涉远者亲历其地，往往与古书不爽，乃知古人非凿空妄言，虽或小有讹误，或传闻之异，或今昔变更，未可轻相非议，要必有其近是者，不妨存以待考，乃为善读书人。彼轻于非古者，非孤陋则浮薄，君子不取也。孔子曰："信而好古"。又曰："好古敏以求之者"。又曰："君子博学于文"。又曰："多闻，择其善者而从之"。世传《穆天子传》"乘八骏至西王母觞于瑶池"，书虽伪撰，然其人固尝博览异域之山川也，《尔雅》、《山海经》确有西王母之地，今叶尔羌、和阗实有产玉之河，岂非瑶池所本乎？千里马实出西域大宛诸国，岂非八骏西行所求乎？《传》固言：穆王好游将使天下皆有车辙马迹焉。必古有其事，且有其地，然后得以附会成书，惟博览者辨其真中之伪而得其伪中之真耳。举此类推，学者可以览古矣。（《尔雅》以西王母为地名，《山海经》言西王母形状诡异，皆与《武帝内传》、《穆天子传》异，不足辨也。）

（卷九）

西域富区

致富莫如经商，山国不及泽国，乃一定之理。西域贾明，自古称富，近世所传极富之国，如控噶尔、痕都斯坦、科罕萨穆、阿拉克及大西洋千丝腊诸国，大抵以舟舶为利，然必其本国衣食充足，物产丰饶，乃能附益之，非瘠薄之土也。究其所云富者，不过金银珠宝，眩异矜奇，原属可有可无之物，非赖以为命者，何如中国圣人之教，宝此布帛菽粟乎？嗟乎！三年饥馑，虽有黄金白璧，无所用之；众人皆饥，独富适足为累，一人之富，千人之所怨也。有国有家者，可不知所本计哉！

（卷九）

艾儒略《四海总说》

西洋人艾儒略《四海总说》曰："海有二。海在国之中、国包乎海者，曰地中海；国在海之中、海包乎国者，曰寰海。寰海极广，随处异名，或以州域称，则近亚细亚者谓亚细亚海，近欧罗巴者谓欧罗巴海。他如利未亚，如亚墨利加，如墨瓦腊尼加及其他小国，皆可随本地所称。又或随其本地方隅命之，则在南者谓南海、在北者为北海，东西亦然，随方易向，都无定准也。"又云："海虽分而为四，然中各异名，如大明海，太平海，东红海，孛露海，新以西把尼亚海，百西儿海，皆东海也；如榜葛腊海，百尔西海，亚剌比海，西红海，利未亚海，何折亚诺沧海，亚大腊海，以西把尼亚海，皆西海也。而南海则人迹罕至，不闻异名。北海则冰海，新增白腊海，伯尔作客海皆是。至地中海之外，有波的海，窝窝所德海，八尔马泥海，泰平海，北高海，皆在地中，可附地中海。"又云："海岛之大者附载各国之后，大率在亚细亚者，苏门答腊、日本、渤泥最大；在欧罗巴者，谙厄利亚最大；在利未亚者，圣老楞佐岛最大；在亚墨利加者，小以西把尼亚最大；在墨瓦腊尼加者，新为匼亚最大。"余谓此寰海之说，即驺衍所云大瀛海也。艾儒略以为裨海大瀛，属近荒唐，无可证据，特西人自矜所见之广博，而轻中国之古说耳。默深云：谙厄利亚即英吉利国。余按：南怀仁《坤舆图说》无谙厄利亚，有昂利亚，其北接斯可齐亚，岂异名耶？艾儒略在明季，距南作图时前七八十年，谙厄利即昂利之转音也。自明季时，艾即以谙厄利与日本并称，则英吉利之强大久矣，特后来更盛耳。

（卷九）

巴勒布

廓尔喀本与巴由为邻国，部落初不甚大，自乾隆中侵取巴勒布三罕之地，又兼并哲孟雄、洛敏汤、作木朗三部，遂以强大。乾隆五十三年，以互市事扰藏，大兵进讨，甫遣其头人玛木萨野入贡。五十七年，复事侵扰，大学士福公征之，兵至阳布，畏惧投诚，至今安靖五十余年矣。巴勒布自唐时立国，千有余年，而为廓尔喀所并，廓尔喀复以其人扰藏，扰藏者廓尔喀也，非巴勒布矣。

（卷九）

《易传镫》言九卦

粮务高明府（殿臣）有宋人徐总干著《易传镫》，借读之，大旨谓：《易》为圣人言天命之书，而尤致意于中兴之际。盖南宋隐君子也。序云：尝师吕东莱（祖谦）、唐说斋（仲友）二先生。其论九卦之德云：九卦之德，圣人独于九卦言之，而不以他卦者，盖九卦君子在下，不违其时之用，因时制行，圣人美之，故于九卦各言德而又重复赞之也。"履"之初九、九二，处六三柔履刚之下，初九，素履以往；九二，幽静守正；故美其德基于履，而又赞其履和而至，以和行也。"谦"之初六、六二，处挠谦、劳谦之下，初六，谦卑自牧；六二，鸣谦守正；故美其德执于谦，而又赞其谦尊而光，以制礼也。"复"，初九，七日来复，能不远修身，致六二之下仁、六四之从道；故美其德本于复，而又赞其小而辨于物，以自知也。"恒"，当君子立不易方之时，九二，能久中而悔亡，故美其为德之国，而又赞其恒杂而厌，以一德也。"损"，当损下益上时，初九，遄往酌损；九二，中以为志；故美其德之修，而又赞其损先难而后易，以远害也。"益"，当损上益下之时，初九，大作、不厚事元吉、无咎，故美其盛德之裕，而又赞其益长裕而不设，以兴利也。"困"，当刚掩有言不信之时，九二，刚中自守，酒食自养，故美其困德之辨，又赞困穷而通，以寡怨也。"井"，当改邑不改井、无丧无得之时，九二，虽无与，九三，虽不食；而九二刚中不变、九三行恻受福，而致六四之井甃、上六之勿幕，故美其为德之地，而又赞其井居其所而迁，以辨义也。"巽"，当小人武治小亨之时，九二，过于用巽，纷若其言以免咎，九三，频于用巽，至于志穷而致吝；故美其为德之制，而又赞其巽称而隐，以行权也。九卦先后殊时，制行不同，圣人均论其德。前有基柄、本固、修裕之殊，盖明其时之可为也；后有辨地及制之别，盖明其时之难处也。基培于履，柄执于谦，本反于复，固守于恒，修为于损，裕充于益，兹其处于平时者德为可与也。困，穷而能通；井，居其所而能迁；巽，称而能隐；君子处于难居之时，其德重为可嘉。故九卦之序后有"困"、"井"及"巽"，兹圣人所以作《易》有忧患也。徐氏此言九卦之德，分别处于平时及处难居之时，最为明晰，处忧患者所宜深玩。莹按：此说九卦之德，专指在下位者，尤切于用。惟巽称而隐；本义及诸家说义多未明。余谓：巽顺之德，人所称美也，而有时当避其巽顺之名而不居，泰伯以天下让，民无得而称是也。

（卷九）

五天竺幅员

宋程大昌《考古编》曰："五天竺皆释氏地。五天竺与波斯接。五天竺皆在长安西南。唐史记其地去都城九千六百里，以其东行所经诸国及中州地理并数之，尚不及万里，唐史信世之所传，谓为'幅员三万里'，则已夸矣。僧玄奘《西域记》乃言五印度境周九万里，一何荒诞之甚耶？又玄奘以贞观三年往，至十九年回，其间以年计，自当得五千余日而已，三分其日之一以为届止询访之日，则其在行者不过十年，不知十年之力，何以能周遍九万里？而经涉他轩理，又未在数，此可见其妄甚明也。"魏默深云："《唐书》'幅员三万里'者，围员之数，围三径一计之，裁万里耳。乾隆中开辟新疆二万余里，然天山南北路，纵横皆不过六千里，则所谓二万里者，亦围员之数，非径一之数。程氏误认周围为径广，玄奘则以开方为径广，胥失之矣。然则五天竺果径万里乎？曰《明史·历志》谓天方回因乌斯藏西八千余里，其地为西印度之极边，而西藏、缅甸亦皆东印度边境，此东西径万里之明证也。北印度至南印度海滨，约计六七千里，而南海中三千里为僧伽剌岛，亦佛说《楞伽经》之地，属南印度，此南北径万里之明证也。径一则围三，故知《唐书》'幅员三万里'之说，确不可易。"余谓：魏说得之，而以西藏、缅甸为东印度边境，则未必然。今西洋人言俄罗斯幅员二百零四万方里，又有所得新藩地，东抵海，北抵冰海，西界欧罗巴洲内部落，南界中国蒙合索伦，幅员五十万方里；又言阿丹国东西距千二百里，南北距千五百里，幅员百十六万六千方里。可见凡云幅员百十万方里者，皆以开方法言，如阿丹国幅员百十六万六千方里，而言其东西距仅千二百里，南北距仅千五百里耳。《新唐书》又云：波斯居达遏水西，距京师万五千里而赢。夫五天竺之境，既云西抵波斯，又东距长安九千六百里。则是五印度之境，东西约六千里，西藏、波斯皆非天竺也。其南北虽不可知。要亦不过数千里耳。玄奘所云周九万里。当亦以开方计之。特少一方字，遂为诟病。但开方法：方千里者为方一里者百万，五印度地，姑以方五千里计之，当二千五百万方里。玄奘所云周九万里者。以方里言之，犹多未尽，盖昔人以遐方异域，不复求深，即玄奘未必了然。无论宋人矣《皇清文献通考》言罩衣裔曰：俄罗斯以千步为里，后改五百步为里。然则较中国里数，其狭甚矣。幅员方里之说，乌可以中国类之耶？

（卷九）

安息、条支

范蔚《西域传·论》曰："甘英乃抵条支而历安息，临西海以望大秦，拒玉门、阳关者四万余里。靡不周尽。"余按：安息、条支，皆五天竺以西之国也。《前书·西域传》言：乌弋山离王国，去长安万二千二百里。不属都护。东北至都护治所六十日行，东与罽宾，西与犁靬、条支接。乌弋地暑热莽平，有狮子、犀牛，俗重妄杀，自玉门、阳关出南道，历鄯善而南行，至乌弋山离，南道极矣，转北而西①，得安息。班书所言乌弋山离，即今中印度之痕都斯坦也。所言地暑热莽平，出狮子，重妄杀，与今《西域闻见录》合，其为此地无疑。中印度去长安万二千二百里，转北而西，得安息。不言里数。蔚宗乃言拒玉门、阳关四万余里。计中印度更北而西至里海，即古之西洋，不及万里，条支、安息，安得有四万余里耶？观蔚宗所云"靡不周尽"四字，则是据甘英足所经历，自玉门、阳关至条支、安息四万里耳。盖并往来纡曲之数言之，非径直四万余里也。

（卷九）

葱　岭

　　宋释法显《佛国记》言：自于阗西行二十五日，至子合国，自此南行四日，入葱岭山，到于麾国；行二十五日，到竭叉国，其地山寒，不生余谷，惟熟麦云。国当葱岭之中。从此北②行向北天竺，在道一月，得度葱岭，冬夏有雪，又有毒龙。度岭已到北天竺。据显此言，是葱岭在于阗西南，凡二十九日程。步行日六十里计之，几二千里矣。自入葱岭行二十五日至竭叉国，不言所向，大约仍西南也，二十五日约一千五百里，为葱岭之中。自此北行向北天竺，又凡一月，约二千里，而后度岭至北天竺。此云北行，不言西者，西南斜行已尽，乃更北行耳。然则其所经行，自入葱岭，历于麾国、竭叉国，度岭至北天竺，凡三千数百里，是绕今前后藏之北而至克什弥尔也。观此则葱岭广长可知。盖于麾、竭叉二国，皆在葱岭之中矣。然其所包亘，岂止此二国哉！

（卷九）

---

① 点校本注："此为意引，有误，'转北而西'，原文为'转北而东'。"
② 点校本注："据台湾商务印书馆《四库全书》本《佛国记》，'北'应为'西'。"

华人著外夷地理书

自来言地理者，皆详中国而略外夷。《史记》，前、后《汉书》，凡诸正史外夷列传，多置不观，况外夷书乎？然今存者宋释法显《佛国记》，乃异域传书之始，自是而唐释玄奘辨机有《大唐西域记》十二卷，宋徐兢有《宣和奉使高丽图经》四十卷，赵汝适有《诸蕃志》二卷，朱辅有《溪峦丛笈》一卷，元周达观有《真腊风土记》一卷，汪大渊有《岛夷志略》一卷，明董越有《朝鲜赋》一卷，黄衷有《海语》三卷，张燮有《东西洋考》十二卷，西洋艾儒略有《职方外纪》五卷，邝露有《赤雅》一卷，朝鲜无名氏有《朝鲜志》二卷，西洋南怀仁有《坤舆图说》二卷，国朝图里琛有《异域录》一卷，《皇舆西域图志》五十二卷，《皇清职贡图》九卷，《满洲源流考》十二卷，《盛京通志》一百二十卷，《热河志》八十卷，《蒙古源流》八卷，陈伦炯有《海国闻见录》二卷，王大海有《海岛逸志》二卷，七十四①有《西域闻见录》四卷，松筠有《绥服纪略》一卷，和泰庵有《西藏赋》一卷。近时徐松有《新疆赋》一卷，及魏默深《海国图志》六十卷出，而海夷之说，乃得其全焉。

（卷九）

痕都斯坦即中印度

默深以痕都斯坦为中印度。余按：南怀仁《坤舆图说》："濒南海有地曰印度斯单"。即痕都斯坦之音转也。印度者，地名；斯单、斯坦者，国王之称。亦作算端，亦作算滩，亦作士丹，皆君长之称也。《坤舆图说》之奔加剌，即孟加剌，亦即东印度。其西有安日河，长四千八百里，分七坌入海。而印度斯单在安日河之西。其西南为本斯利巴当，西北为莫卧尔，其西为西天竺，又西为印度河，长四千里。然则印度斯单正在其中。此可为痕都斯坦即中印度之证。

（卷十）

---

① 点校本注："'七十四'为'七十一'之误。"

莫卧尔即北印度

南怀仁又云：莫卧尔印度有五。惟南印度仍其旧。余四印度皆为莫卧尔所并。其国甚广，分十四道。象三千余。尝攻西印度。其王统兵五十万，马十五万，象二百。每象负一木台，容人二十，载铳十门。大者四门。每门驾牛二百，载金银五十巨罂以御，不胜，尽为莫卧尔王所获。东印度有大河，名安日，谓经此水浴，作罪悉得消除。五印度人咸往沐浴，冀灭罪升天。余按：据此之言，莫卧尔兼四印度，则痕都斯坦亦在所并内矣。图内莫卧尔在印度斯单之北，明为二地。印度斯单既是痕都斯坦，为中印度，则莫卧尔当为北印度，岂即克什弥尔耶？图内印度斯单及西天竺之南，有国曰阿里沙，曰古尔官鞑，曰木斯利巴当，曰加纳剌，曰毗斯纳加，又总名曰印地亚，盖皆南天竺矣。

（卷十）

俄罗斯方域（二条）

《一统志》曰：俄罗斯在喀尔喀楚库河以北。东南至格尔必齐河北岸，自大兴安岭之阴以东至海，与黑龙江所辖北境接界，西接西洋，西南至土尔扈特旧国及准噶尔界。北至海。莹按：《海国闻见录》：俄罗斯在细密里也之西南，滨死海。西接普鲁社。死海又名里海，死海之南为东多尔其、西多尔其。西多尔其临地中海。俄罗斯西南之境，或有近中海者，若其西境，则隔普鲁社、外黄祁、荷兰、佛兰西、是班呀、葡萄呀诸国，方至西洋，约近万里，少亦六七千里，不能接也。南怀仁《坤舆全图》无俄罗斯，惟死海之西稍北有俄罗定。其北有没个斯未亚，一作莫哥斯未亚。艾儒略《职方外纪》云："亚细亚西北，有大国曰莫哥斯未亚。东西径万五千里，南北径八千里，中分十六道。"魏默深云：即俄罗斯也。颠林《图》死海之北有叨思国，又北有罗沙国。余谓：罗沙国即俄罗斯国都。北叨思国盖其南藩新地耳，欧罗巴人《四洲志》曰："俄罗斯旧国，即古时额利西意大里之东北边地，所谓西底阿土蕃是也，近数百年始强盛，疆域甲于诸洲，有在阿细亚洲者，有在欧罗巴洲者，有在墨利加洲者。其在欧罗巴洲七区，曰东俄罗斯，西俄罗斯，南俄罗斯，大俄罗斯，小俄罗斯，加匽俄罗斯，并有所得南隅回教之新藩地，东界阿细亚洲内部落，西界波兰、普鲁社及欧塞特界，南界都鲁机，北抵冰海，幅员二百零四万方里。又有所得阿悉亚洲（即阿细亚洲，南怀仁作亚细亚洲）之新藩地，共四部落，总分二区，曰东悉比里阿，西悉比里阿，东抵海，北抵冰海，西界欧罗巴洲内部落，南界中国蒙古索伦，幅员五十万方里。在墨利加洲内部落者，仅葛西模斯一小隅之地，方里无纪载。其国都原建于大俄罗斯之莫斯科，后改都于东俄罗斯之比特格，今仍还旧都。"余按：《四洲志》所言方里者，开方法也。开方法：方十里者为方一里者百，方百里者为方一里者万，方千里者为方百里者百，为方一里者一百万。今云在欧罗巴洲者幅员二百零四万方里，是仅长二千里，宽一千里，又长二百里，宽二百里耳。衍而伸之，以方五百里计，亦仅长四千里，阔五百里，又长二百里，宽二百里耳。在阿细亚洲者五十万方里，以方二百里计之，当长二千五百里，宽二百里。然东自黑龙江之东海边，西至普鲁社，实近二万余里，此方数殊不合，则所云方里者不足据也。《志》又云：在阿细亚洲者，户百有三万八千三百五十六口；在欧罗巴洲者，户六千五百万口。既有户口之数，则幅员方里不应不确，岂译数有误耶？如《职方外记》所云"东西万五千里、南北径八千里"者，似为近之。若《西域闻见录》言其国东西距二万余里，南北窄狭，自千里至三千余里不等，犹约略之辞耳。

（卷十）

南北都鲁机

默深《西洋沿革图》："死海之西南，有南都鲁机，一名度尔格，又名西女国，其西北为北都鲁机，一名度尔格，又名额力西，又名厄勒祭，又名岷哗呻。"余按此云南北二都鲁机，皆俄罗斯之南属，即陈伦炯《图》内之东西多尔其也。西人地图作土尔其，土都音近。岷哗呻又在西多尔其之西北，陈《图》不误。默深谓岷哗呻即北都鲁机，恐误。又按：南怀仁《图》死海之南，临小西洋，东接回回，有地名法尔齐，地产五色石、金刚石、青石。其西北又有地名百尔西亚，在莫斯哥未亚之极南，疑即陈《图》之两多尔其，魏《图》之两都鲁机也。南《图》

百尔西亚之北，为大白理斯单，东连回回，岂即陈《图》之包社大白头耶？大、小白头皆回回国也。（默深以百尔西亚即包社回国。）陈伦炯曰：大、小白头二国，北接三马尔丹，即噶尔旦之本国也。三马尔丹之北，邻细密里也国，细密里也之西，为俄罗斯国。小白头东邻民呀国，民呀人黑，穿著皆白，类似白头。英机黎、荷兰、佛兰西聚此贸易。民呀之东接天竺佛国，民呀东南远及暹罗，民呀之南临海，民呀之北接哪吗西藏及三马尔丹国属。余以南怀仁《图》考之，五印度莫卧尔之北，有撒白勒斯单，即三马尔丹也。东南隔大流沙，为西蕃，即天竺佛国矣。北有个拉散，似即陈《图》之噶尔丹也。又北有阿被河，长七千二百里，其河之西北近冰海，为西北里亚，"亚"、"也"音相近，似即陈《图》北近冰海之细密里也。

（卷十）

控噶尔

　　《西域闻见录》言：鄂罗斯之外有控噶尔国，更大于鄂罗斯。余以欧罗巴人《四洲志》考之，所云控噶尔国，在鄂罗斯西北，即普鲁社。其北即冰海。其西为绥林国、那威国、琏国、瑞丁国、大尼国。其南为波兰国，即波罗尼，为欧色特里阿国，一作莫尔大未亚。其西南即地中海。据此言之，控噶尔初不甚大，何至如《西域闻见录》之所云乎？盖回子行商其国，彼国人故作夸大之词，而七椿园以所闻记之，非其实也，松湘浦诸人已辨之矣。

（卷十）

程文简论《庄子》

　　程文简论《庄子》曰："庄周之书，大抵以无为至，以有为初。其《内篇》之首，寓意于《逍遥游》者，是其特起一书类例，示化有人无宗本，而人多不之察也。夫游而至于逍遥，则意欲乡而神已达，了无形迹得为拘阂矣。其曰游，岂真游哉？精神之运，心术之动，念虑所及，莫非游也。其游也，与圣人过化之过同也。其不游也，与圣人存神之存同也。而可求诸足迹践履间哉！夫游而得至于此，则既从心不逾矩，而猖狂蹈大方矣。借欲举以告人，亦将无地可以寄言，则夫托物以喻游，而绝迹以明无，乃其出意立则，与人致觉者也。是故鸠之决起、鹦之腾跃、鲲鹏之搏击、列子之御风，虽大小精粗，绝不伦等，率皆于假物乎言道，非徒设谐怪以骋辩博而已也。二虫笑鹏，物是未及乎培风者也。不风之藉而羽翰之恃，正如下愚自用，不从格物以求致知，虽作势而上，枪枋揄，翔蓬蒿，稍起辄堕，无与为力焉故也。鹏搏扶摇上至九万里，由北海望南海，背负青天，而风反在下，无一物能为隔阂，则假物之效，殆极于是。是犹蹒善信而致美大，超乎其为大人，亦既洪矣。（洪即宏字，宋人讳宏。）然有不能逍遥者，势资之翼，翼资之风，其人也以物，曾不若列子谢弃行迹，御风冷然，更为无著也。凡此三义者，每况愈上，以至列子，则至矣尽矣，不可以有加矣。然亦必有冷然者，以供其御，而非能自往自复也。反复致意，既已详尽，然后直抉其奥而为之言曰：'此虽免乎行，犹有所待也。若夫秉天地之正，而御六艺之辨①，以游无穷者，彼夫且恶乎待哉？'夫其以有待无待，譬喻有无深浅，而鹏与列子，皆未得为逍遥，则其化有复无之指，其不因事而自著矣哉！得此说而通之，凡其寓言所向，虽精密荒唐，意绪不一，而要其归宿，瓦砾尘垢，无适而非至理也。古今多罪周之诋訾尧、舜、孔子，则相与引绳排根，一切斥为异端，此为世立教者所当然也。然而虞仲、夷逸，隐居放言，身中清，废中权，尚见称于夫子，则周之所以自处者清净无欲，而其所排弃者又皆推见礼法败坏之自，而归诸见素抱朴之域，其折衷轻重有深意，虽放其言，亦隐遁疾邪者之常，不足多责也。若夫谈道之极，深见蕴奥，或时假设古人事为以发其欲言之心，肖写世间物象以达其难言之妙，凡鲁论《周易》微见其端者，至周而播敷展畅，焕乎其若有状可观而有序可循，何可少也？夫子尝曰：'君子不以人废言。'又曰：'三人行，必有我师焉，择其善者而从之。'则周之言，其当概废乎？至于放言已极，太无町畦，周亦自伤其过也，则又取治道本末而究言其精，如九变五本，使遇尧、舜之君，出为陈之，其真放荡无检，如槌提绝灭所云乎哉？"余谓文简之言，于《庄子》可谓得其要矣。当周、程、张子诸大儒讲明理学之时，文简能为此言，是其天资诚有过人者矣。（右见程氏《考古编》，

---

① "犹有所待也。若夫秉天地之正，而御六艺之辨"，据点校本注引《庄子集解》，当为"犹有所待者也。若夫乘天地之正，而御六气之辩"。

从高明府借阅。）

（卷十）

《海岛逸志》

嘉庆之末，余令龙溪，得邑人王大海所著《海岛逸志》，嘉庆初年刻本也，载东南洋及西洋海国风俗地图，远近甚详，自琉球、小吕宋、噶喇巴至英吉利诸国悉备。与陈伦炯《海国闻见录》二书携至台湾，为观察胡公（承琪①）借去，本之作《海天客话》。余罢官，以忧内渡。二书未还，其所著《海天客话》亦未之见也。道光十八，余复至台，购得《海岛逸志》刻本，则已非原刻。其原书言英吉利蓄心叵测，制为鸦片烟土，以毒中国，既竭我之财，又病我之人，而于其本国夷人立法甚严，食之者死；其说甚长。王盖随其乡人，贾于噶喇巴之巴宝珑，赘于呷必丹，久之乃归，故习诸洋夷国情事也。后刻之本，不知出何人手，凡言鸦片烟事，皆全削去。胡公已殁，原刻无从得之，惟《海国闻见录》则书坊犹多旧刻，而字多漫漶矣。

（卷十）

宋举制科

宋时举行制科，盖以求贤良方正、直言极谏而设也。旧制："命两省学士官考试于秘阁，御史监之。试六论，每首五百字以上，于九经、十七史、七书（未详）、《国语》、《荀》、《扬》、《管子》、《文中子》正文内出题，四通以上为合格。仍分五等，以试卷缴奏御前，折号。入四等以上，令②赴殿试。其日，上临轩亲策，限三千字以上③，宰相撰题，并用注疏对策，先引出处，然后言事。绍圣后废制科，南渡复举，有司请除疏义，不可，久之，无应者。孝宗乃诏：权于经、史、诸子正文出

---

① "琪"，误，应为"玒"。另，本条点校本个别标点可商榷者酌改。
② "令"，点校本为"台"，疑误。
③ 点校本注：本段文字中"每首五百字以上"、"限三千字以上"在"《朝野杂记》系注文"。

题。仅得李垕一人应诏。淳熙四年，复举贤良方正，垕弟李塾及朝官姜凯、郑建德、马万顷应诏。近侍贵珰，恐制策攻己，共摇沮之。舍人钱师魏，承壁近旨，奏言制举甚重，请难其题。因差师魏考试，故事：六题，一明一暗，（原注：上下文有度数及事数谓之暗题。）师魏所命，皆暗题，试卷内，多不知题出处，有仅及二通者。上命赐束帛罢之，举者皆放罪。李垕时为著作郎，被旨考上舍，试策问本朝制科典故，有云：苏洵皆尝黜落，富弼、张方平粗识题意，亦不免错误，遂为台官所攻罢去。明年，言者又论：注疏命题，盖以观其博洽，谓宜复旧。又从之。十二年，李献之以右史直禁林，面奏：贤良之举，肇自汉文，本求说言以裨阙政，未闻责以记诵之学也。使其才行学识，如晁、董之伦，虽注疏未能尽记，于治道何损？乃复罢注疏命题。右见李心传伯微《朝野杂记》。余谓：事当顾名思义，制科所举，名为贤良方正、直言极谏，而乃欲以观其博洽，与设科之义何涉？夫不又有博学鸿词之举乎！国家取士，人材原不一途，要以植品立行、通达治理，为有体有用之学，得之，乃可相与为治，如博学鸿词之士，不过人才中之一端耳，较之体用兼赅者，固犹后焉矣。而乃逐末忘其本，则虽有管、葛、姚、宋之俦，亦皆下第矣，岂但晁、董之伦哉！为人君者，求治之诚，既有所不足；而执政嬖近，又恐对策者或攻其短，则惟以隐僻杂艺之事难之，使不暇于言治，而其言则曰：欲以观其博洽也。呜呼！非英明特识之主，其能不为所蔽惑也哉！"

（卷十一）

银贵钱贱

今时自京师至直省，皆患银贵钱贱。乾隆、嘉庆之间，银一两，易钱一千文。嘉庆末年，易钱一千二百文，道光以来益增，十五年后，每银一两，直铜钱一千六百文，至今莫能减也。说者皆以纹银西北出边，东南出洋为病，是则然矣。然尝考南宋时，诸道上供银，皆置场买发，蜀中银每法称一两，用本钱六引，而行在左藏库折银，才直三千三百文，民间之直，不满三千。是今时极贵之银价，尚不过南宋时银价之半直也。李心传《朝野杂记》言：宋初诸道"岁贡银额一千八百六十余万两"，考其时惟广南、江东、江西、浙东、浙西、福建有银坑。渡江后，复停开①银坑八十四处，所出产者本少，故贡额不及二千万。本朝各直省，岁征各项额银五千四百余万两，岁入银数，倍半于宋，而银矿停闭已久，民间所贡输者，皆明季国中之余积也。用而无继，何能不匮，即无出边、出洋之患，犹不能使其不贵，况出外者滔滔无已耶。古人有言"天不爱道，地不爱宝。"夫道无古今，其为物也虚，故用之无尽。宝之在地，非千数百年蕴气含精，不能产之，其为物也有数。当其竭也，地即欲不爱之而不能。人值其际，惟搏节之以待其继而已，强欲其盈，岂可得哉！

（卷十一）

《诸蕃志》

赵汝适《诸蕃志》：东南海中有"毗舍耶国，语言不通，商贩不及，袒裸盱睢，殆畜类也。泉州有海岛，曰彭湖，隶晋江县，与其国密迩，时至寇掠，其来不测，多罹生啖之害，居民苦之。淳熙间，国之酋豪，常率数百辈猝至泉之水湾、围头等村，恣行凶暴，戕人无数，淫其妇女，已而杀之。喜铁器及匙箸，人闭户则免，但刓其门圈而去。掷以匙箸，则俯拾之，可缓数步。官军擒捕，见铁骑，则竞刓其甲，骈首就戮，而不知悔。临敌用标枪，系绳十余丈为操纵，盖爱其铁不忍弃也。"余按：此云毗舍耶国，即今之台湾也。其言人之情状，与今生蕃在山中者正同。道光元年，余至噶玛兰，其人男女犹多袒裸者。生蕃喜铁，善用标枪，至今犹然。而山外熟蕃，则衣冠饮食，多与汉人同，亦知耕种五谷矣。南宋去今八百余年耳。台湾自明季始为红毛所据，郑氏父子，驱逐红毛而有之。本朝康熙二十七年入版图至今，得沐圣化教养近二百年，已变革盱睢，富庶若此，更百余年，山后之地尽辟，岂非海外一大都会耶。吾人生居中土，但见盛世文物声明，如书籍所载太古淳朴陋野之风，徒存想像。以余所见台湾生蕃，则已身游洪荒之世矣！今又来兹异域，畅览夷风，然后知六合之内，人物由朴而华，作之君师，其理一也。

（卷十二）

---

① 点校本注："开，平稿本作'闭'。"

商贾说外夷有裨正史

　　西南诸夷，自汉迄明，载于正史者略备矣，大抵皆入贡之国。马贵
与《四裔考》亦与史相出入，而不及元以后。自明成、宣二帝，屡遣内
侍①，遍历洋岛，由是华人益造海舶逐利，至今数百年，闻见益真。而
诸蕃亦自攻夺相仍，国名今昔互异，制度风俗，由朴而华。古时奉佛诸
国，自欧罗巴耶稣以后，多已改奉天主之教。又翻译语言文字，时有讹
误，欲指今时某地即古之某国，诚茫然也。讲地理者，于中国古今郡
县，犹多未能确指，况外夷乎！虽然，宇内之事，无非以渐而开，其始
莫不荒渺，必有人焉，留心采访，随时纪载，以贻后人，积久考订，可
以得其梗概。故商贾之言，时裨正史，国家或有事边海时，亦有需于
此，岂徒夸学人之博物哉！以余所见，正史外夷传、魏法显、唐玄奘
《佛国记》，及赵汝适《诸蕃志》、艾儒略《职方外纪》、马端临《四裔
考》、南怀仁《坤舆图说》、陈伦炯《海国闻见录》、王大海《海岛逸
志》、七十一《西域闻见录》、松相国《绥服纪略》数种，稍得其概，欲
论著之，未果。近岁，邵阳魏源，字默深，得林尚书所译欧罗巴人《四
洲志》，更以旧闻异域之书十余种，遍加考证，作《海国图志》六十卷，
通中外之异言，订地名之沿革，诸国崇奉佛教、回教、天主教之异同源
流，大山巨泽之原委分合，五天竺、俄罗斯、英吉利、佛兰西、弥利
坚、利未亚，各域内区分之部落、贸易、攻战之所长，金银货贝之所
出，无不详载言之，如指诸掌，皆有据依，非凭臆说。余数十年之所欲
言、所欲究者，得默深此书，可以释然无憾矣！

（卷十二）

英吉利

　　《皇清四裔考》曰："英吉利，一名英圭黎国，居西北方海中，南近
贺兰，红毛蕃种也。距广东界，计程五万余里，国中土地平衍。宜麦禾
果豆。有一山名间允，产黑铅，民为开采，输税入官。国人出入处，左

有那村，右有加厘皮申村，皆设立炮台。二村中皆有海港，通大船。海边多产火石。王所居名兰伦，有城，距村各百余里。其俗信奉天主，每七日一礼拜，诵经。男女不问年少长，以相悦而成婚姻；或有以媒合者。女率赘男而居，妇亡，则更赘于女，不置妾媵。男戴三角帽，其鞋袜衣制窄小，男下体著裤，女则施裙而已。色以红、绿、白为吉，青为凶。相见脱帽握手为礼。多佩刀，饮食用金银器。人有丧，即日营殡葬，所亲送葬，相与掩土而归。男女闭户号泣，不设位，断烟火，所亲馈之食则食。七日后，始开门生火。王姓名世系，远者不可考，其近者为弗氏京亚治，传子昔斤京亚治，传孙非立京亚治，即今之王也。康熙间，英吉利始来通市，后数年不复来。雍正七年后，互市不绝。初，广东碣石镇总兵官陈昂，奏言：'臣遍观海外诸国，皆奉正朔，惟红毛一种，奸宄莫测。其中有英圭黎诸国，种族虽分，声气则一，请饬督、抚、关、部诸臣，设法防范。'乾隆七年十一月，英吉利巡船遭风，漂至澳门海面，遣夷目至省城求济。广东总督策楞，令地方官给资粮、修船只。先是，其互市处所，或于粤，或于浙。二十二年，部议：英吉利不准赴浙贸易，于是皆取泊广东。每夏、秋之交，由虎门入，呈产则有大小绒、哔叽、羽纱、紫檀、火石及所制玻璃镜、时辰钟表等物，精巧绝伦。二十四年，方严丝觔出洋之禁，两广总督李侍尧，奏言：'近年英吉利夷商，屡违禁令，潜赴宁波。今丝觔禁止出洋，可抑外夷骄纵之气。惟本年丝觔已收，请仍准运还。'奏入，报可。是年，英吉利夷商洪任辉，妄控粤海关陋弊。讯有徽商汪圣仪者，与任辉交结，擅领其国大班银一万三百八十两，按交结外国互相买卖借贷财物例治罪。二十七年，英吉利夷商白兰，求照前通市，两广总督苏昌奏准，照东洋铜商搭配绸缎之例，酌量配买。每船准买土丝五千斤，二蚕湖丝三千斤，其头蚕湖丝及绸绫缎疋仍禁止，不得影射。自是英吉利来广互市，每船如额配买，岁以为常。其明年，并准带绸缎成匹者二千斤。《海录》曰：'英吉利，在佛朗机西南对海，由散爹里向北少西，行经吕宋、佛朗机各境，约二月方到。海中独峙，周围数千里。民少而豪富，房屋皆重楼叠阁。急功尚利，以海舶商贾为业，海中有利之区，咸欲争之。贸易者遍海内，以明牙剌（即孟加剌）曼达剌萨、孟买为外府。民十五以上供役于王，六十以上始止。又多养外国人为卒伍，故国虽小，而强兵十余万，海外诸国咸惧。海口埔名懒伦，山口入，舟行百余里，地名兰伦，国中一大市镇也。楼阁连亘，林木葱郁，居人富庶，有大吏镇之。水极清甘，河有三桥，谓之三花桥。桥各为轮，激水上行。以大锡管藏地中，接注通流。人家用水，不烦挑运，各以小铜管接于道旁，藏墙间，别有小轮注于器。其禁令严，无敢盗取者。国多倡伎，有盛宴，则少女盛服歌舞，富贵家女，亦幼习以为乐。'《四洲记》曰：'英吉利，本荒岛，始自佛兰西人。因戈伦瓦产锡最佳，有商舶往贸于彼。耶稣未纪年以前，蛮分大小三十种，居于西者，曰墨士厄；居北者，曰木利庵斯；居于南者，曰西鲁力斯；居于糯尔和者，曰委力斯、曰矮西尼；居腹地者曰萨濩、曰埂底伊；尚有诸蛮，俱居于弥特色斯。旧皆茹血、衣毳、文身，惟墨士厄数种，渐兴农事，创技艺，制器械，修兵车，各蛮效之。为意大里国征服，旋叛旋抚。至耶稣纪岁百五十年（汉孝桓帝和平元年），分英地为七大部落：曰景，曰疏色司，曰依掩那斯，曰委屑司，曰落滕马兰，曰伊什，曰麻可腊，与邻部塞循，各自治理。八百年间（唐德宗贞元十五年），委屑司之伊未，遂并七部为一国，始名英吉利，建都兰顿，从此不属意大里国。又二百年（宋真宗咸平三年），为领墨所攻，遂属领墨，其后叛服不常。公举壹货为王，传至显利二代王，先得爱伦（即哀邻），次得斯葛兰。显利四代王，弃加特力教，而尊波罗特士教。至显利七代王。娶依来西白剌为国郡（英夷称其王妃为郡），始革世袭之职，皆凭考取录用。开港通市，日渐富庶，遂为欧罗巴大国。其职官：曰律好司衙门，管理各衙门事务，审理大讼。曰巴理满衙门，额设甘弥底阿付撒布来士一人，专辖水陆兵丁；甘弥底阿付委士庵棉士一人，专司赋税。凡遇国中有事，甘文好司至此会议。甘文好司者，理各部落之事，并付巴厘满衙门会议，凡六百十八人，由各部落议举殷实老成者充之。曰布来勿冈色尔衙门，掌理机密之事。供职者，先立誓后治事。曰加密列冈色尔衙门，额设十名，分管库印各口。曰古色利衙门，专管审理案件及判事之职。曰经士冕治衙门，专司审理上控案件。曰甘文布列衙门，专审理职官争控之案。曰溢士知加衙门，专理田土、婚姻之案。曰阿西士庵尼西布来阿士衙门，专司审讯英吉利人犯。曰依尼拉尔戈达些孙阿傅厘比士衙门，每年审讯各部落人犯四次。曰会腊达文衙门（此官职事原缺）。曰历衙门，每年派马落百人，稽查各部落地方，是否安静，归则具结一次。此外，额设律占麻连官，值宿官卫；马士达阿付厘伙士，专司马政；色吉力达尔押窝，专司收发文书；特里舍厘阿付利尼微，管理水师船；勃列士顿阿付厘墨阿付特列，专司贸易；委士勃列士顿阿付厘墨阿付特列，副理贸易；比马士达阿付厘颗士，专司支放钱粮；陂率马土达依尼拉尔，专司驰递公文；流底南依尼拉阿付厘曷南士，协理火炮；法士甘糜孙拿阿付厘兰利委奴，管理田土钱粮；押多尼依尼拉尔，即总兵官；疏利西多依尼拉尔，即副总兵官。其军伍：额设水师战舰百有五十，甘弥孙，百六十人，管驾水师、战舰，水师兵万人，水手二万二千。英吉利陆路兵八万一千二百七十六名，阿悉阿洲内属国兵一万有九千七百二十名。其政事：凡国王将嗣位，则官民先集巴厘满衙门会议，必新王背加特力教，而尊波罗特士顿教，始即位。国中有大事，王及官民，俱至巴厘满衙门公议乃行。大事，则三年始一会议。设有用兵和战之事，虽国王裁度，亦必由巴厘满议允。国王行事有失，将承行之人，交巴厘满衙门议罚。凡新改条例，新设职官，增减税饷，及行楮币，皆王颁巴厘满转行甘文好司，而分布之。惟除授大臣及刑官，则权在国王。各官承行之事，得失勤怠，每岁终，会核于巴厘满，而行其黜陟。兰顿，建大书馆一所，博物馆一所；渥斯贺，建大书馆一所，内贮古书十二万五千卷；感弥利赤，建大书馆一所。有沙士比阿、弥尔顿、士达萨、特弥顿四人，工诗文，富著述。俗贪而悍，尚奢嗜酒，惟技艺灵巧。土产麦、豆、稻，不敷民食，仰资邻国商贩。千八百年，各国封港，外粮不至，本国竭力耕作，粮价始略减。所产呢羽，皆不及佛兰西。纺织器具，俱用水轮、火轮，亦或用马，毋烦人力。国不产丝，均由他国采买。其国在欧罗巴极西，四面皆海。南距佛兰西，仅一海港；东近荷兰罗汶，东临大海，与士千里那威耶对峙，西抵兰的；北抵北极洋。幅员五万七千九百六十方里，户口千四百一十八万有奇。国东平芜数百里，西则崇山峻岭。大部落五十有三，小部落四百八十五：曰弥特色部，即兰顿国都，其首部也。都在甜河北岸，东西距八里，南北五里，领小部落三。曰落滕马①兰部，领小部落十七。曰垦马伦部，领小部落二十三。曰育社部，领小部落四十三。曰委士摩含②部，领小部落七。曰兰加社部，领小部落十七。曰支社部，领小部落七。曰那弥部，领小部落七。曰讷鼎含③部，领小部落八。曰领戈吾社部，领小部落二十二。曰勒伦部，领小部落三。曰利洗达部，领小部落六。曰斯达贺部，领小部落七。曰佘④勒社部，领小部

---

① 点校本注："马，原作司，据《增广海国图志》改。"
② 点校本注："含，原作舍，据《增广海国图志》改。"
③ 点校本注："含，原作舍，据《增广海国图志》及手稿本改。"
④ 点校本注："佘，原作奈，据《增广海国图志》改。"

落九。曰佛凌部，领小部落二。曰领弥部，领小部落五。曰格那完部，领小部落四。曰敖厄里西岛部，领小部落四。曰麻里垣匿社部，领小部落四。曰闷俄墨里部，领小部落三。曰加尔里部，领小部落三。曰拉落社部，领小部落四。曰希里货部，领小部落五。曰洼洗士达部，领小部落五。曰窝溢部，领小部落七。曰落斯含顿部，领小部落五。曰韩鼎伦部，领小部落二。曰感密力治部，领小部落四。曰落尔和部，领小部落一十五。曰伊什部，领小部落三十。曰萨濩部，领小部落七。曰赫贺部，领小部落四。曰脉贺部，领小部落五。曰墨经含部，领小部落五。曰恶斯贺部，领小部落五。曰俄罗洗斯达部，领小部落八。曰墨力诺部，领小部落三。曰格尔马廷部，领小部落三。曰宾目鹿部，领小部落四。曰额腊磨凝部，领小部落七。曰满茅治部，领小部落三。曰戈伦和尔部，领小部落一十七。曰里完部，领小部落二十三。曰疏马什部，领小部落十四。曰落尔什部，领小部落十。曰稳社部，领小部落十一。曰含社部，领小部落十六。曰疏色司部，领小部落十六。曰景部，土旷而沃，物产丰盛。所属落洼之新圭博，在国之南，海舶出入要港，距兰顿甚近，对海即佛兰西，实兰顿咽喉之所。设立落哇大炮台，水师巨舰，多舶此及渣咸两地。所有军装器械火药火炮，均贮渣咸库。领小部落十七。曰舍利部，领小部落七。曰脉社部，领小部落五。曰特尔含部，领小部落九。曰萌岛部，领[1]小部落四。英吉利所属斯葛兰岛者，本三岛相接，爱伦岛人所开，为士都轧部落，于千六百有三年（明万历三十三年），为英吉利所灭，设官通商，然其众心，至今向士都轧，而不向英国也。其幅员，二万九千六百方里，大部落三十，领小部落三百三十八，以伊邻麻社为首部。爱伦国者，亦英吉利所属，在英吉利西少北，独峙一岛，佛兰西始开垦，耶稣纪年九百，始属于领墨，二百余年，为英吉利侵夺。设官约束，法令严刻，止准货物运售兰顿，不许通他国。部众劫于威，心皆不服，遂于千六百四十年（明崇祯十三年），聚众屠杀英人四万，尽驱余众出境，旋为兰顿平服。后乘英国与弥利坚连年争战，爱伦人始得渐与他国贸易。千七百九十八年（嘉庆三年），英国与佛兰西争战。佛兰西阴结爱伦人为助，爱伦遂复叛，军无纪律，佛兰西不及救。数月，仍为英吉利所平。自后英国亦敛其苛政，设爱伦总理大员，驻札腊墨领。建书馆，贮书十万卷。赋税，每年征收银二千二百万四百七十六圆。爱伦幅

---

① 点校本注："领，原无此字，据《增广海国图志》补。"

员，三万方里，大部落三十二，小部落四百四十二，以腊墨领为首部。'"魏源曰："西洋国皆奉天主教，故其纪年，以耶稣生于如德亚，当汉哀帝元寿二年庚申为托始。今英吉利辟天主教，不供十字架，而其书称一千八百四十年九月二十日，即道光二十年八月二十五日者，以旧为欧罗巴属国，犹随欧罗巴之称也。其国所宗教主，曰葛尼，其神曰巴底行，距今千有六百二十六年。神有须发，一为立而合掌仰天之像，一为跪而合掌仰天之像，在家人奉之，亦有佛像曰巴底利，出家僧供之。僧尼缁衣大袖，无发。以三月九日祭天，无木主，惟入庙诵经，追荐而已。国中女子之权，胜于男子，富贵贫贱皆一妻，无妾；妻死，乃待继娶。虽国王亦止一妃。宫女有妊者，生子亦归正嫡，止可谓私幸，不得有嫔妾名号，其子亦不得称庶母也。"道光二十二年，莹在台湾，讯取英吉利囚颠林本国陆海两路形势，为图说入奏，台人已具梓矣，其时默深《海国图志》犹未出也。以上诸说，为颠林所未及，今摘录于此，可全得其要领矣。台湾原奏图说，已刻入《海国图志》第三十五卷。

（卷十二）

四大洲

战国时邹衍大九州之说，其书不传，释氏乃有四大洲之说，曰：东胜神州、南赡部洲、西牛贺洲、北具卢洲。又曰东弗婆提洲、南阎浮提洲、西瞿耶尼洲、北郁单越洲。异其名者，各举方言也。近世西人，则以天下为五大洲，始自利玛窦，而艾儒略、南怀仁详之，以佛说为妄。魏默深申佛说，而以西人之亚细亚洲、欧罗巴洲并利未加洲总为南赡部洲，以南北墨利加洲为西牛贺洲。曰："佛经四洲，西人止得其二，其二洲未见。以西人所言，墨瓦腊尼加洲为东胜神洲，阻于南冰海，西士但知有其地，未遇其人也。"默深之说甚辨，详《海国图志·地总论》中，未知孰是。然默深所云"释氏以北极、南极分上下，而以前后左右为四方，与儒家六合之说相符。其谓天顶为北者，乃中土人一方斜睨之见。其实，天顶辰极，岂偏于北，安得以南极为南乎？"此说余颇取之。

（卷十二）

佛经四洲日中夜半

《超世经》言："南阎浮提，日正中时，东佛婆提日则始没，西瞿耶尼日则初出。北郁单越正当夜半，易地皆然。又，阎浮提洲所谓西方，瞿耶尼洲以为东方；瞿耶尼洲所谓西方，郁单越洲以为东方；郁单越洲所谓西方，弗婆提洲以为东方；弗婆提洲所谓西方，阎浮提洲以为东方。南北亦然。"《楼炭经》云："日绕须弥山，东方日出，南方夜半，西方日入，北方日中。如是右旋，更为昼夜。"余按：西人地体浑圆之说，自幼闻之以为信，然独疑其说地下人与地上人足相抵，果尔，则是地下人足皆履地，不知海水在于何处！谓地下之人，首上戴天，可也；谓人首上戴海，可乎？及观释氏所言，则天上地下，仍有定分，海自在地之下。日月环绕地之东西，非环绕地之上下，其日月经行之道，则更在海外，人以所立之地斜睨之，则若日月更行海底耳，其实非也。此说于理乃足，西人之言，固未审矣！《周髀算经》亦云："日运行处极北，北方日中，南方夜半。日在极东，东方日中，西方夜半。日在极南，南方日中，北方夜半。日在极西，西方日中，东方夜半。凡此四方者，天地四极四和。"然则中国之有此说久矣。《楼炭经》安知非译经之人，依傍《算经》而为之乎！理足之言，可谓善于依傍矣。

（卷十二）

四洲四主

释典云：赡部洲中有四主，东人主即震旦，南象主即印度，北马主即蒙古、哈萨克，西宝主即大、小西洋。默深谓是阿细亚、欧罗巴、利未加，皆属赡部洲之证。余谓：此释氏自以所生之国在印度者为中国，其言四方，皆据中印度言之也。印度向南之国，象最多，耕田、载运、战阵，无不以之；蒙古、哈萨克之地，马最蕃衍；大、小西洋诸国，专重贸易，宝物最富，故以其方所产最多者为主。诚然，若震旦之人主，则默深所据西洋人之书其证明矣！《澳门新闻录》曰："中国人民，居天下三分之一，生齿之繁，无国可比。即如俄罗斯，地方百四十一万四千四百方里，户口不过四千一百九十二万五千名。而中国只湖广一省，广不过十四万四百七十方里，已有户口四千五百零二万名；江南地方九万二千九百方里，户口即有七千二百万名。由此观之，中国只有一省，即抵佛兰西、英吉利、欧罗巴特厘阿三国之人民"。又《华事夷言》曰："中国繁庶，甲乎四海，但即广东一省之人，可敌他方十余国。各国皆地广人稀，即印度户口最稠，亦尚有旷土。中国则不惟平地皆田，即山巅岭侧，无不层层开垦，寸壤不遗。其散布于海外各国者，尚不知凡几，诚四海所未有。"默深云："由是观之，则东方之宜人信矣！"余谓：天地之性，人为贵。此佛法所以东来震旦，穆哈默德、耶稣之徒，亦无不景企中国也。

（卷十二）

外夷留心中国文字

《澳门月报》曰："西洋人留心中国文字者，英吉利而外，耶马尼国为最，普鲁社次之。顺治十七年，则有普鲁社之麻领部一士人，著书谈中国，现贮在国库内。又有普鲁社之摩希弥阿部落教师，亦曾译出中国《四书》一部。又有普鲁社之般果罗尾部落一名士，曰阿旦士渣，著书论中国风土人情，但用其本国文字。嘉庆五年间，有人曰格那孛罗，熟谙中国文字，但恃才傲物。又有耶马尼国之纽曼，曾到广东，回国著一书论佛教，一书论中国风土，将带回书籍与耶马尼诸国人考究。又翻出《诗经》一部。又有力达者，著《中国地理志》一本，说中国如极乐之国，今耶马尼人人惊异。又有耶马尼之包底阿，现在佛兰西国雕中国活字板，普鲁社亦出财助成其事。又有欧色特厘阿一人，曰庵里查，亦著一书，论中国钱粮。"又曰："中国官府，全不知外国之政事，又不询问考求，故至今中国仍不知西洋，犹如我等至今未知利未亚洲内地之事。东方各国如日本、安南、缅甸、暹罗，则不然：日本国，每年有一抄报，考求天下各国诸事，皆甚留神。安南亦有记载，凡海上游过之峡路皆载之。暹罗国中，亦有人奋力讲求，由何路可到天下各处地方，于政事大得利益。缅甸，有头目曰弥加那者，造天地球、《地里图》，遇外国人，即加询访。故今缅甸国王亦甚知外国情事。中国人果要求切实见闻亦甚易，凡老洋商之历练者及通事、引水人，皆可探问。无如骄傲自足，轻慢各种蛮夷，不加考究。惟林总督行事全与相反，署中尝有善译之人，又指点洋商、通事、引水二三十位官府四处探听，按日呈递。亦有他国夷人，甘心讨好，将英吉利书籍卖与中国。林系聪明好人，不辞辛苦，观其知会英吉利国王第二封信，即其学问长进之效验。"又曰："道光十七八年，澳门有《依湿杂说》，乃西洋人士罗所印，由英吉利字译出中国字，以中国木板，会合英吉利活字板，同印在一篇。序云：数百年前，英吉利曾有一掌教僧，将本国言语，同诺体那言语同印。今仿其法，所言皆用中国人之文字。此书初出时，中国人争购之，因其中多有讥刺官府之陋规，遂为官府禁止。中国居天下人中三分之一，其国又居阿细亚洲地方之半，周围东方各国，皆用其文字，其古时法律、经典，皆可长久，其勇敢亦可与高加萨人相等，性情和顺灵巧，孝亲敬老，皆与欧罗巴有王化国分相等。惟与我等隔一深渊，即是言语文字不通。马礼逊自言只略识中国之字，若深识其文学，即为甚远。在天下万国中，惟英吉利留心中国史记、言语，然通国亦不满十二人，而此等人，在礼拜庙中尚无坐位，故凡撰字典、撰杂说之人，无益名利，只可开文学之路，除两地之坑堑而已。"① 莹谓：中国，周有象胥之官，所以通四方夷狄之言语也。又有外史，掌四方之志，如晋《乘》、楚《梼杌》之类，大抵不出《禹贡》九州之域。盖三代以来，不勤远略，非复黄帝、神农以前，德被遐荒之旧矣。儒者习于所见，皆以侈谈异域为戒，而周穆王之享西王母，汉武之通西域，无不诋其夸侈，为其病中国也。然而古今异势，非可拘谈，三代王畿，不过千里，其外，自侯、甸以逮要、荒，屏藩以次巩固，自无事于远求。及秦、汉以来，天下一统，则昔之所谓要、荒者，今皆吾接壤，直侯、甸耳，岂勤远略哉！谓固我屏藩，不劳师于异域可也，若坐井观天，视四裔如魑魅，暗昧无知，怀柔乏术，坐致其侵凌，曾不知所忧虑，可乎！甚矣，拘迂之见，误天下国家也！平居大言，谓一事不知为耻，乃勤于小而忘其大，不亦舛哉！观英吉利、普鲁社、耶马尼之留心中国文字，日本、安南、缅甸、暹罗之讲求记载，是彼外夷者，方孜孜勤求世务，而中华反茫昧自安，无怪为彼所讪笑、轻玩、致启戎心也。然如西洋士罗所印，说英吉利留心中国史记、言语，亦不过十二人，礼拜庙中尚无坐位，岂叶公好龙，中外有同慨耶！余于外夷之事，不敢惮烦，今老矣，愿有志君子，为中国一雪此言也。

（卷十二）

---

① 点校本以上标点有可商榷处，兹酌改。

三魂七魄

　　人之有魂魄也，古人言之矣。魂之有三，魄之有七，何也？曰：魂魄者，人所受于天，而以之为知觉运动者也。运动由气，知觉者，气中之精，主此气而运动之。其为物也不二，即心即性，虚灵不昧，所谓魂者此物，所谓魄者亦此物也。曷为其魂之而且三之，又曷为其魄之而且七之乎？曰：魂者，知觉之清虚而灵者也。念念清明，无感不动，动焉而慈祥惠爱，则谓之仁；动焉而聪明敏慧，则谓之知；动焉而发强刚毅，则谓之勇。其德有三，皆清虚而灵者为之，故其物也阳明而上申，斯有魂之名矣。魂惟一也，以具此三德，遂从而三之，曰三魂。魄者，知觉之昏浊而蠢者也。昏庸沉滞，执迷不脱，展转于喜、怒、哀、惧、爱、恶、欲之七情。其感不同，而情有七，变清虚为昏浊，变灵为蠢，故其物也阴暗而下降，斯有魄之名矣。魄惟一也，以迷于七情，遂从而七之，曰七魄。贤者保其三德，不堕七情，则有魂而无魄，非无魄也，魄从魂化也。愚人沦于七情，失其三德，则有魄而无魂，非无魂也，魂为魄囚也。余向有言：至人以魂化魄，不以魄因魂者，此之谓也。

（卷十二）

佛兰西

　　《明史》曰：佛郎机，古不知何国。正德中，据满剌加国，逐其王。十三年正月，遣使臣加必丹未等，贡方物，请封，诏给方物直遣之还。其人久留不去，剽劫行旅①，已而夤缘中贵，许入京。武宗南巡，其使火者亚三，因江彬侍帝左右。帝时学其语为戏。其留怀远驿者，益掠买②良民，筑室立寨，为久远计。御史邱道隆，言：满剌加乃我敕封之国，而佛郎机敢并之，且咹我以利，邀求封贡，必不可许。御史何鳌，言：佛郎机最凶狡，兵械较诸蕃独精。前驾大舶，突入广东会城，炮声殷地。留驿者，违制交通；入都者，桀骜争长。今听其往来贸易，势必争斗杀伤。南方之祸，殆无纪极。乞悉驱在澳蕃舶，及蕃人潜居者，禁

---

　　① 点校本注："原作行李，据《明史》改。"
　　② 点校本注："原作掠贸，据《明史》改。"

私通，严守备，庶一方获安。疏下，礼部言：道隆先宰顺德；鳌，顺德人，故深悉利害。宜俟满剌加使臣至，诘佛郎机侵夺邻邦、扰乱内地之罪，奏请处置，其他悉如御史言。报可。明年，武宗崩，亚三伏诛，绝其朝贡。其将别都卢，率其属疏世利等，驾五舟，横行海上，击破巴西国。嘉靖二年，寇新会之西草湾，指挥柯①荣、百户王应恩御之。生擒别都卢、疏世利等四十二人，斩首三十五级，获其二舟。余贼复率三舟接战，应恩阵亡，贼亦败遁。官军得其炮，即名佛郎机，副使汪鋐进之朝。九年，鋐为右都御史，上言：今塞上墩台、城堡未尝不设，乃寇来辄遭蹂躏者，盖墩台止瞭望，城堡又无制远之具，此所以往往受困也。当用臣所进佛郎机，其小止二十斤以下，远可六百步者，则用之墩台；其大至七十斤以上，远可五六里者，则用之城堡。五里一墩，十里一堡，大小相依，远近相应，可坐收不战之功。帝从之。其后，巡抚林富，上言：粤中公私诸费，多资商税，蕃舶不至，则公私皆窘。许佛郎机通市，有四利；部议，又从之。自是，佛郎机得入香山澳为市，而其徒又越境，商于福建。至二十六年，朱纨为巡抚，严禁通蕃，其人无所获利，犯漳州之月港、语屿，副使柯乔等御却之。二十八年，又犯诏安，官军进击于走马溪，生擒贼首李光头等九十六人，余遁去。纨用便宜斩之，怨纨者御史陈九德，劾其专擅，帝遣给事中杜汝桢往验，言：此满剌加商人，岁招海滨无赖之徒，往来鬻贩，无僭号流劫事，纨擅自行诛，如御史所劾。遂被逮自杀。盖不知满剌加即佛郎机也。自纨死，海禁复弛，佛郎机遂纵横海上。

《皇清四裔考》曰：“佛郎机一名和兰西，亦红毛蕃种也。东与荷兰接，其国都地名巴离士②。至中国，水程五万余里，从罗令山峡出口，境绝险。风俗略同荷兰、英吉利诸国。顺治四年八月，广督佟养甲疏言：佛郎机国人，寓居壕境澳门，与粤商互市于明季，已有历年，后因深入省会，遂饬禁止，请嗣后仍准蕃舶通市。自是，每岁通市不绝，惟禁入省会。”《职方外纪》曰：“拂兰祭，即佛兰西。国在倚西把尼东北，南起四十一度，北至五十度，西起十五度，东至三十一度，周一万一千二百里。地分十六道，属国五十余，其都城名把理斯。设一共学，生徒尝四万余人，并他方学共有七所。又设社院，以教贫士，一切供亿，皆王主之，每士许费百金。院居数十人，共五十五处。中古有一圣王名类

---

① 点校本注：“柯，原作柏，据《明史》改。”
② 点校本注：“巴离士，原作巴离土，据《皇清四裔考》改。”

斯者，恶回回占据如德亚地，兴兵伐之，始制大铳。因其国在欧罗巴内，回回遂概称西土人为拂郎祭，而铳亦沿袭此名。是国之王，天主特赐宠异，自古迄今之主，皆赐一神能，以手抚人，疬疮应手而愈。至今，其王每岁一日疗人，先期斋戒三日，凡患此疾者，远在万里之外预毕集天主殿中，国王举手抚之，祝曰：'王者抚汝，天主救汝。'抚百人，百人愈；抚千人，千人愈，其神愈如此。国王元子，别有土地供其禄食，不异一小王，他国不尔也。国土极膏腴，物力丰富，居民安逸。有山出石，蓝色质脆，可锯为板，当瓦覆屋。国人性情温爽，礼貌周全，尚文好学。都中梓行书籍繁盛，甚有声闻。又奉教甚笃，所建瞻礼天主与讲道殿堂，大小不下十万。初传教于此国者，原系如德亚国圣人辣杂琭，乃当时已死四日，蒙耶稣恩造，命之复活，即此人也。"《澳门每月统纪传》曰："法兰西国，东连阿里曼国，西及大西洋西班牙国，南及地中海意大理国，北及英吉利海峡北利润国，广大六百二十万正方里。（叶翰池云：《职方外纪》言：拂兰西国，周一万一千又二百里，以一千二百里为截长补短，其一万里作四方实地，每面当二千五百里，纵横相乘得六百二十五万方里。《外纪》又言：拂兰西，南起四十一度，北至五十度。每度二百五十里，九度当二千二百五十里。西起十五度，东至三十一度，相距十六度，当四千里。截长补短，亦仅方二千五百里，与此所言方里合。）分八十六部落，田四十万三千有余顷，园圃山林，万八千有余顷。岁出土产，约价银九万三千五百七十四万圆，户三千二百五十万口，（英吉利户口才千四百一十八万，而拂兰西户口三千二百五十万，是多于英吉利一倍有余。）马二百十七万，牛六百九十七万，羊四百五十万。岁出葡萄酒，价银约万有六千万圆。丝茧足用有余，织绸缎，极精巧。巨战舰三十六只，中战舰三十五只，火轮舟八只，各项水师船百八十六只。水师武官、梢手，共万有四千九百，商船梢手三十二万八千，营兵二十三万。岁入国帑银二千五十四万圆，出二千七十万圆。当中国汉代前，此国土蛮，强梗化外，攻邻焚掠，罗马国帅，领兵平服蛮族，以其地为本国属部。齐明帝二年，土酋击败罗马之兵，创立新国。旋进天主教，立庙建殿，传至其苗裔，耽声色，委政臣下。回回国来侵，举国震恐，有臣曰锤者，血战三日，破走敌寇。其孙甲利太甫，于唐德宗六年登位，才德出众，创立法制。东界土蛮叠侵，甲利败之，将和，而罗马之教皇，遣使来约，净除土蛮，甲利遂进擒蛮王，禁之。复进攻回回，败还；世子作乱，东蛮悖叛。甲利旋师，虏四千五百人，糜烂之；自赴罗马国都与教皇定议，遂为西朝之君。（罗马即意大理亚，为天主教之宗国，称曰教皇。凡西洋各国王即位，必得教皇札付而后立。）礼贤兴学，文教日进，其所建创，至今遗迹尚存。崩后，诸子分国战争，国中五爵，各自擅权，故王威福不行。在宋朝时，有民赴犹太国，观耶稣所活之地；又拜圣墓，往彼圣域。回回族恶之，监禁天主教之信士，杀之。五爵尽起兵击回回国，取圣城。国王乘其远出，籍其家产，人心遂离。宋理宗二年，路易王登位，兵政由旧，判事明允，人心悦服。拒破英吉利之兵，攻破回回，名扬四海。嗣王复战胜英吉利，恃胜而骄，国政混乱，垂及百年。勿有童女，劝民出力，驱逐叛逆。法兰西王先发新教，贤女教之捕焚新教，广布善教。明正德年间，与阿里曼国连战，王为所虏，后归，复结他国报复，胜负相当。万历二十五年，显理王复兴正教，百姓归之，为邪教之党所弑。其孙接位，好武用兵，诸国来朝，骄傲凌辱，诸国怨之，纠军协攻，王愤辱而崩，当康熙五十三年，其孙登位，纵情背理，佞臣、娼妓弄权，奢用公钱，兵败国虚。新王嗣位，是时，北方亚墨里加与英吉利交战，王助亚墨利（里）加，战胜。然其饷钱渐减，故招爵、僧、民三品会集，行聚敛之法，国人弃王杀之。七年，国政混乱，有臣曰那波利稳，武功服众，嘉庆八年为王。九年，特强黩武，旋败失位。前王之苗裔复立，民暂安息。及弟嗣位，复激民变，逐王而别择亲属立之。道光十年，新王创立国家，受谏宽仁，百姓安堵。论西国之权柄，大有势力我英吉利为第一，俄罗斯为第二，法兰西为第三焉。"颜斯徐《海防余论》曰："佛兰西，地广人多，旗色纯白，可与英吉利抗衡。自古有大仇，不能解释，每二三十年争战一次，每战辄数年，而后各国为之讲解罢息。近与荷兰连结，改旗号红、白、蓝三色，而竖用；荷兰国旗，则三色横用。"《海岛逸志》曰："勃兰西，居西北海，与和兰、英圭黎，鼎峙为邻。其状貌衣服器用并同，惟字迹言语则异。性甚强悍，少经商之徒，所以罕至葛留巴者，和兰每受红毛欺陵，则倚以为助；勃兰西国大人众，英圭黎所畏惧也。"

（卷十二）

英吉利幅员不过中国一省

按欧罗巴人《四洲志》云："英吉利，幅员五万七千九百六十方里，大部落五十三，小部落四百八十五。所属斯葛兰岛，幅员二万九千六百方里，大部落三十，小部落三百三十八。爱伦岛，幅员三万方里，大部落三十二，小部落四百四十二。通计三处，地不足十二万方里。"澳门人言：中国湖广一省十四万四百七十方里，以此观之，是英吉利本国与二属岛，尚不及中国湖广一省地也。第不知近年所占中东二印度地幅员何若，大约不过斯葛兰岛及爱伦二岛之地耳。以较俄罗斯之地方二百五十四万方里者，仅及十分之一差强，较之中国且不及十分之一矣，宜其畏吾中国与俄罗斯也。再以人户考之，《澳门新闻录》云："中国人民生齿之繁，无国可比。只湖广一省，已有户口四千五百零二万名，江南一省户口已有七千二百万名。由此观之，中国只一省，已抵佛兰西、英吉利、欧罗巴特厘阿三国之人民。"又，《华季夷言》云："中国繁庶，甲乎四海，但即广东一省之人，可敌他方十余国。各国皆地广人稀，即印度户口最稠，亦尚有旷土。中国则不惟平地皆田，即山巅岭侧，无不层层开垦，寸壤不遗。其散步于海外各国者，尚不知凡几，诚四海所未有。"嗟乎，海外诸国，其地之幅员何若，其人之生齿何若，吾不知也，海外夷人讲求世务者，乃能知之，而且言之；并吾中国之土地人民亦能知之、言之，确与否吾亦未知也，然大略可睹矣。夫以中国土地之大，人民之众，甲乎四海如此，海外诸国，无不震惊而尊之如此。彼区区英吉利者，地不及吾二十之一，人不及吾百之一，且其本国有佛兰西，其新开西海之地有弥利坚，新开印度之地，又有俄罗斯，皆强邻逼近与为仇雠者。被（彼）之患在肘腋，实有旦夕之虞，苟能知其虚实与其要领，何难筹制驭乎方略乎！曷不尽取外夷诸书与留心时事者，日讲求之，更进外夷之人素仇英吉利者，日咨访之乎？

（卷十二）

七始咏

《汉书·律历志》引《古文尚书》："予欲闻六律、五声、八音、七始咏，以出纳五言。"孟康云："七始者，天、地、四时、人也。"史绳祖据此以今文"在治忽"为近于傅会。升庵取史说，而七始之义不取孟康，自为说曰："今之切韵，宫、商、角、征、羽之外，又有半商、半征，盖牙、齿、舌、喉、唇之外，有深喉、浅喉二音，此即所谓七始咏，咏即韵也。《汗简》，隶古七始咏，夹始。盖古文七作柒，柒与夹相近而误，犹可验史氏之说为是。由此言之，切韵之法，自舜世已然，不起于西域胡僧又可知，余特表出之一。"莹按：升庵以孟康说七始为"意料之言"，其所自说亦意料也。然舜言声律之事，忽杂以天、地、四时、人，实为不伦，孟说诚非。杨以牙、齿、舌、喉、唇、深喉、浅喉当七始咏，似近理。或疑六律、五声、八音，皆主乐言，何以及于文字之声韵。盖乐必有歌，歌者人声，皆自牙、齿、舌、喉、唇出，歌则有字、有文、有声矣。苟无韵以比齐之，其声不嫌乱乎！故又曰"声依永，律和声。"永即咏也，声依永，以歌者言；律和声，以乐器言也。人声既依其咏，六律复和其声，然后"八音克谐，无相夺伦矣。本朝江慎修作《古韵标准》，以今之韵即古之韵，本《周礼·大司乐》为据，正与升庵同义。"

（卷十三）

神签字当作谶

今人祷于神祠，问事休咎，神示诗词，言未来吉凶，辄验，人皆名其诗词曰签。神诗不一，或百首或数十首。问者人既不一，所问之事，亦各不同，故多设其词，而以木或竹为条，如其诗词之数，状如官府遣役施令之签，以纪其数。又如古人标架上书目，是书第几函几部之牙签，故俗人遂名神祠为签，而文士则目之以签也。其事始见于蜀，王衍闻唐师至，祷于张亚子庙，得签词云云，沿袭至今，天下神庙皆有之矣。余按：事未来而先辨其吉凶之兆，本于卜筮，系之以辞，则谓之繇，其在《周易》，则谓之彖、爻。及周秦之季，处士或圣门弟子，因六经而作七纬，楚、汉之间乃有十三谶之作，又因七纬而衍之，皆预言未来之事而为隐语。相传子贡、子张之徒所作，盖缘子张"百世可知"之问而为之也。汉宣、王莽，皆以符命兴，光武以合谶文得天下，云台二十八将又离合谶文得其姓名，自是谶纬之学与六经同重，大儒多习之，康成至用以解经。此皆术数之学与卜筮之书，同示人以未来之言也，神祠之籤，即其遗意，字当作谶，较之曰籤、曰签，为典而有本矣。（贾谊《鵩鸟赋》）"发书占①之，谶言其度。"师古注曰："谶，验也，有征验之书也。"

（卷十三）

卜卦用钱代蓍

古人占易以蓍草，物不易得而仪繁，焦赣、京房以干支配八卦，创为飞伏，世应为之辞，曰《易林》。严君平因改为钱卜，唐诗并有"君平掷卦钱"，是也。自是火珠林法起，人皆以钱卜，而卖卜者各自为说，古法尽变，古义亦寝亡矣。今士大夫犹知设蓍，诚洁占之，以《易》卦象、爻辞解所谋事，往往其应如响，即《易林》亦有应者。余家有蓍草，未能携带，每行次以钱代卜如世法，更以占卦象、爻辞断之，亦无不验。盖鬼神教人，无乎不在，惟存乎其人，精神心气所感而已。杨升庵云："古之占法，一爻变，以变爻为主，二爻变，占事之始终，三爻变，以二卦象辞，占事之始终。四爻变，以二爻不变，占事之始终。全不变，以本卦象为主，全变，以变卦象为主。"

（卷十三）

干支五情六情

韩文公《陆浑山火诗》"女丁夫（妇）壬传世婚"，董彦选曰："元冥之子曰壬夫，娶祝融之女曰丁竿，俱学木仙，是为温泉之神。"升庵谓"董解不知所出"，又引风角书曰："五情者，天干也。甲乙为本情，丙丁为合情，戊己为刑情，庚辛为冲情，壬癸为钩情。六情者，地支也。申子为贪狼，寅午为廉贞，亥卯为隐贼，巳酉为宽大，戌丑为公正，辰未为奸邪，六情之中，分喜、怒、好、恶、哀、乐。喜行宽大，怒行阴贼，好行贪狼，恶行公正（此下当有'哀行廉贞'四字），乐行奸邪。阳主生，故天干有合。甲己为中正之合，乙庚为仁义之合，丙辛为威权之合，丁壬为淫泆之合，戊癸为无情之合。阴主杀，故地支有

---

① 点校本注："占，原作'古'，误，据《史记》、《汉书》改。"

冲。"升庵谓"可补翼奉传之遗"。余谓：古之圣皇，造为天干地支，阴阳配偶，合于五行，行于六气，天运之盛衰，人事之休咎，莫不由之，诚学者所当究心也。秦汉以上，多习闻之，后乃仅流于术数之家，儒者不屑言之，而所为天人之际者，皆以习见之理为言，所不可通者，则概委之曰：是数也云尔。于是，古今以来遂分理数而二之，谓不可以合，且若理有不能胜数者，岂知天地之道，惟贞夫一，数即理也，乌有二道哉！惟数之所以为理者，古书云亡，儒者莫知其义。一二微文残说，仅存于星日、风角者流，衍而推之，以行其术，或目眩神奇，秘其所本；或妄为撰说，假托古书，真伪混淆，不可复辨。而古圣皇制作，开天成务，以明天道而全民用者，其义其说，徒付之不可知，且以为不必知也，不深可叹惜也哉！

（卷十三）

干支五合六冲

风角书云："阳主生，故天干有合；阴主杀，故地支有冲。"[1] 此古说也。今世所传星命、六壬、占卜诸书，天干五合，地支六冲，皆祖古说。而地支则又有三合之说，以地支六情，变为四局：申子配辰为水局，寅午配戌为火局，亥卯配未为木局，巳酉配丑为金局。分寄辰、戌、丑、未于四局，盖有二义：一以土旺于四季；一以木、水、金、火四行，必有所附以成形，犹万物之归附于土也。故以辰、戌、丑、未为四库，又谓之四墓。皆收藏之义，言四行之归，皆于此也。其言十干、五行，各有生死衰旺之义，此非术士所能造，其必出于古说可知，惜未得其所本也。惟地形家以廉贞为火，与此寅午为廉贞之义合，而以贪狼为木，与此申子为贪狼者又异。至若文曲水、武曲金、巨门土、破军土等说。则又本之奇门大乙，与此风角所谓六情者，迥不同矣。即六壬、星命诸书、亦未有言此六情者，岂各有所祖耶，抑未之知耶！《汉·艺文志》有《六合随典》二十五卷，《转位十二神》二十五卷，在五行家。

（卷十三）

---

① 点校本原文为"一此古说也。""一"，据前后文，当为反引号，径将文尾的原反引号调至此。

理当观其会通

天下道理只是一般，智者常观其会通，愚者强生其分别。舜好问而好察迩言。诗曰："先民有言，询于刍荛。"古人于迩言、刍荛，犹必察之、询之，况贤哲乎！世人耳目肤浅，未尝用心，惟以门户之见，强为分别，此皆客气自矜，岂智者会通之道乎！夫迩言、刍荛未必尽是，亦未必遂无一是，乃一概置之曰：此无可察、无可询也，岂其然乎！譬如过世家之门者，肃然兴敬，有延迓者，必忻然入矣。过市人之门者，皆望望去之，虽强邀，亦未肯入也。殊不知彼世家者，子弟不肖，父祖之遗书、家法，实已荡然，而樗蒲酒肉是事。此市人者，身无恶行，敦朴自守，家有子弟，能《诗》、《书》，其中相去，不啻霄壤也。及后知之，岂不愕然悔哉！此门户之见，强为分别之过也。尝叹古今贤豪之士，习闻二氏之说为先儒所辟，皆置其书不观，屏其人不接，拒之若毒蛇猛虎。及身既衰老，或频更患难，困抑无聊之中，忽遇方外高人，晤谈竟日，不觉向慕倾心，复索其书观之，身心渐为安定，神气忽尔清明，烦恼顿除，怨尤胥泯，然后知向之以为毒蛇猛虎者，固清心治病之良方也。若是者何哉？其始皆客气矜心，轻浮浅躁乘之，及血气既衰，躁妄复去，故前后若两人焉，则皆不思之过也。若此者，非惟不知二氏，实于吾儒之道亦未尝学焉！即有平日自谓博雅、著作等身者，皆圣贤之糟粕，并未尝从事于身心、人己、日用之间，虽自命为儒，抑岂所云学道之君子哉！

（卷十三）

《心经》六根、六尘

《心经》以眼、耳、鼻、舌、身、意为六根，色、声、香、味、触、法为六尘。或疑法者，所以破此五尘，净此五根，何以上指为尘，而与五尘等列？且本经上文，明言五蕴皆空，五蕴非五根、五尘乎，何以此处又添出一根、一尘？曰：此乃所谓阿耨多罗三藐三菩提也。盖五蕴兼六根、六尘言之，五根在我，五尘在物，我自我，物自物耳。我惟意动，然后物之色入我之眼，物之声入我之耳，物之香入我之鼻，物之味入我之舌，物之身触我之身。我若无意，则此眼、耳、鼻、舌、身者，如士卒未得将令，安坐营汛，不为敌人所诱，则色如无色，声如无声，香如无香，味如无味，触如无触矣。其所以著此五尘者，皆意动而后五根从之，是著五尘者，虽是五根，而意乃五根之主人翁也。欲制此主人翁，非法不可。意于何动，即心是也。未动为心，发动为意，则心又意之主人翁也。主人翁欲制五根，必先制意。夫心住于法，随尘而有，法住尘消，五根自净。若意未发动，即不见心，心本无心，法亦无有。菩萨《心经》为贤者说，不为愚者说，贤者之五尘，非愚者之五尘也。所以异者，贤者已得正法，五尘已清，五根已净。然犹心住于法，不能舍法，则法亦是尘，意即五根之根，故总而言之谓之六根、六尘矣。有此一尘，则五蕴仍不能空，只能到得色不异空，空不异色，仍是意识境界，未能到得色即是空，空即是色。有得皆无所得境界，非阿耨多罗三藐三菩提也。《譬喻经》云："五根之祸，剧于毒龙。五根如箭，意想如弓。"其言虽浅，正是《心经》注解。自吾儒言之，先做工夫，必须非礼勿视，非礼勿听，非礼勿言，非礼勿动。及克己复礼之后，仍是予欲无言。周子云："太极、本无极也。"释氏说法万四千卷，皆为恒河沙数钝根人说。其上等人，更无多说，不过《金刚经》、《心经》一两部足矣。孔子曰："中人以下，不可以语上也。"朱子深得孔子著六经之意，一生议论，说向中人以下者，十之七八；说向中人以上者，十之二三而已。惟老子、庄子不然，只为中人以上者说，中人以下皆置之不论，学者不可不知。

（卷十三）

管子言敬静

《管子》曰："凡人之生也，必以平正；所以失之，必以喜怒忧患。是故止怒莫若诗，去忧莫若乐，节乐莫若礼，守礼莫若静。内静外敬，能反其性，性大定。"又曰："凡人之生也，必以其欢。忧则失纪，怒则失端，忧悲喜怒，道乃无处。爱欲静之，遇乱正之，勿引勿推，福将自归。彼道自来，可藉与谋，静则得之，躁则失之。灵气在心，一来一逝，其细无内，其大无外，所以失之，以躁为害。心能执静，道将自定。"莹按：《管子》一书，皆言治道，而推原人生之本，必先理其性情而归之于心。盖理其性情，莫非心之为用，一则曰内静外敬，能反其性，性大定；再则曰心能执静，道将自定。大哉，此霸者之言也，而犹谆谆于心性静敬之功，况王者之佐乎！古今治道，王、霸二者尽之矣，此有宋大儒讲学，所以必首心性静敬之功也。世人著书立说，动执子贡"性与天道不可得闻"一语，苦诋程朱，是殆未尝读《管子》者，况孔孟之书乎！嗟乎，圣人之道，无非修己治人之术，君子学道则爱人，小人学道则易使。古人之学者，道也，舍修己治人之道，又何学乎！世之君子，读书稍多，往往自矜博洽，而不问古人著书之本义，良可叹也。

（卷十三）

管子用心天德

　　《管子》又曰："人能正静，皮肤裕宽，耳目聪明，筋信而骨强；乃能戴大圜，而履大方；鉴于太清，视于大明；敬慎无忒，日新其德；遍知天下，穷于四极。敬发其充，是谓内得。"又曰："守善勿舍，逐淫泽薄。既知其极，反于道德。全心在中，不可蔽匿，和于形容，见于肤色。善气迎人，亲于兄弟；恶气迎人，害于戎兵。不言之声，疾于雷鼓；心气之形，明于日月，察于父母。"余谓：《管子》此篇，前言正静敬慎，此德之充于内者也；后言全心在中，不可蔽匿，此气之发于外者也。《大学》云："诚于中形于外，心广体胖。"《孟子》言："仁义礼智，根于心。其生色也，晬然见于面，盎于背，施于四体，四体不言而喻。"《中庸》言："君子不动而敬，不言而信，不赏而民劝，不怒而民威于斧钺。"正与《管子》之言相发明。人但知《管子》之霸功，岂知其用心于天德者固若是哉！宜孔子称之曰"如其仁，如其仁也！"

（卷十三）

管子言教民

　　《管子》又曰："知者知之；愚者不知，不可以教民。巧者新之；拙者不能，不可以教民。非一令而民服之也，不可以为大善；非夫人能之也，不可以为大功。是故非诚贾不得食于贾，非诚工不得食于工，非诚农不得食于农，非信士不得立于朝。"莹按：此所言者，乍聆之与孔子"民可使由之，不可使知之"似相反，一若管子不肯欺其民，孔子乃欲愚其民者。细思之，固同一义也。盖天下万事万物，各有其迹，亦各有义。迹者，其当然，指以示人，人皆见之；义者，其所以然，虚以语人，惟贤知者见之，愚不肖者莫能见也。士农工商，今教之曰：安其业，可以得食；不安其业，则不得食，此人人能知其当然，故莫不由之矣。今必语之以天之所以生民，圣王所以安民，四民所以各自为安之义，则学士大夫，毕世穷年，有莫能究也，而可以责之蚩蚩者哉！此为民可使由，不可使知；此为愚者可知，拙者可能。管子之言，即孔子之言也，孔子非欺其民而愚之也。孔子他日系《易》亦曰："易则易知，简则易从。"天地自然之理，如是焉耳！

（卷十三）

纬书言五藏

《春秋元命苞》论五藏曰："目者，肝之使；肝者，木之精：苍龙之位也。鼻者，肺之使；肺者，金之精：白虎之位也。耳者，心之候；心者，火之精：上为张星。阴者，肾之写；肾者，水之精：上为虚危。口者，脾之门户；脾者，土之精：上为北斗，主变化者也。"余按：以五藏配五行，此古人不易之论，人辨乎此，故能养生而治病。乃更以上应北斗二十八宿，则侈言无用，义复不精，周、秦间子书之陋习也，分别观之可耳。

（卷十三）

世俗贵古贱今

杨升庵曰："史说：世俗神贵古昔而贱黩同时，虽有追风之骏，犹谓不及造父之御也；虽有连城之珍，犹谓不及楚人之泣①也；虽有超群之人，犹谓不及竹帛之所载也。是以仲尼不见重于当时；《太玄》见嗤

---

① 点校本注："泣，原作'位'，误，手稿本作'泣'。又，语出《抱朴子·尚博》，亦作'泣'，据改。"

于比肩也。俗士多云：今山不及古山之高，今海不及古海之广，今日不及古日之耀，今月不及古月之朗。重所闻，轻所见，非一世之患矣！昔之破琴剿结者，谅有以乎！"余谓：美不见知，乃美之精也；知我者希，则我贵矣，何必斤斤于俗士哉！孔子曰："不患莫己知，求为可知也。"老子云："知其白，守其黑。"又曰："和其光，同其尘。"

（卷十三）

占梦书

《御览》引古梦书曰："梦者，像也，精气动也，魂魄离身，神往来也；阴阳感成，吉凶验也。梦者语其人，预见所造过失，如其贤者知之，自改革也。梦者，告也，告其形也。目无所见，耳无所闻，魂出游，身独在，身心所思，念念身也；受天神戒，还告人也；受戒不精，忘神言也；名之为寤，告符臻也；古有梦官，世相传也。昔圣帝明王之世，神气昭然先见，古尧梦乘龙上泰山，舜梦击天鼓，禹梦其手长，汤梦布令天下，其后皆有天下。桀梦疾风坏其宫，纣梦大雷击其首，齐襄梦为大禽所中，秦二世梦虎啮其马，其后皆失天下。"余按：此言梦乃人魂出游，受天戒、还告人者，诚然矣。魂即人之神，常栖于心。心有所思者，神之动也。五官、百骸，皆受命于心，心复受命于神。德善过失，皆心为之，即己神为之也。人神不自知其吉凶，惟天神知之，或爱其人也，则以告；或恶其人也，亦以告。爱之告也，为喜而贺之也；恶之告也，为忧而戒之也。余少时，尝梦在朝端愤杀大奸，为人所纠，谴戍出关，行见边外旷野，或古木萧槮，夜藉败叶尺许为床，以《汉书》枕首而卧。忽登一亭曰望雨亭，题诗一绝，记后二语云："试看壮士浑忘死，今日还登望雨亭。"寤后，以为读书怀古之妄梦耳。及台湾狱起，乃知神固先数十年告我也。其时，自分当有远戍，及出狱，竟得免，而复予官，心窃讶之。今卒有乍雅之行，始以出使，继复获咎，然后知梦之不爽也如此。又常梦在古庙殿上，左右侍者，皆古宫人服饰，殿庭甚大，古柏参天，鸦鸣鹊噪。每月一再梦，至授室乃已。及壬寅之岁，则梦至一庙，殿上神坐极众，皆古衣冠而多败落，旋闻江浙说兵之不利，余亦被劾，殆其验也。至梦中出关，以《汉书》枕首之故，盖《汉书》始有《西域传》，余将赴西域，使详知西事乎！

（卷十三）

极乐世界在人心

世非无佛。但释迦本旨，为世人缠缚于富贵声色，恶孽无边，思救之，故以身说法，屏绝情欲，使不累心，并父母妻子王位皆弃不顾。成道后，已为国王供奉、大众尊荣，犹不安居受享，一日仅一食，偏乞城中，食已，则说法度人，以示不肯素食之义。何等谦卑，何等志愿，宜其为天人鬼神之所钦服也。其以祸福言者，世人愚昧，非祸不足以生其恐惧戒谨之心；非福不足以生其向往悦慕之心；犹之帝王治天下，爵禄刑赏以驭天下之意云尔。然佛本欲人不贪富贵声色，若仍以此富贵声色歆动世人，则非立教本旨矣。故别为福德之说曰：若能舍此世间之富贵声色，自有世外之富贵声色，不可思议，即所谓极乐世界者也。此世界中各人现处之地，先时缠缚沉迷于富贵声色，得之，则忻喜欢爱，贪念不舍；失之，则忧惧愤怒，愁苦怨恨，展转烦恼，此心若焚。一旦恍然大悟，此皆浮云幻相，变灭须臾，本非实境，则烦恼顿除，无所挂碍，心神爽然，耳目开朗，如脱离火宅，遍体清凉，岂不快哉！人犹是人也，事犹是事也，地犹是地也，日月犹是日月，天犹是天，世界犹是世界也。我前日所为忻喜欢爱、贪恋不舍、忧惧愤怒、愁苦怨恨之心，缠缚默迷，无限烦恼者，今一旦爽然开朗，出火宅而就清凉，心境一变，对所见所闻所思，别是一世界，是即目前之极乐世界矣！凡夫愚昧，以妄为实，故佛既说种种法已，复恐人既知眼前富贵声色之非实，又思种身后来生之福，终不离人天果报，则是妄中转妄。故《金刚般若》、《心经》，随说随扫，反复叮咛付嘱，欲人舍渡河之筏也。凡夫愚昧，不能解佛所说法，其求极乐世界之心，仍是求富贵声色之心；其欲生净土之心，仍无异求人天果报之心。六朝以来，世主好佛好仙，但非富贵声色已极，贪著不已，或更求长生，或种福死后，其好佛也，犹是求仙之心耳，岂佛所以立教救世之心哉！以达摩东来，面斥梁武福田功德之问，曰"此但人天小果有漏之因也"。嗟呼！名教自有乐地，孔子曰："饭疏食饮之水，曲肱而枕之，乐亦在其中矣。"即颜子之"箪瓢陋巷，不改其乐也"。孟子曰："君子有三乐，而王天下不与存焉。父母俱存，兄弟无故，乐也；仰不愧于天，俯不怍于人，二乐也；得天下英才而教育之，三乐也。又曰三乐人之乐者，人亦乐其乐。"此则吾儒真实之乐，即佛所谓极乐也。蓬池大师，学佛者也，其言曰："我见极乐，实无可乐。若见可乐，与若何殊。"

（卷十三）

西方无极乐世界

吾儒以治世为教，佛法以出世为教。出世者，离此五浊恶世，而超天界法界也。愚人执著西方，以为佛界。夫世俗所谓西天者，特昔时诸佛所生之地耳，其风土人物，与诸蕃无异；其人依然有死生、疾病、困苦、声色、货利、战争、奸盗，犹夫中国，故佛生其地，说法以救其人，何尝以彼为极乐之国乎！然则佛天自有其处，不在西方，明矣。吾见学佛者，往往犹以往生西方为念，其愚妄邪见，何足以当高僧一棒乎。

（卷十三）

诸国教门考

《海国图志·诸国教门表》曰："东南洋海岸之国，除安南兼儒、佛二教外，暹罗、缅甸佛教。南掌、老挝整线各国并同。东南洋海岛之国，除日本、琉球兼儒、佛二教外，小吕宋岛旧本土蕃，无教门；明以来，西洋据此地，行加特力教。大爪哇岛苏禄、文莱等，旧佛教，今回教。小爪哇岛葛留巴等，亚齐岛、苏门答剌、三佛齐等，皆旧佛教，今回教。西南洋五印度各国，除西藏及蒙古皆剌麻黄教外，东印度榜葛剌，南印度孟迈、锡兰等，中印度温都斯坦，皆墨那敏佛教。西印度包社，旧佛教，今阿比厘回教，或曰即巴柳士艮教。西印度阿丹，旧佛教，今马哈墨回教；又由斯回教。北印度克什弥尔，旧佛教，今马哈墨回教。南都鲁机，旧佛教，今阿比厘回教，兼由斯回教，又有加特力教。其葱岭以西之哈萨克、布鲁特、巴达克山、爱乌罕、布哈尔、敖罕，葱岭以东之八城回部，自明以来，皆改佛教为马哈墨回教。小西洋利未亚洲各国内，伊楫国，由斯回教、额利教、加特力教，亦有佛教。

阿迈司尼国，由教、加特力教。东利未亚洲八部，内六部未详何教，其二部属阿丹，马哈墨回教。北利未亚四部，马哈墨回教。西未利亚廿四部，小国土蛮，祀鬼，不知教门。南利未亚四部，亦小国土蛮，不知教门。中利未亚二十五部，马哈墨回教。大西洋欧罗巴洲各国：葡萄亚国，加特力教。荷兰国，婆罗特士顿教。弥尔尼壬与荷兰同国，而别奉加特力教。佛兰西国，加特力教。英吉利国，婆罗特士顿教。意大里国，加特力教。耶马尼国二十七部，半加特力教，半婆罗特士顿教。欧塞特厘阿国，加特力教、婆罗特士顿教；塞牙里与同①国，亦兼有二教②。波兰国，加特力教。绥林国，婆罗特士顿教。领墨国、瑞国皆加特力教。普鲁社国，或由教，或墨③低兰教，或加力特教（加特力教），或婆罗特士顿教。北都鲁机国，阿比厘回教。北洋俄罗斯国各部内：大俄罗斯十七部、西俄罗斯八部、东俄罗斯五部、小俄罗斯三部、南俄罗斯五部、加匽俄罗斯四部，皆额利教。西南新藩俄罗斯五部，马哈墨回教，以本回部故也。东北新藩俄罗斯四部，剌麻佛教，以近蒙古部落故也。外大西洋墨利加洲各国内：北洲弥利坚国二十七部，或加特力教，或婆罗特士顿教。南洲智利国，或加特力教，或婆罗特士顿教。其余北洲内墨西科等国，南洲内孛露国，金加西腊国、伯西尔国、智加国，教门未详。”余按：默深此表，盖本欧罗巴人《四洲志》而作，《四洲志》言加特力教，万有千六百万人；额利教，七千万人；婆罗特士顿教，四千二百万人；由教，约四五万人；马哈墨教，万有二千万人；巴柳士艮教，七千三百万人；墨那敏教，七千万人；大剌麻教，五千万人；墨鲁赫教，四千万人，共计各教六万七千一百万人。默深曰：“克力斯顿乃西洋本教，或能悉其多寡，至西藏、蒙古之佛教，新疆南路之回教，与各洲之道教，英夷何由藉其人数耶？”余谓：夷人夸其博识，与僧徒道流撰经，好为夸张，以耸人听信，何所不至！固非吾儒大中至正、征文考献之比。即天主既分三教，互相攻击，争夺取胜，彼此未必以实在人数相告，则所云万有千六百万人、七千万人、四千二百万人者，且不足信，况其他耶，是亦不足嗤矣！

（卷十三）

文贵沉郁顿挫

古人文章妙处，全是沉、郁、顿、挫四字。沉者，如物落水，必须到底方著痛痒，此沉之妙也，否则仍是一浮字。郁者，如物蟠结胸中，展转萦遏，不能宣畅；又如忧深念切，而进退维艰，左右窒碍，塞厄不通，已是无可如何，又不能自已，于是一言数转，一意数回，此郁之妙也，否则仍是一率字。顿者，如物流行无滞，极其爽快，忽然停住不行，使人心神驰向，如望如疑，如有丧失，如有怨慕，此顿之妙也，否则仍是一直字。挫者，如锯解木，虽是一来一挫，而齿凿巉巉，数百森列，每一往来，其数百齿，必一一历过，是一来凡数百来，一往凡数百往也；又如歌者，一字故曼其声，高下低徊，抑扬百转，此挫之妙也，否则仍是一平字。文章者去其浮、率、平、直之病，而有沉、郁、顿、挫之妙，然后可以不朽。《楚辞》、《史记》、李杜诗、韩文是也。嗟乎，此数公者，非有其仁孝忠义之怀，浩然充塞两间之气，上下古今穷情尽态之识，博览考究山川人物典章之学，而又身历困穷险阻惊奇之境，其文章亦乌能若是也哉！今不求数公之所以为人，而惟求数公之所以为文，此所以数公之后罕有及数公者也。

（卷十三）

杨升庵说诗（九条）

《升庵诗话》："谢朓《酬王晋安》诗'南中荣橘柚，宁知鸿雁飞。'后人不解此句之妙。晋安即闽泉州也，'南中荣橘柚'即谚云'蛮树不落叶'也。'宁知鸿雁飞'，即谚云'雁飞不到处'也。树不凋，雁不到，本是瘴乡，乃以美言之，此是隐句之妙。"升庵此言善矣。古人诗文用意，无不婉切，所以情味耐玩。今人诗文只一览便尽，故情味浅泛，由不知隐句露句之别也。其实不难晓，只是明说不如暗说，正说不如反说，顺说不如倒说尔。总之，古人诗不苟作，故妙；今人诗文不及古人，病正在一苟字。无情而作，无才而作，无学而作，无为而作，皆苟也。升庵又爱梁元帝、韦应物《萤火》二诗，谓"比之杜子美，则杜似太露。"元帝诗曰："本随秋草并，今与夕风清。萦空若星陨，拂树似花生。屏疑神火照，帘似夜珠明。逢君拾光彩，不吝此身轻。"苏州诗曰："月暗竹亭幽，萤光拂席流。还如故园夜，又度一年秋。暂惬观书兴，何惭秉烛游。府中徒冉冉，明发好归休。"余谓：苏州咏物，不著滞，故应佳胜。元帝之作，惟末二语意味佳，前六言亦退之"缟带银杯"之比耳，何能胜子美耶！升庵性好六朝、以同时何、李皆尊尚子美，故其说如此。

《升庵诗话》云："庾信之诗，为梁之冠绝，启唐之先鞭。史评其诗曰绮艳，杜子美称之曰清新，又曰老成。绮艳、清新，人皆知之，而其老成，独子美能发其妙。余尝合而衍之曰：绮多伤质，艳多无骨。清易近薄，新易近尖。子山之诗，绮而有质，艳而有骨，清而不薄，新而不尖，所以为老成也。若元人之诗，非不绮艳，非不清新，而乏老成。宋人诗则强作老成态度，而绮艳、清新，概未之有。若子山者，可谓兼之矣。"右升庵论庾诗，可谓得之矣。其论宋诗，则非宋人妙处。升庵何尝知之，由其不喜宋人诗也。历代诗人不一其体，各有长短，当取其盛者言之，岂可一语抹煞耶！元人若虞道园、吴立夫未尝不老成也。升庵谓："唐人诗主情，去三百篇近。宋人诗主理，去三百却远矣。匪惟作诗也，其解诗亦然。"余谓：此言误矣！三百篇惟《国风》多言情耳，《雅》、《颂》诸作，八九言理，直赋其事，何尝尽主情耶！至于春秋时列国卿大夫，及周、秦、两汉诸子，援引诗辞，何一不主理言。至于圣门说诗，尤主理言，《论语》、《孝经》、《礼记》所载，指不胜屈，岂圣门诸贤解诗皆非，反不及唐人耶！姑举一两端言之，孔子谓可与言诗者，莫如子夏、子贡二子。子夏问："巧笑倩兮，美目盼兮，素以为绚兮"，夫子签以"绘事后素"，而子夏遂有"礼后"之悟。若自升庵言之，则正喜巧笑之倩、美目之盼为形容美人之工，谓作诗者当极力揣摩倩盼二字矣。又如夫子与子贡论贫富，而子贡却举切磋琢磨之诗为言，以诗本篇中何尝言贫富乎，若如升庵言，则子贡之说直是支离矣。升庵自好为六朝、唐人之诗可耳，何必如此说三百篇乎！其所为《诗话[①]》，极以声情绮丽为尚，虽亦诗之一端，然不得以此概尽诗道也。

升庵他日又云："宋诗信不及唐，然其中岂无可匹体者，在选者之眼力耳，如苏舜钦《吴江》诗：'月从洞庭来，光映寒湖凸，四顾无纤尘，鱼跃明镜裂。'王半山《雨诗》云：'山中十日雨，雨晴门始开。坐

---

① 点校本作"话诗"，误，径改。

看苍苔纹，欲上人衣来。'孔文仲《早行》云：'客行谓已旦，出视见落月。瘦马入荒陂，霜花重如雪。'崔鸥《春日》云：'落日不可尽，丹林紫谷开。明明远色里，历历暝鸦回。'寇平仲《南浦》云：'春风入垂杨，烟波涨南浦。落日动离魂，江花泣微雨。'郭功甫《水车岭》云：'千丈水车岭，悬空九叠屏。北风来不断，六月亦生冰。'苏子由《中秋夕》云：'巧转上人衣，徐行度楼角。河汉冷无云，冥冥独飞鹊。'《旅行》云：'猿狖号枯木，鱼尤泣夜潭。行人已天北，思妇独江南。'朱文公《雨诗》云：'孤灯耿寒焰，照此一窗幽。卧听檐前雨，浪浪殊未休。'张南轩《题南城》云：'坡头望西山，秋意已如许。云影度江来，霏霏半空雨。'《东渚》云：'团团陵风桂，宛在水之东。月色空林影，却下碧波中。'《丽泽》云：'长吟《伐木》诗，伫立以望子。日暮飞鸟归，门前长春水。'《西屿》云：'系舟西岸边，幅巾自来去。岛屿花木深，蝉鸣不知处。'《采菱舟》云：'散策下舸亭，水清鱼可数。却上采菱舟，乘风过南浦。'五诗有王维辋川遗意，谁谓宋无诗乎！"余谓：升庵此言，盖当时何、李诸人诋薄宋人太过，不能厌服人心，故取其近于唐音者摘录数首，以塞众口耳，宋人佳篇何止此耶！

升庵说诗，善处自不可没。如谓"作诗用字，当有出处，语意须有含蓄"，自是正论。又历举古人诗，不知其用意用字所本，不可妄改。余记其数条于此："曰古书不可妄改，如曹子建《名都篇》'脍鲤腾胎鰕，寒鳖炙熊蹯。'此旧本也。五臣妄改作'鲍鳖'，不知李善注云：'今之时饷谓之寒。'盖韩国馔用此法。《盐铁论》'羊淹鸡寒'，《崔骃传》亦有'鸡寒'。曹植文《寒鸽蒸麕》，刘熙《释名》'韩鸡为正'，古字'韩'与'寒'通也。（莹按：此所引寒鳖、寒鸡、寒鸽凡三品矣，岂皆韩国之馔耶！盖馔用热食者，其常也，而亦或有时以寒食为美。今人熟物之后，冷而食之，或连羹冻食者多矣。）王维《老将行》'耻令越甲鸣吾君'，此旧本也。近刻改作'吴军'，不知此出刘向《说苑》'越甲至齐，雍门狄请死之，曰：'昔者王田于圃，左毂鸣，军左请死之，曰：'吾见其鸣吾君也。'今越甲至，其鸣君，岂在左毂之下哉！唐郑培诗'戎垒三和夕'，《文苑英华》改'和'作'秋'，不知《孙子兵法》'两君相对曰和'。《战国策》'章子为齐将，与秦军交和而舍'。又《楚辞》'开西和门'注：'军门曰和'。孟蜀牛峤（杨柳枝）词：'吴王宫里色偏深，一簇烟条万缕金。不分钱唐苏小小，引郎松下结同心……'。'松下'用古乐府《小小歌》'何处结同心，西陵松柏下'，牛诗用此意，咏柳而贬松，唐人所谓尊题格也。后人改作'枝下'，语意索然矣。"
（莹按：乐府"西陵松柏"之语，盖用《魏武遗教》铜雀伎"望吾西陵
墓田"意，苏小亦伎，故比事用之耳。）又曰："观乐生爱收古书，言有
一种古香可爱。余谓此言末矣！古书无讹字，转刻转讹，莫可考证。余
于滇南见故家收《唐诗纪事》抄本甚多，近见杭州刻本，则十分去其九
矣。刻《陶渊明集》，遗《季札赞》。《草堂诗余》旧本，书坊射利，欲
速售，减去九十余首，兼多讹字，余抄为《拾遗辨误》一卷。先太师收
唐百家诗，皆全集。近苏州刻，则每本减去十之一，如《张籍集》本十
二卷，今止三四卷，又傍取他人之作入之。王维诗，取王涯绝句一卷入
之，诧于人曰：'此维之全集，以图速售。今王涯绝句一卷，在《三舍
人集》中，将谁欺乎！此其大关系者。若一句一字之误尤多，略举数
条，如王涣《李夫人歌》'修嫮秋华销歇尽'，'修嫮'讹作'德所'。武
元衡诗'刘琨坐啸风清塞'，讹作'生苑'。刘琨在边城，则清塞字为
是，焉得有苑乎！杜牧诗'长空澹澹没孤鸿'，今妄改作'飞鸟没'，平
仄亦拗矣。（莹按：此语不然。'飞鸟没'三字，起语甚健，'没孤鸿'
乃常语耳。杨好靡弱之音，故不喜也。）杜诗'七月六日苦炎蒸'，俗本
'蒸'作'热'。（莹按：唐太宗诗云：'世皆苦炎热，我爱夏日长'。杜
或本此，何便以为俗乎！）'纷纷戏蝶过开幔'，俗本'开'作'闲'字，
不知子美父名闲，诗中无'闲'字。（莹按：子美父名闲，其字从木，
乃防闲之义，与从月之闲静，字似不同。）'还欢卜夜关'，今俗本作
'卜夜间'；'曾闪朱旗北斗殷'，妄改'殷'作'间'，成何文理！前人
已辩之矣。刘巨济收许浑手书，其诗'湘潭云尽暮烟出'，今俗本'烟'
作'山'，亦是浅人妄改。湘水多烟，唐诗'中流日暮见湘烟'是也。
'烟'字大胜'山'字。李义山诗'瑶池宴罢留王母，金屋修成贮阿
娇'。俗本作'玉桃偷得怜方朔'似小儿语耳。（莹按：此二本未易优
劣，皆用内传事。而王母与阿娇，两以妇人言，未免犯复，则不如用方
朔事，而王母在其中也。）书所以贵阳本者，可以订讹，不独古香可爱
而已。"又曰："陕西近刻左克明《乐府》本，节郭茂倩《乐府诗集》，
误字尤多。如《读曲歌》云：'逋发不可料，憔悴为谁睹'。'逋发'，谓
发之散乱未料理也。今改作'通发'，何解也？又《乌栖曲》云'宜城
酘酒今行熟'，'酘酒'，重酿酒也，不知何人改作'投泊'。'酘酒熟'
则有理，'投泊'岂能熟也！虽郭本亦误。按《北堂书抄》云：'宜城九
酝酒曰酘酒'，并引此句。"晋《白纻舞》辞'罗袿徐转红袖扬'，何承

天《芳树曲》'微飙扬罗绋'，皆误'绋'作'鞋'"。又曰"宁戚《饭牛歌》'康浪之水白石烂'，康浪水在今山东，见《一统志》，可考。今《乐府》误作沧浪之水。沧浪在楚，与齐何涉！骆宾王文云：'观梁父之曲，识卧龙于孔明；歌康浪之歌，得饭牛于宁戚'，此可以证。近书坊刻《骆宾王集》，又妄改'康浪'作'康衢'，自是尧时事，与宁戚何涉也"。又如"梁萧子云上飞白书屏风十二牒。李白诗'屏风九叠云锦张'，'牒'即'叠'也。宋词'屏风叠叠开红牙'，今改'叠'作'曲'，非"。"王季友《观于舍人壁山水画》云：'野人宿在人家少'。《唐音》误'人家'作'山家'。既云野人，何得少宿山家耶"！"杜牧之《江南春》云'十里莺啼绿映红'，今本误作'千里'。'千里莺啼'，谁人听得？'千里绿映红'，谁人见得？若作十里，则莺啼绿红之景，村郭楼台、僧寺酒旗，皆在其中矣。（莹按：此亦不然。杜咏江南春乃总言江南春景，非指一处，故下云'南朝四百八十寺'，若十里之中，如何容得许多寺，且十字亦犯复，自以千里为是。）又《寄扬州韩绰判官》云'秋尽江南草未凋'，俗本作'草木凋'，秋尽而草木凋，自是常事，不必说也。况江南地暖，草木不凋乎？（莹按：江南草木未尝不凋，但稍迟耳。）此诗①杜牧在淮南（今寿州一带）而寄扬州人者，盖厌淮南之摇落，而羡江南之繁华，若作草木凋，则与'青山明月'、'玉人吹箫'不是一套事矣。""又如陆龟蒙《宫人斜》诗'草著愁烟似不春'，只一句，便见坟墓恻恻之意。今本作'草树如烟似不春'，'草树如烟'，正是春景，如何下得'不春'？读者往往忽之，亦食不知味者也。"

又引范元实《诗话》曰："白乐天《长恨歌》工矣，而用事犹误。'峨眉山下少人行'，明皇幸蜀，不行峨眉山也，当改云剑门山。（莹按：剑门乃入蜀大道，可云少人行乎？白以峨眉为蜀中名山，其下人行甚少，以言蜀道艰难，常人且少行者，明皇以天子蒙尘至此，为可悲叹耳。岂如博士作记里鼓耶！）'七月七日长生殿，夜半无人私语时'。长生殿乃斋戒之所，非私语地也。华清宫自有飞霜殿，乃寝殿也，当改'长生'为'飞霜'，则善矣。按郑嵎《津阳门诗》：'金沙洞口长生殿，玉蕊峰头王母祠'，则长生殿乃在骊山之上，夜半亦非上山时也。又云'飞霜殿前月悄悄，迎风亭下风飕飕'，据此，元实之所评信矣。"莹谓：元实，范祖禹子、秦少游婿也。升庵喜以考博谈诗，未免好新尚异之

---

① 点校本注："诗，原作'时'，据手稿本及《升庵诗话》改。"

过。如元实言以长生殿为斋戒之所，自必有所本，固不敢妄定是非。若郑嵎之诗可据，则骊山自有长生殿矣。骊山为巡幸之所，华清宫之建，以汤泉在此，所谓离宫别馆也。斋戒大事，岂有建至山上游幸之理！若是斋宫当在大内，考《雍录》云："华清宫，开元十年建，初名温泉宫，天宝六载，始改华清。明皇每岁十月往幸，岁尽乃归"。与《通鉴》正合。或十月有事，则十二月、正月，从无七月往者。曰诗既云七月七日，则非骊山矣。若云斋宫，岂有携妃嫔往者，似亦非斋宫也。此歌前以华清、温泉与昭阳殿、蓬莱宫杂举，未尝以长生殿属骊山，且亦鸿都道士虚渺之言，诗人迷离其词，何可征实耶！

升庵谓"李太白始终学《选》诗。杜子美好者，亦多是效《选》诗，后渐放手，初年甚精细，晚年横逸不可当。"升庵此言良是。六朝人诗，字句意格，无不精造生新，故少陵云"熟精《文选》理"，李、杜大家，特变其貌耳。后人不知此理，轻易开口下笔，故流易浅俗，虽名家不免此病，其去古人之远，莫不由此。

升庵说杜诗"白首重闻止观经"，引佛经云："止能舍乐，观能离苦。"又云："止能修心，能断贪爱；观能修慧，能断无明。止如定而后能静，观如虑而后能得也。"余谓：舍乐、离苦二义，解止观甚精，包括一切矣。修心修慧已是剩语，升庵更援定虑之义，似可不必。又解"波漂菰米沉云黑"四句云："皆有所本，但变化之极其妙耳。隋任希古《昆明池应制》诗曰：'回眺牵牛渚，激赏镂鲸山'。便见太平宴乐气象。今一变云：'织女机丝虚夜月，石鲸鳞甲劫秋风'，读之则荒烟野草之悲，见于言外矣。《西京杂记》云：'太液池中有雕菰，紫箨绿节，凫雏雁子，嗷喋其间。'《三辅皇图》云'宫人泛舟采莲，为巴人桌歌'，便见人物游嬉，宫沼富贵。今一变云'波漂菰米沉云黑，莲房不采坠粉红'，读之则菰米不收而任其沉，莲房不采任其坠，兵戈乱离之状具见矣。杜诗之妙，在翻古语，因悟杜诗之妙[①]。如此四句，直上[②]与《三百篇》'牂羊羵首，三星在罶'同一。升庵此说甚好。"

升庵解"舍南舍北皆春水"，引韦述《开元谱》云："'倡优之人，取媚酒食，居于社南者，呼之为社南氏；居于北者，呼之为社北氏'，杜诗正用此事，后人不知乃改'社'作'舍'"。余谓：杜公卜居浣花

---

① 点校本注："杜诗之妙，在翻古语，因悟杜诗之妙。按：据《升庵诗话》，姚引在'在翻古语'下，删去'《千家注》无有引此者，虽万家注何用哉！'故文义有所不顺。"

② 点校本注："上，原作'下'，误，据《升庵诗话》改。"

溪者，取其偏僻也。故又有诗云："幽栖地僻经过少"，与此诗"舍南舍北皆春水，但见群鸥日日来"，情景正同。若作社南社北，则是倡优繁华之地，幽栖地僻全相反矣。何以云"皆春水"，又何以云"但见群鸥"乎！且杜公虽狂放，亦何至自托倡优所居间，择言不伦如此乎！宜为钱牧斋之所纠也。

升庵又摘韩文公《赠张曙》诗云："'久钦江总文才妙，自叹虞翻骨相屯。'以忠直自比，而以奸佞待人，岂圣贤谦己恕人之意哉！考曙之为人，亦无奸佞似江总者。若曰以文才论，何不以鲍照、何逊为比，而必曰江总乎！此乃韩公平生之病处，而宋人多学之，谓之占地步。心术先坏矣，何地步之有？"余谓：升庵此论，可谓深文矣！唐人推重江总文才，由来久矣，"前身应是陈江总"，"名总还须字总持"，非唐人语乎？当时钦羡才人，以江总为比，可见江总才名盛于唐代也。六朝才人多矣，独言江总者，以其身入唐代为一朝文人之先声也。韩公以江总称张曙，不过以其文才相似称之，且曰久钦文才之妙，语义甚明，何尝以奸佞待之！虞翻谪广州，韩公亦贬潮州，同一岭南，故以自叹，何尝以忠直自夸！如此论诗，是舒亶、李定辈有心锻炼"乌台诗案"也，不亦大伤风雅乎！又如少陵以庾信比太白，又以自比，若以人品言之，则庾信以南朝人屈身北朝，历事数姓，岂以讥太白且自讥耶！又如刘梦得《送李仆射》云"稚子争迎郭细侯"，若必求其疵，则郭汲自哀、平间辟大司空，王莽时为并州牧；及光武时，复为并州，亦非佳士，安得完人而称之乃无语病哉！张曙蜀人，升庵每夸蜀中名贤，疑昌黎轻之，又生平厌宋人言理学，遂溯源而诬及昌黎，岂洛、蜀分党之见，异代犹不能忘欤！此明人所以有《正杨》之作也。

（卷十三）

古韵当辨方音

沈约以吴人作《声韵》，其韵皆吴音也。四声之说，初起南朝，一时文士，莫盛于南，故言韵者，莫不从之。自唐礼部以取士，更为遵王之制矣。其实四声出于五音，五音出于五方，水土之轻浊不齐，五方之言不同其音者，天地自然之音也，乌得以一方之音而比齐之乎！古人书可以同文，未闻言可以同音者，文由人造，音自天成故也。宋以后，渐觉沈韵之非，乃以六朝以前古人有韵之文，逐类求之，递元、明以迄今日，古韵、古音之学乃大明矣。余少时谈吴才老、陈第、顾亭林、邵子湘、江慎修诸家之说，深喜之，而惜其于古人之音，往往彼此牵合，未能各以其方求之，犹不能得其真也。欲自《三百篇》为主，下逮《楚辞》及周、秦、汉、魏诸子诗赋有韵之文，皆汇取其全。以地分人，并取其文，比附其音，订为一书，以求古音之真。尝语友人，颇然其说。而早以饥驱奔走四方，及从宦后，吏事纷纭，不暇搜讨，此念至今犹耿。今老矣，方使外域，更何能言学。偶见杨升庵论沈约之韵未必悉合声律，而今诗人守之如金科玉条，若作填词，自可变通，其取元人《中原音韵》之作。余因记此，姑引其端，以俟后来贤哲。周德清《中原音韵》，余家有之，乃近世之音，非古音也。然亦可见南北韵之大凡矣。

（卷十四）

昌黎与大颠书

韩公《与大颠书》世皆疑之。余谓昌黎所恶于佛者，恶其徒之惑世诬民耳。若大颠者，清修一身，屏绝情欲，世间富贵荣利之事，一切不以累其身；贫贱威武患难之境，一切不以动其心。吾儒自反，或有未之能者，恶能不之致敬乎！世儒耻为自反，徒负气大言，岂孔子"无我"、"无固"之教哉！譬如告子之不动心及其言性，与孟子有水火之别，然孟子未尝不敬其人。老子之书，与孔子六经相反，然孔子从之问礼，叹其"犹龙"，自谓"窃比"，何尝有轻慢之意！世人不在道德真实处讲求，惟于门户影响苦争闲气，恐真儒不如是也。韩公无此书则已，如其有之，正韩公不可及处，而疑之，无乃浅人之见乎！

（卷十四）

唐宋人论文（二条）

唐人李华论文曰："文章本乎作者，而哀乐系乎时。本乎作者，六经之志也；系乎时者，乐文、武而哀幽、厉也。有德之文信，无德之文诈。皋陶之歌、史克之颂，信也；子朝之告，宰嚭之词，诈也。夫子之文章，偃、商传焉，偃、商没而伋、轲作焉，盖六经之遗也。屈平、宋玉哀而伤，靡而不返！六经之道遹矣。沦及后世，力足者，不能知之；知之者，力或不足，则文义浸以微矣"。萧颖士论文曰："六经之后，有屈原、宋玉，文甚雄壮而不能经；贾谊文辞最正，近于治体；枚乘、相如，亦瑰丽才士，然而不近风雅；扬雄用意颇深；班彪识理；张衡宏旷；曹植丰赡；王粲超逸；嵇康标举；左思诗赋，有《雅》、《颂》遗风；干宝著论，近王化根源，此后复绝无闻焉。近日惟陈子昂文体最正。"右李、萧二人之论，可谓得文章之大体矣，而不及昌黎、柳州、李习之之精，盖各以所得言之耳。余合唐、宋以来及本朝诸公至吾家惜翁之论，总括之曰：文章之道，惟志正而体赡，学博而思切，辞约而义精，气足举辞，光不掩质，是之为美。至于繁简、宏纤、曲直、微显，则审时发情，各得其当，无有定也。愿与深于此事者商之。

宋晏元献论韩、柳二公文曰："退之扶导圣教，划除异端，则诚有功；若其祖述坟典，宪章骚雅，上传三史，下笼百世，横行阔视于缀述之场者，子厚一人而已。"晏公此论，世人多不谓然，而非无所见也。王半山评欧文云："积于中者，浩如江河之渟滀；发于外者，烂如日星之光辉。其清音幽韵，凄如飘风急雨之骤至；其雄词闳辨，快如轻车骏马之奔驰。"又称老泉之文云："其光芒灿烂，若引星辰而上也；其逸驶奔放，若抉江河而下也。"苏子瞻论王半山云："文字之衰，未有如今日者也，其原出于王氏。王氏之文，未必不善也，而患在使人同己。自孔子不能使人同。颜渊之仁，子路之勇，不能以相移；而王氏欲以其学同天下。地之美者，同于生物，而不同于所生；惟荒瘠斥卤之地，弥望皆黄茅白苇，此则王氏之同也。"善乎苏子之言文矣！岂惟文哉，古今学术亦犹是也。余尝语友人曰：天下之人不同貌，而同一好善恶恶之心；自古圣贤不同道，而同一乐天济世之志；孔子《六经》不同文，而同一修己安人之求；千古忠臣孝子不同行，而同一竭力致身之义。世人不求其所以同，而惟于其不必同、不可同者，曲求其肖；彼即真肖，吾犹以为非，况必不能肖哉！历举前人之论文者可以悟矣，家惜翁《古文辞类纂》之说所以为大公至正也。

（卷十四）

和　同

《国语》周·史伯曰："今王去和而取同。夫和实生物，同则不继。以它平它谓之和，故能丰长而物生①之。若以同裨同，尽乃弃矣。故先王以土与金、木、水、火杂，以成百物。是以和五味以调口，刚四支以卫体，和六律以聪耳，正七体以役心，平八索以成人，达九纪以立纯德，合十数以训百体，出千品，具万方，计亿事，材兆物，务和同也。声一无听，物一无文，味一无果，物一无讲。王将弃是类而与剐同。天夺之明，欲无弊，得乎！"此论和与同之得失，可谓尽之矣。《左传》晏子辨和同亦云："以水济水，谁能食之！若琴瑟之专一，谁能听之！"自古以来，能知和同之辨者鲜矣，平居空言，颇能了然，而临事取人，仍不免于党同伐异，良可叹也。

（卷十四）

修己安人守身治人

孔子言"修己安人"，孟子言"守身治人"。曰修、曰安者，顺乎天，则行所无事，圣人之道也。曰守、曰治者，强力而行，务尽其道，贤者之事也。君子当行贤者之事，以求合圣人之道。有行之而不至者矣，未有不行而能至者也；有知之而不行者矣，未有行之而不知者也。

（卷十四）

三大士佑人与鬼神同理

或曰：世传三大士灵迹，岂皆妄欤！曰：曷为其妄也。佛以觉世为心，为人作福，固佛之本愿也。三大士者，皆以佛愿为愿者也。世有大善至诚，往往获佑于鬼神者，其灵爽昭昭矣。三大士之灵迹，何殊于他鬼神乎！天道无亲，常与善人。三大士不能违天道而福恶人，明矣！人

---

① 点校本注："生，《国语》作'出'。"

第强力为善，百神罔不佑之，岂惟三大士哉！故曰：鬼神不能祸福人也，人自求之。孟子曰："祸福无不自己求之者。"今终日为恶而求福利，鬼神必且恶之，三大士何异焉！明于鬼神之理，则洞然于三大士矣，不求身心，求三大士何益！

（卷十四）

王文成古本《大学》说（二条）

王文成有《旁注古本大学》一卷，朱行垞《经义考》盛称之，喜其与朱子立异也。竹垞虽于圣人之道无所知，其好古也，正文中子所谓"今之好古也，聚财者也"。文人之习，厌故喜新，争相夸尚，但知唐帖不如晋帖，周鼎不如商彝耳。其于古圣贤所以制作垂世教人之本义，则置不问，未尝深思力行于身心家国也。讲考古者，皆喜而附和，遂竞为汉学，以驾宋儒而上之，究何益于身心家国之用乎！竹垞盛称文成《旁注古本大学》之善，试问文成之学，在致良知，以诚意为大学之主；竹垞之学，以淹博为能，辞章为美，其于文成不啻千里之远，况孔门明德亲民之旨乎！讲汉学者，于圣学之体，既未尝究心；圣学之用，又未尝从事，惟日孜孜于新异，假古胜今，自托经儒，此文成之所不屑为者矣。虽然，六经之存，古本自为可贵，譬日月经天，万物各被其光；江河在地，偃鼠各满其腹。仁见为仁，智见为智，朱子之本，朱子之说也；戴记之本，戴记之说也；文成之注，文成之说也。执朱子所订之本，遂弃戴氏原记之本不读、文成古本之记不问，亦非也。今虽异域，何敢忘之。

阳明既取《古本大学》为之旁注，复自为序，曰："大学之要，诚意而已矣。诚意之功，格物而已矣；诚意之极，止至善而已。正心，复其体也；修身，著其用也。以言乎己，谓之明德；以言乎人，谓之亲民；以言乎天地之间，则备矣。是故至善也者，心之本体也；动而后有不善。意者，其动也；物者，其事也。格物以诚意，复其不善之动而已矣。不善复而体正，体正而无不善之动矣，是之谓止至善。圣人惧人求之于外也，而反复其辞，旧本析而圣人之意亡矣！是故不本于诚意，而徒以格物者，谓之支；不事于格物，而徒以诚意者，谓之虚；支与虚，其于至善也远矣。合之以敬而益缀，补之以传而益离，吾惧学之日远于至善也，去分章而复旧本，旁为之释，以引其义，庶几复见圣人之心，而求之者有其要。噫，罪我者其亦以是夫！"

（卷十四）

朱子学宗孔子

阳明讲学，本于陆子，由收放心之说，而扩之为致良知，与朱子显异。明儒当时多非之，莫详于罗整庵辨正三书，此明儒一大公案也。余何敢妄议先儒，第以孔子之言折衷之，似朱子之言为得其正。孔子曰："吾十有五而志于学。"学者何，道是也。故又曰："志于道。"道体至大，无物可名。恐其堕于空虚也，必有所据依，乃不至于离畔，故曰："据于德，依于仁。"德仁二者，皆必于人事见之；舍人事而言德、言仁，则师心自用，有认贼作子者矣。苟非从事于学，恐所谓德与仁者，犹未尽善也。曰"志于道"者，所志之本也；曰"志于学"者，道之所从事也。言道则高远，言学则切近矣。学之从事奈何？曰文是也。孔子自言曰："文不在兹乎！"是孔子所自命者文矣。孔子教弟子者亦即以此。颜渊亚圣，其言夫子之善诱曰："博我以文，约我以礼。"匪惟颜子言之，即孔子亦曰："君子博学于文，约之以礼，亦可以弗畔矣夫。"又曰："行有余力，则以学文。"由孔子、颜子之言观之，则孔门之学可知矣。孔子又尝自言之曰："下学而上达。"下学者何？文是也；上达者何？道是也。又曰："我非生而知之，好古敏以求之。"又曰："多闻择其善者而从之，多见而识之。"《中庸》之称孔子，则曰："祖述尧、舜，宪章文、武，上律天时，下袭水土"，皆孔子好古敏求之实也。夫道有大小、精粗、醇驳不同，亦本末、体用、经权互异。生知之圣，莫如尧、舜，而一庭咨询，何等恳切，未尝师心自是也！周公思兼三王，其有不合者，仰而思之，夜以继日。古昔圣人，勤学好问如此；不敢自恃其资质之美如此；孔子自言，与弟子之称述又如彼；何尝有若阳明之说者哉！阳明徒见孔子语曾子、子贡皆有"一贯"之言，且谓非多学而识，以为此乃孔门心法，其平日所言，乃教人浅近之法耳。试问：孔门弟子，颖悟莫如颜子，其次子贡，孔子何不于其入门即教以精深，而以浅近者教之乎？可见学问之道，必先由粗入精，由浅入深，乃所谓"下学而上达也。"《中庸》明言之矣，曰："君子之道，辟如行远，必自迩；

辟如登高，必自卑。"又曰："尊德性而道问学，致广大而尽精微，极高明而道中庸，温故而知新，敦厚以崇礼。"阳明截取孔子之言以教人，何人不肯从之乎！即如《大学》本书，明言"物有本末，事有终始"，自格物致知，以至家国天下，先后次第，反复言之。阳明则以诚意二字为主，贯彻前后，自觉与"壹是皆以修身为本"之言有碍也，则又弥缝之曰：修身工夫，只是诚意。夫《中庸》言圣人之德之实，无非一诚，造乎其极，则曰"至诚"，故又曰"不诚无物"。天下万事万物，莫不以此。身心、家国、天下，非诚其意，心何以正？身何以修？家何以齐？国何以治？天下何以平乎？然《大学》不曰壹是皆以诚意为本，而曰以"修身为本"者，发意犹在心内，虚无可见；惟身乃内外、人己、事物之交，莫能遁饰，必以此言，然后着落实际有把握也。此圣贤所以立法教人之苦心，亘万世而无弊也。阳明深于禅者，禅家教人，亦以筏喻，未渡河，必用筏；河既渡，筏当舍。今人尚未渡河，先教人舍筏，有是理乎？且阳明悟道已在贬龙场驿丞之后，并非少即能之。其未贬之前，亦尝泛滥于百家之说，阅历于万物人事之交；及身遭忧患，澄心渺虑，然后得之。是其自己亦是用筏渡河之人，乃舍筏后，遂不以筏示人可乎！十一月辛巳冬至后二日记。

（卷十四）

《四库书提要》驳西人天学

《四库全书存目提要》曰：《天学全函》诸书"《二十五言》一卷，明利玛窦撰。西洋人之入中国，自利玛窦始；西洋教法传中国，亦自此二十五条始。大旨多剽窃释氏，而文词尤拙。盖西方之教，惟有佛书；欧罗巴人取其意而变幻之，犹未能甚离其本。厥后既入中国，习见儒书，则因缘假借，以文其说；乃渐至蔓衍支离，不可究诘，自以为超出三教上矣。附存其目，庶可知彼教之初，所见不过如此是也"。又"《天主实义》二卷，明利玛窦撰。是书成于万历癸卯，凡八篇。首篇论天主始制天地万物而主宰安养之。二篇解释世人错认天主。三篇论人魂不灭，大异禽兽。四篇辨释鬼神及人魂异论，天下万物不可谓之一体。五篇排辨轮回六道，戒杀生之谬，而明斋素之意在于正志。六篇解释意不可灭，并论死后必有天堂地狱之赏罚。七篇论人性本善，并述天主门士之学。八篇总举太西俗尚，而论其传道之士所以不娶之意，并释天主降生西土来由。大旨主于使人尊信天主，以行其教。知儒教之不可攻，则附会《六经》中上帝之说，以合于天主；而特攻释氏以求胜。然天堂地狱之说，与轮回之说相去无几，特小变释氏之说，而本原则一耳"。又："《畸人十篇》二卷，附《西琴曲意》一卷，明利玛窦撰。是书成于万历戊申，凡十篇，皆设为问答以申彼教之说。一谓人寿既过，误犹为有。二谓人于今世，惟侨寓耳。三谓常念死后，利行为祥。四谓常念死后，备死后审。五谓君子希言，而欲无言。六谓斋素正旨，非由戒杀。七谓自省自责，无为为尤。八谓善恶之报，在身之后。九谓妄询未来，自速身凶。十谓富而贪吝，苦于贫窭。其言宏肆博辩，颇足动听。大抵掇释氏生死无常、罪福不爽之说，而不取其轮回戒杀、不娶之说，以附会于儒理，使人猝不可攻，较所作《天主实义》纯涉支离荒诞者，立说较巧。以佛书比之，《实义》犹其礼忏，此则犹其谈禅也。末附《西琴曲意》八章，乃万历庚子利玛窦朝觐京师所献，皆译以华言，非其本旨。惟曲意仅存，以其旨与十论相发①，故附录书末焉"。又"《七克》七卷，明西洋人庞迪我撰。书成于万历甲辰，其说以天主所禁罪宗凡七：一谓骄傲，二谓嫉妒，三谓悭吝，四谓忿怒，五谓迷饮食，六谓迷色，七谓懈惰于善。迪我因作此书发明其义：一曰伏傲，二曰平妒，三曰解贪，四曰熄忿，五曰塞饕，六曰防淫，七曰策怠。其言出于儒墨之间，就所论之一事言之，不为无理，而皆归本敬事天主以求福，则其谬在宗旨而不在词说也。其论保守童身一条载：或人难以人俱守贞不婚，人类将灭。乃答以傥世人俱守贞，人类将灭，天主必有以处之，何烦过虑？其词已遁。又谓：生人之类，有生必有灭，亦始终、成毁之常。若得以此终、以此毁，幸甚大愿。则又词穷理屈，不觉遁于释氏矣，尚何辟佛之云乎"？又："《辨学遗牍》一卷，明利玛窦撰。乃其与虞淳熙论释氏书及辩莲池和尚《竹窗三笔》攻击天主之说。齐固失矣，楚亦未为得也。"又："《交友论》一卷，则利玛窦游南昌与建安王论友道，因著是编以献。其言不甚荒悖，然多为利害而言，醇驳参半。如云'友者过誉之害，大于仇者过訾之言'，此中理者也。又云'多有密友，便无密友'，此洞悉物情者也。至云'视其人之友如林，则知其德之盛；视其人之友落落如晨星，则知其德之薄'，是导天下以滥交矣。又云'二人

---

① 点校本注："发，'发'字下，《四库全书总目提要》有'明'字。"

为友，不应一富一贫'，是止知有通财之义，不知古礼惟小功同财，不概诸朋友；一相友而即同财，是使富者爱无差等，而贫者且以利合，又岂中庸之道乎？王肯堂《郁冈斋笔麈》曰：'利君遗余《交友论》一编，有味哉，其言之也，使其素熟于中土语言文字，当不止是，乃稍删润著于篇'。则此书为肯堂点窜矣"。又："《西学凡》一卷，明西洋人艾儒略撰。儒略有《职方外纪》已著录。是书成于天启癸亥，《天学初函》之第一种也。所述皆其国建学育才之法。凡分六科：所谓勒铎理加者，文科也；斐录所费①者，理科也；默第济纳者，医科也；勒义斯者，法科也；加诺搦斯者，教科也；陡录日亚者，道科也。其教授，各有次第，大抵从文入理，而理为之纲。文科如中国之小学，理科则如中国之大学，医科、法科、教科者，皆其事业，道科则在彼法中，所谓尽性致命之极也。其政力亦以格物致知为本，以明体达用为功，与儒学次第略似，特所格之物皆器数之末，而所穷之理又支离神怪而不可诘，是所以为异学耳"。又："《灵言蠡勺》二卷，明西洋人毕方济撰，而徐光启编录之。成②于天启甲子，皆论亚尼玛之学；亚尼玛者，华言灵性也。凡四篇：一论亚尼玛之体，二论亚尼玛之能，三论亚尼玛之尊，四论亚尼玛所同好恶③之情，而总归于敬事大主以求福，其实即释氏觉性之说，而巧为敷衍耳。明之季年，心学盛行，西土慧黠，因摭佛经而变幻之，以投时好，其说骤行，盖由于此。所谓物必先腐而后虫生，非尽持论之巧也"。又："《空际格致》二卷，明西洋人高一志撰。西法以火、气、土、水④为四大元行，而以中国五行兼用金、木为非，一志因作此书以畅其说。然其窥测天文，不能废五星也。天地自然之气，而欲以强词夺之，乌可得乎，适成其妄而已矣！""《寰有铨》六卷，明西洋人溥汎际撰。书亦成于天启中。其论皆宗天主。又有《圜满纯体不坏》等十五篇，总以阐明彼法。案：欧罗巴人天文推算之密，工匠制作之巧，实逾前古；其议论夸诈迂怪，亦为异端之尤。国朝节取其技能，而禁传其学术，具存深意。"右《四库书提要》辨驳西人天学，大旨如此。世未见西人书者，皆震惊疑怪，而不知其所以为说，观此则亦浅陋之甚耳，故

---

① 点校本注："费，'费'字下，《四库全书总目提要》有'亚'字。"
② 点校本注："成，此字之上，《四库全书总目提要》有'书'字。"
③ 点校本注："好恶，《四库全书总目提要》作'美好'。"
④ 点校本注："土水，《四库全书总目提要》作'水土'。"另，本条少数地方标点不妥，酌改。

悉录《提要》,俾无惑焉。魏默深有《辨天方教、天主教》二篇,极详善,文繁不能载也。

(卷十四)

兵事不外战守

兵事不外战守:战在鼓气,守在固心。气不能鼓,不可战也;心不能固,不可守也。何以鼓之、固之?是在主者。夷务军兴以来,智虑之士,纷纷陈策,友人方植之东树、鄱阳陈伯游方海,皆以书生建议,伯游有《御寇》、《筹军费》二议,皆可用。植之所言,尤得其本。若魏默深诸论,则已自刻于《海国图志》中,是皆有可采者。然主兵不得其人,则亦空言无补而已。

(卷十四)

一贯、忠恕之旨

或问圣人"一贯"之旨。曰:"曾于明言之矣,'忠恕是也'。不必说向精微高妙,而精微高妙之至。忠者,尽己之心,即孟子所云:'尽其心者,知其性也;知其性,则知天矣'。恕者,推己及人,即孔子告仲弓'己所不欲,勿施于人'。又曰:'老者安之,朋友信之,少者怀之'。孟子云:'老吾老,以及人之老;幼吾幼,以及人之幼是也'。忠以成己,恕以成物。《中庸》曰:'成己,仁也;成物,知也;性之德也,合外内之道也'。成己,则内圣也;成物,则外王也。德不至于圣人,不可为成己;功不及于天下,不可为成物。此圣道之大全也。"曰"既有人己、内外,则二之矣,曷为其一也?"曰:"忠恕一物也。合而言之曰仁而已,仁以全爱为心,成己者,爱己也;成物者,爱物也。己有未成,则己之爱未全;物有未成,则物之爱未全。全者何?生是也。天地之大德曰生。人物受生于天,莫不有其性命,一有伤焉,则无以全其生矣。如何而可以全其生乎?曰仁而已。仁于己之谓忠,仁于物之谓恕。人物虽有外内之分,而吾之仁则一,是之谓一贯。"曰"德有五:曰仁,曰义,曰礼,曰智,曰信。今举仁一德言之,可乎?"曰:"义者，所以正吾仁也；不得其正则辟矣。礼者，所以序吾仁也，不得其序则乱矣。知者，所以辨吾仁也，不得其辨则愚矣。信者，所以守吾仁也，不得其守则失矣。故仁为天德之体，四德者，天德之用，辅仁道而行之。仁者譬其君，四德则公、卿、大夫、士也。《帝典》曰：'惟精惟一'。《中庸》曰：'其为物不二'。《孟子》曰：'不同道，其趋一也'。一者何？曰仁也。"

（卷十五）

古人言恭敬有二义

宋儒讲学，以敬静为主。盖本孟子求放心之说，以此为操存之功也。孔子亦云："修己以敬"，又曰："敬以直内"，敬之为道大矣。然圣门雅言，恭、敬二义，实有不同。其分言之，如曰"恭己正南面而已"，曰"恭而安"，曰"恭而无礼则劳"，曰"恭则不侮"，曰"笃恭而天下平"，曰"柳下惠不恭"，曰"贤君必恭俭"，曰"恭者不侮人"。凡此言恭，皆修己之端庄也。曰"敬事而信"，曰"事君敬其事"，口"为礼不敬"，曰"居敬而行简，以临其民"，曰"敬鬼神而远之"，曰"上好礼，则民莫敢不敬"，曰"临之以庄则敬"，曰"行笃敬"，曰"祭思敬"，曰"为人臣，止于敬"，曰"敬大臣也"，曰"斋庄中正，足以有敬也"，曰"君子不动而敬"，曰"君臣主敬"，曰"礼，人不答，反其敬"，曰"敬老慈幼"，曰"敬兄、敬叔父"，曰"迎之致敬以有礼"。凡此言敬，皆接物之诚肃也。其合言之，如曰"居处恭，执事敬"，曰"其行己也恭，其事上也敬"，曰"貌思恭，事思敬"，曰"恭敬之心，礼也"，曰"恭敬者，币之未将者也"。恭以在己言。敬以接物言，其义分明若此。古铭辞曰："火灭修容，戒慎必恭。恭则寿"，亦以修己言也。《丹书》曰"敬胜怠者，吉；怠胜敬者，灭"。亦以敬事言也。《管子》亦曰："内静外敬，能及其性"。皆与后来言敬不同。窃意恭字从心，谓两手奉持一心，盖执持其心，如所谓拳拳服膺弗失也。心有执持，体自端庄，无所妄动，而静在其中矣。正与宋儒主一无适同义。但以恭言，觉端庄之中，不失温和；以敬言，则诚肃之中，不免严厉耳。濂溪、明道，孔、颜之徒也；伊川、朱子，孟子之徒也。横渠，颜、孟之间也。诸儒资质不同，学问所得，气象亦异。学者各以所近求之，不必一涂。然学明道，可以服王荆公；学伊川，不免洛、蜀之党。夫学问必有所主，孔子之教人曰"主忠信"，忠信者，诚实无妄之谓。人能诚实无妄，尚何放心之患哉！孔子教子张以忠信笃敬，并言此圣门之全功也。

（卷十五）

七政乱行

或问："古人皆以七政乱行，占国之殃咎；自西法入中国，而推步家以为七政自有行度，无关人事，则占验家之说遂可废欤？"曰："胡可废也。试以譬言之，国有王公卿士，所以布政于四方者也。政有常经，布行有序，则四方受其福矣。王公卿士，或失其道，起居无节，号令不以其时，谓四方之民安乎？否乎？王公卿士，皆七政精气之所主，故治乱祯祥，常相感应，或人事失修，则七政示变；或七政顺轨，亦人事休和，数也而理存焉，乌可委诸度数，而不知所敬畏乎！西人不知道理，惟自矜其术，吾儒当明天道以教之，奈何反为所惑耶！"

（卷十五）

回教源流

西印度之阿丹国，唐以前名条支，唐以后为波斯、阿丹、天方、默德那等国。《新唐书》曰："波斯居达遏水西，距京师万五千里而嬴，东与吐火罗、康国接，北邻突厥可萨部，西南皆海滨，西北嬴四千里，接拂菻界。其先，波斯匿王，大月氏王别裔，因以姓为号。治二城，有大城十余。祠天地日月水①，祠夕，以麝揉苏，泽彤颜、鼻、耳。西域诸胡受其法，以祠祆，拜必交股。俗跣踵，丈夫祝发，衣不割襟，青白为巾帔，缘以锦；妇编发著后。隋末，西突厥叶护可汗，讨残其国，其孙奔拂菻，国人迎立之。贞观十二年，遣使朝贡。其王为大酋所逐，奔吐火罗，半道，大食击杀之。吐火罗以兵纳其子。龙朔初，天子方遣使者到西域，分置州县，以疾陵城为波斯都督府，俄为大食所灭，不能国，

---

① 点校本注："水，'水'字下，《新唐书》有一'火'字。"

西部独存"。《明史》曰:"天方,古筠冲地,一名天堂,又曰默伽。水道自忽鲁谟斯,四十日始至;自古里西南行,三月始至。其贡使多从陆道,入嘉峪关"。"嘉靖十一年,遣使来贡,称王者至二①十七人"。"天方于西域为大国,人皆颀硕,男子削发,以布缠之;妇女则编发盖头,不露其面。相传回回②教之祖曰马哈麻(即谟罕蓦德),首于此地行教,死即葬焉;墓顶常有光,日夜不息。后人遵其教,久而不衰。故人皆向善;国无苛扰,亦无刑罚;上下安和,寇贼不作,西土称为乐国。(莹按:此夸词也。)俗禁酒。有礼拜寺,月初生,其王及臣民,咸拜天,号呼称扬以为礼。寺分四方,每方九十间,共三百六十间。皆白玉为柱,黄甘玉为地。其堂以五色石砌成,四方平顶,内用沉香大木为梁,凡五。又以黄金为阁,堂③垣墉,悉以蔷薇露、龙涎香和土为之。守门以二黑狮"。郑和使西洋时,传其风物如此。又曰:"默德那,回回祖国也。地近天方,宣德时,其酋长遣使,偕天方使臣来贡,后不复至。相传:其初,国王谟罕蓦德,生而神灵,尽臣服西域诸国,诸国尊为别谙拔尔,犹言天使也。国中有经三十本,凡三千六百余段。其书旁行,兼篆、草、楷三体;西洋诸国皆用之。其教以事天为祖,而无像设,每日向西虔拜。隋开皇中,其国撒哈八撒阿的干葛思,始传其教入中国;迄元氏④,其人遍于四方,皆守教不替,不食猪肉,尝以白布蒙头。"又曰:"阿丹国,在古里之西,顺风二十二昼夜可至。永乐十四年,遣使表贡方物。地膏腴,饶粟木⑤,人性强悍,有马步锐卒七八千人,邻邦畏之。王及国人,悉奉回回教"。杭世骏《景教续考》曰:"西域三教:曰大秦,曰回回,曰末尼。大秦,则范蔚宗已立传;末尼,因回回以入中国;独回回之教,种派蕃衍。回回之先,即默德那国。国王穆罕默德,生而灵异。《天方古史》称:阿丹奉真宰明谕,定分定制,传及后世。千载后,洪水泛滥,有大圣努海,受命治世,使其徒众四方治水,因有人焉。此去阿丹降世之初,盖二千余岁。后世习清真教者,乃更衍其说曰:阿丹传施师,师传努海,海传易卜欣,欣传易司马仪,仪传母撒,撒传达五德,德传尔撒,尔撒不得其传。六百年而后,穆罕默德

---

① 中华书局点校本《明史》"二"作"三"。
② 点校本注:"回回,二字下,《明史》有一'设'字。"
③ 点校本注:"堂垣墉,'堂'下,《明史》有'中'字。"
④ 点校本注:"元氏,'氏'字,手稿本作'代'字,《明史》作'世'字。"
⑤ 点校本注:"木,《明史》作'麦'。"

生，命曰哈听，犹言封印云。具见《天方古史》。"又言："国中有佛经三十藏，自阿丹至尔撒，凡得百十有四部，如《讨剌特》（降与母撒之经名）、《则逋尔》（降与达五德之经名）、《引支纳》（降与尔拱之经名），皆经之最大者。自穆罕默德，按经六千六百六十六章，名曰甫尔加尼。此外，为今清真寺所诵习者，又有古尔阿尼之《宝命真经》、特福西尔噶最之《噶最真经》、特福西尔咱吸堤之《咱希德真经》、特福西尔白索义之《大观真经》、蜜迩索德之《道行推原经》、勒瓦一合之《昭微经》、特卜绥尔之《大观经》，侏僇昧任，不可穷诘。而其隶在四译馆者，回回特为入馆①之首。问之，则云：书兼篆、楷、草，西洋若土鲁蕃、天方、撒马尔罕、占城、日本、真腊、爪哇、满剌加诸国，皆用之。今考其教之入中国者，自隋开皇中国人撒哈八撒阿的干葛思始，故明初用《回回历》，其法，亦起自开皇。至唐元和初，回纥再朝献，始以摩尼至，其法，日晏食，饮水茹荤，屏浑酪。二年正月庚子，请于河南府、太原府置摩尼寺，许之。明洪武时，大将入燕都②，得秘藏之书数十百册，称乾方先圣之书，中国无解其文者。太祖敕翰林编修马沙亦黑、马哈麻译之，而回回之教，遂盘亘于中土，而不可复遣矣。至于天方，则古笃冲地，亦名天堂，本与回回为邻。明宣德间始入贡，而今之清真、礼拜寺遂合而一之，念礼、斋拜③、朝五之类，月无虚夕。异言奇服，招摇过市，恬不为怪，亦可谓不齿之民也矣。"右见《道古堂文集》。《西域图志》曰："回人尊敬造化之主，以拜天为礼。每城设礼拜寺，始生教主，曰天主也；天主再世，号曰派噶木巴尔。每日对之诵回经五次。拜毕，则宣赞其义，略云：'至尊至大，起无初，了无尽，无极无象，无比无伦，无形无影，大造化天地主儿。'凡有职之人，与夫诚心守教法者，莫不如是。每七日，赴礼拜寺诵经一次。务集四人合诵，不论贵贱贫富皆然。回人通经典者，曰阿浑，为人诵经以禳灾迎福。又，回国前有得道者，如哈帕体和卓、布楚尔哈尔和卓辈，共有七人，每月四次，众人馈送阿浑，向七和卓像礼拜诵经。"《西域闻见录》曰："回地始立教者曰吗哈木窨，回人称之曰马鲁克（大也），牌罕帕尔（圣贤

---

① 点校本注："入馆，原作'八国'，误。乾隆四十二年刊本《道古堂文集》、《海国图志》、《增广海国图志》均作'入馆'。"

② 点校本注："入燕都，'入燕'，原作'八燕'，误。手稿本'八'作'入'，《景教续考》'燕'作'燕'，据改。"

③ 点校本注："拜，《景教续考》作'课'。"

也），谓去今时乾隆三十七年，凡一千一百七十余年。所传经一类，曰
《阔尔罕》，凡三十篇。经内皆教人敬天积福行善，禁服红赤，谓招兵劫
之患。男服白，女服黑，谓火胜金、水克火也。"

（卷十五）

西域叶尔羌外诸国（二条）

　　七椿园谓：西域一大国曰塞克，在敖罕西，绝非回子种类。称其王
曰汗，部落数百处。城池巨丽，人民殷富，居室宽厂整洁。人家院落
中，各立木竿，向之礼拜。冬、夏和平，风俗坦白。去叶尔羌二万余
里，西北与俄罗斯萨穆接壤，或曰与阿喇克等国犬牙相错，大抵世俗所
传之大西洋也。魏默深曰："既云接敖罕西，则去叶尔羌，不过二三千
里；即至俄罗斯界，亦不过五千余里。"松筠奏疏："敖罕西有布哈尔大
国，统属百余城，介鄂罗斯、敖罕之间，不应更有他国也。阿喇克即哈
萨克之音转，塞克即萨克之音转，盖布哈尔，即西哈萨克国。哈萨克有
四大部：左哈萨克，其东部；右哈萨克、塔什干，其中部；布哈尔，其
西部也。此三部外，尚有北哈萨克，逼近鄂罗斯，不通中国，疑即此所
谓阿喇克者欤？左、右二部，为古康居；西、北二部，为古大夏，而分
有大宛西境。明时为赛马尔罕地，自明末赛马尔罕分裂，敖罕得其十之
三，布哈尔得其十之七；近日布哈尔又灭敖罕而有之，则兼并大宛、大
夏之域矣。"莹按：《明史》："撒马尔罕，即汉罽宾地，隋曰漕国，唐复
名罽宾。元太祖荡平西域，尽王诸王附马，易前代国名以蒙古语，始有
撒马尔罕之名。去嘉峪关九千六百里，元末为之王者，附马帖木儿也。
洪武二十年，首遣回回满剌哈非思等来朝"。默深按："《明史》'撒马尔
罕即汉罽宾地'，此语沿王圻《续文献通考》之谬，赛马尔罕沿林河，
今在敖罕西北，塔什干西南，则是古大宛、大夏地，敖罕、布哈尔皆无
撒马尔罕所辖之地，与罽宾无涉。"

　　叶尔羌外诸国，莫详于《西域水道记》，较《西域闻见录》为核，
今录之曰："塞勒库勒，在叶尔羌城西八百里，为外藩总会之区。达外
藩凡三道：自塞勒库勒南，十四日程，曰马勒提；又东南一日程，至其
属邑，曰哈普伦；哈普伦南，十六日程，曰土伯特，即藏地。由马勒提
西南，行三十九日程，曰克什米尔，地出研蜡纸。又西南四十三日程，

曰痕都斯坦，善镂玉。以上皆各自为部，不相属。自塞勒库勒西，五日程，曰黑斯图济；又西南三日程，曰乾竺特，岁贡金一两五钱。又西四日程，曰博洛尔，其地，南即巴勒提，曾贡剑、斧、匕首。乾竺特西北，九日程，曰拔达克山，其汗素尔坦沙，献霍集占首，贡刀、斧、八骏。又北五日程，曰塔木干；又北三日程，曰差雅普；又西南三日程，曰浑渚斯；又西北三日程，曰塔尔罕，与噶斯呢为邻。自黑斯图济至塔尔罕，皆噶勒察种也。博洛尔西，二十日程，曰爱乌罕，亦曰喀布尔，乾隆二十七年，其酋爱哈默特沙，攻痕都斯坦，杀其汗，其子逃窜。爱哈默特沙取札纳巴特城，以伯克守之，自居拉固尔城；又统兵至固珠喇特，攻克什米尔，执其头目塞克专。二十八年，贡刀及四骏。其属邑曰拉虎尔，距叶尔羌六十二日程。自塞勒库勒北，三日程，曰滚；又西北，二日程，曰斡罕；又西北，二日程，曰差特拉勒。分二道：北一日程，曰罗善；西一日程，曰克什南。乾隆中，有与叶尔羌阿奇木伯克鄂对为仇，肆凶暴，名曰沙关机者，即克什南头目也。又西北二日程，曰达尔瓦斯。自滚以下，亦噶勒察种。达尔瓦斯北，为喀尔提锦部布罗特；罗善北，为霍汗。霍汗城东南，距塞勒库勒十日程，其属城：曰玛尔噶浪，在东北，一日程；曰安吉延，在东北，三日程；曰窝什，在东南，八日程；曰纳木干，在西南，二日程；曰塔什罕，在西北，四日程；曰科拉普，在西北，五日程；曰霍占，在西南，五日程。其大伯克自称曰汗，居霍罕城。其塔什罕城，旧为舍氏和卓与摩罗沙木什二人分治。舍氏和卓渐强，摩罗沙木什被其侵夺，诉与霍汗，乞师复还侵地。舍氏和卓又会西哈萨克，攻杀摩罗沙木什二子额尔德尼，遂攻塔什罕；丕色勒来援，哈萨克后得之，终入霍罕。霍罕与回部分界处有二岭：曰噶布兰，曰苏提布拉克，额德格纳部布鲁特居之。岭东为回部，岭西为霍罕。西十五日程，曰布哈尔，亦大国，东南距塞勒库勒，三十二日程①；曰拜尔哈，在东北，三日程；曰噶斯呢，在西南，十日程；曰坎达哈尔，在西南，二十日程。"莹按：此云霍罕，盖即敖罕，又曰浩罕，自玛尔噶浪至霍占等，即所称敖罕八城也。逆回张格尔遗孽，所居即此地。或云张格尔妇，敖罕女也，遗孽未除，不可不留意焉，故详记此。

（卷十五）

---

① 点校本注："日程，'程'下，《西域水道记》尚有'其属城：曰鄂勒推帕，在东，七日程；曰济杂克，在东，三日程。'"

一腔热血须真

或谓余：一腔热血，何必掬以示人。余谓：君血自未真热耳！所谓热血者，视天下国家之事，皆如己事；视人之休戚痛痒，如己之体戚痛痒，展转于怀，不能自已，夫是之谓热血，岂可轻易言之耶！试思三教圣贤，苦心苦口，著书垂训，所为何事？千古忠臣义士，剖心沥血，又是为何？世人只知自己身家名利，于他人是非得失，不甚关痛痒；又习见世俗轻狷巧薄，以为此处世之道当然也。不但古圣贤忠义之所以存心为人者，未尝体会；即前辈诚朴忠信之风，亦所未见，故见有正直不时趋者，则诧而怪之矣！此事存乎其人，岂口舌所能喻哉！昔方灵皋先生见人，苦口言事。一臣公谓人曰："灵皋学问人品，诚不可及；惟好强聒，常使人厌。"当时论者，皆哂此公，以为失言。呜呼，惟好强聒，此灵皋之所以为灵皋也。

（卷十五）

成事不说当观何事

或谓："已误之事，不必再议，徒滋是非。"余曰：子言即孔子"成事不说"之意也。然当分别言之。齐陈恒弑君，何与鲁事！孔子何以沐浴请讨？"季氏舞八佾，三家以雍彻"，事行已久，孔子何以一再非议之？季氏已旅泰山，孔子何以责冉有弗救？非皆成事之后乎？后世唐明皇初宠禄山，赦其罪；张九龄争之，不听。禄山反，明皇幸蜀，乃思其言，时九龄已殁，犹遣使祭其墓，唐室所以能中兴也。宋高宗信用秦桧，杀岳飞，忠义之臣，贬窜殆尽。桧死，乃复张浚、胡寅、张九成等二十九人官，岳赠王爵，皆当时言官追论之，南宋所以能偏安也。若执"成事不说"一言，是苏味道之模棱，岂圣意乎？

（卷十五）

食、色乃性之欲

告子曰："食、色，性也。"《乐记》曰："人生而静，天之性也；感于物而后动，性之欲也。"二说必兼看，其义乃备。食、色，本皆物自外至，何以云性？盖物虽外至，而有感斯动者，我也。我何以有感斯动，则欲之故。我本有所欲，然后外物能感；若我本无此欲，外物何能感动乎！感者，两相交之谓也。食、色之感，不待教而能，受之于天，非性乎？然同一食、色，而有邪正之殊，则非纯乎天矣，故以为性之欲。善乎孟子之言也，曰"养心莫善于寡欲"，不曰无欲，而曰寡欲，甚以无欲之难也，可谓从容不迫矣。

（卷十五）

附《中外四海地图》说

历代疆域沿革，中国通人犹难言之；矧四裔绝域，海外遐荒，其国地名称，远近方位，欲一一举之，不其妄欤！然而无难也，在有心者求之耳。秦以前无论矣，自汉武穷兵大漠，通西域，而东南、西南诸夷，始见班、范诸史。北魏土宇，兼有中外，纪序尤详。隋、唐、宋、辽、金、元、明，四夷列传，日益广博，皆有征矣，顾未有图也。明成祖、宣宗，数遣中使至海外，遍历诸国，颇以图还，而人间未见。及万历中，西洋人利玛窦以《万国全图》来献，惟时廷臣多诞之莫信，其徒艾儒略，嗣作《职方外纪》，世乃稍闻其说。然利《图》亦在内府未出，变乱后，莫知所在；今惟传艾儒略圆图一、方图四，亦曰《万国全图》。崇祯中，汤若望本之为《坤舆全图》。本朝康熙甲寅，南怀仁又有《坤舆全图》之作，刻于京师。士大夫多与之游，亦以西人外之，莫有究其说者。乾隆中，英吉利始通中国，又西南海舶日盛，则有南澳总兵陈伦炯，著《海国闻见录》，图海外诸国，辨其远近方位，是为中国民间有图之始。其书先播，后收入四库。伦炯，闽人也。嘉庆中，海洋多盗，讲修防者，乃争购其书，亦第考中国沿海诸图，至其海外全图，仍茫如也。道光己亥、庚子之间，尚书侯官林公，以英吉利事至两广，求粤人通晓西洋事者，得欧罗巴人所撰《四洲志》及《澳门月报》，凡以海洋事进者，无不纳之，所得夷书就地翻译，于是海外图说毕集。邵阳魏源，固专勤世务而素以宏博闻者，得林公《四洲志》，更取平日考证诸书，繁引而辨证之，更为新图，考其沿革，分别海岸海岛，著《海国图志》五十卷。起自汉代，以迄今时，首末具备，而中外地舆形势以全，可谓盛矣！莹以道光二十二年备兵台湾，获夷酋颠林，上命讯其情形，更使颠林绘图为说以闻，惜其未备也。尝取南怀仁、陈伦炯及颠林三图，考其同异，别订一图，欲自成书，不果。今得魏著，余可辍笔，特不欲自弃其说，乃附于《康輶纪行》之末，以中多及兹事故也。

（卷十六）

艾儒略《万国全图》说

　　明万历中，西洋人利玛窦进《万国图志》，本西洋文字，中国无知者。上命西洋人庞我迪译之，其本图固藏内府也。其徒艾儒略，以天启三年本利、庞二家旧说，更润色之，为《职方外纪》。自叙云："吾友利氏，赍进《图志》，已而吾友庞氏，又奉翻译西刻地图之命，据所闻见，译为图说以献，但未经刻本以传。今上御极，儒略偶从蠹简得睹所遗旧稿，乃更取西来所携手辑《方域梗概》为增补一编，名曰《职方外纪》"。是此书、此图，实外域地图之权舆也。至崇祯时，西洋人汤若望作《地球图》，为十二长圆形，本朝康熙中，南怀仁又作《坤舆全图》，大有增益。今考《外纪》，艾图为圆图一、方图四。圆图按天度经纬，划三百六十度，著南北二极及赤道昼短昼长三线；又作弧线，十度一规。方图复据圆图中五大州界，按天度各自为图。图既为方，则画线不免稍变，故作直线十度一方，以定方域之准，颇为精密。今复增虚线以别五大洲，曰亚细亚，曰欧罗巴，曰利未亚，曰亚墨利加，曰墨瓦辣尼加，并录其五大州总图界度解于左。

　　其解曰：天体一大圜也，地则圜中一点，定居中心，永不移动。盖中心，离天最远之处，乃为最下之处，万重所趋，而地体至重就下，故不得不定居中心；稍为所移，反与天体一边相近，不得为最下处矣。古贤有言：试使掘地可通，以一物缒下，至地中心必止；其足底相对之方，亦以一物缒下，至地中心亦必止。可见：天圆地方，乃语其动静之德，非以形论也。地既圆形，则无处非中，所谓东南西北之分，不过就人所居立名，初无定准也。天有南北二极，为运动枢，两极相距之中界为赤道，平分天之南北；其黄道斜与赤道相交，南北俱出二十三度半。日躔黄道正交赤道际为春、秋分规，南出赤道二十三度半为冬至规，北出赤道二十三度半为夏至规。黄道之枢与赤道之枢，亦相离二十三度半，其周天之度，经纬各三百六十。地既在天之中央，其度悉与天同。如赤道之下，与南北二极之下，各二十三度半。二至规外四十三度，分为五带：其赤道之下二至规以内，此一带日轮常行顶上，故为热带；夏至规之北至北极规，冬至规之南至南极规，此两带因日轮不甚远近，故为温带；北极规与南极规之内，此两带因日轮照半年，故为冷带。赤道之下，终岁昼夜均平，自赤道以北，夏至昼渐长，有十二时之昼；有一月之昼；有三月之昼；直至北极之下，则以半年为一昼矣。往南亦然。以南北距度考之，不得不然也。其在东西同带之地，凡南北极出入相等者，昼夜、寒暑、节气俱同，但其时则有先后，或差一百八十度，则此地为子，彼地为午；或差九十度，则此地为子，彼处为卯，余可类推也。居赤道下者，平望南北二极，离南往北，每二百五十里，北极出地一度，南极入地一度；行二万二千五百里，则北极正当人顶，出地九十度，而南极入地九十度，正对人足矣。从南亦然。此南北纬度也。至于东西经度，则天体转环无定，随方可作初度，而天文家亦立一法算之，以日行天周三百六十度，每时得三十度，如两处相差一时，则东西便离三十度也。以此推之，东西之度可考验矣。古来地理家，俱从西洋最西处为初度，即以过福岛子午规为始，仿天度自西而东十度一规，以分东西之度。故画图，必先画东西南北之规；后考本地离赤道之南北，福岛之东西几何度分，乃置本地方位。譬如中国京师，先知离赤道以北四十度，离福岛以东一百四十三度，即于两度经纬相交处得京师本位也。但地形既圆，则画图必于极圆木球方能肖像。如画于平面，则不免直剖之为一图（即椭圆形，自北极剖至南极为直剖），或横截之为两图（循赤道线剖之为横截），故全形设为二种：一、长如卵形（即直剖者），两极居上下；赤道居中。一、圆如盘形，南北极为心；赤道为界（即横截者，原书无此图）。又于二全图外，各设为一图，曰亚细亚，曰欧罗巴，曰利未亚，曰墨利加也。而墨瓦蜡尼加，则国土未详，图不另立。图中南北规规相等，皆以二百五十里为一度，赤道之度亦然。其离赤道平行东西诸规，渐近两极者，其规渐小，里数亦以次渐狭，别有算法；其方图者，画线不免稍变，毕竟惟圆形之图，乃得其真也。

（卷十六）

西人汤若望《坤舆全图》说

汤若望作地球图，为十二长圆形，盖自球之南北极，循环直剖之而成者也。北极居上，南极居下，赤道居中。赤道北二十三度半为夏至昼长线，又北四十三度为北极界线；赤道南二十三度半为冬至昼短线，又南四十三度为南极界线。其经纬亦各分三百六十度，每十度一规，又因图未尽圆形，至两极中尚差十度，复作两圈以补之，各十二平分，而中心为两极，可合前图成圆球也。

（卷十六）

南怀仁《坤舆图略》

南图凡二：以亚细亚洲、欧罗巴洲、利未加洲三洲为一图，东起日本小东洋，西至以西把尼亚大西洋，北至冰海增白蜡，南至则意兰岛南极下。又以南北亚墨利加洲、墨瓦腊尼加洲二洲为一图，盖二洲转出亚细亚、欧罗巴、利未加三洲后，其东接大西洋，其西即接日本小东洋也。地球本圆，亚墨利加、墨瓦腊尼加二洲之东，乃亚西亚、欧罗巴、利未加三洲之西；亚墨利加、墨瓦腊尼加二洲之西，乃亚细亚、欧罗巴、利未加三洲之东，犹夫天文之分南北极为二图耳。其图各围圆丈有五尺，山川、国名、异物甚多，字细如蝇。今缩之尺幅，不能全载，仅择其大而显著者图之，故称略云。

（卷十六）

陈伦炯《四海总图》

陈图有六：一曰《四海总图》，二曰《沿海全图》，三曰《台湾图》，四曰《台湾后山图》，五曰《澎湖图》，六曰《琼州图》。其云沿海者，指中国言之，东起盛京，西迄交址，其他外夷不及也。《四海总图》，乃东至日本，西至葡萄牙，北至冰海，南至大石山，总为一圆图，不及南怀仁之详备；即异域国名、地名殊异，以得自海舶老商，所译语音各别之故，然形势大略亦与南同，特无五洲之说耳。盖陈，武人，未见南图也。今依原本图之；余五图，皆习见，不具载。

（卷十六）

李明彻《地球正、背面图》说

粤人李明彻，字青来，著《圜天图说》三卷，有地球正方、背面二图。盖粤人多通习西洋人说，以澳门为诸国夷舶所集，通译者多故也。其图亦以周天三百六十度割圜为之，亦著赤道、昼长、昼短三线。所载外洋诸国，不及南怀仁《图》之详，而形势无异。今载之，以备参考。近南北极处，圜线甚狭，诸国不能容写，阅者以意会之可也。

（卷十六）

《今订中外四海舆地总图》

前载诸图，方位大略仿佛，而国名、地名互有异同，或此有彼无。余更取魏默深书，以今时地名参互考订之，作此图。其不备者，可按原书。明乎此，然后四海万国，具在目中，足破数千年茫昧。异时经略中外者，庶有所裁焉。余尚有英夷诸国图册，俟得通夷文者译之，详加厘正，俾无舛误，其所裨益当何如耶！

南怀仁《图》，有地中海，东自如德亚，西至布路亚，横亘几及万里。欧罗巴洲在其北岸，利未亚洲在其南岸；盖大西洋海水之横入地中者也。西洋入地中海，其口外有巴尔德大峡，海舟至地中海，出入皆经此峡。惟如德亚在其东尽，联贯二洲陆地，东西约二千里。如德①之东即西红海，则南洋海水之汊也。大西洋诸国海舟，至东南二洋诸国，须绕利未亚一大洲，道远二万余里；故每以如德亚之间隔为恨。又有洲中海者，在欧罗巴洲西北境内，小于地中海，寒牙里、耶马尼、领墨、荷兰、佛兰西诸国在其南岸；绥林、那威、瑞国跨海地、领墨国跨海地、

---

① 点校本注："如德，'德'字下，当有'亚'字。"

琏国皆在其北岸。此洲中海更东尽于南都鲁机，为泰海，欧寒特里国在其北岸；翁加里国、南都鲁机在其南岸。又有里海者，在亚细亚洲境内，四面不通外海，俄罗斯在其北，敖罕在其东，巴社回国在其南，南都鲁机在其西。明乎二洲境内有此三海，然后沿海诸国可得而求矣，亦犹中国言地理者，当明四渎也。

（卷十六）

《新疆南北两路形势图》说

新疆之地，南北两路，皆以伊犁为总汇重地。天山北路，以塔尔巴哈台为极边，其北边外与哈萨克接界。天山南路，以喀什噶尔、叶尔羌为极边，其西边外为敖罕及巴达克山诸国界。天山北路，本准部厄鲁特之种；南路，自哈密以西，皆回部也。准噶尔之种，自大兵剿灭后，今其余存之厄鲁特，皆昔为准噶尔所虐，赖天朝出水火而复畴之者，久已倾心服役无他。独回部之酋，自大、小二和卓木，为隋、唐之世始创回教谟罕默德之三十世孙；其高祖玛墨特者，当明之末年，远从天方东逾葱岭至喀什噶尔兴教，诸回部翕然从之，一如蒙古之崇信剌麻而实非其种类也。和卓木者，回子尊奉之称，如华言圣裔耳。大和卓木布那敦（一作波罗尼都），小和卓木霍吉占，先为准噶尔所囚，天朝拯而出之，不知感德，反行叛逆。大兵既诛之，抚众回部与齐民无异，亦皆安堵百余年矣。而布那敦之子，有逃匿边外诸回国者，众以为玛墨特之裔，皆保护之；故敖罕于道光六年，复助布那敦之孙张格尔为逆。张逆旋已伏诛矣；道光二十二年，敖罕酋长亦为西域大国布哈尔（又作布噶尔）所灭；而布那敦之支种犹有存者，在诸回部中，时复煽惑回众云。然助张逆者，敖罕之酋也，布哈尔既灭敖罕，虏其酋长，实尝告捷于卡伦；若乘此通好于布哈尔而控驭之；得布那敦之遗种而区处之，西边庶可以久安矣乎！

自京师西至兰州，三千八百八十五里，又西二千二百四十里出嘉峪关外为安西州，又西九百里至哈密；哈密北行过大雪山名腾格里山，即古之天山也。其山亘数千里，西接葱岭，南入痕都斯坦，山莫大于此。故古以天山名也。山以北，自巴里坤至伊犁，皆旧准部；山以南，皆回部也。哈密西行天山南路七百七十里至辟展，又西二百余里为土鲁番，又西八百余里为库车，又西六百余里为阿克苏，又西二百余里为乌什。自乌什而南八百余里为和阗，乌什西南九百余里为叶尔羌，乌什西南稍北又九百余里为英吉沙尔，自乌什西南又稍北九百余里为喀什噶耳，此其远近之形势也。哈密以西诸城，皆镇以防兵，设参赞、办事、领队大臣，是为镇城本。回城之大者，皆以重兵守之；其左右仍各有回城参错，以居回子。又有布鲁特一种，在诸回城西北，与回子素仇，皆游牧于西北诸回城之间，此皆可为我用以制诸回者也。阿克苏以东皆安靖，乌什以西诸城，最易反复。有事则伊犁西逾冰山出阿克苏以应之，诸城只宜自为防守，不能恃为应援也。

自哈密而北，逾腾格里山三百里为巴里坤，巴里坤西二百里为古城，又西五百里为乌鲁木齐，又西千数百里则伊犁矣。塔尔巴哈台又名雅尔，在伊犁之北一千九百里，其西北边外皆哈萨克界也。自伊犁而西，约二千里，南逾冰山，可至喀什噶尔及阿克苏一带，故东以哈密为通衢，西则阿克苏为间道焉。总而论之，新疆北尽俄罗斯界，东尽喀尔喀界，西尽布鲁特界，南尽乌斯藏界及青海。东西七千余里，南北三千数百里，此其大略也。今自京师至叶尔羌，并西北诸部为一图于左，皆依《皇朝舆地全图》，而兼采诸家之说云。

北边口外自盛京、吉林、黑龙江不纪外，以八旗蒙古为首，盖有内外旗之别。内旗者，科尔沁等四十九旗札萨克王公是也；外旗者，喀尔喀七旗札萨克王公是也。内札萨克四十九旗。本元世后裔。共有六盟，游牧均相联络。其极东界连盛京、吉林者为科尔沁、札赉特等十旗，谓之哲哩木盟；迤西则有喀喇沁、土默特等五旗，谓之卓索图盟。其游牧，南与山海关外老边、九关台及关内喜峰口接，西与热河围场东崖口接。又围场东北有巴林、奈曼、敖罕、翁牛特、克什克腾等十一旗，谓之招乌达盟；迤西转南与直隶张家口外察哈尔八旗蒙古界接，有乌竹木亲、霍奇特、阿巴噶、那尔、宿尼特等十旗，谓之锡林果勒盟；又西南与山西归化城土默特八旗界连，为四子部落、乌喇特、茂明安等六旗，谓之乌兰察布盟；又西南与陕、甘界连，为鄂尔多斯等七旗，谓之伊克格盟；此即明之河套西通宁夏者也。近宁夏有阿拉善厄鲁特亲王一人，其游牧遥通青海，此为内八旗之极西边者矣。至喀尔噶①者，其全部环包六盟游牧之外，亦元之后裔也。本兄弟七人，分居大漠，谓之七旗，

---

① 点校本注："喀尔噶，'噶'，同治本作'喀'，附图亦作'喀'。"下同。

自康熙二十七年，喀尔噶全部内附；乃定制以一札萨克为一旗，凡四部八十札萨克，是为八十旗，其游牧在阿拉善北与科布多边地相近者，为札萨克图汗部，东为三音诸颜部，又东为土谢图汗部，又东为车臣汗部；自此南与锡林果勒盟游牧界接，东与黑龙江将军所辖呼伦贝尔、索伦达呼尔界接，右内外旗凡六盟四部，均有特授之正、副盟长。其外则俄罗斯矣。

西域自汉、唐之世，皆隶王官，皆尝设都护以镇抚之。元代悉以皇子分藩诸部，当时区地皆极分明；而后之学士文人，罕所讨论；元世地志，尤为荒略，《汉书·西域传》所载诸国，今在何处，未有确然指证之者。本朝底定新疆后，乃遣大臣驰往勘其道里、疆域、山川，使儒臣搜讨而考证之。《钦定西域图志》贯串汉、唐，大约今之伊犁当古之乌孙，今之吐鲁番当古之车师前王庭，今之乌鲁木齐当古之车师后王庭，今之塔尔巴哈台当古之北匈奴，今之左中部哈萨克当古之康居，今之右部哈萨克及安集延、敖罕当古之大宛，今之喀、叶二城当古之疏勒、高车诸国，今之布鲁特当古之循休、捐毒，今之巴达克山当古之乌秅，今之爱乌罕当古之大月氏，殆其然也。

（卷十六）

《西边外蕃诸国图》说

《皇朝一统舆地全图》不载边蕃外国，更无论未与朝贡之地矣。其远者，尚可姑置勿论，若其近边诸国，时或侵扰于我，或臣服于我，乌可不悉其情形，以求抚驭之宜耶！七椿园作《西域闻见录》颇及外藩，而不能详其所在，亦时有传闻之误。《皇朝文献通考·四裔考》中所载为详，而能实言近边诸国之方位远近者，则莫核于《西域水道记》。按《水道记》曰："塞勒库勒，在叶尔羌城西八百里，为外藩总会之区，达外藩凡三道：自塞勒库勒南，十四日程，曰巴勒提；又东南一日程，至其属邑，曰哈普伦；哈普伦南，十六日程，曰土伯特，即藏地。由马勒提西南，行二十九日程，曰克什米尔，地出砑蜡纸。又西南四十三日程，曰痕都斯坦，善镂玉。以上皆各自为部，不相属。自塞勒库勒西，五日程，曰黑斯图济；又西南三日程，曰乾竺特，岁贡金一两五钱。又西四日程，曰博洛尔，其地，南即巴勒提，曾贡剑、斧、匕首。乾竺特西北，九日程，曰拔达克山，其汗素尔坦沙，献霍集占首，贡刀、斧、八骏。又北五日程，曰塔木干，又北三日程，曰差雅普，又西南三日程，曰浑渚斯，又西北三日程，曰塔尔罕，与噶斯呢为邻。自黑斯图济至塔尔罕，皆噶勒察种也。博落尔西，二十日程，曰爱乌罕，亦曰喀布尔，乾隆二十七年，其酋爱哈默特沙，攻痕都斯坦，杀其汗，其子逃窜。爱哈默特沙取札纳巴特城，以伯克守之，自居拉固尔城；又统兵至固珠喇特，攻克什米尔，执其头目塞克专。二十八年，贡刀及四骏。其属邑曰拉虎尔，距叶尔羌六十二日程。自塞勒库勒北，三日程，曰滚；又西北，二日程，曰斡罕；又西北，二日程，曰差特拉勒，分二道：北一日程，曰罗善；西一日程，曰克什南①。乾隆中，有与叶尔羌阿奇木伯克鄂对为仇，肆凶暴，名沙关机者，即克什南头目也。又西北二日程，曰达尔瓦斯。自滚以下，亦噶勒察种。达尔瓦斯北，为喀尔提锦部布鲁特；罗善北，为霍汗。霍汗城东南，距塞勒库勒十日程，其属城：曰玛尔噶浪，在东北，一日程；曰安吉延，在东北，三日程；曰窝什，在东南，八日程；曰纳木干，在西南，二日程，曰塔什罕，在西北，四日程；曰科拉普，在西北，五日程；曰霍占，在西南，五日程。其大伯克自称曰汗，居霍罕城。其塔什罕城，为舍氏和卓与摩罗沙木什二人分治，舍氏和卓渐强，摩罗沙木什被其侵夺，诉与②霍汗，乞师复还侵地。舍氏和卓又会西哈萨克，攻杀摩罗沙木什二子额尔德尼，遂攻塔什罕；丕色勒来援，哈萨克后得之，终入霍罕。霍罕与回部分界处有二岭：曰噶布兰，曰苏提布拉克，额德格纳部布鲁特居之。岭东为回部，岭西为霍罕。西十五日程，曰布哈尔，亦大国，东南距塞勒库勒，三十二日程③；曰拜尔哈，在东北，三日程；曰噶斯呢，在西南，十日程；曰坎达哈尔，在西南，廿日程。"莹按：此云霍罕，盖即敖罕，又名浩罕，自玛尔噶浪至霍占等，即所称敖罕八城也。逆回张格尔遗孽，所居即此地。或云张格尔妇，敖罕女也，遗孽未除，不可不留意焉。今据此记，绘具《西域近边属国》一图。

《水道记》言西边外属国详矣。《新疆识略》云："距叶尔羌十三站者：曰瓦罕，曰绰禅，曰赫斯图济。距叶尔羌十五站者：曰沙克拉，曰

---

① 点校本注："克什南，所附图亦作'克什南'，《西域水道记》作'什克南'。"

② 据点校本注，原本无"与"字，"据卷十五所引及《西域水道记》补。"

③ 点校本注："日程，'程'下，《西域水道记》尚有：'其属城，曰鄂勒推帕，在东，七日程；曰济杂克，在东，三日程。'"

什克南，曰罗善，曰乾竺特。距叶尔羌十八站者：曰达尔瓦斯，曰窝什。距叶尔羌二十站者：曰博罗尔，曰巴尔替。距叶尔羌二十三四站者：曰哈普隆，曰玛尔噶朗，曰依色克。距叶尔羌二十七八站者：曰纳木干，曰塔什干。距叶尔羌三十站者：曰霍占，曰科拉普，曰塔尔罕，曰浑渚斯，曰鄂勒堆拍。距叶尔羌三十七站者，曰济杂克，曰拜尔哈。距叶尔羌三十九站者：曰图伯特（即西藏）。距叶尔羌五十站者：曰噶斯呢。距叶尔羌六十站者：曰坎达哈尔。距叶尔羌六十二站者：曰拉虎尔，虽通贸易，不能自达于天朝，或即各大国之附庸。"右说可补《水道记》之所未及，当参考之。

哈萨克分左右三部：左部在准噶尔西北，右部在准噶尔西，皆北界俄罗斯。东去塔尔巴哈台，南去伊犁皆千里。其左部曰鄂尔图玉斯，东西千里，南北六百里，环境皆山。西北境曰伊什河，地苦寒，其汗惟盛夏居之，余时逐水草游牧。广莫蕃茂，谷量、牛马、风俗、物产、文字略同准部。其右二部曰齐齐玉斯，曰乌拉玉斯，亦称中部、西部。其地东南接准部，南接布鲁特、安集延、纳木干诸部，西南逾塔什干西六百余里地，在葱岭上游，有哈喇库勒，即释典所谓阿耨达龙池，盖昆仑之颠也。其哈沙斯河、锡尔沿河之间，冈岭绵亘，北为腾吉斯大泽；尚有北境接俄罗斯，至今未通中国。布鲁特分东西部，东部五，西部十有五。东部在天山北，准部之西，南近葱岭，距伊犁千四百里。每部长皆以鄂拓克为名，旧游牧于特穆图泊左右，为准部所迫西迁，寓安集延；王师定伊犁，始复故地。其西十五部，则在天山南回部喀什噶尔城西北三百里，道由鄂什逾葱岭而至。其部落每部所辖或二百余户，或七百余户，或千有三百余户。乾隆中，共二十余万口，今殆倍之矣。皆以额德纳部长之，逐水草游牧，衣冠风俗同东部。

敖罕，葱岭以西回国也。有四城，俱当平陆。最西为敖罕城，亦曰浩罕，又作霍罕，其渠居之。最东曰安集延，与布鲁特毗连，去喀什噶尔城五百里；好贾远游，遍南北二路。从安集延西百八十里，为玛尔噶朗城，有二万余户。又西八十里，为纳木干城，万余户。纳木干一曰奈曼。又西八十里，为敖罕城，三万余户，皆滨那林河岸。四城皆有伯克，而敖罕城额尔德尼为之长。又有塔什干等城，以三和卓分辖其众，亦附庸于敖罕，故亦称敖罕八城。然塔什干乃哈萨克族，实不尽属敖罕也。其西又有布噶尔国环之，世为勍敌。敖罕风俗，略同南路诸回城，而鸷勇倍之。

巴达克山，扼葱岭之右，去叶尔羌千有余里。西北至伊西洱河，有城郭，负山扼险，户口十余万。乾隆二十四年，逆回酋霍集占兄弟为王师所败，西奔巴达克山，诡言假道往墨克国谒其教祖，而纵兵肆掠。其酋素尔坦沙、因执博罗尼都，而以兵攻围霍集占，禽而拘之。副将军富德进军瓦汉城，移檄索贼。素尔坦沙以逆酋与已同牌罕巴尔之裔，欲缚献，恐为诸部所责；既而霍集占复阴约塔尔巴斯国，使攻巴达克山；而痕都斯坦国亦兴兵谋夺霍集占兄弟；大将军又压境檄索，乃围霍集占兄弟于密室，殪之，而驰献其馘，率所部十万户及邻部博罗尔三万户纳款，乾隆五十年尚入贡云。

爱乌罕在巴达克山之西，大回国也。有三大城，曰喀宾，曰堪达哈，曰默沙特。其喀宾城，三面皆山；堪达哈城，四面依山；其汗所都默沙特城，旧属伊兰部，为爱乌罕所并，遂兼治。三大城，每城相距皆二十余程，地广数千里，北界布噶尔，南界痕都斯坦，东界巴达克山。胜兵十有五万，惟火铳、刀、矛，无弓矢。重农桑，鲜物采，商旅罕至。自兼并痕都斯坦后，于是金丝之缎，工镂之玉，奄竖传令，声明文物，出诸国上。乾隆二十七年入贡，为中国回疆最西之属国，于古为大月氏境。再西为默克等部，即回教祖国。中隔沙漠，过此即海。南有思布部落，过此亦海。皆古安息、条支境域，然其海皆西人所谓地中海，非大西洋之海也。以上见《新疆识略》及松相国《奏回疆事宜兼西域图志》。

克什米尔，在达克山之南，七椿园曰："距叶尔羌西南，马行六十余日，中隔冰山，回子一大国也。其人深目、高鼻、黄睛、多须，衣圆领、窄袖，称其君曰汗；所属回众数十万户"。余按：即古印度地。

痕都斯坦，又作温度斯坦，盖痕都，其国之名；斯坦，则其王之称，如称汗、称比耳，又作斯滩。其地在克什米尔之西南。七椿园曰："自叶尔羌西南，马行六十余日，至克什米尔，又西南行四十余日，至痕都斯坦，水亦可通。两地贸易之人，多资舟楫往来，所辖大小回城百有数十，亦回子一大国也"。余按：此地即古之中印度，北接布哈尔，今为布哈尔兼并其北境，英吉利据有其南境地。

布哈尔，一作布噶尔，在敖罕之西，痕都斯坦之北，回子极西之大国。地方数千里，兼并敖罕及痕都斯坦之地，即《西域闻见录》所云之塞克也。非准非回，别为一种。称其王曰汗，部落数百处。城池巨丽，人民殷富，居室敞洁；人家院落中，各立木竿而礼拜之；人多力善射，发必命中。

（卷十六）

《西藏外各国地形图》说

前、后藏，本古吐蕃地，又名唐古忒，元尝郡县之，设宣慰司元帅府。明为乌斯藏。本朝复入版图。其东北通青海，西宁交界。北通和阗、叶尔羌。东与四川、东南与云南交界。后藏之南聂拉木界外为廓尔喀所兼并之哲孟雄、作木朗、落敏汤三小部落，又南即廓尔喀所兼并之巴勒布及布鲁克巴二国地。其国旧都名阳布。又南即披楞，盖英吉利所并东印度之地也。披楞西南为孟加剌，《明史》作榜葛剌，藏人呼为第里八察。本东印度一大国，为英吉利所据。盖东印度全境已据其七八矣。廓尔喀本亦东印度小国，兼并各国，今皆名廓尔喀，藏人呼为别蚌子。廓尔喀地自乾隆五十八年平定后，三年一贡，已为我全藏藩篱，而与英吉利有隙。道光十八九年间，英吉利初扰广东，廓尔喀求助之饷，往攻第里八察。大臣不知第里八察即英吉利之孟加剌也，不许。及英夷大扰江、浙，廓尔喀乘其虚，自以兵往攻，直至孟加剌，大有破获。英夷自闽、浙、广东抽兵回救不及，乃以所得中国银百万，赎被掳男女千人以和。廓尔喀既以请助饷不与，有憾于我，又中国和英而彼大胜，益有轻中心。先是哲孟雄与披楞隔界有大山，甚险阻，无路，有一线道可容羊行。近为英人所据，屯兵其上，凿宽山道，可以长驱抵藏矣。后藏之西为阿里，亦藏之境也。阿里西边外为拉达克，本有阿里半境，而为达赖剌麻所有。道光二十年，尝诱森巴入寇。森巴在拉达克之西北，其南为白木戎，又南即通中印度之痕都斯坦，近亦为英吉利所据矣。痕都斯坦之北为克什弥尔，即北印度也。又北则葱岭前后诸国。痕都斯坦之西为包社大白头回国，又西北则俄罗斯所据南都鲁机地。近年英、俄二夷，在西北二印度之间构兵，盖俄罗斯之垂涎印度，亦犹英吉利之垂涎前、后藏也。今为此图，俾吾中国略知其形势云。中国西边与英吉利所有东、中二印度地，皆以黑线界之。

（卷十六）

《乍雅地形图》说

乍雅地形，东西不足五百里，南北不足四百里。图内外线，是其疆域；内线二：是两胡图克图现在之分界也。自阿足至昂地；又自王卡至巴贡，大胡图辖之。东自坑达，西至撒金拉，二胡图辖之。本五仓储巴分地，仓储巴既分属，故地亦随之而分，非旧制也。大寺院二坐：一在乍雅，即《通志》所云正胡图驻坐之处；一在烟袋塘，又名麻贡，即《通志》所云副胡图驻坐之卡撒顶也。八日寺乃大胡图初次出避之小寺，察野寺乃二胡图初次出避之小寺。乍雅东界、南界外，为唐古忒之江卡台吉所管；西南界外，为唐古忒之左贡大营官所管；西北界外，为察木多胡图之地，正北、东北界外，为德尔格特土司之地；东南界外，则三岩野蕃之地，皆驻藏大臣之所辖也。故乍雅形势，不过弹丸，但驰檄界外诸蕃，四面蹙之，塞其走越，即无能为；况两胡图内讧，人心叛散！兵威遥振，彼必惶惧听命；我乃抚其顺驯，讨其顽梗，何所施而不可哉！自乍雅桀骜十年，诸蕃皆不直之；及再见阻辱大臣，[①] 莫之诘问，诸夷皆将效尤，其患甚多。乍雅一定，则全藏皆安矣。至入藏之道，舍乍雅外，尚有左贡一路，为唐古忒辖地，藏中茶客往来，皆由于此。近十余年，至藏委员回省者，皆取道左贡，以避乍雅。道光二十一年，达赖剌麻贡使，亦自此行，至石板沟复归大道。若设台站，亦易事耳。

（卷十六）

---

① 原标点为："及再见阻辱，大臣莫之诘问"，据史实及上下文意，将"大臣"二字调至逗号前。

寸阴丛录

（1846—1848）

吕夷简

宋仁宗景祐二年，参知政事宋绶编修《中书总例》成四百一十九册，上之。降诏褒谕。吕夷简尝奏使绶为之也。夷简谓人曰："自吾有此例，使一庸夫执之，皆可为宰相矣。"近世毕秋帆编《续通鉴》载之。

余按：此即东坡制策中所谓"大臣不过遵用故事，小臣不过谨守簿书"者也。遵循成例者，曹司之职耳。宰相者，上辅君德，下安黎庶，进贤任人，黜退不肖，乃徒执一例为之，乌足贤乎？况其凭权怙宠，排挤正人，嫉妒贤能哉！从古小人排挤善类，无不以故事成例为言；庸主不能别择是非，亦以为成例果足依据也，可胜叹哉！是时辽以肖孝穆为北院枢密使，其所荐拔，皆忠直之士。尝语人曰："枢密选贤而用，何事不济！"辽自肖哈绰为枢密，以吏才进，其后转相仿效，多不知大体。孝穆叹曰："不能移风易俗，臣子之道固若是乎？"北朝宰相之言如此，夷简能无愧死！方且助废郭后，挤李迪，逐范仲淹、孔道辅、余靖，贬尹洙、欧阳修，以忠直为朋党而倾陷之也，仁宗卒莫之悟，何哉？盖夷简本有过人之才，又李宸妃死，以夷简之言厚殓，帝深得夷简，终身不衰也。

（卷一）

历代开基圣主

历代圣主开基，统一区夏，其降生也皆在前代极盛之后，不必及其危乱也。三代以前无论矣。汉高祖之生也，在秦始皇元年，六国犹在，二十五年而后统一，又十五年而后秦亡。唐太宗之生也，在隋文帝开皇二十年，又四，炀帝立；又十五年而后隋亡。宋太祖之生也，在后唐明宗天成二年丁亥，更历晋、汉、周三代九主，三十四年而后代周。明太祖之生也，在元明宗天历元年戊辰，更历文宗、顺帝二代，四十年而后为明。我太祖高皇帝之生也，在明世宗嘉靖三十八年己未，更历穆宗、神宗、光宗、熹宗、庄烈五代七十七年，世祖章皇帝诞降，又八年，而后为大清统一之顺治元年。元太祖之生在金世宗、宋孝宗南北极盛之时，称帝于宋宁宗之开禧二年丙寅，更二十二年夏亡；更八年，金亡；更四十七年，而宋始亡。以是知天心不肯遽亡人国也，人主祗承天命，可不深知所敬畏乎哉？

（卷一）

三　游

荀悦论"三游"曰："世有三游，德之贼也。一曰游侠，二曰游说，三曰游行。立气势，作威福，结私交，以立强于世者，谓之游侠。饰辩辞，设诈谋，驰逐于天下，以要时势者，谓之游说。色取仁，以合时好，连党类，立虚誉以为权利者，谓之游行。此三者乱之所由生也。伤道害德，败法惑世，先王之所慎也。国有四民，各修其业，不由四民之业者，谓之奸民。奸民不生，王道乃成。凡此三游之作，生于季世，周秦之末尤甚焉。上不明，下不正，制度不立，纲纪弛废；以毁誉为荣辱，不核其真；以爱憎为利害，不论其实；以喜怒为赏罚，不察其理。上下相冒，万事乖错，是以言论者计薄厚而吐辞，选举者度亲疏而举笔，善恶谬于众声，功罪乱于王法。然则利不可以义求，害不可以道避也。是以君子犯礼，小人犯法，奔走驰骋，越职僭度，饰华废实，竞趋时利。简父兄之尊，而崇宾客之礼；薄骨肉之恩，而笃朋友之爱；忘修身之道，而求众人之誉；割衣食之业，以供飨宴之好。苞苴盈于门庭，聘问交于道路，书记繁于公文，私务众于官事。于是流俗成而王道坏矣！是以圣王在上，经国序民，正其制度，善恶要于功罪，而不淫于毁誉，听其言而责其事，举其名而指其实。故实不应其声者，谓之虚；情不覆其貌者谓之伪；毁誉失其真者谓之诬，言事失其类者谓之罔。虚伪之行不得设，诬罔之辞不得行。有罪恶者无侥幸，无罪过者不忧惧。请谒无所行，货赂无所用。息华文，去浮辞，禁伪辩，绝淫智。放百家之纷乱，一圣人之至道。养之以仁惠，文之以礼乐，则风俗定而大化成矣"。荀悦此言，司马温公取之，载入《通鉴》。余谓不但人君，凡为士大夫皆当诵之。

（卷一）

王介甫

王介甫《上仁宗皇帝言事书》曰："方今制禄，大抵皆薄，自非朝廷侍从之列，食口稍众，未有不兼农商之利，而能充其养者也。其下州县之吏，一月所得，多者钱八九千，少者四五千，以守选待除守阙通之。盖六七年而后得三年之禄，计一月所得，乃实不能四五千，少者乃实不能及三四千而已。虽厮养之给，亦窘于此矣。而其养生、丧死、婚姻、葬送之事，皆当于此出"。"以今之制禄，而欲士之无毁廉耻，盖中人之所不能也。故今官大者，往往交赂遗、营资产，以负贪污之毁；官小者，贩粥乞丐，无所不为。夫士已尝毁廉耻以负累于世矣，则其偷惰取容之意起，而矜奋自强之心息，则职业安得而不驰，治道何从而兴乎？又况委法受赂、侵牟百姓者，往往而是也？"

余按：介甫此言"制禄之薄，不足以养廉耻"可为善矣。及异日得志，更行新法，乃力掊克，取盈于上，而不顾天下之怨咨，何耶？宋初诸道监帅司及州军边县正赐钱外，皆有公使钱以佐其厨馔，不使扰民，又著令许收遗利，以此州郡得以自恣。若帅宪等司，则有抚养、备边诸库以助公使。盖前代优给大小诸臣，禄入之厚，未有如宋者，不如介甫所云也。岂介甫未执政时，于本朝制度尚多未谙，而以己意言之耶？特其文甚美，不可不使人主知耳。异时新法减削公使钱太甚，东坡作诗讥之云："忧来洗盏欲强醉，寂寞虚斋卧空瓴。公厨十日不生烟，更望红裙踏筵撷。"虽甚其辞，而新法之刻剥臣下，与此书大相反矣。不独为词臣时，盛取言官随宰相入见，及身为执政，乃拒之也。

（卷一）

墨子非命

墨子有《非命》篇。班固推其本意曰："顺四时而行，是以非命。"苏林曰："言儒者执有命，而反劝人修德积善，政教与行相反，故讥之也。"如淳曰："言无吉凶之命，但有贤不肖之善恶。"

余按：墨子之言，原非无理，但见止一隅耳，夫命理精微，天道玄远，本非一端可尽。如人之夭寿、贫富、贵贱，各有其数，若于其始生，即有造物者命之，而无关于人事，则人将不必修德积善矣；国家开创，若于其造邦，即定其祚之修短，则治乱皆不以人为，而乱臣贼子皆受命而生矣，又何必讲求治道、勤理民事乎？然而，天实为之，不可诬也。盖天地万物无非一气运行，而万物各受天地之气运以自为其生，于是有强弱、厚薄、灵蠢秉质之不齐；寿夭、贫富、贵贱，随遇而异数，天无容心于其间也。如父母之生子，岂不欲其有寿无夭、有富无贫、有贵无贱、有强无弱、有厚无薄、有灵无蠢哉？然而不能，天之于人亦若是而已。不有夭，安见寿；不有贫，安见富；不有贱，安见贵；不有弱薄与蠢，安见强厚与灵？夫气运流行，天亦不能有春秋而无冬夏，日月不能有盈满而无亏蚀，山川不能有流峙而无崩竭也，况于人乎？惟其有之，故气也，运也，所以为天也。至于人之贤不肖与善恶，国之治乱兴衰，则人事为之，圣人所以参天地而为三才也。五常三德，人之性也，实天予之，若曰尔无以气运之穷，失其所以为人也。家虽贫贱，子不可以不孝，父不可以不慈；国运虽衰，君不可以不仁，臣不可以不忠。五常之德不失，而后三纲立，天心顺矣。气运虽衰，可以稍补，譬人之病，感乎六气，而药石治之得理，可以去其病而健其身，虽气尽终亦必死，而无困苦疾痛之患，则药石之攻，乌可已乎？人能如此，斯可无憾于心，无恶于人，故曰："尽其道而死者正命也；桎梏死者非正命也。"彼墨子者，恶足以知之！

（卷一）

古人敬慎卜筮

古人行事，一准乎义、考诸礼，且谋诸人矣。一毫之疑，未定所是，必断以筮龟，盖质诸鬼神也。是为人谋、鬼谋，敬慎如此。世人私欲既多，惟事求福鬼神，不以其正，鬼神其肯告之乎？

（卷一）

小　学

古人有小学，以对大学言之也；有少仪，以对仪礼言之。若曰此其学之小者，此其仪之小者耳，非童子有事之义也。然而童子实从事焉，为其浅易也。数与方名、书契，是小学之目也。古者必有其书，闾里之师口授而诵习之。其书已亡矣，后世乃有《说文》之学，音韵之学，训诂之学，皆后人为之，非孔氏之为也。孔子所用皆古文，初不知有李斯、程邈，何知许慎哉？孙炎、周舍之伦，更不足言矣。惟训诂之说，始自《尔雅》，然孔子未尝言之也。或以为周公所作，其中多周公时未有之言，则或七十子之所为欤？先儒谓周公作，《释言》以下或孔子、子夏所增足，或叔孙通、梁文所补益，张揖论之，世皆遵用云尔。陆德明以先儒多亿必之说，善哉其言！然孔子古文既亡，惟《说文》可正文字之体，舍韵书难定音读之讹，非训诂莫通经文之义，则三者实六经之阶梯门户也。昔人讲之已详，穷年殚精者众矣，择其善而从之可也。守阶梯门户，而堂奥仍莫之见焉，或疑堂奥之乌有，则此阶梯门户亦安所用之哉？今之为小学者，皆不见堂奥，反疑为乌有者也。陆子谓玩物丧志，诚俗学之针砭也哉。

（卷一）

吉凶祸福本于历数

张衡《应间》曰："浑元初基，灵轨未纪，吉凶纷错，人用瞳朦。黄帝为斯深惨。有风后者，是焉亮之，察三辰于上，迹祸福乎下，经纬历数，然后天步有常。"信者，衡斯言也！天下万事，吉凶祸福之理，无不由于历数，而于历数本三辰之动。天不可见也，观三辰之动，以为天步皆行乎自然之运，而天无容心。故曰："天道无心而成化"，化则变，变而不失其所，此所以为天步也。人见其变，而不见其所，惟上智者知之。盖天运化变，天亦有所不能自已，尚赖人为补之，此圣人所以配天地而为三才也。才者，功能之谓也。世虽极乱，圣人常以定理持之；数有穷变，而定理不穷不变。故自人事言之，若理不胜数；以天道言之，实数不胜理，学者可以无惑矣。

张平子数术穷天地，制作侔造化，其于人事之吉凶祸福，知之审矣。犹以为吉凶倚伏，幽微难明，而作《思玄赋》。其言曰："玩阴阳之变化兮，咏雅、颂之徽音。嘉曾氏之归耕兮，慕历陵之钦崟。共凤昔而不贰兮，固始终之所服也；夕惕若厉以省愆兮，惧余身之未敕也。苟中情之端直兮，莫吾知而不恶。"其立志自守如此，非精于数术者能之乎？图谶之书，天子尊之，而上书首言其伪；宦官之宠，天下畏之，而劝帝勿令刑德八柄不由天子，忠义昭然，可谓克践其言矣。京房、郭璞皆精术数，而忠正立身，卒以难死。先自知之，不为苟避，刘青田能免太祖之杀戮，而不能避胡惟庸之毒，数在，何可逃耶？知不可逃，则莫如守正以俟之矣。

（卷一）

肃慎氏

周称肃慎，汉晋称挹娄，元魏称勿吉，唐称靺鞨，宋称女真，又作女直。

《史记·周本纪》："成王既伐东夷，息慎来贺，成王赐荣伯作《贿息慎之命》。"莹按：息慎，即肃慎也。《后汉书》："挹娄，古肃慎之国也。在夫余东北千余里，东滨大海，南与北沃沮接，不知其北所极。土地多山险。人形似夫余，而言语各异。有五谷、麻布，出赤玉、好貂。无君长，其邑落各有大人。处于山林之问，上气极寒。""种众虽少，而多勇力。""善射，发能入人目。弓长四尺，力如弩。矢用楛，长一尺八寸，青石为镞。"《晋书》曰："肃慎氏，一名挹娄，在不咸山北，东滨大海，西接寇漫汗国，北有弱水。土界广袤数千里，居深山穷谷，其路险阻，车马不通，有石砮皮骨之甲，檀弓三尺五寸，楛矢长尺有咫"。《北史》曰：勿吉国在高句丽北，一曰靺鞨。邑落各自有长，不想总一，其人劲悍最强。国有大水，阔三里余，名速末水。其部落凡七种：其一号速末部，其二伯咄部，其三安车骨部，其四拂涅部，其五号室部，其六黑水部，其七白山部。黑水部尤劲。自拂涅以东，矢皆石镞，即古肃慎氏也。延兴中，遣乙力支朝献，迄于正光，贡使相寻，以至于齐不绝。隋开皇初，遣使贡献。其国西北与契丹接，每相抄掠，因其使来，文帝诫之，使者谢。然其国与隋悬隔，惟速末白山为近。

《金史》曰："靺鞨本号勿吉。勿吉，古肃慎地也。元魏时，勿吉有七部；隋称靺鞨七部，并同粟末。靺鞨、保东牟山，后为渤海，称王，传十余世。有文字、礼乐、官府、制度，有五京、十五府、六十二州。黑水靺鞨居肃慎地，东滨海，南接高丽。尝以兵十五万众助高丽、拒唐太宗，败安市。开元末年来朝，置黑水府，以部长为都督、刺史，置长史监之。赐都督姓李氏，名献诚，领黑水经略使。五代时，契丹尽取渤海地。而黑水靺鞨，其在南者号熟女真，其在北者号生女真。及太祖败辽、女真于境上，招谕渤海人曰：‘女真、渤海本同一家’，盖其初皆勿吉之七部也。”余按《五代史》：“渤海本号靺鞨，高丽之别种也。唐高宗灭高丽徙其人散处中国，置安东部护府于平壤。武后时，契丹攻北边。高丽别种大乞乞仲象与靺鞨乞四比羽走辽东，分王高丽故地。武后遣将击杀乞四比羽，而乞乞仲象亦病死，仲象子祚荣立，因并有比羽之众四十万人，据挹娄。中宗时置忽汗州，以祚荣为都督，封渤海郡王。其后世遂号渤海。”以此考之，是《金史》所云五京十五府者，即高丽故地。而古勿吉七部之速末靺鞨，亦并有之。古黑水部，即今之黑龙江地。古白山，即今之吉林宁古塔地，以长白山得名。元魏时，勿吉本七部，其后彼此兼并，遂为速末、黑水二部，最大黑水，又改称熟女真，生女真矣。本朝发祥于长白山东俄漠惠之野俄朵里城，其即古挹娄白山部之地乎？《汉志》及《北史》所言，勇力善射，邑落无君长，各有大人处山林间，不相统一者。本朝初兴时，俗犹如此，盖相沿久矣。肃慎之矢自孔子称之，至今东三省人之射，犹无敌于天下，不亦宜乎！

（卷二）

三　韩

《后汉·东夷列传》曰：“韩有三种：一曰马韩，二曰辰韩，三曰弁辰。马韩在西，有五十四国，其北与乐浪、南与倭接。辰韩在东，十有二国，其北与涉貊接。弁辰在辰韩之南，亦有十二国，其南亦与倭接。凡七十八国，伯济是其一国焉。大者万余户，小者数千家，各在山海间，地合方四千余里，东西以海为限，皆古之辰国也。据此是三韩在古朝鲜之南，今为朝鲜之南境，与吉林、盛京相去远矣。

本朝先定辽东、沈阳，而后入关。当时从龙之汉人皆辽沈间人居多，间有山东人。朝鲜归附，不闻有从龙者，况三韩悬隔乎？往见百文敏，自置“三韩百龄”。文敏，汉军也，姓张氏，不应为三韩人，未知其说。按《明史》言：“元末辽沈兵起，民避乱转徙高丽”，岂文敏之先，尝徙高丽，居三韩之地，从所移地而称耶。《明史·朝鲜传》但言后唐时，王建代高氏，兼并新罗百济地，而不及三韩。又云：其国北邻契丹，西则女直曰日本，是三韩之并入朝鲜，又在其前久矣。《续文献通考》曰：其国置八道，中曰京畿，东曰江源，本涉貊地；西曰黄海，古朝鲜马韩旧地；南曰全罗，本弁韩地；东南曰庆尚，乃辰韩地；西南曰忠清；皆古马韩域，东北曰咸镜，本高句丽；西北曰平安，本朝鲜故地。所叙古今地名形势颇明晰，而与《文献通考》所云渤海五京、十五府不同。马氏《通考》乃元以前事，《续考》则元以后事也。

（卷二）

毗骞国王

《南史》言：梁时有毗骞国，在"顿逊之外大海洲中，""去扶南八千里。传其王身长丈二，颈长三尺，自古不死，莫知其年。王神圣，国中人善恶及将来事，王皆知之。""王常楼居、不血食，不事鬼神。其子孙生死如常人，唯王不死。扶南王数使与书相报答。""王亦能作天竺书，书可三千言，说其宿命所由，与佛经相似，并论善事。"

余按：山海之间，人寿长至二三百岁者，往往有之；或通宿命，或晓未来，理亦有之，不足为异也。当时见者，不知其年，则以为自古不死，非也。此等人终亦必死。故隋唐以后，外国海舶无复言之。近时袁子才作《子不语》，言有见者，子才狡狯之言耳。古时奉佛诸国，今多改奉他教矣。佛言灭度后，正法五百年，象法一千年，末法二千年，法且灭矣，况血肉之躯哉！凡诸所言异域事，不必尽无，亦不必疑讶之耳。

（卷二）

贡　禹

贡禹上奏言："孝文皇帝时、贵廉洁，贱贪污、贾人，赘婿及吏坐赃者皆禁锢不得为吏。赏善罚恶，不阿亲戚。罪白者伏其诛，疑者以与民，亡赎罪之法，故令行禁止，海内大化。天下断狱四百，与刑错无异。武帝始临天下，尊贤用士，辟地广境数千里。自见功大威行，遂纵嗜欲。用度不足，乃行一切之变，使犯法者赎罪，入谷者补吏。是以天下奢侈，官乱民贫，盗贼并起，亡命者众。郡国恐伏其诛，则择便巧书习于计薄能欺上府者，以为右职；奸轨不胜，则取勇猛能操百姓者，以苛暴威服下者，使居大位。故无义而有财者显于世，欺谩而善书者尊于朝，悖逆而勇猛者贵于官。故俗皆曰：'何以孝弟为？财多而光荣。何以礼义为？史书而仕宦。何以谨慎为？勇猛而临官。'故黥劓而髡钳者，犹复攘臂为政于世，行虽犬彘，家富势足，目指气使，是为贤耳。故谓居官而置富者为雄桀，处奸而得利者为壮士，兄劝其弟，父勉其子，俗之坏败，乃至于是！察其所以然者，皆以犯法得赎罪，求士不得真贤，相、守崇财利，诛不行之所致也。"

余按：当时上言，敢举本朝祖宗之得失而极论之，古人质直敢言如此。元帝中主耳，能容受而从之，且嘉其质直，是亦不可及也。唐时犹不禁人言祖宗之恶。自宋蔡卞、蔡京等，恶正人君子，欲激人主之怒，乃以毁谤祖宗为罪，自是以后率多讳禁，不得而言之矣。

（卷二）

唐明皇庭试县令理人策

开元四年，或言"选叙太滥，县令非才"。及诸县令入谢，上悉召于宣政殿，庭试以《理人策》。惟甄城令韦济词理第一，擢为醴泉令；余二百余人不入第，且令之官；四十五人放归学问。吏部侍郎卢从愿左迁豫州刺史，李朝隐左迁滑州刺史。《通鉴》于此事下云："从愿典选六年，与朝隐皆名称职。初，高宗之世，马载、裴行俭在吏部最有名，时人称吏部'前有马裴，后有卢李'，"盖以或言为非也。明皇先入谗言，欲以一试黜之，不入第及放归者，未必果当也。县令之选，以才地人望，岂在文词乎？使循良之吏，与文苑诸人考校优劣，则王、杨、卢、骆必居上等，而龚、黄、召、杜，皆将下第矣。明皇但知治民之长必用读书，而不知读书之儒当辨华实。汉唐以至于今，名臣、循吏，其居科第首选者几人哉？是可慨也。

（卷二）

内外官俸禄

自周秦以来，百官俸禄之厚，莫善于宋。汉县令万户以上，其秩千石至六百石，虽实食不过三四，犹足以自赡，所以多循吏也。《唐会要》云：开元制百官料钱，都以月俸为名。各据本官，随月给付。一品三十千，二品二十四千，三品十七千，四品十一千，五品九千，六品五千三百，七品四千五十，八品二千四百七十五，九品一千九百一十七。初亦甚薄。大历十二年加京官俸，三师、三公、侍中、中书令，每月各一百二十贯文，中书门下侍郎，月各一百贯文，以次递减。京兆及诸府尹各八十贯文；少尹、两县令，各五十贯文；畿令各四十贯文，判司、两县丞各三十五贯文；两县簿尉，奉先等县丞各三十贯文；奉先县簿尉、诸畿令各二十五贯文，可谓厚矣。至于会昌又倍之：节度使三十万；都防御使监军十五万；观察使十万；都府尹、大都督府长史、上州刺史八万；节度副使、中下州刺史，知军事七万；上州别驾五万五千；长史、司马五万；赤县令四万五千；畿县、上县令四万；赤县丞三万五千；鹑赤县丞、观察防御团练推官、两赤县丞三万；畿县丞、赤县簿尉一万五千，则又厚矣。以上皆见《通鉴》胡注。

按史言：郭子仪为上将，月入俸钱二万缗，则一岁仅二十余万缗耳。意会昌间制所云"三十万"、"十五万"者，盖通一岁之数，非每月之数也。宪宗元和六年，李吉甫奏："国家旧章，依品制俸：一品官月俸钱三十缗"，盖三万钱也。又云："职田禄米不过千斛。"胡注："唐初给一品职，田六十顷，禄七百石"，盖内外大小官俸钱之外，复有职田也。胡三省曰："常衮为相，增京官正员及诸道观察使、都团练使副使以下料钱。李泌为相，又增百官及畿内官月俸；复置刀手资课岁给钱。左右卫上将军以下又有六杂给：一曰粮米，二曰盐，三曰私马，四曰手力，五曰随身，六曰春冬服。私马则有刍豆，手力则有资钱，随身则有粮、米、盐，春冬服则有布、绢、纯、绅、绵。神策大将军增以鞋；州县官有手力杂给钱。李吉甫请就加详校而量给之。唐时所以给百官者，较汉又加详矣。

《明史·食货志》云：洪武二十五年，定百官禄，"正一品，月俸米八十七石，从一品至正三品，递减十三石至三十五石，从三品二十六石，正四品二十四石，从四品二十一石，正五品十六石，从五品十四石，正六品十石，从六品八石，正七品至从九品递减五斗，至五石而止。"其初"全给米，间以钱钞兼，以钱一千，钞一贯（明初钞一贯抵钱千文，银一两）抵米一石。"成祖时折钞者，"每米一石，折钞十贯。""仁宗立，官俸折钞，每石至二十五贯。宣德八年，胡濙掌户部，议每石减十贯，而以十分为准，七分折绢，绢一匹抵钞二百贯。少师蹇义等以为仁宗在春宫日久，深悯官员折钞之薄，故即位特增数倍，此仁政也，讵可违？濙不听，竟请于帝而行之，而卑官日用不赡矣。正统中，五品以上米二钞八，六品以下米三钞七。时钞价日贱，每石十五贯者已渐增至二十五贯，而户部尚书王佐复奏减为十五贯。"成化中从户部请，又省五贯。先时文武官折色俸，上半年给钞，下半年给苏木、胡椒。七年"以甲字库积存之布估给，布一匹当钞二百贯。是时钞法不行，一贯仅直二三文，米一石折钞十贯，仅直二三十钱，而布直仅二三百钱，布一匹折米二十石，则米一石仅直十四五钱。自古官俸之薄，未有若此者。""十六年令以三梭布折米，每匹抵三十石。其后粗阔棉布，亦抵三十石，梭布极细者，犹直银二两，粗布仅直三四钱而已。"嗟乎！有明之季，薄于官俸如此，自非士大夫风节自励者，几何而不沦于贪污枉法耶？善乎！

宋太祖乾德四年诏曰："州县之职，民政是亲。自来所请料钱，多是析以他物。既将货易，未免扰人，岂惟伤廉，抑亦犯禁。且民为邦本，禄以代耕，俸钱苟或不充，官吏何以知劝？"可谓得政之体矣。宋时群官俸钱之外，有职田，复有公使钱。真宗时知荆南马亮，岁得职田米麦四百廿余石，可知其大凡也。祥符九年蝗旱，殿中侍御史王奇，请籍纳职田以助赈贷。帝曰："朕以此田均济官吏，本欲人各足用，责其清谨耳。奇未晓给用之理"，罢其奏。仁宗时，以职田有无不均，命官收其入，以所直均给之。景祐三年诏曰："致仕官向皆给半俸，而仕尝显者，咸贫不能自给，非所以遇同年养廉耻也。自今大两省、大卿、正监、刺史、合门使以上致仕，给俸如分司官。"宋世君臣之间如此，由宋太祖开基，即多忠厚阔大之政，故后世忠厚相承，虽削弱而能久存也。风俗之美，两汉以后独称有宋，不亦宜乎？明祖天资既刻，嗣世复多昏佚之君。政尚严刻，亦能久而不亡者，制度详明，士大夫习儒先之说，讲学、尚气节，纲常、名教入于人心者深，故能相与维持之耳。

（卷二）

后世服制有胜古礼

先王制礼，顺人情而为之节文。周世以后，礼仪大备。儒者依之，以为准则，至精尽善矣。然孔子虽屡言"从周"，而告颜渊"为邦"，则兼用四代之礼乐。又告子张曰："周因于殷礼，所损益可知也。其或继周者，虽百世可知也。"然则"从周"者，为下不倍之道；苟孔子得位在上，必大有损益，明矣。

宋太祖乾德三年，秘书监判大理寺尹拙等言：后唐刘岳《书仪》称妇为舅姑三年，与律不同，然亦准敕行用，请别裁定之。诏百官集议，左仆射魏仁浦等奏议曰：谨案《礼·内则》云："妇事舅姑如事父母"，舅姑与父母一也。古礼有"期年"之说，虽于义可稽；《书仪》著三年之文，实在礼为当。盖五服制度，前代增益已多，只如嫂叔无服，唐太宗令服小功；曾祖父母旧服三月，增为五月；嫡子妇大功增为期；众子妇小功增为大功；父在为母服期，高宗增为三年，迄今遵行，遂为典制。况三年之内，几筵尚存，岂可夫衣衰粗，妇袭纨绮？夫妇齐体，哀乐不同，求之人情，实伤至治。况妇人为夫有三年之服，于舅姑而始服期，是尊夫而卑舅姑也。昭宪皇太后丧，孝明皇后亲行三年之服，可以为万代法。十二月始令妇为舅姑三年齐斩，一如其夫。仁浦等所议当矣。

今服制自明以来，讲求益精，虽或于古礼时有过之，而人情允惬。拘执古礼者犹间为异论，未必然也。

（卷三）

日历起居注

宋太宗时，苏易简言："近委学士扈蒙修史，蒙逼于权势，多所回避，甚非直笔"。乃更命吏部侍郎兼秘书监李至、翰林学士张洎、史馆修撰张佖、范杲同修国史。张佖言：圣朝编年，谓之《日历》，惟纪报状，略叙敕文，至于圣政嘉言，皇猷美事，群臣之忠邪善恶，庶务之沿革弛张，汗简无闻，国经曷纪？请置起居院修左右史之职，以纪录为《起居注》与《时政记》，逐月终送史馆，以备修《日历》。帝嘉之。乃置起居院于禁中，命梁周翰掌起居郎事，李宗谔掌起居舍人事。太宗尝曰："史臣之职，固在善恶必书，无所隐耳。"昔唐玄宗欲焚武后史，左右以为不可，使后代闻之，足为鉴戒。足见唐宋明主，皆留心史事，不忌直书善恶。当时为史官者，故能不废其职。

明太祖猜忌特甚，常恐人言其恶。成祖篡位，忌恶尤甚，故不欲史官直笔。自是以后，无复直笔矣。史官，自洪武十四年置修撰三人，编修、检讨各四人，其后由一甲进士除授及庶吉士留馆授职，无定员。起居初定秩正五品，洪武四年改正七品，六年升从六品。九年定起居注二人，后革。十四年复置，秩从七品，寻罢。本朝官沿明朝制。史馆记载，皆张佖所谓"惟纪报伏、略叙敕文"者也。士大夫随时记载之文，亦皆有美无恶，惟恐触忌致祸。风俗人心，莫之能挽，亦习而不知其非，不但史废其职而已。由有明二祖深忌，史官相习以为当然，故也。

（卷三）

田锡上言时弊

宋真宗咸平中，田锡上言："访闻密院中书，政出吏胥之手，吏胥行遣，只检旧例，无旧例则不行。枢相商议，别无远谋。无远谋则失。失于边计者，去年失清远军，今年失灵州；失于邦计者，不知府库有无，不知仓廪虚实。戎夷深入，则请大驾亲征；将帅无功，则取圣慈裁断。所以仓廪虚盈，过不在枢密；边防动静，事不属中书。因此相承，寝以成例。圣恩若且任用，则不失享富贵；圣旨若令罢免，则不过归班行。昔汉之三公罢免，则放之归农；诛戮则赐其自尽。其任用既重，则黜责非轻。操国柄者所以不敢不用心，持兵权者所以不敢不尽节。今则不然。臣下得优逸，而君上但焦劳。故阴阳不顺，水旱不调，法令滋章，盗贼多起，尚率京城父老上章，请加尊号，赖圣君英睿，力断来表。由是见宰相以甘言佞上求圣知，以国计军机非己任，盖自来任重责轻之所致也。今帑藏无余财，仓廪无积粟，但急备边之用，不思经国之谋。地愈荒而民愈贫，事弥繁而资货弥少，官吏救过不暇。若加以水旱之灾，乘以戎夷之患，不知在庙堂者用何智略？总军兵者作何筹谋？"

右所论当时之弊，可谓切至。然此弊岂特宋咸平中哉？

（卷三）

张知白言治化

张文节知白为河阳节度判官日，上书真宗曰："先王垂训，重德教而轻刑罚。今法令之文，为时所尚。自中及外，由刑法而进者甚众，虽有循良之吏，亦改节而务刑名。臣愚以为刑罚者，为治之具，而不可以独任，必参之德教，然后可以言善治。臣又闻：圣人之居守文之运者，将欲清化源，在乎正儒术。古之学者简而有限，其道粹而有益；今之学者其书无涯，其道非一。是故学弥多性弥乱。今为进士之学者，经史子集也；有司之所取者，诗赋策论也。五常、六艺之意，不遑探讨，其所习泛滥而无著，非徒不得专一，又使害生其中。若明行制令，大立程式，每至命题考试，主典籍而参以正史，至于诸子之书，必其辅于经、合于道者取之，过此并斥而不用。然后先策论，后诗赋，责治道之大体，舍声病之小疵，如是则进士所习之书简，所学正而成化之治兴矣。"

右所言可谓得其体矣。所云"学弥多性弥乱"者，岂不诚中学人之病哉？自后真儒数出，正学大明，历宋、元、明及本朝初盛，皆兢兢守之，虽其弊不免于拘隘空疏，而风俗人心淳厚正直，皆深究于五常、六艺之意。故为学者，莫不名教自饬，气节是崇。自乾隆以来，考博之学大行，惟以多见异书僻典为能，反置"四子"、《五经》大义于不问。名教衰微，气节颓丧，先正遗风顿尽，伊谁之过欤！

（卷三）

韩欧二公上疏

仁宗庆历五年，杜、范、富三公既罢，臣魏公犹为枢密副使，上疏言："杜衍为相，方及一百二十日而罢，必陛下见其过失，非臣敢议。范仲淹以夏人初附，自乞保边，朝廷因而命之，固亦有名。至于富弼，天与忠义，昨使契丹，蹈不测之祸，以正辩屈强敌，忘身立事，古人所难。去年秋，契丹点集大兵，声言讨伐元昊，朝廷不测虚实，弼以河朔边备未完，又自请行。在外半年，经久御戎之术，固已蓄于胸中，事毕还朝，甫及都门，未得一陈于陛下之前，而责补闲郡，中外不知得罪之因。臣恐自此天下忠臣义士，指弼为戒，孰肯为国家用？所损岂细哉！臣谓陛下不若因此改弼知州，仍兼部署之职，遣一中使宣谕，令赴阙复奏河北公事毕赴任。俟其赴任，慰而遣之。弼素忠义，又感此恩，唯思效死，岂敢更以内外职任为意。如此，朝廷以北事专委富弼，以西事专委范仲淹，使朝夕经营以防二边之变，朝廷实有所倚。"疏入，不报。韩公旋亦罢知扬州。

欧阳文忠公上疏曰：臣闻士不忘身，不为忠信；言不逆耳，不为谏诤。伏见杜衍、韩琦、范仲淹、富弼等皆陛下素所委任之臣，一旦相继而去，天下士皆素知其可用之贤，不闻其可罢之罪。臣职虽在外，事不审知；然臣窃见自古小人谗害忠贤，其识不远，欲广陷良善，则不过指为"朋党"，欲摇动大臣，则必须诬以"专权"，其故何也？夫去一善人，而众善人尚在，未为小人之利，欲尽去之，则善人少过，难为一二求瑕，惟指为"朋党"，则可一时尽逐。至如大臣已被知遇而蒙信任者，则不可以他事支援；惟有"专权"是人主所恶，故须此说方可倾之，臣料四人各无大过，而一时尽逐，弼与仲淹委任既深，而忽遭离间，必有"朋党"、"专权"之说，上惑圣聪。臣请详言之：昔年仲淹以忠言闻于中外，天下争相称慕，当时奸臣诬作"朋党"，犹难辨明。自近日陛下擢此数人，并在两府，察其临事，可以辨也。盖衍为人清审而谨守规矩，仲淹则恢廓自信而不疑，琦则纯正而质直，弼则明敏而果锐，四人性既不同，所见各异，故议事多不相从，如衍欲深罪滕宗谅，仲淹力争而宽之；仲淹谓契丹必攻河东，请急修边备，弼力言契丹必不来；又如尹洙亦号仲淹之党，及争水洛城事，琦则是洙而非刘沪；仲淹则是刘沪而非洙。此四人者，可谓公正之贤也。平居则相称美，议事则廷争无私，而小人谗为"朋党"，可谓诬矣。臣闻有国之权，诚非臣下所得专。夫权者得名位则可行，故行权之臣，必贪名位。自陛下召琦与仲淹于陕西，琦等让至五、六，陛下亦五、六召之。弼三命学士，两命枢密副使，每一命未尝不恳让愈切，而陛下用之愈坚。臣但见避让太繁，不见其专权贪位也。及陛下坚不许辞，方敢受命，然犹未敢别有所为。陛下开天章阁召而赐坐，授以纸笔，使其条列，然众人避让，弼等亦不敢独有所建，又烦圣辞，出手诏，指定姓名，专责其条列大事而行，行之已久，冀其有效。弼性虽锐，然亦不敢自出意见，但举祖宗故事，请陛下择而行之。自古君臣相得，一言道合，遇事而行，更无推避。弼等蒙陛下委任，督责丁宁，而犹迟缓自疑，作事不果。然小人巧谮，已曰"专权"，岂不诬哉？至如两路宣抚，国朝累遣大臣，况中国之威，近年不振，故元昊叛逆，一方劳困，及于天下，契丹乘衅违盟，书词侮慢，陛下但以边防无备，屈志买和。弼等见中国累年侵陵之患，感陛下不次进用之恩，各自请行，力思雪耻。沿山傍海，不惮勤劳，欲使武备再修，国威复振。臣见弼等用心，本欲尊陛下威权，未见其侵权而作过也。陛下于千官中，选得此数人，一旦罢去，使群邪相贺，此臣所以为陛下惜也。疏入，不报。指为"朋党"者，益恶焉。时欧公为河北都转运按察使，故云"职在外"。

余按：仁宗虽有宋令主，而英明不足，是以于诸臣邪正忠奸莫之能辨，以吕夷简之媚嫉专权，而以为忠诚体国；以韩、范、杜、富之忠纯尽瘁，而疑为朋党，几同庸昏暗弱之主。何也？生于累叶承平之世，志在安靖，不欲大有所为，故庸臣易安，贤者难合。其任韩、富诸人，非有灼知真识其贤也，特以时望所在，又边事孔亟而用之。因众贤扶持，勉思振作有为。及乎元昊称臣，契丹修好，二边日以安靖，志气渐偷，群小不便诸贤所为，谗谮日起，遂莫之能察。虽韩、欧二公疏言明切若此，而无所开悟也。贤主如仁宗，犹不免如此，况其它乎？此千古所同为叹惜也。欧公上疏未几，亦为钱明逸假事劾知滁州矣。

（卷三）

仁宗戒言官

嘉祐五年，殿中侍御史吕诲言："故事：台谏官许风闻言事者，盖欲广其采纳，以补朝廷缺失。比来中外臣僚，多告讦人罪，既非职分，实亦侵官，甚者诋斥平素之缺，暴扬暧昧之事，刻薄之态，浸以成风，请惩革之！"诏戒上封告讦人罪或言赦前事，及言官事弹劾小过、不关政体者。既而御史中丞赵概亦言："比年以来，缙绅之论多险刻兢浮，宜行戒敕之。"复下诏曰："朕乐与士大夫惇德明义，以先天下，而在位殊趋，弗率朕旨，或为危言诡行，务以警众取誉，罔上而邀宠。论事之官，搜抉隐微，无忠恕长厚之风，托迹于公，而原其本心，实以合党图私，甚可恶也。中书门下，其采端实之士，明进诸朝，察辨矫激巧伪者加，放绌焉。"呜呼！宋仁宗可谓仁矣。此三代以下，风俗之美，所以前称汉文帝，后惟宋仁宗也。

权御史中丞王畴又言："国家开广言路，任用台谏官，比年士大夫乃有险徼之人，挟己爱憎，依其形势，以造浮说。奔走台谏之门，鼓扇风波之论，幸言者得以上达。推原其情，本非公正，止于阴借权力，取快私意。当言之人，率务举职，既所传耳目稍异，则岂敢遂无论列？万一有爱憎不中之论，荧惑紊挠人主之聪明，岂不为听断之累哉？"帝嘉纳之。余谓：王畴之言，切中后世言官之弊，其托迹于公以合党图私者，毋论矣，即有忠爱致身之君子，而惑于小人浮说，因之爱憎不中、轻发公论者，亦不可不慎察之。

（卷四）

富郑公

富郑公将殁，遗书谏神宗曰："去岁纳边臣妄议，大举以讨西戎，师徒溃败，两路骚然。当举事之初，执政大臣、台谏侍从，苟能犯颜极谏，则圣心自回，祸难自息矣。臣不知是时小大之臣，有为陛下力争其不可者乎？令久戍未解，百姓困穷，岂讳过耻败，不思救祸之时？天地至仁，宁与羌夷较曲直胜负，愿归其侵地，休兵息民！朝廷之事莫大于用人。夫辅弼之任，论议之职，皆当极天下之选。被贪宠患失，柔从顺媚者，岂可使之？事一出于上，则下莫任其责，小人因得以为奸。事成则下得窃其利；不成则君独当其咎。岂上下同心一德之谓耶？"

嗟乎！富公此言，洵千古之金鉴也。从来小人持禄保位者，于国家之是非利害，岂必尽不知哉？其意以为边疆之臣，既有启事之言，上方向用，而吾沮之，成败未形，上下不知吾之是，且以吾为有忮心，万一其事有成，则彼独享其功，而吾有失言之咎。惟一切将顺而微助之，事败咎归主议者，决断自上，吾可免责；设侥幸事成，则吾有赞襄之美，亦得分功，而上益信我。岂尝计国家用兵成与不成皆受其祸哉？小人之术愈工，而人主之事愈危矣！然人主始终受其欺而倚为贤，莫有悟其奸者，此千古所同恨也。仁宗时，辽人闻宋兵屡败于元昊，欲大举南下。富公使辽，说辽主曰："北朝与中国通好，则人主专其利，而臣下无所获；若用兵则利归臣下，而人主任其祸。劝用兵者皆为其身谋，非国计也"。辽主惊问之，公曰："胜负未可知，就使其胜，所亡士马，群臣当之欤，抑人主当之欤？若通好不绝，岁币尽归人主，群臣何利焉？"辽主大悟，首肯者久之。此虽使命之善辞，理实如此。

（卷四）

古帝立子不必嫡长

帝王传世，必以嫡长，此三代法，前此固不必尔也。《世本》帝喾元妃有邰氏之女曰姜嫄，生后稷；次妃，有娀氏之女曰简狄，生契；次妃，陈酆氏之女曰庆都，生帝尧；次妃，訾娵氏之女曰常仪，生帝挚。帝喾卜其四妃之子，皆有天下。《帝王世纪》同《世本》说。后稷，既为元妃之子，乃不得立，而立末妃之子，是古帝立子，不必嫡长也。或挚最长故立之乎？即夏商传世，其嫡长与否，亦不可知。然则嫡长之法，自周公制礼乃定。故太王舍泰伯，文王舍柏邑考，当时不以为异，尧舜则并舍其子。学者于此可以观古矣。世人习见周以后事，乃反以古事为异，岂其然哉？《大戴礼记》：陈酆作"陈隆"，《史记》作"陈锋"，"訾陬"作"陬訾"，则诸本之异文也。

（卷四）

石 庆

《万石君传》：石庆为丞相，"是时汉方南诛两越，东击朝鲜，北逐匈奴，西伐大宛，中国多事。天子巡狩海内，修上古神祠，封禅，兴礼乐。公家用少。桑弘羊等致利，王温舒之属峻法，儿宽等推文学至九卿，更进用事，事不关决于丞相，丞相醇谨而已。在位九岁，无能有所匡言。""元封四年中，关东流民二百万口，无民数者四十万，公卿议请徙流民于边。上以为丞相老谨，不能与其议，乃赐丞相告归，而案御史大夫以下议为请者。丞相惭不任职，上书乞骸骨归，避贤者路。天子曰：'仓廪既空，民贫流亡，而君欲请徙之，摇荡不安，动危之而辞位、君欲安归难乎？'以书让庆。庆甚惭，遂复视事。"

余按：天下方多事，诚非宰相告归之时，独恨其在位无所建明耳。若以天下不安，辜职请罪，谁曰不宜？贪鄙庸人，计不出此也。后世为宰相如石庆者，何可胜道？吁可叹矣，然如武帝者，方喜其谨顺无违，虽居相位，可以惟吾欲为，不挠吾事也。此固聪明自喜之主，不屑委过于下，正所以自讳其过之情也哉。

（卷四）

大戴礼

大小戴《礼记》皆杂取周秦诸子、儒家之言，各为一篇记之，固多七十子之徒所说，而亦不尽然也。其稍近醇粹者，则《小戴》所记为多，故康成作注，至今遵用。《大戴》所记可取者甚少，然究是周秦古书，自可与诸子并存，若以等诸圣经，则大不可。乃近世妄人，厌故喜新，不问精粗醇驳，反以为胜于《小戴》诸记，何异盲人道黑白乎？厌弃朱子则尊郑康成，以驾乎其上，此近世汉学诸贤之所弊也。此则并康成所说而亦厌弃之，欲驾《大戴》于《小戴》，总由厌故喜新之一念为之，人心陷溺，而不自知也。譬如厌布帛者，喜尚绫锦，既又尊尚红毛之哔羽而厌弃绫锦，此本豪侈俗子之情，稍晓事者皆知非之，乃读书人亦复如此，岂不哀哉！

（卷四）

天　道

周秦之际，天道诚有不可知者。始皇杀父，以诈强并六国，而得天下。冒顿亦杀其父，以诈强并东胡月氏而大匈奴。始皇传二世而亡，犹曰天道有在也。冒顿子孙竟数十世，岂天以禽兽畜之，道不行于其地耶？天为中国笃生圣人，自黄帝尧舜以来，接迹不已，夷狄亦人也，胡独禽兽蓄之，不使圣人生其地而化其俗乎？此则地气之故，天固有无可如何者矣！夷狄之地，硗瘠斥卤，或不生水草，故土风刚劲，人物蠢浊，清淑之气不存焉。俊秀之民，犹且难之，圣哲贤智之生，虽中国不能常有，况夷狄哉！

夫上古之世，中国之人，弱肉强食，愚蠢无知，亦犹之夷狄也。天地之气磅礴亭毒久之，不知几何年矣，然后圣人出焉，何况夷狄？然则地之产人物，必待清淑之气至焉，然后灵秀所钟，挺生贤智。其风气之开，后于中国常数千年，而终莫能及中国，理固然也。天何容心于其间哉！然则天道可知矣。恢恢大圆，其气滂浃，无所不周，无所不至，而有先后迟速不同，蠢者有时而灵，高者有时而下，一行乎自然之气，气必运而后至，不可强为也。昭昭矣，人之私智何能以测究之哉？

（卷四）

东溟奏稿

(1838—1842)

遵旨严讯夷供覆奏

奏为钦遵谕旨严讯夷供，据实覆奏，仰祈圣鉴事。窃（臣）等上年八月具奏淡水、鸡笼海口擒获夷犯多名，声明委员提郡查讯在案。适嘉义匪徒滋事，北路用兵，奏明暂缓起解，嗣于十二月间南北路勘办逆匪事竣，委员分起提解。原获黑夷一百三十三人，除在监在途病毙外，陆续解到夷犯一百一十九名。随将前奏能译传夷供之宋廷桂及续经访出通晓夷语之何金饬交台湾府知府熊一本、台防厅同知同卜年督同台湾县知县阎炘、委员前候补同知台湾县知县托克通阿等日夜研讯，甫得端倪。正在筹商办理间，接到抚（臣）饬知，奉二十一年十月十五日上谕，御史福珠隆阿奏请暂留罪夷以便讯究一折，台湾擒获逆夷多名，如果尚未正法，即著刘鸿翱饬令达洪阿等按照该御史折内所陈，除千里镜一节毋庸查究外，其余逐层究诘明白晓谕，务得实情，密筹办理，冀有裨益于攻剿机宜，钦此。并由抚（臣）照抄该御史原奏咨行（臣）等查照办理。遵查原奏所称应讯各条俱系案中紧要关键，先经该府厅县悉心推鞠，所问款目亦与原奏大略相同。兹于钦奉谕旨之后，（臣）等复加研讯。据黑夷头目咀莉哰等供称：

伊等驾船三只同到台洋，均系红毛望结仔、吽勝油地方夹板夷船，向属嘆夷管辖。嘆夷所辖各岛，每年俱系进纳鸦片烟土作为贡税。前年中国查禁鸦片，嘆王不能销售，遂向各岛索要金银，各岛夷亦因鸦片难销，无有金银供应，仍求收纳烟土，嘆王即于槟榔屿、望结仔、哎叻等处雇调兵船七十余只，在孟加剌地方会齐，大船用夷人八九百名，小船五六百名，每名月给番银四五元至十余元不等，又用汉奸五六名沿途卖货记帐、偷买食用等物，令大头目带领各船至中国，与领事义律恳求通商。因中国严禁如初，即带各船至广东虎门、浙江舟山、福建厦门等处滋扰。去年不记月分，义律被国王撤回，另换咈嘌喳为领事大头目。随于七八月间，先派三十余船攻打厦门，又派二十余船再攻浙江。又派伊等三桅船三只来台窥伺。不料伊等所驾之三桅船于八月十二日傍晚先到鸡笼外洋，其同来二船不知在何处阻风停泊。伊等于十六日驶入鸡笼口内，经官兵开炮轰击，伊等用炮回攻，不能得力，被岸上一炮击倒大桅，伊船立时破坏。船上有夷官呷哗呀三人：一名呵哄万，一名吧喇吓，一名咙吓嚹。见势危急，一人于拜天后跳海，一人刺目，一人同白夷数十人、黑夷三百余人及汉奸数十人分驾原带杉板船四只逃走。岸上官兵乘船追赶，各夷在杉板船上投海溺死及被追兵杀死者不计其数。伊等均被生擒，船上所带大小炮三十余门及火药炮子、金银、食用等物，俱已散失各等语。此该夷船听从嗅逆各处滋扰，来台被擒之原委也。

诘以汉奸姓名、里籍，据称汉奸俱是粤人，从前嗅夷到广通商最久，汉人与管事白夷彼此认识，是以此次雇在各船照料。若是面生之人，白夷亦不使用。伊等实不知其姓名。

诘以制药、造炮用何物料、该夷船能否造办，据称火药、船只俱在本国及息辣地方制造，炮用铜铸，取其出子便利，伊等但能用药点放，不会造办。

诘以硝磺米石俱由何处偷漏、所需内地何物接济、畏惧中国何项兵法，据供硝磺米石俱由息辣、孟加剌等处运来也，有各处汉奸接济。船上所带干面粉饼极多，并非必需内地之物。至在中国打仗，最怕搁浅，是以到一海口，必要量水深浅；最怕火攻，是以船上两舨皆是夹木，舨中一层贮水，以防炮火各等语。

（臣）等复以槟榔屿、望结仔、息辣、孟加剌、哝叻等处是否国名，所获图册夷书是何奸计，向其究问。据称，孟加喇、哝叻是嗅夷属岛，槟榔屿、望结仔、息辣三处俱是嗅夷大马头，在噶喇吧一带，遇有顺风，亦须四五个月方能驶到中国。至所带图册是沿途各岛及中国地图，夷书是管船白夷呷哔呐之物，伊等黑夷俱不识字，莫能解说，等供。再三严诘，矢口不移，似未便再事刑求。

（臣）等查该逆夷等因天朝不准贩卖鸦片烟土，辄听嗅夷调派，分至各省滋扰，实属罪大恶极。若如该御史所奏解省讯办，非惟现乏文武官兵配船护解过海，且此项黑夷俱系各岛乌合愚蠢之人，问以秘要夷情，不能明晰，设或洋面夷船闻而截夺，更属不成事体。应否仍照（臣）等原议即行在台正法，以彰国宪而快人心，抑如该御史所奏暂缓正法之处，臣等未敢擅便。除会同密筹制胜之策相机办理外，合将遵旨严讯缘由由四百里驰奏，并另缮夷名清单恭呈御览，俟命下日钦遵办理。谨奏。道光二十二年正月二十五日奏。

鸡笼擒获黑夷一百三十三名，受伤及在途、在监身毙外，解郡讯供夷犯一百一十九名。

计开：

咀莉唉　　　　　　嘪噶　　　　　　咦呀吗咭嗯

唠知　　　　　阿礼噞　　　　　唎呵叭哩

马阿甲　　　　㖞叻　　　　　　咦鹧得唎

吗坏吐　　　　阿呋嘥　　　　　吵呵哈吻

喃嗔　　　　　嗨吵　　　　　　呵喃屮呷○

哝○　　　　　咇叻○　　　　　科嗒阿马甲

晚咀　　　　　咖哪○　　　　　哪吣咥吧咙

晚○　　　　　咘嘧　　　　　　喃晚叱呧

阿食喃　　　　揽然　　　　　　望结仔咔叭

吘○　　　　　呜呐目　　　　　咛吻叻○

啫○○　　　　哪咀　　　　　　咀喝阿哩

吧咀哩　　　　哈吗鸥　　　　　毛知呖阿哩

咱咭仔　　　　逸咀哩　　　　　咔喃哈啐

哦晚　　　　　吻叻　　　　　　吵叭唠哩

马呋○　　　　唎吧　　　　　　咖哩哆咀

晚咹　　　　　任吻　　　　　　阿哩吀吆嘚

咀嗉　　　　　来晚　　　　　　咔○咀吵

兴语　　　　　毛禁　　　　　　阿里咀喝

吵然　　　　　啡咹　　　　　　哗呧阿里

寒女晚　　　　音吗呀　　　　　初吻哪呧哒咀

音吗咀　　　　魏　　　　　　　吗喝咀哒咀

海叻　　　　　咖吵　　　　　　哝吗阿哩

抛其叻　　　　阿咀　　　　　　吗咹哒咀

叻咹　　　　　吧沙哩　　　　　嗔○

吗叻生　　　　唵嘛倚　　　　　咔唠迦

○○　　　　　嗯嚟　　　　　　喃吁

然　　　　　　噶噜　　　　　　○哪

吻噜　　　　　啤噜　　　　　　咀吐

吗哪　　　　　呧唷哩　　　　　嗨○哆

吗米　　　　　○语　　　　　　○○

嚰○　　　　　咀吧哩　　　　　驴吧

喝凛　　　　　哚唻　　　　　　叻哩

阿哩　　　　　奇瘦　　　　　　沛食哩

咭哒哩　　　　斜米哪　　　　　然

吽〇	咖的	咔哖
吗喝咀	哝食咀	咔哒哪
哩呖	阿执咀	牛吗哩
沙唽	吗咀	咀哩
呀四	哔得哪	咀哪
梨四	哝呖	

再，上年十二月十五日接奉谕旨，著传谕在籍提督王得禄回驻台湾与（臣）等协同剿办逆夷，钦此。（臣）等当经恭录上谕移知去后，现据澎湖厅禀报，该提督已于上年十二月二十八日在澎湖病故，并据其子王朝经禀送该提督遗折一副到（臣）姚莹，嘱为差送督（臣），代求呈递。经（臣）姚莹随即专差赍送督（臣）具奏在案。此次筹办夷务，仍系（臣）达洪阿与（臣）姚莹督同道衔台湾府知府熊一本会商办理，合并附陈。谨奏。道光二十二年正月二十五日奏。

（东溟奏稿卷二）

遵旨筹议覆奏

奏为遵旨议奏仰祈圣鉴事。道光二十二年二月十四日亥刻接准军机大臣字寄道光二十一年十二月初八日奉上谕，前据达洪阿等奏逆夷滋扰台郡，官兵击沉船只，夺获器械，擒斩夷匪多名，当有旨谕令该总兵等严饬在事文武添派兵勇严密防范，并谕令王得禄移驻台湾协同剿办。嗣因日久未据续报，复谕令怡良等确探驰奏，迄今又将匝月，朕心实深仅念。台湾为闽海要区，向系该逆垂涎之地，此次驶入逆船，复经该总兵等歼剿，难保无匪船闯入，冀图报复。现据奕山等奏，逆夷有遣人回国添调兵船于明春滋扰台湾之语。该总兵等接奉前旨后，于一切堵剿机宜，自已先事豫筹妥洽。现在情形若何，有无续来滋扰，万一该逆大队复来，该处驻守弁兵及招募义勇是否足资抵御？其如何定谋决策，层层布置，可操必胜之权，著达洪阿等会同王得禄悉心定议，一并会衔具奏，并著怡良等密速确探现在情形，据实奏闻，毋再迟延。将此由六百里谕知怡良等，并传谕姚莹知之。钦此。遵旨寄信前来。（臣）等查逆夷自上年八月在鸡笼受创之后，果于九月间再犯鸡笼，（臣）等督饬文武当时击退，于九月二十日具奏，所有鸡笼第一次击破夷船擒斩夺炮一折，系十二月十五日奉到朱批上谕，仰蒙训示机宜，颁赏花翎，从优议叙，（臣）等钦遵祗领，恭折谢恩，于十二月二十日专弁内渡赍呈。一面传知王得禄来台协同办事。讵王得禄已于是月二十八日在澎湖病故，本年正月二十五日接据澎湖厅禀报，经将遣折由督（臣）代奏，并于讯取夷供覆奏折内附片陈明，由四百里驰奏。是月三十日，逆夷复至淡水之大安海口，（臣）等督饬文武义首计破其舟，生擒白红黑夷四十九名，广东奸民五名，甫于二月初四日由五百里驰报各在案。惟是海洋风汛本已不时，又有夷船盗艘出没阻劫，船只过海维艰，文报往来益形壅滞，仰烦圣仪，（臣）等不胜惶悚。兹蒙示以逆夷在粤，扬言将以大帮来台滋扰，谕询兵勇是否足资抵御，如何决策定议。（臣）等谨查台湾戍兵名虽一万四千，内除澎湖两营隔海、噶玛兰一营远在山后，其山前一厅四县地互一千余里，海口林立，民情不靖，现当处处戒严，若遇大帮夷船，实形单薄。欲请兵内地，则本省防夷吃紧，缺额戍兵尚难补足，其不能添调可知；欲请兵外省，则客兵地利生疏，未见十分得力，且远隔重洋，缓不济急。反覆思维，不得不用本地义勇（甚是甚好），以台湾人习斗，胆气较优，且自卫乡邦，其情较切，若晓以大义，优其爵赏，尚可有为。是以（臣）等自二十年八月先后赴南北路督同厅县委员遍谕绅耆联庄，团练义勇，半守本庄，半听官调，已据各属陆续册报练勇四万七千一百有奇（朱：深堪嘉慰），请领义旗腰牌。此皆平时不领经费，调用始给口粮，其各海口则自二十年夷船窥伺台湾击退后，及上年厦门失守夷船再犯鸡笼，（臣）等陆续添派守口常驻弁兵三千六百六十八名，益以调募屯丁义勇水勇五千五百余名，其分防陆路守城及澎湖兵勇均不在内。惟兵勇分驻只可御三数夷船，设有大帮，则需调取陆营官兵及团练之义勇出御，仍遵圣训不与海上争锋（朱：操胜之道），俟其登岸，设伏击之。

伏思用兵之道，气不可馁，贵从容布置；言不可夸，贵切中机宜；谋不在奇，贵深明事势；人不在众，贵协力同心。夷人之长全在大船火器，必使船不入港，火器有御，方为尽善。守御之法，其要端有五：一曰塞港。近时塞港之法，各省皆有请求，当各因地势而用。台郡近城惟国赛港与三鲲身之新港最为宽深，新港现用大竹篓及木桶载石填塞，国赛港则以不堪用之哨船数只并制大木笼千余个载石堆贮水中，拦其大小船只，港内岸上均设兵勇守之。至四草与安平大港对峙，安平为重兵所在，而以偏师挖守四草港内，复制大木排四座，上架大炮拦截港门，更制二丈长大木，钻数百枝，上安大铁镖带钩，贯以藤条，横浮水上，以挂其船。此塞港与守港之法也。二曰御炮。沿岸建设石壁，外以竹篓贮土堆作炮堆，或用大竹篾夹筑土墙长数十丈及百余丈不等，其下更挖濠沟，或埋钉桶竹签，或布铁蒺藜。（臣）达洪阿近更制地雷数十处，埋伏以待。三曰破其鸟枪。水中用竹筏，上张木架，悬挂牛皮、棉被，使水勇乘之以进。岸上则于藤牌之外，新添翻被架，五十名为一排，后藏小铜炮、抬炮、抬枪，可以破其鸟枪、火箭、火镖。又练翻被手，其法用五十人为队，手执水泾绵被，张其两角，兼执两刃，排列而前，长矛鸟枪随进，较藤牌更为得力。四曰守城。台湾郡城逼近海边，安平即系西城，三郊商贾云集之所，向有炮台三座，近更加筑坚厚，复围建木栅七百余丈，守以义勇，城内八坊八十二境，谕令绅士铺民每段树栅，自选壮丁稽查严守，现在送册亦五千余人。此（臣）等筹防郡城内外之大概情形也。五曰稽察奸民。夷虽猖獗，皆由所在奸民勾引，广东、厦门、宁波本洋商所聚，通市已久，无赖之徒素食夷利，故为之用。台湾向无洋商，夷舶不到，似无此患。而民情不靖，则其患更深。昨获凤山逆匪张从，竟以广西逃军，在广东与通夷奸民勾结，回台纠人为夷内应，幸逆党首从伏诛，该逆为台湾县知县阎炘所获，并究出夷用汉奸刘相、苏旺为之主谋，本年夷酋卟嘱喳复自定海遣夷目颠林偕汉奸黄舟等以重资来台窥探，欲行勾结，又即破获，而南北两路匪徒上年复痛加歼剿。惟是逆夷既屡次失利，怀恨转深，果否遂能戢其邪谋，尚在未定。（臣）等益当督饬文武，随时严密稽查，以防意外之虞。

且夷囚现在郡监一百六十八名，解省既有不可，久禁亦非善计，甫经奏请训示，设未奉到朱批回而大帮猝至，惟有先行正法（必当如此），以除内患，是为要著。

至于台湾各城，惟郡城临海，最为险要，其余厅县皆距海数十里，民庄皆用竹围，足御夷炮。独海口沙地水咸不能种竹，惟令各口文武添设炮墩土墙，相机办理。又各口惟鸡笼三面环山，险峻可守。沪尾两山对峙，一港中通，其险次之。此外则皆一望平沙，港门皆在水中，或有暗礁沈汕，犹可限阻夷舟，否则全仗人力，自当相度地势而行，不能一律办理。现令各民庄自相结联，倘夷人登岸，即同官兵设法邀击。盖兵事顷刻变易，全在不失机宜，非成法所能尽者。亦惟存乎其人，将吏果皆有勇能谋，是又（臣）等之愚所不敢必信者也。

（臣）等才识庸愚，当此巨任，惴栗时深，何敢遽言必胜之权？惟有竭诚毕虑，鼓励人心，以期众志成城，仰报高厚鸿慈于万一。谨将筹议办理情形据实覆奏。此次所陈，皆台湾机要，请免宣示，以昭慎密。是否有当，仰祈皇上圣鉴，训示遵行。谨奏。道光二十二年二月十六日奏。

再有请者，台湾自道光二十年夏间夷船到鹿耳外洋官兵击退之后，（臣）等即督饬文武查明各属海口设筑炮墩，委员督带兵勇驻扎防守，一面制备攻守器具，迨厦门失守，夷船再犯鸡笼，复逐次添设，处处戒严。所有兵勇口粮一切经费实为繁巨，派设府局遴委台防同知同卜年专司支应，由知府熊一本查核，其应准应驳皆禀由（臣）姚莹亲自裁决，一切皆立有章程，丝毫不容浮冒。计自二十年八月起至二十一年十二月终止，淡水、噶玛兰二厅暨台湾、凤山、嘉义、彰化四县并拨给澎湖一厅共支给过银二十余万两，除先经省拨经费银十万两外，均系该府厅县挪款垫应，嗣蒙皇上赏银三十万两，经督抚（臣）于上年十二月委员解到，归还前此挪垫及分给各属外，府库实仅存银十三万余两，道库备贮原存五万五千余两，又以南北两路逆匪滋事动用三万两，所存无几。兹蒙谕示以逆夷将有大帮到台滋扰，经费未免尚形短绌，闻省中经费亦非宽裕，不能再济台湾。可否仰乞天恩，饬部另筹经费五十万拨贮闽省，专为台湾陆续接济军需，俾（臣）等稍有所恃，庶无掣肘之虞。（臣）等极知国家经费有常，何敢稍昧天良，再行渎请？实缘夷务重大，地在海外，若不先事绸缪，恐误事机，惟有加意撙节，不使稍有虚糜，仰体皇上振武理财之意。至于鼓舞人心，尤为目前第一要著，所有台湾出力义民，除劳绩显著者随事专折具奏请奖外，所有义民遇事出力，可否准令（臣）等便宜赏给六七八品军功顶戴，俾得立时奋勇，无误事机，事后再行汇案具奏咨部，则台地更有裨益。谨奏。

（东溟奏稿卷三）

覆讯夷供分别斩决留禁绘呈图说奏

奏为遵旨覆讯夷供分别斩决留禁，绘呈图说，仰祈圣鉴事。本年五月十九日接准军机大臣字寄：道光二十二年四月初五日奉上谕，达洪阿姚莹由五百里驰奏逆夷复犯台港，破舟歼逆一折，据奏该逆三桅大船三只，在五汊港外洋向北驶去，仅只击沉一船，其余二只究竟驶往何处，此次生擒逆夷数十名且获广东汉奸五名正可隔别严鞫，令其据实供吐逆夷屡次前来系何人指使，意欲何为，所获白夷十八人有无得受伪职之头目在内，此次滋扰台湾船只由何处驶来，现在广东、福建、浙江各洋面口岸夷船共有若干只，各处夷船分领头目几人，汉奸几人，汉奸内最为该逆信任者几人，其姓名并诡谲踪迹务当层层分晰，讯取确实供词，与保奏折均由五百里复奏。取供之后，除逆夷头目暂行禁锢侯旨办理外，其余各逆夷与上年所获一百三十余名均著即行正法，以纾积愤而快人心。钦此。同日又准军机大臣字寄：道光二十二年四月初六日奉上谕，据达洪阿姚莹驰奏遵旨严讯夷供一折，览奏均悉。昨据奏称，逆夷复犯台港，经该总兵等生擒白夷十八人、红夷一人、黑夷三十人、汉奸五名，该逆中必有洞悉夷情之人，究竟该国地方周围几许，所属国共有若干，其最为强大不受该国统属者共有若干，又嘆咭唎至回疆各部有无旱路可通，平素有无往来，俄罗斯是否接壤，有无贸易相通，此次遣来各伪官除吥嚅喳系该国王所授，此外各伪官是否授自国王，抑由带兵之人派调，著达洪阿等逐层密讯，译取明确供词，据实具奏，毋任讳匿。钦此。查二次获红夷头目颠林、伙长律比及汉奸黄舟等，前经（臣）等提讯供情，业同起获夷书图信具奏呈览。兹再奉圣明指示应讯各情内有前奏所未及者，谨督同道衔知府熊一本，同知同卜年及众委员，复提颠林等逐层隔别究诘。据供：

该国王城地名兰邻，在大地极西北隅海中。其国本不甚大，王城东西南北周六十里，后枕大山，其名哀邻。近兰陵之西，海中一地名埃伦。自王城东南陆行半日许即海，登舟南行十五昼夜至弼爹喇。更南五十昼夜至急卜碌。转东北行五十昼夜至望迈。再自望迈东行二十五昼夜至新地波。其地东北即安南。更东行七昼夜即至广东。复三昼夜而至浙江。凡一百五十余日。极顺风一百二三十日夜亦可至，不顺风亦有迟至半年以上者。兰陵外，自西北而西南，更转东北而至广东海中，所属岛二十六处，皆其埠头；多他国地，据为贸易聚集之所。一曰埃伦，二曰弼爹喇，三曰急时烟士，四曰那古士哥沙，五曰闲拿呀，六曰的赊士，七曰散打哇，八曰金山，九曰士娇也，十曰急卜碌，十一曰骂利加时架，十二曰骂哩诉，十三曰息赊厘，十四曰士葛打喇，十五曰烟，十六曰望迈，十七曰士唧，十八曰袜打喇沙，十九曰孟呀喇即孟加剌，二十曰磨面，二十一曰槟榔屿，二十二曰骂吻格，二十三曰新地波，二十四曰路士伦，二十五曰班地文，二十六曰蝶士爹厘耶。以上诸岛皆嘆咭唎埠头，设官主之，海中相去或一二千里数千里不等，遥相联络。诸岛左右复有别岛，或自为国，或为贺兰别国、埠头，非其所属。亦有不能详者。前供啖叻即息辣，同望结仔二处，皆贺兰埠头。因货①兰亦有红毛之称，同一贸易，故并雇用其黑夷，非噗属也。吽脤油者，黑夷之通称，即华言无来由也。海中诸国最强大而为噗咭唎所畏者，一曰咪唎㽛，华人称为花旗，在的赊士之西。二曰佛兰西。皆地大于噗咭唎，而船炮如之，亦好贸易，与贺兰、黄祁、大西洋俱在广东通市，颇恭顺。佛兰西船少，近年未至此。其海路之情形也。其陆路自兰邻外，并无土地。东北、东南隔海之国甚多，颠林所知者，曰士袜国、罗委国、叻伦国、颠麦（一名黄祁国）、什卑厘国、挞地厘国，皆在其东北，土壤相接，北即北海，冰厚二三丈，极寒，人不敢往。又有贺兰国、拿打伦国、米莉毡国、佛兰西国又称勃兰西国、大西洋国、鸦沙尔国、布路沙国、记利时国、埃地利国、大吕宋国、的记国，皆在其东南，国亦相接。问以俄罗斯及回部，皆茫然不知，惟隔贺兰、黄祁之东有罗沙国，又东南有北叻思国，似即俄罗斯地，而字音别也。贺兰、黄祁二国最近噗咭唎，隔海相距一千二百里，诸国皆不相统属。贺兰颇为噗咭唎欺凌，每倚佛兰西为援，则与噗咭唎固外好而阴忌之，未必听噗咭唎越其国而与俄罗斯贸易。此噗咭唎以东隔海诸国之情形也。

其王现为女主，议国政之大臣曰马伦侍，其在浙江之统帅人名沙连弥卟嘚喳，其官为比利呢布颠剃衣弥，一切兵船听其调派。其次王兵官为赞你嘧，其人名沙有哥哈即吧噶。又主船政官为押米嘍，其人名沙外廉吧加，即思哑救力巴敦时。卟嘚喳系一等官，年得俸银二万元，以下分等递减。其在厦门者官为善用勒弥沙，人名时蓂，又称士勿，乃主船政之官。其在广东之香港者，文为马厘士列即马礼逊，其人名赞臣；武为善用哈沙，其人名礼也时。皆受自国王，而听命于卟嘚喳。又有呷哔吶，亦主船政，又称急炖。亦受自国王，或有自贵官授之而报名于王者。凡三桅大船，黑夷以六头目管之，一正五副；二桅中船，黑夷头目三人，一正二副；小船，黑夷头目二人，一正一副。正头目，夷言沙冷，副头目，夷言炖底。此次大小夷船百余只，实在兵船连火轮船七八十只，内多即贸易之舟，配以夷官，改作兵船。其兵皆黑夷，雇自各岛，共约四五万人，每月工资番银二三元至十元不等。至同来兵船，见

---

① 疑"货"应为"贺"字。

颠林破获，是否逃回浙江，抑往广东，无从追问。

（臣）等伏思逆夷兵船半即商舟，人众数万，月费工资数十万金；夷酋俸银、夷众口粮、军装火药，月费亦数万；船本、货本又数百万，计犯顺已逾二年，费亦不下二千万。夷以货财为命，今闭关，其货不行，所在私售无多，价亦大减，主客异形，逆夷虽富，何能久支？卟啁喳始冀为义律故智，思得所欲，及不可得，且人船丧失，所耗益多，其情势必绌。饥而扑食，乃更扬言继师大举。窃恐其众将离，未必复能久持也。然贼穷必有变计，（臣）等防守不可不益加严。

其余各条皆如前供。地名、人名翻译殊难，汉人或通其语而不通其文。颠林能作画，乃令图其国所属及各国形势，惟东北旱路伊所未至，又回部绝远，故不得其详。汉奸五人中惟郑阿二最通夷语，黄舟能汉字，乃使郑阿二传颠林之言，以广东土音翻译出之。间有误者，颠林似亦觉之，而每指正其误，复使律比等观所绘图，点首。察其情形，言似可信。谨遵旨将红夷头目颠林及伙长一律比、二吧底时、三科因谏垤、副头目怒丈、白夷头目伊些骆、黑夷头目忍满，翻译供词之汉奸黄舟、郑阿二，又前次所获之黑夷头目咀莉唛及哈吻叻咮共十一名严行禁锢，候旨办理。设有大帮来台，仍照前奉谕旨准予相机酌办，以免内变。其后获之红夷月乞里等三名、白夷旧锡莫哩等十名、黑夷病毙二名外，现犯下治吴蚋油等二十七名，同前获病毙外现存之黑夷沙啺等九十九名，共一百三十九犯，恭请王命在郡正法，以振国威而快人心。所有（臣）等遵旨覆讯办理缘由，恭折由五百里具奏，并将噗夷所绘各国地图考证诸书为说进呈御览。除备录供招咨部外，伏乞皇上圣鉴训示。谨奏。道光二十二年五月二十八日奏。

《嘆咭唎地图说》：嘆咭唎国，又称英机黎，或作膺吃黎氏，通称红毛，在大海极西北隅。四面皆海，其国都名兰邻，北枕大山，名哀邻。隔海而南与贺兰、佛兰西、大吕宋邻近，相去皆千余里。又有咪唎坚在其西南海中，相距约万余里。国皆强大，不相统属。惟大吕宋稍弱，近中国之属岛名小吕宋者，久为嘆咭唎所据，不能争近七十年；嘆咭唎谓其地少利，吕宋始以金赎回。贺兰亦常为嘆咭唎侵凌，倚佛兰西为援。佛兰西大于嘆咭唎也，然佛兰西人不善经商。今广东贸易之夷，自大西洋外，有嘆咭唎、咪唎坚、贺兰、黄祁、佛兰西诸国，惟嘆咭唎船多，年常六七十艘。诸国无公司，独嘆咭唎有之。公司者，其国王自以本钱贸易，故名。诸国至广东，十三行商公建楼屋居之，如客寓。诸夷商去来无定，非如大西洋之常往澳门也。嘆咭唎通商广东，自云二百余年矣。嘆咭唎王城东西南北周六十里，东南城外车行半日即海。本国虽不甚大，人精巧，善制器械。以其强黠，胁制海中小国，皆为属岛。自王城稍西海中一岛名埃伦。又南为弼爹喇，王城至此舟行十五昼夜。弼爹喇之西北一岛名急时烟士，又西北为那古士哥沙，又西南为闲拿呵，皆其所辖。弼爹喇之西南隔海一大国，名咪唎唑，即华言花旗国之北境也，其北至南境陆地大于嘆咭唎数倍，船炮如之。嘆咭唎入中国必由其海面，故畏之。而于咪唎唑之东据一小岛，名的赊士，设埠头，又于的赊士隔海相对一高山，名散呵嗟之东名金山，设一埠头，三处相望。其用心之密如此。义律即的赊士人也。自散呵嗟而南，为士娇也。自金山而南，为急卜碌，即《海国闻见录》所云呷也，盖海中大地西南一角尽处。由弼爹喇至急卜碌舟行五十日夜，皆自西而南。自此以后，则舟行转向东北，初为骂剌加时架，更东北为骂哩询，又东北为息赊厘，又北为士葛打喇，又北为烟，其东为望迈。自急卜碌至望迈舟行五十日夜，更自望迈而南为士唧，又东北为袜打喇沙，北为孟呀喇即孟加剌，又东南为磨面，又南为槟榔屿，一名新埠，又东为骂叻格即《明史》所云麻六甲也。前明本满剌加国，为佛郎机所灭，后归贺兰。嘆咭唎有一地在其南，名孟姑伦，与贺兰互易而有之。乃于其地之西，新开槟榔屿为大埠头。又东为新地波，自急卜碌至此，本皆黑鬼地，而嘆咭唎据之，总称吽捞油，华言无来由是也。自望迈至新地波舟行二十五日夜，其东北即近安南。更舟行向东七日夜，即广东。《明史》西洋利玛窦言其国至中国九万里，嘆咭唎又在其北，海道可知。骂哩询之极南，又有路士伦，又东北有班地文，又东北有蟆士爹厘耶，皆嘆咭唎属岛。占自他国，以为聚积贸易之所，谓之埠头，盖华言也。自埃伦至新地波凡二十六岛，皆设官主之。诸岛在海中相去或千里或二三千里，势相联络。其左右复有别岛，或自为国，或为贺兰及他国所属者尚数十，而以嘆咭唎为最。此其海路之形势也。

其陆路自本国外别无土地。国之东北隔海而地相连者为士袜国、罗委国、叻伦国、颠麦国（一名黄祁国），更东为什卑厘国，又东为挞地厘国。其北即北海，极寒，冰厚二三丈，盛夏不解，人无敢往者。其国之东南隔海而地相连者，最近之东为贺兰国，自此而南为拿打伦国、米莉毡国、佛兰西国、捷罗那国、布度基国。布度基即华言大西洋国也，广东澳门即大西洋所居，纳税文官名加丈呵，华谓之番差；武官名呵你蒟，华谓之兵头。贺兰之东迤南为鸦沙尔国、布路沙国、记利时国、埃地利国、大吕宋国。又东为的记国。自西洋以东如大吕宋、埃地、利记利时、布路沙至的记诸国，皆沿中海。此其国以东陆路之情形也。问以俄罗斯及回部，皆茫然不知。惟言贺兰之东北为罗沙国，又东稍南为北叻思国，与《海国闻见录》载俄罗斯隔普鲁社即系黄祁、贺兰之境相似。乾隆年间，俄罗斯女王即西洋国之女，则其相去当不甚远，特地名字音各别，或即所云罗沙及北叻思也。颠林未至东北诸国，故不能明，然其所绘图与康熙年中西洋人南怀仁之《坤舆图说》，乾隆年中总兵陈伦炯之《海国闻见录》形势大略相同。二书收入四库中，可以参考。故大学士臣松筠尝为（臣）姚莹言俄罗斯大臣多西洋人，乾隆五十八年，嘆咭唎贡使玛噶尔言，今俄罗斯之哈屯汗，本大西洋国女，乃前哈屯汗之外孙女也。其表兄袭汗，娶以为妻。然则俄罗斯与大西洋世为婚姻。嘆咭唎本近大西洋，妇人为王，其俗同，人之状貌又同，则其近可知。俄罗斯人有在京者，传询当得其实。然嘆咭唎既隔海而俄罗斯尚隔黄祁、贺兰、佛兰西诸国，未必与嘆咭唎交结，故颠林及律比皆不知之。若回部则以南怀仁及陈伦炯之图考之，相去甚远，所隔国尤多矣。至的记之东为已罗，又东为茂加，又东南为乜加喇，又北为亚巴赊，又东北为烟你士丹，皆乌鬼地。其自的记转南，沿中海而西者，为衣接埠头，为礼卑厘，为埃治也，为都利士埠头，亦皆黑鬼地。正与《海国闻见录》形势相同。颠林言伊船内本有四海各国全图，船破失水，不知所在，今据所能记忆者图之。其言或可信也。至其立国自称一千八百余年，本无稽。然国俗王死无子，则传位于女，其女有子，俟女死后立之。实已数易其姓，而国人犹以为其王之后。足见夷俗之陋。道光十八年，其国王死，无子，复无女，乃传位于侄女，名役多厘里也。今二十二岁，招夫丙次阿不尔，称为边嗤士亚弼，犹华言驸马。生一子，今年二岁。异时女王死，即立为国王。边嗤士亚弼不理国事，大政则有三大臣，在女王左右议决之。其第一者，名马伦侍，极贵。次二人不知其名。其国文官少，武职多。大埠头设文官，名罗洛坚，如中华督抚。中埠头设文官，名沙外廉叻洛坚，如中华知府。小埠头设文官，名末士洛云，如中华知县。诸埠头均有大武官，名马凝接，如中华总兵。其余武官不可悉数。此次统兵至定海之统帅，其人名沙连弥咇嚧喳，其官为比利呢布颠剃衣弥，最贵，一切由其调度。各官虽授自国王，有事故则咇嚧喳遣代。其次主兵之官为赞你嚧，其人名沙有哥哈，即吧噶。又主船政之官为押米喽，其人名沙外廉巴加，即思哑敕力巴敦时，皆在浙江。其在厦门管船者官为善用叻弥沙，人名时蔑，又称士勿。在广东香港者，文官为马厘士列，华言马礼逊，其人名赞臣；武官为善用哈沙，其人名礼也时。凡管理贸易及船政官皆名呷哗呥，即《明史》所称加必丹未，又称急敦，如华言船主也。船上管黑夷者头目有正副，正名沙冷，副名炖底。大船一正五副，中船一正二副，小船一正一副。此次至内地夷船名百余只，其实不过七十余艘，且多贸易之船配以夷官，非尽兵船也。又火轮船亦不过十只，用以急递资讯，为诸船导引。黑夷皆雇自诸岛，月给工资番银二三元至七八元，不下数十万。其官自咔嚧喳年给俸银二万元，以等递减，小者亦数百元。凡造一船，费数万计，炮械火药资用尤多。闭市后，洋货不售，有私售者货价大减，用兵日久，复多丧失，亦自苦之。

其女王之出，戴金丝冠，四面缀珠，身衣红色哆啰哖长袍，或羽毛为之，胸前系金珠为饰，乘大马，上用平鞍，后有靠背，左右扶手。前后随者有步有骑。夷人见王不跪，惟免冠，手拔额上毛数茎投地为敬。其国人肌肤皆白，长身，猫睛，高鼻，类在京之俄罗斯，而发拳黄，故称红毛。亦有肌白而发黑者，不贵也。初奉佛教，后奉天主教，净髭须。其产鸦片烟土者凡三处：一为的记，二为望迈，皆出小土，每块重六七两；惟孟加剌出大土，每块重四十五六两。海外诸国皆以其所有易其所无，自洋布、哆啰哖、羽毛、红木、紫檀、花梨、冰片、龙涎香、海参、燕窝、丁香油之类数十种，鸦片特其一，而望迈、孟加剌皆嘆咭唎埠头，故其国货船此物独多。各国人皆不食，即嘆咭唎亦自不食，惟华人及黑夷多嗜之。凡贸易诸船，皆商贾自为之，王收其税，亦有领国王本钱者。谨据夷酋颠林、律比供及图，证以诸书如此。

道光二十三年正月二十四日承准兵部火票递回原折，钦奉朱批：另有旨。钦此。同日承准军机大臣字寄提督衔台湾镇总兵达，传谕按察使衔台湾道姚：道光二十二年十月十四日奉上谕，达洪阿等奏覆讯夷供分别办理一折，前因嘆夷就抚请释俘囚，有旨谕令该总兵等将台湾所获夷俘除业经正法外，余即解至省城由怡良等转交收领，计可先行接奉。本日据奏覆讯各夷供词，将夷目颠林等分别禁锢、正法等语，著该总兵等仍遵前旨，将现在未经正法各夷人派委员弁妥速解省，交怡良等转交该夷目领回。该总兵等呈进嘆咭唎地图及图说一件均已览悉。所奏折件被抢已有旨交该督抚饬拿严办矣。将此由五百里谕令知之。钦此。遵旨寄信前来。

（东溟奏稿卷三）

夷船二次来台释还遭风夷人奏

奏为鼓浪屿夷船二次来台求释前获夷俘及北路洋面适有遭风夷人即交领回，厦夷情悦服，全台安定，由五百里据实奏闻，仰祈圣鉴事。本年九月初十日（臣）等遵旨释放前获夷俘正法外留存夷目九名委员护送内渡及厦门鼓浪屿夷官来台投书未交径回各情由五百里具奏在案。嗣于九月二十三日接据候升知府淡水同知曹谨、候补同知直隶州知州澎湖通判范学恒禀称，本月十六日，淡水厅属金包里洋面有嗳夷夹板船一只遭风击碎，会营督属救起白夷二十五人等语。当经批饬，嗳夷现已受抚，即当妥为抚恤，委员解郡，以凭奏明转交厦门去后，兹于九月三十日据鹿耳门口员报称，有前次投书之夹板夷船复从西北驶来外洋停泊。正饬查间，十月初一日报称，白夷数人放杉板到口，称奉有闽浙总督文书求进城投递。

（臣）等查该夷既奉有本省总督文书，自当出见接收，未便准令入城。当经熟商，（臣）达洪阿暂缓出见，（臣）姚莹先督府厅县及中左右三营游击在城外公所传见。夷官二人，言督（臣）文书尚在本船，先来请示，如准来见，该夷上司官即于明日上岸面投，（臣）姚莹许其初二日进见。次日午刻，有该夷官即前来之职比守备、新升都司你哎，同夷千把总四人上岸，仍于城外公所传见该夷，皆行免冠礼。询以总督文书安在，当即取出呈阅，乃本年九月十五日督（臣）怡良给鼓浪屿夷水军统领之文，大略言八月间接准钦差大臣咨称，被虏夷人前经奏请释放，所有台湾俘虏悦尚在台湾羁管，希即飞饬该镇道将各夷人委解鼓浪屿，径行交领，当经本部堂专弁行文台湾镇道遵旨办理。因风汛靡常，文到迟早不定，计该国差弁赴台时未接本部堂公文，不知和好之信，是以不敢擅自接收，候彼中接到文书，自将所留各难民解回厦门交还等因。该夷今赍此文来台以为凭据，并抄呈前次来台赍投原文，亦系求将两次所获夷人及船货见还之意，词气尚为恭顺。（臣）姚莹谕以台湾存留夷目九人已接奉总督来文委员送厦交还夷官。问前二次共获一百八九十人何以只存九人？谕以病毙数十人，余皆正法。夷官问何为正法？谕以尔国犯顺彼此正当交战，焉有不杀之理？因天朝以德怀远，不轻杀戮，自上年八月及本年正月俘获夷人皆羁留久之。及尔国在浙江、江南屡次伤我官员，害我百姓，是以大皇帝震怒，台湾军民人人愤恨，五月后方遵旨正法，仍留头目九人，已属格外施恩。该夷官语塞，其形益恭。又问近有夷船一只台洋遭风，系在何处，是何月日？谕以此乃九月十六日在北路金包里洋面遭风击碎，人皆溺海，地方官救起二十五人，现因尔国受抚，已饬令妥为抚恤，即日委员解郡，禀报督抚奏明大皇帝，然后遣官送厦交还夷官。言若待禀奏有需时日，可否恩准来船即日领回？（臣）姚莹以其词顺，许以奉有释放夷人前旨，若尔国诚心恭顺，亦可通融办理。夷见允所请，喜形于色，复免冠顶谢，且称回告本国，亦皆感戴天朝大恩。夷人无以为报，欲求大人一登夷舟，俾众夷瞻仰，以伸谢悃。意甚恳挚。

（臣）姚莹伏思自古驭夷不外恩、威、信三者。台湾两次擒斩夷众，已足示威，生释夷俘，又已施恩，今若不许所请，彼将谓我怯怯，且不足以示信。泉厦之间咸谓台湾擒斩其人，夷必报复，上年至今，谣言未已；台民日夕摇动，奸人得以乘间煽惑，现察该夷情词恭顺，且彼国大酋咔嘧喳受抚，夷众日久思归，断无敢行滋事，莫如竟往彼舟以观所为，一可释外夷之疑怨，二可安台厦之人心，三可杜奸人之煽惑，四可细审其舟之虚实。遂允登舟之请。夷官复请示期，许以后一日往。夷官悦谢而去。

还商（臣）达洪阿，亦以为然。当经议定，（臣）达洪阿若出，不能不以兵从，恐该夷又生疑惧。（臣）姚莹往，足示怀柔，（臣）达洪阿坐镇郡城，以存威重。仍委水师副将邱镇功、右营游击吕大升、护左营游击陈连斌于初四日随同（臣）姚莹并台湾府知府熊一本、台防同知同卜年、候补同知直隶州知州托克通阿出安平港口，往诣夷舟，不携一兵一械。甫出口，夷遣官偕通事乘杉板来迎，禀称：其酋悬彩旗百面备号炮六鸣以待登舟。遥望果见五色彩旗悬挂前后，桅索上下皆满。通事言：此乃彼国迎接最尊贵者之礼，非大恭敬事，旗不全挂。问号炮何以六鸣？答言：先三炮俾众知恭敬天朝，后三炮以敬贵臣。既登舟，夷官五人皆裹甲佩刀，外加长衣如披风状，整列队伍，鹄立舱面以迎。舱面正中设（臣）姚莹公座一位，傍列十数座以待同官。其茶果夷官皆亲奉，礼貌极恭。详观其舟，约长二十丈，宽四五丈，两舷各有铜炮八门，炮长仅四尺许，腹围宽约五尺许，炮口围宽二尺许，镗口内外光净殊甚，进退有机，不以人力，亦用自来火与鸟枪同。其船三层，中为夷官及白夷所居，下层则黑夷及火药器械杂物，余与颠林供略同。惟两艐并无两层及贮水之事，是前次据黑夷头目咀莉哗所言，尚有未尽确者。观毕言归，夷官各持酒一瓯，言此太平酒，感天朝恩，自此不敢有异请，以此酒为誓。言毕饮满欢呼，复鸣三炮送（臣）姚莹等回舟，并无索取所失船货。察其情状，似已心悦诚服。

适初五日北路委员解送遭风夷人二十五名亦至。讯据头目七多忍古供称，伊等系嘆咕唎小商船，载白夷二十余人，黑夷一百数十人同火轮船一只前月自舟山撤回广东，驶至台湾洋面遭风，因火轮船上被火，大夷官将伊船上黑夷尽数叫去救护，本船上白夷不谙行驶，以致击碎。幸蒙救起，只求释放回国等语。遂于初六日今①厦来夷官写具领状，府县验明点交，付领登舟。仍准该夷官所请，将总督给伊原文同所抄前次来台投文发还，一面照抄存案。（臣）姚莹复委在台投效之候选从九品张肇銮带同台湾县役赍具督抚各衙门文禀即乘其舟赍往厦门投递。知府熊一本亦备文移复浪屿夷官，布告天朝恩德及此次交回遭风夷人之事。该夷船候风两日，已于初六日辰刻起碇，放洋回厦。方夷舟再至台湾，郡中绅商士庶咸怀疑惧，及闻（臣）姚莹、熊一本将往夷舟，群相劝阻，惟（臣）达洪阿、（臣）姚莹意见相同。及（臣）姚莹同众官自夷舟回城，众心乃定，谣言顿息。所有办理夷官再来求见及交还遭风夷人情形，谨据实具奏，是否有当，伏乞皇上圣明训示。谨奏。道光二十二年十月初九日奏。

再，台湾自道光二十年八月起至现在十月时逾二载，南北要口十七处派设弁兵屯丁乡勇水勇，雇用民船建筑炮台炮墩制造炮位器械攻具守具，屡与夷人接仗，以及南北陆路之乱民奸匪，洋面伺劫之草乌匪船，皆假夷事为名，煽惑人心，乘机滋事，或经（臣）达洪阿亲统大兵出剿，或由（臣）等督饬各营厅县联庄团练攻捕，或督饬水师弁兵义首水勇出洋攻击，前后击破夷舟盗艘，逆匪溺毙击毙及生擒夷犯逆犯盗匪不下千人，仰赖圣主威灵训示机宜，得以随事戡定，不致损失兵威，蹂躏地方。今嘆夷蒙天恩准抚，以苏亿兆生民，薄海内外，无不颂戴皇仁如天浩荡。台湾本外夷垂涎之地，又屡破夷舟，丧失夷众，其怨颇深，议者咸为台湾危惧。此次夷舟再来，其情叵测，民间惊相传告，谣言纷

---

① 原文疑误，当为"令"。

纷,复仗天威,怀以恩信,化其桀骜之气,易为悦服之忱,诚(臣)等
梦想所不到,亦台厦之人所同为欢幸者也。(臣)等悉心体察,夷虽悦
服输诚,惟江浙夷船尚未悉还,不可不防患于意外。时居冬令,台地向
应加意巡防,所有各口雇募设守之乡勇水勇人众数千若遽行撤退殊有未
便,然经费亦常掊节,惟有相度地势情形,以次渐减。至年底察看如果
嗳夷兵船尽数回国,再行裁撤,以昭慎重。至台湾两年以来剿办各起逆
案动用道库备贮经费,本当专案报销。惟逆匪蠢动之由,皆系通夷奸民
为之勾结,而所用兵勇设守亦多与防夷事务牵涉,艰以分晰,将来造
报,惟有仰乞圣恩,准其并入防夷案内一体造报,以臻简易而归画一。
合并陈明。谨奏。

(东溟奏稿卷四)

夷酋忽生异议奏

奏为委员护送夷俘及遭风夷人到厦先后交收完竣,讵闻鼓浪屿夷酋
忽生异议,谨据实奏闻,仰祈圣鉴事。(臣)等本年九月初十、十月初
九等日先后由五百里遵旨释还夷俘同遭风夷人两次委员护送先期遣人往
鼓浪屿投书及厦门夷官两次来台情形具奏在案。兹于十一月十八、二十
等日接据各委员先后禀称,委员张肇銮随坐来台夷船护送此次遭风夷人
二十五人,于十月初八日放洋,初十日即先到厦交收所有。先遣投书之
效用李远芳于九月十九日雇坐渔船放洋遭风漂至广东惠来县地方,由陆
启行,十月十二日甫至鼓浪屿,将书投递其文武。委员卢继祖、梁鸿宝
护送释回之夷目颠林等九人,系九月二十三日放洋,因风不顺,收入澎
湖,又值风暴连旬,直到十月十九日开驶,十月二十一日始到厦门。先
有夷船在港口守候,一见委员船到,即将颠林等拦去鼓浪屿,尚未给回
照。风闻咖噪喳已到厦门,与鼓浪屿夷酋扎士必作何忽生异议,以为台
湾正法之夷人皆系遭风夷商,不应正法等语,(臣)等不胜骇异。

查台湾洋面上年八月初一、初五等日即有夷船在南北洋面游奕,是
时并无风暴。及初九日始有台风,至十二日申刻即已止息。该夷船系十
三日申刻到鸡笼外洋停泊,十五日辰刻移泊近口之万人堆洋面,十六日
卯刻驶进口门,对二沙湾炮台连发两炮,打坏兵房。我兵亦即放炮回
击,见其桅杆缤断,船即随水退出口外,冲礁击碎。该夷船来台游奕在

未起台风之先，及到鸡笼洋面停泊，已在风息之后，且先泊外洋、后进口门，中历三日之久，何得谓之遭风？如系商船，为何开炮攻我炮台？所有取获大小炮位多门及夷人战甲尚在，可证。及九月初五日又有三桅夷船至鸡笼攻我炮台石壁，烧我哨船一只，因上岸夷人为我兵炮毙始行退去，似此攻战交锋，何竟隐匿不言，而以遭风借口？本年正月大安之役，先于正月二十四日即有三桅夷船三只在彰化县之五汊港外洋巡驶，（臣）等设伏定计，密遣渔船诱其搁浅击破。除溺毙杀毙外，生擒夷众颠林等四十九人及广东奸民郑阿二、黄舟等五人，起获炮械内多浙江宁波、镇海营中军器，镌有各营字号，并有起获浙江提督水师号衣二件、绿色旗帜二面，署温州镇左营守备所造本汛水陆程途里数山形水势册一本，浙江巡抚札温州左营包游击捕盗印文二件，又札包游击查获贩买鸦片之闽犯陈往印文二件，颍州营左军葛守备札薛外委查守兵陈廷俭有无饮酒生事印文一件，现俱贮库可验。若系商船，何有此物？显系在浙江骚扰之兵船，毫无疑义。且据该夷目及广东奸民黄舟、郑阿二供称，系咪唎喳自定海遣来，持书寻觅台湾逃军张从等内应，相机行事。而张从先于上年即已由台破获正法，果有其人。似此供证确凿之事，乃捏称遭风商船，以饰其来台坐觇之耻。夷情狡诈，一至如此！

且事在和议未定以前，薄海同仇，即使夷船实系遭风，亦当乘势攻击，方为不失兵机。岂有释而不击、擒而不杀之理！况夷人夹板虽多，其中多系派用商船打仗，胜则称为兵船，以耀其武；败则指为商船，以讳其短。此固兵家之常，原无足怪。乃于和议已成之后，追寻前事，谓台湾不当以其人正法，成何理耶！（臣）等幸逢圣明在上，此等无理之言，本不足以上渎宸聪。但夷情难定，其在台者已感激恭顺于先，而在厦者忽为此饰情翻异之说，诚恐讹言易滋，于大局甚有关系。（臣）等前于夷官二次来台折内即附片陈明，现在来台夷人虽已悦服，但江浙大帮夷船尚未南归，不可不防患于意外。今既有所闻，不敢不据实上陈圣鉴。可否密敕当事诸大臣留心体察该夷动静，以善其后。（臣）等愚昧之见，是否有当，谨由四百里具奏，伏乞皇上训示遵行。谨奏。道光二十二年十一月二十四日奏。

（东溟奏稿卷四）

夷酋张贴伪示请旨查办奏

奏为厦门夷酋张贴伪示，欲与台湾为难，谨照旧设防，并录呈夷示，由五百里具奏，仰祈圣鉴事。窃（臣）等本年十一月二十四日经将夷未就抚以前台湾所获夷俘除先已正法外遵旨释送往厦并风闻鼓浪屿夷酋忽生异议情形恭折具奏在案。兹接据厦门探差传抄夷酋张贴示语前来，大意总以前次在台两次被获正法夷人，俱系遭风夷民，（臣）等不当谎奏邀功。词极狂悖，（臣）等披阅之下，不胜骇异。查该夷船并非遭风且夷人兵船多即商船，前已据实详细入奏，自邀圣明洞鉴，（臣）等原可毋庸置喙。即该夷务夸彼强，以其人被获正法为耻，亦无足深辩。至张贴夷示，谓（臣）等枉杀无辜，而滥邀恩赏，则事关国体，有不敢不陈明于圣主之前者。

台湾海外孤悬，四无应援，不靖奸民时思蠢动。即四方宴然无事，此地犹时有危乱之忧。况夷人构衅以来，骚扰数省，三载于兹，凡属沿海无不戒严，何况台湾蕞尔一郡，介在闽粤两省大海之中，自道光二十年夷犯定海，台湾即纷纷谣播，匪徒时思攘臂，二十一年七月厦门失守，警信一闻，全台震动。（臣）等设法安抚，备极艰辛。八九月间夷船果再至鸡笼，幸仗天威，一经破获，一经击走。而是时遂有嘉义逆匪江见、凤山逆匪陈冲相继作乱，复有汉奸张从、赖妈来、萧石之徒，或自广东，或自厦门，皆与夷人勾通来台内应，均以次剿灭获诛，不至酿成大事。至二十二年正月，夷船复至大安，诱其搁浅破获。凡此侥幸成功，实由仰承圣训先事指示机宜，又得文武员弁绅士义民人思敌忾愤切同仇，且督抚（臣）深悉海外情形，屡次令（臣）等便宜行事，不为遥制，是以（臣）等不避嫌疑，遇事径行具奏，故能不失机要，境土安全。即正法之夷，自上年八月及本年正月俘获皆羁留久之，迨该夷连犯乍浦、吴淞，始奉旨正法。诚以海外奸民屡次勾通滋事，众至百数十人，久恐生变。彼时尚未就抚，不得不除内患。仍留其头目未肯全诛。（臣）等仰体皇上格外之仁，安敢滥杀？

夷未就抚，兵商皆我仇雠，况系骚扰有据？前后奏牍具在，只以上崇国体，下固人心，张我军威，作我士气，乃蒙圣主俯鉴海外孤危，内安外攘之难十倍内地，不惟（臣）等及全台文武屡邀宠锡，恩纶迥逾常典，并以台地人心浮动之区，绅士义民能知大义，每于赏劝奖励之中，特加优异。圣谟广远，烛照遐方，所以鼓士气而励戎行，迥非（臣）下所能企及！（臣）等力小任重，本深以为惧，台湾之赏愈厚，则嘆夷之忌愈深。观该夷示有云"中华之辱，莫甚于此"，其情亦可见矣。

厦门与台湾对峙，夷方在厦设立马头，商船往来贸易，（臣）等在台实犯彼之大忌，今夷示称请大（臣）代奏伸冤，谅此虺蜮之情，断不能逃圣鉴。而（臣）等密迩仇雠，夷必借口而来滋扰，纵使防御周详，人心巩固，第方今受抚之初，岂可以一隅致碍大局？伏乞皇上天恩，将（臣）等开缺，即日撤回，听候钦派大（臣）到台查办，俾台湾免生兵衅。至台湾各口要隘设防兵勇，前已酌量抽减，以节经费。今夷既与台湾为难，不得不仍行严备，并求迅赐简放镇道，以重地方而专职守。除将取获夷船内在厦门浙江滋扰之旗帜、号衣、枪炮、刀甲、公文、印册，逐一封候钦差大臣到台查验外，合将该夷示照录，恭呈御览。伏乞皇上训示遵行。谨奏。道光二十二年十二月初三日奏。

全权公使大臣世袭男爵璞为晓示事。照得上年八月间，有我嘆国民船呐吥哗哒名号一只，在于台湾鸡笼海面遭风破碎，其人暂幸逃生者一百有余，又本年正月间，再有我国民船阿呐名号一只，亦在该府淡水海面遭风击破，其人同得逃生已有数十。其先后二次上岸者，俱被拿获监禁。今于本公使到厦之日，忽闻此等遭风难民将及二百之多，经被台湾总兵等官凶心歼杀，闻信如雷聒耳，不胜骇然！且闻该官称说，因奉王命，是以敢行杀戮。实可伤心，莫不令人发指。试思此次遭祸之民，假使手执兵械，奋勇相争，即被擒获，尚且万不容如此滥行歼杀。盖凡有自称礼义之邦者，俱以忍心为本，则交战时所有被擒民兵，军例不准于战后妄杀。而在此明见我等礼义之军，比之茹毛饮血、惨酷肆戮之徒，何等迥去相异？何况此等难人原系水手小民及随营担夫等类，无资护己，无械伤人，既经遭风捱苦，即按《大清律例》，应得保护恩待，奈在台难民掳之将近一年而竟起意凶杀！呜呼，哀哉！

思念及此，本公使怨恨憎恶，百喙难言。中华之辱，莫甚于此矣！使或竟奉王命，致我人受枉杀之冤，此乃该总兵达洪阿等凶犯不顾廉耻，贪婪功劳，捏词以呐吥哗哒及阿呐等船屡次攻犯台湾，谎诞假奏，瞒骗皇帝御聪，以致王命误降，而我人被杀矣。遭风之船既非战舰，又无载军兵，达洪阿等所奏，其为假冒，不问可知。而此次我人遭祸，皆其假诈所由。既经本公使访得确实，有凭可据，自应将此凶暴情由据实陈明，转请钦差大臣等奏请皇帝圣鉴。

本公使陈请之间，虽必恭谨，但事关最要，仍必坚存求报之意。应代君主讨求，即将台湾狼心假奏妄杀之凶官达洪阿等，刻即去官正法，将其家财入官，照数若干全交英官分济无辜枉死之家属。盖达洪阿等既因假诈诒害我人多命，自应以命抵偿，以扬天道好还、恶有恶报之理。若非如此办理，本公使惟虑将情奏明我国君主之时，非惟致伤二国和好之气，诚恐难保无致干戈复起；如或再有干戈之患，百姓复受涂炭之苦，即因一派凶心官长，贪赏冒功，致令百万良民困苦无了，可不怜惜哉！惟本公使钦赖皇帝洞知明鉴，秉公执法，势必星飞答报，俾全二国之和好，免使百姓以衔冤矣。因恐有人未知我民遭难被杀、受有万古之实情，理合晓示通知，为此示，仰英汉军民各色人等知悉，并令分行刊刻英汉字文，传示天下诸国，以便通悉。特示。一千八百四十二年十一月二十三日，道光二十二年十月二十一日。

（东溟奏稿卷四）

后湘诗集

（1798—1814）

拟　古

　　如何当春时，而乃使人悲。群芳竞朝秀，流景已西驰。托身事君子，曦日以为期。颜色犹敷愉，欢情竟中移。良无金石固，憔悴安可知。

　　流水悲在山，落花思故林。当时众年少，老叹霜雪侵。霜雪何能尔，鬈发摧人深。一身且难期，安保他人心。开樽理清曲，听我瑶华琴。商羽皆言悲，不及变宫音。

　　杨朱泣歧路，贾生痛时事。阮籍悲途穷，唐衢哭忠义。先后各千载，同此径寸意。河水激流沙，堤岸日崩溃。堤崩亦有尽，河漫方无际。遥遥古淳风，颓坏何其易。安得伤心人，一发中流喟。

　　布衣致卿相，古有公孙宏。儒学一朝显，说经动九重。更开平津阁，群英罗其中。桓荣亦三老，东汉为师宗。西面见天子，撰杖皆三公。盛哉两汉儒，赫奕声何隆。自云稽古力，至今仰其风。我思六经训，日月万古同。上以经一世，下以淑其躬。岂为致富贵，遂欲同圣功。此义竟是非，太息何终穷。上圣不言德，下士盗虚声。怀挟一卷书，意气横相倾。我闻先汉季，乃有严君平。垂帘观大易，论道明元经。斯人弃世徒，但自安沉冥。世俗转相耀，谓有天汉名。高才如太白，未识作者心。亦附齐东语，不顾愚者惊。

　　东风吹芳林，绿叶发奇姿。好鸟结深巢，鸣蝉憩高枝。一旦商飙发，脱叶凄凄飞。柯条不自坚，依托者何为。寄方弹丸子，无用更相随。

　　矫矫云闲鹤，失势一朝坠，饮啄桑林中，反畏苍鹰翅，主人偶相顾，谓可园林饲，惜哉横海姿，宛转阶墀闭，三叹主人恩，安识平生意。

　　春女多感伤，秋士无欢颜。栖栖远游子，戚戚吴楚间。道逢故乡卒，人事有变迁。昔时屠刀儿，已作咸阳官。买田亘千陇，大宅连云端。颇闻季子家，贫窭日益艰。戚友相寄问，负米何时还。

　　　　　　　　　　　　　　　　　　　　　（后湘诗集卷一）

赠吴子方

　　我虽居穷陬，未能从四方。纷纷名隽流，略识其短长。颇恨时誉中，往往拘骊黄。虽有戮驾材，无由见真良。昔我未知子，张子殊清狂（阮林）。自矜幼得士，称子颇非常。窃诵赠子什，自谓已得详。子时游京师，未假结珩璜。深思不可见，时复劳远望。去岁在郡中，忽得延清光。对面若不识，归来徒怏怏。今兹日在柳，闻子适来城。趋晤喜已多，仓卒转莫名。偕兹六七辈，酌酒入山庄。万松夹枫罗，四山霏新霜。欣此秋色佳，入座俱少英。微嫌屋中窄，振衣上重冈。伫闻子论说，颇复获心藏。自从宋明来，斯文更雕丧。中间数硕人，扶植各有藏。末流更纷裂，同室相矛枪。遂使章句生，翻笑伊洛荒。文章亦绝轨，衰薄不足张。圣经如洪钧，万态俱含生。泱泱沧海流，吐内河与江。鹊饮自满腹，蚊食亦充肠。俱恨所得微，那更用谤伤。可惜燕雀愚，辄思嗤凤皇。廓彼高飞翰，冥冥自翱翔。独虑此悠悠，后生为惑惶。所以古哲人，不顾群言昌。独力为砥柱，障此百川狂。怀之不可见，我心实怦怦。子诚有志士，量知所重轻。示我新著作，笔墨何辉煌。三叹识子意，贱笔不足评。汲古缏必修，致远有所航。身居泰岳颠，始见梁父平。我如出谷鸟，求友方嘤嘤。愿更抒子意，遂我幽居情。已恨见子迟，何复去我傍。孟冬惨群阴，黮黯云日光。别路不可知，旧思满离堂。以子清妙才，到处有逢迎。所知日以广，所益日以长。慎言崇令德，无忘夙昔盟。自顾衰朽姿，逾冠发已苍。岁月忽易晚，四顾心茫茫。负山知力薄，临歧悲羊亡。譬彼杯水流，浮芥胶均堂。先民亦有言，人若不自量。眇益喜为视，跛益喜为行。舍我素心友，无与共昏明。仰视浮云飞，倏忽东西乡。安得尽为龙，上下常相将。因风送征盖，怆恻不能忘。

（后湘诗集卷一）

咏　怀

南国春草晚，怅然独行唫。落日起微风，回波满江浔。君非三闾子，含忧一何深。楚水不到越，椒兰委方林。浮云从西来，犹似潇湘阴。愿言怀之子，聊抚瑶华琴。调远意自悲，算□□中音。

朝闻郢中唱，莫共越人唫。声响靡以卑，众谓希世音。我曲本哀怨，未奏涕已零。重华不可期，翻以为荒淫。蟪蛄日夜悲，江水日夜深。翩翩丹邱鸟，一旦栖微岑。哕响绝九天，安能逐凡禽。此事古所叹，岂独伤余心。

士有不适意，出入蒙世诟。叹息还读书，十事得八九。乃知我所遇，往往古人有。古人得我知，不负千载后。平生殚精虑，著述藏二酉。但恐百年间，无人覆酱瓿。纵令我书在，我骨固已朽。傥更相是非，纷纷安足取。

古人陛九级，廉远堂益高。大臣蒙谴呵，盘水加缨牦。汉初用法严，刀笔由萧曹。往往王侯辈，缧绁就狴牢。朝为股肱寄，莫畏吏咆哮。所以贾生书，恸哭淳风浇。遂终文景世，此法无一遭。岂知百年间，复细如牛毛。峨峨三公贵，荷校肆市朝。哀哉李将军，百战身空劳。七十不对簿，自刭何无聊。至今边塞下，哗者为悲懆。

步出郭西门，纵横陌如绣。白水交平田，青山复遥岫。雉雏朝已变，嘉禾晚方秀。篱落时一风，杂花芬可嗅。庞眉二三老，植杖茅檐后。牛群角弯弯，鸡声鸣咮咮。室有春醪香，门无里胥怒。即以乐妇子，亦可欢故旧。偶见客衣冠，谦揖礼仪随。翁诚古先民，何必千钟富。此非远城市，已见风淳茂。唧彼山中人，安得朝夕觏。

偶随游侠儿，燕赵相驰惊。踏软五华骢，呼白千金注。酒就文君饮，曲乞周郎顾。奉觞卖浆家，脱剑故君墓。惟闻孔文举，不识袁公路。盛游一朝歇，回首三年误。中宵起长叹，凉月空延伫。照我室中唫，寒蝉咽危露。

淮阴漂母饭，濑水义女浆。一心怜国士，义重嫌疑忘。岂意十年中，徒步遂侯王。行矣君自爱，投身赴沧浪。千金何足报，兹人已去亡。谁能吊芳泽，辘轳鸣中肠。一怒更足惭，千万我心伤。

人生尽百年，草生尽三秋。郁郁丛兰茂，忽已委道周。亦有不华实，寂寂空椒邱。所以贤达人，皆为秉烛游。兹游岂云乐，或亦致祸尤。清竹动繁声，妙舞杂名讴。众宾具言醉，觥觞错相酬。欢宴犹未终，廷尉已见收。网罗及宾从，累累阶前囚。可怜爨下婢，辛苦事诸奴。未识绮罗香，岂解珍膳羞。一朝就东市，不及待白头。

迁固不可作，吾思良史才。褒贬岂尽中，纪实亦云赅。未闻传佳恶，臧否取上裁。但保功名终，何以折奸回。宁知迅雷下，玉石或同摧。循循万石君，保禄良足哈。孔张彼何人，折鼎居三台。此事传千秋，是非未可乖。谁能表直节，折槛风崔巍。

诗书取精意，文章有内心。结构窈渺中，忽发天籁音。众人好声色，侈靡为夸淫。但厌观者目，无复中情深。纷纷相炫夺，无乃不足称。

蚩蚩陋巷子，被褐身不完。日中仅一食，俯仰多乖愆。出入即窘
步，局蹐无令颜。偶尔一朝伸，翔步青云间。旌幢导车盖，钟鼓传朝
餐。恩宠冠曹辈，赏赐以万千。妖姬弹琵琶，玳瑁列广筵。漏尽东方
高，客醉未言旋。乐哉中堂宴，主人寿南山。却忆贫贱时，何有今日
贤。人生苟如此，鸡狗亦得怜。四座竞高唱，羌笛杂鸣琴。何意嘈杂
中，忽闻山水音。泠泠涧泉响，飒飒青枫林。弦下清风来，寒生玉堂
阴。主人问此曲，调古不如今。何不入商山，四皓或同听。方当进郑
卫，请易笛与筝。无为抚哀弦，弹者徒沾襟。

昔我同门友，清怀净冰玉。同栖山上云，共采山中绿。一别四五
年，我行遂彳亍。宁随众偃仰，但觉意局促。自是我形孤，敢谓高世
俗。勉为希世操，难忘旧尝曲。泛泛杯中醪，长歌还独漉。

（后湘诗集卷二）

谣　变并序

谣变者，姚子之所作也。尔疋云：徒歌曰谣，以无乐器，徒口歌之
云尔。变之云者，以非欢娱之辞，皆愁苦之思，以为有合于变风焉。
《书》曰：诗言志，歌永言。古人诗与乐合，未有不可歌者，故贵乎长
言永叹。《记》曰：情动于中，故形于声。声成文谓之音。然则声音之
道，其在言先乎？乐则笑，哀则号，悲则泣，忧则叹，怨则吁，情之所
动，声发随之，不必有言，闻者心感。昔伯牙学琴于海上，子春入海不
返，闻水声而悟琴理，此妙于音者也。故妙于琴者不在徽弦，妙于歌者
不在辞句。

孔子曰：诗可以兴观群怨。声音之道微矣。故诗之不可以歌，不得
为善诗；歌之不能以感人，不得为善歌。夫三百篇，多愚夫妇之所讴
唫，其人岂皆尝习金石，谙宫、商之奏哉。然而自合于乐者，天籁之音
也。后人不求自性之真籁，而摩古人之音节，即之愈真，去之愈远矣。
汉魏以后，诗与乐分，其道遂亡。流变至于唐宋，古意尽远，无复永言
之旨矣。故兴观群怨，鲜有合焉，独乐府一体，尤可见古人遗意，为其
据事写情，感深语挚，辞直而思曲，节短而音长，意有怨抑，语无褒
讥，使人闻声自不能已，是其至也。然其体亦自有二，如郊祀、房中、

铎舞、巾舞等词，皆文臣所作，故多润色，极奇古奥，驳而不能起发人意。盖其源出于《雅》、《颂》。若铙歌、瑟调、杂曲，则采民间歌谣为之，此皆人情天籁，无假修饰，最有兴观群怨之旨，即古之变风也。历代文士多喜为之，鲍明远、李太白为最，元次山、韩退之、孟郊、张籍次之。惟杜子美、白乐天则师其体而不用其题，自为新声以写世事，论者以为转得古意，自是乐府又为二派。明人诗称复古，作者集中无不以拟古乐府居首，其善用变者，王弇州一人而已。余幼读《诗》，则喜言兴观群怨大意，每至《谷风》、《式微》诸章，未尝不流涕反复。乃阅汉以来乐府歌谣，辄低徊永叹，以为古诗之存，独有此耳。

近与友人论诗及此，有触余怀，乃取乐天体例，而别求比兴微意，以写生平哀怨，虽于古未必有合，亦庶几永言之旨云尔。

（录序，诗略，诗题有：树有枝　怀慈恩也；远游　别母也；君有行　为室家相送也；原上雀　怀兄弟也；空山　吊亡也；山高　忧谗也；客宴　思归也；河水　期贵也；客至　家无丈夫也；同声和歌　望同心也；老女欢　惜高才也；膈膊鸡　望远人也；弹雀行　刺交道也；与君期　怨所期不答也；壮士　思报恩也；校猎　悲孤儿也；贫妇　美贤妇也）

（后湘诗集卷三）

荷兰羽毛歌

荷兰羽毛不易得，数金才能买一尺。贵人大贾身服之，意气非常动颜色。吴绫蜀锦皆阇淡，何况寻常布与帛。荷兰小国通西洋，海道至此万里强。往时诸国尽互市，荷兰岁岁来盈筐。红毛恃强作奸点，劫夺不使来舟航。如今独有红毛种，货远不及价亦重。世人好异亦贵之，坐使蚕家丝积壅。吁嗟乎！食惟饱腹衣被寒，轻纨细縠徒华观。华观不足厌罗绮，纷纷异国求其难。我闻夷人赖茶如粟米，一日无茶其人死。不知中国自何为，不惜殚财争市此。或言重货兼重人，红毛来者如上宾。众商接待皆屏息，一语不合红毛嗔。

（后湘诗集卷四）

论诗绝句六十首

熟精选理尽研辞，谁识萧摩是小儿。可惜飘零流别论，至今裁鉴费工师。

辛苦十年摹汉魏，不知何故远风骚。而今悟得兴观旨，枉向凡禽乞凤毛。

高宴陈诗铜雀台，子桓兄弟不须猜。胡床粉黛天人语，独有思王八斗才。

伧父当年笑左思，三都赋出竞雄奇。宁知陆海潘江外，别让临淄咏史诗。

建安后格多新丽，苏李前风尽已乖。欲识遥深清峻旨，嵇公琴散阮公怀。

游仙诗思绝尘氛，服石餐霞气轶群。山海虫鱼曾注遍，不将淹博杂风云。

文章真性柴桑酒，山水清音康乐辞。一种天然去雕饰，后人何事竞钻皮。

任沈诗名未足殊，江郎才尽尚齐驱。车前收得雕龙奭，不愧骚坛一世趋。

乐府惊奇代不同，鲍家明艳步江东。当时秘监多金缕，未抵参军累句工。

大江日夜客心悲，发语苍茫逸思飞。千载纷纷摘佳句，还应太白误元晖。

开府衰年北入齐，伤心到处觅诗题。何须更作江南赋，泪落长安乌夜啼。

力振衰淫伯玉功，卢王沈宋未为雄。考亭异代真知己，特识曾推感遇工。

蜀道啥成泣鬼神，歌行何似古风淳。千秋大雅君能作，赏鉴难夸贺季真。

力破沧溟万象开，乾坤奥气少陵才。论诗若溯无怀世，常侍东川太古来。

王李高岑竞一时，盛唐兴趣是吾师。何人解道襄阳俗，始信嘉州已好奇。

中兴风度忆钱郎，君冑翩翩发艳香。世有易牙真辨味，仲文犹自逊文房。

古澹谁如韦左司，空山叶落莫钟时。分明一卷楞伽字，未许声闻小果知。

史洁骚幽并有神，柳州高咏绝嶙峋。吴兴却选淮西雅，不及平生五字真。

文体能兴八代衰，韵言尤自辟藩篱。主持雅正惟公在，底事卢樊别赏奇。

贞元唱罢又元和，探取骊珠梦得多。谁爱绝尘奔轶调，髯翁低首竹枝歌。

三留诗集施山门，文字华严法界存。若许披沙探金穴，秦中诸作国风源。

十里扬州落魄时，春风豆蔻写相思。谁从绛蜡银筝底，别识谭兵杜牧之。

锦瑟分明是悼亡，后人枉自费平章。牙旗玉帐真忧国，莫向无题觅瓣香。

童时论格卑中晚，白首何人到武功。许马一时犹伯仲，苦难索解是江东。

西昆体制尚钱刘，秾丽妆成一曲休。不分他年变枯率，翻教杜曲误名流。

淡语幽香得未曾，宛陵知己有庐陵。君看韵格工腴甚，莫作寒岩槁木僧。

欧公文法本钦韩，长句何曾别调弹。标出格中疏宕处，当年原不学邯郸。

文掩诗名曾子固，论才合与亚欧王。南丰类稿从头读，遗恨何人比海棠。

妙语天成偶得之，眉山绝趣苦难追。纷纷力薄争唐宋，断港横流也未知。

槃兀天成古所无，涪翁奇气得来孤。而今脆骨屡如此，枉觅江西宗派图。

更有张晁诗尽好，还如郊籍盛韩门。当时颇笑陈无已，辛苦唵成毳被温。

开府题诗范石湖，也如严武在东都。务观礼法因君放，曾与登床一醉无。

铁马楼船风雪里，中原北望气如虹。平生壮志无人识，却向梅花觅放翁。

衣冠南渡依江左，文献中州灭没间。谁与诗场斗金距，剑南身后有遗山。

阁道周庐句格深，汉廷老吏字千金。何当更说无声妙，尚惜前贤枉用心。

立夫长句势盘拿，矫健如龙出渥洼。虞赵何曾识奇骨，遗编独有宋金华。

一代造邦推巨擘，潜溪文集伯温诗。永新诤友公当服，佐命何如授命时。

盘空俊鹘谁能似，季迪才情本自天。说与张徐须缓步，绝尘还欲驾青田。

一时领袖贝廷臣，此语公私付悔人。独爱玉堂传宴日，至今法曲忆真真。

迪功谭艺入精深，历下归来别赏心。鹦鹉花开都弃却，虞山翻认操吴音。

才名一代李空同，誉毁无端总未公。屈指开元到宏正，眼中坛坫几人雄。

俊逸何郎妙绝伦，最雄骏处绝风神。多师未必皆从杜，欲为青莲觅替人。

子业寥寥尽一编，沈幽合与并华泉。空青石气非人世，流水高山太古弦。

冉曾兄弟称前代，水部司勋叹积薪。一种清才属皇甫，昔贤应畏后来人。

新都才艳似风飙，别写江山富六朝。苦觅同行都不似，西原鸾辂或相招（卧子云，"《君采》诗如，'贵主初降，云辂鸾辂，悬珠编贝，自然庄丽。'"）

蓉川风气肇吾乡，骨鲠崚崚屡奏章。入夏南征诗尽好，至今山色为君苍。

闽粤诗人苦费才，林高去后独裴回。齐名莫漫称朱郑，少谷真从老杜来。

秋竹春兰是赏音，五言乐府妙难寻。边徐去后东桥死，才俊居然属稚钦（竹垞评稚钦诗音高秋竹色艳春兰邈后陵前足称才子）。

四部雄奇出凤洲，沧溟身后若为俦。分明却有眉山意，莫尽同声白雪楼。

眇目谭诗谢茂秦，白头康邸醉重茵。怜才独有琵琶伎，莫杀平生缟纻人。

元瑞谭诗富亦精，牙签玉轴本纵横。世人总好论前辈，谁向斋头拥百城。

诗到钟谭如鬼窟，至今年少解争诿。请君细读公安集，幽刻终当似孟郊。

石白松圆两布衣，孟阳佳句果然希。欲推中晚加初盛，却笑虞山枉是非。

云闲才调本清华，摧廓榛芜又一家。更有陶庵风味好，还如把酒话桑麻。

珠贝珊珊云鲜娘，浯溪洞草至今香。抱琴却向番禺死，千古骚人痛国殇。

南园秋草没荒陂，接轨梁陈亦足奇。最是屈家啥不得，分明哀怨楚湘累。

闲气英灵妙选堪，寂寥赏会草轻谭。极去便是真三昧，知己千秋有济南。

海内谭诗王阮亭，拈花妙谛入空冥。他年笑煞长洲老，苦与唐贤论户庭。

少陵才力韩苏富，走马驱山笔更遒。举世徒工搬运法，何曾一字著风流。

渡河香象声俱寂，制海长鲸力自全。随分阿难三种法，个中觅取径山禅。

（后湘诗集卷第九）

后湘二集

(1815—1832)

丙子过钟山书院有作，寄陈石士编修、光律原刊部

钟阜依然讲帐空，凭将涕泗洒东风。谢公游屐穷山水，郑志遗编有异同。南国一时耆旧尽，西河群弟服勤终。人才后起知何限，深负贻书到阿蒙。

千秋学术太纷夸，谁识渊源尚一家。常恐时贤从末俗，妄持史论乞京华。韩欧有道皆知重，汉宋分门只自夸。文苑儒林君莫问，大江东去日西斜。

（后湘二集卷一）

海船行

海船之大如小山，挂帆直在青云间。船头横卧日杉板，板上尚可容人千。我始见船颇疑怪，缘梯拾级心悬悬。好风人众不得驶，坐待海月迎潮圆。初行金厦犹在眼，横山一抹如云烟。放洋渐远不可见，但见八表银波翻。日光惨淡昼无色，夜从水底观星垣。水天空蒙只一气，我船点黑如弹丸。清晨无风浪千尺，何况月黑风狂颠。到此心灰万虑死，呼息莫辨人鬼关。舟中海客坐谈笑，白发宛宛披盈肩。自言逐伴五十载，海中往反当营田。西穷红毛东日本，吕宋禄赖门庭前。尸罗飞头食人秽，呵澜空际行天船。随潮之禾本盈丈，径寸米供千人餐。夷王好货黩无已，国中生死惟金钱。就中最富咬嚼吧，楼居服食侔神仙。利重不觉轻性命，往者十七无生旋。我问翁今岁如许，应多阡陌横云连。客言不幸时命乖，虽有银粟无儿孙。前年买儿作假子，饮博百万尽弃捐。如今身老无归处，海上风涛竟日眠。我闻客言三叹息，世事纷纷那可极。我今渡海胡为乎，歌成海舶泪沾襦。

（后湘二集卷一）

星蚀月

入夜荧荧一星白，含光吐耀精神发。谁从海外亲见之，飞来蚀我瑶

台月。是时青天万里明，纤尘不染银河清。三台四辅环斗极，妖星敢尔殊堪惊。广寒香风结桂子，枝叶青葱竟何似。吴质有斧不驱除，紫府仙人应罪尔。或言黄河水气乘太阴，东南比岁防秋霖。不然贼星犯两跃，奸民啸聚相侵陵。世间久已无甘石，天象渊微那可测。圣人清静在宫中，慎毋妄言干斧钺。

（后湘二集卷一）

座主赵武陵公《静坐澄心图》

我虽未穷儒释书，微言颇复识其粗。二家之言亿千万，冰炭了不相涉濡。惟有清心欲归静，此理信不差锱铢。浮屠之法似简要，人缘世事胥屏除。六尘断尽生六识，死灰槁木寂已枯。由戒得定定得慧，有如待兔先守株。后来禅宗好顿悟，捕风逐影终蹈虚。儒家者流贵践实，至理不外尘寰区。伦常日用绪千万，一有条理非纷拿。坐酬变动归惬当，神涵识定惟中枢。事劳功半苦不易，以此往往废半涂。武陵夫子儒者徒，立身乔狱青松孤。连圻坐制数十郡，事无巨细冈或疏。心神尽瘁不自惜，要使诚至明真吾。如公金石泃不渝，犹恐淆杂巾驰驱。治心如虎受衔勒，稍一放纵难可拘。一六时暇即静坐，检点有若追亡逋。泥滓既尽始澄澈，世间万事皆泓如。观心自谓得观我，更命良工为此图。世人著书好哓舌，或有非释或非儒。满山张弓觅黄雀，室中已失明月珠。谁能终老事方寸，展图为公一长吁。

（后湘二集卷一）

再呈律原

古人守一官，或以终其世。量材而受职，非必皆显仕。所行即所学，出处总一致。嬴秦乱天纪，仕者惟师吏。儒生皆耻之，抱道守空器。学行与治术，此事遂为二。汉帝求遗经，腐儒不晓事。遂令英雄主，亦但虚延致。圣朝养士崇，学官普天置。咿唔少及壮，宠禄眩所志。尚昧古是非，何知今利弊。一朝幸通籍，世事仍聋瞆。兵刑与钱谷，乃始问涯际。所以称贤能，往往今昔异。匪云论资格，道重在历试。君始学古先，人称好文字。及后作刑官，名法乃无滞。今兹察三郡，课绩君其最。长者嗜好殊，久淹亦非计。

（后湘二集卷五）

后湘续集

（1833—1849）

修　辞

古人贵修辞，诚至言斯立。道善义以周，体物不相袭。精微造化理，上下古今笈。细析毫颠翳，宏任百川吸。刚柔洽吐茹，利钝异张翕。动中沛然至，无感何歌泣。鄙夫好为名，终日事缀缉。弃彼紫磨金，高门乞残汁。文章本心声，希世绝近习。质重人则存，浮杂岂容入。镂琢饰情貌，当非贤所急。

（后湘续集卷三）

偶　成

唐宋元明各有人，诗成不解若为邻。欲寻群怨兴观旨，袨服红妆漫斗新。

歌行律句总心声，风月江山别有情。底事楼头翻水调，湘娥一夕泪纵横。

（后湘续集卷四）

观　物

微物含生气，蠢然若有知。红英坠藩溷，飞虫投蛛丝。本为无心动，已自遭艰危。生死皆偶尔，天道何盈亏。

梗楠遭斧斤，巨石被烧凿。山泽非不深，求者苦搜索。黄绮入商山，亦受建成托。安期与伏生，幸乃全矍铄。子云守太元，自谓甘寂寞。投合已贻讥，况更为美剧。理数各有然，是非徒妄作。渊明好饮酒，兹事竟何若。

饮酒不必醉，既醉亦复佳。弹琴且安弦，征羽何须谐。吾生自有尽，万物各有涯。今时趿朱履，明日还青鞋。造物各区区，骨肉徒安排。青天在何许，浩浩原无阶。

白画思攫金，不复见市人。国士志天下，遂亦忘其身。立心虽殊异，贪侈无乃均。徇名与徇财，异世同悲辛。四时本代嬗，何能长青春。鹰鸠本一物，变化宁无因。委运任自然，病者徒为呻。

传土作偶人，媸妍原未一。有物或凭之，灵蠢亦异质。媸偶善为祸，妍偶善为吉。还问抟土人，宁复有异术。当时本无心，后来谁能必。功过两不居，恩怨自兹毕。

鲲生不自量，慕古意深广。岱海以为期，治平如指掌。聚米谈兵事，穷幽极非想。万物备一身，大乐和群响。力薄时复乖，身挫气益上。内外两何益，出入徒慨慷。人犹追来兹，事多恨既往。此心竟谁期，悠悠盟惚恍。

贾荐自廷尉，苏举亦欧阳。论说动人主，千仞游凤凰。绛灌忌更变，韩欲老栋梁。用意贤佞殊，放逐同彷徨。主恩岂伊薄，臣生本不祥。遇合尚有然，不遇何足伤。

骐骥服盐车，蝼蚁制鳣鲸。大小一变置，造物宁无情。至道本沕闷，何有长短名。世人自贤知，强弱为重轻。易地而反观，可以全其贞。

（后湘续集卷五）

占 卜

愁人好占卜，积岁或不应。龟筴有短长，世亦相诟病。五行与太一，辩讼当谁政。或言事吉凶，因气为衰盛。变化环无端，奚能究其竟。今日大吉卜，聊复为君庆。

（后湘续集卷五）

姚莹年谱简编

乾隆五十年（1785）　一岁

十月七日（11月8日），出生于安徽桐城县城内北后街祖宅内。

乾隆五十七年　八岁

师从族兄、进士姚维藩。维藩具有经世之志，教授姚莹最久，对其成长有一定影响。

嘉庆四年（1799）　十五岁

开始钻研诸家诗说，探究古贤为人之道。其经世之志与名节操守，即萌发于此时。

嘉庆十年　二十一岁

五月，以府试第一名补府学附生。

嘉庆十一年　二十二岁

夏秋，赴安庆参加科考，名列二等。居敬敷书院，亲聆从祖姚鼐教诲，与言学问文章之事。

嘉庆十二年　二十三岁

七月，赴金陵参加乡试。乡试揭晓，中式第十八名。

嘉庆十三年　二十四岁

三月，抵北京参加礼部会试，中式第三十二名。

四月，殿试三甲，同进士出身。因不工小楷，未能入翰林，而归班铨选。

嘉庆十四年　二十五岁

七月，抵广州，应两广总督百龄之聘入幕。

嘉庆十五年　二十六岁

六月，赴香山县，主讲榄山书院。

嘉庆十六年　二十七岁

春，应广东学政程国仁聘，授经署中。与新任两广总督松筠交往，获得不少中外交涉信息和域外尤其是西北史地知识，自此开始留心并研究域外和边疆史地情事。

嘉庆十七年　二十八岁

正月，以程国仁任满调离广州，应聘入从化县令王蓬壶署中授经。

六月，刊行曾祖姚范诗文集《援鹑堂集》，包括诗 7 卷、文 6 卷、笔记 34 卷，计 47 卷。

是年，作《复杨君论诗文书》、《复吴子方书》，纵论诗文主张及修身用力之端；又作《与光律原刑部书》，自述弃名求实之思想转变。

嘉庆十八年　二十九岁

仍在从化县幕中。先后作有《张南山诗序》、《黄香石诗序》，系统阐述诗歌主张，论述经世与诗文创作之间的关系。

嘉庆十九年　三十岁

夏秋之间，作《与张阮林论家学书》，申论其家学实质在于追求"道"、"功"，而不仅仅限于"文"、"德"，力图与汉学划清界线。

是冬，将诗作编辑成集，名曰《后湘集》，并作有《后湘集自叙》，称诗应有感而作，不可"强而作"。

嘉庆二十年　三十一岁

三月，往金陵钟山书院拜谒叔祖姚鼐父子，初识管同，作《赠管异之》诗，称其经世之志。

嘉庆二十一年　三十二岁

春，谒选得福建平和县知县。

春夏之际，赴平和途中过金陵，在钟山书院与姚鼐子及弟子编校《惜抱轩文后集》。作诗咏怀姚鼐，认为姚鼐之学超越汉宋门户，其实质在于"有道"。

闰六月，莅任平和。检阅历年案牍，亲身考察属内情势，主张治理平和应"本清、慎、勤之心，行恩、威、信之政"。

嘉庆二十二年　三十三岁

正月，为惩治悍俗、振兴文风，倡议扩修九和书院，并捐养廉以为表率。

是冬，调任龙溪县令。龙溪为漳州府首县，民俗强悍，械斗、仇杀、盗贼肆行。莅任伊始，治之以严，依律诛奸抑暴、秉公断狱；选派公正绅耆赴各社排释调处，息讼解怨，颇具循吏能员本色。闽浙总督董教增称其为"闽吏第一"。

嘉庆二十三年　三十四岁

在龙溪任上，实施恤族守社之法，治本塞源，民无扰攘。

嘉庆二十四年　三十五岁

春，调任台湾县知县。

秋，渡海赴台湾县任。旋兼理海防同知。

道光元年(1821)　三十七岁

春，兼任噶玛兰通判。此次噶玛兰通判之役，实因平时建言得罪台湾兵备道叶世倬所致。在任期间，推动漳、泉、粤等客籍与当地土著和睦相处，积极组织救灾，改筑仰山书院，鼓励垦荒，为噶玛兰的未来开发做了许多筹备工作。

是年，先以龙溪任上郑源案被劾去职，复以捕获著名海盗林牛等十余人之功，得旨引见。

道光二年　三十八岁

十月二十七日，登舟内渡。此前虽得旨引见，但以官负滞留台湾年余，直至新任台湾镇总兵观喜助千金代偿之，才得以成行。

十月二十八日，父骥病故于鹿儿门，临终前仍以恤刑爱民、虚心听讼叮嘱之。

是年，作《台湾班兵议》（上、下），力陈台湾戍兵不可改调遣为招募。

道光三年　三十九岁

春，以贫不能支，兄朔扶榇归里，己则侍母侨寓福州。座师、闽浙总督赵慎畛多所咨访，忌者日众，于是主动出省城，游幕至福清。

十月，应新任台湾知府方传穟之邀，渡海至台。建议留余谷以防民变，商船贩台米有定额即肇始于此议。

道光四年　四十岁

八月，就夷船滞留鸡笼港贩卖鸦片事，致信台湾道孔昭虔，建议果断阻止西方侵略者在台湾沿海的活动，警惕夷人对台湾的觊觎之心。

是年，在台湾兵制，水里、埔里二社开发，防范民变，台湾治理等问题上多有建言。

道光五年　四十一岁

三月一日，辞方传穟幕内渡。因风漂流经广东惠来、潮州至福州。

十月，自里中起程赴京。

道光六年　四十二岁

正月，抵达京城，奉旨以获盗功改降二级调用。援例可捐复原官，归部铨选。在京期间，与龚自珍、魏源、黄爵滋、汤鹏等相交游，讲究经世之学。

道光七年　四十三岁

三月十三日，接到母亲讣告，离京奔丧，返福州。

道光八年　四十四岁

夏，作《复方彦闻书》，论周秦以后道衰文盛之过程，言自己为文以"称心"、"义尽"为准，不专主某家。

冬，应福建巡抚韩克均召见，询以民风吏事，并谈及术数、文章之道。

道光九年　四十五岁

十一月，作《东槎纪略》自序，强调为政要"知情"、"审势"、"察几"。

道光十年　四十六岁

八月，作《再呈律原》，阐论学行与治术，抨击科举选拔制度。

道光十一年　四十七岁

七月十日，以江南水灾严重，两江总督陶澍、江苏巡抚程祖洛奏请拣发知县六人供调用，于是被引见，奉旨发往江苏。

九月初五日，总督陶澍委随往清江浦。

九月十九日，至御黄坝，奉委会同厅、营筹备粮船回空、开坝倒塘事宜。

道光十二年　四十八岁

二月，莅任江苏武进知县。

是冬，因孟渎等三河疏浚工程未竟、漕船毕集；又值台湾张丙之乱，豫陕官兵络绎南下，武进为必经要道，供应浩繁，日夜乘扁舟与夫役奔走于河干者三月。

是年，题补金坛县知县。未赴任。

道光十三年　四十九岁

四月，孟渎、得胜、澡港始报通工挑竣。

六月二十六日，因治理孟渎等三河出力，奉旨交部从优议叙。

是冬，调署元和知县。

道光十四年　五十岁

六月二十三日，应江苏巡抚林则徐招，参与批阅科考卷。

七月，擢高邮州知州。未赴任。

秋，就任淮南监掣同知。

道光十五年　五十一岁

三月二日，至仪征乐仪书院课士。并对书院进行改革，一是适度扩大生员，二是更新充实课士内容。乐仪书院本无官课，至此，因两江总督委令，始由淮南监掣同知每月亲临课士。

九月，作《复陶制军言盐务书》，汇报至运司署检阅整理嘉庆二十一年至本年盐务档案的情况，并首次就盐政改革发表看法。

十月，勘定仪河疏浚开挖工程六项，制定挑工章程十二则，采取商捐商办形式，力避官工积弊。

十一月二十九日，两淮盐运使俞德渊因病请假两月，奉委代理其职。

道光十六年　五十二岁

约二月上旬，新任盐运使刘万程到扬州接印，遂回淮南监掣同知任。

秋，入都引见召对。

道光十七年　五十三岁

二月二十九日，两淮盐运使刘万程以奏销缺额忧极自尽。经陶澍奏请，以淮南监掣同知护理两淮运司职。

四五月间，两次上书两江总督陶澍，力陈淮南盐商困顿、盐业疲敝、行盐积滞情状，恳请暂以淮北溢额票盐融销淮南二十万无著之残引，以恤商裕课。

九月，升署台湾道。

十月二十日，卸交盐运使事。二十五日接到任命为台湾道的公文，二十八日离开扬州。

十一月，受命巡查舒城、桐城一带缉私销盐情形。

道光十八年　五十四岁

四月，由厦门渡海至鹿耳门。

闰四月十六日，莅台湾道任。

七月六日，札令嘉义县实施联庄团练收养游民之法，即依靠地方宗族等民间组织，各庄出公费收养游民，化无业为有业，变"匪民"为良民。计划先在嘉义、彰化两县试行，然后推广全台。

是月，协调解决鹿港厅与台防厅关于分运台谷争端；经报批，从道库中提出九千元分贮凤山、嘉义、彰化等县，预作应付突发事件经费。

八月十五日，参加台湾府学孔庙祭奠活动，与安徽六安人、台湾府知府熊一本捐廉俸购置祭品如制。

九月七日，以北路风谣四起，亲往北路巡查。三个月后回到郡城。

道光十九年　五十五岁

四月，作《与汤海秋书》，详细介绍台湾的政情民俗及自己莅任后平乱施政之策略。

五月，嘉义地震。撰《台湾地震说》驳斥"地震主奸民为乱"说。

道光二十年　五十六岁

五月十二日，作《复邓制府言夷务书》，与闽浙总督邓廷桢讨论禁鸦片烟、夷务、制敌方略、船炮装备、台湾防务等问题。认为台湾以"和文武、诛盗贼、安反侧、抚疮痍、筹经费为本计。至于严烟禁、防海口、备夷船，则更目前要务"。

五月，英国侵华"东方远征军"抵达广东海面。计有兵船十六艘，载炮五百四十门，武装轮船四艘，运输舰二十八艘，陆军四千人。

六月一日，与台湾镇总兵达洪阿上《台湾水师船炮状》，根据普查得到的台湾各港口水深情形、全台各协营可操驾的战船与炮位数量，对照台湾防务要求，对兵力装备作出部署。

六月十八日，鹿耳门汛口发现双桅夷船一只，由西驶至鹿耳门外马鬃隙深水外洋游弋。与达洪阿立即进入战争状态，部署防守：一是出示封港；二是督饬文武官员分区巡查防守；三是雇派渔船二十只往来接应兼防奸民出海，沿海多备旌旗，时放枪炮以壮声威。

六月，上书闽浙总督邓廷桢，建议制造专为攻击外国船只的巨舰，并申请为台湾添造如内地水师所用的"集"、"成"字号炮船各二只，交安平、澎湖水师配用。

七月二十日，与台湾镇总兵达洪阿会衔向邓廷桢汇报台湾的政情、兵力布署以及对台湾防务的统筹安排。提出台湾通盘防务方案共七条：募壮勇以贴兵防；派兵勇以卫炮墩台地；练水勇以凿夷船；习火器以焚贼艘；造大舰以备攻战；雇快船以通文报；添委员以资防守。

七月二十四日，清廷指示闽浙总督邓廷桢委派明干将弁，并责成台湾镇、道招募练勇，勤加训练，严守澎湖，以固台湾门户。

七月二十八日，因台湾、澎湖地方紧要，清廷再次命令闽浙总督邓廷桢妥为布置澎湖防备事宜。

八月七日，起程赴北路巡查督办防务事宜。认为北路自嘉义之树苳湖至极北之大鸡笼要口，凡 17 处，皆当设防，而尤以树苳湖、缠仔蒙、番仔挖、沪尾、鸡笼 5 处为最要。每勘一处，皆相度地势，会督文武设立炮墩、派雇乡勇，并沿途传见绅耆，团练乡勇，以备临时应用。九月初十日勘竣。

八月十七日，致信总兵达洪阿，通报自己北路巡查情况，同时为达洪阿和王得禄（原福建水师提督，奉旨参与台湾防务）劝和释嫌。姚莹与达洪阿初亦不和，至是时，为同心协力抗英守台，尽弃前嫌。

九月二十二日，与达洪阿上《会商台湾夷务奏》。奏中表明他们与王得禄对战守机宜已达成一致，即夷人船高炮猛，不宜轻与决战海上，应以严守口岸，密防内奸为先；此外，多雇乡勇，既得防夷之用，亦可收养游手，消其不靖之心。据奏，此时台湾通计 2 厅 6 县已团练壮勇 13000 余人。

十二月十四日，清廷接到钦差大臣、两广总督琦善与英人谈判奏报。道光帝以英人要求过甚，情形桀骜，既非情理可谕，即当大申挞伐。所请均不准行，并命令沿海督抚一概拒绝英人投书，如英船逼近口岸，即开枪放炮，痛加轰击。并称"朕志已定，断无游移"。

道光二十一年　五十七岁

正月初五日，清廷以大角、沙角炮台失守，命将琦善交部严议。又颁谕中外，谴责英军罪行，对英宣战，并征调江西、湖南、四川等地兵赴广东。

正月二十日，接到福建水师提督备战咨文，与总兵达洪阿、台湾知府熊一本会衔上《防夷急务第二状》。针对台湾情形，认为急要之事有四：一曰海外经费不可不裕；二曰大饷扣抵不可过多；三曰派委大员协守澎湖；四曰新铸大炮分给台、澎以备要口。

二月，作《台湾山后未可开垦议》，认为山后为土著居住地，此时遽开，则尚未得机宜。

三月，在给闽浙总督颜伯焘的复信中，表达了对和谈的不满；表示自己身处台地，当以安反侧、结人心为本计，筹经费、缮守备、和文武、策群力为亟图。

闰三月，作《复梅伯言书》，披露了自己的治台守台之术（即上条所云安反侧、结人心、筹经费、缮守备、和文武、策群力）及对敌态度：职在守土，惟知守土而已，不敢他及。

四月十九日，颜伯焘以澎湖孤悬海外，为台、厦咽喉，必得一熟习情形、名望素著之人，始可以内服人心，外慑夷胆，遂一面报请清廷批准，一面飞咨前福建提督王得禄，令其迅赴澎湖驻扎办理防守事宜。清廷于五月初七日予以批准。

七月二十日，由郊行来信，始知厦门已失守。闻警后，与达洪阿立即进入备战迎敌状态，采取了一系列战时措施。

七月二十六日，针对厦门失守这一新情况，专门向闽浙总督颜伯焘汇报了台湾闻警后的民情、设防情形，恳请筹拨经费银 30 万两给台湾。

八月初一、初五等日，台湾北路之鸡笼中港、南路之小琉球等外洋有夷船游弋。旋有南洋夷船一只将进口门，见文武兵勇人多，防守严密，立即窜驶北去。

八月十三日申刻，有夷船在鸡笼口外之鸡笼杙洋面停泊。

八月十五日辰刻，一双桅大号夷船拖带杉板多只自鸡笼杙移泊近口之万人堆洋面，有夷人在桅顶张望。翌日，即发生了"鸡笼破获夷舟"战事。

八月二十五日，接到邱镇功、曹谨、范学恒、王廷幹禀报，次日即据以上《鸡笼破获夷舟奏》。据奏，此次文武义首人等前后共计斩馘白夷五人、红夷五人、黑夷二十二人，生擒黑夷一百三十三人，同捞获夷炮十门，搜获夷书图册多件。

九月五日辰刻，有三桅夷船一只驶至鸡笼口外，初挂红旗，后换白旗，于酉刻在万人堆放杉板二只进口，表示愿以每名洋银百元，赎还英俘。游弋数日，以守口兵民久无应答，该船遂武力强行入口，双方战事再起。至十四日午刻驶逃出口，同口外夷船窜向外洋北去。

九月二十二日，达洪阿亲统精兵 1000 名，前往北路"剿办匪乱"，姚莹坐镇郡城负责前线补给与城防。

十月七日，南路凤山县民陈冲等因夷船再犯鸡笼，乘机作乱。此次南北路叛乱，经姚莹、达洪阿等督率兵勇镇压，一月之间，首犯从犯皆被擒获，地方安谧。据事后奏称，达洪阿指挥的北路剿捕，共生擒 117 人，其临阵枪毙杀伤及围捕格杀者 80 余人；姚莹督办的南路，共生擒 99 名，击毙格杀 50 余人。与达洪阿纯粹用军事手段武力镇压不同的是，姚莹则是利用民间力量清除社会环境后才以武力平定动乱的。

十月十一日，清廷接到达洪阿、姚莹于八月二十六日所上《鸡笼破获夷舟奏》，朱批："览奏嘉悦之至。"著赏达洪阿双眼花翎一枝、姚莹花翎一枝，均交部从优议叙。为加强台湾防务，命王得禄由澎湖移驻台湾，"协同剿办"。又命"嗣后有攻剿夷匪折件，应由五百里奏报，如大获胜仗，即由六百里奏报"。

十月十五日，云南道监察御史福珠隆阿奏请暂留台湾所获英俘以便究讯，清廷采纳其建议，著福建巡抚刘鸿翱饬令台湾镇、道照福珠隆阿所奏详讯英俘，并命嗣后各地均照此办理。

是月，以"夷船遍布海中，解不能到，徒为所夺"答复泉州知府关于将所获夷囚解至内地之信，引起闽浙总督不快，谓台湾镇道欲专其功。

十二月八日，清廷以有英军调兵来年春天滋扰台湾以图报复的传闻，再次责令福建方面奏报台湾情形。

十二月十八日，会同达洪阿上《谢赏花翎恩奏》，据称"现在地方安靖，即派委妥员分起行提夷犯来郡审讯"。又奏报遵旨严防海口及福建解到经费情形片。

十二月二十九日，清廷以台湾两月之内连获胜仗，击败英军两次犯台，又扑灭南北两路乘机滋事匪徒，著赏给台湾镇总兵达洪阿骑都尉世职，台湾道姚莹、台湾府知府熊一本云骑尉世职。又谕令台湾镇、道等和衷筹战，以防英军报复。

道光二十二年　五十八岁

正月二十五日，上《南北两路已平撤兵回郡奏》，奏称两路人犯汇案拟结，各依律惩处，其中特别指出累犯张从约夷船到台作为内应，情节尤为可恶。

正月二十五日，又上《遵旨严讯夷供覆奏》。据称，上年十二月间南北路勘办逆匪事竣，才委员将鸡笼俘虏分起提解"原获黑夷一百三十三人，除在监、在途病毙外，陆续解到夷犯一百一十九名"。参加审讯的官员为台湾府知府熊一本、台防厅同知全卜年，督同台湾县知县阎炘、委员前候补同知台湾县知县托克通阿，译员为宋廷桂、何金。并按照御史福珠隆阿所拟内容对英俘进行审讯。

正月二十六日戌刻，接到彰化县禀报称，"二十四日卯刻，有三桅夷船三只，在五汊港外洋向北驶去"，遂批示"凛遵不与海上争锋之旨，惟有以计诱其搁浅，设伏歼擒"。

正月二十七日，清廷以台湾地方紧要，英人屡经败衄，难保无大帮洋船乘潮驶入，冀图报复，谕令闽浙总督怡良等饬知达洪阿、姚莹并王得禄（已于上年十二月二十八日在澎湖病故）严密防守，务操必胜之权，不可因屡获胜仗，稍存大意。

正月三十日卯刻，有三桅夷舡一只，随带杉板四只，在淡水、彰化交界之大安港外洋欲行入口。假作汉奸之粤人渔夫周梓等，与夷船上广东汉奸以乡音招呼，诱从土地公港驶进，结果夷船为暗礁所搁，复遭伏兵追杀，是为大安港之役。

二月初三日，接到淡水同知曹谨、署鹿港同知魏瀛、委员澎湖通判范学恒、彰化县知县黄开基、护北路副将关桂有关大安港之役的禀报，次日即据以上《奏报计破再犯台湾之英船并斩俘获胜折》。据奏，此役共杀毙白夷一人、红黑夷数十人；生擒白夷十八人，红夷一人，黑夷三十人，广东汉奸五名。

二月十六日，与达洪阿会衔上《遵旨筹议覆奏》，奏陈台地五种守御之法：一曰塞港，二曰御炮，三曰破其鸟枪，四曰守城，五曰稽察奸民。其中提到，郡城监狱现有夷囚168名，解往省城既有不便，长久羁絷亦非善计，奏请"设未奉到朱批回，而夷人大帮猝至，惟有先行正法以除内患，是为要著。"又另请筹拨经费五十万贮闽省，专门接济台湾军需。

三月初十日，接到赏给云骑尉世职的上谕。十二日，上《谢赏世职恩折》。

三月十四日，大安海口瞭见青水洋面有五桅夷船，由南向北驶去。是日辰刻、申刻又先后在彰化县五汊港、淡水厅中港香山外洋发现一只夷船向北驶去。

三月，台湾洋面草鸟船海盗肆扰，据称英军与他们相互勾结，共同犯台，被台湾军民击败溃退。姚莹等于四月二日上《击破通夷匪船拿获奸民逆夷大帮潜遁奏》。

四月初五日，清廷接到大安港破舟歼夷捷报，上谕称"览奏欣悦，大快人心"，又称"达洪阿等智勇兼施，为国宣威，可嘉之至"。达洪阿著"加恩赏加太子太保衔，并赏加阿克达春巴图鲁名号，姚莹著赏加二品顶戴，达洪阿、姚莹均仍交部从优议叙。"并谕令严鞫取供之后，"除逆夷头目暂行禁锢候旨办理外，其余各逆夷与上年所获一百三十余名均著即行正法，以纾积愤而快人心。"

四月初六日，清廷接到达洪阿、姚莹《遵旨严讯夷供覆奏》，认可其"在台正法"，称"所见甚是，著即照议办理"。

四月二十六日，清廷接到达洪阿、姚莹会衔所上《遵旨筹议覆奏》，上谕称赞台湾用本地义勇自卫乡邦做法，"所见甚是，所办甚好。""所奏塞港、御炮、破鸟枪、守城邑及稽察奸民五条，均属周妥。"并称"前获夷匪一百六十余名，业已谕知即在台湾正法，计此时当已接奉，著即遵旨办理"。又批准拨贮闽省五十万两，陆续解台湾济军需。

五月初三日，彰化县"积匪陈勇、黄马二名，素行结交匪类，被控抢劫占夺田园，截河抽税，不法多案"，且"纠结伙党，在水沙连地之触口地方筑造石围，乘夷船屡次来台，欲图勾结滋事"，至此时，姚莹决意实施大规模剿捕。

五月十九日，护台湾北路副将关桂督率兵勇攻剿陈勇，破其触口竹围。次日，又破其石围，生擒伪元帅等22人。又齐集各路兵勇入水沙连山内追击陈勇等，生擒伪镇山大王黄马等41人。

五月十九日，接到军机大臣字寄四月初六日上谕，其中有命将英俘在台正法和严讯大安港英俘等内容。

五月二十一日前后，斩决英俘。在台湾审讯英俘，使姚莹拓展了域外尤其是欧美的史地知识，为此后撰著《康𬨎纪行》积累了素材。姚莹自称，此时即有将颠林所绘图与《海国闻见录》与南怀仁二图参互考订，"于其地同名异者逐一详辨之"，更有荟刻《异域丛书》之计划，以"台湾之狱"发生而未果。而其所上奏的图说，不久即被台人刊刻。

五月二十三日，作《再复怡制军言夷事书》，根据从英俘口供等得到的信息，阐述坚持抗敌、勿示弱于敌的主张。

五月二十五日，澎湖厅所派丁役会营巡洋时，在锁管洋面瞭见草乌船追赶渔船，遂据上风兜捕之，擒获匪犯刘宜等12名。

五月二十八日，上《覆讯夷供分别斩决留禁绘呈图说奏》，遵照四月初六日上谕要求，对颠林等进行复讯。此奏折后附有《嘆咭唎地图说》，根据英俘口供与中文图书，如《明史》、南怀仁《坤舆图说》、陈伦炯《海国闻见录》等及早年得自松筠者撮述而成。奏折为应命而作，内容有局限，而附文可反映姚莹睁眼看世界的个人兴趣所在。

五月二十八日，又与达洪阿会上《谢赏太子太保衔、二品顶戴恩奏》及《查明大安破舟擒夷出力人员奏》。

六月初八日，道光皇帝密谕钦差大臣、署理杭州将军耆英："该逆如果真心求和，于通商而外别无妄求，朕亦何乐而不罢兵？即令仅止求给香港一处栖止贸易，或该国船只偶至闽、浙口岸，暂时停泊，售卖货物，旋即驶去。虽非旧例，然随时变通，朕岂不思保全沿海生灵，聊为羁縻外夷之术。"命耆英将此"作为己意"密派陈志刚转达给英人。同意求和。

六月二十六日，台湾嘉义县有海盗与土匪联合抗拒官兵，树苓湖署水师千总李瑞麟等同嘉义县丁役、水勇驾船出击，开炮击沉匪船2只，匪船又冲礁击碎1只，牵获匪船2只，贼匪落海淹死无数，生擒12名。

七月初五日，清廷命怡良等随时确报台湾英船情形，并饬知台湾镇、道加意严防。

七月初八日，作《复福州史太守书》，驳斥"抗敌致报复说"。

七月十四日，台湾将所获有通敌谋乱罪名的陈阿盛、张阿广、张阿有、赖妈来、萧石五人援照谋叛斩决律处死。

七月二十四日，耆英、伊里布、牛鉴等登上英军司令舰汗华丽号，与英国侵华全权代表璞鼎查签订了《中英江宁条约》，即《南京条约》。

七月二十八日，作《委员请领经费状》。因经费告匮，请求再拨银十五万两。

七月，璞鼎查发布告示，缕列中国官员待英人"四太不端"，其中有云："台湾道等两次将遭风破船之难人，捉获诈奏，以打仗得胜，房掠多名。"是所见英人最早指称台湾道姚莹等以两次遭风英船冒功的文字。

八月初三日，璞鼎查向清方要求释放台湾英俘。

八月初三日，有三桅夷船在台湾洋面自南而北游弋，惧遭攻击，插白旗行驶。

八月初七日，璞鼎查派人到达台湾洋面，欲索讨英俘。英人此次到台索讨英俘，双方未能接触。据姚莹所作《夷船复来台洋游弋状》称，八月五日、六日、九日先后在国赛港、安平港、打鼓港外洋有夷船游弋，且"望见师船及岸上兵勇，立即竖起白旗"。当是前来索俘，欲递公文者，只因台湾军民不知其来意，未能让其入港。

八月初八日，分别给闽浙总督怡良、福建巡抚刘鸿翱、福建布政使曾望颜去信，主要内容皆是表达坚持抗敌的主张，陈请拨台经费20万两，并对闽省轰传台湾在大安港之役中获巨额银物的消息进行了澄清。

八月十二日，怡良等接到耆英、伊里布、牛鉴等咨文，称已奉旨准执行《南京条约》中释俘条款。十九日，又接到耆英等咨文称"台湾被虏夷人如已解闽省，速即委员送至鼓浪屿，交其夷官收领，并取回照备案。倘尚在台湾羁管，希即飞饬该道，将各夷人委解鼓浪屿，径行交领"。

八月二十二日，接到七月十七日上谕，命对英俘"如尚有未经正法者，著暂行拘禁"。

九月初一日，姚莹等接到怡良、刘鸿翱会札，命将现存英俘遴委文武妥员解送厦门，以凭转送，其有内地民人与英人交涉拿获监禁者，亦即查明省释销案。

九月初十日，姚莹、达洪阿会衔上《夷官来台投书及遵释夷囚奏》。据称，九月初七日，驻厦门英军遣人乘三桅船从安平四草湖入口，声言前来求见台湾府投书。接报后，即派台湾知府熊一本会水师副将邱镇功于初八日在演武厅会见英军官你哄一行 5 人（其中翻译一名）。你哄递交了驻厦英军水陆提督致台湾镇总兵书，熊一本等当即指出该公文应当交给台湾镇，而非台湾府。英人见误投，遂将书讨回，必欲亲投给总兵达洪阿。当晚将英人安排在寺庙里住歇，并招待之。次日，你哄等不待与地方官再次会见，即登舟向西北驶去。以英人书未投而去，恐生事端，决定将颠林等 9 名英俘遣人乘快船星夜径送厦门，交鼓浪屿英军。实际上，颠林等 9 人由委员卢继祖、梁鸿宝护送，九月二十三日才放洋。又"因风不顺，收入澎湖。又值风暴连旬，直至十月十九日开驶，十月二十一日始到厦门"。

九月十六日，清兵勇在林圯埔围击陈勇伙党，击毙 14 人，生擒陈勇 34 等人。彰化乱平。

九月二十三日，淡水同知曹谨、澎湖通判范学恒禀报，本月十六日一只英国夹板船在淡水厅金包里洋面遭风击碎，救起白夷 25 人。以已议和，姚莹当即批饬妥为抚恤，委员解郡。

九月三十日，怡良奏称，查台湾镇、道补缮发递的有五月二十八日上奏的处决俘获夷酋一折，"与现在钦奉谕旨，将台湾夷俘释放送回，办理窒碍。该夷酋等均不知有正法一节，日望其人之归，兹所剩仅止十一人，送到后似不能贴然顺受，与抚议殊有关系。"

九月，作《与方植之书》，称赞方东树"书皆卫道，见真语确，多前儒所未发"，"即阳明亦未必不以为畏"。并阐述了自己"随事立法以救世"的为学"破道"主张。

十月初五日，清廷命怡良等饬令台湾镇道释俘。并特别指出"至所获英人有前经正法者，并著晓谕该夷目，系未经议和以前之事，俾该夷目畏威怀德，不至有所借口。是为至要"。

十月上旬，因前次英船遭风事件，姚莹与英方进行了直接交涉，并曾应邀赴英船参观。具体情形，在十月初九日所上《夷船二次来台释还遭风夷人奏》中有详尽描述。

十月十六日，清廷命怡良在移交台湾英俘时，"倘该夷或有闲言，惟当谕以前此所获各夷目，彼时未定抚议，是以依法办理。即如两军临阵，互有杀伤，事后复责令偿还，断无是理。该督等务当明白宣示，俾该夷等畏威怀德，不复有所借口，是为至要"。

是日，伊里布与怡良、耆英等就台湾杀俘事达成共识，即"惟有开诚布公，据实面告，并将处决在先、结好在后各情，向其委曲晓谕，或可冀其顺受"。

十月十九日，璞鼎查到达厦门，获知台湾英俘被杀事。

十月二十一日，璞鼎查发布告示，声称台湾镇总兵达洪阿等冒功，妄杀英人。

十月二十五日，璞鼎查再发告示，将公布从生还英俘那里调查有关在台情形。

十月二十八日，清廷命闽浙总督怡良等密加防范，并详晰开导英人。

十月二十六日至二十八日，闽浙总督怡良与璞鼎查在厦门就台湾杀俘事件进行交涉。

十一月初六日，耆英得到怡良函寄的姚莹等处理 25 名遭风英人事件禀稿后，奏称"该道姚莹于办理此事，颇合机宜"。

十一月十二日，耆英接到怡良咨送的璞鼎查关于台湾英俘被杀事件的照会。次日，即上一折一片，提出将达洪阿解部审办。

十一月十六日，姚莹与达洪阿会衔上《通筹经费酌量撤留兵勇奏》，据称，自道光二十年八月起，台湾兵勇逐渐加增，至二十年九月各口日夜在口守御的设防弁兵 4669 名，屯丁、乡勇、水勇 7952 名；澎湖各口共设防弁兵 1599 名，乡勇、水勇 1213 名。议定从明年正月起，台湾各口酌留弁兵 4021 名，澎湖仍照旧。安平水师三个营与澎湖水师两个营分两班更替休息。上班口粮照给，下班则停给。至于乡勇、屯丁议定台湾各口酌留 1749 名，澎湖酌留 400 名，共计 2149 名。

十一月十八日、二十日，姚莹先后接到护送英人赴厦门的委员禀报，得知璞鼎查在厦门张贴告示、谴责台湾杀俘的消息。

十一月十九日，耆英奏称，访查出台湾镇、道杀俘冒功情形，建议饬交闽浙督臣详细查明，以便核办。

十一月二十二日，清廷上谕中肯定台湾镇道两次办理夷俘"系属正办"："各国遭风难夷例得邀恩抚恤，示以柔远之仁。若正当战争之际，突有夷船驶入境内，即使真有遭风情形，安保非用计装捏，伺隙滋扰。台湾两次办理夷俘，均在未经议抚以前，系属正办。"又解释说，"试思该总兵等前此如有妄杀邀功情事，尽可将存俘九人一并诛戮，希图灭口，此理甚明。该酋不应听信释回夷俘一面之词，自生枝节。"命伊里布到粤后晓谕璞鼎查尽释前嫌。

十一月二十四日，姚莹与达洪阿联名给怡良公函，为自己申辩。同日，又上《夷酋忽生异议奏》，对英人所称"遭风商船"说进行了驳辩。

十二月三日，作《夷酋张贴伪示请旨查办奏》称，将由厦门探差传抄的璞鼎查于十月二十一日发布的告示奏呈。奏中备述了鸦片战争爆发以来，台湾孤悬海外，安内攘外，备极艰辛，终获境土安全的历程，指出"凡此侥幸成功，实由仰承圣训先事指示机宜，又得文武员弁绅士义民人思敌忾愤切同仇，且督抚臣深悉海外情形，屡次令臣等便宜行事，不为遥制，是以臣等不避嫌疑，遇事径行具奏，故能不失机要，境土安全"。最后暗示防夷、匪勾通，平定内患也是杀俘原因之一，委婉地指出了处理台湾杀俘事件将产生的影响，并请求开缺查办。按：此折未奏陈。据称，该折在口守风，闻知闽浙总督怡良已奉旨渡台调查杀俘冒功案，乃追回。曾钞呈怡良舟次，缮折犹存。

十二月五日，钦差大臣广州将军伊里布奏称，到粤后将本着"释其疑、平其愤"的方针，与璞鼎查谈判台湾英俘被杀事。为平息争端，不引起英人妄动，主张将达洪阿解京讯问，予以惩办。至此，实已定案矣。

十二月十一日，清廷命怡良"如查明该镇、道等实有妄戮难夷，冒称接仗之事，著即传旨将达洪阿、姚莹革职拿问，解至省城，请旨办理。该督所带总兵一员，即著署理台湾镇总兵，其台湾道印务，著熊一本署理。该督仍一面飞咨伊里布、耆英晓谕该夷，俾消衅端。倘怡良稍存隐饰，不肯破除情面，致朕赏罚不公不明，又误抚夷大局，将来朕别经察出，试问怡良当得何罪？懔之！慎之！"

十二月二十二日，伊里布奏报十二月二十日与璞鼎查谈判情况。附片奏称"揣其情势，似非将达洪阿解京讯问，难以折服其心。"

道光二十三年　五十九岁

正月初八日，道光皇帝分别给怡良、伊里布发出上谕，意欲迅速查办台湾杀俘事件，以防英人"反侧"。

正月十九日，监察御史福珠隆阿奏请拒绝英人无理要求，保全有功之台湾镇、道。在奏折中他首先警诫清廷勿堕敌人反间之计而惩办台湾镇、道；其次，肯定台湾镇、道有功，批评寻疵者"欲加之罪，何患无辞"；最后，指出对台湾镇、道的处置，关乎人心国运，当慎之。次日，工科掌印给事中萨林亦奏称应防英人请撤台湾镇、道二员之反间计。

正月二十一日，怡良自鹿港登岸，到达台湾岛。二十五日，行抵台湾府城。二十六日，传旨拿问达洪阿、姚莹。是时，朝野对台湾事件反应强烈，台谏诸公先后上言争台湾事，一时中外作诗书著论者甚众，闺阁中亦多感咏。

三月初六日，姚莹、达洪阿被怡良"带回内地"，到达蚶江海口。

三月初九日，怡良上奏《遵旨查得台湾两次抗英获胜纯属虚饰请将达洪阿等治罪折》。

三月二十四日，清廷接到怡良渡台查办奏报后，命将达洪阿、姚莹交部审拟。

四月二十一日，福建督抚已派定台湾北路协右营游击吕大升、闽县知县王江负责押解姚莹、达洪阿赴刑部狱。所有台湾道、府有关卷宗和战时起获夷船内枪炮、刀械、夷书、图册，一并解部收贮备查。

四月下旬，作有《奉逮入都别刘中丞书》、《再与方植之书》，诉说自己对台湾杀俘案的看法。在给巡抚刘鸿翱的信中对"冒功"罪名进行了辩白；在陈述怡良渡台办案、自己从维护大局出发屈从认罪内情后，还就怡良所谓"官民呈结"作出解释；并表述了"苟利社稷，即身家在所不计"的信念。在给方东树的信中，透露出自己是以功遭忌而成案，并预测可能追随林则徐、邓廷桢二公"相聚西域"的结局。

五月初一日，清廷命令撤销奖励台湾文武员弁，并仍奖励在籍绅衿及义首人等。

八月十三日，入刑部狱。

八月二十五日，军机大臣穆彰阿等将会部公同审讯的达洪阿、姚莹亲供，奏请御览，未提出任何办理意见。

八月二十五日，清廷即发布上谕，达洪阿、姚莹加恩免其治罪。

当日，出狱。此一事件，史称"台湾之狱"。时人如夏燮、魏源、梁廷枏等所作史记，皆以为冤案，从不同方面论证"杀俘冒功"为诬、破舟擒斩敌人为实；案件的形成，耆英、穆彰阿、伊里布、怡良被指为制造者。这一事件，也使得姚莹名满京师，政要显贵、文人名士，识与不识，竞相与之交往。政要们也争相举荐与邀结。

十月二十五日，清廷命予达洪阿三等侍卫，任哈密办事大臣。

十月，姚莹奉旨发四川以同知知州用。旋请假回籍省墓。

十一月，抵里。家居期间，其兄曾劝其退隐，答以"君恩未可负也"。

道光二十四年　六十岁

三月十五日，启程由水路赴蜀。

六月二十四日，至潼川。约六月底至成都。

七月十日，作《送余小颇守雅州序》。序中推崇出则事功、退则文章的君子人生。

七月，到成都后，循例先后拜谒了大学士四川总督宝兴、成都将军廉敬、布政使王兆琛、按察使潘铎等。据云，"大吏以徒手进谒为嫌，一再屈罚"，由直隶知州补用、候补同知终至改补府属蓬州（俗所谓"散州"）。

九月，四川总督宝兴委任姚莹赴里塘调解乍雅两呼图克图纷争事。先是，乍雅第五辈呼图克图死，其下辈图布丹济克美曲济嘉木参幼，驻藏大臣奏请以敕印交副呼图克图罗布藏丹臻江错护理。及曲济嘉木参长大，丹臻江错则交还敕印。既已办理交接，而头人达末却唆使曲济嘉木参攻杀丹臻江错，纷争遂起。曲济嘉木参不胜，转丧其领地。双方构兵数年不解，且经常阻断与内地驿路通道。川、藏大臣数次委员查办都未能藏事。本年九月，清廷遂命四川遴员复往调解，川督宝兴以姚莹应命。姚莹固辞，不许。"蜀中旧例，有大不韪者，则罚以藏差。"

十月初一日，由成都起程赴正呼图克图曲济嘉木参所驻之里塘。

十一月十二日申刻到达里塘。

十一月十三日，讯问曲济嘉木参。

十一月二十一日，据情报川、藏曰："两呼图克图皆不能戢下，曲济嘉木参信任私人，昏瞆尤甚。二比本外夷佛教，情事与中土迥殊，既不为蛮触之争振以兵威，断非口舌空言所能折服。可否据情复奏，稍示震耆，待其悔悟，别为处置。"

十二月二十二日，返回成都。建议备兵"稍示震慑"，不许。

十二月二十六日，川督宝兴复奏，"未便以大呼图克图不回，悬案不办。"决定由宁远府知府宣瑛、试用通判丁淦，同赴乍雅，彻底查讯，秉公剖断。并请驻藏大臣派遣品秩较崇的那们汗等会同审办。对于姚莹此行，则奏称："委员姚莹，前在海疆，阅历有素，非不能办事之人，即因呼图克图不遵开导，固执挟制，亦当以具禀后听候批示遵行。今中途先自折回，非惟畏难诿卸，抑且有乖体制，该员已补蓬州知州，应请旨摘去顶戴，随同续委之员前往。"

道光二十五年　六十一岁

二月十一日，接到清廷命姚莹随同宣瑛再使乍雅的批复。

二月二十五日，与丁淦由成都出发。

三月二十七日，至里塘。

三月二十八日，与宣瑛、丁淦等传见曲济嘉木参，令其至察木多集讯。

四月初一日，分别向川、藏汇报与曲济嘉木参赴察木多会审的日期。

四月十九日，与丁淦从里塘启程赴察木多。至此，在里塘共住了23天，其间撰写了一批学术札记，以西藏史地宗教习俗为主，也有世界史地内容。

六月初三日，至察木多。作《乍雅两呼图克图曲直》。与宣瑛争论曲直，宣瑛以丹臻江错争权夺印为非，而姚莹认为丹臻江错从护印收养到迎回授印无负于曲济嘉木参。又作《拉达克诱森巴犯藏》，对西藏西南边界受到的威胁予以关注。

十一月十七日，成都、华阳二县令来信说，总督宝兴传谕"两呼图克图事闻难结，宜即返"。

十二月二十八日，与丁淦一起从察木多启程回川。在察木多期间，撰写了一批有关西藏史地、物产、风俗民情与世界史地札记；《外夷留心中国文字》、《商贾说外夷有禅正史》等篇，则抨击了坐井观天、暗昧无知、坐致侵凌的现象，呼吁有志君子研究域外事情。

道光二十六年　六十二岁

二月二十六日，与丁淦等到达成都。姚莹递上此行所作《乍雅地形图》、《左贡入藏二道图》，期以备异日之用。四川总督宝兴复奏称："蓬州知州姚莹，前于具禀后，不候批示，辄中途折回，经奏明摘去顶戴。今该呼图克图，固执己见，不遵审断，其所控之件，亦无可查办，虽非委员等办理不善，惟姚莹前于具禀事件，不待回报，即自转回，究属非是，应请开复顶戴，仍交部议处。"旨准部议罚俸一年。

四月，作《复荐青一兄书》，表白自己生平守身如处子、不妄以身事人的禀性，以柳下惠等古代君子自期。

五月，赴蓬州任。莅任后，曾设法清除吏治积弊，根治强买强卖恶俗。

十月，作《与王方伯言藏差公费书》，备述到川后被总督宝兴作弄之种种情形，甚至连两次西行费用也不予报销。

十二月初四日，作《复光律原书》，说明《康輶纪行》系为正人心以御侮而作，自己探讨夷情并非是矜奇眩异、骇人耳目，"是诚喋血饮恨而为此书，冀雪中国之耻，重边海之防，免胥沦于鬼蜮。"

是年，作《谢陈子农送重刻〈逊志斋集〉书》，对本朝人文盛而"气节之士"少颇有微词，继而指出救治之方；信中还向友人介绍了《康輶纪行》之内容及其经世价值。

道光二十七年　六十三岁

二月，在蓬州城北选新址动工兴建玉环书院，次年二月竣工。

六月，得知林则徐赴云贵总督任已过成都后，作《候林制军书》，表达对林则徐的仰慕之情，向其介绍《康輶纪行》，并希望得到林氏所编译的《四洲志》，最后向其介绍在英国势力影响下的西南边疆危机情形，提醒林氏就任后，留意西南边防。

七月，建蓬州龙神祠，次年二月竣工。

道光二十八年　六十四岁

二月初三日，卸蓬州知州事。于《又与梅伯言书》中述说了辞任背景。此前，英国有通市藏中之谋，朝议已许之。新任驻藏大臣（二十六年十二月十九日任命）斌良，曾密荐姚莹为前藏粮台，然命未下，于二十八年正月十四日卒；川督琦善不欲姚莹前往西藏。姚莹深知为英人所仇视，自念老病，遂陈情开缺回籍。

三月，由蓬州启程返里。

五月二十六日，舟行至枞阳口。月底抵里。

是夏，请同里叶棠绘制《康輶纪行》所附地图，并校正讹误。

十二月十七日，作《跋方存之文前集后》，强调文当"循乎自然"

而作。

道光二十九年　六十五岁

三月三十日，应两江总督李星沅之约，到达金陵。

是夏，应新任两江总督陆建瀛聘，编成《海运纪略后编》；应淮南监掣同知童濂聘，修《南北史注》。

十一月十九日，湖北武昌大火，烧盐船四百余只，损商资四百余万，淮南盐业面临空前危机。陆建瀛欲乘此改革盐法，在淮南实行票盐。姚莹曾应邀参议其事，谓"淮南异于淮北，更张非善策"，遂上《变盐法议》，提出"减缉私之费以收场灶之盐，撤楚西岸店以免匦费之弊"的主张，未被陆氏采纳。

道光三十年　六十六岁

正月十四日，道光皇帝病逝。咸丰皇帝即位后即诏举人才，大学士潘世恩、兵部尚书魏元烺先后奏荐姚莹。

七月，奉陆建瀛之命到扬州参与盐政事务。

八月二十日，到九江任盐卡委员。

十月二十八日，咸丰皇帝布告穆彰阿及耆英罪行，谕称："穆彰阿身任大学士，受累朝知遇之恩，不思其难其慎，同德同心，乃保位贪荣，妒贤病国，小忠小信，阴柔以售其奸，伪学伪才，揣摩以逢主意。从前夷务之兴，穆彰阿倾排异己，深堪痛恨！如达洪阿、姚莹之尽忠尽力，有碍于己，必欲陷之。耆英之无耻丧良，同恶相济，尽力全之，似此之固宠窃权者，不可枚举。"

至此，算是为姚莹、达洪阿彻底平反。

十月中旬，作《与陆制府言事书》，除汇报九江卡盐务情形外，还提出建议：淮南目前应当纲法、票法兼行。

十一月初二日，两江总督陆建瀛札知，上月南盐成效一奏，已奉议叙之旨。并录示谢恩折稿，托人带给姚莹。

十二月初十日，洪秀全在金田村宣布起义。

是月，作《黄右爰〈近思录集说〉序》，挞伐汉学，甚至将外患之辱亦归罪于汉学之兴。

是月，奉旨授湖北盐法道。

咸丰元年(1851)　六十七岁

二月二十一日，洪秀全在武宣东乡登极，称天王。

二月二十二日，清廷命湖北盐法道姚莹驰往广西军营，交钦差大臣李星沅等差遣委用。

四月二十六日，曾国藩上《敬呈圣德三端预防流弊疏》，疏中奏请重用姚莹。

五月初五日，到达桂林。

六月初四日，钦差大臣、大学士赛尚阿抵桂林。姚莹被委任为大营翼长，旋升任广西按察使。

是月上旬，向赛尚阿上《平贼事宜状》，提出收人心、和将士、八面环攻等十条建议。

闰八月初五日，因太平军攻克永安州，荔浦与永安州接壤，最为吃紧，赛尚阿命姚莹会同前任九江道士魁、漳州镇长寿等带省拨兵勇300名，由省城桂林启程驰往阳朔、荔浦一带防堵。七日抵阳朔，十一日到达荔浦，亲临防堵前线。

闰八月十三日，在《至荔浦言事状》中指出：对付太平军的攻战方略应先破城外之贼、后议攻城；认为目前要策"宜乘其尚聚，进战而大破贼为上"。

九月上中旬，为亲自督战，带新雇东勇300人由荔浦进驻新墟，会攻龙眼塘、水窦、莫家村等地，均为太平军击退。

九月二十九日，作《与王少鹤书》，揭露清兵弊病在于赏罚不公，失去兵心而无纪律，故无战斗力。

十二月初七日，督令将向荣所需大炮赶送至营地。十日起，开始印发免死牌及张贴解散胁从告示，以瓦解太平军。

咸丰二年（1852）六十八岁

正月初十日，"肺经受风，饮食化痰，大为喀嗽，不能饮食。"此后服药20余剂，咳嗽虽止，但饮食大减，早晚各吃一碗稀饭而已。身体健康从此恶化。

二月初一日，接奉巡抚函文，以藩司严仙舫须回省，转运事宜命其一手经理。次日即往荔浦，与严氏办理交接。六日返回新墟。

二月十八日，进入永安州城，安抚逃散，查办事件，并调弁勇来州防守。

三月初四日，由永安启行，次日到荔浦县。因荔浦无须防堵，奉赛尚阿命，数日内启行到阳朔。

三月十一日，到达阳朔。省城缺米，因而发银数千两，委员从平乐、灌阳、兴安采买米石，筹备接济之。

六月，随队进入湖南。道州、江华相继失守后，卸翼长事，办理粮台。

十一月初三日，太平军攻克岳州。此时，姚莹辞粮台，欲回粤西本任，湖南巡抚张亮基奏留权湖南按察使。然而其健康恶化，痹痿病患已深。

十二月十六日，卒于长沙。以桐城被太平军攻占，暂厝于江西鄱阳。

同治元年（1862）三月归葬于桐城龙眠山小河口山麓。现为省文物保护单位。

中国近代思想家文库

钱玄同卷	张荣华　编
张君劢卷	翁贺凯　编
赵紫宸卷	赵晓阳　编
李大钊卷	杨琥　编
李达卷	宋俭、宋镜明　编
张慰慈卷	李源　编
晏阳初卷	宋恩荣　编
陶行知卷	余子侠　编
戴季陶卷	桑兵、朱凤林　编
胡适卷	耿云志　编
郭沫若卷	谢保成、魏红珊、潘素龙　编
卢作孚卷	王果　编
汤用彤卷	汤一介、赵建永　编
吴耀宗卷	赵晓阳　编
顾颉刚卷	顾潮　编
张申府卷	雷颐　编
梁漱溟卷	梁培宽、王宗昱　编
恽代英卷	刘辉　编
金岳霖卷	王中江　编
冯友兰卷	李中华　编
傅斯年卷	欧阳哲生　编
罗家伦卷	张晓京　编
萧公权卷	张允起　编
常乃惪卷	查晓英　编
余家菊卷	余子侠、郑刚　编
瞿秋白卷	陈铁健　编
潘光旦卷	吕文浩　编
朱谦之卷	黄夏年　编
陶希圣卷	陈峰　编
钱端升卷	孙宏云　编
王亚南卷	夏明方、杨双利　编
黄文山卷	赵立彬　编
雷海宗、林同济卷	江沛、刘忠良　编

图书在版编目（CIP）数据

中国近代思想家文库．姚莹卷/施立业编．—北京：中国人民大学出版社，2015.3
　　ISBN 978-7-300-20921-0

　　Ⅰ.①中…　Ⅱ.①施…　Ⅲ.①思想史-研究-中国-近代②姚莹（1785～1853）-思想评论Ⅳ.①B250.5

中国版本图书馆 CIP 数据核字（2015）第 039206 号

中国近代思想家文库

姚莹卷

施立业　编

Yao Ying Juan

出版发行	中国人民大学出版社		
社　址	北京中关村大街 31 号	**邮政编码**	100080
电　话	010－62511242（总编室）	010－62511770（质管部）	
	010－82501766（邮购部）	010－62514148（门市部）	
	010－62515195（发行公司）	010－62515275（盗版举报）	
网　址	http://www.crup.com.cn		
经　销	新华书店		
印　刷	涿州市星河印刷有限公司		
开　本	720 mm×1000 mm　1/16	**版　次**	2015 年 5 月第 1 版
印　张	35.75 插页 1	**印　次**	2024 年 7 月第 2 次印刷
字　数	552 000	**定　价**	123.00 元